Rainer Nicolaysen
Siegfried Landshut
Die Wiederentdeckung
der Politik

Eine Biographie

Jüdischer Verlag
Frankfurt am Main

Gefördert durch das Herbert-Wehner-Stipendium
der Friedrich-Ebert-Stiftung und den
Förderkreis Edition S. Landshut

Erste Auflage 1997
© Jüdischer Verlag im Suhrkamp Verlag
Frankfurt am Main 1997
Alle Rechte vorbehalten
Satz und Druck: MZ-Verlagsdruckerei, Memmingen
Printed in Germany

Inhalt

1. Einleitung 7
2. Kindheit, Jugendzeit, Erster Weltkrieg *(1897-1919)* 23
3. Auf dem Weg zur Politischen Wissenschaft *(1919-1925)* 29
4. Die Hamburger Jahre: Zwischen Habilitationsversuch und Existenzsicherung *(1925-1933)* 77
5. Vertreibung 170
6. Exil *(1933-1950)* 196
7. Rückkehr 335
8. Wiederbegründung der Politischen Wissenschaft *(1951-1968)* 362
9. Schluß 450

Anmerkungen 457
Abkürzungsverzeichnis 565
Zeittafel 569
Bibliographie 572
Quellen- und Literaturverzeichnis 586
Dank 619
Namenverzeichnis 621

1. Einleitung

Den Lebensweg Siegfried Landshuts nachzeichnen heißt, eine fast verschüttete Spur freizulegen. Es ist kaum etwas bekannt über die Umstände der Vertreibung Landshuts aus der Hamburgischen Universität im Jahre 1933, über die dramatischen Jahre seines Exils und über die Bedingungen seiner Rückkehr nach Deutschland 1950/51, an jene Universität, von der er vertrieben worden war. Nahezu vergessen bzw. unentdeckt ist auch Landshuts bedeutendes Werk, das geprägt ist von Aufrichtigkeit und Lebensnähe – von einem Ringen um das Miteinander der Menschen in der modernen Welt.

Siegfried Landshut war Politikwissenschaftler. Wohl so früh und konsequent wie kein anderer Gelehrter in Deutschland hat er die Wiederbegründung der Politischen Wissenschaft aus ihrer eigenen, mehr als zweitausendjährigen Tradition heraus zu betreiben versucht. Politik – das war nicht nur eine der ältesten Wissenschaften, sie war für Landshut auch die im aristotelischen Sinne königliche Disziplin, diejenige, die die bestimmenden Fragen des menschlichen Miteinanderlebens zum Thema hat und die sich als *praktische* Wissenschaft an einem Zweck orientiert: am Gemeinwohl, am *guten* Leben. Damit knüpfte er an einen Politikbegriff an, der durch den Siegeszug der »exakten Wissenschaften« weitgehend verdrängt worden war und für den es im modernen Wissenschaftsverständnis keinen Platz mehr gab. Landshuts Anliegen war es, der Politik ihren Ort wiederzugeben. Als er im Jahre 1928 an der Hamburgischen Universität seine Studie *Untersuchungen über die ursprüngliche Fragestellung zur sozialen und politischen Problematik* einreichte, bat er als erster deutscher Wissenschaftler in diesem Jahrhundert um Zulassung zur Habilitation für »das Fach der Politik«: ein Fach, das es zu jenem Zeitpunkt an keiner Universität in Deutschland gab. Die Habilitationsschrift, deren Annahme am Veto des Soziologen Andreas Walther scheiterte und die im Jahre 1929 als *Kritik der Soziologie* erschien, darf bis heute als einer der wenigen Versuche gelten, die Ursprungsproblematik der Sozialwissenschaften wiederzugewinnen.

Den radikalen Bruch mit dem politischen Denken, wie es aus der Antike, von Plato und Aristoteles bis ins 17. Jahrhundert überkommen war, verdeutlichte Landshut im Rahmen seiner Analysen des Rationalen Naturrechts von Descartes und Hobbes bis zu Rousseau. Er zeigte auf, in welcher Weise sich das moderne, technische Denken durchgesetzt hatte, wonach die Menschen im Naturstand als isolierte einzelne aufgefaßt werden, zwischen denen Bindungen – durch Übereinkünfte und Verträge – überhaupt erst *hergestellt* werden müssen. Er analysierte, wie sich der vormals einheitliche Bereich, der mit dem Begriff Politik angezeigt worden war, aufgespalten hatte: in die Gesellschaft, die unverbundenen einzelnen, einerseits, und den Staat, das System der das Verhalten dieser einzelnen regelnden Gesetze, andererseits. Daß damit das politische Phänomen des menschlichen Miteinander negiert und das Unpolitische zum Prinzip gestaltet wird, stand für Landshut außer Frage. Entgegen dieser Entwicklung beharrte er aber darauf, daß der Mensch seiner Natur nach ein politisches Wesen sei und daß jedes menschliche Gemeinwesen gewisse Elemente ursprünglicher Polis, also politischer Lebensgemeinschaft, in sich trage – auch wenn das Bewußtsein darüber nahezu völlig verschüttet sei.

Eine *politische* Gemeinschaft – so hat Landshut immer wieder betont – schulde ihre Existenz einem Allgemeinen und Gemeinsamen. Dieses Gemeinsame, für alle im wörtlichsten Sinne Verbindliche, könne gerade nicht Macht und Wohlstand sein, sondern einzig etwas Geistiges, eine konkrete Idee der Lebensführung, ein sittlicher Imperativ. Daß die Moderne eine entgegengesetzte Richtung genommen und die Vereinzelung mit allen Konsequenzen immer weitergetrieben hatte, vermochte Landshut in großer Klarheit darzulegen. Im Zuge der neuzeitlichen – für ihn keineswegs abgeschlossenen – politischen und industriell-technischen Revolution war der Mensch seiner Umgebung, seinen Mitmenschen, ja, sich selbst zunehmend fremd geworden. In dieser Analyse der Grundproblematik wußte Landshut sich vor allem drei Denkern verwandt, die auf jeweils eigene Weise die Gefahren der modernen Zivilisation im Kern erfaßt hatten: Alexis de Tocqueville, der im »Zeitalter der Gleichheit« einen Despotismus neuer Art hatte heraufziehen sehen, Karl Marx, der die »Selbstentfremdung des Menschen« in aller

Schärfe erkannt hatte, und Max Weber, der den Kapitalismus unter dem Gesichtspunkt einer universellen und unentrinnbaren »Rationalisierung« interpretiert hatte. Siegfried Landshuts Denken – gekennzeichnet von Eigenständigkeit und Originalität – stand quer zum Fortschrittsglauben der Moderne. Nicht deren Errungenschaften, sondern die Verluste und Defizite in der modernen Welt standen für ihn im Vordergrund. Er selbst repräsentierte mithin eine weitgehend verlorene Welt. Einsam muß dieser Weg gegen den Strom oftmals gewesen sein, und so verwundert es nicht, wenn Dolf Sternberger meinte, bei seinem sehr geschätzten Kollegen eine gewisse Traurigkeit zu vernehmen, ohne doch diesen charakteristischen Ton lokalisieren zu können.[1]

»Eine gewisse Traurigkeit« durchzieht in der Tat das Landshutsche Werk; mit Resignation oder Verbitterung hat diese indes nichts gemein. Landshuts hoher Anspruch an sich selbst sowie sein ausgeprägtes Verantwortungsgefühl verboten schlicht eine resignierte Haltung. Dem entsprach auch sein streng gegenwartsbezogenes Denken, das weder die Flucht in eine vermeintlich schönere Vergangenheit noch die Vision einer sicher zu erwartenden besseren Zukunft zuließ. Landshut stand in seiner Zeit; er stellte sich ihr.

Siegfried Landshut war ein wissenschaftlicher Außenseiter. Seine kompromißlose Deutung unserer Zeit machte ihn zum unbequemen Mahner, und sein Politikverständnis widersprach einer sich in Partikularitäten aufspaltenden modernen »Politologie«, wie sie sich nach 1945 auch in Deutschland entwickelte. Landshut, der – aus langem Exil nach Hamburg zurückgekehrt – im Jahre 1951 auf einen der ersten Politik-Lehrstühle in der Bundesrepublik berufen worden war, hatte zwar maßgeblichen Anteil an der Etablierung des Faches in den Universitäten, sein Politikbegriff aber stieß kaum auf Widerhall. Die Weichen in den Sozialwissenschaften waren bereits anders gestellt. Einen »Fortschritt« sah man in der »Professionalisierung« und »Ausdifferenzierung« der Politologie oder Soziologie; die Frage nach einer Ursprungsproblematik aber wurde gar nicht erst gestellt. Daß die Wissenschaften so ihre eigentliche Fragestellung verlören und also immer menschenfremder würden, hatte Landshut bereits in *Kritik der Soziologie* dargelegt. Doch sein Hauptwerk war sogar in der eigenen »Zunft« nur wenigen bekannt.

Wilhelm Hennis hat schon 1969 in seiner Akademischen Gedächtnisrede darauf hingewiesen, daß er kaum ein Werk eines deutschen Gelehrten zu nennen wüßte, dessen Wirksamkeit durch die Ungunst der Zeit so beeinträchtigt worden wäre wie dasjenige Landshuts. Selbst engste Fachkollegen wüßten lediglich, daß Landshut der Herausgeber der Frühschriften von Karl Marx sei und eine ausgezeichnete Tocqueville-Auswahl betreut habe. Überhaupt, meinte Hennis, werde es dessen gegen die moderne Entwicklung gerichtetes Denken schwer haben, die ihm gebührende Wirksamkeit zu entfalten. Den Menschen Siegfried Landshut, sein Werk und seine Bedeutung treffend charakterisierend, heißt es:[2]

»Landshut hat mit einer Energie des Kopfes und einer Leidenschaft des Herzens gegen den Strom der Zeit gedacht, daß nur dann, wenn dieser Strom noch einmal aufgehalten, gebrochen oder zumindest in etwas andere Bahnen gelenkt werden sollte, die Möglichkeit besteht, daß dieses Werk zu einer angemessenen Wirkung kommt. Das aber ist nicht nur um des Nachruhms Siegfried Landshuts willen zu wünschen, sondern um unsertwillen, um der Zukunft der Menschen dieser Zeit willen, einer Zeit, der durch die Wissenschaft die schwersten, die Existenz der Gattung bedrohenden Wunden geschlagen worden sind, die nur durch eine andere, von Landshut vorgedachte Art von Wissenschaft, wenn nicht geheilt, so doch gemildert oder in ihrem unheilvollen Fortgang aufgehalten werden können.«

In der hier vorgelegten Biographie soll Siegfried Landshuts weit verstreut erschienenes, in Teilen auch unveröffentlichtes Werk vorgestellt und überhaupt zugänglich gemacht werden. Die Edition der Landshutschen Schriften, die vom Verfasser vorbereitet wird, soll als nächster Schritt folgen. Damit verbindet sich das Bestreben, dieses im ursprünglichen Sinne politikwissenschaftliche, ganz an der Idee menschlicher Freiheit und Würde orientierte Werk in die heutige Diskussion einzuführen.[3] In einer Zeit, da das strapazierte Schlagwort von der »Politikverdrossenheit« wie selbstverständlich die Runde macht, vermag es daran zu erinnern, was Politik eigentlich meint, und anzumahnen, was auch und gerade für die moderne Demokratie unabdingbar ist: die verantwortliche Teilnahme am politischen Gemeinwesen, die Wiederbelebung des Allgemeinverbindlichen, das der Beliebigkeit partikularer Interessen überlegen ist.

Wenn gesagt wurde, daß die Landshutschen Schriften heute weitgehend unbekannt seien, so entspricht diesem Umstand eine frappierende Unkenntnis über den Lebensweg des Gelehrten, der dieses Werk geschaffen hat.[4] Selbst ihm nahestehende Kollegen oder Schüler wußten nur sehr vage von Landshuts Vertreibung, seiner Exilzeit und den Umständen seiner Rückkehr. Was das Exil für die Familie Landshut bedeutete, läßt die Korrespondenz jener Zeit erahnen. In einem 1934 verfaßten Brief an Eduard Heimann schreibt Landshut über seine Situation in Ägypten:[5]

»Ich selbst habe eine sehr, sehr schlimme Zeit hinter mir, und was uns noch beschieden ist, ist bedrohlich ungewiß. [...] Meine Familie ist hier, die Beziehungen zu Europa und den Anschluss an die allgemeine Hilfsaktion habe ich versäumt, und hier haben sich alle Versprechungen als leerer Wahn erwiesen. Ich muss darauf verzichten, all die demütigenden Details und entsetzlichen Situationen zu verzeichnen, durch die ich schon hindurch bin. Ich werde mich aber nicht mehr lange aufrecht halten können. Die seelische Spannkraft und auch die körperliche Leistungsfähigkeit gehen allmählich zur Neige.«

Der Absender dieses Briefes lebte in Kairo, der Empfänger in New York: Es war ein Notruf von Exilant zu Exilant. Fast sechs Jahre lang hatten Landshut und Heimann an der Hamburgischen Universität eng zusammengearbeitet, bevor sie im Sommer 1933 als »Nichtarier« entlassen worden waren. Heimann, einer der wenigen sozialdemokratischen Professoren in der Weimarer Republik, hatte bis dahin den Lehrstuhl für »Theoretische und praktische Sozialökonomie« innegehabt, Landshut war sein Assistent gewesen. Die Namen dieser beiden Wissenschaftler stehen stellvertretend für die jüdischen, zugleich auch politisch unerwünschten Hochschullehrer der Hamburgischen Universität, die auf der Grundlage des »Gesetzes zur Wiederherstellung des Berufsbeamtentums« vom 7. April 1933 entlassen oder zwangsweise in den Ruhestand versetzt wurden. Etwa ein Fünftel des Lehrkörpers wurde auf diese Weise vertrieben, ohne daß sich in der Universität Widerstand dagegen geregt hätte. Für Landshut begann ein mehr als siebzehn Jahre dauerndes Exil, das über weite Strecken gekennzeichnet war von existentieller Not, Verzweiflung und Einsamkeit sowie vom Abbruch seines wissenschaftlichen Arbeitsprozesses. Ob in Ägypten (1933-1936), in Palästina (1936-1945), wiederum in Ägypten (1945-1948) oder in Großbritannien (1948-1950): Bestimmendes Moment für das gesamte Exil blieb die Entwurzelung.

Im Jahre 1951 kehrte Landshut nach Deutschland zurück und gehörte zu den wenigen Remigranten der Universität Hamburg. Als Ordinarius für die »Wissenschaft von der Politik« lehrte er dort von 1951 bis zu seiner Emeritierung im Jahre 1965, in beschränktem Umfang auch noch darüber hinaus bis zu seinem Tod im Dezember 1968. Die von der Universität veröffentlichte Todesanzeige zeigt, wie wenig man in der eigenen Hochschule über den ehemals vertriebenen Gelehrten wußte, der hier nach seiner Rückkehr noch lange gewirkt hatte. Zwar würdigte man Landshut als einen der »bedeutendsten Sozialwissenschaftler Deutschlands«, womit man zugleich sich selbst Renommee verlieh, über die Exilzeit aber heißt es nur ganz fehlerhaft, Landshut habe »unter den schwierigsten Umständen zunächst in Frankreich und England und schließlich in Ägypten seine wissenschaftliche Arbeit fortgeführt«.[6] Die »schwierigsten Umstände« trafen zwar den Sachverhalt, in allem anderen jedoch war man offenbar kursierenden Gerüchten gefolgt.

Siegfried Landshut selbst hatte es vermieden, über seine Vertreibung, über die Zeit des Exils und über die Gründe seiner Rückkehr nach Hamburg zu sprechen, aber auch kaum jemand hatte ihn danach gefragt. So vermochte Jürgen Dennert in seinem Nachruf auf Landshut zwar kompetent über dessen Werk zu schreiben, doch die fast durchweg falschen biographischen Daten enthüllen eine überraschende Unkenntnis über den Lebensweg eines Mannes, mit dem Dennert als Schüler und Assistent in engem Kontakt gestanden hatte.[7] Auch Dietrich Hilger, dem Schüler-Kreis ab 1950/51 zugehörig, wußte im ansonsten kenntnisreichen Nachruf auf seinen ihm nahestehenden Lehrer kaum etwas über dessen Exilzeit zu berichten.[8] Die bislang zuverlässigsten Angaben zur Biographie Landshuts machte Wilhelm Hennis, der von 1962 bis 1967 Inhaber des zweiten Hamburger Politik-Lehrstuhls gewesen war. Abgesehen davon, daß Hennis in seiner Akademischen Gedächtnisrede eine ungewöhnlich einfühlsame Vorstellung des wissenschaftlichen Werkes gelang, hatte er Einsicht in die Fakultätsakten genommen, was ihm erlaubte, recht zutreffend über Landshuts Lebensweg bis 1933 zu berichten. Über das Exil und die Umstände der Rückkehr ahnte aber auch er mehr, als daß er wußte.

Bis heute gibt es nicht ein einziges Nachschlagewerk oder Handbuch, in dem die über Landshut angegebenen Daten korrekt sind. Gleiches gilt für die spärliche Literatur, die ihn erwähnt. Dabei handelt es sich bei den bisher publizierten fehlerhaften Angaben zumeist nicht um geringfügige Änderungen von Jahreszahlen oder Ortsnamen, sondern um gravierende Lücken oder den Sachverhalt entstellende Äußerungen. Ein Beispiel: In der von Wolf Lepenies herausgegebenen vierbändigen *Geschichte der Soziologie* aus dem Jahre 1981 findet sich – in einem von René König verfaßten Text – lediglich folgende Erwähnung:[9]

»Ein Mann wie Siegfried Landshut, der 1933 in Hamburg gerade Privatdozent geworden war, ging nach Israel, wo ihm mit vielen anderen Gelehrten jüdischer Abstammung die neue Hebrew University in Jerusalem eine Wirkungsstätte bot, an der auch der edle Martin Buber einen Lehrstuhl für Kultursoziologie hatte (seit 1938).«

Tatsächlich hatte Landshut in Hamburg nicht mehr Privatdozent werden können. Das Habilitationsverfahren wurde im April 1933 abgebrochen – »mit Rücksicht auf die veränderten Verhältnisse«, wie es in den Akten lakonisch heißt. Auch ging er 1933 nicht nach Israel – einen Staat, den es noch gar nicht gab – und auch nicht nach Palästina, sondern nach Ägypten. Herausgerissen aus allen sozialen und wissenschaftlichen Zusammenhängen, lebte er dort mit seiner Frau und seinen drei kleinen Kindern am Rande des Existenzminimums. In diesen Jahren – 1933 bis 1936 – hatte er keine feste Anstellung, keine Möglichkeit, wissenschaftlich zu arbeiten, und kaum Aussichten auf eine Verbesserung seiner Situation, da eine Stelle von Ägypten aus denkbar ungünstig zu finden war. Erst unter großen Schwierigkeiten gelang 1936 die Übersiedlung nach Jerusalem. Ein von verschiedenen Institutionen mühsam zusammengebrachtes Stipendium ermöglichte Landshut eine zweijährige Forschungstätigkeit an der Hebräischen Universität. Als die Zahlungen 1938 eingestellt wurden, stand er wiederum vor dem Nichts. Wurzeln schlug Landshut auch in Palästina nicht. Die Äußerungen Königs dagegen suggerieren, er sei in Jerusalem mit offenen Armen empfangen worden, habe einen regen Austausch mit anderen jüdischen Gelehrten pflegen können und sogar über »edle Gesellschaft« verfügt. Aus dem Alptraum Exil wird somit ein bloßer Universitätswechsel, der einige Vorteile zu bieten scheint.

Dieses Buch soll Siegfried Landshuts Lebensweg erstmals detailliert nachzeichnen und damit lang Versäumtes nachholen. Zugleich erfolgt eine Einführung in sein wissenschaftliches Werk. Leben und Werk sind unlösbar miteinander verbunden und werden entsprechend nicht getrennt voneinander, sondern im Zusammenhang behandelt. Die Gliederung der Arbeit folgt einer chronologischen, am Lebenslauf orientierten Grundstruktur, was indes nicht die Analyse zugunsten der Erzählung vernachlässigen soll. Einzubeziehen ist dabei der sozialhistorische Kontext, woraus sich eigene Kapitel – etwa zur »Vertreibung Hamburger Hochschullehrer« oder zur »Einwanderung deutschsprachiger Juden nach Palästina« – ergeben.

Diese kurzen Bemerkungen zum Aufbau der Arbeit leiten über zu der Frage, inwieweit die wissenschaftliche Beschäftigung mit dem Lebensweg eines einzelnen Menschen überhaupt sinnvoll sein kann. Populäre Biographiegeschichtsschreibung hat immer Konjunktur, gerade in der Geschichtswissenschaft aber sind biographische Darstellungen – nicht ohne Grund – durchaus umstritten. Daß die Gattung »Biographie« seit den sechziger Jahren zunehmend kritisiert, ja, grundsätzlich in Frage gestellt wurde, daß sie zunächst nicht in die Vorstellung einer sich durchsetzenden Historischen Sozialwissenschaft zu passen schien, kann kaum überraschen, galt sie doch, wie Hans-Ulrich Wehler feststellte, als Ausdruck des »oft geradezu dogmatisierten Individualitätsprinzip[s] des deutschen Historismus«.[10] Wie der Historismus selbst schien nun auch die Biographie überholt, was man im Hinblick auf die sattsam bekannten Lebensbeschreibungen »großer Männer« nicht bedauern mußte. Beim Abschied von der biographischen Darstellung übersah man freilich weitgehend, daß Biographie und Historische Sozialwissenschaft einander nicht ausschließen müssen. Hagen Schulze hat darauf schon in seinem 1978 erschienenen Aufsatz »Die Biographie in der ›Krise der Geschichtswissenschaft‹« hingewiesen und dafür plädiert, die scharfe Trennung zwischen der Ereignis- und Personengeschichte auf der einen und der Sozial-, der Strukturgeschichte auf der anderen Seite aufzugeben. Schulze sprach von einem »dialektischen Zusammenhang von Persönlichkeit und Struktur«[11] und schlug vor, die Biographie als eine Möglichkeit wahrzunehmen, »der Totalität des Wirklichen in der Geschichte nahezukommen, indem man von der tatsächlich vorgegebenen Struktur eines menschlichen Lebenslaufs ausgeht und in der Verflechtung eines solchen Lebens mit seinem historischen Umfeld den Zusammenhang intelligibler Strukturen und Anomalien in einem historischen Ausschnitt verzeichnet«.[12]

Inzwischen hat sich gezeigt, daß die Erforschung von »Strukturen« Gefahr läuft, eine menschenentleerte Wissenschaft hervorzubringen. Nicht zuletzt die Defizite einer »Strukturgeschichte« vor Augen, wurden in den achtziger Jahren neue Konzepte entwickelt: Alltagsgeschichte, Frauen- bzw. Geschlechtergeschichte, Historische Anthropologie, Erfahrungs- und Mentalitätsgeschichte.[13] Bei aller Verschiedenheit haben diese Konzepte laut Hans-Jürgen Goertz eines gemeinsam: »Sie wollen der Gefahr begegnen, daß die handelnden Subjekte, gerade in ihrer Massenhaftigkeit und Anonymität, aus dem Blick historischer Betrachtung geraten«.[14] Einst sei es notwendig gewesen, der Ereignisgeschichte mit der sogenannten Strukturgeschichte eine Alternative entgegenzusetzen, jetzt dränge sich die Aufgabe in den Vordergrund, Personen-, Ereignis- und Strukturgeschichte auf einer neuen Ebene miteinander zu verbinden.[15]

Mittlerweile hat auch die historische Biographie wieder an Boden gewonnen. In der Einleitung seiner 1994 erschienenen Studie über Werner Sombart hat Friedrich Lenger betont, daß die Biographie in jüngster Zeit gerade deshalb wieder auf erhebliches Interesse gestoßen sei, »weil in vielen strukturgeschichtlichen Untersuchungen zu Wirtschaft, Gesellschaft und Herrschaft konkrete Individuen kaum noch auffindbar waren«.[16] Galt es unter Historikern bis in die achtziger Jahre hinein noch als geradezu anstößig, personenbezogene Forschungen zu betreiben,[17] so darf inzwischen also von einer Wiederentdeckung der Biographie gesprochen werden, die auch die Sozialgeschichtsschreibung erreicht hat.[18] Fraglich ist allerdings, inwieweit sich die Gattung »Biographie« tatsächlich qualitativ verändert hat. Jacques Le Goff etwa hat erklärt, viele der neueren Darstellungen seien nichts weiter als »reine und schlichte Wiederholungen der traditionellen, oberflächlichen, anekdotischen Biographie, die nach platten chronologischen Kriterien verfährt, einer überlebten Psychologie huldigt und unfähig ist, die allgemeine historische Bedeutung eines individuellen Lebens aufzuzeigen«.[19]

Obacht vor der unreflektierten Übernahme jener für die »Heldenbiographie« typischen Elemente ist allemal angebracht; doch auch die Ansprüche an eine »neue Biographik« bedürfen noch weiterer Klärung. Zu prüfen wäre etwa, ob allein schon eine chronologische Erzählstruktur verfehlt ist, wie Pierre Bourdieu gemeint hat,[20] und inwieweit der Rückgriff auf psychologische und psychoanalytische Theorien tatsächlich fruchtbar oder auch nur möglich ist. Hedwig Röckeleins Feststellung, kein Historiker könne eine Einzel- oder Gruppenbiographie schreiben, ohne sich psychologischer Argumente zu bedienen,[21] ist sicher ebenso zutreffend wie die Tatsache, daß die Einbeziehung der psychohistorischen Methode spezifisches Quellenmaterial erfordert, das sehr oft – wie auch im Falle Landshuts – nicht zur Verfügung stehen dürfte.

So vorläufig die Überlegungen zu einer »neuen Biographik« auch sein mögen, die Diskussion selbst regt jedenfalls dazu an, den eigenen Umgang mit der Gattung kritisch zu überprüfen. Bei alledem scheint es, daß eine Biographie, die den sozialhistorischen Kontext einbezieht, die sowohl erzählen als auch analysieren will – ohne aber dabei ihre Grenzen zu verkennen –, die eine Person in ihrer Komplexität wahrzunehmen versucht und folglich keinem Personenkult huldigt, daß eine solche Biographie also nicht nur berechtigt, sondern durchaus notwendig ist.

Im Falle Siegfried Landshuts erschließt die Biographie ein ganzes Gedankengebäude, ein in Vergessenheit geratenes Werk, dessen Bewahrung zutiefst wünschenswert ist. Zudem vermag die Beschäftigung mit dem Lebensweg Landshuts auf weit über die einzelne Person hinausreichende Zusammenhänge zu verweisen. So versteht sich die vorgelegte Biographie auch als ein Beitrag zur Universitätsgeschichte, zur Geschichte des Exils, zur Wissenschaftsgeschichte – und zu ihren Interdependenzen.

Betrachtet man den Stand der Universitätsgeschichtsschreibung, so kann die Beschäftigung mit der Geschichte deutscher Hochschulen im »Dritten Reich« noch immer nicht als Selbstverständlichkeit gelten. Erst Anfang der achtziger Jahre wurde überhaupt damit begonnen, das Versagen der Hochschulen in seinen Voraussetzungen und Konsequenzen zum Thema wissenschaftlicher Forschung zu machen. Auch die Universität Hamburg stellt in dieser Hinsicht keine Ausnahme dar. So blieben in der Festschrift anläßlich ihres fünfzigjährigen Bestehens im Jahre 1969 die zwölf Jahre nationalsozialistischer Herrschaft noch nahezu ausgeblendet.[22] Hier wie andernorts interpretierte man diese Zeitspanne als »Sonderfall«, als einen von außen erfolgten Einbruch der Politik in die akademische Welt, womit der Frage nach Kontinuitäten ausgewichen wurde. Noch immer nehmen Schriften, die sich kritisch mit der Geschichte der eigenen Universität befassen, eine Randstellung ein; manche als Gegenpublikationen zu offiziellen Festschriften.[23] Einmalig ist jenes acht Jahre währende, von Eckart Krause koordinierte Forschungsprojekt der Universität Hamburg, das im Jahre 1991 mit der Veröffentlichung des dreibändigen Werkes *Hochschulalltag im »Dritten Reich«* abgeschlossen werden konnte.[24] Über fünfzig Wissenschaftlerinnen und Wissenschaftler aus mehr als zwei Dutzend Disziplinen haben hier die Geschichte »ihrer« Universität in der NS-Zeit auf einer breiten Quellenbasis ausgeleuchtet und damit nicht zuletzt eine wichtige Grundlage für weitere Detailuntersuchungen geschaffen. Parallel zur Veröffentlichung des *Hochschulalltags* erfolgte im Februar 1991 die Eröffnung der Ausstellung *ENGE ZEIT*, die die *Spuren Vertriebener und Verfolgter der Hamburger Universität* dokumentierte.[25] Aus der Mitarbeit des Verfassers an diesem von Angela Bottin geleiteten Projekt ist der Plan einer Landshut-Biographie hervorgegangen. Die Studie versteht sich mithin ausdrücklich als Fortführung der durch den *Hochschulalltag* und die *ENGE ZEIT* auf breiter Ebene in Gang gesetzten, kritischen Aufarbeitung hamburgischer Universitätsgeschichte.

Der Stand der Exilforschung läßt sich in mancher Hinsicht mit der Situation vergleichen, wie sie für die Universitätsgeschichte angedeutet wurde. Abgesehen von einigen wenigen Arbeiten setzte die Exilforschung erst zu Beginn der siebziger Jahre ein. Im Vordergrund stand zunächst das literarische, dann auch das politische Exil. Die vertriebenen Wissenschaftler rückten erst Anfang der achtziger Jahre in den Blick. Einen Durchbruch für die gesamte Exilforschung bedeutete die Veröffentlichung des *Biographischen Handbuchs der deutschsprachigen Emigration nach 1933 (BHE)* in den Jahren 1980 und 1983.[26] Die etwa 9000 Kurzbiographien gaben den neuesten Forschungsstand wieder und führten exil- und wanderungsgeschichtliche Ergebnisse zusammen. Damit zeichnete sich die Möglichkeit ab, über thematisch eng begrenzte Studien hinaus umfassendere Fragenkomplexe zu bearbeiten.[27] Alfons Söllner hat im Jahre 1991 die Verlagerung der Erkenntnisinteressen wie folgt beschrieben: »1. von der Individual- zur Kollektivbiographie der intellektuellen Emigration, 2. von der Leidensgeschichte der Exilanten zur Wirkungsgeschichte von Immigranten, 3. vom ideellen Ausdruck des ›Fremdseins‹ zur ›Akkulturation‹ als sozialem Prozeß«.[28] Zweifellos werden hier Aufgaben umrissen, denen sich die Exilforschung in Zukunft zu stellen hat. Ob dafür allerdings schon jetzt eine hinreichende Grundlage existiert, darf bezweifelt werden. Zum einen scheint es Unsicherheiten im Blick auf Fragestellungen und Abgrenzungskriterien für größere Forschungsprojekte zu geben. Zum anderen ist fraglich, ob die bisher vorliegenden Studien und Datenmaterialien zuverlässige Schlußfolgerungen in einem weiter gesteckten Rahmen überhaupt zulassen.

Exemplarisch erwähnt sei hier Klemens Witteburs Arbeit über *Die deutsche Soziologie im Exil* von 1991. In dieser *biographischen Kartographie* werden Daten von Exilanten zusammengetragen und in etlichen Übersichtstabellen miteinander in Beziehung gesetzt. Landshuts Name allerdings erscheint in einer Kategorie, in der all diejenigen Wissenschaftler zusammengefaßt sind, »die als habilitierte Soziologen in Forschung und Lehre tätig waren«.[29] Daß Landshut sich vor seiner Vertreibung nicht mehr hatte habilitieren können, wurde bereits erwähnt; vor allem aber: ihn überhaupt als Soziologen zu bezeichnen, wie es nicht nur bei Wittebur, sondern auch in zahlreichen anderen Publikationen geschieht, ist ganz irreführend. Auf diese Weise wird die Übernahme falscher Angaben immer weiter fortgesetzt, und es erfolgt zudem eine Kategorisierung, durch die Verschiedenes künstlich gleichgesetzt wird.

Nur eine sorgfältige Quellenarbeit und eine Überprüfung der bisher publizierten Daten und Interpretationen ermöglichen ein angemessenes Bild über Landshuts Exilgeschichte. Dann werden auch Zusammenhänge erkennbar, die weit über die einzelne Person hinausreichen. So vermittelt etwa die Beschäftigung mit den ersten Exiljahren einen Einblick in die komplizierte Arbeit der Hilfsorganisationen, und es wird deutlich, welches Geflecht von Beziehungen und Solidarität, aber auch von Intrigen und Konkurrenzkampf den Lebensweg eines Exilierten bestimmen konnte. Zudem verweist Landshuts Exil in Palästina auf die dortigen Probleme beim Eingliederungsprozeß der aus Mitteleuropa geflüchteten Juden. Es zeigt sich, daß ein Nonkonformist wie Landshut, der den Zionismus ganz nüchtern von seinen historischen Wurzeln her analysierte und der die Kibbuz-Realität – bei aller Sympathie für die Kibbuzniks – in grundsätzlicher Weise kritisierte, kaum einen Platz in dem auf Konsens ausgerichteten Jischuw zu finden vermochte. Schließlich können Kenntnisse der Landshutschen Biographie auch hinsichtlich des erst in jüngerer Zeit in den Blick gerückten Themas der »Remigration«[30] zu differenzierten Fragestellungen beitragen. Ersichtlich wird etwa, unter welch schwierigen Umständen selbst eine nach außen hin »geglückte« Rückkehr verlief. Daß dann nach Landshuts Berufung die Tabuisierung seiner Vertreibungs- und Exilgeschichte fortdauerte, gibt außerdem einen Einblick in den Verdrängungsprozeß, der für die deutsche Nachkriegsgesellschaft überhaupt, aber eben auch für die Universitäten typisch war. Das Verhalten der Hochschulen gegenüber den vertriebenen ehemaligen Kollegen erweist sich dabei als ein besonders beschämendes Kapitel ihrer Geschichte.

Über Leben und Werk Siegfried Landshuts war bis vor kurzem auch in der eigenen Universität nur wenig bekannt. Sogar im Institut für Politische Wissenschaft scheinen die Spuren seiner Tätigkeit und seines Denkens verwischt. Diese Tatsache leitet über zum Bereich der Wissenschaftsgeschichte. Die Politikwissenschaft in Deutschland hat nicht nur die Tradition des Faches vernachlässigt; sie hat sich auch mit ihrer jüngeren Geschichte kaum beschäftigt. Nur wenige Untersuchungen sind diesem Thema gewidmet.[31] Symptomatisch erscheint, daß die Deutsche Vereinigung für Politische Wissenschaft (DVPW) erst auf ihrem neunzehnten wissenschaftlichen Kongreß im August 1994 eine »Ad-hoc-Gruppe« zum Thema »Geschichte der Politikwissenschaft und der Politischen Theorie« eingerichtet hat.[32]

Daß Siegfried Landshut zu den maßgeblichen Wiederbegründern der Politischen Wissenschaft zählte, ist in Vergessenheit geraten. Dies zeigt sich etwa, wenn Hans Karl Rupp und Thomas Noetzel sich in einem 1991 erschienenen Band gerade anhand von zehn biographischen Annäherungen den »Anfängen der westdeutschen Politikwissenschaft« zuwenden, Landshut aber nicht ein einziges Mal erwähnen.[33] Gemessen an den in der Einleitung dargelegten Auswahlkriterien hätte er jedoch als einer der ersten berücksichtigt werden müssen. Die Durchsicht von Vorlesungsverzeichnissen oder Vorstandsprotokollen der »Vereinigung für die Wissenschaft von der Politik« – so die vormalige Bezeichnung der DVPW – genügt, um auf seine wichtige Rolle bei der Etablierung des Faches aufmerksam zu werden.

Landshuts Wirken endlich zur Kenntnis zu nehmen verspricht allerdings nicht nur Aufschluß über die Institutionalisierungsphase der Politischen Wissenschaft nach 1945. Sein Werk vermag vielmehr eine Alternative zum modernen Verständnis von Politik und Politologie aufzuzeigen. Es macht deutlich, daß die Weichenstellung in der Geschichte der modernen Sozialwissenschaft auch anders hätte erfolgen können. Daß Landshut immer wieder »durchs Raster« fiel und damit fast völlig in Vergessenheit geriet, steht mit dieser Position in engem Zusammenhang.

Die hier versuchte Landshut-Biographie fußt auf umfangreichem Quellenmaterial; ein Nachlaß indes existiert nicht. Als Siegfried Landshut am 8. Dezember 1968 – dreieinhalb Jahre nach dem Tod seiner Ehefrau Edith – starb, wurden seine Bücher als Nachlaß-Spende der Universität Hamburg übergeben und dort in die Sozialwissenschaftliche Bibliothek eingegliedert. Den sonstigen wissenschaftlichen Nachlaß – Aufzeichnungen, Exzerpte, Entwürfe, Briefe – nahm bis auf wenige Ausnahmen Landshuts letzter Assistent Jürgen Dennert an sich. Mit Dennerts plötzlichem Tod im Januar 1970 verliert sich die Spur dieser Materialien.

Zur Rekonstruktion des Landshutschen Lebensweges wie auch zur Sammlung der veröffentlichten und unveröffentlichten Schriften wurden zahlreiche Archivbestände ausgewertet. Hinsichtlich der gescheiterten Habilitationsverfahren, der Vertreibung Landshuts aus der Hamburger Universität 1933 und der Umstände seiner Rückkehr 1950/51 konnten in erster Linie die im Staatsarchiv Hamburg verwahrten Universitätsakten herangezogen werden. Für die Zeit des Exils waren insbesondere die Aktenbestände der Hebräischen Universität Jerusalem, der Central Zionist Archives und der Schocken Archives, Jerusalem, sowie die in der Bodleian Library, Oxford, archivierten Akten der »Society for the Protection of Science and Learning« (SPSL) aufschlußreich. Zahlreiche Hinweise auf Landshuts Bedeutung bei der Etablierung der Politikwissenschaft nach 1945 wurden im Archiv der Deutschen Vereinigung für Politische Wissenschaft, Berlin, aufgefunden. Die Umstände der bahnbrechenden Ausgabe Marxscher Frühschriften 1932 – und erneut 1953 – ließen sich vor allem anhand der im Alfred Kröner-Verlag, Stuttgart, archivierten Verlagskorrespondenz näher klären. Etliche weitere Archivalien vermochten in Detailfragen Aufschluß zu geben. Herangezogen wurden diverse Nachlässe, die wichtige Korrespondenz mit bzw. über Landshut enthalten, etwa diejenigen von Martin Buber (Martin Buber-Archiv, Jerusalem), Hans von Dohnányi (Bonhoeffer-Forschungsstelle, Heidelberg), Erhart Kästner (Erhart Kästner-Archiv, Wolfenbüttel), Alexander Rüstow (Bundesarchiv Koblenz), Fritz Schalk (Universitätsbibliothek Bonn) und Dolf Sternberger (Deutsches Literaturarchiv, Marbach a. N.).

Von besonderer Bedeutung waren die im Privatbesitz der Familie Landshut erhaltenen Dokumente. Susanne Geis, Baden-Baden, überließ dem Verfasser den einzigen noch vorhandenen Aktenordner mit Korrespondenz ihres Vaters; Arnon Aviner, Kiryat Krinizi / Israel, der ältere der beiden Söhne Landshuts, stellte die von ihm verwahrten Dokumente der Familie zur Verfügung. Aus dem Kreis der Landshut-Schüler machten Wolfgang Kessel, Hermann Lange, Karla von Malapert-Neufville, Berthold Michael sowie Rita und Heinz-Hermann Schepp weitere Materialien – Korrespondenz und Vorlesungsnachschriften – zugänglich. Aus dem Nachlaß Dietrich Hilgers ergänzte Marie-Elisabeth Hilger wichtige Unterlagen. Zudem erwiesen sich die vielen Gespräche und die umfangreiche Korrespondenz mit »Zeitzeugen« als eine wesentliche Quelle weiterführender Informationen.

Der hier vorgelegte Text ist die gekürzte Fassung meiner 1996 vom Fachbereich Geschichtswissenschaft der Universität Hamburg angenommenen Dissertation.

2. Kindheit,
Jugendzeit, Erster Weltkrieg
(1897-1919)

Siegfried Salomon Landshut wurde am 7. August 1897 in Straßburg im Elsaß geboren. Seine Eltern, Samuel Landshut (1860-1919) und Suzette Landshut (1867-1942), geborene Cohn, stammten beide aus Neumark in Westpreußen.[1] Nach ihrer Heirat im Jahre 1890 lebte das Ehepaar zunächst in Elbing. Dort hatte Samuel Landshut Architektur und Stadtplanung studiert und seine erste Anstellung gefunden; dort wurde auch 1892 Paula, das erste Kind der Landshuts, geboren. Im folgenden Jahr siedelte die dreiköpfige Familie nach Straßburg über, wo sich Samuel Landshut als Architekt bald einen Namen machte.[2] Noch im Jahre 1893 wurde am neuen Wohnsitz die zweite Tochter, Lore, geboren, vier Jahre später folgte die Geburt des dritten Kindes: Siegfried.

Die Eltern Siegfried Landshuts gehörten jener Generation deutscher Juden an, die sich – nach formaler Einführung rechtlicher und politischer Gleichstellung – zunehmend assimilierte. Jüdische Traditionen waren bei Landshuts gänzlich in den Hintergrund getreten; sie wurden von keinem der Elternteile gepflegt. Der Grad der Assimilation läßt sich nicht zuletzt an den betont »deutschen Namen« ablesen, die Suzette und Samuel Landshut ihren drei Kindern gaben. Das einzige – indes versteckte – Zeichen jüdischer Herkunft im Namen Siegfried Landshuts ist sein zweiter, vermutlich von ihm nie benutzter Vorname Salomon, der an den Großvater väterlicherseits, Salomon Hirsch, erinnern sollte. Dieser Großvater war 1849 von einem mehrjährigen Aufenthalt in Amerika so wohlhabend nach Neumark zurückgekehrt, daß er nicht länger seinen Tischlerberuf ausübte, sondern als Geschäftsmann und Hotelier tätig wurde. Bei seiner Rückkehr aus den Vereinigten Staaten, dort war »Hirsch« mittlerweile zu »Harris« amerikanisiert worden, benannte er sich, und damit auch seine Familie, in »Landshut« um. Der Name Landshut scheint gewählt worden zu sein, weil die Familie ursprünglich in Landeshut/Schlesien ansässig gewesen war, bis der Vater Harris-Landshuts, Siegfried Landshuts Urgroßvater, nach Westpreußen umsiedelte. Die Namensgebung mag auch darauf hindeuten, daß hier »deutsche Identität« gelebt werden sollte und mußte.

Siegfried Landshut verbrachte die ersten siebzehn Lebensjahre in seiner Geburtsstadt Straßburg, geprägt von der Sicherheit des wohlhabenden Elternhauses und der humanistischen Erziehung am Protestantischen Gymnasium; auch geprägt von einer deutsch-französischen Zweisprachigkeit, wobei die Präferenz für die deutsche Sprache und Kultur nie in Frage stand.

Während seiner frühen Kinderjahre wohnte die Familie in einer Wohnung des schlichten, aber schön am Ufer der Ill gelegenen Hauses Dietrichstaden 4. Zu Beginn des Jahrhunderts bezogen die Landshuts dann eine großzügige Wohnung im eigenen, vom Vater selbst im Jugendstil entworfenen Mietshaus in der nahen Poststraße.[3] Eingeschult wurde Siegfried Landshut im Jahre 1903 in eine auch über Straßburgs Grenzen hinaus bekannte Schule: das 1538 gegründete, in den Gebäuden eines ehemaligen Dominikanerklosters beheimatete Protestantische Gymnasium.[4] Diese renommierte Lehranstalt im Zentrum der Stadt berief sich auf die Tradition eines humanistischen Bildungsideals im Sinne ihres Mitbegründers und ersten Rektors, des evangelischen Theologen und Pädagogen Johannes Sturm (1507-1589).[5] Es war die einzige Schule, die Landshut je besuchte. Elf Jahre verbrachte er hier, von seiner Einschulung im Jahre 1903 bis zum 31. Juli 1914, als er, Schüler der Unterprima, vorzeitig das Abitur ablegte. Neben Griechisch und Latein gehörten auch Französisch und Englisch zum Fächerkanon. Als Landshuts beste Fächer weist das Abschlußzeugnis aber Geschichte und Geographie sowie Deutsch aus.[6]

Der Beginn des Ersten Weltkrieges bedeutete eine schlagartige Veränderung der Lebenssituation. Nach Ablegung des Notabiturs trat Siegfried Landshut am 5. August 1914, also zwei Tage nach der Kriegserklärung Deutschlands an Frankreich und zwei Tage vor seinem siebzehnten Geburtstag, als Kriegsfreiwilliger in das deutsche Heer ein.[7] Der Vater hatte diesem Schritt des Noch-Sechzehnjährigen mittels Unterschrift zugestimmt, was in einer von militärischen Denk- und Verhaltensweisen durchdrungenen Gesellschaft kein Einzelfall war.[8] Außerdem gilt für die Familie Landshut sicher das, was Walter Grab als typisch für die große Mehrheit der deutschen Juden bei Kriegsbeginn bezeichnet hat: die – bewußte oder unbewußte – Hoffnung, durch Betonung ihrer patriotischen Überzeugung die letzten Hindernisse auf dem Weg der Eingliederung in die Gesellschaft zu überwinden.[9] Wie trügerisch diese Hoffnung war, sollte sich noch während des Krieges zeigen.[10]

Siegfried Landshut war zunächst in Frankreich, dann in Rußland stationiert. Nach über eineinhalb Kriegsjahren kehrte er infolge einer Verwundung nach Straßburg zurück[11] und nahm im Mai 1916 an der dortigen Universität das Studium der Rechtswissenschaft auf.[12] Doch bereits im August des gleichen Jahres erfolgte die Einberufung an die deutsch-türkische Front im Nahen Osten. Mit der Fahrt von Charlottenburg über den Balkan in die Türkei beginnt das Kriegstagebuch, das Landshut mit einigen Unterbrechungen bis zu seiner Rückkehr nach Deutschland Ende März 1919 führte und das nun wieder aufgefunden wurde.[13] Dieses Kriegstagebuch zeigt einerseits den fortbestehenden Patriotismus Landshuts, seinen Glauben an einen »notwendigen Krieg«; andererseits dokumentiert es seine Sehnsucht nach Friedenszeiten, vor allem seine Sehnsucht nach geistiger Auseinandersetzung.

In der ersten Eintragung vom 26. August 1916 heißt es: »Eigentlich kommt einem das Gefühl der Größe und Gewaltigkeit dessen, was man macht, gar nicht zum Bewußtsein.«[14] Es scheint, daß der junge Landshut geradezu versucht, die »Größe des Krieges« zu empfinden, wenn er meint, daß alles »tiefere, schönere, freiere Eindrücke« hinterlassen würde, gäbe es einen »Menschen, der durch die Kraft seiner Persönlichkeit auch mich zu lebhafterem Empfinden mitreißen würde«. Statt dessen nahm er aber bei seinen »Reisegenossen« vornehmlich etwas anderes wahr: die »Mittelmäßigkeit und höchste Potenz an verschrobenen Ansichten«.[15]

Die Unterordnung unter militärische Disziplin war für Siegfried Landshut zwar eine Selbstverständlichkeit, dennoch empfand er auch »dieses Drückende und Beklemmende des nutzlosen Zeitverlierens«,[16] dem er beständig entgegenzuwirken versuchte. Geschildert werden im Kriegstagebuch die weiten Landschaften, die Kulturstätten der Städte, Musikabende, Diskussionen – etwa um die Aufgaben der Geschichtswissenschaft – und die Freundschaft mit Carl Maria Ludwig, die ihm zu einem »geistigen Frühling«[17] verhalf. Dies alles war jedoch nicht normaler Soldatenalltag, sondern es waren gezielte Bemühungen, den Geist wach zu halten.

Stationiert war der Unteroffizier Landshut in Aleppo, im Norden des heutigen Syrien, wo ihm die Materialverwaltung oblag. Daneben hielt er sich in Beirut, Damaskus und Konstantinopel auf und lernte auch Orte kennen, die er während seiner Exilzeit wiedersehen sollte: Jerusalem, Beer Sheva, Jaffa. Auffallend ist, daß Landshut im Kriegstagebuch zwar von Konstantinopel schwärmt, die schöne Lage Beiruts preist, die Omaijaden-Moschee in Damaskus beschreibt und die Geburtskirche in Bethlehem erwähnt, aber kaum einen Satz auf Jerusalem verwendet. Wie fern ihm persönlich auch die Idee einer jüdischen Heimstätte in Palästina war, zeigt eine Eintragung vom 17. Februar 1917. Während der Zugfahrt von Aleppo nach Beirut heißt es über einen jüdischen Reisebegleiter freundlich, aber distanziert:[18]

»[...] ich befand mich in einem Abteil mit einem jüdischen Offiziersaspiranten der türkischen Armee, der in seine Heimat nach Palästina fuhr, ein guter Junge, voller zionistischer Ideale im Herzen, einer jener Juden, die fast alle Vorzüge ihrer Rasse in sich vereinigen. Er sprach gut Deutsch und wir haben uns bei allerlei anregenden Gesprächen die Zeit der langen Fahrt gut vertrieben.«

Ein weiterer, freilich unangenehmer Bezug zur späteren Exilzeit ist die Malaria-Erkrankung, die im September 1916 das erste Mal diagnostiziert worden war und dann immer wieder, besonders schwer im Jahre 1918, auftrat.[19] Während des Exils in Ägypten in den Jahren 1933 bis 1936 erkrankte Landshut erneut an Malaria, womit das Exilland Ägypten auch aus diesem Grunde zu einem leidvollen Aufenthaltsort wurde.

Im Laufe des Jahres 1917 wuchs die Hoffnung auf »Frieden und frohe Heimkehr«. Im Mai glaubte Landshut daran, daß der Krieg bald beendet sei,[20] im August mußte er aber resigniert feststellen, daß er nun schon den vierten »Kriegsgeburtstag« – Landshut war am 7. August zwanzig Jahre alt geworden – habe begehen müssen.[21] Das Motiv des Verrinnens von Lebenszeit zog sich nun immer quälender durch seine Gedanken, doch sollte es auch noch einen fünften »Kriegsgeburtstag« geben.

Aus Straßburg trafen derweil Berichte darüber ein, wie das Leben zu Hause weiterging. Im August 1917 etwa erhielt Friedel – Landshuts Spitzname in der Familie und bei Freunden – von seiner Mutter eine Postkarte, auf der die Schwestern Paula und Lore nebst Nachwuchs abgebildet waren.[22] Paula hatte den Studienrat Joseph Rüdell geheiratet und war nach Kassel gezogen, wo 1916 ihr erstes Kind geboren worden war. Lore lebte noch in Straßburg; sie war mit dem aus einer dänisch-jüdischen Familie stammenden Ingenieur Paul Kaufmann verheiratet und hatte inzwischen zwei Kinder.

Für Siegfried Landshut begann erst nach dem Zusammenbruch der deutsch-türkischen Front im September 1918 der lange Rückweg nach Deutschland. Das »Durchschlagen« nach Konstantinopel, das zermürbende Warten auf das Auslaufen der »Patmos« und endlich die komplizierte Schiffahrt bis nach Hamburg waren begleitet von vagen Nachrichten aus Deutschland sowie vom Nachsinnen über persönliche Perspektiven. Am 18. März 1919, vor der Küste Frankreichs, notierte Landshut in großer Unsicherheit über seine Zukunft:[23]

»Die trübselige Stimmung der Witterung finde ich so recht in mir wieder. Während die Kameraden alle mit einer gewissen Selbstsicherheit in die Zukunft blicken, die sie sich dennoch jeden Tag als äußerst traurig gegenseitig schildern, kommt mir so recht die Hilflosigkeit meines Daseins zum Bewußtsein. Ich kann auf keinen festen Grund von Wissen zurückblicken und das, was ich früher gelernt habe, ist zum größten Teil während der Kriegszeit in Vergessenheit geraten. Dazu kommt die völlige Ungewißheit über das Schicksal der Eltern und der Heimat. Wenn Straßburg französisch wird, werden wir wohl kaum dort bleiben können. Die Unhaltbarkeit der durch eine solche Annexion geschaffenen Zustände scheint mir sie schon jetzt als eine Unmöglichkeit betrachten zu lassen. Ich verliere dadurch die mir angestammte Heimat und ob dann die kommende Zeit dem fruchtbaren Heranreifen meiner Neigungen und Fähigkeiten, deren ich mir selbst noch nicht klar bin, günstig sein wird, halte ich für mehr als zweifelhaft. Das Notwendigste zu einem Leben in den Zuständen nach diesem Kriege ist irgend ein festes Können – und das fehlt mir. Nun, ich hoffe, daß sich dies alles, einmal wieder zu Hause, in günstigerem Lichte dartun wird. Nur nach Hause, nach Hause.–«

Die letzte Eintragung in das Kriegstagebuch erfolgte in der Nacht vom 27. auf den 28. März 1919:[24]

»Die letzte Nacht an Bord und als Soldat. Hier ist ein Lebensabschnitt zu Ende, der für meine ganze künftige Entwicklung die maßgebenden Richtlinien angegeben hat.«

Über viereinhalb Jahre waren vergangen, seitdem sich Siegfried Landshut und seine Mitschüler aus der Unterprima als Kriegsfreiwillige gemeldet hatten. Nun kehrte er vermutlich als einer der wenigen noch Lebenden zurück. Zweifellos hat die Kriegszeit für Landshuts gesamtes weiteres Leben größte Bedeutung gehabt und auch die Richtung seines wissenschaftlichen Werkes mitbestimmt.[25]

3. Auf dem Weg
zur Politischen Wissenschaft
(1919-1925)

Die Fraglichkeit der Lebenssituation

Als Siegfried Landshut am 28. März 1919 von Bord der »Patmos« ging, betrat er in Hamburg den Boden einer gerade viereinhalb Monate alten Republik, deren Präsident am 11. Februar Friedrich Ebert geworden war und deren erste Regierung sich aus Abgeordneten der SPD, des Zentrums sowie der DDP zusammensetzte. Die Jahre der Weimarer Republik waren für Landshut die Zeit seiner wissenschaftlichen Ausbildung, seines sehr eigenständigen Weges zur Politischen Wissenschaft und seiner ersten staunenerregenden Veröffentlichungen. Gegen Unverständnis, bürokratischen Kleingeist und Antisemitismus hatte er sich dabei durchzusetzen sowie eine finanzielle Dauerkrise für sich und seine Familie zu überstehen, bis die Zerstörung der Republik schließlich auch die Lebensgrundlage Landshuts in Deutschland vernichtete.

Die Weimarer Republik stand von ihrem Beginn an unter Druck, und ihr Ende nach nur vierzehnjähriger Lebensdauer war katastrophal. Doch die Republik nur von ihrem Scheitern aus zu betrachten hieße, die Unvermeidlichkeit dieses Endes zu suggerieren und den Blick auf die Leistungen demokratischer Kräfte in einer überaus spannungsgeladenen Zeit zu verstellen. Eine derartige Sichtweise war schon in »Weimar« selbst verbreitet, und Peter Gay hat zu Recht angeführt, daß nicht zuletzt dieser bequeme Pessimismus, der die Republik von Anfang an als zum Untergang verurteilt sah, dazu beigetragen hat, die eigenen Prophezeiungen zu erfüllen. Gay akzentuiert demgegenüber, daß die Weimarer Republik Außenseitern – Demokraten, Kosmopoliten, Juden – die Möglichkeit gegeben habe, Stellungen in Gesellschaft, Universität und Politik einzunehmen, die ihnen bis dahin versagt gewesen seien. Dieser Umbruch habe der Republik ihren eigenartigen, einzigartigen Charakter gegeben: »lebhaft, oft hektisch; produktiv, aber oft gefährdet«.[1] Die Gefährdung allerdings war chronisch, die wirtschaftlichen und sozialen Schwierigkeiten gewaltig und die antirepublikanischen, oftmals völkischen Widersacher der Republik erbarmungslos.

Dabei ergänzten und verschärften sich in Deutschland Krisensymptome, die auch in den anderen modernen Industriegesellschaften zu finden waren. In seiner instruktiven Studie *Die Weimarer Republik. Krisenjahre der Klassischen Moderne* hat Detlev Peukert konstatiert, daß die Deutschen ihr republikanisches Experiment zur denkbar ungünstigsten Stunde gewagt hätten, in einem Moment, in dem das politische und soziale System ohnehin einer Zerreißprobe ausgesetzt gewesen sei. Peukert zeichnet die Weimarer Jahre als eine Zeit krisengeschüttelter Modernität, »für die das Balancieren am Abgrund eher der Regelfall war und das Austarieren der Widersprüche eher nur im Ausnahmefall gelang«.[2]

Daß mit der Moderne Gefahren ganz neuer Art für den Menschen aufgekommen waren, hatte Max Weber zu Beginn des Jahrhunderts mit großer Klarheit dargelegt. In »Die protestantische Ethik und der ›Geist‹ des Kapitalismus« hatte er sich über die dem siegreichen, »auf mechanischer Grundlage« ruhenden Kapitalismus innewohnende Konsequenz geäußert und eine düstere Prognose für die im »stahlharten Gehäuse« der Modernität lebenden Menschen abgegeben, sofern der Prozeß der Rationalisierung der »praktischen Lebensführung«[3] anhielte:[4]

»Dann allerdings könnte für die ›letzten Menschen‹ dieser Kulturentwicklung das Wort zur Wahrheit werden: ›Fachmenschen ohne Geist, Genußmenschen ohne Herz: dieses Nichts bildet sich ein, eine nie vorher erreichte Stufe des Menschentums erstiegen zu haben.‹«

»Die protestantische Ethik und der ›Geist‹ des Kapitalismus« war erstmals 1904/05 in Aufsatzform publiziert worden. In der noch von ihm erarbeiteten, im Sterbejahr 1920 veröffentlichten Buchausgabe seiner *Gesammelten Aufsätze zur Religionssoziologie* erneuerte Max Weber dann seine Aussagen. Er widersprach damit dem verbreiteten Fortschrittsglauben, ohne indes einem wehleidigen und gefährlichen Kulturpessimismus zu verfallen. Aus seiner Diagnose der Moderne hatte Weber vielmehr einen hohen persönlichen Anspruch, eine besondere Verpflichtung abgeleitet. Der junge Landshut sollte Webers Schriften schon bald intensiv studieren.

Die ersten Monate der Weimarer Republik waren für Siegfried Landshut eine Zeit auch tiefgreifender persönlicher Veränderungen. Freude und Angst, Hoffnung und Unsicherheit mögen ihn auf seiner Fahrt von Hamburg nach Straßburg begleitet haben, wohin er im April 1919 gelangte und wo er vom zwei Monate zuvor eingetretenen Tod des Vaters erfuhr. Seine Mutter hatte die französische Staatsangehörigkeit angenommen und beabsichtigte, im nun wieder Frankreich zugehörigen Straßburg zu bleiben. Das gleiche galt für seine ihm besonders nahestehende Schwester Lore und deren Familie. Siegfried Landshut aber »konnte« sich, wie er später schrieb, nicht mehr in seiner Heimatstadt niederlassen.[5] Im nahegelegenen Freiburg i. Br. nahm er noch im Sommersemester 1919 das juristische Studium wieder auf. Rückblickend erklärte er:[6]

»Der letzte 2 3/4jährige Aufenthalt in Syrien und Mesopotamien bedeutete für mich die eigentlich entscheidende Anregung zur Aufnahme des Studiums, als ich *stark beeindruckt von der Fraglichkeit der neuen Lebenssituation* nach Deutschland zurückkehrte.«

Die »Fraglichkeit einer Lebenssituation« markiert den Beginn des Studiums, von dem Landshut eine »Vertiefung des Welt- und Selbstverständnisses«[7] erwartete. In welcher Lage aber befanden sich die Wissenschaften? Siegfried Landshut hat es später in seinem Vortrag über »Max Webers geistesgeschichtliche Bedeutung« geschildert: Die Entwicklung der Wissenschaften hin zu spezialisierten, scheinbar autonomen Einzelwissenschaften war der Erweiterung des geistigen Blickfeldes nicht eben förderlich, was auch das öffentliche Prestige der Wissenschaften überhaupt immer mehr sinken ließ:[8]

»Diese Tatsache erlebte derjenige im Widerstreit zu seinen eigenen Motiven wissenschaftlicher Arbeit, der in der chaotischen Aufgeregtheit der ersten Nachkriegsjahre, der Aufgebrochenheit und gleichzeitigen Verworrenheit der phantastischsten Möglichkeiten, sowohl für das eigene wie für das öffentliche Leben, in der wissenschaftlichen Arbeit, insbesondere aber in den Sozialwissenschaften die Erfüllung unausdrücklicher Erwartungen zu finden glaubte. Damals hielt

Max Weber seinen berühmten Vortrag ›Wissenschaft als Beruf‹, an dessen Schluß er alle bequemen Erwartungen zurückwies, aus der Wissenschaft selbst die sichere Auskunft fertig geliefert zu erhalten, um sozusagen aus einem Programm der Welt ein Maß und eine Richtung zu entnehmen.«
In diesem im November 1917 gehaltenen, dann 1919 veröffentlichten Vortrag »Wissenschaft als Beruf« hatte Max Weber die Vollendung des in der okzidentalen Kultur durch Jahrtausende fortgesetzten Entzauberungsprozesses diagnostiziert:[9]

»Die zunehmende Intellektualisierung und Rationalisierung bedeutet [...] *nicht* eine zunehmende allgemeine Kenntnis der Lebensbedingungen, unter denen man steht. Sondern sie bedeutet etwas anderes: das Wissen davon oder den Glauben daran: daß man, wenn man *nur wollte*, es jederzeit erfahren *könnte*, daß es also prinzipiell keine geheimnisvollen unberechenbaren Mächte gebe, die da hineinspielen, daß man vielmehr alle Dinge – im Prinzip – durch *Berechnen beherrschen* könne. Das aber bedeutet: die Entzauberung der Welt.«

Siegfried Landshut lagen »bequeme Erwartungen« fern, und so glaubte er nicht daran, durch ein wie auch immer geartetes »Berechnen« wirkliche Kenntnis von den Lebensbedingungen erhalten zu können. Deutlich wurde ihm, daß sich Wissenschaftlichkeit, begreift man sie als Lebenshaltung, nicht so sehr durch ihre Resultate als vielmehr durch das Aufbrechen neuer Fragemöglichkeiten kennzeichnen läßt. Die »Fraglichkeit einer Lebenssituation« war für ihn der Ursprung aller Sozialwissenschaft, ihrer Themen und ihrer Methoden. Die Fraglichkeit der Lebenssituation in unserer modernen technisch-bürokratischen Welt: Sie ist es, die das gesamte Werk Siegfried Landshuts durchzieht.

Nationalökonomisches Studium
bei Robert Liefmann und Franz Oppenheimer

Das Studium Siegfried Landshuts verlief in heute kaum vorstellbarer und auch für damalige Verhältnisse erstaunlicher Kürze. Innerhalb von zweieinhalb Jahren hatte er nicht nur Studienfach und Studienort gewechselt, sondern auch – trotz einiger Komplikationen – seine Promotion abgeschlossen.

Als Landshut noch im Sommersemester 1919 mit dem Studium begann, hatte der nun 21jährige vier Jahre Kriegseinsatz hinter sich. In dieser Zeit hatte er kaum über den Tag hinaus planen können. Ein riesiger Nachholbedarf an geistiger Auseinandersetzung war entstanden. Darüber hinaus war die im Vergleich zur Zeit vor dem Ersten Weltkrieg ungleich schlechtere materielle Situation eine Ursache für die Eile und Intensität seines Studiums. »Aus finanziellen Gründen«, schreibt Landshut, »nahm ich zunächst in Freiburg i. Br. das juristische Studium auf, wandte mich aber im zweiten Semester der Nationalökonomie zu.«[10]

Bei der Nationalökonomie blieb Landshut bis zur Promotion im Dezember 1921. Der für ihn wichtigste akademische Lehrer in dieser Zeit erster wissenschaftlicher Orientierung war Robert Liefmann (1874-1941), ein ausgesprochener Einzelgänger der Disziplin.[11]

Liefmann hatte nach anfänglichem Jurastudium, das er bald als beengend empfand, über Lujo Brentano, vor allem aber über Max Weber zur Nationalökonomie gefunden. Bei letzterem wurde er 1897 zum Dr. rer. pol. promoviert. Seine Dissertation über *Die Unternehmerverbände (Konventionen, Kartelle), ihr Wesen und ihre Bedeutung* war zwar von Weber angeregt worden, bezeugt aber schon den bewußten eigenen Weg jenseits der Historischen Schule. Auf dem Gebiet der Erforschung moderner Unternehmensformen und der Arten ihrer Zusammenschlüsse erlangte Liefmann internationales Renommee, doch sein Interesse galt zunehmend der Errichtung eines neuen Lehrsystems, mit dem er die Nationalökonomie bahnbrechend verändern wollte. Nachdem Liefmann in zahlreichen Publikationen Umrisse einer auf konsequent psychisch-individualistischer Grundlage stehenden Theorie entwickelt hatte, legte er im Jahre 1919 die beiden Bände seiner *Grundsätze der Volkswirtschaftslehre* vor.[12] Auf den mehr als 1500 Seiten dieses Hauptwerkes stellt Liefmann seine »Psychische Theorie« als geschlossenes System dar und beklagt gleichzeitig »das Versagen der bisherigen ökonomischen Theorien«,[13] wobei keine der in der Nationalökonomie bedeutenden Richtungen verschont bleibt.

Als aktiver Außenseiter des Faches meldete sich Robert Liefmann insbesondere in der Zeit des Weltkrieges und der ersten

Nachkriegsjahre häufig zu Wort. Seine Stimme wurde auch gehört, das wissenschaftliche Echo auf seine Arbeiten war vielfältig, doch die ersehnte Anerkennung blieb weitgehend aus. Unbeirrt glaubte er an die Richtigkeit seiner Theorie, von der er annahm, daß sie doch noch eines Tages die Nationalökonomie revolutionieren würde.

Als Siegfried Landshut im Wintersemester 1919/20 bei Liefmann das nationalökonomische Studium aufnahm, lernte er also einen Wissenschaftler mit schöpferischem Eigensinn kennen, der gerade ein Hauptwerk publiziert hatte, das gegen die große Mehrheit der Zunft zu verteidigen war. Der Intensität, mit der Liefmann einen neuen Weg in der Nationalökonomie einschlug, haftete etwas Rebellisches an, das auf den jungen Landshut offenbar Eindruck machte. Möglicherweise gefiel ihm auch die unkonventionelle Art Liefmanns, der erklärte, kein »typisch deutscher Gelehrter« zu sein, da er fast die Hälfte seiner Zeit dem Sport und dem Naturgenuß widme und den größten Teil seiner Arbeiten auf Reisen, Ausflügen und Spaziergängen verfaßt habe. Außerdem mag es Landshut als etwas Verbindendes erschienen sein, daß Liefmann sich im August 1914 als Kriegsfreiwilliger gemeldet hatte, und schließlich gab es noch eine weitere Parallele: Auch Liefmann entstammte einem weitgehend assimilierten jüdischen Elternhaus.[14]

Landshut hörte bei Liefmann die dreistündige Vorlesung »Geschichte der Nationalökonomie und des Sozialismus, zugleich als Einführung in die Nationalökonomie«. Hier wurde er vertraut mit Liefmanns Kritik an den verschiedenen volkswirtschaftlichen Lehrmeinungen wie auch mit dessen kritischer Haltung gegenüber dem Sozialismus.

Das Lehrgebäude Liefmanns war indes nicht der einzige nationalökonomische Ansatz, dem Landshut sich zuwandte. Nach einem Semester entschied er sich, im Sommersemester 1920 zu dem von seinem bisherigen Lehrer wissenschaftlich wenig geschätzten Franz Oppenheimer[15] nach Frankfurt am Main zu wechseln. Wie Landshut später schrieb, hatten ihn die von Oppenheimer behandelten sozialen Zusammenhänge ökonomischer Theorie besonders interessiert[16] – ein Bereich, der bei Liefmann zu kurz kam.

Nach Liefmann galt auch Landshuts zweiter Lehrer Franz

Oppenheimer (1864-1943) eher als Außenseiter der deutschen Nationalökonomie, freilich war er nicht so eigenbrötlerisch wie sein Freiburger Kollege und außerdem zunehmend erfolgreicher als dieser.[17] Aus seiner Schule gingen eine ganze Reihe bedeutender Nationalökonomen hervor – unter ihnen auch Eduard Heimann, dessen Assistent Siegfried Landshut im Jahre 1927 an der Hamburgischen Universität werden sollte.

Franz Oppenheimer stammte aus Berlin, wo sein Vater Rabbiner der Reformgemeinde gewesen war. Nach dem Medizinstudium arbeitete er jahrelang als Arzt und kam schließlich über schriftstellerische und journalistische Tätigkeiten doch noch zur Wissenschaft: zur Nationalökonomie und, zunehmend, zur Soziologie. Als Oppenheimer sich 1909 an der Berliner Universität habilitierte, war er den dortigen Gelehrten, etwa Gustav von Schmoller, längst kein unbeschriebenes Blatt mehr, hatte er doch die Historische Schule heftig attackiert. Bereits in den Jahren 1896 und 1898 war er mit den Studien *Die Siedlungsgenossenschaft* sowie *Großgrundeigentum und soziale Frage* hervorgetreten. Mit diesen Arbeiten wurde Oppenheimer, der sich selbst als Sozialist jenseits des Marxismus und der Sozialdemokratie bezeichnete, zum Exponenten eines auf dem Genossenschaftsgedanken basierenden »liberalen Sozialismus«. Er unternahm mehrere Versuche, seine Vorstellungen von einer Siedlungsgenossenschaft zu realisieren: einen auch in zionistischem Auftrag 1911 in Merchavia, nördlich von Haifa. Zwar glückte dieser Versuch nicht, doch begann mit ihm der planmäßige Aufbau ländlicher Gemeinschaftssiedlungen in Palästina. Drei Jahrzehnte später sollten diese Gemeinschaftssiedlungen zum Thema des Hauptwerks von Siegfried Landshut in seiner Exilzeit werden.

Im Jahre 1919 wurde Franz Oppenheimer von Berlin nach Frankfurt am Main berufen, wo er an der 1914 gegründeten Universität eine ordentliche Professur für Soziologie und Wirtschaftstheorie erhielt. Als Landshut im Sommersemester 1920 bei ihm studierte, hielt Oppenheimer – wie Liefmann ein Semester zuvor in Freiburg – eine Vorlesung über die Geschichte der Nationalökonomie: ein Thema, das man in heutigen Vorlesungsverzeichnissen zumeist vergeblich sucht, das aber damals zum Grundwissen des Faches zählte. Neben der Vorlesung hielt

Oppenheimer auch eine Übung über Theoretische Nationalökonomie ab. In diesem »Seminar für Vorgeschrittene« begann Landshut eine Studie über den »homo oeconomicus«, die er bald zur Dissertation zu erweitern beschloß. Er befand sich gerade im zweiten Semester seines nationalökonomischen Studiums.

Nur ein Semester lang blieb Landshut bei Oppenheimer. Zum Wintersemester 1920/21 kehrte er nach Freiburg zurück, da ihm die Auffassungen seines dortigen Lehrers Robert Liefmann deutlich näher standen als die Oppenheimers.[18] Dies war die erste Entscheidung zwischen zwei unterschiedlichen wissenschaftlichen Wegen. Oppenheimer wollte gesellschaftsverändernd wirken, indem er einen »dritten Weg zwischen Kapitalismus und Marxismus« propagierte; Liefmann versuchte, sich – mit Hilfe eines präzisen Begriffsinstrumentariums – über das Wesen der eigenen Disziplin, der Nationalökonomie, klarzuwerden. Für den jungen Landshut besaß die Liefmannsche Richtung zunächst weitaus größere Anziehungskraft. Ihn interessierten die grundlegenden Fragen seines Faches, was denn Volkswirtschaftslehre, was denn Wirtschaft überhaupt sei. Darüber wollte er Klarheit erlangen, bevor an weitere Aufgaben zu denken war.

In Freiburg machte sich Siegfried Landshut an die Abfassung seiner Dissertation, die er am 14. April 1921 – also nach etwa einem halben Jahr – bei Robert Liefmann einreichte. Kaum erscheint der Name seines Doktorvaters in den Anmerkungen der Arbeit, doch Argumentation wie Terminologie und auch schon der Titel der Studie *Betrachtungen über eine abstrakte und formale Auffassung des Wirtschaftlichen und seine Beziehung zum Gesellschaftlichen* weisen ihren Verfasser unzweideutig als Liefmann-Schüler aus.

Siegfried Landshut unternimmt in dieser bis heute unpublizierten Arbeit[19] den Versuch, Aufgaben und Grenzen der Wirtschaftswissenschaft zu bestimmen. In scharfsinniger Argumentation wendet er sich gegen bisherige Definitionsversuche gewichtiger Fachvertreter. So rügt er zu Recht Schmollers Erklärung, die Volkswirtschaftslehre stehe mitten zwischen den angewandten Naturwissenschaften und den wichtigsten Geisteswissenschaften, als »ganz ungenau«.[20] Und so wirft er Franz

Oppenheimer eine »namenlose Begriffsverwirrung« vor, wenn dieser die Soziologie als »Herrenthron der Geisteswissenschaften« bezeichnet und die Nationalökonomie als deren »Unterwissenschaft« verstanden wissen will.[21]

Landshut dagegen plädiert für eine strikte Trennung von Nationalökonomie und Soziologie und beharrt vor allem darauf, daß wirtschaftliche Erscheinungen niemals aufgrund gesellschaftlicher erklärt werden könnten. Obgleich es durchaus Wechselwirkungen zwischen Wirtschaft und Gesellschaft gebe, sei das Wesen wirtschaftlicher Prozesse letztlich nur aus sich selbst zu erklären und zu systematisieren – so die grundlegende These der Studie.

Ganz im Sinne Liefmanns vertritt Landshut die Ansicht, daß einzig das formale Prinzip wirtschaftliche Prozesse erklären könne. Es geht ihm nicht darum, die Mannigfaltigkeit der wirtschaftlichen Erscheinungen zu untersuchen; vielmehr gelte es, die ihnen zugrundeliegende *immer* gleichartige Form zu erkennen. In diesem Kontext erhält der »homo oeconomicus« als eine von allen sozialen und individuellen Bindungen losgelöste Fiktion zentrale Bedeutung. Mit Hilfe dieses Begriffs versucht Landshut zu zeigen, daß Wirtschaften nichts anderes bedeute als ein Vergleichen von Mittel und Zweck nach dem Rationalprinzip: Das typisch Wirtschaftliche liege nicht in den Erscheinungen, sondern in den Vorstellungen. Wirtschaftliche Handlungen gelten als rein psychisch-formales Verhalten, auf deren inhaltliche Bestimmung es zunächst gar nicht ankomme.

Allzu steril mutet dieser Befund an. Landshut jedoch erblickte in einer abstrakten und formalen Auffassung des wirtschaftlichen Prinzips den Schlüssel zum Verständnis *aller* ökonomischen Prozesse.[22] So entzog er zuvor erbittert geführten Auseinandersetzungen innerhalb der Nationalökonomie scheinbar den Boden, attestierte er doch allen konkurrierenden Richtungen, bereits von falschen Fragestellungen auszugehen. Aus einem eingeschränkten Blickwinkel übt Landshut zu forsch seine Kritik: Der Historischen Schule – und hier sind von Knies über Schmoller bis hin zu Max Weber alle gemeint – wirft er vor, sich fast ausschließlich der Induktion als Forschungsmethode zu bedienen, dabei aber nie von den konkreten Erscheinungen zu abstrahieren und folglich das immer Gleichartige, das Wesen der

Ökonomie gar nicht finden zu können. Den Vertretern der Grenznutzenschule legt er u. a. zur Last, den Begriff des »homo oeconomicus«, der ja nichts weiter verkörpern solle als das rein formale wirtschaftliche Prinzip, durch inhaltliche Überfrachtung völlig unfruchtbar verwendet und ihn überdies durch abwegige Beispiele lächerlich gemacht zu haben.

Die Dissertation ist Siegfried Landshuts erste wissenschaftliche Arbeit und verweist bereits auf einige auch für die späteren Schriften charakteristische Merkmale. Es fällt insbesondere auf, daß dem erst dritten Fachsemester schon ein erstaunlich großes wirtschaftstheoretisches Wissen zur Verfügung steht, welches vor Kritik an herrschenden Forschungsrichtungen in keiner Weise zurückschreckt. Mit Vehemenz und auch einem gewissen Rigorismus bringt er seine Gegenargumente vor, und trotz der Nähe seiner Auffassungen zu denen Liefmanns blitzt doch immer wieder geistige Selbständigkeit hervor. Es ist weiterhin auffallend, daß Landshut, offenbar auch von Ungeduld gedrängt, kein eingegrenztes Spezialthema wählen konnte, sondern sich grundsätzlichen Fragestellungen seiner Disziplin zuwandte. Erkennbar wird das große wissenschaftstheoretische Interesse, das nach dem Begriff des Wirtschaftlichen und nach der adäquaten Methode für die Wissenschaft von der Ökonomie fragen läßt.

Es ist der Drang Landshuts, den Dingen auf den Grund zu gehen; nicht die »Forschungslücken« einer Disziplin zu füllen, sondern nach ihren Grundpfeilern zu forschen: und das heißt oftmals, bisherige Auffassungen radikal in Frage zu stellen. Die Intensität und Leidenschaft des Denkens, die Unbedingtheit seines Fragens, der eigene Klärungsprozeß, der in aller Schärfe geführt wird: All dieses hat schon in der Dissertation sichtbare Spuren hinterlassen.

Daß die Untersuchung sowohl methodische als auch stilistische Mängel aufweist und Landshut bisweilen zu Pauschalisierungen neigt, kann aufgrund der kurzen Studiendauer und der äußerst knappen Ausarbeitungszeit für die Dissertation kaum überraschen. Zu schnell auch schließt er sich Liefmann an und versäumt dadurch einen differenzierteren Blick auf andere wirtschaftstheoretische Richtungen, deren Traditionsstränge und unterschiedliche Vertreter. Aber eine Klärung weiterer wissenschaftlicher Perspektiven für Landshut selbst hatte die Arbeit zweifellos gebracht. Sie bedeutete daher eine wenngleich überstürzte, so doch in dieser Form notwendige Zwischenetappe. Im Gutachten seines Doktorvaters Robert Liefmann vom 3. Juni 1921 heißt es resümierend:[23]

»Die Arbeit, die der Verf. mehrmals umgearbeitet hat, leidet daran, daß sie, wie aus ihrer Entstehung hervorgeht, zu viel umfaßt, eine Beschränkung auf eines der angeschnittenen Probleme wäre vielleicht wertvoller gewesen. Denn jedes könnte natürlich noch sehr viel eingehender behandelt werden. Verf. zeigt aber eine gute logische und wirtschaftstheoretische Schulung, und die Arbeit zeichnet sich durch selbständige Gedanken und geschickte Formulierung aus. Angesichts der Schwierigkeit des Themas censiere ich sie mit magna cum laude.«

Als Zweitgutachter erklärte sich Gerhart von Schulze-Gävernitz mit dieser Beurteilung einverstanden, und auch der als Experte für theoretische Fragen zugezogene Karl Diehl, der Hauptvertreter der sozialrechtlichen Schule, befand die Note als angemessen. Das einhellig positive Urteil war für Landshut ermutigend, doch ansonsten verlief das Promotionsverfahren alles andere als reibungslos.

Heirat und Promotion

Die wissenschaftliche Laufbahn Siegfried Landshuts hätte bereits vor Abschluß der Promotion ein jähes Ende finden können, denn seit November 1920 lief gegen ihn und Edith Heß (1896-1965), seine spätere Ehefrau, ein Disziplinarverfahren. Vorgeworfen wurde dem Paar, die »Sitte und Ordnung des akademischen Lebens« gestört zu haben.

Landshut hatte Edith Rosalie Heß, einziges Kind einer in Hamburg ansässigen jüdischen Kaufmannsfamilie, im Jahre 1919 an der Freiburger Universität kennengelernt, wo sie Kunstgeschichte studierte, aber auch Veranstaltungen in Philosophie belegte. Sie hörte die Vorlesungen Husserls und Heideggers, bevor Landshut dies tat.[24]

Nach Landshuts Rückkehr von seinem Zwischensemester in Frankfurt am Main mietete das mittlerweile verlobte Paar im

Oktober 1920 drei Zimmer zur Untermiete in der Freiburger Scheffelstraße an. Nur wenige Wochen später wandte sich ihre Zimmerwirtin an das Wohnungsamt, um sich über den unmoralischen Zustand in den Zimmern zu beklagen und um Hilfe bei der Kündigung ihrer Untermieter zu ersuchen: Diese führten einen durchaus nicht einwandfreien Lebenswandel, teilten sie doch Tisch und Bett miteinander.[25]

Die Anzeige wurde vom Wohnungsamt an die Sittenpolizeiliche Abteilung des Bezirksamts und von dort an die Universität weitergeleitet. Edith Heß und Siegfried Landshut erhielten Vorladungen seitens der Polizei wie seitens des akademischen Disziplinarbeamten. Dort bestätigten die beiden Verlobten die Angaben der Wirtin, widersprachen aber der Ansicht, sie hätten Sitte und Ordnung gestört. In einer schriftlichen Erklärung legte Landshut der akademischen Disziplinarbehörde seine Einstellung dar:[26]

»Der gegen uns erhobene Vorwurf einer der akademischen Gesinnungsart nicht entsprechenden Handlungsweise mag wohl in formaler Hinsicht zutreffen. In unserem Falle möchte ich jedoch verständlich machen, daß die dieser Lebensweise zu Grunde liegende Gesinnung nur eine Folge innerer Wahrhaftigkeit ist und durchaus unserer, allerdings individueller Lebensauffassung entspricht.«

Ferner verwies Landshut darauf, daß das Paar bereits seit einem Jahr mit Zustimmung der Eltern verlobt sei, daß seine wirtschaftlichen Verhältnisse eine Heirat aber noch nicht erlaubten. Schließlich fügte er hinzu, daß die Vermieterin sich erst moralisch entrüstet habe, als ihre ständigen Mieterhöhungen nicht mehr akzeptiert worden seien.

Am 27. Januar 1921 tagte das Disziplinargericht der Universität, dem neben dem Rektor und dem Prorektor vier weitere Professoren sowie zwei Studenten und zwei Verwaltungsbeamte – der eine als Vertreter der Anklage, der andere als Protokollführer – angehörten. Noch am selben Tag kam man zu dem Urteil, daß »die Angeklagten stud. rer. pol. Siegfried Landshut und stud. phil. Edith Heß wegen Störung der Sitte des akademischen Lebens mit der Androhung der Ausschließung von der Universität und einer Geldbuße von je 150 Mark« zu bestrafen seien. Außerdem wurden ihnen die Kosten des Verfahrens auferlegt. Die ausführliche Begründung des Urteils läßt erkennen, daß »die Beschuldigten« ganz und gar nicht die vom Gericht für erforderlich gehaltene Reue gezeigt, sondern ihre Lebensweise »mit einer gewissen stolzen Selbstzufriedenheit« verteidigt hatten. Während der Vertreter der Anklage einen Verweis für ausreichend gehalten hatte, hatte die Mehrheit der übrigen Anwesenden die Androhung einer Exmatrikulation und – als »sofort fühlbaren Denkzettel« – eine Geldstrafe gefordert, was auch umgesetzt wurde.[27]

Das Ergebnis des Verfahrens waren also eine empfindliche finanzielle Einbuße und die Notwendigkeit einer räumlichen Trennung der Verlobten, zu der es schon vor der Verhandlung gekommen war. Doch damit nicht genug: Die Androhung der Ausschließung von der Universität sollte Edith Heß und Siegfried Landshut offiziell durch den Rektor der Universität, den Professor für Innere Medizin Oscar de la Camp, eröffnet werden. Als Termin wurde dafür der 3. Mai 1921 festgesetzt.

Das Disziplinarverfahren war für das junge Paar sicher aufreibend, zumal Siegfried Landshut in eben jenen Monaten seine Dissertation verfaßte, die er allen Schwierigkeiten zum Trotz im April 1921 einreichen konnte. Der an die Rechts- und Staatswissenschaftliche Fakultät gerichtete Antrag auf Zulassung zur Promotion wurde nun geprüft, wobei auch die Disziplinarstrafe zur Sprache kam. Zwar herrschte allgemein die Auffassung, daß in ihr kein Ablehnungsgrund zu erblicken sei, doch dieses rief Fritz Freiherr Marschall von Bieberstein, seit 1920 Professor für Öffentliches Recht an der Freiburger Universität, auf den Plan. Marschall von Bieberstein war bei der Disziplinarverhandlung im Januar Mitglied des Akademischen Gerichts gewesen und hatte dessen Urteil formuliert. Nun fühlte er sich bemüßigt, der Fakultät in scharfer Form darzulegen, daß dem Kandidaten die Zulassung aufgrund seiner mangelnden »sittlichen Mündigkeit« versagt werden müsse.[28] Die Annahme des Antrages wurde daraufhin vertagt, die Exemplare der Dissertation wurden vorerst noch nicht an die Gutachter weitergeleitet.

Inzwischen war der 3. Mai 1921, also der Tag der Vorladung beim Rektor, gekommen. Edith Heß und Siegfried Landshut erschienen jedoch nicht; statt dessen traf zwei Tage später ein Brief Landshuts aus Hamburg ein: Er und seine Verlobte seien verhindert gewesen, da sie sich anläßlich ihrer für den 8. Mai geplanten Hochzeit in der Heimatstadt der Braut aufhielten.[29]

Doch auch die Heirat bedeutete noch nicht das Ende des Disziplinarverfahrens. Auf Betreiben des unermüdlichen Marschall von Bieberstein wurde das Ehepaar Landshut für den 7. Juni 1921 erneut vorgeladen.[30] An diesem Tag erfuhren sie aus dem Munde des Rektors de la Camp, daß ihnen nach wie vor die Ausschließung aus der Universität drohe. Betont wurde nun, »daß durch die nachträgliche Verheiratung das vorherige sitten- und ordnungswidrige Verhalten nicht auch für die Vergangenheit aus der Welt geschafft werde«.[31]

Auch wenn Edith und Siegfried Landshut sich schließlich doch beim Rektor eingefunden und außerdem ihr Strafgeld entrichtet hatten, um einer drohenden Exmatrikulation zu entgehen, so zeigt das Disziplinarverfahren, daß sie sich nicht dem Kleingeist der über sie richtenden Professoren beugen wollten. Für Menschen vom Schlage eines Marschall von Bieberstein war eine derartige Haltung offenbar unerträglich. Sein Appell an die Fakultät, im Blick auf ihren guten Ruf die Promotion Landshuts zu verhindern, führte allerdings nicht zu dem von ihm erhofften Ergebnis. Die Rechts- und Staatswissenschaftliche Fakultät nahm den Zulassungsantrag an, die Gutachter beurteilten die Dissertation »magna cum laude«, und der Termin für das Rigorosum wurde auf den 17. Juni festgelegt. Der Prüfungskommission gehörte neben Robert Liefmann und Gerhart von Schulze-Gävernitz auch der Wirtschaftswissenschaftler Paul Mombert an. Als vierter Gutachter vervollständigte ein Jurist das Prüfungsquartett: Fritz Freiherr Marschall von Bieberstein.

Siegfried Landshut wurde in Nationalökonomie sowie – als Nebenfach – in Statistik geprüft und fiel durch. Ein Prüfungsprotokoll ist nicht mehr vorhanden, und so bleibt ungewiß, wie es zu diesem Mißerfolg kam. Gewiß ist aber, daß die psychische Belastung Landshuts groß gewesen ist. Außerdem ist es einem guten Prüfungsergebnis sicher nicht zuträglich, jenem Professor gegenüber zu sitzen, der diese Prüfung überhaupt hatte verhindern wollen.

Ein halbes Jahr mußte Landshut auf die zweite Ansetzung des Rigorosums warten und wurde schließlich am 13. Dezember 1921 mit der Gesamtnote »cum laude« zum Dr. rer. pol. promoviert. Zu diesem Zeitpunkt war er bereits in ein intensives Philosophiestudium bei Husserl und Heidegger eingetreten.

Zwischen Faszination und Ratlosigkeit: Studium bei Martin Heidegger

Die Mängel seiner Dissertation waren Landshut überaus deutlich. Die starre Abgrenzung einer Disziplin, hier der nationalökonomischen, schien zwar eine klare Begriffsfindung zu erleichtern, konnte ihn aber selbst nicht zufriedenstellen. Ferner war ihm klar, daß es nicht die Disziplin der Nationalökonomie war, in deren Rahmen er Antworten auf seine Fragen, oder besser: in deren Rahmen er seine *Fragen* würde finden können. Im 1928 verfaßten Lebenslauf schreibt Landshut rückblickend:[32]
»Das Ungenüge [!], das ich hinsichtlich der mangelhaften methodischen Möglichkeiten empfand, die von mir gesuchten Fragen auch nur in den Griff zu bekommen, das Gefühl, dass die in meiner Dissertation behandelten Fragen gar nicht die seien, die ich eigentlich suchte, veranlaßte mich, nach der Promotion philosophische Studien zu betreiben. Hier suchte ich mir den wirklichen Stand der wissenschaftlichen Situation anzueignen und für meine Fragen fruchtbar zu machen, indem ich bei Prof. Husserl und Heidegger, vor allem bei letzterem in Vorlesungen und Seminarien über Phänomenologie mitarbeitete.«
Der »homo oeconomicus«, so brauchbar er für theoretische Zwecke erscheinen mochte, war nur eine Fiktion. Sich mit diesen konstruierten Menschen zu befassen, konnte Landshut nicht zu den ihn eigentlich drängenden Fragen führen. Aber welche Fragen waren es, die er suchte? – Und was versprach er sich von der Philosophie, was von Husserl und Heidegger?

Die Nationalökonomie war für Landshut eine Art »Grundstudium« gewesen; das »Hauptstudium«, in dem es um den »wirklichen Stand der wissenschaftlichen Situation« gehen sollte, begann im Wintersemester 1921/22. Schon Ostern 1921, also vermutlich kurz nach Abgabe seiner Dissertation, hatte sich Landshut für Philosophie immatrikuliert. Im Sommersemester 1921, während der Vorbereitung auf das Rigorosum, hatte er noch »Türkische Sprechübungen« belegt, um sich dann in den beiden folgenden Semestern ganz den Studien bei Husserl und vor allem bei Heidegger zu widmen. Bei Edmund Husserl hörte er die vierstündige Vorlesung »Natur und Geist«, bei Martin Heidegger die zweistündige Vorlesung »Phänomenologische Interpretationen (Aristoteles)«. Außerdem besuchte er Heideggers »Phänomenologische Übungen«.[33]

Was eine Entscheidung zum Studium der Philosophie bei diesen beiden Gelehrten – und zu jener Zeit – bedeutete, hat Hannah Arendt (1906-1975) folgendermaßen geschildert:[34]

»Es gab damals, nach dem Ersten Weltkrieg, an den deutschen Universitäten zwar keine Rebellen, aber ein weitverbreitetes Unbehagen an dem akademischen Lehr- und Lernbetrieb in all den Fakultäten, die mehr waren als bloße Berufsschulen, und bei all den Studenten, für die das Studium mehr bedeutete als die Vorbereitung auf den Beruf. Philosophie war kein Brotstudium, schon eher das Studium entschlossener Hungerleider, die gerade darum recht anspruchsvoll waren. Ihnen stand der Sinn keineswegs nach Welt- oder Lebensweisheit, und wem an der Lösung aller Rätsel gelegen war, dem stand eine reichliche Auswahl in den Angeboten der Weltanschauungen und Weltanschauungsparteien zur Verfügung; um da zu wählen, bedurfte es keines Philosophiestudiums. Was sie nun aber wollten, das wußten sie auch nicht. Die Universität bot ihnen gemeinhin entweder die Schulen – die Neu-Kantianer, die Neu-Hegelianer, die Neo-Platoniker usw. – oder die alte Schuldisziplin, in der Philosophie, säuberlich in Fächer aufgeteilt als Erkenntnistheorie, Ästhetik, Ethik, Logik und dergleichen, nicht so sehr vermittelt als durch bodenlose Langeweile erledigt wurde. Gegen diesen eher gemütlichen und in seiner Weise auch ganz soliden Betrieb gab es damals, noch vor dem Auftreten Heideggers, einige wenige Rebellen. Es gab, chronologisch gesprochen, Husserl und seinen Ruf: ›Zu den Sachen selbst‹, das hieß: ›Weg von den Theorien, weg von den Büchern‹ und Etablierung der Philosophie als einer strengen Wissenschaft, die sich neben anderen akademischen Disziplinen würde sehen lassen können. Das war natürlich ganz naiv und unrebellisch gemeint, aber es war etwas, worauf sich erst Scheler und etwas später Heidegger berufen konnten. Und dann gab es noch in Heidelberg, bewußt rebellisch und aus einer anderen als der philosophischen Tradition kommend, Karl Jaspers [...].«

Edmund Husserl, Martin Heidegger, Max Scheler und Karl Jaspers: Diese vier – bei aller Unterschiedlichkeit – bewußten oder unbewußten Rebellen gehörten zu denjenigen akademischen Lehrern, bei denen Siegfried Landshut nach seiner Promotion studierte. Für sie *entschied* er sich.

Edmund Husserl (1859-1938) war nach Stationen in Halle und Göttingen im Jahre 1916 als Nachfolger Heinrich Rickerts auf den Freiburger Lehrstuhl für Philosophie berufen worden. Seit dem Erscheinen der *Logischen Untersuchungen* (1900/1901) galt Husserl als Begründer der Phänomenologie, und demgemäß besaß der Titel seiner Freiburger Antrittsvorlesung programmatischen Charakter: »Die reine Phänomenologie, ihr Forschungsgebiet und ihre Methode«. Karl Löwith (1897-1983), der wie Landshut im Wintersemester 1921/22 bei Husserl studierte, berichtet über seinen Lehrer:[35]

»Er hat uns alle durch die Meisterschaft der phänomenologischen Analyse, die nüchterne Klarheit des Vortrags und die humane Strenge der wissenschaftlichen Schulung geistig erzogen und uns, über die vorübergehenden Realitäten hinaus, auf das zeitlose ›Wesen‹ der Phänomene verwiesen, das er nach dem Muster der mathematischen und logischen Wesenheiten verstand.«

Vielen galt der Begründer der Phänomenologie nicht nur als philosophischer Mittelpunkt seiner Universität, sondern als Mittelpunkt der deutschen Philosophie überhaupt. Doch noch stärker als von Husserl wurden die Freiburger Studenten, unter ihnen nicht wenige Rückkehrer aus dem Krieg, von dem jungen Privatdozenten Heidegger angezogen, dem – so Hannah Arendt – der Ruf vorauseilte, er sei derjenige, der die von Husserl proklamierten Sachen wirklich erreiche und wisse, daß sie keine akademischen Angelegenheiten seien, sondern das Anliegen denkender Menschen.[36]

Martin Heidegger (1889-1976), der vom anfänglichen Theologiestudium zur Philosophie gekommen war, hatte sich 1915 an der Freiburger Universität habilitiert. Im Jahr darauf erfolgte die Berufung Husserls, dessen Protégé er werden sollte. Dem nachhaltigen Insistieren Husserls beim zuständigen Ministerium in Karlsruhe verdankte es Heidegger, daß er 1919 einen Lehrauftrag und 1920 dann eine einzig auf seine Person bezogene Assistentenstelle erhielt. Ebenso wie Husserl hielt Heidegger Phänomenologische Übungen ab. Seine Lehre war stark geprägt von der Phänomenologie Husserls, doch ging sie bereits in Richtung Existentialontologie weit darüber hinaus. So wirkte er in den Freiburger Jahren – bis zu seiner Berufung auf das Marburger Extraordinariat im Jahre 1923 – »gemeinsam mit Husserl und auch schon gegen ihn«.[37]

Es war eine wissenschaftlich reiche und im Denken strenge Welt, in die Siegfried Landshut eintrat. In seinem Drang, den Dingen auf den Grund zu gehen, und in der Hoffnung, einen befriedigenden wissenschaftstheoretischen Ansatz zu finden, haben Husserls Phänomenologie und Heideggers Ontologie auf ihn einen großen Reiz ausgeübt und eine tiefe Wirkung entfaltet. So wird Landshut 1928 in seinem Lebenslauf schreiben, daß die methodischen und hermeneutischen Voraussetzungen seiner Habilitationsschrift die der Phänomenologie seien,[38] und sein Gutachter Eduard Heimann wird ihm »orthodox Heideggersche Schreibweise und Gedankenführung«[39] bescheinigen.

Wie viele seiner Kommilitonen zog es Landshut noch mehr zu Heidegger als zu Husserl, wobei sicher auch die außerordentliche Wirkung Martin Heideggers als akademischer Lehrer eine Rolle spielte. Diese Wirkung ist von Schülern des ebenso bedeutenden wie problematischen Gelehrten vielfach geschildert worden. Um das geistige Klima in Heideggers Seminaren und Vorlesungen nachzuzeichnen, seien einige der damaligen Studenten – und hier sind nicht die apologetischen »Heideggerianer« gemeint – zitiert. Hans Jonas (1903-1993) etwa schrieb fünfundsechzig Jahre nach seinem ersten Aristoteles-Seminar bei Heidegger:[40]

»In meinem ersten Semester, Sommer 1921 in Freiburg, fand ich mich in Heideggers Anfängerseminar über Aristoteles' ›De Anima‹. Wie man dort mit dem Text konfrontiert wurde, war wohl das, was Goethe ein ›Urerlebnis‹ nannte. Da wurde nichts geschenkt, unnachsichtig wurde auf dem anfänglichen Sinn einfachster Worte bestanden, unverstellt von späterer Terminologie. [...] Wie im Seminar den Lehrer so erlebte man

in der Vorlesung den Denker, und zwar den Denker in actu. Nicht fertige Lehre wie bei Husserl wurde vorgetragen, das arbeitende Denken selbst wurde laut, im stockenden Monolog sich vortastend zur verborgenen Sache. Was diese sei, verstand ich zuerst noch nicht, spürte aber, daß sie das Eigentliche sein müsse, worum es im Philosophieren überhaupt geht. Etwas spielte sich vor uns ab, etwas war am Werk: ›Es denkt in ihm‹ war man versucht zu sagen. Das hatte etwas Erschütterndes an sich und erklärt den heimlichen Ruhm Heideggers, lange bevor er sich durch sein Buch ›Sein und Zeit‹ epochemachend in die Annalen der Philosophie eintrug.«
Karl Löwith, mit Landshut gemeinsam im Heidegger-Seminar des Wintersemesters 1921/22, hat aus der kritischen Distanz des Exils im Jahre 1940 die Anziehungskraft Heideggers folgendermaßen beschrieben:[41]

»Wodurch er zunächst auf uns wirkte, war nicht die Erwartung eines neuen Systems, sondern gerade das inhaltlich Unbestimmte und bloß Appellierende seines philosophischen Wollens, seine geistige Intensität und Konzentration auf ›das Eine, was not tut‹. Erst später wurde uns klar, daß dieses Eine eigentlich nichts war, eine pure Entschlossenheit, von der nicht feststand, wozu?«

Die »unbestimmte Entschiedenheit« und die »erbarmungslose Kritik« Heideggers nennt Löwith als Gründe für die Faszination, die dieser bei seinen Studenten weckte, von denen er zum »kleine[n] Zauberer von Meßkirch«[42] stilisiert wurde. Zu diesen Studenten gehörten Löwith und Landshut: Beider Geburtsjahr war 1897, beide hatten nach langem Kriegseinsatz und geistiger Aushungerung ihr Studium begonnen, und beide waren, vom Heidegger ihrer Freiburger Studienzeit fasziniert, diesem – unabhängig voneinander – nach Marburg gefolgt. Während ihr Lehrer 1933 als Rektor der Freiburger Universität für den Nationalsozialismus eintrat, wurden Löwith und Landshut als Juden aus ihren Hochschulstellungen und ihrem Heimatland vertrieben. Knapp zwanzig Jahre später gehörten beide schließlich zu jenen wenigen Gelehrten, die an deutsche Hochschulen zurückkehrten. Trotz der Kritik an seinem Lehrer Heidegger[43] hat Karl Löwith auch in späteren Jahren betont, daß er ihm seine geistige Entwicklung verdanke.[44]

Aus der Reihe bedeutender Studenten Heideggers sei ferner Günther Anders (1902-1992) genannt. Wie Siegfried Landshut und Karl Löwith besuchte er, damals noch als Günther Stern, im Wintersemester 1921/22 die Aristoteles-Vorlesung und nahm an den Phänomenologischen Übungen teil,[45] und auch er folgte – nach seiner Promotion bei Husserl in Freiburg – Heidegger im Frühjahr 1925 nach Marburg. Anders empfand offenbar eine weit größere Distanz zu Heidegger, dennoch konstatiert auch er rückblickend, einige Jahre unter dem Einfluß Heideggers gestanden zu haben, dessen Spuren sich in seinem eigenen Werk finden ließen.[46]

Als letztes Beispiel sei erwähnt, daß selbst Herbert Marcuse (1898-1979) – er kam 1928 zu Heidegger – in der Einleitung seiner Habilitationsschrift, also im Jahre 1932, erklären konnte: »Was diese Arbeit etwa zu einer Aufrollung und Klärung der Probleme beiträgt, verdankt sie der philosophischen Arbeit Martin Heideggers. Dies sei gleich anfangs statt aller besonderen Hinweise betont.«[47]

Siegfried Landshut befindet sich als Heidegger-Schüler in guter, ja, in allerbester Gesellschaft. Karl Löwith, Günther Anders, Hannah Arendt, Hans Jonas, Herbert Marcuse: So unterschiedlich ihr Werk und ihre Wirkung später auch sein sollten, so gingen von ihnen allen bedeutende geistige Impulse aus. Dies geschah nicht etwa, *weil* sie Schüler Heideggers waren. Vielmehr spielte ihre Fähigkeit eine Rolle, von Heidegger zu lernen, ohne die geistige Selbständigkeit zu verlieren. Und noch eine Gemeinsamkeit weisen die Genannten auf: Während sich ihr Lehrer in den Jahren 1933/34 zum Nationalsozialismus bekannte, »seine Zeit« für gekommen hielt und auch seinen Antisemitismus nicht verbarg,[48] erlebten sie Vertreibung und Entwurzelung: Alle Genannten wurden als »Nichtarier« ins Exil gezwungen.

Was hörten nun Landshut, Löwith und Anders in Heideggers Vorlesung des Wintersemesters 1921/22? Sicher nicht das, was der Titel »Phänomenologische Interpretationen (Aristoteles)« zunächst vermuten läßt. Denn nicht die aristotelischen Abhandlungen selbst wurden hier ausführlich behandelt, sondern – so Heidegger – »die konkrete philosophische Problematik«, aus der die Interpretationen erst entsprängen.[49] Ein Hauptteil seiner Ausführungen war mit der Frage »Was ist Philosophie?« über-

schrieben. Im 1985 edierten Text der Vorlesung ist dazu folgendes nachzulesen:[50]
»Das eigentliche Fundament der Philosophie ist das radikale existenzielle Ergreifen und die *Zeitigung der Fraglichkeit*; sich und das Leben und die entscheidenden Vollzüge in die Fraglichkeit zu stellen, ist der Grundergriff aller und der radikalsten Erhellung. Der so verstandene Skeptizismus ist Anfang, und er ist als echter Anfang auch das Ende der Philosophie. (Dabei keine romantisch tragische Selbstbespiegelung und Selbstgenuß!) [...]
In die absolute Fragwürdigkeit hineingestoßen und sie sehend haben, das heißt Philosophie eigentlich ergreifen. [...] Diese ›Leidenschaft‹ (wirkliche) als den einzigen Weg des Philosophierens kennt man längst nicht mehr. Man vermeint etwas getan zu haben, wenn man sich die Welt ›tief‹ vorstellt und ausdeutet und sich zu diesem Götzen in ein Verhältnis bringt.«
Wie mochten diese mit großer Entschiedenheit vorgebrachten Ansichten auf die damalige Studentengeneration gewirkt haben? Die rückblickenden Berichte zeugen von Faszination und Ratlosigkeit. Faszinierend war, daß Vernunft und Leidenschaft nicht mehr entgegengesetzt erschienen, sondern daß die Vorstellung eines leidenschaftlichen Denkens entstand, »in dem Denken und Lebendigsein eins werden«.[51] Verschwommen blieb indes, wohin dieses Denken führte, und nicht selten fragten die Studentinnen und Studenten einander nach der Vorlesung, wer denn etwas von den Ausführungen des Lehrers verstanden habe. Doch so unverständlich Heidegger auch immer wieder sein mochte, viele Studierende nahmen gerade dies als Aufforderung, sich an seinem Denkprozeß zu beteiligen; und zwar in bewußter Abgrenzung zur »notorischen Flüchtigkeit des Denkens« und der »wachsenden Abstumpfung für strenge Problematik«, die Heidegger so oft in eindringlicher Diktion beklagte.[52]
Das Heideggersche Denken hat auch Siegfried Landshut und sein Werk stark geprägt. Die Klarheit und Schärfe seiner späteren Analysen sowie das Verständnis der Politik als einer praktischen Wissenschaft im aristotelischen Sinne[53] haben hier einen Ursprung. Es ist aber auch bezeichnend, daß Landshut sich nicht

von der Person Heideggers mit seiner »diktatorischen Macht über junge Gemüter«[54] vereinnahmen ließ, sondern daß er versuchte, den Heideggerschen Ansatz für seine eigenen Fragen nutzbar zu machen. Nach zwei Philosophie-Semestern in Freiburg beschloß Landshut, bei Max Scheler (1874-1928) zu studieren, der in Köln den Lehrstuhl für Philosophie und Soziologie innehatte. Rückblickend aus dem Jahre 1928 heißt es dazu:[55]

> »Im Laufe dieser Arbeiten [phänomenologische Studien bei Husserl und Heidegger, R. N.], während deren ich auch Studien über die Entstehung und die geistesgeschichtlichen Voraussetzungen des Kapitalismus, besonders an Hand der Arbeiten von Max Weber betrieb, erweckte die Lektüre der soziologischen und philosophischen Schriften von Max Scheler in mir den Wunsch, bei ihm zu arbeiten.«

Zurück zum Jetzt-Hier-Sosein: Die Phänomenologie Max Schelers

Zum Wintersemester 1922/23 zogen Landshuts nach Köln um. In Anbetracht der beengten finanziellen Situation des jungen Paares waren eine Fortsetzung des Studiums und ein Ortswechsel nicht selbstverständlich. Außerdem hatten Edith und Siegfried Landshut nicht mehr nur für sich allein zu sorgen, sondern auch für ihre Tochter Susanne, die im April 1922 in Freiburg zur Welt gekommen war. In einer Zeit extremer Inflation war es offenbar vor allem Siegfried Landshuts Mutter, die die Familie finanzierte und das Studium überhaupt ermöglichte. Sie verfügte über Mieteinnahmen aus dem Straßburger Haus und über Wertgegenstände, die sie ihrem Sohn bei Besuchen mitgab, damit er sie in Deutschland verkaufen konnte.[56]

Edith Landshut setzte in Köln ihr Studium der Kunstgeschichte fort; Siegfried Landshut besuchte die Veranstaltungen Max Schelers.[57] Sein Wunsch, bei Scheler zu studieren, mag auch durch Heidegger unterstützt worden sein, gehörte Scheler doch zu den wenigen Gelehrten, die dieser gelten ließ. Umgekehrt schien Scheler auch den Freiburger Philosophen zu schätzen; dennoch unterschieden sich die beiden Wissenschaftler in nicht unbeträchtlichem Maße: Anders als Heidegger mit seiner sorgfältig kultivierten Abgeschiedenheit und Unnahbarkeit, traf Siegfried Landshut in Scheler auf einen dem täglichen Leben zugewandten Großstadtmenschen, der mit vielen Kollegen einen lebendigen und regelmäßigen Gedankenaustausch pflegte – zu ihnen hatte auch Max Weber gehört – und der sich zunehmend mit sozialwissenschaftlichen Fragestellungen beschäftigte. Wiederum bei Karl Löwith ist 1935 folgende prägnante Beschreibung Schelers nachzulesen:[58]

»Sein reichbewegtes Leben voller Unrast, Verwicklungen und Wandlungen [ist] nur nebenbei eine ›akademische Laufbahn‹ gewesen und in der Hauptsache das ständige Unterwegssein und Beeindrucktsein eines allseitig empfänglichen und wieder anregenden, ebenso sinnlichen wie geistigen Menschen, der in all seinen fragwürdigen Experimenten neue Möglichkeiten des Lebens erprobte, ohne jemals zur Ruhe und Klarheit zu kommen. [...] Das Echte an Schelers Person und Werk ist aber gerade seine unbodenständige Aufgeschlossenheit für das Problematische im modernen Dasein als solches [...].«

Über das »Problematische im modernen Dasein« heißt es bei Scheler selbst:[59]

»Wir sind in der ungefähr zehntausendjährigen Geschichte das erste Zeitalter, in dem sich der Mensch völlig und restlos ›problematisch‹ geworden ist; in dem er nicht mehr weiß, was er ist, zugleich auch *weiß, daß* er es nicht weiß.«

Leitend für das wissenschaftliche Werk Schelers war die Frage, was der Mensch im Ganzen der Welt überhaupt sei; sein Ansatz war ein phänomenologischer. Vor dem Weltkrieg hatte Scheler mit Husserl in Göttingen zusammengearbeitet und war zeitweise Mitherausgeber des *Jahrbuchs für Philosophie und phänomenologische Forschung* gewesen. Dann hatte er sich aber zunehmend von der Phänomenologie Husserlscher Prägung entfernt.[60] Scheler lag daran klarzustellen, daß die Phänomenologie nicht alle anderen philosophischen Richtungen zu verdrängen beanspruche; auch sei eigentlich von einer »Einstellung«, nicht von einer phänomenologischen »Methode« zu sprechen:[61]

»An erster Stelle ist Phänomenologie weder der Name für eine neue Wissenschaft noch ein Ersatzwort für Philosophie, sondern der Name für eine Einstellung des geistigen Schauens, in der man etwas zu erschauen oder zu erleben bekommt, was ohne sie verborgen bleibt: nämlich ein Reich von ›Tatsachen‹ eigentümlicher Art. Ich sage ›*Einstellung*‹ – nicht Methode. Methode ist ein zielbestimmtes *Denk*verfahren *über* Tatsachen, z.B. Induktion, Deduktion. [...] Das erste, was daher eine auf Phänomenologie gegründete Philosophie als Grundcharakter besitzen muß, ist der lebendigste, intensivste und *unmittelbarste Erlebnisverkehr mit der Welt selbst* – d.h. mit den Sachen, um die es sich gerade handelt.«

Wie läßt sich dieses »geistige Schauen« beschreiben? – Nach Scheler müsse durch sukzessive Ausschaltung der variablen Komplexionen, die ein Phänomen eingehe, dieses immer weiter eingegrenzt werden, bis nichts mehr übrig sei als – *es selbst*: »es selbst, dessen Nichtdefinierbarkeit in allen nur möglichen Versuchen, es zu definieren, es ja erst als *echtes* ›*Phänomen*‹ aufweise«.[62] Es handelt sich also um eine fortschreitende Reduktion bis zum Kern, bis zum Phänomen selbst. Doch sei es notwendig, so Schelers spätere klare Formulierung, »aus der Sphäre der Essenzen [...] immer wieder zurück zur Wirklichkeit und ihrem Jetzt-Hier-Sosein zu kehren [...], um sie besser zu machen«.[63] Erst durch die Zurücknahme der Reduktion erhält diese mithin ihren Sinn. Scheler ging es um die »Wirklichkeit«, um die Gestaltungsmöglichkeiten des aktuellen politischen und sozialen Lebens.

Im Jahre 1919 begann Max Scheler als Ordinarius für Philosophie und Soziologie seine Tätigkeit an der neugegründeten Universität zu Köln. Gemeinsam mit Leopold von Wiese und Hugo Lindemann leitete er das Institut für Sozialwissenschaften. Im Wintersemester 1922/23, als Landshut bei ihm studierte, hielt Scheler die Vorlesungen »Individualismus, Sozialismus, Solidarismus (Grundzüge einer Sozialphilosophie)« und »Wesen und Formen der Sympathie« sowie die Übung »Besprechung phänomenologischer Arbeiten«. Es war die Kombination von Phänomenologie und sozialwissenschaftlicher wie spezifisch anthropologischer Fragestellung, die Landshut sehr entsprach. In Freiburg hatte er die Veranstaltungen Heideggers besucht, sich aber im Selbststudium intensiv mit den Schriften Max Webers befaßt. Während des Kölner Semesters, so scheint es, sind beide Interessenstränge stärker zusammengeführt worden. Die kurze

Studienzeit bei Scheler brachte Landshut, wie er später anerkennend schrieb, »eine wesentliche kritische Klärung meiner Arbeitsmöglichkeiten«.[64]

Alfred Webers »Führerdemokratie«

Das anschließende Sommersemester 1923 verbrachte Siegfried Landshut in Heidelberg, wo er sich »hauptsächlich mit methodologischen eigenen Arbeiten«[65] beschäftigte, an »Übungen über Kierkegaard« bei Karl Jaspers teilnahm und die Vorlesung »Die Krisis des modernen Staatsgedankens« bei Alfred Weber hörte.[66]

Heidelberg: das war – auch nach Abzug aller Verklärung – ein bedeutendes geistiges Zentrum, in welchem »die Webers« einen besonderen Platz einnahmen. Wiewohl bereits im Jahre 1903 von seiner Heidelberger Professur endgültig zurückgetreten, hatte Max Weber (1864-1920) hier über zwei Jahrzehnte hin eine herausragende Rolle gespielt. Marianne Weber (1870-1954) war schon zu Lebzeiten ihres Mannes eine dynamische Antriebskraft des »Weber-Kreises« gewesen, nach seinem Tod wurde sie »Sachwalterin der Tradition« und stellte – nicht nur in dieser Funktion – eine Autorität im akademischen Leben Heidelbergs dar. Alfred Weber (1868-1958), der jüngere Bruder Max Webers, war im Jahre 1907 auf den Heidelberger Lehrstuhl für Nationalökonomie berufen worden.

Zu ihm und seinem Umfeld zog es Siegfried Landshut im Sommersemester 1923. Es wäre ganz irreführend, Landshut rückblickend als einen Schüler Alfred Webers zu bezeichnen, kam er doch in einem Stadium bereits fortgeschrittener wissenschaftlicher Orientierung nach Heidelberg; wohl aber hat Weber in der geistigen und beruflichen Entwicklung Landshuts seinen Platz. Als Siegfried Landshut sich für die Heidelberger Universität entschied, vermutete er in Weber zu Recht jemanden, dessen Denken seinem eigenen in manchem verwandt sei.

Alfred Weber[67] hatte in erster Linie Nationalökonomie und Rechtswissenschaft studiert; sowohl Promotion als auch Habilitation waren bei Gustav Schmoller in Berlin erfolgt. Über eine dortige Privatdozentur sowie eine Professur in Prag kam Weber nach Heidelberg. Wissenschaftlich trat er schon vor 1914 durch die Begründung der industriellen Standortlehre und später dann vor allem durch seine Kultursoziologie hervor, welche auf der Annahme einer von wirtschaftlichen Entwicklungen weitgehend unabhängigen Kultur beruhte. Trotz eines nicht geringen Renommees blieb er aber, auch über den Tod Max Webers hinaus, im Schatten des »großen Bruders«.

Als Liberaler engagierte sich Alfred Weber im Kaiserreich im »Nationalsozialen Verein« Friedrich Naumanns und plädierte für eine begrenzte Parlamentarisierung ohne Beschneidung der kaiserlichen Macht sowie für eine Beschleunigung der Sozialreform; auch setzte er sich kritisch mit der zunehmenden Bürokratisierung auseinander. Im August 1914 meldete sich der 46jährige als Kriegsfreiwilliger: Ebenso wie viele seiner Kollegen glaubte er, eine »nationale Pflicht« erfüllen zu müssen.[68] Bei Ausrufung der Republik zählte er zu den »Vernunftrepublikanern«[69] und war Mitbegründer der DDP, als deren erster »provisorischer Vorsitzender« er für kurze Zeit fungierte. Im Februar 1919 gehörte er der »Heidelberger Vereinigung« an, jenem recht exklusiven Kreis vornehmlich liberaler Wissenschaftler und Politiker, der die These von der alleinigen Kriegsschuld Deutschlands bekämpfte.[70] Ab 1926 sollte er dann eine zentrale Rolle im »Weimarer Kreis«[71] spielen, wo viele derjenigen Hochschullehrer zusammenfanden, die sich öffentlich zur Weimarer Verfassung bekannten: eine kleine Minorität innerhalb der deutschen Professorenschaft.

Dies mag vorerst als Hintergrund genügen, um sich jener Vorlesung zuzuwenden, die Siegfried Landshut und mit ihm annähernd dreihundert Studentinnen und Studenten im Sommersemester 1923 hörten. Die Positionen, die Alfred Weber dort zur »Krisis des modernen Staatsgedankens« entwickelte und mit Verve vortrug, führen mitten in die politische Diskussion der Weimarer Jahre. Anhand eines 1924 fertiggestellten und 1925 publizierten Buches gleichen Themas[72] lassen sie sich nachzeichnen.

Ausgangspunkt der Weberschen Studie ist die Krise des modernen Staates und seiner Idee. Dies war eine fundamentale Krise, die zu konstatieren keiner Erklärung bedurfte, lastete sie doch – so Weber – schwer über der Atmosphäre Europas. Was

Weber meinte, hatte er bereits in einem 1918 gehaltenen Vortrag erklärt: Die Bedeutung der »geistigen Führer« und damit das Gewicht der von ihnen vertretenen geistigen Güter sei in Deutschland in den letzten hundert Jahren »in geradezu unerhörter Weise« gesunken, »man möchte sagen, wie in einer Katastrophe zusammengebrochen«. Als Ursache dieser Krise benannte Weber »die unentrinnbare Formation des modernen Lebens«: »Mechanisierung, Verapparatung, Massenqualität des Daseins, Losgerissenheit seiner Formationen vom Gewachsenen und Umgeformtwerden aller Daseinsgebilde in praktische Zweckeinheiten«.[73]

In seiner Schrift *Die Krise des modernen Staatsgedankens in Europa* versuchte Alfred Weber, Bedingungen und Ansätze aufzuzeigen, die zur Überwindung der Krise führen, die auf eine »neue staatliche Realität und Idealität« hinweisen sollten.[74] Dabei kam er zu dem Schluß, daß »in modernen Massenverhältnissen nicht mehr eine individualistisch-ideologisch egalitäre, sondern nur noch eine *unegalitäre*, eine ganz moderne *Führerdemokratie*« in Frage komme.[75]

Es ging Weber um die Frage, wie angesichts moderner Bedingungen, der Industrialisierung und Rationalisierung, des Bevölkerungswachstums und des Aufstiegs der »Massenparteien«, eine starke, am Gemeinwohl ausgerichtete Exekutive zu ermöglichen sei. Er konstatierte die »Anhäufungen und Verschiebungen der atomisierten Menschen in pulverisierten Aggregaten«[76] und fragte nach den Möglichkeiten politischer Willensbildung und »staatsmännischer Führung« unter diesen Bedingungen. Die Notwendigkeit einer Elitenherrschaft war Weber dabei ebenso selbstverständlich wie das »Freiheits- und Selbstbestimmungswollen der Massen«. So definierte er die »Führerdemokratie« als »eine Synthese zwischen dem geistig inhärenten Freiheitsbewußtsein der Massen [...] und der Notwendigkeit der Unterordnung unter eine überragende Führung«.[77]

Als problematisch empfand auch Alfred Weber, wie eine Kontrolle der Elite zu gewährleisten und wie diese Elite überhaupt zu ermitteln sei. Jedenfalls ließ er keinen Zweifel daran, daß mit der »Führungsschicht« nicht die »Parteibosse« und »Parteibonzen« gemeint waren. Die »parlamentarischen und sonstigen Geschäftspolitiker« wie den Verwaltungsapparat hielt er für notgedrungen unentbehrlich innerhalb der modernen Demokratie. Worauf es Weber aber ankam, war, »neben all dem wirklich überragende geistige Elemente hineinzubringen« und »die Gesamtverantwortlichkeit in ihre Hände als die letztlich bestimmenden zu legen«.[78] An wen dachte Weber, wenn er diese »geistigen Elemente« pries? Für die Vergangenheit zählte er Kant, Fichte, Hegel und Humboldt, Schopenhauer, Nietzsche, Marx, Lassalle und Treitschke auf. Hinsichtlich der Gegenwart aber blieb nur Ratlosigkeit.

Von »geborenen Führernaturen« auszugehen und die »weitgehende Inkompetenz der Massen« als »unentrinnbar« darzustellen kennzeichnet die Haltung eines Gelehrten, der sich selbst als Teil einer zu verteidigenden Elite begriff. Wenn allerdings Georg Lukács meint, daß das Problem der Führung in der »Massendemokratie« von vornherein aus einer »Opposition gegen die heranwachsende Demokratie« gestellt worden sei,[79] so geht dieser Angriff im Falle Alfred Webers fehl. So abschreckend allein der Begriff »Führerdemokratie« heute wirkt: Weber stand das Bild »*eines* Führers« ebenso fern wie die Annahme einer Feindschaft zwischen »Führern« und »Geführten«. In der »unegalitären Führerdemokratie« erblickte er vielmehr die einzige Alternative zu den »Formationen der beiden politischen Gewalttendenzen, die in der europäischen Krise aufgetaucht sind«: zu »Fascismus und Bolschewismus«.[80] Schon »ganz reinlich« für »Führerdemokratien« hielt Weber dagegen die »großen Demokratien des Westens«: Großbritannien, Frankreich und die Vereinigten Staaten.[81] Hier lag also, wenngleich verschwommen, seine politische Perspektive.

Mit der Konzeption einer »Führerdemokratie« steht Alfred Weber durchaus repräsentativ für die ab 1926 im »Weimarer Kreis« locker organisierten verfassungstreuen Hochschullehrer. Krisenbewußtsein und Orientierungssuche waren ebenso verbreitet wie der Wunsch nach einer starken geistig-politischen Führung. Die demokratische Verfassung wurde als Tatsache ausdrücklich anerkannt, wobei sie freilich als zwangsläufige Folge des Industrialisierungsprozesses verstanden wurde. Daß Alfred Weber und die ihm politisch nahestehenden Professoren sich öffentlich für die Republik engagierten, verdient angesichts der vorwiegend antirepublikanischen Haltung deutscher Hochschullehrer Beachtung; allerdings darf nicht übersehen werden, daß sich diese Gruppe nicht nur gegenüber den republikfeindlichen Kräften, sondern meist auch gegenüber der kleinen Gruppe der Pazifisten und Sozialisten an deutschen Universitäten abgrenzte.

Nicht ohne Vorsicht wird man im Rückblick auch den eigentlichen Ausgangspunkt Weberscher Überlegungen betrachten müssen: die verbreitete kulturkritische Antithese zwischen Kultur und Zivilisation. Zwiespalt ruft der antizivilisatorische Affekt insofern hervor, als er nicht nur den (wenigen) weitblickenden Modernisierungskritikern eigen war, sondern auch den (zahlreichen) Gegnern der Republik.[82] Die zu Recht bestehenden Zweifel an der modernen Fortschrittsgläubigkeit standen so in Gefahr, im Strom eines zunehmend hysterischer werdenden Kulturpessimismus[83] mitgerissen zu werden. In seiner verdienstvollen Studie über die deutschen Gelehrten hat Fritz K. Ringer nachdrücklich beschrieben, wie stark dieser für die Weimarer Demokratie so zerstörerisch wirkende Kulturpessimismus unter ihnen – den auf ihren alten Werten und Positionen beharrenden »Mandarinen« – verbreitet war.[84] Allerdings bleibt bei Ringer unterbelichtet, daß noch nicht jede – zumal sensible, vielleicht melancholische – Auseinandersetzung mit den Ambivalenzen des Modernisierungsprozesses zugleich rückständiger Antimodernismus und destruktiver Kulturpessimismus sein muß.[85]

Auch Siegfried Landshut stand den seit dem Ende des 19. Jahrhunderts immer deutlicher zu Tage tretenden Entwicklungstendenzen der Moderne kritisch gegenüber. Doch der gewollt *pessimistischen* Haltung der Antirepublikaner war er bestrebt, eine *realistische* Position entgegenzusetzen. Seine eigenen Arbeiten, mit denen er sich in dieser Zeit ja »hauptsächlich« beschäftigte, sollten dazu beitragen, eine nüchterne Analyse der gegenwärtigen Problemlage und ihrer Ursachen zu ermöglichen. Bei Alfred Weber erblickte Landshut die Möglichkeit, seine Fragen behandeln und eventuell auch seine akademische Laufbahn fortsetzen zu können. Doch beschloß er, zuvor ein weiteres Semester bei Heidegger zu absolvieren, in dem er sich der Grundlagen seiner Arbeiten versichern wollte.

Politik als praktische Wissenschaft

Im Wintersemester 1923/24 wechselte Siegfried Landshut nach Marburg und nahm an den ersten Veranstaltungen teil, die Martin Heidegger dort abhielt. Im Juni 1923 war dieser auf das Marburger Extraordinariat für Philosophie berufen worden. Husserl hatte die Berufung Heideggers nachdrücklich unterstützt und wesentlich dazu beigetragen, daß der dritte Anlauf seines Assistenten, Professor zu werden, glückte.

Selbstsicherheit und rücksichtslose Kampfeslust kennzeichneten den soeben berufenen Heidegger. In einem Brief an Karl Jaspers, datiert vom 14. Juli 1923, beschwört er die »Kampfgemeinschaft« und spricht von einer »grundsätzlichen Umbildung des Philosophierens an den Universitäten«, von einem »Umsturz«. »Viel Götzendienerei« müsse »ausgerottet« werden; »die verschiedenen Medizinmänner der heutigen Philosophie« müßten »ihr furchtbares und jämmerliches Handwerk aufgedeckt bekommen«. Auch Edmund Husserl, den Heidegger öffentlich noch als seinen Lehrer bezeichnet, gibt er der Lächerlichkeit preis: Von Husserl kämen Trivialitäten, »daß es einen erbarmen möchte«. Was seine neue Position in Marburg angeht, so wolle er dem künftigen Kollegen Nicolai Hartmann »durch das Wie meiner Gegenwart die Hölle heiß machen«. Und in militärischem Ton setzt er hinzu, »ein *Stoßtrupp* von 16 Leuten« werde ihn nach Marburg begleiten.[86]

Heideggers Anziehungskraft wirkte in neuer Umgebung fort; der Zulauf von studentischer Seite war wie schon in Freiburg enorm. Der neuernannte Professor hielt die vierstündige Vorlesung »Einführung in die phänomenologische Forschung« und leitete zwei Seminare. Siegfried Landshut besuchte im Wintersemester 1923/24 die drei Veranstaltungen Heideggers und hörte außerdem – gewissermaßen als Kontrast – die Vorlesung »Philosophie des deutschen Idealismus (Kant bis Hegel)« bei Hartmann.[87] Der 1994 edierte Text der Heidegger-Vorlesung gibt Aufschluß darüber, womit Landshut sich in diesem Semester intensiv beschäftigte.[88] Bei Heideggers *Einführung in die phänomenologische Forschung* handelt es sich um eine kritische Untersuchung der Phänomenologie des Bewußtseins mit dem Ziel, die phänomenologische Forschung ganz ursprünglich zu erfassen: nämlich als Phänomenologie des Daseins. Entsprechend wird als Hauptthema der Vorlesung fixiert: »Dasein; d. h. Welt, Umgang in ihr, Zeitlichkeit, Sprache, Eigenauslegung des Daseins, Möglichkeiten der Daseinsauslegung«. Ausdrücklich verweist Heidegger seine Studenten darauf, daß keine philosophischen Kenntnisse vorausgesetzt würden, sondern »Leidenschaft des echten und rechten *Fragens*«.[89]

Zunächst erfolgt die Aufklärung des Ausdrucks »Phänomenologie« im Rückgang auf Aristoteles. Heidegger zeigt, daß die Grundbestände der philosophischen Forschung bei Aristoteles das Sein der Welt und das Leben als Sein in einer Welt seien. Die weitere Entwicklung in der Gewinnung der Tatbestände der Philosophie sei dann aber – vor allem seit Descartes – »*von der Vorherrschaft einer leeren und dabei phantastischen Idee von Gewißheit und Evidenz*«, von der »*Sorge um* eine bestimmte *absolute Erkenntnis*« geleitet worden.[90] Damit aber werde die Aneignung der Sachen selbst verstellt. Heidegger versucht dies in einer ausführlichen, weite Teile der Vorlesung einnehmenden Descartes-Interpretation aufzuzeigen, um dann deutlich zu machen, daß auch Husserls Phänomenologie einer vorgefaßten Idee von Erkenntnis folge. Husserl habe durch die von Descartes abkünftige Sorge der Gewißheit die phänomenologischen Befunde »verunstaltet« und darin das Dasein versäumt.[91] Diese Entwicklung – d.h. die Ursprungsgeschichte der überlieferten Kategorien – zu erforschen, gilt Heidegger als Voraussetzung, das Dasein in seinem Sein zu sehen und zu explizieren. Nur so könne dem von Husserl nicht eingelösten Ruf »zu den Sachen selbst« entsprochen werden.

Die Ausführungen Heideggers schrieb Siegfried Landshut detailliert mit;[92] auch nahm er an den ungemein diszipliniert arbeitenden Seminaren teil,[93] die im Gegensatz zu den Vorlesungen bewußt klein gehalten waren. Eine persönliche Anmeldung war erforderlich, so daß nur die als genügend vorbereitet erachteten Studentinnen und Studenten Eingang in das Seminar fanden, das schließlich aus höchstens dreißig Teilnehmern bestand. Im Wintersemester 1923/24 traf Landshut im illustren Kreis dieser Seminare auf Gerhard Krüger (1902-1972) und Hans-Georg Gadamer (geb. 1900), der Landshut rückblickend – nach beinahe siebzig Jahren – als sehr zurückhaltenden Menschen schildert. Persönlichen Kontakt außerhalb des Seminars habe er zu ihm nicht gehabt, aber gekannt habe er Landshut in der Marburger Zeit »selbstverständlich«.[94]

Das Studium bei Heidegger hat das Denken Siegfried Landshuts stark geprägt. Hier begegnete ihm die »Leidenschaft des Fragens«, die auch schon ganz die seine war. Zudem zeigten die Aristoteles- und Descartes-Interpretationen Heideggers Wirkung; sicher beeinflußten und bestätigten sie Landshuts Blick auf die abendländische Überlieferung und die neuzeitliche Entwicklung. Aber sein Weg blieb doch ein in hohem Maße eigenständiger. Im 1928 verfaßten Lebenslauf schreibt Landshut über das Marburger Semester:[95]

»Hier waren es die Anregungen durch das Studium der griechischen Philosophie, besonders der politischen Schriften des Aristoteles, die mich zu konkreten historischen Fragestellungen brachten.«

Was Landshut vor allem beschäftigte, war die Tradition des *politischen* Denkens und ihr Abbruch in der Neuzeit. Worin besteht diese Tradition? Aristoteles hatte, ausgehend von Plato, den Begriff »Politik« geprägt. Neben Ethik und Ökonomik zählte Politik zur Fächertrias der *praktischen* Philosophie. Anders als theoretische Erkenntnis, die nach Aristoteles um ihrer selbst willen erstrebt werde, betreibe man praktische Philosophie um des rechten Handelns willen. Politik, verstanden als praktische Wissenschaft, ist also zweckgerichtet. Der Zweck orientiert sich am Gemeinwohl, am *guten* Leben, an der Glückseligkeit der Menschen. Während Ethik auf den einzelnen abstellt und sich Ökonomik auf den Bereich des Haushalts bezieht, ist der Gegenstand der Politik die politische Gemeinschaft. Sie, die Politik, ist nach Aristoteles die »maßgebendste und leitende« Wissenschaft.[96]

Siegfried Landshut hat in seinen späteren Veröffentlichungen und Vorlesungen oft darauf hingewiesen, daß die Politik des Aristoteles allem späteren Denken über Politik die Wege gebahnt habe, daß sich aber in der Entwicklung des politischen Denkens zwei Zäsuren deutlich erkennen ließen. Die erste um die Mitte des 17. Jahrhunderts sei dadurch gekennzeichnet, daß der Bereich der Politik, die politische Lebensgemeinschaft, nicht

mehr als eine der Natur des Menschen entsprechende ursprüngliche Lebensbedingung aufgefaßt worden sei, sondern als ein von der Natur des Menschen (status naturalis) unterschiedener Zustand (status civilis). Die zweite Zäsur nach der Französischen Revolution kennzeichnet er als eine Folge der ersten:[97]
»Der einheitliche Lebensbereich, der bisher mit dem Begriff der Politik angezeigt wurde, wird jetzt in zwei Bereiche aufgeteilt: die Gesellschaft, d.h. das freie und an sich ungeordnete Miteinander isolierter Einzelner einerseits und der Staat, d.h. das System der das Verhalten der Individuen regelnden Gesetze andererseits. Mit dieser Zweiteilung beginnt auch die früher einheitliche Politik in mehrere Wissenschaften auseinanderzufallen: die Ökonomie und Soziologie einerseits, das juristische Staatsrecht andererseits. Das Wort Politik selbst hört auf, eine Wissenschaft zu bezeichnen.«
Spätestens seit dem Marburger Semester lag Siegfried Landshut seine Aufgabe klar vor Augen: den die politische Wissenschaft motivierenden Fragenzusammenhang wieder ins Blickfeld zu rücken. Ein radikaler Traditionsabbruch hatte ihn fast völlig verdrängt.[98] Das moderne Wissenschaftsverständnis, wie es sich vor allem seit Descartes und Hobbes Bahn brach,[99] orientierte sich am Maßstab theoretischer Erkenntnis und »exakter Wissenschaft«. Die Aufstellung von Zielen menschlichen Handelns und Zusammenlebens rückte in die Sphäre des »Unwissenschaftlichen«, weil mit ihr immer auch Werturteile verbunden sind. Die »alte Politik« wurde nur noch als überwundene Vorgeschichte betrachtet, die von einer scheinbar immer fortschreitenden Wissenschaft vernachlässigt und verschwiegen werden konnte.

Diesen Traditionsabbruch überhaupt ins Bewußtsein zu bringen, wurde Landshuts Bemühen. Aufzeigen wollte er, daß die Besinnung auf die Politik als praktische Wissenschaft auch Möglichkeiten des Handelns in der modernen, in der »entzauberten Welt« zu erschließen vermag, ja, daß dieser Rückgriff angesichts einer für die Menschen gefahrenreichen Desorientiertheit nötiger sei denn je.

Von seinem akademischen Lehrer Martin Heidegger, der im Winter 1923/24 in die Vorarbeiten zu *Sein und Zeit* vertieft war, trennte sich Siegfried Landshut nun in geographischer wie in fachlicher Hinsicht. In welchem Maße ihre Wege dann politisch auseinandergehen sollten, lag zu diesem Zeitpunkt allerdings noch außerhalb seines Vorstellungsvermögens.

Die Heidelberger Liberalität und ihre Grenzen

Siegfried Landshut entschied sich, zu Alfred Weber nach Heidelberg zurückzukehren, da ihm die dortige sozialwissenschaftliche Tradition eine geeignete Voraussetzung für seine Arbeiten zu bieten schien; darüber hinaus hoffte er auf eine Habilitationsmöglichkeit.[100]

Norbert Elias (1897-1990), der aus dem gleichen Grunde und ebenso wie Siegfried Landshut im Jahre 1924 zum zweiten Mal nach Heidelberg kam, hat die badische Stadt als einen vom Universitätsleben beherrschten, Oxford und Cambridge darin nicht unähnlichen Ort großer geistiger Vitalität beschrieben und auch von der außerordentlich hohen Politisierung des gesamten intellektuellen Lebens berichtet. Die Universität habe sich durch ein überaus hohes Bildungsniveau und einen an ungewöhnlichen Köpfen reichen Lehrkörper ausgezeichnet.[101] Mit Blick auf Alfred Weber und Marianne Weber hat Elias das Heidelberg jener Jahre zudem »eine Art Mekka der Soziologen« genannt.[102] Anzumerken ist, daß es in der Weimarer Zeit neben bzw. vor Heidelberg auch andere Orte gab, die Soziologen anzuziehen vermochten, nämlich Berlin, Frankfurt am Main, Köln und Leipzig. Außerdem ist zu Recht hervorgehoben worden, daß Alfred Weber »mit seinem die Fächer transzendierenden Denken«, wie es sich in seiner Kultursoziologie zeigte, gerade nicht zur Institutionalisierung der Soziologie als Einzeldisziplin beitrug.[103] Auch galt Alfred Weber unter Kollegen zwar als großer Gelehrter, nicht unbedingt aber als bedeutender Soziologe.[104]

Was Elias offenbar meinte, war eher das Fortwirken Max Webers und eines damit verbundenen geistigen Klimas eigener Art, wie es vor allem Marianne Weber zu kultivieren verstand. Die Tradition ihres wöchentlichen »jour fixe« wiederaufnehmend, lud sie ab 1924 zu einer »Akademischen Geselligkeit«, auch »Geistertee« genannt, wo Vorträge gehalten, intensive Diskussionen geführt und vielfältige Kontakte geknüpft wurden.[105]

Was aus heutiger Sicht erstaunlich anmutet, war damals innerhalb des Heidelberger Kontextes ganz normal: Wer bei Alfred Weber eine Habilitation anstrebte, mußte zunächst zum Salon seiner Schwägerin zugelassen werden, um vor den dort anwesenden Gästen – etwa vor Karl Jaspers, Emil Lederer, Friedrich Gundolf, Carl Brinkmann, Gerhard Anschütz, Ernst Robert Curtius und Viktor von Weizsäcker – sowie nicht zuletzt vor der Gastgeberin selbst mit einem Referat zu bestehen.

Nicht nur für das hier mit wenigen Namen angedeutete intellektuell anregende Klima war Heidelberg bekannt, sondern auch für einen hohen Grad an Liberalität. In der Tat gibt es zahlreiche Indizien dafür, daß es an der Universität vergleichsweise liberal zuging. Allerdings war Heidelberg keine Insel. Auch hier – ebenso wie an den anderen deutschen Universitäten – befanden sich diejenigen Hochschullehrer, die die Republik befürworteten und unterstützten, in der Minderheit; dasselbe trifft offenbar auch hinsichtlich der Studierenden zu. Als Ausnahmen gelten die juristische Fakultät und das Institut für Sozial- und Staatswissenschaften (InSoSta).[106]

Das Nationalökonomie und Soziologie umfassende InSoSta war 1924 – also im Jahre der Ankunft von Siegfried Landshut und Norbert Elias in Heidelberg – aus dem Volkswirtschaftlichen Seminar der Universität hervorgegangen.[107] In seinem Direktorium saß neben Alfred Weber und Carl Brinkmann mit Emil Lederer bemerkenswerterweise einer der ganz wenigen in der SPD organisierten deutschen Ordinarien. Bei den Juristen lehrten Gerhard Anschütz und – ab 1926 – ein weiterer Sozialdemokrat, nämlich der vormalige Reichsjustizminister Gustav Radbruch. Beide gehörten ebenso wie Alfred Weber zu den maßgeblichen Initiatoren des bereits erwähnten »Weimarer Kreises« verfassungstreuer Hochschullehrer. Als Indiz für einen hohen Grad an Liberalität kann auch der Wahlaufruf für die DDP gelten, der anläßlich der im Dezember 1924 stattfindenden Reichstagswahlen erfolgte. Als dieses »Bekenntnis 115 deutscher Geistesführer« veröffentlicht wurde, gehörten allein vierzehn Heidelberger Professoren zu den Unterzeichnern. Und schließlich ist festzustellen, daß die Anzahl jüdischer Lehrkörpermitglieder in Heidelberg über dem Durchschnitt deutscher Universitäten lag.[108]

Doch selbst in ihren Zentren hatte die vielgerühmte Heidelberger Liberalität ihre Grenzen. Nachdrücklich hat Carsten Klingemann darauf aufmerksam gemacht, daß diese Grenzen gerade dort erreicht waren, wo es gegolten hätte zu beweisen, »daß die sehr achtenswerte Offenheit der intellektuellen Salons und Seminare in der politischen Auseinandersetzung Bestand hat«.[109] Gemeint ist vor allem der »Fall« des Pazifisten und Sozialisten Emil Julius Gumbel (1891-1966), der am InSoSta einen Lehrauftrag für Statistik innehatte.[110] Kurz nachdem der Privatdozent jüdischer Herkunft im Sommer 1924 einer Versammlung unter dem Motto »Nie wieder Krieg« präsidiert hatte, wurde in der Universität ein Untersuchungsverfahren gegen ihn eingeleitet, da er mit seinen pazifistischen Äußerungen angeblich »alle Volkskreise« beleidigt und die Würde der Universität »unerhört verletzt« hatte.[111] Die Philosophische Fakultät, zu der das InSoSta zählte, beantragte den Entzug der Venia legendi. Als sich aber keine formale Handhabe fand, Gumbel zu entlassen, »griffen die Heidelberger Kollegen zu einem ganz ungewöhnlichen Mittel der moralischen Diffamierung«:[112] Die Universität Heidelberg ließ eine Broschüre drucken, die die wesentlichen Partien aus den Gutachten des Untersuchungsausschusses gegen Gumbel enthielt. Dieser mit herabsetzenden Urteilen gespickte Text wurde an 123 Zeitungen, alle badischen Landtagsabgeordneten, fünfzehnfach ans Kultusministerium sowie an sämtliche philosophischen, staatswissenschaftlichen und juristischen Fakultäten in Deutschland verschickt, womit Gumbels Aussichten einer akademischen Karriere andernorts auf Null sanken. Auch dieses gehörte also zur Realität des »geistreichen« Heidelberg, als Landshut dort eintraf.

Siegfried Landshut kam zum Sommersemester 1924 nach Heidelberg, beteiligte sich an den staatssoziologischen Seminaren Alfred Webers und arbeitete an eigenen »historischen Studien über den Bedeutungswandel der politischen Begriffe und der ihnen entsprechenden Sachzusammenhänge«.[113] Vornehmlich beschäftigte er sich mit den Schriften Rousseaus. Den Leitfaden seiner Arbeiten bildete die »geistesgeschichtliche Aufklärung des Verhältnisses von Staat und gesellschaftlichen Verhältnissen«.[114]

»Mehr und mehr«, schrieb Landshut vier Jahre später in seinem Lebenslauf,[115] »hob sich mir nun aus meinen Arbeiten

mein eigentliches Arbeitsgebiet heraus: Die Aufdeckung der tatsächlich wirksamen Motive, die die Ordnungen des Miteinanderlebens beherrschen, und ihrer geschichtlichen Voraussetzungen, mit dem Hinblick, aus ihrer Aufklärung einen Zugang zur heutigen Problematik in einem genügend weit gelegten Horizont zu gewinnen.«
Damit ist das Landshutsche Zentralthema umrissen. Den fortgeschrittenen Stand seiner Forschungen und Überlegungen konnte Landshut erstmals andeuten, als er im renommierten *Archiv für Sozialwissenschaft und Sozialpolitik* die Möglichkeit erhielt, die Neuauflage von Otto Bauers bekanntem Buch *Die Nationalitätenfrage und die Sozialdemokratie* zu rezensieren.[116] Für die gleiche, von Emil Lederer in Verbindung mit Joseph Schumpeter und Alfred Weber herausgegebene Zeitschrift bereitete Landshut auch seinen ersten größeren Aufsatz »Über einige Grundbegriffe der Politik« vor, der dann im Jahre 1925 erschien.

So deutlich sich die Konturen seiner wissenschaftlichen Arbeiten abzeichneten, so unklar war, wie es mit Landshuts akademischer Laufbahn weitergehen würde. Seine Hoffnung, sich in Heidelberg habilitieren zu können, wurde enttäuscht. Abgesehen von der allzu langen Warteliste bei Weber gab es ein weiteres Problem, das Landshut im Jahre 1936 rückblickend benannt hat:[117]

»Absicht der Habilitation bei Alfred Weber. Schwierigkeiten wegen der Habilitation eines zweiten jüdischen Privatdozenten im selben Fach (neben Karl Mannheim).«
Inwieweit Juden bei Habilitationen an deutschen Hochschulen in der Weimarer Zeit benachteiligt worden sind, scheint bisher unzureichend erforscht. In Dorothee Mußgnugs Untersuchung *Die vertriebenen Heidelberger Dozenten*[118] ist über eine derartige Diskriminierung nichts zu erfahren. Nach Einschätzung der Autorin spielte es in Heidelberg keine Rolle, ob ein präsumtiver Habilitand Jude war oder nicht.[119] Aus eigener Erfahrung gibt auch Raymond Klibansky (geb. 1905) an, seine Heidelberger Fakultät sei weit offener als die vieler anderer Universitäten gewesen, so daß er sich im Jahre 1931 »ohne jede Schwierigkeit« für Philosophie habe habilitieren können.[120] Einwenden läßt sich aber, daß eine Benachteiligung von Juden bei der Zulassung

zur Habilitation kaum aktenkundig geworden sein dürfte, da die Verhandlungen zwischen Ordinarius und Habilitationsbewerber in abgelehnten Fällen über mündliche Absprachen nicht hinausgekommen sind. Außerdem besagt die Tatsache, daß es jüdische Habilitanden und Privatdozenten gegeben hat, noch keineswegs, daß andere jüdische Bewerber nicht benachteiligt wurden.

Es sei daran erinnert: Bis zur Gründung der Weimarer Republik war die Habilitation von Juden, wenn überhaupt, nur unter größten Schwierigkeiten möglich gewesen. Max Weber hatte die Situation in seinem 1917 gehaltenen Vortrag »Wissenschaft als Beruf« mit einer prägnanten, bei Dante entliehenen Formulierung auf den Punkt gebracht:[121]

»Wenn junge Gelehrte um Rat fragen kommen wegen Habilitation, so ist die Verantwortung des Zuredens fast nicht zu tragen. Ist er ein Jude, so sagt man ihm natürlich: *lasciate ogni speranza.*«

In der Weimarer Zeit gab es zwar Anlaß zu neuer Hoffnung, doch die von Max Weber geschilderte Lage erfuhr nicht binnen weniger Jahre eine völlige Änderung. Über seine Bemühungen, sich in Heidelberg zu habilitieren, schrieb Walter Benjamin (1892-1940) jedenfalls am 30. Dezember 1922 an Gerhard [Gershom] Scholem (1897-1982):[122]

»Die Habilitationsaussichten sind auch dadurch erschwert, daß ein Jude, namens Mannheim, sich dort bei Alfred Weber voraussichtlich habilitieren wird. Ein Bekannter von Bloch und Lukács, ein angenehmer junger Mann, bei dem ich verkehrt habe.«

Auch aus Sicht Benjamins stellte also die Habilitation Karl Mannheims, sie erfolgte schließlich im Jahre 1926,[123] ein Hindernis für andere jüdische Habilitanden dar. Zweifellos gehörte nun Alfred Weber gerade nicht zu denjenigen, die jüdische Bewerber behinderten. Dennoch ist die Übereinstimmung in den Äußerungen Landshuts und Benjamins sicher nicht zufällig. Wenn auch die Probleme nicht von Weber ausgingen, so bestanden doch offenbar welche. Daß es eben nicht selbstverständlich war, jüdische Habilitanden anzunehmen, hat auch Norbert Elias in seiner würdigenden Beschreibung Alfred Webers hervorgehoben:[124]

»Als Liberaler war Alfred Weber seiner tief verwurzelten Überzeugung und seinen Prinzipien nach (wenn auch nicht immer seinem leidenschaftlichen Temperament nach, das durch die Kontrollen hindurchschimmerte) tolerant. Er hätte auch einen Kommunisten als Assistenten eingestellt, wenn dieses Problem an ihn herangetreten wäre. Wieviel Selbstüberwindung ihn das auch gekostet hätte: das Prinzip der Toleranz hätte es ihm geboten, und er meinte es damit ernst. Daß er einen Juden unter seine Habilitanden aufnahm, war ein Ausdruck derselben Haltung. Dieselbe Überzeugung gebot ihm, einen Nationalsozialisten unter seine Assistenten aufzunehmen. Man wußte damals noch kaum, welche Saat da einmal aufgehen würde, und als sie aufging, stemmte er sich ihr entgegen, mutig und vergebens. Zuvor, in den zwanziger Jahren, stellte er sich jedenfalls als liberaler Professor die Aufgabe, in exemplarischer Weise Toleranz zu zeigen. Seiner Qualität nach verdiente der junge Nationalsozialist die Assistentenstelle, genauso wie der jüdische Elias die Habilitationszusage verdiente. Warum also nicht?«
Zum einen wird hier deutlich, daß Alfred Weber jüdische Habilitanden gegenüber anderen Bewerbern nicht benachteiligte, worin Elias eine klare Ausnahme der damaligen Praxis – auch innerhalb der Heidelberger Philosophischen Fakultät – erkennt; zum anderen wird jedoch ersichtlich, welch wohlwollenden Spielraum selbst ein Alfred Weber den extremen Gegnern der Weimarer Demokratie glaubte einräumen zu müssen. So rangierte also in der Warteliste der Habilitationsaspiranten ein erklärter Nationalsozialist vor Norbert Elias. Zwar besaß Elias schon eine Habilitationszusage von Alfred Weber, doch stand er nur an vierter Stelle, was bedeutete, daß er mindestens drei Jahre zu warten gehabt hätte.[125]

Auch wenn Siegfried Landshut von Alfred Weber als Habilitand angenommen worden wäre, wovon trotz etwaiger Schwierigkeiten auszugehen ist, so hätte er doch lange auf eine Habilitationschance warten müssen. Landshut selbst schrieb später, ältere Bewerber hätten die Aussichten auf Jahre hinaus versperrt.[126] »Aus finanziellen Gründen« ließ sich aber »ein weiterer Aufenthalt in Heidelberg nicht durchführen«.[127] Eine Erwerbsquelle mußte dringend gefunden werden, zumal im Mai

1925 Arnold, das zweite Kind der Landshuts, geboren worden war und es also galt, den Unterhalt einer vierköpfigen Familie zu sichern. In dieser Situation riet Alfred Weber Landshut, an das »Institut für Auswärtige Politik« nach Hamburg zu wechseln, dessen Leiter, den Juristen Albrecht Mendelssohn Bartholdy, er aus der »Heidelberger Vereinigung« kannte. In Webers Empfehlungsschreiben an Mendelssohn Bartholdy vom 25. Mai 1925 heißt es:[128]

»Sehr verehrter Herr Kollege, darf ich Ihnen heute Dr. Siegfried Landshut, den ich in meinen soziologischen Übungen sehr gut kennenlernte, empfehlen. Er ist philosophisch (Husserl, Heidegger) und soziologisch sehr gut durchgebildet, im Denken scharf und geistig unzweifelhaft produktiv; dabei von grosser persönlicher Disziplin. Er publiziert jetzt einen Aufsatz im Archiv für Sozialwissenschaft über einige Grundbegriffe der Politik, der ideensystematisch und ideengeschichtlich, wie ich glaube, wesentliches Interesse verdient.«

»Über einige Grundbegriffe der Politik«

In der zweiten Hälfte des Jahres 1925 erschien der von Alfred Weber angekündigte Aufsatz Siegfried Landshuts »Über einige Grundbegriffe der Politik« im *Archiv für Sozialwissenschaft und Sozialpolitik*.[129] Der fünfzig Seiten umfassende Text war – abgesehen von der kurzen Rezension des Buches von Otto Bauer – die erste Publikation Landshuts. Es war das erstaunliche »Erstlingswerk« eines 28jährigen, ein dichter Text wohlerwogener Sätze, wie es auch später für den im Schreiben sparsamen Landshut typisch sein sollte. Hatte er seine Dissertation in Eile verfaßt, weil ihn schon ganz andere als die dort behandelten Probleme umtrieben, so hatte er sein Thema nun um so gründlicher durchdrungen. Weitgehend auf sich allein gestellt, bewegte er sich dabei in der Tradition einer beinahe versunkenen wissenschaftlichen Disziplin: in der Tradition der Politik.

Die Absicht der Arbeit besteht darin, »solche Phänomene, die sich im Umkreis des heutigen politischen Lebens am aufdringlichsten präsentieren, wie Nation, Staat usw., daraufhin zu untersuchen, was sie für das *Miteinander-Zusammenleben* besagen«.¹³⁰ Erst die Orientierung auf dieses finis societatis hin ergebe den Horizont, »in dem vielleicht das orientierungslos gewordene Handeln eine Anweisung finden« könne. Es geht Landshut nicht darum, die »Grundbegriffe der Politik« zu definieren, denn diese seien »mit Vieldeutigkeiten überladen«, und eine »künstliche Eindeutigkeit« führe zu keiner Klärung. Vielmehr gelte es, die »Phänomene« in ihrer ganzen Differenziertheit zu betrachten und so zu versuchen, den »spezifisch historischen und veränderlichen Bedeutungszusammenhängen« auf die Spur zu kommen.¹³¹

Diese Bemerkungen deuten bereits an, welche methodischen Voraussetzungen nicht nur dem ersten Aufsatz Landshuts, sondern auch seinen späteren Schriften zugrunde liegen. Ausdrücklich wendet er sich gegen das moderne, an den exakten Naturwissenschaften orientierte Wissenschaftsverständnis. Bei dem Versuch, sich über die Grundbegriffe der Politik klarzuwerden, könne eine »sogenannte exakte Feststellung von Begriffen«¹³² jedenfalls nur an der Sache selbst vorbeigehen. Die Phänomene, erklärt der Husserl- und Heidegger-geschulte Landshut, seien in ihrer natürlichen, geschichtlich gewordenen Vieldeutigkeit zu belassen und diese nach ihren spezifischen Bedeutungszusammenhängen zu prüfen. Nur so könne man erfahren, was es mit der Art und Weise des Miteinander, auf die sich solche Termini bezögen, auf sich habe.

Landshuts Überlegungen sind streng gegenwartsbezogen, wobei die Phänomene, die es zu untersuchen gilt, »ihrem ganzen Sein nach« historisch sind.¹³³ Ein Verständnis der gegenwärtigen Situation kann mithin nur vor dem breitesten geschichtlichen Hintergrund erfolgen. Diese Differenzierung nach der Vergangenheit hin bringt Landshut zur Analyse des Rationalen Naturrechts, vor allem zur Auseinandersetzung mit den Schriften Jean-Jacques Rousseaus (1712-1778).¹³⁴ Zeigen möchte er, »daß der ganze Umfang unseres heutigen politischen Haushaltes sich aus Rousseauschen Prinzipien ernährt, daß alle Grundmotive sämtlicher politischer Massenbewegungen, ob sie unter dem signum des ›Nationalen‹, des ›Demokratisch-Liberalen‹ oder des ›Sozialen‹ stehen, im Hinblick auf Rousseau auf *eine* Ebene zusammenrücken«. Was Rousseau an Fundamentalprinzipien für das dem Menschen in der Art und Weise seines Seins entsprechende Miteinander nicht erfunden, sondern vorgefunden habe, sei aber selbst wieder eine Explikation der in der Zeit lebendigen Motive, die dann in dieser expliziten Ausdrücklichkeit sich in der Französischen Revolution effektuierten.[135]

Aus welcher Situation heraus hatte sich Rousseau mit den Fragen des Zusammenlebens der Menschen beschäftigt? Was hatte er »vorgefunden«? Landshut nennt zweierlei: zum einen die aktuellen Herrschaftsverhältnisse, also die persönliche Willkürherrschaft eines im Luxus schwelgenden Königs, zum anderen die in der staatsrechtlichen Auseinandersetzung tradierten Fragen. Zu letzteren heißt es:[136]

»Die prinzipielle Schwierigkeit, die den ganzen Versuchen zur rechtlichen (naturrechtlichen) Begründung der weltlichen Herrschaft vom Ausgang des Mittelalters ab zugrunde lag, eine grundsätzliche Schwierigkeit des Miteinanderlebens selbst, an der die ganze Neuzeit krankt, hatte ihren Grund darin, daß durch das Christentum der Mensch gerade in dem, was ihn eigentlich als Menschen ausmachte, der Zuständigkeit der weltlichen Herrschaft entzogen war, daß er in seiner primären Bestimmung über sich selbst – das Heil seiner Seele – ›frei‹ war (in diesem Sinne), daß also diese ›Freiheit‹ des Menschen kollidierte mit den antiken Voraussetzungen, auf die jede naturrechtliche Rechtfertigung der Herrschaft zurückgriff, denen gemäß der Mensch als *Mensch* πολίτης oder *cives* war, sein Dasein sich in seinem Sein als Athener, Spartaner, Römer restlos erschöpfte. Die traditionelle, wenn auch *nicht* ausdrücklich gestellte Frage, die in den verschiedensten Formulierungen die staatsrechtlichen Erörterungen beherrschte, war also die nach der Vereinigung einer vollkommenen und unabhängigen weltlichen Herrschaft mit der – ihrer Bedeutung nach stets anders gemeinten – menschlichen ›Freiheit‹. So wird mit der Zeit der Begriff der Freiheit in der politischen Verwendung eine reservatio, eine persönliche Verfügungsgewalt nach persönlichem Ermessen, deren wesentliches Merkmal der Ausschluß jeder anderen Autorität ist, und jede Statuierung einer vollkommenen Herrschaft – der absoluten Souveränität – läuft Gefahr, die reservatio unmöglich zu machen.«

Aus dieser Lage ergaben sich für Rousseau drei grundlegende

Fragen: Wie ist eine Herrschaft möglich ohne Herrschende und Beherrschte? Wie vereinigt sich eine vollkommene Herrschaft mit der vollkommenen Freiheit der Untertanen? Wie verhalten sich die Gesetze, die allein die Macht des Rechts für sich haben, zur Souveränität als der potestas legibus soluta? Damit ist die »Eigenart der Rousseauschen Fragestellung« umrissen; die »Einzigartigkeit ihrer Lösung« erblickte Landshut in Rousseaus Antwort, die er als dreifache Identifikation kennzeichnete: »Die Beherrschten beherrschen sich selbst, dadurch ist vollkommene Herrschaft und vollkommene Freiheit eins, und die Souveränität besteht in nichts anderem als in der Gesetzgebung selbst, die die Bürger sich geben.«[137]

Rousseau wendet sich gegen jede Ungleichheit, d.h. gegen jegliches Verhältnis der Über- und Unterordnung, weil er darin die Ursache der Unfreiheit erblickt. Folglich faßt er die Freiheit als eine Funktion der Gleichheit auf. Seine Konstruktion des *Contrat social* ziele darauf, so Landshut, daß jeder sich gleichermaßen in die Verbindlichkeit des Gesetzes begebe, so daß sich der Mensch auf diese Weise keinem und jedem unterwerfe. Die Opposition aller gegen alle halte die Partikularinteressen des einzelnen in Schach, und als Resultat bleibe ein alle in gleicher Weise betreffender und in Anspruch nehmender Wille: die »volonté générale«. Freiheit bestimme sich als Ausschluß jeder persönlichen Autorität und als vollständige Gleichheit der Abhängigkeit aller vom Ganzen, von den Gesetzen, vom »corps public«, dem Staat.

Rousseau konstituiert also den Staat als Allmacht, weil er darin das geeignete Mittel erkennt, die Macht eines einzelnen auszuschließen. Voraussetzung dafür aber ist die Gleichheit der Menschen, ihre restlose Einebnung zugunsten der gemeinsamen Verbindlichkeit. Landshut benennt die Konsequenzen: Das menschliche Dasein wird enteignet, und der Staat, diese unpersönliche Zentralkraft, wird zur orientierenden Determinante für das menschliche Leben.[138]

Der Staat Rousseaus ist die Gesamtheit als willensmächtiges Subjekt, gestiftet durch die »volonté générale«, die als jede andere Macht ausschließende Macht – das ist für Rousseau »souverain« – sein Gesetz statuiert. In gewissem Sinne, sagt Landshut, sei dieser Staat der Hobbessche *Leviathan* in seine Eigentlichkeit gesteigert.[139] Wie bei Hobbes basiere der Staatsbegriff Rousseaus auf dem Souveränitätsprinzip, welches sowohl für die absolutistische Monarchie als auch für die sich im Anschluß an die Französische Revolution herausbildende Demokratie kennzeichnend sei. Während bei Hobbes der Souverän noch ein einzelner gewesen sei, so sei er bei Rousseau das Volk. Der »Wille des Volkes« werde also zur ausschlaggebenden Instanz. Daraus resultiert freilich das für die moderne Demokratie grundsätzliche und täglich zu bewältigende Problem der politischen Willensbildung. Denn wie überhaupt soll man sich den bei Rousseau als einheitlich vorausgesetzten »Willen des Volkes« vorstellen? Diese Frage führt Landshut im zweiten Teil seines Aufsatzes zum »Phänomen der Öffentlichkeit«, zur »Souveränität der öffentlichen Meinung« und ihren Folgen.

Die Öffentlichkeit und ihre »Meinung« kennzeichnet er zunächst als ein fundamentales Phänomen des Miteinander-Zusammenlebens. Woraus speist sich die öffentliche Meinung? Nach Landshut aus dem »Gerede«, d.h. aus dem Reden von jedermann, aus dem, was »man so sagt«. Da es nicht darauf ankomme, *wer* etwas gesagt habe, lasse sich das »Gerede« vor allem durch seine Anonymität charakterisieren und durch seine »Selbst«-Verständlichkeit, deren Sicherheit gerade darin liege, daß es niemand und jeder sage. Die öffentliche Meinung, die also durch dieses »Gerede« entstehe und auch schon in ihm vorhanden sei, zeichne sich durch ihre Pauschalität und Unverbindlichkeit aus:[140]

»Die Unverbindlichkeit, die sich etwa in Redewendungen wie der ›ich meine bloß so‹ anzeigt, läßt immer die exakte Feststellung der Tatsachen in der Schwebe, vermeidet das treffende Bestimmen, weicht der Sache aus, sie bindet sich nicht daran, ob es so oder so ist, sondern gibt – eben nur unverbindlich – gleichsam nur probeweise und jeden Augenblick bereit, auch anders zu meinen, eine keiner positiven Verantwortung zugängliche allgemeine Meinung.«

Was die Französische Revolution für ganz Europa mit sich gebracht habe, sei die Tatsache, daß die öffentliche Meinung den legitimen Anspruch als entscheidende Instanz erhalten habe. *Die* öffentliche Meinung zu ermitteln setze nun ein Verfahren voraus, in dem Versammlungen, Parlament und Presse wichtige

Positionen einnähmen. Die öffentliche Meinung, die sich im Anspruch und der Aufgabe der Herausbildung eines allgemeinen Willens befinde, mache die dauernde Institution einer Instanz notwendig, die sie mit Nachrichten versorge. Die Presse fülle also diese Funktion aus, ihr Vertrieb aber unterliege der kapitalistischen Produktionsweise. Dies bedeute wiederum, daß die Art der Nachrichtenvermittlung so zu gestalten sei, daß eine möglichst hohe Auflage erreicht werde. Folgen seien etwa »sensationelle Aufreizung« und Verwischung eines ausgesprochenen Standpunktes: Es gebe heute Blätter, vermerkt Landshut im Hinblick auf die Weimarer Situation, die aus diesem Grund die Wörter »Demokratie« und »Republik« vermieden. Von besonderer Bedeutung sei vor allem aber die Simplifizierung schwieriger Fragen, die sich nicht zuletzt aus der Flut der aufzunehmenden Informationen ergebe:[141]

»Dieser Unermeßlichkeit der täglichen Veränderungen, die alle zur Kenntnis genommen und verarbeitet werden müssen, ist nur eine Erfassungsmethode gewachsen, die die Unmöglichkeit der Rezeption und der Zugänglichmachung dadurch ausgleicht, daß sie dieser erdrückenden Überfülle durch Einordnung und Angleichung an schon geläufige Kategorien Herr wird. Durch Rubrizierung auch der an sich widerspenstigen Tatsachen und ihre Rückbeziehung auf das schon Bekannte, Geläufige verliert die Welt, in der der Mensch lebt, die vollständige und schwindelerregende Desorientiertheit, ihre notwendige Beziehungslosigkeit zu einem seiner Orientierungsmöglichkeit angemessenen Dasein und erscheint ihm angepaßt, untergeordnet, eingefügt – kurz beruhigend.«

Dies habe aber einen hohen Preis: Die Welt, in der es sich zu orientieren gelte, sei in ihrer jeweiligen, sich stets verändernden und neue Möglichkeiten ausbildenden, stets die neue Anstrengung einer Grundorientierung fordernden wechselnden Eigenart nicht mehr da, vielmehr präsentiere sie sich schon von vornherein im Ansehen der Einreihbarkeit als subsumierbar unter die geläufigen Verständniskategorien. Die Überschreitung dieses circulus vitiosus, so Landshut, hebe die Daseinsbedingungen der Souveränität der öffentlichen Meinung selbst auf.

Der Schilderung dieser Lage folgen im Schlußteil des Aufsatzes einige weiterführende Überlegungen zur Eigenart der Volkssouveränität. Dabei hebt Landshut hervor, daß im Zuge der Französischen Revolution nicht einfach die Souveränität des Monarchen auf das Volk übergegangen sei, sondern daß sich der Charakter der Souveränität selbst geändert habe. An die Stelle der aktiven Entscheidung des Souveräns sei das durch »convention« zustandegekommene Gesetz getreten, nach dem sich die auf es zupassenden Fälle selbst entschieden. Verantwortlich sei nun jedermann; d.h.: niemand selbst. Ein unpersönlicher Staats- und Verwaltungsapparat, eine von auswechselbaren Personen bediente »Staatsmaschine« bilde sich, und sofern die salus publica die Aufgabe des Staates sei, beziehe sie sich nicht auf die Bürger, sondern auf die Aufrechterhaltung der Ordnung; der Staat als das System der Ordnungen und Instanzen, unter denen die Menschen miteinander lebten, sei also um sich selbst, seine eigene Aufrechterhaltung besorgt.

Siegfried Landshuts Erörterung einiger Grundbegriffe der Politik muß, so seine eigene Äußerung, »ihrem ganzen Vorhaben nach kritisch sein«.[142] Ausdrücklich möchte er seine Kritik als konstruktiv verstanden wissen: So diene sie nicht dazu, das zu geißeln, was als gewordene Gegenwart unliebsam geworden sei, sondern sie sei vielmehr die einzige Möglichkeit, sich in der Gegenwartssituation zu orientieren. Landshut will sich gerade nicht dem »Gerede«, der unbestimmten Kritik an seiner Zeit anschließen; auch will er sich nicht mit einer Fülle von Informationen und Pauschalurteilen »beruhigen«. Vielmehr versucht er, seine Gegenwart aus der in ihr aufgehobenen Vergangenheit zu entschlüsseln, wobei Selbstverständlichkeiten und »Fortschritte« zwangsläufig in Frage gestellt werden. Es geht Landshut nicht darum, einer vergangenen Zeit nachzuschwärmen; wohl aber geht es ihm darum, aufzuzeigen, welche neuen, spezifischen und z.T. schwer faßbaren Probleme die Moderne mit sich bringt.

Zu Beginn seines Aufsatzes hatte Siegfried Landshut erklärt, die »Grundbegriffe der Politik« daraufhin untersuchen zu wollen, was sie für das Miteinanderleben besagen, und am Ende betont er nochmals, daß es ihm um das »Ausforschen bestimmter Phänomene des geregelten Miteinanderlebens im Hinblick auf ihren Sinn, d.h. in diesem Fall ihre Relevanz für das *Mit*einander des Lebens« gegangen sei.[143] Wie aber ist es um das Miteinanderleben bestellt? Offenbar hat die neuzeitliche Entwicklung hier umfassende Veränderungen bewirkt. Die alten Abhängigkeiten und Zusammengehörigkeiten waren zerfallen, und es rückte die Frage in den Vordergrund, welche Art menschlicher Bindung, welche Art von *Mit*menschlichkeit in einer Gesellschaft der Gleichen möglich sei. Rousseau, noch unter den Bedingungen des Ancien Régime lebend, hatte diese Problematik bereits erkannt; der *Contrat social* war ein Versuch ihrer Lösung. Durch eine rationale Methode, eben mit Hilfe eines alle in gleicher Weise verpflichtenden Vertrages, glaubte er eine Bindung zwischen den Menschen herstellen, eine Einheit stiften zu können. Entgegen einer solchen in der Denktradition des Rationalen Naturrechts stehenden Auffassung betonte Landshut, daß es eine Einheit gebe, die nicht von außen an die Menschen herangetragen werden müsse, sondern schon in ihnen selbst begründet sei. Denn das dem Menschen als Zoon politikon eigene Miteinander bestimme sich »als miteinander*leben*, so daß im Leben selbst das Miteinander mit da ist und in diesem Miteinander die unitas«.[144]

Daß der Mensch ein Zoon politikon sei, ist für Landshut eine unabänderliche Tatsache, eben das dem Menschen Wesenhafte. Doch das Bewußtsein darüber scheint mehr und mehr zu schwinden. Im modernen Politikverständnis kommt es praktisch nicht mehr vor. Die Entwicklung, die dorthin geführt hat, versucht Landshut zu analysieren. Er konstatiert eine Veränderung des Denkens, wie sie im Rationalen Naturrecht zum Ausdruck kommt, und eine Radikalisierung der dort angelegten Gedanken in der Französischen Revolution. Das Zusammenwirken zunehmender Gleichheit und fortschreitender Verwaltungszentralisation bedroht nun die Freiheit des Menschen. Der grundsätzlichen Unverbundenheit der gleichen einzelnen entspricht die expansive Tendenz des unpersönlichen Verwaltungsapparats, der eine Ordnung *herstellen* soll. Der vormals einheitliche, mit »Politik« bezeichnete Lebensbereich zerfällt in die Gesellschaft einerseits, den Staat andererseits, und das »entscheidungslose Miteinanderleben«, so Landshut, gerate in den Vollzug der Eigenbewegung der »*aus der Bezogenheit auf das menschliche Dasein abgelösten Institutionen*«.[145]

In diese Aussagen mündeten Landshuts bis dahin durchgeführte Studien; aus ihnen entsprang zugleich das »Programm«

für seine weiteren Arbeiten: die derart aufgezeigte Grundproblematik der modernen Lebenssituation deutlich zu machen. Er verstand sich dabei als Vertreter der »Politik«, d.h. jener im aristotelischen Sinne umfassenden Wissenschaft, die die grundlegenden Fragen des Miteinanderlebens zum Gegenstand hat.

Politische Wissenschaft war indes ein Fach, das im Jahre 1925 an keiner deutschen Universität gelehrt wurde. Die letzten Professuren, die den Begriff der Politik noch im Titel führten, waren in der zweiten Hälfte des 19. Jahrhunderts in juristische, nationalökonomische und historische umgewandelt worden.[146] Damit hatte sich das moderne Wissenschaftssystem, in dem für die »alte Politik« kein Platz mehr war, endgültig durchgesetzt. Die mehr als zweitausendjährige Tradition dieser Disziplin schien »vergessen«; Landshut unternahm es, an sie anzuknüpfen. Wilhelm Hennis hat in diesem Sinne geäußert, daß mit dem Landshutschen Aufsatz »Über einige Grundbegriffe der Politik« »der eigentliche Neubeginn einer wissenschaftlichen Politik in Deutschland gemacht wurde«.[147]

Siegfried Landshut sollte seinen Weg fortsetzen und im Jahre 1928 eine Habilitationsschrift mit genuin politikwissenschaftlicher Fragestellung vorlegen. Auch wird er es wagen, die Venia legendi für das Fach »Politik« zu beantragen, womit er nicht nur gegen den Strom moderner Wissenschaftsauffassung, sondern auch gegen den Strom institutioneller Gepflogenheiten schwimmen wird. Im Jahre 1925 war ihm dies alles offenbar schon ganz und gar bewußt.

4. Die Hamburger Jahre: Zwischen Habilitationsversuch und Existenzsicherung
(1925-1933)

Am »Mendelssohn-Institut«

Im September 1925 siedelte Siegfried Landshut mit seiner Familie nach Hamburg über und bezog eine Wohnung in der Hansastraße, in unmittelbarer Nachbarschaft seiner Schwiegereltern und unweit der Universität. Der Umzug nach Hamburg war motiviert durch die Möglichkeit einer leidlichen finanziellen Absicherung, denn die Empfehlung Alfred Webers hatte bewirkt, daß Landshut vom Institut für Auswärtige Politik den Auftrag zu einer Studie über das »Mandatssystem des Völkerbunds« erhielt. Auch entsprach die Wahl dieses Instituts Landshuts Bedürfnis, sich »mehr und näher mit den aktuellen politischen Verhältnissen vertraut zu machen«.[1] Und schließlich hatte er vor, sich nach den Schwierigkeiten in Heidelberg nun in Hamburg zu habilitieren. Seiner eigenen Angabe zufolge hoffte er, daß Alfred Weber, mit dem er seine Habilitationsabsicht besprochen hatte, selbst in nächster Zeit nach Hamburg, nämlich auf den geplanten Lehrstuhl für Soziologie, wechseln würde.

Siegfried Landshuts Tätigkeit am Institut für Auswärtige Politik begann im September 1925 und endete zwei Jahre später, im Sommer 1927, als er seine erste Anstellung an der Universität, bei Eduard Heimann, erhielt. Mag die Zeit Landshuts an diesem Institut auch recht kurz und die Art seiner Anstellung nicht die sicherste gewesen sein, so bedeutete sie doch den Einstieg in das Hamburger akademische Leben über eine damals in Deutschland einmalige Einrichtung.[2] Das Institut für Auswärtige Politik fand während der Weimarer Jahre internationale Beachtung: als eines der ersten Forschungsinstitute der Welt zur Untersuchung internationaler Beziehungen und Friedensbedingungen. Neben der 1920 gegründeten Deutschen Hochschule für Politik in Berlin gehört es damit wissenschaftsgeschichtlich zu den Anfängen der modernen Politikwissenschaft in Deutschland. Von der besonderen Zusammensetzung des Mitarbeiterkreises, von der ungewöhnlichen Arbeitsatmosphäre und nicht zuletzt von der Persönlichkeit des Leiters Albrecht Mendelssohn Bartholdy (1874-1936)[3] dürfte Landshut in dieser Zeit profitiert haben. Hinzu kam die Möglichkeit vielfältiger Kontakte zu anderen Wissenschaftlern, Politikern und zu Institutionen wie der Universität und der Volkshochschule. Wie hoch Landshut auch im Rückblick die Arbeit des Instituts einschätzte, zeigt die im Jahre 1951 von ihm verfaßte Denkschrift zur »Wiederbelebung« dieser Einrichtung.[4]

Als Siegfried Landshut 1925 in das Institut für Auswärtige Politik eintrat, existierte dieses gerade zweieinhalb Jahre lang. Die Idee zu einem derartigen Institut in Deutschland stammte aus der frühen Nachkriegszeit. Albrecht Mendelssohn Bartholdy hatte neben anderen Mitgliedern der »Heidelberger Vereinigung«, so Max Weber, Hans Delbrück und dem Grafen Max Montgelas, zur deutschen Delegation bei den Friedensvertragsverhandlungen in Versailles gehört. Die vier Genannten verfaßten das ohne Wirkung bleibende »Professorengutachten« vom 27. Mai 1919, in dem die alleinige Kriegsschuld Deutschlands verneint wurde.

Laut Mendelssohn Bartholdy waren sich die Delegationen der kriegführenden Mächte in Versailles darüber einig, daß allen eine »klare Erkenntnis der Gesetzlichkeit im Verhältnis der Völker zueinander« fehle. »Aufklärende Forschung über die Gesetzmäßigkeit in den Völkerbeziehungen und der Staatenpolitik« wurde als wichtiges Mittel zur Verhinderung zukünftiger Kriege erkannt.[5] Dieser Ansatz zur Kriegsursachenforschung mit dem Ziel der Kriegsverhütung schlug sich in der Gründung des »British Institute of International Affairs« in London, mehrerer Institute in den Vereinigten Staaten und – etwas später – auch des Hamburger Instituts nieder. Aus Sicht der deutschen Delegation hatte die Kriegsursachenforschung freilich auch das Ziel, die Revisionsbestrebungen bezüglich des Versailler Vertrages zu unterstützen, da man glaubte, die Kriegsschuldthese wissenschaftlich widerlegen zu können.

Das Institut für Auswärtige Politik in Hamburg konnte am 15. März 1923 offiziell gegründet werden. Diese Gründung war maßgeblich von seiten der Hamburger Kaufleute, insbesondere von Max Warburg, forciert worden. Die von Hamburger Handelskreisen erhoffte internationale Rehabilitierung verband sich mit der auf längere Sicht angelegten Intention der Friedensforschung und -sicherung im Sinne Mendelsohn Bartholdys. Dieser wollte der »Abneigung gegen die politische Theorie und gegen das besonnene Denken« entgegentreten mit einer »ruhig wissenschaftlichen Bereitung des Grundes für eine auswärtige Politik der Zukunft«.[6]

War der »Vorläufer« des Instituts noch als »Archiv der Friedensverträge« seit Februar 1921 im Privathaus Paul Warburgs untergebracht, so wurde nach der unter Konkurrenzdruck erfolgten Bewilligung durch die Hochschulbehörde und die Hamburger Bürgerschaft das Institut für Auswärtige Politik 1923 zunächst in den Räumen des Seminars für Auslandsrecht der Universität etabliert. Als Ziele des Instituts wurden formuliert: die wissenschaftliche Feststellung der diplomatischen Methoden der jüngsten Geschichte, die Beobachtung aktueller Außenpolitik und ihrer Hintergründe sowie die Entwicklung von Richtlinien für eine »stetige, wirksame und dem Frieden dienende Außenpolitik«.[7]

Das Institut war geprägt von der Person Albrecht Mendelssohn Bartholdys, der dessen Begründer und ehrenamtlicher Leiter war und der zudem seit 1920 das Ordinariat für Internationales Privatrecht und Auslandsrecht innehatte. Bedingt durch diese Personalunion gab es eine enge Verbindung zwischen Institut und Hamburgischer Universität. Mendelssohn Bartholdy legte aber großen Wert auf die Feststellung, daß das Institut gegenüber der Universität, ebenso wie gegenüber amtlichen Stellen, völlig selbständig sei. Nie seien auch Zuwendungen mit Bedingungen verknüpft worden, durch die Einfluß auf die Institutsarbeit hätte ausgeübt werden können[8] – und auf staatliche Zuwendungen war das Institut schließlich in hohem Grade angewiesen. Ob ein direkter Einfluß vonnöten war, ist allerdings fraglich, denn ohnehin begriff sich das Institut im Verbund mit Wirtschaft und Regierungspolitik. An kritischen gesellschaftstheoretischen Ansätzen, an einer Auseinandersetzung mit innenpolitischen Fragen und an Erkenntnissen über historische Kontinuitätslinien mangelte es. Es war Mendelssohn Bartholdys Dilemma, mit seiner vom guten Willen getragenen Versöhnungsdiplomatie zwar das Ansehen der Weimarer Demokratie nach außen zu steigern, dabei aber innenpolitische Gefahren für diese Demokratie zu verkennen.

Als Siegfried Landshut ins Institut kam, hatte dieses mittlerweile seine eigenen Räume in der »Alten Post« bezogen, in jenem Gebäude, in dem auch das Hamburger Weltwirtschaftsarchiv untergebracht war. Das Institut, an dem 1925 sechs feste Mitarbeiter tätig waren, besaß eine große Bibliothek und ein umfangreiches Zeitungsausschnittsarchiv, Lehrgänge und Vorträge wurden hier veranstaltet und die international renommierte Zeitschrift *Europäische Gespräche* sowie etliche andere Publikationen herausgegeben.

Landshut lernte Mendelssohn Bartholdy kennen, der nicht nur ein Jurist von internationalem Rang war, sondern auch ein engagierter Pazifist und couragierter liberaler Demokrat. Der »Herzensrepublikaner« Mendelssohn Bartholdy, der für Verständigung und Versöhnung eintrat, war ein Repräsentant des »anderen Weimar«.[9] Geschäftsführer des Instituts war Paul Marc (1877-1949), byzantinischer Philologe und Bruder des Malers Franz Marc. Alfred Vagts (1892-1986), der wie Marc seit Gründung im Institut arbeitete, war der erste Assistent Mendelssohn Bartholdys und galt als dessen »Kronprinz«. Sozioökonomisch-historischen Forschungsansätzen folgend, gehörte er zu jenen Historikern, die während der Weimarer Republik in ihrem Fach in eine Außenseiterrolle gedrängt wurden.[10] Zu dieser Gruppe der Historiker ist auch George W. F. Hallgarten (1901-1976) zu rechnen, der als Vertreter von Vagts am Institut arbeitete, als Landshut seine Tätigkeit hier aufnahm.[11] Ein weiterer Assistent war der Jurist Hans von Dohnányi (1902-1945), der seit 1924 als Nachfolger Theodor Haubachs (1896-1945) angestellt war. Mit Dohnányi verband Landshut aus diesen Tagen eine Freundschaft, auf die noch zurückzukommen sein wird.

Im Institut für Auswärtige Politik gab es, so Mendelssohn Bartholdy, einen Arbeitsgrundsatz, über den von Anfang an völlige Sicherheit geherrscht habe: nämlich jenen, daß alle Mitglieder des Instituts an allen Arbeiten ständig und gleichmäßig teilnehmen und also eine Arbeitsgemeinschaft bilden würden.[12] Mag auch an dieser Äußerung in Anbetracht der leitenden und dominierenden Position Mendelssohn Bartholdys in »seinem« Institut gezweifelt werden, so scheint doch festzustehen, daß die Arbeitsatmosphäre im Institut ausgesprochen inspirierend gewirkt hat und Siegfried Landshut in eine in vielerlei Hinsicht ungewöhnliche, vom Geist des »anderen Weimar« durchdrungene Einrichtung gelangt war.

Hier verfaßte Landshut seine Studie über das Mandatssystem. Diese Arbeit, z. T. von ihm selbst in späteren Publikationslisten mit der Jahreszahl 1928 aufgeführt[13] und vom Berliner Rothschild-Verlag unter dem Titel *Mandatssystem und Arbeitszwang* angekündigt, ist nie erschienen. Die Gründe hierfür sind unbekannt; sicher ist lediglich, daß die heute unauffindbare Studie zur Veröffentlichung in der vom Institut für Auswärtige Politik und der Deutschen Hochschule für Politik gemeinsam herausgegebenen Schriftenreihe »Politische Wissenschaft« vorgesehen[14] und von Landshut tatsächlich fertiggestellt worden war.[15]

Erschienen ist aber zu dem hier bezeichneten Thema ein Aufsatz Landshuts unter dem Titel »Eine Frage europäischer Politik«.[16] Es ist erwähnenswert, daß Landshut den Aufsatz 1926 in Rudolf Hilferdings Zeitschrift *Die Gesellschaft* publizierte. In dieser »Internationalen Revue für Sozialismus und Politik«, einer der niveauvollsten Zeitschriften der Weimarer Republik, veröffentlichte auch Mendelssohn Bartholdy. Seinen Assistenten Alfred Vagts hatte er allerdings davor gewarnt, selbst für *Die Gesellschaft* zu schreiben, da er dadurch seine Habilitation erschweren, wenn nicht gar unmöglich machen würde.[17] Vagts ließ sich davon aber nicht abhalten, ebensowenig wie Landshut.

In seinem Aufsatz befaßt Landshut sich mit dem nach dem Ersten Weltkrieg eingeführten Mandatssystem (Art. 22 Völkerbundssatzung), wonach von Deutschland bzw. von der Türkei abgetrennte Gebiete als »Mandatsgebiete« einem besonderen Verwaltungssystem unterstellt wurden, welches einige der »Siegermächte« unter Aufsicht des Völkerbundes ausübten. Um es vorwegzunehmen: Landshuts Ausführungen richten sich vehement gegen jene Kreise in Deutschland, die die Rückgewinnung der ehemaligen Kolonien forderten. Vor allem aber plädiert er dafür, Kolonialpolitik nicht mehr als die Sache einzelner Nationen zu betrachten, sondern als »eine Frage europäischer Politik«. Darin wiederum erblickt er die Möglichkeit, eine neue Basis zu schaffen für die Auseinandersetzung Europas mit der bisher von ihm unterworfenen Welt.

Die grundsätzlichen Erwägungen Landshuts setzen ein bei den Bedingungen der Kolonisation. Die Kolonialpolitik der europäischen Nationen habe auf der nie angezweifelten Überzeugung der eigenen Überlegenheit beruht. Der vom Begriff der technischen Zivilisation geleitete Europäer habe sich selbst in einem Prozeß ununterbrochenen Fortschritts, den Nichteuropäer dagegen in völliger Rückständigkeit gesehen. Damit sei die führende Rolle der europäischen Prinzipien zur Organisation der Welt eine Selbstverständlichkeit und zugleich eine »moralische Pflicht« geworden. Die Ansicht, man müsse die »zurückgebliebenen Völker« zivilisieren, rechtfertigte scheinbar die Ausbeutung der Kolonien für eigene wirtschaftliche Interessen und beruhigte so das europäische Gewissen. Noch im Artikel 22 der Völkerbundssatzung sei von der »mission sacrée de civilisation« die Rede.

Die Überzeugung von der selbstverständlichen Überlegenheit des Europäers, der die Idee des menschlichen Lebens am vollkommensten erfülle, sei jedoch durch den Weltkrieg von Grund aus ins Wanken geraten. Bewohner kolonialer Länder hätten Gelegenheit gehabt, in Europa an Ort und Stelle »die Eigenart der europäischen Menschheitsbeglückung«[18] kennenzulernen. Der bis dahin verdeckt vorhandene Widerspruch zwischen der angeblichen Sorge um das Wohl der »Eingeborenen« und ihrer Nutzung für den Wirtschaftsbedarf Europas sei offenkundig geworden.

Nach dem Krieg sei nun durch »die eigenartige Institution der Mandate« ein neuer Modus in den Beziehungen der europäischen Nationen zur kolonialen Welt entstanden. Die Einführung der Mandate habe zunächst nicht den Interessen der Mandatsgebiete, sondern denjenigen der »Siegermächte« dienen sollen. Doch mit der Treuhänderschaft und dem Patronat des Völkerbundes seien Tatsachen geschaffen worden, die eine gewisse Verpflichtung in sich trügen. Die Feststellung jedenfalls, daß das gesamte Mandatsgebiet völlig unabhängig vom Mandatarstaat sei, bedeutete die Anerkennung einer im Mandatsvolk »schlummernden Souveränität«.[19] Insofern also unterschied sich die Mandatspolitik von der bisherigen Kolonialpolitik, wobei die alten Widersprüche freilich fortwirkten. Die wirtschaftlichen Interessen der europäischen Nationen kollidierten weiterhin mit dem Selbstbestimmungsrecht der außereuropäischen Völker. Dies war ein fundamentaler Konflikt, der nach Ansicht Landshuts nicht sogleich gelöst werden konnte, den es aber überhaupt einmal ernsthaft wahrzunehmen galt.

Das Mandatssystem hielt Landshut für einen Schritt in die richtige Richtung, denn die Kontrolle der Mandatarmächte durch den vorwiegend europäisch geführten Völkerbund bedeute »die Anerkennung einer gemeinsamen *europäischen Aufgabe* zur Lösung einer das Europäertum als solches betreffenden Frage«.[20] Nun gebe es gemeinsame Beratungen, womit die erste Bresche in die Politik der Willkür der einzelnen europäischen Nationen geschlagen sei. Im Zuge eines gemeinsamen Vorgehens sollte, so Landshut, vor allem jener Einstellung entgegengetreten werden, »für die die außereuropäische Welt nur dazu da ist, den Bedürfnissen der europäischen Nationen Genüge zu leisten«.[21]

Landshut forderte keinen sofortigen Rückzug aus den Kolonien – einen solchen hielt er für unrealistisch –, wohl aber eine neue, nämlich gemeinsame und an den wirklichen Gegebenheiten und Konflikten orientierte Kolonialpolitik der europäischen Nationen, die weiterführende Möglichkeiten eröffnen sollte. Daß es entgegen dem von ihm aufgezeigten Weg in Deutschland bereits wieder eine »Kolonialpropaganda« gab, stellte Landshut mit »traurigem Erstaunen« fest: In den deutschen Kolonialkreisen fehle jedes Verständnis für die Idee der Mandatspolitik als einer solidarischen Aufgabe der europäischen Nationen. »In Deutschland hat man die ganze Zeit in seinen vier Wänden gesessen und indessen vor Gift und Galle nicht bemerkt, daß grundlegende Veränderungen sich anzubahnen begonnen haben.«[22]

Das waren bemerkenswert offene Worte, vor allem in Anbetracht des in Deutschland damals weit verbreiteten Chauvinismus. Für Landshut aber war es ganz offensichtlich, daß kein Land, und schon gar nicht Deutschland, an die Kolonialpolitik der Jahre vor 1914 würde anknüpfen können. Die »radikale

Entthronung der Überlegenheit der Europäer«[23] war berechtigterweise erfolgt, und die Kolonien bzw. Mandatsgebiete machten ihre Ansprüche geltend. Damit nun hatten sich die europäischen Nationen gemeinsam auseinanderzusetzen. Die Analyse der Gegebenheiten, die Landshut vorlegte, war ebenso nüchtern wie präzise und mithin nicht gerade typisch für die spannungsgeladene politische Diskussion jener Jahre.

Neben dem hier besprochenen Aufsatz veröffentlichte Landshut während der Zeit am »Mendelssohn-Institut« noch einige kleinere Arbeiten.[24] Seine Äußerung, Aufsätze aus dieser Zeit seien zum Teil durch materiellen Druck erzwungen worden,[25] verweisen auf die nach wie vor angespannte finanzielle Situation der Familie. Im Sommer 1927 bot sich dann die Chance, zumindest eine halbe feste Stelle an der Universität, als Assistent des Nationalökonomen Eduard Heimann, zu bekommen. Zu Heimanns Entlastung war diese halbe Assistentenstelle geschaffen worden, für die er selbst Landshut, den er offenbar zuvor persönlich kennengelernt hatte, vorschlug. Im Brief Heimanns an die Hochschulbehörde vom 29. Juli 1927 heißt es:[26]

»(...) Herr Dr. L. ist als Nationalökonom Schüler von Alfred Weber und von Liefmann, als Philosoph Schüler von Heidegger. Ich schätze ihn als einen Gelehrten von grosser Kraft des Denkens und starkem wissenschaftlichem Ethos und begrüsse die Gelegenheit, mit meiner Entlastung zugleich eine bescheidene finanzielle Förderung für einen jungen Gelehrten zu erreichen, der als Familienvater mit grössten Sorgen und Schwierigkeiten zu kämpfen hat.«

Am 1. September 1927 wurde Siegfried Landshut als »Wissenschaftlicher Hilfsarbeiter« Mitglied der Hamburgischen Universität.

An der Hamburgischen Universität:
Eduard Heimann und das Sozialökonomische Seminar

Hatte Siegfried Landshut im »Mendelssohn-Institut« ein geistiges Umfeld erlebt, das ihm und seiner Arbeit entsprach, so fand er in seinem neuen Chef Eduard Heimann einen der engagiertesten Demokraten, einen der ganz wenigen »Linken« an der Hamburgischen Universität.

Die Universität war im von Kaufmannsinteressen bestimmten Hamburg erst im Mai 1919 gegründet worden und bestand also gerade acht Jahre, als Landshut ihr Mitglied wurde.[27] Das »Vorläufige Gesetz über die Hamburgische Universität und Volkshochschule« war im März 1919 mit der absoluten Stimmenmehrheit der Sozialdemokraten in der erstmals demokratisch gewählten Bürgerschaft verabschiedet worden. Der Anspruch einer auf demokratischer Bildungskonzeption beruhenden Hochschule konnte jedoch kaum eingelöst werden. Die Hamburgische Universität nahm unter den deutschen Hochschulen keine Sonderstellung ein. Vielmehr wurde die neue Bildungsstätte gemäß dem traditionellen Hochschulwesen ausgestaltet. Rektor und Universitätssenat standen bald in unversöhnlicher Frontstellung zu der aus SPD und DDP gebildeten Hamburger Regierung.

Die Hamburger Hochschullehrer fühlten sich, wie andernorts auch, in ihrer großen Mehrzahl den aus dem Kaiserreich überkommenen politischen Werten verpflichtet, ohne diese auch nur im geringsten in Frage zu stellen.[28] Die Revision des Versailler Vertrages zu fordern war weitgehend inneruniversitärer wie innergesellschaftlicher Konsens. Die Mehrheit der Professoren verband damit auch, die Revision der inneren Lage Deutschlands anzustreben und die nun etablierte republikanische Verfassungsordnung zu bekämpfen. Im Zentrum ihres Denkens stand »das Vaterland«, was selbst den Beamten zu erlauben schien, sich für »die Nation«, aber gegen die Republik auszusprechen oder zu engagieren. Begriffe wie »Parteien«, »Parlamentarismus« und »Politik« galten den meisten als Reizworte: Der weite Spielraum, den antidemokratisches und verfassungswidriges Verhalten – bis hin zu den extremen Ausfällen eines Siegfried Passarge[29] – haben konnte, ist in der Rückschau bestürzend. Bestandteil dieser Haltung war ein teils offen vorgebrachter, teils latent vorhandener Antisemitismus, der schon bei Gründung der Universität zu konstatieren ist.[30]

Die Zahl derer, die sich zur Republik bekannten, war erschreckend gering. Zu den wenigen Professoren, die sich für die Weimarer Demokratie einsetzten, zählten die Juristen Albrecht Mendelssohn Bartholdy, Rudolf Laun, Moritz Liepmann und Gerhard Lassar, die Nationalökonomen Eduard Heimann und

Heinrich Sieveking sowie der Philosoph Ernst Cassirer und der Anglist Emil Wolff. Ausnahmslos waren es angesehene Gelehrte. Im politischen Denken jedoch blieben sie Außenseiter innerhalb der akademischen Welt. Das »Institut für Auswärtige Politik«, die »Kulturwissenschaftliche Bibliothek Warburg«, die »Philosophische Gesellschaft«, das Amtsjahr des Rektors Ernst Cassirer 1929/30, die einzige unter Schwierigkeiten durchgesetzte Verfassungsfeier:[31] All dieses zeigt das vorhandene liberal-demokratische Potential. Und dennoch befanden sich die Demokraten fortwährend in einer Minoritätenposition; sie sahen sich immer der Mehrheit der Antidemokraten, der Monarchisten, der Nationalisten und Antisemiten mit ihren Organisationen, Vereinen, Publikationsorganen, mit ihren Reichsgründungs- und Sonnenwendfeiern gegenüber. Sämtliche Universitätsgremien waren geprägt von »Mitte-Rechts«-Mehrheiten, nur die Rechts- und Staatswissenschaftliche Fakultät scheint hier zeitweise etwas offener gewesen zu sein.

In diese Fakultät bzw. – konkreter bezeichnet – in das »Seminar für Nationalökonomie und Kolonialpolitik«[32] trat Siegfried Landshut zum Wintersemester 1927/28 ein. Die Direktoren des Seminars, das ab 1930 den Namen »Sozialökonomisches Seminar« trug, waren während der gesamten Zeit, in der Landshut hier arbeitete, die vier Lehrstuhlinhaber Heinrich Sieveking (1871-1945; Nationalökonomie und Wirtschaftsgeschichte), Waldemar Zimmermann (1876-1963; Volkswirtschaftslehre und Sozialpolitik), Eduard Heimann (1889-1967; Theoretische und praktische Sozialökonomie) und Fritz Terhalle (1889-1962; Sozialökonomie und Finanzwissenschaft). Außerdem waren die nichtbeamteten außerordentlichen Professoren Theodor Plaut (1888-1948; Nationalökonomie) und Kurt Singer (1886-1962; Volkswirtschaftslehre und Soziologie) als »Wissenschaftliche Hilfsarbeiter« am Seminar tätig. Hinzu kamen der Assistent Zimmermanns, Willy Neuling (geb. 1901), der Assistent Heimanns, Siegfried Landshut, und später als Assistent Sievekings bzw. Terhalles Walter Emmerich (geb. 1895). Alle drei waren – wie es im Vorlesungsverzeichnis ohne Inhaltsbestimmung heißt – »mit Kursen beauftragt«. Das Sozialökonomische Seminar war damit quantitativ wie qualitativ gut besetzt; es garantierte eine wirtschaftswissenschaftliche Lehre breiten Spektrums und zeichnete sich offenbar durch eine in der Hamburgischen Universität vom Üblichen abweichende Liberalität aus. Die Studentenzahlen im Seminar waren aus heutiger Sicht äußerst gering. Die Zahl der an der gesamten Universität immatrikulierten Studentinnen und Studenten betrug während der Landshutschen Assistentenzeit zwischen 2305 und 4010; die Zahl der an der Rechts- und Staatswissenschaftlichen Fakultät eingeschriebenen Studierenden schwankte zwischen 664 und 931;[33] Seminarveranstaltungen galten im Sozialökonomischen Seminar als groß, wenn sie zwanzig Teilnehmer hatten. Hier hielt Siegfried Landshut vom Wintersemester 1929/30 bis zum Sommersemester 1933 Kurse ab, über deren Themen nichts bekannt ist. Vermutlich handelte es sich um einführende Veranstaltungen oder solche, die in engem Zusammenhang mit den Vorlesungen und Übungen Heimanns standen.

Die Zeit der knapp sechs Jahre währenden Zusammenarbeit war sowohl für Eduard Heimann als auch für Siegfried Landshut eine außerordentlich produktive Schaffensphase. Heimann erkannte die geistige Kraft seines Assistenten, der ihm als gleichberechtigter Denker begegnete. Bei aller Selbständigkeit wirkten beide fachlich und politisch aufeinander ein. Zudem versuchte Heimann, seine zahllosen Kontakte für Landshut nutzbar zu machen: Dies gilt schon für die Jahre der gemeinsamen Arbeit, vor allem aber für die Zeit des Exils.

Wie nun läßt sich Heimanns wissenschaftliche Position beschreiben? Adolph Lowe [bis 1939: Adolf Löwe] hat sie im Nachruf auf seinen guten Freund folgendermaßen zu bestimmen versucht:[34]

»In Heimann a singular tradition of social research, which emerged in nineteenth century Germany and culminated in the work of the two Webers, of Franz Oppenheimer and of Joseph Schumpeter, has lost one of its last representatives: a scientific specialist who grew into a philosophical generalist and, in Heimann's case, even into a theologian of culture.«

Eduard Heimann,[35] der zu Recht als bedeutendstes Mitglied des Sozialökonomischen Seminars gegen Ende der Weimarer Zeit bezeichnet worden ist,[36] war zum Sommersemester 1925 auf das Ordinariat für »Theoretische Volkswirtschaftslehre« – für ihn umbenannt in Ordinariat für »Theoretische und praktische

Sozialökonomie« – berufen worden. Diese Berufung des 35jährigen Privatdozenten aus Freiburg erfolgte mit einstimmigem Votum der Fakultät,[37] was insofern nicht erstaunlich war, als Heimann sich spätestens mit dem Buch *Mehrwert und Gemeinwirtschaft*[38] – seiner erweiterten Habilitationsschrift – den Ruf eines Wissenschaftlers von hohem Rang erworben hatte; es war aber dennoch bemerkenswert vor dem Hintergrund, daß es sich bei Heimann um einen »Linken« handelte. Sein Vater, der Verlagsbuchhändler Hugo Heimann, war als langjähriger Reichstagsabgeordneter der SPD und enger Freund August Bebels bekannt.

Geprägt vom sozialdemokratischen Elternhaus, in dem neben Bebel auch Clara Zetkin und Karl Kautsky zu den häufig anwesenden Gästen gehörten, begann Eduard Heimann im Jahre 1908 mit einem imponierend breit angelegten Studium der Wirtschafts- und Sozialwissenschaften. Trotz langer Krankheit verschaffte er sich in wenigen Semestern an den Studienorten Heidelberg, Wien und Berlin einen tiefen Einblick in das gesamte Spektrum der nationalökonomischen Schulen, ließ aber auch seinen über das Fachgebiet hinausgehenden Interessen viel Raum, um schließlich im Jahre 1912 bei Alfred Weber mit einer Arbeit *Zur Kritik der Sozial-Methode*[39] summa cum laude zum Dr. phil. promoviert zu werden. Im Kreise Max Webers hatte Heimann das »geistvolle Heidelberg« erlebt und auch seinen Doktorvater Alfred Weber schätzengelernt – der Kontakt der beiden sollte bis zum Tod Webers im Jahre 1958 reichen –, doch als seinen »eigentlichen Lehrer«, der ihm »durch die Kraft und den Reichtum seines Geistes ein aufrüttelndes und freilich auch bedrückendes Vorbild gab«, bezeichnete er einen anderen Gelehrten: Franz Oppenheimer.[40] Nach der Promotion folgten für Heimann, der sich nicht zum Kriegsdienst meldete, Jahre praktischer Wirtschaftstätigkeit; 1919 fungierte er dann als Generalsekretär der ersten, von 1921 bis 1922 als Sekretär der zweiten Sozialisierungskommission. Diese Arbeit brachte ihn in engeren Kontakt zu Walther Rathenau, nach dessen Ermordung er gemeinsam mit Max Scheler und Arthur Baumgarten einen Erinnerungsband veröffentlichte.[41] Schließlich doch noch die universitäre Laufbahn wählend, habilitierte Heimann sich im Frühjahr 1922 an der Universität zu Köln. Die Gutachter seiner

Habilitationsschrift *Kritische und positive Beiträge zur Mehrwertlehre* waren Leopold von Wiese und Christian Eckert.[42] Nachdem Heimann sich im gleichen Jahr nach Freiburg i. Br. umhabilitiert hatte, machte er sich bei den dortigen renommierten Wirtschaftswissenschaftlern rasch einen Namen. Als dann in Hamburg ein Nachfolger Gottl-Ottlilienfelds gesucht wurde, erklärte der Freiburger Ökonom Gerhart von Schulze-Gävernitz auf Anfrage, daß es sich bei Heimann um einen »schlechthin erstklassigen Gelehrten von großer Zukunft«[43] handele. So erhielt Eduard Heimann im Jahre 1925 den Ruf an die Hamburgische Universität. Im folgenden Jahr trat er der SPD bei[44] und war damit nach Rudolf Laun der zweite sozialdemokratisch organisierte Ordinarius der Rechts- und Staatswissenschaftlichen Fakultät wie der Hamburgischen Universität überhaupt.[45] »Seinen eigentlichen theoretischen Ort«[46] aber hatte er vor allem bei den religiösen Sozialisten gefunden. Dem kleinen Berliner Kairos-Kreis um den protestantischen Theologen Paul Tillich (1886-1965) gehörte er seit Beginn der zwanziger Jahre an. Hier lernte er Carl Mennicke (1887-1959) kennen, in dessen *Blättern für religiösen Sozialismus* er diverse Aufsätze publizierte; hier schloß er auch enge Freundschaften mit Adolf Löwe (1893-1995), Alexander Rüstow (1885-1963) und Arnold Wolfers (1892-1968),[47] die trotz häufiger Kontroversen jahrzehntelang bestehen bleiben und während der Exilzeit auch für Siegfried Landshut Bedeutung erlangen sollten. Heimann, dessen Person in der Literatur mit den Begriffen »Sozialökonom, Sozialist und Christ« charakterisiert wird, war religiös und kulturell assimilierter Jude; im Jahre 1944 ließ sich der 55jährige von seinem Freund Paul Tillich in New York taufen.

Der Sozialismus galt Eduard Heimann als »*die religiös-sittliche Kraft unserer Zeit*«, als »der Kampf um die Lebenserneuerung, um die Wiederherstellung des Lebenssinns, um die Befreiung der großen Massen der Menschen aus der Erniedrigung im Kapitalismus«.[48] Echter Sozialismus könne nur auf ursprünglicher Gemeinschaft und nicht auf materiellen Interessen gegründet sein. Heimann wollte zum Wandel der Gesinnung beitragen, um so das Übel des Kapitalismus – die Sinnentleerung und Entwürdigung des Menschen – überwinden zu helfen. Wie seine Schriften über eine wirkungsvolle Sozialpolitik belegen, verstand er den Weg zum Sozialismus dabei aber keineswegs als einen nur innerlichen. Es mußten damit einhergehend auch die materiellen Voraussetzungen geschaffen werden. In seinem 1929 erschienenen berühmten Werk *Soziale Theorie des Kapitalismus*[49] entwickelte Heimann – mit den treffenden Worten Claus-Dieter Krohns -»erstmalig eine konsistente Theorie der Sozialpolitik [...], die nicht mehr wie bisher auf einen von der Wirtschaftsordnung losgelösten fürsorgerisch-versicherungsrechtlichen Schutz der sozial Schwachen orientiert war, sondern als mächtiges dynamisches Vehikel zur gesellschaftlichen Transformation begriffen wurde«.[50]

In den Jahren 1927 bis 1933 lernte Siegfried Landshut mit Eduard Heimann einen religiösen Sozialisten kennen, der theoretische Pionierleistungen lieferte, der sich fernab von Stubengelehrsamkeit politisch-sozial engagierte und der zudem ein glänzender akademischer Lehrer gewesen sein muß. Neben seiner Lehrtätigkeit an der Universität und in der Erwachsenenbildung sowie neben der Fertigstellung zahlreicher Publikationen – zwischen 1927 und 1932 über sechzig kleinere und größere Arbeiten – nahm Heimann in jenen Jahren auch an etlichen wissenschaftlichen und politischen Zusammenkünften teil. Sehr viel Arbeitskraft nahm auch die Gründung der vom Kairos-Kreis lange geplanten Zeitschrift in Anspruch, die im Januar 1930 unter dem Titel *Neue Blätter für den Sozialismus – Zeitschrift für geistige und politische Gestaltung* zum ersten Mal erscheinen konnte.[51] Neben Heimann waren Paul Tillich und Fritz Klatt die Herausgeber; die Redaktion übernahm der Arbeiterstudent August Rathmann (1895-1995), der aus dem jungsozialistischen Hofgeismarkreis kam.[52] Die Zeitschrift – aufgrund der Wirtschaftskrise von Anfang an finanziell unter starkem Druck – sollte der Erneuerung des Sozialismus dienen. Kämpferisch, aber z.T. illusionsbehaftet,[53] trat man für die Republik ein, wobei auch die Auseinandersetzung mit der SPD – bei aller Verbundenheit – nicht gescheut wurde.[54] Hans Mommsen zählt die *Neuen Blätter* »zum Sprühendsten und Anregendsten, was die republikanisch-sozialistische Intelligenz der späten Weimarer Jahre hervorgebracht hat«.[55] Innerhalb von dreieinhalb Jahren – im Juni 1933 wurde die Zeitschrift endgültig verboten – veröffentlichte Eduard Heimann hier nicht weniger als neunzehn Beiträge; auch Fritz Borinski, Theodor Haubach, Carl Mierendorff und August Rathmann trugen zahlreiche Aufsätze und Rezensionen bei. Zu den weiteren Autoren gehörten u.a. Hermann Heller, Eckart Kehr, Fritz Klatt, Rudolf Küstermeier, Carl Landauer, Hilde Landauer, Rudolf Laun, Adolf Löwe, Hendrik de Man, J. P. Mayer, Harald Poelchau, Gustav Radbruch, Hugo Sinzheimer, Hans Speier, Dolf Sternberger und Paul Tillich. Im Dezember-Heft des Jahres 1931 publizierte Siegfried Landshut den Aufsatz »Marx redivivus«, ein erstes Ergebnis seiner an den philosophischen Schriften von Marx ausgerichteten Forschungen, gleichsam eine Ankündigung der im Jahre 1932 erscheinenden, von ihm und J. P. Mayer herausgegebenen Marxschen Frühschriften.

Die vielen, hier lediglich angedeuteten Aktivitäten Eduard Heimanns gehörten auch zum Alltag seines Assistenten. Welche konkreten Aufgaben Landshut im einzelnen zukamen, ist allerdings – abgesehen von den schon erwähnten Kursen – nur bruchstückhaft dokumentiert. Mit Sicherheit beteiligte er sich an den Vorbereitungen von Heimanns Publikationen[56] und Tagungsbesuchen.[57] Es ist aber davon auszugehen, daß Landshut auch einen Teil seiner Zeit für die Habilitationsschriften nutzen konnte. Die inhaltliche Ausrichtung einer Assistenz bei Heimann mit sozialpolitischen, wirtschaftswissenschaftlichen, soziologischen und politikwissenschaftlichen Bezügen dürfte seinen Interessen sehr entgegengekommen sein; obwohl formal in der Nationalökonomie angesiedelt, bedeutete diese Zeit damit keine Rückkehr in Landshuts altes Promotionsfach.

Neben seiner halben Assistentenstelle konnte und mußte Landshut eine Reihe anderer Tätigkeiten ausüben. Von großem Pensum zeugt die Zusammenstellung seiner Arbeiten in diesen sechs Jahren zwischen 1927 und 1933: Neben den Kursen an der Universität unterrichtete Landshut an der Hamburger Volkshochschule und beim Freien Bildungswesen Altona; er stellte zwei Habilitationsschriften fertig, publizierte mehrere Aufsätze und kleinere Schriften, darunter den bereits erwähnten Max-Weber-Aufsatz und eine kurze Marx-Biographie, war Sachbearbeiter beim Enquete-Ausschuß des Reichstags und konnte 1932 mit der sensationellen Veröffentlichung der »Pariser Manuskripte« von Karl Marx aufwarten.

Diese sechs Jahre, auf deren verschiedene Aspekte noch im einzelnen einzugehen sein wird, stellen eine äußerst produktive Phase im wissenschaftlichen Wirken Landshuts dar. Ohne die wiederum große Produktivität der fünfziger und sechziger Jahre schmälern zu wollen, ist festzuhalten, daß in diesen wenigen Jahren – sieht man von den Tocqueville-Studien ab – die Landshutschen Hauptwerke entstanden: die als *Kritik der Soziologie* 1929 veröffentlichte erste Habilitationsschrift, die nie vollständig publizierte zweite Habilitationsschrift *Historisch-systematische Analyse des Begriffs des Ökonomischen* und jene Veröffentlichung, die später Landshuts Ruf als bedeutender Marx-Forscher begründen sollte, die mit einer von ihm verfaßten Einleitung herausgegebenen Marxschen Frühschriften.

Diese große wissenschaftliche Leistung vollzog sich in einer Zeit immenser Schwierigkeiten: Die Anstellung in der Universität schuf immer noch keine materielle Sicherheit für die – nach der Geburt des Sohnes Thomas im Jahre 1930 – fünfköpfige Familie. Landshut blieb auf die Einnahmen aus der Erwachsenenbildung und der Publikationstätigkeit angewiesen; das Gehalt der Assistentenstelle machte nicht einmal die Hälfte seines Einkommens aus.[58] Und selbst dieser Anteil war nicht abgesichert. Im Dezember 1931 teilte die Hochschulbehörde Heimann mit, das Gehalt seines Assistenten würde nun wegen der »unbedingt weiteren Verminderung der Staatsausgaben« von einer neuen Bemessungsgrundlage aus berechnet werden. Kurz: Landshuts Gehalt sollte ab April 1932 empfindlich gekürzt werden. Heimann wurde gebeten, Landshut zu fragen, ob dieser damit »einverstanden« sei; sollte dies nicht der Fall sein, so sähe sich die Hochschulbehörde gezwungen, ihm »hiermit auf den 31. März 1932 zu kündigen«.[59] Nur der Intervention Heimanns war es schließlich zu danken, daß die Hochschulbehörde gut zwei Wochen später mitteilte, sie sei wegen der bei Landshut vorliegenden besonderen Verhältnisse »ausnahmsweise bereit«, die bisherige Vergütungsregelung unverändert zu lassen.[60]

Das Scheitern der Habilitation hatte 1928 eine akademische Karriere und wirtschaftliche Sicherheit vorerst verhindert. Hinzu kam, daß nach der Veröffentlichung von *Kritik der Soziologie* Landshut selbst zunehmend der Kritik, in vielen Fällen auch der frontalen Anfeindung ausgesetzt war.

In dieser ganzen Phase und darüber hinaus spielte Eduard Heimann eine bedeutende Rolle für Landshut. So unterschiedlich beide von ihrem wissenschaftlichen Werdegang her waren, so trafen sie sich doch in ihrem gegenseitigen großen Respekt. Landshut stand der Religiosität Heimanns fern, während dieser das strenge, nicht zuletzt an Heidegger geschulte Denken seines Assistenten nicht durchweg nachvollziehen mochte. Aber beide wußten vom geistigen Reichtum des anderen und von dessen Auffassung, daß Wissenschaft Verantwortung sei. Beiden war die Lehre außerordentlich wichtig, suchten sie doch den direkten Kontakt zu Menschen, um gegen Phrasen, Feindbilder und Indifferenz einzutreten. Ihre Zeitdiagnose traf sich in vielem, und auch Heimanns Verständnis von Sozialismus stand den Landshutschen Ideen nahe. Obschon er es wohl nüchterner formuliert hätte, konnte Landshut sich Heimanns Zielen durchaus anschließen, wenn dieser die Merkmale des religiösen Sozialismus wie folgt beschrieb: »das Wissen um die dämonischen Kräfte, die in der vermeintlichen Ordnung der Freiheit und rechtlichen Gleichheit verborgen ihr Unwesen treiben«, und den Willen, »diese gewalttätigen Mächte zu entlarven« zum Ziele einer »Erneuerung des menschlichen Zusammenlebens aus dem schöpferischen Sinn des Lebens und in lebendiger Verantwortung vor ihm«.[61]

Sie waren keine Duz-Freunde, wenngleich Heimann eng mit Landshut zusammenarbeitete und dieser auch in seinem Privathaus verkehrte;[62] aber dennoch ist Heimanns Verhältnis zu Landshut von einer beeindruckenden Treue gekennzeichnet. Von der Einstellung Landshuts im Jahre 1927 bis zu dessen Berufung als Ordinarius für die Wissenschaft von der Politik an der Universität Hamburg 1951 hat Heimann sich unablässig für ihn eingesetzt. So bemühte er sich um die Habilitation Landshuts 1928, erreichte, daß dessen Gehalt von den »Sparmaßnahmen« der Universität ausgenommen blieb, kümmerte sich – vergeblich – um das Zustandekommen der Antrittsvorlesung 1933, informierte aus eigener Initiative die Hilfsorganisationen des Exils über die Situation Landshuts, schickte diesem Geld, ermöglichte die Anstellung in Jerusalem und vertrat schließlich im Februar 1951 die Ansicht, kein anderer als Landshut solle den neugeschaffenen Politik-Lehrstuhl erhalten. Es verdient höchste

Achtung, mit welcher Entschlossenheit und Kontinuität sich Heimann für Landshut – und im übrigen nicht nur für ihn – einsetzte.

Das Scheitern der Habilitation 1928

Am 2. Mai 1928 bat Siegfried Landshut um Zulassung zur Habilitation für »das Fach der Politik«. Eingereicht hatte er die Arbeit *Untersuchungen über die ursprüngliche Fragestellung zur sozialen und politischen Problematik*, die, wie er im beigefügten Lebenslauf erwähnt, »während der letzten anderthalb Jahre, häufig durch andere Arbeiten unterbrochen«, entstanden war.[63]

Diese im folgenden noch näher zu beleuchtende Studie kann als Grundlegung der von Landshut vertretenen politischen Theorie gelten. Nach Jahren vielfältigen Studiums verdichten sich hier die Überlegungen des nun 30jährigen zu einer Schrift, die einen klaren und umfassenden Zugang zum Landshutschen Gesamtwerk erschließt. Darüber hinaus hat die Arbeit, die 1929 unter dem unglücklichen, vom Verlag bestimmten Titel *Kritik der Soziologie* erschienen ist, eine Kontroverse ausgelöst, in der das Selbstverständnis einer ganzen Soziologen-Generation in Frage gestellt wurde. Diese knappe, den Stellenwert der Arbeit andeutende Einordnung vorausgeschickt, soll zuerst auf das Scheitern der Habilitation eingegangen werden.

Auffallend an Landshuts Gesuch um Zulassung zur Habilitation war, daß er sich für »das Fach der Politik« habilitieren wollte; es sei wiederholt: ein Fach, das es zu dieser Zeit an keiner deutschen Universität gab. Nicht nur, daß er eine ihrem ganzen Charakter nach politikwissenschaftliche Habilitationsschrift einreichte: Er scheute auch nicht davor zurück, dieses formal auszuweisen. Es handelte sich also um nichts weniger als den Versuch der Wiederbegründung der Politischen Wissenschaft, worauf bereits Wilhelm Hennis in seinem Nachruf auf Landshut besonders hingewiesen hat:[64]

»Landshut ist der erste Wissenschaftler in diesem Jahrhundert gewesen, der in Deutschland aus völlig eigener, autonomer Erkenntnis heraus auch in einem formalen Sinne der Bemühung um eine daraus bestimmte Lehrbefähigung das Fach der Politik in Deutschland wiederbegründen wollte.«

Daß Siegfried Landshut sich tatsächlich ganz bewußt und aus eigener Erkenntnis um die Wiederbegründung der Politischen Wissenschaft bemühte, belegt auch ein Schreiben Hans von Dohnányis an seine in Berlin weilende Ehefrau Christine, datiert vom 15. Dezember 1925.[65] Über seinen neuen Kollegen am Institut für Auswärtige Politik berichtet von Dohnányi hier folgendes:[66]

»Landshut ist ein sehr intelligenter Schüler Alfred Webers – man merkt ihm diese Schule auf Schritt und Tritt an [!] –, der den kühnen, nicht von mir gestohlenen Gedanken hat, sich in Hamburg für ›Politik‹ zu habilitieren. Er ist neben Vagts der einzige, der wirklich etwas weiß und dessen Argumente daher nicht sofort mit Sachkenntnis zu Boden zu schlagen sind. [...] Es ist so beruhigend, wenn man einmal das Gefühl haben kann, daß man selbst nicht der einzige ist, der die politische Problematik – wenn nicht überblickt, so doch anerkennt und sie nicht mit tausendfach gehörten Phrasen zuzudecken sucht.«

Mit dem »kühnen Gedanken«, sich für »Politik« zu habilitieren, kam Siegfried Landshut also im Jahre 1925 nach Hamburg, und vermutlich hatte er schon in Heidelberg bei Alfred Weber eine Habilitation in diesem Fach angestrebt. Da Landshut – wie schon erwähnt – hoffte und wünschte, der Heidelberger Professor würde gleich ihm in die Hansestadt wechseln, ist ferner anzunehmen, daß Weber einem solchen Plan durchaus gewogen war.

Die Hoffnung auf eine weitere Zusammenarbeit mit Alfred Weber war nicht unbegründet. Als an der Hamburgischen Universität einer der ersten ausschließlich der Soziologie gewidmeten Lehrstühle errichtet wurde, berief man Weber tatsächlich. Aus dem Berufungsschreiben der Hochschulbehörde vom 13. November 1926 wird ersichtlich, daß die Rechts- und Staatswissenschaftliche Fakultät, auf deren Drängen die Professur überhaupt eingerichtet worden war, Alfred Weber unico loco als ersten Lehrstuhlinhaber vorgeschlagen hatte.[67] Es lohnt sich, der Berufung Webers einen Moment Aufmerksamkeit zu schenken, weil sie nicht nur für Landshuts Habilitationspläne von großer Bedeutung war, sondern weil sie auch ein Schlaglicht auf das politische Klima und die Situation an der Hamburgischen Universität zu werfen vermag.

Alfred Weber war in Hamburg kein Unbekannter. Bereits während seiner Zeit als Berliner Privatdozent hatte er hier regelmäßig Vorträge gehalten. Nachdem man im Jahre 1904 vergeblich versucht hatte, Weber ganz nach Hamburg zu holen, wurde der zu jener Zeit in Prag ansässige Gelehrte dann 1907 auf die erste wirtschaftswissenschaftliche Professur des Allgemeinen Vorlesungswesens berufen. Alfred Weber lehnte erneut ab, woraufhin Karl Rathgen den Ruf erhielt. Als dieser nach Hamburg wechselte, übernahm Weber dessen freigewordenen Heidelberger Lehrstuhl.[68]

Der Ruf des Jahres 1926 war mithin der dritte Versuch, Alfred Weber für Hamburg zu gewinnen. Es war der aussichtsreichste, konnte doch nun eine vollwertige Universitätsprofessur mit überaus guten Konditionen angeboten werden. Alsbald teilte Weber denn auch mit, daß er eine Annahme des Rufs ernsthaft in Erwägung ziehe, »zumal mir meine hiesige Lage [an der Heidelberger Universität, R. N.] die Ausübung einer soziologischen Lehrtätigkeit nicht gestattet«.[69]

Nach Bekanntwerden des Rufs begann ein wahres Tauziehen um Alfred Weber. Eduard Heimann versuchte, seinen Doktorvater pro Hamburg und contra Heidelberg zu beeinflussen. Gegenüber der »wahrhaftig vertrauten Heidelberger Pietät und Heidelberger Verlockung« machte er das in Hamburg verkündete Interesse an Weberscher Forschung und die durch die Bibliothek Warburg gegebenen besonderen Arbeitsmöglichkeiten geltend.[70] Bereits zwei Tage später sandte Heimann seinen nächsten vierseitigen Brief nach Heidelberg, denn »Hamburg hat nun wieder volle 48 Stunden geschwiegen«: abermals ein Plädoyer für die junge Universität.[71] Zudem erwähnte Heimann nun die »hiesigen jungsozialistischen Kreise«, die mit der Annahme der Berufung durch Weber schon rechneten.

Zu diesen Kreisen zählte auch der spätere Verleger Henry Goverts (1892-1988), der neben Theodor Haubauch und Carlo Mierendorff einer der Lieblingsschüler von Weber in Heidelberg gewesen war. Goverts schrieb seinem Lehrer, daß die Hamburgische Universität an Achtung und Gewicht gewinne und daß – von besonderer Wichtigkeit – in Hamburg Geld vorhanden sei. Zur politischen Situation heißt es:[72]

»Zugleich hat sich mit diesem materiellen Gewinn auch eine

politische Verschiebung zur Verständigungspolitik und zur Republik wie zur Demokratie hin vollzogen [...]. Wichtig ist hierbei, daß Hamburg nunmehr ziemlich geschlossen hinter Stresemann steht und diesem so in dem Kampf zwischen Auswärtigem Amt und dem selbstherrlich eine völlig östlich orientierte Politik führenden Reichswehrministerium eine starke Stütze ist. Ja, man hört führende Persönlichkeiten des Handels [...] Meinungen äußern wie: Die beste Aussenpolitik ist heute eine klare offene republikanische Innenpolitik. Und das Hamburger Fremdenblatt, wie überhaupt die demokratischen Zeitungen, greift die Geheimpolitik sowie die in Verbindung mit Russland geführte Rüstungspolitik des Reichswehrministeriums schärfer an als der verspießerte Vorwärts. – Überhaupt sehe ich, was unsere deutsche Situation anbelangt, in letzter Zeit weit optimistischer, auch trifft man hier keine quantitativ große Zahl, aber eine qualitativ gute und frische Jugend.«

Soweit Henry Goverts' einladende und optimistische Äußerung, wie sie im November 1926 immerhin noch möglich war. Parallel zu den Hamburger Appellen, den Ruf anzunehmen, setzten sich in Heidelberg etwa Ludwig Curtius und Ernst Robert Curtius mit viel Pathos dafür ein, Weber zu »halten«. Ein großzügiges Angebot seitens des zuständigen badischen Minsteriums in Karlsruhe gab schließlich den Ausschlag für die bisherige Wirkungsstätte. Heinrich Sieveking, der Weber schon aus den erwähnten Fortbildungskursen zu Beginn des Jahrhunderts kannte, schilderte die Hamburger Reaktion auf diese Entscheidung:[73]

»Sie können sich denken, daß wir einigermaßen traurig sind, daß es uns doch nicht gelungen ist, Sie hier zu fesseln. [...] Wir verstehen Ihre Gründe bei dem unerwarteten Entgegenkommen der dortigen Regierung vollkommen. Aber was soll nun mit unserem Lehrstuhl geschehen, der doch etwas gerade auf Sie zugeschnitten war?«

Heimann, Goverts und Sieveking: Das waren die demokratischen Kräfte, die sich um Alfred Weber bemühten. Seine Zusage wäre für sie auch ein politischer Erfolg gewesen. Nach Webers Absage fragte Heinrich Sieveking bei Ferdinand Tönnies, dem Präsidenten der Deutschen Gesellschaft für Soziologie, an, welchen Wissenschaftler er als geeignet für den Hamburger Lehrstuhl erachte.[74] Gegenüber Tönnies, der nicht nur als Autorität der Soziologie galt, sondern der auch enge Verbindungen zur Hamburgischen Universität unterhielt – im Jahre 1921 war er erster Ehrendoktor der Rechts- und Staatswissenschaftlichen Fakultät geworden – betonte Sieveking nochmals, daß Alfred Weber der ausgesprochene Wunschkandidat gewesen sei, nun aber eine Entscheidung schwerfalle und man in der Fakultät am ehesten an Kurt Singer gedacht habe.[75] Ferdinand Tönnies favorisierte jedoch den bis dahin in Göttingen lehrenden Andreas Walther. Es scheint, daß dieses Votum maßgeblich zur Berufung Walthers beigetragen hat:[76] eine Berufung, die sich für Siegfried Landshut als folgenschwer erweisen sollte.

Zwischen dem neuen Ordinarius und den sich mit soziologischen Fragestellungen beschäftigenden Kollegen der Nationalökonomie bestand bald ein Verhältnis gesteigerter Konkurrenz. Daß eine Habilitation Siegfried Landshuts bei Walther nicht in Frage kam, wurde nur allzuschnell deutlich. Landshut faßte deshalb den Entschluß, nach Kiel auszuweichen. An der dortigen Universität hatte Heimanns Freund Adolf Löwe seit 1926 den Lehrstuhl für Wirtschaftstheorie und Soziologie inne; zudem leitete er die Forschungsabteilung für statistische Wirtschaftskunde und internationale Konjunkturforschung am Institut für Weltwirtschaft, wo auch die Federführung für die seit 1926 von der Reichsregierung in Auftrag gegebene Wirtschaftsenquete lag. Offenbar versuchte Siegfried Landshut, sowohl seine Habilitation nach Kiel zu verlegen als auch eine Anstellung im Rahmen der Wirtschaftsenquete zu erhalten. Aus unbekannten Gründen mißlang beides. »Ich sprach mit Landshut«, berichtete Hans von Dohnányi am 2. Januar 1928 in einem Brief an seine Frau, »dort ist alles wieder zerronnen. Absagen aus Kiel sowohl bezüglich Enquete wie Habilitation. Er ist sehr niedergeschlagen.«[77]

Siegfried Landshut blieb nichts anderes übrig, als seine Habilitation in Hamburg möglichst auch *gegen* Andreas Walther durchzusetzen. Unterstützung gewährte in dieser problematischen Situation Eduard Heimann. Bei ihm, dem Nationalökonomen, sollte, so der Plan, Landshuts Habilitation erfolgen: und zwar wie beabsichtigt im Fach der Politik. Daß bereits mit einem derart ausgerichteten Zulassungsantrag große Schwierigkeiten beginnen würden, muß Landshut deutlich gewesen sein. Tatsächlich stiftete der alle bürokratischen Regeln ignorierende Versuch der Habilitation in einem für diese Bürokratie nicht existierenden Fach einige Verwirrung. Das Wort »Politik« in Landshuts Gesuch dick unterstrichen, wurde die Angelegenheit in der Fakultätssitzung vom 19. Mai 1928 zur Sprache gebracht.[78] Es ist bedauerlich, daß es sich bei den Fakultätsprotokollen lediglich um Ergebnisprotokolle handelt, denn die Diskussion um dieses Gesuch mit den einzelnen Stellungnahmen wäre sicher sehr aufschlußreich. »Nach längerer Aussprache« über die Frage, »ob eine Zulassung für das Gebiet der Politik überhaupt möglich sei«, wurde der Beschluß gefaßt, eine eigene Kommission zur »Vorbehandlung des Gesuches« einzusetzen. Der Vorschlag dazu stammte von Eduard Heimann, woraus zu schließen ist, daß dieses überhaupt noch die letzte Chance war, einer Annahme der Landshutschen Arbeit den Weg zu ebnen. Die Kommission allerdings setzte sich dann aus Vertretern der verschiedenen in der Rechts- und Staatswissenschaftlichen Fakultät angesiedelten Disziplinen zusammen: Es waren für die Nationalökonomie Eduard Heimann, für die Rechtswissenschaft Rudolf Laun und für die Soziologie Andreas Walther. Der Versuch, Walther zu umgehen, war gescheitert und damit auch die Habilitation.

Die Schritte, die zu ihrem Scheitern führten, sind in den Akten nicht vollständig dokumentiert. Das einzig auffindbare Gutachten zu Landshuts Studie ist dasjenige Eduard Heimanns, datiert vom 20. Juli 1928. Es handelt sich hierbei um den offenkundigen Versuch, die Arbeit »zu retten«. Heimann tat dieses in sehr ausführlicher, eindringlicher Form und unter Einbeziehung seiner eigenen Person:[79]

»Die Arbeit, nach Aufbau und Umfang von der Norm ziemlich stark abweichend, ist trotz oder wegen ihrer Kürze eine im eigentlichen Sinne schlagende Leistung. Sie bringt in klarer Form das, was zu schreiben mir seit längerem als notwendig dunkel vorgeschwebt hat, ohne dass ich genügend eingearbeitet gewesen wäre, dem Erfordernis zu genügen.«

Eduard Heimann stellt sich hinter die Thesen seines Assistenten und wertet dessen Arbeit als programmatische Schrift. Heimanns Gutachten ist, wie er selbst schreibt, kein eigentlicher Bericht über den Inhalt der Arbeit, »sondern ein skizzenhafter Versuch, ihre Stellung und ihr Gewicht in der Geschichte des soziologischen Denkens anzudeuten«. »Denn«, so Heimann weiter, »den verlorenen Zusammenhang mit dem Grundproblem, d. h. mit dem Leben wiederzugewinnen, das ist ihre Leidenschaft und ihr Ethos.« Zur Erläuterung holt er weiter aus:

»Das politische Problem der Beziehung zwischen Staat und Gesellschaft ist das Grundproblem, um dessentwillen es Soziologie gibt: was heißt praktisch und real ›Freiheit‹, was ›Autonomie‹ – was ist damit gemeint und daraus geworden? Wiederum muss von dem Zusammenhang mit dem lebendigen Grundproblem her alle noch so verzweigte Einzelarbeit ihren Sinn empfangen und auf diesen Sinn ausgerichtet sein, wenn sie nicht einem toten und leeren Wissen verfallen will, wie es den deutschen Universitäten die geistige Führung gekostet hat. Auch die Methoden mögen noch so spezialisiert sein – und sicherlich ist die Verfeinerung etwa der amerikanischen Sozialpsychologie und mehr noch der deutschen Tiefenpsychologie ein wirksames Instrument der soziologischen Forschung – sie müssen immer jenen Grundzusammenhang wahren, also z. B. an sich selber die soziologische Frage nach ihrem soziologischen Entstehungsgrund ergehen lassen: warum ist Deutschland das Land der Tiefenpsychologie, also der Nervenkrankheiten, warum Amerika das Land der Sozialpsychologie, also der moralisierenden Aufklärung – wie hängt das mit jenem Grundproblem zusammen?«

Das Gutachten ist ein erhellendes Dokument bezogen auf Landshuts Arbeit wie auch hinsichtlich der Person des Gutachters. Heimann hat die Bedeutung der Studie erkannt, wenngleich er sie, wie es scheint, hauptsächlich als eine soziologische betrachtete; darüber hinaus war er entschlossen, sie – und zugleich ihren Verfasser – zu verteidigen. Dabei hatte Landshut es seinem wohlmeinenden Gutachter nicht leicht gemacht, wich seine Arbeit als Habilitationsschrift doch »ziemlich weit von akademischen Gepflogenheiten« ab. So mußte ihre Kürze – die Buchfassung sollte später 155 Seiten umfassen – gerechtfertigt werden, ebenso wie »die Begrenztheit ihrer literarischen Auseinandersetzung«. Hinzu kam, so Heimann, daß die »orthodox-

Heideggersche Schreibweise und Gedankenführung« befremdlich sei und den Zugang erschwere. Aber sein Schlußsatz lautet: »Solche durchaus möglichen und an sich berechtigten Bedenken müssen m.E. vor dem Niveau und der geistigen Leidenschaft der Arbeit und ihres Verfassers schweigen.«

Das Gutachten Heimanns blieb wirkungslos. Einen Tag nachdem es verfaßt worden war, am 21. Juli 1928, teilte Landshut dem Dekan Leo Raape mit, daß er sein Gesuch zurückziehe.[80] Mit diesem Schritt wollte er offenbar einer offiziellen Ablehnung zuvorkommen.

Während des zweieinhalb Monate schwebenden Verfahrens hatte es diverse Fürsprecher Landshuts – etwa Albrecht Mendelssohn Bartholdy[81] – gegeben, die aber allesamt den Widerstand Walthers gegen die Habilitation nicht hatten brechen können. In einem 1934 verfaßten Lebenslauf Landshuts heißt es dazu in aller Deutlichkeit:[82]

»Infolge [...] Berufung von Andreas Walther Scheitern der Habilitation am Widerstand A. Walthers (National-Sozialist). Referenzen hierüber: Eduard Heimann, H. Sieveking, A. Loewe, Ernst Cassirer, der damals ein Gegengutachten zusammen mit dem Staatsrechtler Carl Schmitt abgegeben hatte.«

Weder dieses mit Sicherheit hochinteressante Gegengutachten noch das Gutachten Walthers ist in den Akten verblieben.[83] Gestützt wird die Aussage Landshuts aber durch Äußerungen Heimanns in einem Bericht für den Academic Assistance Council, ebenfalls aus dem Jahre 1934:[84]

»Natürlich erstrebte er [Siegfried Landshut, R.N.] die akademische Laufbahn; seine Habilitation für Soziologie [sic!] scheiterte aber an dem Widerstand des soziologischen Fachvertreters Andreas Walther, des einzigen nationalsozialistischen Mitgliedes der Fakultät, der allen Grund hatte, Landshuts Überlegenheit zu fürchten.«

Wenn Landshut und Heimann hier Andreas Walther als Nationalsozialisten bezeichnen, ist fraglich, ob dieses aus der Rückschau des Exils geschieht oder ob sie ihn auch schon im Jahre 1928 als Nationalsozialisten eingestuft und bezeichnet hatten. Mitglied der NSDAP wurde Walther am 1. Mai 1933. Er war damit der erste Ordinarius seiner Fakultät, der sich zu diesem

Schritt entschloß. Rainer Waßner, der sich in mehreren Publikationen mit Person und Werk Walthers auseinandergesetzt hat, führt dazu aus: »Walther, bis dato im Lager der Demokraten zu finden, konvertierte.«[85] Das Verbum »konvertieren« trifft hier nicht den Sachverhalt, verdeckt es doch die auch in Personen und ihrem Denken vorzufindende Kontinuität: Aus einem Demokraten mag schwerlich von einem Tage zum anderen ein überzeugter Nationalsozialist geworden sein. Landshut und Heimann scheinen jedenfalls im Rückblick zwischen Walthers Befürwortung des Nationalsozialismus und seinem Widerstand gegen die Habilitation einen Zusammenhang gesehen zu haben. Daß Landshuts jüdische Herkunft bei der Ablehnung im Jahre 1928 eine Rolle spielte, ist ohnehin möglich. Er wäre nicht der einzige jüdische Gelehrte an der Hamburgischen Universität gewesen, dem daraus Schwierigkeiten erwuchsen.[86]

Wesentlich für Walthers ablehnende Haltung hinsichtlich der Habilitationsschrift von Siegfried Landshut waren aber mit Sicherheit auch fachliche Differenzen und Konkurrenzen, die seit seiner Berufung bestanden. Der nicht unbekannte, aber wenig renommierte Walther[87] stieß in Hamburg zunächst insofern auf eine besondere Situation, als die Soziologie im Unterschied zu anderen deutschen Universitäten nicht in der Philosophischen, sondern in der Rechts- und Staatswissenschaftlichen Fakultät angesiedelt war und hier eine Nationalökonomie neben sich hatte, die z.T. selbst soziologisch arbeitete und sozialpolitisch verpflichtet war. Zur Marginalisierung Walthers in Hamburg trug des weiteren die Hochklassigkeit seiner Kollegen bei. Hier ist in erster Linie Eduard Heimann zu nennen; aber auch Kurt Singer, der mehrere anspruchsvolle Studien im Fach Soziologie vorzuweisen hatte. Und schließlich gab es mit Siegfried Landshut einen brillanten Assistenten Heimanns, der sich mit einer ihn als Kritiker des dominierenden Soziologie-Verständnisses ausweisenden Arbeit habilitieren wollte. Walther, der – wie Heimann schrieb – die Überlegenheit Landshuts fürchten mußte, hatte hier die Möglichkeit, sein Veto einzulegen.

Für Siegfried Landshut war das Ergebnis des ganzen Verfahrens niederschmetternd. Erneut war ihm eine akademische Karriere verbaut, und seine Einkommensverhältnisse erfuhren keine Besserung. Hinzu kam die ernüchternde Erkenntnis, daß Andreas Walther versuchen würde, jeden weiteren Habilitationsversuch erneut zu verhindern. Als Lösung verblieb, eine eindeutig außerhalb des Einflußbereichs von Walther liegende Arbeit zu verfassen. So schrieb Siegfried Landshut in den nächsten Jahren neben vielen anderen Tätigkeiten eine neue Habilitationsschrift, mit der er sich im Januar 1933 um die Erteilung der Venia legendi für das Fach der Nationalökonomie bewerben sollte.

Kritik der Soziologie

Die zurückgezogene Habilitationsschrift *Untersuchungen über die ursprüngliche Fragestellung zur sozialen und politischen Problematik* erschien im Herbst 1929 im Verlag Duncker & Humblot unter dem Titel *Kritik der Soziologie. Freiheit und Gleichheit als Ursprungsproblem der Soziologie*.[88] Für die Publikation hatte Landshut kaum etwas geändert; lediglich ein Exkurs über Karl Mannheims »Wissenssoziologie«, mit der er sich kritisch auseinandersetzte, war aus aktuellem Anlaß – 1929 war Mannheims *Ideologie und Utopie* erschienen – hinzugefügt worden. Eine weitere kleine, aber doch aufschlußreiche Erweiterung bestand darin, daß das Buch »Eduard Heimann in Verehrung und Dankbarkeit zugeeignet«[89] war.

Der Titel *Kritik der Soziologie* stammte nicht von Landshut selbst, sondern war ihm von den auf Verkaufsförderung bedachten Verlegern nahegelegt worden. »Trotz einiger Bedenken«[90] hatte Landshut zustimmen müssen. Irreführend ist der Titel insofern, als es in der Untersuchung gar nicht in erster Linie um die Soziologie geht, sondern vor allem um den Versuch, an die weitgehend verschüttete Tradition der Politik anzuknüpfen. Wie Landshut in seinem Vorwort schrieb, sollte eben nicht der Umkreis aller möglichen Probleme soziologischer Forschung abgegrenzt, sondern »die Wurzel ihrer möglichen Entfaltung« aufgedeckt werden.[91]

Allein der Titel *Kritik der Soziologie* wirkte auf weite Teile der soziologischen »Zunft« allerdings so provozierend, daß eine ernsthafte Auseinandersetzung mit dem Landshutschen Buch oftmals schon von vornherein der puren Verteidigungshaltung soziologischer Fachvertreter zum Opfer fiel. Für sie schien die ganze Disziplin in Frage gestellt: und das in einer Zeit, da um die universitäre Anerkennung der Soziologie gerungen wurde. Siegfried Landshut ging es in seiner Studie zwar tatsächlich nicht um die Rechtfertigung der Soziologie als akademische Disziplin, aber die Existenz der Soziologie war doch zunächst ein Faktum für ihn, und ihre Entstehungsgeschichte zu untersuchen, ein wichtiger Baustein zum Verständnis der gesellschaftlich-geschichtlichen Wirklichkeit. Was Landshut indes heftig kritisierte, war die Richtung, d.h. vielmehr: die diffusen Richtungen, die die Soziologen seiner Zeit einschlugen. Ein Bewußtsein für die *Ursprungsproblematik* ihres Faches konnte er nicht erkennen. Die Fragen einer richtig verstandenen Sozialwissenschaft, sei sie Soziologie oder Politik, müßten sich doch aus der menschlichen Praxis bilden. Was Landshut demgegenüber bei allen wichtigen Fachvertretern vorfand, war aber das Streben nach Grundbegriffen einer »reinen«, also einer »von Wirklichkeitscharakteren gesäuberten« Soziologie.[92]

Den eigenen – für sein gesamtes Werk grundlegenden und nur hier ausdrücklich formulierten – methodischen Ansatz legt Siegfried Landshut gleich zu Beginn der *Kritik der Soziologie* offen. Demnach ist die Ausbildung einer wissenschaftlichen Forschung wesentlich von zwei Faktoren beherrscht:[93]

»Einmal lebt der Forscher selbst in seiner Zeit. Ihre bestimmte Bewegung, die Fülle der gewordenen Tatsachen begrenzen den Umkreis, aus dem heraus dem Forscher die Möglichkeit einer bestimmten Frage und eines Weiterfragens erwächst. [...] Auf solch ursprünglicher Forschungsbasis bildet sich nun zweitens der Zusammenhang der Fragen aus, die Probleme werden artikuliert, Thesen und Antithesen formuliert, die Selbständigkeit der Forschung konstituiert.«

Diese Selbständigkeit eines ausgebildeten Problemzusammenhangs, »einer fertigen Wissenschaft, die die folgende Generation jeweils schon vorhanden vorfindet«, etwa in den niedergelegten Werken früherer Forscher oder gar in Dogmengeschichten über diese Werke, biete aber »die ständige Möglichkeit einer unbesehenen Übernahme der formulierten, innerhalb der Wissenschaft diskutierten Problematik und damit die Gefahr des Verlustes des Zusammenhangs mit der ursprünglichen Ausgangssituation, aus der die originäre Frageabsicht und Fragestellung erwachsen war«. Die notwendige Auseinandersetzung aus der immer neuen Lebenssituation mit dem fertig überlieferten Frageansatz werde versäumt, »und während die Wissenschaft von der lebendigen Bewegung des Lebens überholte Problematiken fortspinnt und die Sackgassen verfehlter Fragestellungen ständig verlängert, wird der Rückanschluß aus der Wissenschaft heraus an die Notwendigkeiten des mitgelebten Lebens stets schwieriger«.

Indem Landshut der Sozialwissenschaft seiner Zeit attestiert, daß sie in der Tat die Verbindung zu der ursprünglich den ganzen Frageansatz motivierenden Problematik der Wirklichkeit verloren habe, leistet er, wie Jürgen Dennert konstatiert, eine grundsätzliche Methodenkritik der Sozialwissenschaft.[94]

Als Ausgangspunkt wählt Landshut Max Webers Aufsatz »Die ›Objektivität‹ sozialwissenschaftlicher und sozialpolitischer Erkenntnis«, der 1904 erstmals erschienen war.[95] Weber habe hier »eine grundsätzliche Besinnung über die Ausgangsorientierung und das Ziel sozialwissenschaftlicher Forschung« angestellt und damit gerade für die Soziologie die »erstmalige Orientierung in einem Chaos«[96] vorbereitet: eine Chance, die freilich nicht genutzt worden sei. Während für Weber noch die Fragen des »menschlichen Gemeinschaftslebens«[97] geklärt werden sollten, habe die Soziologie in dem Vierteljahrhundert danach diese sie eigentlich motivierende Fragestellung ganz und gar aus den Augen verloren; »eine völlige Planlosigkeit« in der Aufstellung von Systemen und Programmen sei ihr einziges »Resultat« gewesen.[98]

Zur Gewinnung der eigentlichen Fragestellung hatte Max Weber die entscheidende Vorarbeit geleistet, wenn er proklamierte, »die uns umgebende Wirklichkeit des Lebens, in welches wir hineingestellt sind, in ihrer Eigenart«[99] verstehen zu wollen. In diesem Grundanliegen sozialwissenschaftlichen Forschens mit Weber völlig einig, grenzte Landshut sich aber von seinem phänomenologischen Ansatz her strikt gegen Webers Auffassung ab, die Fragestellung des Forschers sei rein subjektiv. Es sei nicht so, daß der Forscher seine »Wertideen« an den an sich »farblosen Stoff« herantragen müsse, um ihn dadurch erst bedeutsam zu machen. Seine Fragestellung sei eben nicht willkürlich; sie stehe vielmehr mit dem Gegenstand der wissenschaftlichen Arbeit in einem ganz bestimmten Zusammenhang, »und zwar nicht in einem Zusammenhang, den der Forscher selbst sich ausdenkt, sondern der in irgendeiner Weise doch in den Sachen selbst gründet«.[100]

Der Ausgangspunkt wissenschaftlichen Fragens kann für Landshut somit nur in der konkreten Bedeutsamkeit der Wirklichkeit, in ihrer jeweils spezifischen Motivations- und Bedeutungsstruktur, liegen. Jede Situation sei aber nur verständlich durch die Motivations- und Bedeutungszusammenhänge der vorhergehenden, die die alleinigen Möglichkeiten für deren Entstehung in sich enthielten. Insofern sei das Sachgebiet, mit dem es die Soziologie zu tun habe, ein geschichtliches. Die Erkenntnis dieser geschichtlichen Wirklichkeit sei stets ein Verständnis von Zusammenhängen und damit etwas grundsätzlich anderes als alle Feststellung genereller Regeln des Geschehens und Bildung allgemeiner Begriffe. Landshut resümiert:[101]

»1. Jede echte Frage hat ihren Ursprung in einer faktischen Fraglichkeit der Wirklichkeit, und jede sozialwissenschaftliche Forschung, die sich in Problemen bewegt, nimmt ihren Ausgang von einer faktischen Problematik der Wirklichkeit. Aus ihrer Erfassung und Klärung ergibt sich das Thema der Forschung. 2. Der Sachcharakter ihres thematischen Gebietes kennzeichnet sich als ein historischer, und die Erkenntnis ist dementsprechend ein Verständnis konkreter Zusammenhänge.«

Daß die bisherige Soziologie aber ein Verständnis der Wirklichkeit gewonnen habe, bestreitet Landshut ganz entschieden. Die größeren Gesamtdarstellungen untersuchend, bescheinigt er Paul Barth, Franz Oppenheimer, Georg Simmel, Othmar Spann, Ferdinand Tönnies und Alfred Vierkandt, mithin auch und gerade prägenden Repräsentanten der Disziplin, den Anschluß an die eigentliche sozialwissenschaftliche Fragestellung, den Anschluß an die Wirklichkeit »in ihrer Eigenart« verloren zu haben.[102] Die mit Zitaten aus den Werken dieser Gelehrten angereicherte Argumentation ist souverän geführt und in ihrem Resultat bedrückend: So unterschiedlich die genannten Fachvertreter auch sind, bei allen belegt Landshut eine starke Neigung zur Quantifizierung und Berechenbarkeit von Ergebnissen, zur Aufstellung von Regeln und Gesetzen, zur Degradierung der Wirklichkeit als »bloßen Rohstoff für Abstraktionen«.

Die Wirklichkeit werde als bloßes »Tatsachen*material*« angesehen, das es zu bearbeiten und zu rubrizieren gelte. Die eigene Verstricktheit in die Wirklichkeit, d.h. in deren Fraglichkeit, werde aber gar nicht mehr wahrgenommen. »Lebensferne« und »Flucht vor der Wirklichkeit« kennzeichneten eine derart betriebene Soziologie.

Der an der Wirklichkeit des Miteinanderlebens ausgerichtete, von Max Weber noch aufgezeigte Frageansatz habe also unter den Sozialwissenschaftlern keinerlei Auseinandersetzung erfahren, und auch Max Weber selbst habe sich durch Rückfall in die Bildung abstrakter Begriffe von diesem Ansatz entfernt. So habe eben niemand anders als Weber den wohl umfassendsten Begriffsapparat einer soziologischen Wissenschaft geschaffen, der mit seiner Kasuistik auf eine vollständige Erfassung aller geschichtlich-gesellschaftlichen Wirklichkeit hin angelegt sei. Daß aber gerade eine auf diese Weise von außen vorgenommene Strukturierung der Wirklichkeit nur von ihr fortführe, steht für Landshut außer Frage.

Hat Max Weber nun seinen eigenen Ausgangspunkt vollständig verlassen? Landshut verneint dieses, denn Webers Fragestellungen zeigten, wie wenig sie willkürliche Einfälle und wie stark sie doch dem eigentlichen Frageansatz verpflichtet seien. Gerade Max Weber sei der deutlichste Beweis dafür, daß jede *echte* wissenschaftliche Fragestellung nichts anderes sei als eben die artikulierte Problematik der Wirklichkeit selbst.

Um dies zu belegen, will Landshut die Ausgangsorientierung der Forschungen Max Webers selbst als eine aus der konkreten Situation gewonnene aufzeigen. Als Anknüpfungspunkt im Werk Webers scheint Landshut der Begriff des Rationalen naheliegend, da dieser dort von grundsätzlicher Bedeutung sei. Weber habe den Charakter der Rationalität, der Berechenbarkeit als den Grundzug abendländischer Lebensführung aufgedeckt. Dieser Grundzug sei eine Teilerscheinung der seit dem 16. und 17. Jahrhundert forcierten bürgerlichen Lebensrationalisierung, einer beherrschenden ökonomischen Rationalisierung, die der Gesamtheit der aktuellen Zeitverhältnisse die Kennzeichnung als »Kapitalismus« eingetragen habe. Wenn Max Weber von der »schicksalvollsten Macht unsres modernen Lebens: dem Kapitalismus«[103] spricht, so wird deutlich, wo seine wissenschaftliche Arbeit ihren Ausgang nimmt. Mit den Worten Siegfried Landshuts: »Vom Phänomen des abendländischen modernen Kapitalismus geht das Interesse Webers aus und mündet durch alle Untersuchungen hindurch bei ihm.«[104] Weber gehe mithin von der konkreten Problematik der Wirklichkeit aus – wie zuvor auch Karl Marx. Beide hätten die Aporien des Kapitalismus, die nicht wirtschaftlicher, sondern gesellschaftlicher Art seien, gleichermaßen gesehen. Für die Forschungen von Marx wie von Weber sei der Ausgang von dem phänomenal gleichen Tatbestand der Wirklichkeit leitend gewesen, was auch für Lorenz von Stein gelte, dessen Ähnlichkeiten mit Marx Landshut prägnant herausarbeitet. Wenn für Siegfried Landshut die »Fraglichkeit einer Lebenssituation« Ursprung aller Sozialwissenschaft ist, so findet er dieses bei Lorenz von Stein, bei Marx und bei Max Weber bestätigt, deren Arbeiten den Zwängen des Kapitalismus und einer zunehmend technisch-bürokratischen Welt entspringen. Ausgehend von diesen drei Denkern, die die Grundproblematik der Moderne zu erfassen suchten und deren Traditionslinie Landshut insofern also fortsetzt, wendet er sich der selbst gestellten Aufgabe zu, »*die die Soziologie als Wissenschaft ursprünglich motivierende Fragestellung zu ermitteln, und zwar nicht lediglich um ihrer Feststellung willen, sondern in der Absicht kritischer Sicherung gegen ihre Verfehlung in der Forschungsrichtung*«.[105]

Bei Marx spiele die »bürgerliche Gesellschaft« als entscheidender Zusammenhang für die Bestimmung der Unfreiheit eine zentrale Rolle. Seine ganze Arbeit sei auf eine Veränderung der Wirklichkeit angelegt, welche die Emanzipation des Menschen zum Ziel habe: Emanzipation verstanden als Befreiung des Menschen aus der Unfreiheit zur Freiheit. Ausgehend von der Feststellung, daß das Leben in der »bürgerlichen Gesellschaft« unfrei sei, habe Marx die diese Gesellschaft beherrschende »Gesetzlichkeit«, für ihn diejenige der Produktionsverhältnisse, analysieren wollen, seine Geschichtsinterpretation sei damit eine ökonomische geworden.

Als Voraussetzungen des Marxschen Frageansatzes deckt Landshut folgendes auf: Die erste und allgemeinste Voraussetzung sei die, daß von einer Trennung von Mensch und Welt ausgegangen werde, einer Trennung, bei der der Mensch Funktion der Welt sei. Die zweite Voraussetzung sei die Trennung der politischen von der menschlichen Emanzipation, d.h. aber die Gegenüberstellung von Staat und Gesellschaft, die Marx nicht erfunden, sondern vorgefunden habe. Die dritte endlich sei die Differenzierung der Welt nach Wirkungsregionen: in wirtschaftliche, politische, religiöse usw.[106]

Die Auffassung über die Situation des Menschen in der Welt, von der Marx ausgeht, nämlich die Disjunktion von Mensch und Welt, hat erhebliche Konsequenzen: aus ihr resultiert die Eigengesetzlichkeit der »Welt«, die Möglichkeit der Abstraktion vom Menschen. Des weiteren wird deutlich, wie der einheitliche Lebensbereich, der vormals mit dem Begriff Politik angezeigt worden war, in die Bereiche Staat und Gesellschaft zerfallen und wie diese Dichotomie zur beherrschenden Position in der Wissenschaft geworden ist.

Staat und Gesellschaft nennt Lorenz von Stein die »beiden Lebenselemente aller menschlichen Gemeinschaft«.[107] Diese verstünden sich, so Landshut, überhaupt nur eines aus dem anderen, sie seien integrierende Begriffe für einen Gesamtzusammenhang, der nur aus der Herkunft der Bedeutung von Gleichheit und Freiheit verständlich werde. Die originäre Entdeckung Steins betreffe nicht »die Gesellschaft«, sondern die diese beherrschende Problematik von Gleichheit und Freiheit und ihren Ursprung aus den Grundvoraussetzungen des »christlich-germanischen« Lebens. Die »Gesellschaft« – und dann allerdings immer in der Antithetik zum Staat – sei eigentlich nur ein Titel, unter dem sich all die Spannungen, Widersprüche und Fraglichkeiten zusammenfaßten, die mit der Wirksamkeit der Ideen von Freiheit und Gleichheit und ihrer leitenden Bedeutung für die an das Leben gestellten Ansprüche und Erwartungen der Menschen sich ergäben.[108] Der Anspruch sei der auf Erfüllung menschlicher Bestimmung, nach Stein: ein Leben als freie und gleiche Persönlichkeit. Daß diese Erwartungen enttäuscht worden seien, daß sich nämlich die Gleichheit im Staat für die Nichtbesitzenden als völlig belanglos erwiesen habe, begründe die originäre soziale Problematik, die mithin als wirkliche Problematik einer Desillusion von Erwartungen zu verstehen sei.[109]

Vor einem breiten geschichtlichen bzw. geistesgeschichtlichen Hintergrund und in äußerst straffer Gedankenführung analysiert Landshut die Tradition von Freiheit und Gleichheit im Zusammenhang mit der Bestimmung des Menschen: vom aristotelischen Freiheitsbegriff über die christliche Bedeutung von Freiheit und Gleichheit bis hin zur naturrechtlichen Auslegung dieser Begriffe – gipfelnd in Rousseaus »theoretischer Gewaltlösung«, die er bereits in »Über einige Grundbegriffe der Politik« ausführlich analysiert hatte. Dazu heißt es:[110]

»Aus der früheren naturrechtlichen Gleichheit als Funktion der Freiheit des Menschen wird bei Rousseau die Freiheit zu einer Funktion der Gleichheit, der gleichen Unterworfenheit unter die Gesetze. Sie macht also den Menschen erst zum Menschen, sein Menschsein selbst also ist eine Funktion der gesellschaftlichen Ordnung. [...] Damit löst sich aber auch die inhaltliche Bestimmung des Gemeinwohls völlig auf in die formale Sicherung von Freiheit und Gleichheit [...].«

Siegfried Landshut deckt damit den Bedeutungswandel des Freiheitsbegriffs auf, dessen Resultat die Verlegung der inneren Entscheidungsfreiheit des Menschen in der Auseinandersetzung mit seinen Trieben in das Verhältnis des einzelnen zur gesetzlichen Ordnung des Miteinanderlebens ist.

Im Zuge der Französischen Revolution sei zwar der Anspruch auf Freiheit und Gleichheit im Umkreis der politischen Rechte erfüllt worden, doch habe sich bald das Ungenügende dieser Garantie einer noch viel fundamentaleren Ungleichheit und also Unfreiheit gegenüber herausgestellt. Der Unterschied zwischen Besitzenden und Besitzlosen habe sich dann gerade vor dem Hintergrund ihrer praktisch illusorischen politischen Gleichheit zu einer – dem allgemeinen Lebensanspruch gegenüber – fundamentalen Tatsache ausgebildet. Sofern im wirklichen Leben die nominelle Gleichheit und Freiheit an der faktischen Ungleichheit und Unfreiheit zur Enttäuschung werde, verbleibe alle soziale und politische Problematik im Rahmen der Reziprozität von Staat und Gesellschaft. Sie sei der Index für die Möglichkeit aller sozialen und politischen Widersprüche, aus denen der Impuls zu soziologischer Forschung erwachsen sei.

Die Soziologie als Wissenschaft von der Gesellschaft, so wie sie im Laufe des 19. Jahrhunderts entstanden sei, verstehe sich nach Landshut also nur dann richtig, wenn sie sich »als den zu Wort gekommenen Widerspruch der geschichtlich-gesellschaftlichen Wirklichkeit selbst« begreife. Sie sei ja so sehr dessen eigenes Produkt, daß sie ganz und gar jene »›kopernikanische Wendung‹ des öffentlichen Bewußtseins« mitgemacht habe, durch die sich die entscheidenden Erwartungen und Ansprüche vom Leben des persönlich einzelnen weg auf die »*Ordnungen und Institutionen* des Miteinanderlebens« richteten. Damit aber hätten alle ursprünglich den persönlich einzelnen als Menschen bestimmenden Kategorien – Freiheit, Glück – eine Bedeutung erhalten, die den persönlich einzelnen wesentlich dispensiere und ihn als »Produkt seiner Verhältnisse« in seinen Erwartungen und Ansprüchen auf diese verweise.[111]

Dies als ein wesentliches Problem der Soziologie selbst zu sehen sei aber darum nicht möglich gewesen, weil der methodische Ansatz dieser Wissenschaft selbst schon ein Produkt jener Orientierung des öffentlichen Bewußtseins gewesen sei: die »Disjunktion von Mensch und Welt«, durch die sich die Forschung auf den Kausalautomatismus einer eigengesetzlichen »Welt«, eines »Seinsgefüges« eingeschworen hatte, auf den Strukturzusammenhang von »Wirkungsfaktoren« oder »Beziehungen«.[112]

So kommt Siegfried Landshut am Ende seines Buches noch einmal ausdrücklich auf die desolate Lage einer mit Gesetzen und Modellen operierenden menschenfernen Soziologie zurück, die die Wirklichkeit zum »irrelevanten Gegenstand einer Analyse« erklärt, ihre Ursprungsproblematik verloren und auf diese Weise den Blick auf die bestimmenden Fragen des Lebens – und zwar *vor* der Disjunktion in Staat und Gesellschaft – ganz und gar verstellt hatte.

Zeitgenössische Rezensionen zu *Kritik der Soziologie*

Siegfried Landshuts *Kritik der Soziologie* hat nach ihrem Erscheinen im Herbst 1929 zu vielfältigen Reaktionen geführt, wobei sie in ihrer ganzen Tragweite kaum erkannt worden ist. Da Landshut die Soziologie seiner Zeit als eine sich selbst mißverstehende, ihre Ursprungsproblematik ignorierende Disziplin gekennzeichnet und wissenschaftliche Größen wie Tönnies,

Simmel, Oppenheimer und Vierkandt beherzt kritisiert hatte, bot *Kritik der Soziologie* eine große Angriffsfläche für die unter Legitimationsdruck stehenden Soziologen. Hinzu kam, daß es ausgerechnet ein noch junger, bisher kaum in Erscheinung getretener Wissenschaftler war, der die Fachprominenz aus ihrer »Bequemlichkeit« zu holen gedachte.

Die schärfste Kritik kam aus den Reihen der eigenen Universität und wurde kurz nach Erscheinen des Buches in Form einer vierseitigen Besprechung in den *Kölner Vierteljahresheften für Soziologie* veröffentlicht. Ihr Autor: Andreas Walther. Der erste Satz gibt unmißverständlich die Richtung der Rezension an:[113]

»Die Schrift verkoppelt Ausführungen über einige politische und ethische Grundideen im neueren Naturrecht und besonders bei Lorenz von Stein und Karl Marx, auf welchem Gebiet der Verfasser sich durch eine gute Arbeit eingeführt hat, mit prinzipiellen Erörterungen über die Soziologie, von der er nichts versteht.«

Im Anschluß folgen teils unverblümte, teils schlecht kaschierte Angriffe auf das gesamte Buch und seinen Autor. So schreibt Walther, daß es »in manchen Kreisen« noch immer als ausreichend gelte, »ein paar Bücher, die man in wenigen Wochen bewältigen kann, gelesen zu haben, um über prinzipielle Fragen der Wissenschaft mitzureden«.[114] Kurz gesagt: Es lohne nicht, Landshut ernst zu nehmen. Angereichert wird die »Kritik« noch mit einem Angriff auf dessen vermeintliche politische Position. Walther stellt fest, daß Landshut aus den Kreisen des religiösen Sozialismus komme, und merkt – auch gemünzt auf seinen Hamburger Kollegen Eduard Heimann – an:[115]

»Manchmal fragt man sich sogar, ob der Verfasser nicht der populären Verwechselung von Soziologie und Sozialismus Vorschub leisten will.«

Die Art, wie Walther hier *Kritik der Soziologie* diskreditieren will, läßt erahnen, wie er sich ein Jahr zuvor bei Vorlage der Habilitationsschrift verhalten haben mag.

Ähnlich negativ äußerte sich auch Alfred Vierkandt, einer der in Landshuts Arbeit namentlich genannten Soziologen. In seiner kurzen, in der *Zeitschrift für die gesamte Staatswissenschaft* erschienenen Besprechung bezeichnet er das Buch als »verfehlt« und kritisiert die Leichtigkeit, mit der Landshut »die soziologischen Leistungen der Gegenwart« aburteile. »Mit Bedauern«, so endet Vierkandts Rezension, »liest man auf dem Widmungsblatt den Namen Eduard Heimanns«[116] – ein Bedauern, das eben dieser nicht geteilt hat.

Neben derjenigen Heimanns gab es auch andere Stimmen, die in *Kritik der Soziologie* etwas bemerkenswert Neues erblickten. Positiv rezensiert wurde das Buch etwa in den von Heimann mitherausgegebenen *Neuen Blättern für den Sozialismus* und im von Karl Muth herausgegebenen *Hochland*. Eine Rezension in der amerikanischen Fachzeitschrift *The American Journal of Sociology* bezeugt das außerhalb Deutschlands bestehende Interesse, wobei sich der lobende Rezensent darüber wundert, daß jemand sich so offen der Kritik aussetze. In verschiedenen deutschen Besprechungen wird betont, die Schrift falle durch »vorurteilsfreie und rückhaltlose Sachlichkeit« auf,[117] der Verfasser habe sich mit den »bedeutsamsten Ansichten und Systemen« gründlich auseinandergesetzt,[118] und die »von großem Scharfsinn und Unterscheidungsvermögen getragene aufbauende Kritik« sei »höchst produktiv«.[119]

Die Relevanz, die Landshuts Buch nach dem Erscheinen gehabt hat, dokumentiert auch eine siebenseitige Abhandlung des Berliner Theologen und Soziologen Karl Dunkmann im von ihm gegründeten *Archiv für angewandte Soziologie*. Intensiv setzt Dunkmann sich mit dem Landshutschen Ansatz auseinander, denn *Kritik der Soziologie* sei ein »inhaltvolles Buch«, das seiner »geistigen Höhenlage wegen«, mehr noch aber wegen der Tendenzen, die es verfolge, die Gegenkritik herausfordere. Die Quintessenz dieser Gegenkritik lautet: Landshut weise zwar zu Recht auf »wunde Punkte« in der deutschen Soziologie hin, seiner Destruktivität aber, die darauf hinführe, »das Ganze niederzureißen«, müsse Einhalt geboten werden.[120]

Die ausführlichste Rezension zur *Kritik der Soziologie* erschien in *Die Gesellschaft* und stammte aus der Feder Herbert Marcuses.[121] Es war eine Besprechung, die sich von allen zuvor erwähnten deutlich unterschied. Das, was andere – sich als Soziologen verstehende – Rezensenten erregt hatte, beunruhigte Marcuse nicht. Ausdrücklich bezeichnete er die Kritik der Soziologie als eine der dringenden wissenschaftlichen Aufgaben, verwarf den Gedanken, man müsse mit der noch jungen Disziplin behutsam umgehen und wunderte sich auch gar nicht über Landshuts Kritik an den Größen des Faches. All dieses stand allerdings nicht im Zentrum der Besprechung Marcuses, dem es um anderes ging. Er wollte die Kritik der Soziologie einzig auf dem Boden der Philosophie vorgenommen wissen, und das hieß für den Marcuse jener Zeit: in Anlehnung an Heidegger einerseits, an Marx andererseits. Landshut habe, so Marcuse, wichtige Vorarbeiten für eine derartige philosophische Kritik der Soziologie geleistet, eine grundsätzliche Auseinandersetzung mit seinem Buche lohne sich.

Was dann jedoch folgt, ist ein heftiger Angriff, dem es an Polemik wahrlich nicht mangelt. Marcuse moniert etwa, daß die Landshutsche Problemansetzung ihre Herkunft nicht kundtue, ein Hinweis auf Heidegger nämlich nicht erfolge, der doch am Platze gewesen sei. Hauptsächlich aber tritt Marcuse gegen Landshuts Marx-Interpretation an, die er als typisch darstellt »für die Unsicherheit, mit der man auch da noch Marx gegenübersteht, wo die Bedingungen für ein wirkliches Verständnis durchaus gegeben und die echten Ansätze der Marxschen Forschung richtig gesehen sind«.[122] Daß die Veränderung der Welt mit dem Ziel der Emanzipation des Menschen leitend für Marx gewesen sei, meint Marcuse ebenso wie Landshut. Dann gehen die Ansichten aber gänzlich auseinander. »Daß [...] überhaupt von der Veränderung der Wirklichkeit für die Emanzipation des Menschen etwas erwartet wird«, hatte Landshut in *Kritik der Soziologie* geschrieben, »enthält im voraus schon eine ganz bestimmte Auffassung über die Situation des Menschen in der Welt: Mensch und Welt sind in die Disjunktion gebracht, als Potenzen für sich angesetzt und dann durch ein bestimmtes Schema der Beziehungen miteinander in Verbindung gebracht.«[123] Dies erachtet nun Marcuse als eine »völlige Haltlosigkeit für jeden, der lesen kann«.[124] Er entgegnet, daß gerade »die Überwindung der traditionellen Trennung von Mensch und Welt« den Marxschen Frageansatz von Anfang an charakterisiere. Mensch und Welt seien bei Marx keine selbständigen Potenzen, die erst miteinander in eine Beziehung gebracht werden müßten, sondern sie seien von vornherein nur in einer »unzerreißbaren Einheit« existierend und verstehbar. Die seinsmäßige Einheit von Mensch und Welt, so Marcuse, fundiere schließlich auch die reine Ökonomie bei Marx.[125]

Deutlich wird hier, von welch unterschiedlichen Voraussetzungen Marcuse und Landshut ausgehen. Herbert Marcuse meint, Marx gegen Landshut verteidigen zu müssen. Er erblickt eine Fortschrittslinie, die von der »traditionellen Trennung von Mensch und Welt«- von welcher Tradition spricht Marcuse hier eigentlich? – über die Marxschen Bemühungen ihrer Überwindung bis hin zur tatsächlichen Überwindung führen wird. Siegfried Landshut, der Marx schließlich genausosehr bewunderte wie Marcuse, freilich ganz anders und sicher angemessener, interpretierte Marx vielmehr als »Kind seiner Zeit«, des 19. Jahrhunderts mit all seinen immer mehr zutage tretenden tiefgreifenden Veränderungen: Nicht nur, daß im Marxschen Werk ein verzweifelter Kampf um die Emanzipation des Menschen geführt wird – dieses Werk ist doch selbst ein Ausdruck der Situation, die solches Ringen überhaupt erst erfordert. Bei Marcuse scheint Marx im Besitz der Lösung, die den zwangsläufigen Weg zu einer gerechten Gesellschaft in sich birgt; bei Landshut aber wird Marx charakterisiert durch die Spannungen seiner Zeit, die, gleichsam in seinem Inneren sich manifestierend, ihn aufzuzehren drohen. Eine derart angelegte Interpretation von Marx wird Landshut im Zusammenhang mit den von ihm 1932 herausgegebenen Marxschen Frühschriften ausführlich begründen, und auch Herbert Marcuse wird sich dann erneut maßgeblich in die Diskussion einschalten.

Allen Anfeindungen und allem Unverständnis zum Trotz hatte Siegfried Landshut sich mit *Kritik der Soziologie* behauptet. Als Habilitationsschrift zwangsweise zurückgezogen, wurde die Publikation beachtet und in etlichen Veröffentlichungen jener Zeit erwähnt oder behandelt, ja, die Landshutsche Studie avancierte zu einem der wichtigsten sozialwissenschaftlichen Beiträge in der Endphase der Weimarer Republik. Aber die Rezeption brach 1933 fast sofort ab; auch später, in der Bundesrepublik, sollte sie nur in sehr bescheidenem Umfang erfolgen.

Abgrenzungen, Berührungen, Wechselwirkungen (Karl Mannheim, Hans Freyer, Karl Löwith)

Auf den heute fast völlig vergessenen Stellenwert der Landshutschen Arbeit in der damaligen Diskussion hat Jürgen Habermas im Wintersemester 1989/90 in seinem Vortrag zur »Soziologie in der Weimarer Republik« hingewiesen.[126] Wenn Habermas nach Karl Mannheims *Ideologie und Utopie* (1929) Landshuts *Kritik der Soziologie*, Hans Freyers *Soziologie als Wirklichkeitswissenschaft* (1930) und Karl Löwiths Abhandlung »Max Weber und Karl Marx« (1932) in gebotener Kürze Revue passieren läßt, so benennt er markante, z.T. miteinander korrespondierende Stationen sozialwissenschaftlicher Auseinandersetzung in der zweiten Hälfte der Republik.

In welcher Lage befand sich die Soziologie im Deutschland der Weimarer Jahre? Nach Habermas läßt sie sich dadurch charakterisieren, daß die soziale Identität der Soziologie auf dem Wege fachlicher Institutionalisierung schärfere Konturen gewann, ihre kognitive Identität im Streit um die Bestimmung des Fachs aber zunehmend zerfaserte. In dieser Situation erschien Karl Mannheims *Ideologie und Utopie*, das von Habermas zu Recht als dasjenige Buch bezeichnet wird, das der Soziologie damals die größte öffentliche Aufmerksamkeit und ihrem Autor eine starke Stellung in der Profession sicherte.

Karl Mannheim (1893-1947),[127] Sohn ungarisch- und deutsch-jüdischer Eltern, war 1918 in seiner Heimatstadt Budapest mit einer in ungarischer Sprache verfaßten Arbeit über *Die Strukturanalyse der Erkenntnistheorie* zum Dr. phil. promoviert worden. Ab 1915 hatte er dem Kreis um Georg Lukács angehört und in einer kurzen Phase der Räterepublik – im Mai und Juni 1919 – am Pädagogischen Seminar Kulturphilosophie gelehrt. Nach Ende der ungarischen Revolution flüchtete Mannheim im Dezember 1919 nach Wien, um dann ins Exil nach Deutschland zu gehen. Stationen in Freiburg – bei Husserl und Heidegger – und Berlin folgte die Übersiedlung nach Heidelberg, wo er sich im Sommersemester 1926 habilitierte. Fand Mannheims Habilitationsschrift über den *Altkonservatismus*, eine Anwendung seines wissenssoziologischen Programms, bereits große Beachtung und Anerkennung, so war sein im September 1928 auf dem sechsten Deutschen Soziologentag in Zürich gehaltener Vortrag über »Die Bedeutung der Konkurrenz im Gebiete des Geistigen« – er initiierte den vielzitierten »Streit um die Wissenssoziologie« – nahezu spektakulär. Nur wenige Monate später erschien 1929 mit *Ideologie und Utopie*[128] eine Art Programmschrift Mannheimscher Wissenssoziologie, die bereits im folgenden Jahr eine zweite Auflage erleben, von Hannah Arendt, Max Horkheimer, Herbert Marcuse, Günther Stern (d. i. Günther Anders), Paul Tillich u.a. besprochen[129] und schließlich – spätestens nach Erscheinen der englischsprachigen Ausgabe im Jahre 1937 – zu einem »klassischen Text« der Soziologie werden sollte. Ihr Verfasser wurde zum Sommersemester 1930 als Nachfolger Franz Oppenheimers an die Frankfurter Universität berufen: eine bemerkenswert schnelle akademische Karriere, zumal für einen Wissenschaftler jüdischer Herkunft.

Die Wissenssoziologie wollte Karl Mannheim nicht etwa als neue Bindestrich-Soziologie, sondern als Grundlagendisziplin verstanden wissen. Ihr Kerngedanke bestand in der Annahme einer Seinsgebundenheit allen Denkens. In Anlehnung an die Marxsche These von der Bestimmung des Bewußtseins durch das Sein hob Mannheim hervor, daß jedes Denken sich innerhalb eines geschichtlich-gesellschaftlichen Lebenszusammenhanges und nicht im Rahmen eines rein theoretischen Bewußtseins vollzieht. Das Bewußtsein wird also als Ausdruck einer bestimmten »Seinslage«, als notwendig standortgebunden aufgewiesen. Sein und Bewußtsein werden so in ein Kausalverhältnis zueinander gebracht: das Sein als Ursache, das Bewußtsein als Folge. In letzter Konsequenz bedeutet dies, wie Norbert Elias es ausgedrückt hat, »die radikale Entthronung der Selbständigkeit des ›Geistes‹, die totale Entlarvung der Ideen als Ausdruck einer standortgebundenen Parteilichkeit«;[130] eine Konsequenz freilich, vor der Mannheim selbst zurückschreckte.

Die Thesen Karl Mannheims lösten eine große wissenschaftliche Debatte aus. Noch die heutige Lektüre der Diskussionsbeiträge auf dem Soziologentag in Zürich läßt die aufwühlende Wirkung des Vortrages spürbar werden.[131] Die Mehrheit der anwesenden Gelehrten war tief beeindruckt; es schien, als stünde man an einem neuen Anfang, wobei die damit verbundenen Hoffnungen wohl recht unterschiedlich gelagert waren. Einziger echter Gegenredner war der von Mannheim direkt angegriffene Alfred Weber, der erregt feststellte, daß er bei Mannheim die »Anerkennung des geistig Schöpferischen als Unterlage des Handelns« vollständig vermisse.[132]

Als dann *Ideologie und Utopie* erschien, wurde die Wissenssoziologie Mannheimscher Prägung erst recht, und nun ausführlicher und kontroverser, diskutiert.[133] Auch Siegfried Landshut maß dieser Schrift eine so große Bedeutung zu, daß er seiner im gleichen Jahr erscheinenden *Kritik der Soziologie* noch kurzfristig einen Exkurs über sie hinzufügte. Er diente vor allem dazu, die gravierenden Unterschiede zwischen den eigenen Forschungsgrundlagen und denjenigen Mannheims darzulegen.

So betont Landshut, daß die Gesamtheit aller Untersuchungen und Darlegungen Mannheims im Horizont der politischen »Partikularitäten« blieben, die das 19. Jahrhundert ausgebildet habe und deren Produkt der Begriff der Ideologie selbst sei. Alle von Mannheim verwandten Kategorien: das »Bewußtsein«, das dem »Sein« – dem eigentlichen Sein, der Wirklichkeit – »entspricht«, die »soziale Seinslage«, die »sozial-vitale *Grundlage* des Denkens«, das das Sein »transzendierende« Denken usw. entstammten samt und sonders der Weltstruktur bei Marx, deren innere Begründung Landshut ja zuvor dargelegt und als deren erste Voraussetzung er die »Disjunktion von Mensch und Welt« gekennzeichnet hatte. Der Unterschied zwischen Mannheim und Landshut wird – zumindest vom Blickwinkel Landshuts aus – erkennbar, wenn dieser seine Auffassung von »Welt« derjenigen Mannheims gegenüberstellt:[134]

»Die Welt, das heißt die Lebenswelt des Menschen wird hier [in Mannheims *Ideologie und Utopie*, R. N.] nicht gesehen als die Welt des Menschen, die so aussieht, weil der Mensch so ist, weil sie selbst nichts ist als die Manifestation seines Selbstverständnisses, nichts anderes als der Mensch selbst in seinen gelebten Ansprüchen, Erwartungen und all dem, was er daraufhin mit sich selbst unternimmt, sondern ›Welt‹ ist hier konzipiert als ein ›Aufbau‹ von Seinsregionen, ein ›Gefüge‹, in dem der Mensch – an sich ein leeres X – wohnt: Mensch und Welt in der Disjunktion.«

Deutlich wird Landshuts Position auch durch seine Ausführungen zum »seinsgebundenen Denken«, zur Bestimmung der Beziehung zwischen »Sein« und »Bewußtsein«:[135]

»Es sollte heute eigentlich kein wissenschaftliches thema probandum mehr sein, daß alles Denken, auch das abstrakteste ›seinsgebunden‹ ist, d.h. nicht etwa die Funktion eines bestimmten Seinsgebietes, einer ›Lagerung‹, sondern selbst ein Charakter des So-Seins des Menschen, daß also ›Bewußtsein‹ selbst ›Sein‹ ist, ja sogar spezifisch das Sein des Menschen.«

Für Mannheim aber sei letzten Endes jedes »Bewußtsein« eigentlich ein minderes Sein, eben nicht eigentlich wirkliches Sein, sondern »nur« Bewußtsein: Ideologie.[136] Tatsächlich legt Mannheims Auffassung eines seinsgebundenen Denkens nahe, daß es so etwas wie ein denkfreies Sein gebe, zu dem das Denken als etwas Zweitrangiges hinzukomme. In diesem Sinne hat auch Hannah Arendt angeführt, daß bei Mannheim alles Geistige von vornherein verdächtig sei und nach einer Realität gesucht werde, die ursprünglicher sei als der Geist selbst.[137] Arendt und Landshut kritisierten in ähnlicher Weise, daß es sich bei Mannheims Ansatz um eine Verkennung des Geistes handele.

Flüchtig streift Landshut ferner den Gedanken, es sei bezeichnend, daß Mannheim den zentralen Teil seines Buches mit dem Titel »Wie ist Politik als Wissenschaft möglich?« überschrieben habe.[138] Zu Beginn der fraglichen Abhandlung – tatsächlich trug diese den Titel »Ist Politik als Wissenschaft möglich?« – hatte Mannheim angemerkt, daß der Wissenssoziologie auch die Aufgabe zufalle, den Bedingungen des Entstehens und Vergehens ganzer Wissenschaften nachzugehen: So werde sich zeigen lassen, warum die Nationalökonomie und die Soziologie erst sehr spät entstehen mußten, und vielleicht werde auch lösbar werden, »was für uns bisher stets als rätselhaft erschien: warum gerade die Politik noch nicht zur Wissenschaft geworden ist«.[139] Mannheim, auf die moderne Lage fixiert, nahm also im Gegensatz zu Landshut an, daß es eine Politische Wissenschaft noch nie gegeben habe. Daß er die Problematik einer Politik als Wissenschaft überhaupt aufwirft, kann Landshut zu keinem lobenden Wort veranlassen, versteht er sich doch als Politikwissenschaftler – in einer langen Tradition stehend, von der Mannheim offenbar nichts mehr weiß.

So fällt also Landshuts – übrigens wenig beachtete[140] – Beurteilung von *Ideologie und Utopie* sehr ablehnend aus. Daß Mannheim auch Grund hatte, dem Geistigen zu mißtrauen, daß es durchaus not tat, Gelehrten und Politikern die Art ihrer Interessengebundenheit vorzuführen, daß Mannheim – wie es Sven Papcke formuliert hat – die »Entmythologisierung« der Politik am Herzen lag,[141] findet bei Landshut keine Erwähnung. Ihm ging es darum zu zeigen, daß Mannheim, von falschen Forschungsgrundlagen ausgehend, den falschen Weg eingeschlagen hatte. Außer Frage stand aber für Landshut, daß Mannheims Studien in höchstem Maße ernst zu nehmen waren. So kündigte er in seinem ausführlichen Exkurs über die Wissenssoziologie in *Kritik der Soziologie* bereits an, sich noch eingehender mit Mannheims Thesen beschäftigen zu wollen. Aber erst nach Erscheinen der dritten deutschsprachigen Auflage von *Ideologie und Utopie* im Jahre 1952, also nach Mannheims Tod, sollte eine weitere Besprechung folgen.

Es darf vorgegriffen werden: In der 1953 veröffentlichten Besprechung der Neuauflage von *Ideologie und Utopie* knüpft Landshut direkt an seine ein Vierteljahrhundert zuvor geübte Kritik an, um diese dann allerdings noch um einiges schärfer zu fassen.[142] Mannheims Theorie, wonach jedes Denken eine Funktion eines partikularen, historisch-sozialen Standortes sei, mache, so Landshut, die Orientierung des politischen Handelns an einem einheitlichen Ganzen und damit die Entscheidung und Leitung des sozialen Schicksals unmöglich. Gerade die völlige Relativierung hebe jede Einheit auf und verabsolutiere damit jeden beliebigen partikularen Standpunkt, indem sie die Welt in sich gegenüberstehende Machtgruppierungen aufspalte und den Spaltungen den Charakter der Unüberbrückbarkeit beilege.

Daß die Wirklichkeit bei Mannheim als nicht fragwürdig, sondern als in einer bestimmten Weise gegeben angesehen wird, während aber das Denken durch grundsätzlichen Zweifel an ihm in die Position des Nichtwirklichen gerät, bringt Landshut geradezu in Rage. Er hält diese Auffassung nicht nur für falsch, sondern für gefährlich. Nur von dieser Auffassung aus, die Landshut selbst wieder als dem 19. Jahrhundert entsprungen kennzeichnet, kann Mannheim zu den vielen standortgebundenen Einzelwissen und der »unversöhnlichen Pluralität von

Denkstilen« kommen, deren Synthese er schließlich zur Aufgabe der »Politik als Wissenschaft« erklären will. Daß er zur Erreichung dieses Zieles dann wieder die »sozial freischwebende Intelligenz« einschaltet, scheint Landshut – angesichts dessen, was Mannheim zuvor über die Rolle der Intelligenz ausgeführt hatte – sein ganzes Vorhaben der Wissenssoziologie in großem Umfange aufzuheben. Aber überhaupt sei eine Synthese durch die Zusammensetzung partikularer Standorte und durch die Zusammenfassung vieler Einzelwissen gar nicht möglich, denn »das Ganze« zeichne sich doch nicht dadurch aus, daß es die Summe seiner einzelnen Teile sei; es zeichne sich aus durch seine Überordnung. So schließt Landshut seine Besprechung:[143]

»Aus der Theorie M.s aber ist eine Synthese unmöglich. Übertragen auf den politischen Bereich, für den seine ganzen Überlegungen ja bestimmt sind, bedeutet seine Theorie nichts anderes als die Leugnung einer politischen Einheit, die eine *Überordnung* trotz der differenzierten sozialen und politischen Standpunkte garantieren könnte. Der Kampf um die soziale Vorherrschaft wird total, die Rivalität politischer Gegner zur Todfeindschaft, die Brutalität des reinen Machtkampfes gerechtfertigt – weil es *nichts* gibt, was eine Orientierung und Ordnung substantivieren kann. In diesem Sinne ist Mannheims Theorie zumindest überholt – die politische Wirklichkeit der Jahre nach dem Untergang der Weimarer Republik hat sie sich in unheimlicher Weise zunutze gemacht, und die politische Wirklichkeit unserer Tage soll sie widerlegen.«

Der Ton, den Landshut hier anschlägt, läßt sich nicht mehr nur auf eine wissenschaftlich-politische Kontroverse zurückführen; er wird verständlicher erst vor dem biographischen Hintergrund. Die unversöhnliche Rivalität, von der hier die Rede ist, hat Landshut am eigenen Leibe erfahren. Karl Mannheim, der in seinen Schriften eine Auseinandersetzung mit Landshut vermied, gab nämlich in der Zeit des Exils ein äußerst negatives Gutachten über den Verfasser der *Kritik der Soziologie* ab, das nicht folgenlos blieb und auf das noch einzugehen sein wird.

Hans Freyer (1887-1969), der den Lehrstuhl für Soziologie in Leipzig innehatte, veröffentlichte im Spätsommer 1930 seine

Schrift *Soziologie als Wirklichkeitswissenschaft. Logische Grundlegung des Systems der Soziologie*. Damit war den Studien von Mannheim und Landshut rasch ein weiteres Buch gefolgt, das den Anspruch erhob, der Disziplin eine grundlegende Orientierung zu bieten.[144]

Eine Beschäftigung mit Hans Freyer[145] muß zunächst von der Tatsache ausgehen, daß Freyer Exponent der »Konservativen Revolution« – oder um den von Stefan Breuer jetzt eingeführten Begriff zu gebrauchen: des »neuen Nationalismus«[146] – gewesen ist, daß er den Aufstieg des Nationalsozialismus gewollt hat, sich im Dezember 1933 zum »Führer« der »Deutschen Gesellschaft für Soziologie« wählen ließ und auch nach zunehmender Enttäuschung seiner mit dem NS-Regime verbundenen Hoffnungen diesem Regime wirksam diente. Es ist allerdings zu erwähnen, daß Freyer in den Weimarer Jahren auch jenseits der politischen Rechten einige Anerkennung fand. Sein methodischer Ansatz, seine Reflexionen über die Geschichte des soziologischen Denkens und z.T. auch seine Zeitdiagnosen konnten sich etwa mit den Ansichten eines Eduard Heimann durchaus berühren.[147] Überhaupt wurde Freyer vor 1933 in sozialistischen Kreisen nicht selten geschätzt,[148] ja, von vielen wurde allzu lange an der Meinung festgehalten, man kämpfe im Grunde gegen den gleichen Gegner.

In der Ausgangsfrage bemerkenswert ähnlich, in ihrer Bearbeitung ganz verschieden: so ließe sich das Verhältnis von *Soziologie als Wirklichkeitswissenschaft* zur *Kritik der Soziologie* aus der Sicht Landshuts andeuten. Dies jedenfalls ist der Tenor der ausführlichen Rezension des Freyerschen Buches durch Siegfried Landshut, erschienen 1932 in den *Blättern für Deutsche Philosophie*. Kein Zweifel, daß sich für Landshut hier die Möglichkeit bot, nochmals an seinen in *Kritik der Soziologie* dargelegten Ansatz anzuknüpfen. Wiederum hob er hervor, daß der »aufrichtige Forscher« die Antriebe seiner Forschung nur unmittelbar aus der Fraglichkeit, in der sich das eigene Leben als ein Mit-Leben selbst vorfinde, also aus der eigenen Wirklichkeit, empfangen könne. Diesen Ansatz sich zu eigen gemacht zu haben sei nun »die wesentliche Bedeutung des jetzt vorliegenden Entwurfs einer *Soziologie als Wirklichkeitswissenschaft* von Hans Freyer«.[149]

Die Parallelität der Ansätze von Landshut und Freyer ist nicht zu übersehen: So hatte Freyer erklärt, eine der Hauptthesen seines Buches sei es, daß die Soziologie, wenn sie den geschichtlichen Charakter ihrer Gegenstände vergesse und dem Ideal der abstrakten Systematik nachjage, nicht nur auf jede Lebensdeutung verzichte, sondern geradezu ihren Gegenstand vernichte.[150] Als den »geistigen Ursprung und das unverlierbare Ausgangsproblem unseres soziologischen Denkens« bezeichnete er den Gegensatz von Staat und Gesellschaft.[151] Dem konnte Landshut nur zustimmen, um dann allerdings aufzuzeigen, daß Freyer seinem eigenen Anspruch einer Wirklichkeitswissenschaft in keiner Weise hatte gerecht werden können. Nicht aus der spezifischen Problematik des wirklichen Miteinanderlebens, sondern aus einer spekulativen Konstruktion habe Freyer seine These von einer Soziologie als Wirklichkeitswissenschaft gewonnen. Denn worin münde das Freyersche Unternehmen? In einen »Schematismus der soziologischen Strukturbegriffe« – so seine eigenen Worte.[152] Von diesem Resultat aus entwickelt Landshut seine das Buch von Freyer rückwärts aufrollende Argumentation, wonach die Grundthesen samt vermeintlich angewandter phänomenologischer Methode ungenutzt geblieben seien, während sich tatsächlich ein davon völlig unabhängiger Ansatz durchgesetzt habe.

In genau umgekehrter Weise hatte zuvor Andreas Walther das Buch Freyers gewertet. Walther kritisiert zunächst, daß noch immer die Frage nach der Möglichkeit von Soziologie gestellt werde, wo doch bereits ein Dutzend soziologischer Fachzeitschriften vorliege. So spricht er von einer »empfindliche[n] Störung der gerade begonnenen Konsolidierung der deutschen Soziologie«.[153] Völlig unverständlich ist ihm außerdem Freyers »anfängliche scharfe Polemik gegen die generalisierende, abstrakte Soziologie und seine Überbetonung der Gegenwarts- und Ichbezogenheit soziologischen Denkens«.[154] Aber wo Landshut dann Freyers Nichteinlösung des eigenen Anspruchs konstatiert, kann Walther sich darüber freuen, daß Freyer doch noch zur abstrakten Begriffsbildung, zur »formalen Soziologie«, zur empirischen Methode gefunden habe.

Nicht weniger als achtzehn Seiten hatte Walther darauf verwendet, seine in respektvollem Ton gehaltenen Ansichten vorzutragen. Noch eindeutigeren Beifall erhielt Freyer aber von ganz anderer Seite: Geradezu enthusiastisch äußerte sich nämlich Herbert Marcuse in seiner ausführlichen Rezension in den *Philosophischen Heften*, wo er erklärte, »daß das Freyersche Buch unseres Erachtens wieder die erste wirkliche philosophische Grundlegung der Soziologie ist und als solche nicht ernst genug genommen werden kann«. Freyer habe den Mut, »gegenüber der Herrschaft eines verlogenen Wissenschaftsbegriffes wieder die durch den Seinscharakter des soziologischen Sachgebietes geforderte echte Wissenschaftlichkeit aller soziologischen Forschung herauszustellen«.[155]

Im Grundtenor positive Besprechungen von *Soziologie als Wirklichkeitswissenschaft* erschienen auch in *Die Gesellschaft*[156] und in den *Neuen Blättern für den Sozialismus*, wo Freyer bescheinigt wird, er habe der sozialistischen Idee mit dem Buche keinen geringen Dienst erwiesen.[157] Wie konnte es zu derlei Illusionen kommen?

Daß auch Hans Freyer die Überwindung der bestehenden Gesellschaftsordnung prognostizierte und wünschte, mochte als Gemeinsamkeit aufgefaßt worden sein. Das 1931 erschienene Pamphlet *Revolution von rechts*[158] machte allerdings deutlich, wohin der Weg zum Neuen seiner Meinung nach führen sollte. Entsprechend enttäuscht äußerte Eduard Heimann sich über Freyer, dem er offenbar mehr zugetraut hatte als das völlige Abdriften nach rechts. Dennoch bezeichnete er den Leipziger Kollegen als »klugen Soziologen« und glaubte gar, noch immer eine »wesenhafte Zusammengehörigkeit« zweier Oppositionsbewegungen gegen den Kapitalismus erkennen zu können.[159]

Auch Siegfried Landshut hat in Freyer einen ernstzunehmenden Gelehrten erblickt, wie seine differenzierte, teils anerkennende, aber letztlich ablehnende Rezension von *Soziologie als Wirklichkeitswissenschaft* zeigt. Über Freyers politische Position hat Landshut sich indes weder in den Weimarer Jahren noch später öffentlich geäußert. Daß er die politische Gefahr von rechts in großer Klarheit erkannte, bezeugt eine Kritik, die er – ebenso wie jene an Freyers Buch – im Jahre 1932 veröffentlichte. Landshut rezensierte die Schrift *Das Ende des Kapitalismus*, verfaßt von Ferdinand Fried [d. i. Friedrich Zimmermann],[160] dem führenden Wirtschaftsredakteur der Zeitschrift *Die Tat*.[161]

In seiner argumentativ wie stilistisch meisterhaften Rezension macht Landshut Frieds vielgelesenes Buch als einen »kleinen Ableger vom Untergang des Abendlandes« aus[162] und entlarvt zugleich die arrogant-anmaßende und politisch gefährliche Sichtweise des Autors, die ihm als typisch für den nationalistischen »Tat-Kreis« erscheint. In bestechender Weise vermag Landshut Frieds völlige Ahnungslosigkeit in gerade jenen Bereichen nachzuweisen, die Gegenstand seiner Schrift sind, hinsichtlich derer er mithin Kompetenz vorspiegelt. Daß Fried elementare Kenntnisse auf dem Gebiet der Ökonomie fehlen, daß »kein Hauch geschichtlicher Kenntnisse« seine »freie Dichtung« trübt,[163] ist also die eine Seite. Eine andere ist die politische Zielrichtung, die Frieds Buch, sein Gerede vom »Ende des Kapitalismus« und von einer bevorstehenden »Zeitenwende« verfolgt. Zitate von Fried aufnehmend, schreibt Landshut:[164]

»Den völligen Mangel an konkreter Differenzierung auch nur der nationalökonomischen Fragemöglichkeiten ersetzt aber das Schlußkapitel des Buches durch einen um so kühneren Blick in die Zukunft. Er [Fried, R.N.] weiß eben schon alles ganz genau, er entwirft ›das neue Weltbild‹ (sogar mit beigefügter Weltkarte): ›Auf der einen Seite steht das untergehende Abendland‹ – zu dem übrigens, da Deutschland auf keinen Fall untergehen darf (wo bliebe sonst die Tat-Führerschaft?), nur die anderen gehören – ›auf der anderen Seite stehen noch ungeformt, in dumpfem Wollen die neuen Gedanken‹. Damit meint der Verfasser aber nicht sich selbst, sondern: hie Abendland, dort Gedanken und ›Zwischen beiden Zentren (?!) liegt Zwischen-Europa, liegt vor allem Deutschland‹. Dies Zwischeneuropa aber, der letzte und originellste Trumpf, den der Verfasser wohl zur Verfügung hatte, er stammt nicht von ihm, sondern von Friedrich Naumann, aus dem während des Krieges verfaßten Buch ›Mitteleuropa‹.«

Fried und sein Freundeskreis erhöben zwar, so Landshut, den Anspruch, aus einer der Froschperspektive des Alltags überlegenen Sicht, »sozusagen vom Feldherrnhügel aus den Kampf der irdischen Mächte zu überblicken«,[165] sie glaubten zwar über den Gang der Weltgeschichte zu verfügen, wenn sie von der »Zersetzung aller Werte« redeten,[166] doch was bildete den Hintergrund dieses »Wissens«? Nach Landshut nichts anderes als eine »Vereinigung von Dreistigkeit und Schwäche«.[167] Besonders deutlich werde dies auch bei Frieds negativer Beurteilung von Marx, den er – kaum verwunderlich – »offenbar nur vom Hörensagen« kennt. Fried glaubt, entdeckt zu haben, daß sich das Werk von Marx auf Engels und Moses Heß und letztlich auf Marxens »rassische Eigenart« zurückführen lasse. »Ja, ja«, kommentiert Landshut, »die Juden und die Radfahrer, die sind an allem Schuld.«[168]

Zurück zu Hans Freyer: Während Eduard Heimann und Siegfried Landshut 1933 ins Exil vertrieben wurden, richtete der dem »Tat-Kreis« nahestehende Freyer seine politischen Hoffnungen auf den Nationalsozialismus. Auf dem Marburger Historikertag des Jahres 1951 sollten sich Freyer und Landshut als Vortragende dann begegnen, wobei Freyer einen bemerkenswerten »Gedächtnisausfall« präsentierte: Er gab vor, noch nie etwas von einem Siegfried Landshut gehört zu haben, dessen *Kritik der Soziologie* er doch immerhin in seiner *Soziologie als Wirklichkeitswissenschaft* zitiert hatte.

Während Siegfried Landshut die Mannheimsche Wissenssoziologie ablehnte und es mit Freyer lediglich einige Berührungspunkte, aber kein Einvernehmen gab, lassen sich zu Karl Löwith, dessen große Abhandlung »Max Weber und Karl Marx« 1932 erschien,[169] einige Parallelen und Übereinstimmungen ausmachen.

Karl Löwith hat verschiedentlich betont, von welch großer Bedeutung Max Weber für ihn gewesen sei – daß Weber und Heidegger ihn als akademische Lehrer am stärksten beeindruckt hätten. Früher als der gleichaltrige Landshut hatte Löwith mit dem Studium beginnen und so auch noch Max Webers Münchener Vortrag »Wissenschaft als Beruf« hören können. Der Eindruck sei erschütternd gewesen, erinnerte sich Löwith über zwanzig Jahre später: Weber »zerriß alle Schleier der Wünschbarkeiten, und doch mußte jeder empfinden, daß das Herz dieses klaren Verstandes eine tiefernste Humanität war«.[170]

Später als Landshut beschäftigte Löwith sich mit dem Werk von Karl Marx. Nach der Herausgabe eines Teiles der Marxschen Frühschriften durch David Rjazanov im Jahre 1927 begann sein »unmarxistisches Studium von Marx«.[171] Nach eigener Auskunft interessierte Löwith der Marxismus nicht als ökonomische und sozialistische Theorie, sondern als radikale Kritik der bürgerlich-christlichen Welt überhaupt. In diesem Sinne verfolgte er in seinen Vorlesungen die Geschichte der deutschen Philosophie über Hegel hinaus bis zu Marx, was so ungewöhnlich und so unerwünscht war, daß die Aufnahme einer Marx-Vorlesung in das Verzeichnis der allgemeinen Vorlesungen der Marburger Universität mit dem Hinweis abgelehnt wurde, Marx sei »ohne allgemeines Interesse«.[172]

In seinem Aufsatz über Max Weber und Karl Marx stellt Löwith sich die Aufgabe, »durch vergleichende Analyse des grundlegenden Forschungsmotivs von Weber und Marx die Gemeinsamkeit ihrer Ansicht und den Unterschied in ihrer Idee vom Menschen als dem Fundament von Wirtschaft und Gesellschaft herauszustellen«.[173] Für Marx wie für Weber deckt Löwith die Frage nach dem *menschlichen Schicksal der gegenwärtigen Menschenwelt*, für welche der »Kapitalismus« der bezeichnende Ausdruck ihrer Problematik sei,[174] als eigentlichen Antrieb ihrer wissenschaftlichen Untersuchungen auf. Max Weber analysiere den Kapitalismus unter dem Gesichtspunkt einer universellen und unentrinnbaren »*Rationalisierung*«, Marx hingegen unter dem Gesichtspunkt einer universellen, aber umwälzbaren »*Selbstentfremdung*«.[175] Beide Perspektiven auf die moderne Welt des Menschen unterzieht Löwith einer näheren Betrachtung. Rückblickend urteilte er selbst, seine Abhandlung sei unschlüssig ausgegangen, da ihm »Webers existenzieller Relativismus in bezug auf die freie Wahl eines obersten Wertes ebenso unhaltbar schien wie die marxistische These vom Menschen als einem sozialen Gattungswesen, dessen Aufgabe es ist, die allgemeine Tendenz der Weltgeschichte zu realisieren«.[176] Nicht von ungefähr hat allerdings Manfred Riedel von einem »mehr stillschweigend als ausdrücklich artikulierten Votum« Löwiths für Weber gesprochen.[177]

Max Weber habe, so schreibt Löwith, einen radikalen Abbau von Illusionen betrieben. Gerade angesichts der von ihm konstatierten Entzauberung der Welt habe Weber aber eine besondere Verantwortung des einzelnen vor sich selbst hervorgehoben. Löwith verweist darauf, daß dieser Individualismus, in welchem sich Webers Idee vom Menschen zusammenfasse, zwar unfähig sei, das Gehäuse der allgemeinen Zu- und Angehörigkeit zu zerbrechen – dieses werde eben als unentrinnbares Schicksal und nicht wie bei Marx als aufhebbar verstanden –, wohl aber fähig, es jeweils für seine Person zu durchbrechen.[178] Die Grundhaltung, die Weber in der rationalisierten Welt einnehme und die auch noch seine »Methodologie« bestimme, sei die einer *objektiv* haltlosen Gehaltenheit des eigenverantwortlichen Individuums durch sich selbst: »Hineingestellt in diese Welt von Hörigkeit gehört das Individuum als ›Mensch‹ sich selbst und steht es auf sich selbst«.[179] Intellektueller Ausdruck dieser Eigenverantwortlichkeit sei das, was Weber als »schlichte intellektuelle Rechtschaffenheit«[180] bezeichnet habe und welche darin bestehe, daß man sich »Rechenschaft« gebe »über den letzten Sinn seines *eigenen* Tuns«.[181] Es ist bemerkenswert, daß Löwith Webers Persönlichkeitsethik im Jahre 1932 bewußt als vorbildlich herausstellt;[182] rückblickend hat er mit großer Überzeugung die Meinung vertreten, Weber hätte aufgrund seiner Haltung auch gegen den Nationalsozialismus zu kämpfen versucht. »Und hätte er«, schreibt Löwith über Weber, »noch 1933 erlebt, *er* wäre gegenüber der schnöden Gleichschaltung der Professoren standhaft geblieben, und zwar bis zum Äußersten.«[183]

In den mehr Max Weber betreffenden Teilen der Löwithschen Abhandlung läuft eine Bezugnahme auf Siegfried Landshut, auf dessen Weber-Interpretation in *Kritik der Soziologie*, aber auch auf den 1931 erschienenen Aufsatz über »Max Webers geistesgeschichtliche Bedeutung«, kontinuierlich mit. So meint Löwith, daß Landshut den bis dahin einzigen Versuch unternommen habe, Webers Begriff von der Rationalität in seinem ursprünglichen Bedeutungszusammenhang und mit Beziehung auf Marx klarzulegen. Nicht nur auffällige biographische Ähnlichkeiten bestehen zwischen Landshut und Löwith, hier wird auch eine verwandte Sicht auf die Problematik ihrer Zeit deutlich.

Den von Löwith herangezogenen Vortrag über »Max Webers geistesgeschichtliche Bedeutung« hatte Siegfried Landshut zum Abschluß des Wintersemesters 1929/30 in der »Philosophischen Gesellschaft«, der Hamburger Ortsgruppe der Kant-Gesellschaft, gehalten und im Jahre 1931 publiziert. Mit der Weberschen Formulierung sozialwissenschaftlichen Interesses, »die uns umgebende Wirklichkeit des Lebens, in welches wir hineingestellt sind, in ihrer Eigenart verstehen zu wollen«, beginnt Landshuts Weber-Interpretation in *Kritik der Soziologie* wie später auch Löwiths Interpretation in »Max Weber und Karl Marx«. Während in *Kritik der Soziologie* die grundlegende Bedeutung des Weberschen Frageansatzes betont wurde, um dann zu zeigen, wie auch Weber selbst zur Abkehr von diesem Frageansatz in den Sozialwissenschaften beigetragen hatte, kann Landshut in seinem Vortrag über Max Weber auf knapp zehn Seiten souverän entwickeln, was es heißt, diesen Ausgangspunkt ernst zu nehmen und Weber selbst in seiner ihn umgebenden Wirklichkeit zu beleuchten.

Am Beginn der Landshutschen Ausführungen stehen Überlegungen zur Entwicklung der Wissenschaften überhaupt wie der Sozialwissenschaften im besonderen. Folgende Tendenzen werden skizziert: Die Wissenschaften verlieren ihre traditionell führende Rolle im Gesellschaftsleben und drohen immer mehr zu reinen Techniken herabzusinken. Die Entwicklung sich als autonom verstehender Einzeldisziplinen zeigt die zunehmende Trennung der Wissenschaften vom Leben an. Der Vertiefung des Welt- und Selbstverständnisses und der Erweiterung des geistigen Blickfeldes ist dieser Spezialbetrieb der Wissenschaften offenbar alles andere als förderlich. Das ist der Hintergrund, vor dem Landshut fragt, ob nicht gerade der sich selbst immer wieder als Fachwissenschaftler bezeichnende Max Weber einer derartigen Entwicklung Vorschub geleistet habe. Endete Webers Vortrag »Wissenschaft als Beruf« nicht – gleichsam inhaltsleer für die Aufgabe der Wissenschaft selbst – mit der formalen Anweisung »an die Arbeit zu gehen« und »der Forderung des Tages« gerecht zu werden? Ist also Weber ein Prototyp jener völligen Entleerung aller sachlichen Arbeit von jeder menschlichen Unmittelbarkeit? Was Landshut auf diese von ihm selbst aufgeworfenen Fragen antwortet, gibt den Blick frei auf sein Weber-Verständnis:[184]

»Wo aber mit solch klarem Bewußtsein und in solch universaler Beherrschung der Tatsachenwelt diese Selbstentäußerung durchgeführt wird wie in der wissenschaftlichen Existenz Max Webers, da drängt sich die Frage auf, ob dieser Zwiespalt nicht selbst wieder in einer höheren Einheit seinen Grund hat. Und zwar, *wenn für das persönliche Leben We-*

bers selbst, dies Leben aber als wissenschaftliche Existenz die praktische Manifestation des Selbstbewußtseins der Zeit sein soll, dann zugleich als die in der Wissenschaft gelebte Problematik der Zeit selbst.«

Worin besteht jene »Problematik der Zeit«, die Max Weber bis zum Äußersten lebte? Welche Frage also trug die wissenschaftliche Existenz Webers stillschweigend in sich? Gegen Ende seines Vortrags spricht Landshut sie aus: »Wie hält sich der Mensch in einer Welt der Öffentlichkeit, die für ihn selbst kein verbindliches Maß mehr bietet?«[185]

Woraus diese Fragestellung resultierte, hatte Landshut zuvor dargelegt: Die führende Rolle der Wissenschaften und zuletzt der Sozialwissenschaften für das kulturelle Leben der abendländischen Gesellschaft sei durch das Generalmotiv ihrer Problematik genährt worden: die Suche nach dem summum bonum, dem »Glück des Menschen«. Das Suchen habe abgezielt auf die Konstituierung verbindlicher Normen des Miteinanderlebens als Gewähr für die Erfüllung jener Bestimmung des Menschen. Je heftiger aber das Bestreben nach einer endgültigen und gesicherten öffentlichen Verbindlichkeit sich gemüht habe, desto stärker hätten sich die widerstreitenden Auffassungen und damit die ständig zunehmende Zersplitterung und Uferlosigkeit aller öffentlichen Lebensauslegung gemeldet:[186]

»Das Ende des XIX. Jahrhunderts brachte den radikalsten Abbau aller überlieferten Werte, Lebensformen und Prinzipien und zeitigte wissenschaftlich die beiden großartigsten Interpretationen der vollständigen Desillusion aller Ideologien und Umwertung aller Werte durch Marx und Nietzsche. Was nun noch mit sittlichem Pathos an den Stätten der Wissenschaft im einzelnen propagiert wurde, war nichts anderes als – mit den Worten Max Webers – ›ein bunter Strauß von Kulturwertungen‹, der die Unverbindlichkeit einer Privatmeinung mit dem Anspruch der Wissenschaftlichkeit verband.«

Max Weber habe, so Landshut, aus dieser Situation Konsequenzen gezogen: »Der Kampf für die Wertfreiheit der historischen Erfahrungswissenschaften ist nur der Kampf um die Gewinnung dieser historischen Tatsache der Unverbindlichkeit aller öffentlichen Normen, Geltungen und Wertschätzungen als unerbittliche Voraussetzung aller echten wissenschaftlichen Objektivität«.[187] Wertfreiheit bedeute die völlige Freigabe der Sachen, wie sie sich an sich selbst präsentieren, und die völlige Freigabe des Forschers für sie, was nichts anderes heiße, als daß das Moment der Verbindlichkeit aus der Öffentlichkeit gleichsam zurückgeholt werde in die Subjektivität des Forschenden selbst, dessen einziger und letzter Maßstab nichts anderes sei als – mit Weber – »die schlichte intellektuelle Rechtschaffenheit«.[188] In einer Welt radikaler Unverbindlichkeit bleibe für Weber also nur der Rückhalt an seine eigene freischwebende Existenz. So zeige sich der innere Zug seiner wissenschaftlichen Arbeit »aus einer lebendigen Fraglichkeit des erkennenden Menschen selbst erwachsen, indem sie diese Fraglichkeit als solche demonstriert aus der Enthüllung der *Unverbindlichkeit der Öffentlichkeit*«.[189]

Damit breche Weber mit dem traditionellen Motiv der Sozialwissenschaften, ihrer geheimen oder ausdrücklichen Ausrichtung auf die salus publica, doch bleibe gerade bei ihm diese Verwurzelung der wissenschaftlichen Erkenntnis mit der entscheidenden Frage des Menschen in ihrer Weise erhalten. Max Weber nehme, so Landshut, das Geheimnis des Lebens in die persönliche Existenz zurück. Für die Wissenschaft bedeute dies, daß die letzte Verweisung auf den Erkennenden selbst zurückgehe. Also nochmals mit Webers Worten: »sich selbst Rechenschaft zu geben über den letzten Sinn seines eigenen Tuns«.[190]

Daß Max Weber um die Einlösung seines eigenen hohen Anspruchs inmitten einer Welt der Unverbindlichkeit geradezu leidenschaftlich gerungen hat, das war Landshut und Löwith gleichermaßen deutlich. Die Verantwortung, die Weber dem einzelnen Wissenschaftler auftrug, kannten sie selbst. Kaum ist seit den Interpretationen von Siegfried Landshut und Karl Löwith an ein solches Weber-Verständnis angeknüpft worden.[191] Bezeichnend dafür ist bereits ein Zeitungsartikel über Landshuts Vortrag, erschienen im *Hamburgischen Correspondenten* vom 5. März 1930. Unter dem Titel »Das Werk des *Soziologen* Max Weber«[192] zeigt sich der Berichterstatter enttäuscht darüber, daß Landshut »nur ein paar Schlaglichter auf das *eigentliche* Thema« geworfen habe. Eine grundsätzlichere *soziologische* Einstellung zu den behandelten Fragen, so heißt es weiter, sei nicht recht deutlich geworden. Der Verfasser des Artikels hatte

Weber also bereits auf eine bestimmte Position festgelegt, und weil das, was Landshut vortrug, dem vorgefertigten Bild nicht entsprach, lautete das Verdikt: Themaverfehlung. So harmlos sich ein zeitgenössischer Zeitungsartikel allein ausnehmen mag, es lohnte doch die Frage, ob sich die darin zum Ausdruck kommende Haltung nicht auch als typisch für die seitherige wissenschaftliche Weber-Rezeption erwiesen hat. Als »Gründungsvater« einer der Empirie verpflichteten Soziologie deklariert, wurde Max Weber zum »Klassiker«, und so breit sich die Rezeption dieses »Klassikers der Soziologie« auch ausnimmt: »Geistig« stehen Weber und die heutige Soziologie – so Wilhelm Hennis – »unverbunden nebeneinander«.[193]

Das Erscheinen der Marxschen Frühschriften

Anfang 1932 erschienen im Leipziger Kröner-Verlag unter dem Titel *Der Historische Materialismus* die Frühschriften von Karl Marx in einer preiswerten Taschenausgabe. Es handelte sich um zwei zusammen gut tausend Seiten umfassende Bände. Für die Herausgabe zeichneten verantwortlich Siegfried Landshut und Jacob Peter Mayer, unter Mitwirkung von Friedrich Salomon.[194] Das Besondere an dieser Ausgabe war, daß in ihr zum ersten Mal eine breite Auswahl des teils verstreut veröffentlichten, teils bis dahin unveröffentlichten Marxschen Frühwerks, d.h. jener Texte, die zwischen 1837 und 1847 – also zwischen Studienzeit und »Kommunistischem Manifest« – verfaßt worden waren, leicht zugänglich zusammengefaßt und mit einer ausführlichen Einleitung versehen, vorgelegt wurde.

Im Vergleich zu den späteren Werken von Marx war den Frühschriften bis dahin nur wenig Beachtung geschenkt worden. Zwar hatte Franz Mehring 1902 eine Auswahl jener Schriften von Marx und Engels herausgegeben, die in den 1840er Jahren veröffentlicht worden waren,[195] aber von den unveröffentlichten Arbeiten, denen Mehring – soweit er sie kannte – keine große Bedeutung beimaß, publizierte er lediglich die Marxsche Dissertation. Im Jahre 1920 vermochte dann Gustav Mayer einen wichtigen Impuls zur Beschäftigung mit dem Frühwerk zu geben, als der erste Teil seiner Engels-Biographie erschien.[196] Sieben Jahre später waren schließlich die Vorbereitungen für die Moskauer *Marx-Engels-Gesamtausgabe (MEGA)* so weit gediehen, daß ihr erster Band mit den bis Anfang 1844 von Marx verfaßten Schriften veröffentlicht werden konnte;[197] ein weiteres Jahr später publizierte David Rjazanov im *Marx-Engels-Archiv* einen Teil der »Deutschen Ideologie« von 1845/46.[198] Zunehmend erschloß man also die frühen Schriften von Marx, denen allerdings immer noch das Verdikt anhaftete, sie seien bloße Vorarbeiten zu dem späteren bedeutenden Werk.

Diese Auffassung bestritt Siegfried Landshut ganz entschieden. In einem die Kröner-Ausgabe ankündigenden Artikel mit dem Titel »Marx redivivus« verwies er 1931 die bis dahin verbreitete These, Karl Marx habe sich von einem in der idealistischen Philosophie befangenen Jugendlichen zu einem reifen – und von der Philosophie befreiten – nüchternen Theoretiker der Produktionsverhältnisse entwickelt, in den Bereich des »Märchens«.[199] Im Gegensatz zu denjenigen Exegeten, die einen Bruch im Marxschen Werk konstatierten, betonte Landshut die Kontinuität in seinem Denken. Schärfer gefaßt: Die philosophischen Frühschriften machen die späteren ökonomischen Schriften überhaupt erst verständlich; sie sind es, die ins Zentrum der Marx-Interpretation gerückt werden müssen. Die kurz darauf erscheinende Landshut/Mayer-Ausgabe der Marxschen Frühschriften lieferte für eine derartige Interpretation die Grundlage; mit ihr wurde ein neuer Zugang zum Marxschen Werk aufgewiesen. Für die Marx-Forschung bedeutete dieses einen überaus wichtigen Einschnitt. Zu Recht hat Wilhelm Hennis die Frühschriften als eine »Ausgabe von epochaler Bedeutung«[200] bezeichnet, und Jürgen Dennert hat betont, die Marx-Interpretation sei die »erfolgreichste und folgenreichste Arbeit«[201] Landshuts gewesen. Ein Zitat René Königs (1906-1992) mag exemplarisch andeuten, welche Reaktionen die Frühschriften schon bei ihrem Erscheinen auslösten:[202]

»Im Jahre 1932 erschienen [...] von Siegfried Landshut und J. P. Mayer herausgegeben (in Kröners Taschenausgabe, also zum billigen Preis, was allererst eine Massenwirkung erlaubt!) zwei Bände ›Jugendschriften‹ von Marx [...]. Die beiden Bände erwiesen sich als eine echte Sensation. Wir Jungen stürzten uns geradezu auf diese Texte, auch nachdem mein philosophischer Lehrer Max Dessoir in seiner Vorlesung ›Einleitung in die Philosophie‹ (wohl im Winter-Semester 1931/2, wobei ich ihm assistierte) eine Doppelstunde auf die Darstellung der Bedeutung dieser Schriften verwandte. Natürlich waren sie teilweise schon früher vorhanden gewesen, etwa in der unvollständigen Ausgabe von Franz Mehring (1902) oder auch in der seit 1927 in Moskau erscheinenden Marx-Engels-Gesamtausgabe (MEGA) in den Bänden I, 1 und 2 und III, die aber so teuer waren, daß kein Student sie kaufen konnte. So blieb uns einzig zugänglich diese Taschenbuchausgabe, die uns derart intensiv packte, daß wir sie auf Spaziergängen oder Ausflügen, im Autobus und der Untergrundbahn mit uns führten, lasen und immer wieder durchdachten.«

Von besonderer Bedeutung war, daß einige Marxsche Texte in den Kröner-Bänden überhaupt erstmals veröffentlicht wurden. Dies betraf Teile der »Deutschen Ideologie« und vor allem jene Manuskripte, die hier unter dem Titel »Nationalökonomie und Philosophie« erschienen. Sie waren die eigentliche Sensation. Als »Ökonomisch-philosophische Manuskripte aus dem Jahre 1844« oder auch als »Pariser Manuskripte« (im folgenden kurz: *Manuskripte*) sollten sie Berühmtheit erlangen.

Freilich erschienen die *Manuskripte* im Jahre 1932 nicht nur in der Ausgabe von Landshut und Mayer, sondern auch – nahezu gleichzeitig und ebenso die vollständige Erstveröffentlichung beanspruchend – in der vom Moskauer Marx-Engels-Institut herausgegebenen deutschsprachigen *MEGA*, deren Federführung zu diesem Zeitpunkt Vladimir Adoratskij oblag. Die beiden Editionen unterschieden sich deutlich voneinander, insbesondere auch in den jeweils einleitenden Interpretationen der Herausgeber. So waren die *Manuskripte* für Adoratskij »zum Teil fragmentarische Aufsätze über Arbeitslohn, Kapitalprofit, Grundrente, Geld usw.« und der junge Marx hier »vielfach noch im Gewande einer philosophischen, feuerbachianischen Terminologie«.[203] Es handelte sich mithin um den noch nicht zur Reife gelangten Marx. Ganz anders der Tenor bei Landshut und Mayer. In der von Siegfried Landshut verfaßten Einleitung heißt es, daß aus dem »hier zum erstenmal abgedruckten, bisher ohne jede Beachtung gebliebenen Manuskript« der unmittelbare und fundamentale philosophische Gehalt der ökonomischen Theorie selbst ans Licht trete:[204]

»Diese Arbeit ist in gewissem Sinne die zentralste Arbeit von Marx. Sie bildet den Knotenpunkt seiner ganzen Gedankenentfaltung, in dem die Prinzipien seiner ökonomischen Analyse unmittelbar aus der Idee der ›wahren Wirklichkeit des Menschen‹ entspringen.«

Die beträchtlichen Unterschiede zwischen der Landshut/Mayer-Ausgabe und der *MEGA* zeigen sich auch im Textabdruck selbst. Die *MEGA* brachte insgesamt vier Texte, die als »Ökonomisch-philosophische Manuskripte aus dem Jahre 1844« bezeichnet und mit I-IV numeriert wurden. Während der Abdruck dreier Texte (I-III) unter dem Titel »Zur Kritik der Nationalökonomie. Mit einem Schlußkapitel über die Hegelsche Philosophie« im ersten Teil des Bandes I/3 erfolgte, erschien der vierte, ein reines Exzerpt aus Hegels »Phänomenologie«, in dessen Anhang.[205] Veröffentlicht wurden auch weitere Exzerpte aus Werken von Friedrich Engels, Adam Smith, David Ricardo, James Mill u.a., die Marx vermutlich zwischen 1843 und 1845 in Paris angefertigt und mit Kommentaren versehen hatte.[206] Demgegenüber publizierten Landshut und Mayer – folgt man der Benennung der *MEGA* – die Teile II-IV in der Reihenfolge III, II, IV;[207] und zwar unter dem Titel »Nationalökonomie und Philosophie. Über den Zusammenhang der Nationalökonomie mit Staat, Recht, Moral und bürgerlichem Leben (1844)«.[208] Das sogenannte »erste Manuskript« fehlt bei ihnen. Dieses enthält zunächst, aufgeteilt in drei Spalten, Marxsche Studien über »Arbeitslohn«, »Profit des Kapitals« und »Grundrente« mit Exzerpten nationalökonomischer Werke, denen ein in der *MEGA* mit »Die entfremdete Arbeit« betitelter Abschnitt folgt. Die Bedeutung dieser im Original zu einem eigenen Heft zusammengenähten Seiten des sogenannten »ersten Manuskripts«[209] haben Landshut und Mayer offenbar eher gering geschätzt. Weder in den Kröner-Bänden des Jahres 1932 noch in der dann von Siegfried Landshut 1953 allein herausgegebenen Neuausgabe der Frühschriften findet es überhaupt Erwähnung. Auch die anderen in der *MEGA* abgedruckten Exzerpte blieben unbeachtet.

Die Landshut/Mayer-Ausgabe enthält somit die sogenannten »Manuskripte III, II und IV«. Diese Anordnung hat Landshut in seiner Ausgabe des Jahres 1953 übernommen und nochmals ausdrücklich verteidigt: »Gegenüber den verschiedenen Versuchen, die ökonomischen, anthropologischen, soziologischen und philosophischen Erörterungen des Manuskripts aus der willkürlichen Reihenfolge im Marxschen Manuskript herauszunehmen und sie unter bestimmten Titeln neu anzuordnen«, halte er an der Reihenfolge fest, »wie sie aus der Paginierung hervorgeht, die Marx selbst vorgenommen hat«.[210] Mit gutem Grund weist Landshut darauf hin, daß die in der *MEGA* vorgenommene Strukturierung der Texte durch eine bestimmte Anordnung und durch die Setzung ursprünglich nicht vorhandener Zwischentitel bereits eine Interpretation darstellt. Allerdings ist die Paginierung durch Marx nicht so eindeutig, wie Landshut sie hier beschreibt, so daß sich auch seine Begründung für eine Anordnung der *Manuskripte* in der Reihenfolge III, II, IV nicht als stichhaltig erweist.[211]

Die hier skizzierten Unterschiede der Ausgaben von 1932 sind nicht unwichtig, bedenkt man, daß die zahlreichen späteren Interpreten der berühmten *Manuskripte* durchaus nicht immer dieselben Texte meinten, wenn sie von den »Pariser Manuskripten« sprachen. Als Erich Thier dann im Jahre 1950 die erste Nachkriegsausgabe der *Manuskripte* vorlegte,[212] gab es gar eine dritte Möglichkeit, was unter ihnen zu verstehen sei. Thier übernahm zwar von Landshut/Mayer den Titel »Nationalökonomie und Philosophie«, hielt sich aber bei den Anmerkungen und Zwischenüberschriften ganz an die *MEGA*. Entgegen den beiden Fassungen aus dem Jahre 1932 entschied er sich außerdem dafür, vom sogenannten »ersten Manuskript« nur den letzten Teil abzudrucken und das sogenannte »vierte Manuskript« überhaupt ganz wegzulassen.[213] Diese Verschiedenartigkeit der Ausgaben hat dazu geführt, daß bei späteren Interpretationen und Erwähnungen der *Manuskripte* die Teile II-IV oder I-IV oder I-III und z.T. zusätzlich die weiteren, in der *MEGA* abgedruckten Exzerpte gemeint sein konnten. Auch über die Titel der *Manuskripte* herrschte Verwirrung, und oftmals geriet in Vergessenheit, daß diese von den jeweiligen Herausgebern stammten und nicht von Marx selbst. Daß aus all dem eine erstaunliche Indifferenz gegenüber quellenkritischen Aspekten spricht, hat Jürgen Rojahn überzeugend dargelegt und zugleich eine langversäumte Analyse der *Manuskripte* in dieser Hinsicht nachgeholt. Seine Untersuchung belegt, daß es sich bei den *Manuskripten* um einen Bestandteil des Komplexes von Notizen handelt, die Marx im Verlaufe seines wohl Ende 1843 begonnenen, im Mai 1844 neu aufgenommenen »gewissenhaften Studiums der Nationalökonomie« (Marx) seit Anfang 1844 angefertigt hat. Für die Auffassung, daß die *Manuskripte* einen Komplex für sich oder gar ein eigenes »Werk« darstellen, erkennt Rojahn keine Grundlage.[214] Beide frühen Ausgaben der *Manuskripte* haben diesen Eindruck allerdings erweckt.

Neben der Frage der Auswahl und der Anordnung der *Manuskripte* warf auch die eigentliche Textwiedergabe Probleme auf, was angesichts der ungemein schwer zu entziffernden Marxschen Handschrift kaum verwundern kann. Landshut/Mayer haben in einer Vorbemerkung ausdrücklich darauf hingewiesen, daß das Manuskript »Nationalökonomie und Philosophie« wohl dasjenige unter den nachgelassenen Schriften sei, welches einer philologischen Bearbeitung und Entzifferung die größten Schwierigkeiten biete. Adoratskij erwähnt derlei Probleme in seiner Einleitung mit keinem Wort, obgleich auch bei sorgfältiger Arbeit etliche Zweifelsfälle bestehen bleiben mußten. Zudem verschweigt er, daß die *MEGA* lediglich aufgrund von Kopien und nicht anhand der Originale erstellt worden war. Mit ihrem Anspruch einer »historisch-kritischen« Ausgabe täuschte die *MEGA* eine Genauigkeit vor, die sie durchaus nicht besaß.

Hinsichtlich des Abdrucks der *Manuskripte* – nicht unbedingt hinsichtlich deren Interpretation – wurde die von einem großen Mitarbeiterstab betreute *MEGA* der Landshut/Mayer-Ausgabe zumeist vorgezogen.[215] Wie es überhaupt zu diesen beiden praktisch zeitgleich erscheinenden, miteinander konkurrierenden Veröffentlichungen der *Manuskripte* kommen konnte, soll im folgenden erörtert werden.

Die Idee einer Gesamtausgabe der Werke von Marx resp. der Werke von Marx und Engels läßt sich mindestens auf das Jahr 1883, das Sterbejahr von Marx, zurückführen; an eine kurzfristig mögliche Realisierung eines solchen Großprojektes wurde aber zum damaligen Zeitpunkt noch nicht gedacht.[216] Auch Franz Mehring erklärte im Vorwort zu seinen 1902 herausgegebenen Bänden *Aus dem literarischen Nachlaß*, daß eine wissenschaftliche Gesamtausgabe der Schriften von Marx und Engels eine ebenso wünschenswerte wie in absehbarer Zeit unmögliche Sache sei. Für ihre würdige Herstellung sei noch eine Reihe von Vorarbeiten notwendig, die von keinem einzelnen und selbst von mehreren nicht binnen kurzer Frist erledigt werden könne.[217] Der erste konkrete Plan einer Gesamtausgabe der Marxschen Werke, der »Wiener Editionsplan«, wurde 1910/11 seitens der österreichischen Sozialdemokraten Max Adler, Otto Bauer, Adolf Braun, Rudolf Hilferding und Karl Renner sowie des russischen Emigranten David Rjazanov vorgelegt, ohne allerdings auf große Resonanz zu stoßen.[218] Starkes Interesse an einer Gesamtausgabe gab es dann hingegen nach der Oktoberrevolution in der Sowjetunion. Derjenige, den man weithin – sowohl in der Kommunistischen Partei Rußlands KPR (B)[219] als auch innerhalb der deutschen Sozialdemokratie – für fähig hielt, eine Gesamtausgabe herzustellen, war David Rjazanov (1870-1938).[220] Rjazanov hatte viele Jahre in Deutschland gelebt und enge Kontakte zur SPD unterhalten. Schon um die Jahrhundertwende hatte er auf Empfehlung August Bebels Zutritt zum SPD-Archiv erhalten, wo er offenbar als erster die dort verwahrten Marx-Papiere ordnete.[221] Als großer Kenner des literarischen Erbes von Marx und Engels entfaltete Rjazanov eine rege Publikationstätigkeit. Die bedeutendste seiner etwa 130 Veröffentlichungen vor 1917 war die im Auftrag des SPD-Parteivorstandes herausgegebene zweibändige Auswahl der Zeitungsartikel von Marx und Engels aus den Jahren 1852 bis 1862.[222] Kurz vor der Oktoberrevolution schloß Rjazanov sich dann den Bolschewiki an und wurde Anfang 1921 zum Direktor des neugegründeten, großzügig ausgestatteten Moskauer Marx-Engels-Instituts berufen; im Juli 1924 erhielt er vom V. Weltkongreß der Kommunistischen Internationale den offiziellen Auftrag, eine Gesamtausgabe der Werke von Marx und Engels zu edieren.[223] Diese Ausgabe sollte in deutscher Sprache herausgebracht werden, wofür eigens die Marx-Engels-Archiv-Verlagsgesellschaft mbH, Frankfurt am Main, gegründet wurde; und zwar vom Moskauer Marx-Engels-Institut gemeinsam mit dem ebenfalls gerade eingerichteten Frankfurter Institut für Sozialforschung.

Zur Vorbereitung der *MEGA* war ein Zugriff auf jene großen

Teile des Marx-Engels-Nachlasses, die sich im Berliner Parteiarchiv der SPD bzw. im Besitz Eduard Bernsteins befanden, natürlich unerläßlich. Bereits vor 1914 hatte Rjazanov damit begonnen, den Briefwechsel zwischen Marx und Engels fotografieren zu lassen, »ohne ein Wort darüber zu verlieren«.[224] Ab Herbst 1923 wurde die fotografische Aufnahme der Nachlaßteile im SPD-Archiv dann in großem Umfange betrieben. Unterstützt wurden die Vorarbeiten zur *MEGA* auch von Eduard Bernstein (1850-1932), der im Dezember 1924 alle seine Urheber- bzw. Herausgeberrechte an den Schriften und Briefen von Marx und Engels der Marx-Engels-Archiv-Verlagsgesellschaft übertrug und auch für die Zukunft auf eine Herausgebertätigkeit an diesen Werken verzichtete. Außerdem verpflichtete er sich dazu, alles bei ihm verwahrte Material an das Parteiarchiv der SPD zu übergeben.[225] Dort arbeiteten die Beauftragten des Marx-Engels-Instituts jahrelang ohne Beschränkung und ließen – für damalige Verhältnisse – ungeheure Mengen von Kopien anfertigen. Im Jahre 1927 konnte der erste Band der *MEGA* erscheinen.

Fragt man nach den Gründen für die erstaunliche Großzügigkeit der SPD gegenüber Rjazanov und seinen Mitarbeitern, so ist folgendes zu berücksichtigen: Der an sich naheliegende Gedanke einer eigenen, seitens der deutschen Sozialdemokratie edierten Marx-Engels-Gesamtausgabe schien auf absehbare Zeit undurchführbar. Erstens erachtete man den Vorsprung der unbestrittenen Kapazität auf diesem Gebiet, David Rjazanov, als zunächst nicht einholbar; zweitens fehlten die finanziellen Mittel für ein derartig großes Projekt. Den Zutritt zum SPD-Archiv verwehren und damit eine Marx-Engels-Gesamtausgabe vorerst überhaupt verhindern, wollte der Parteivorstand auch nicht, da man die Wichtigkeit einer solchen Ausgabe ja nicht bezweifelte. So setzte sich die Haltung durch, Rjazanov wohl oder übel gewähren zu lassen.

Aufgrund der zunehmenden antisozialdemokratischen Agitation der Komintern beschloß der SPD-Parteivorstand im Sommer 1928, die Genehmigung zum Fotografieren des Marx-Engels-Nachlasses zu widerrufen. Ein Schritt, der kaum überraschen konnte; erstaunlicher war eher, daß er so spät erfolgte. David Rjazanov wollte sich damit freilich nicht abfinden. Er versuchte, eine Fortsetzung der Genehmigung zu erwirken, mußte jedoch im Gespräch mit dem inzwischen für das Parteiarchiv zuständigen SPD-Vorstandsmitglied Wilhelm Dittmann (1874-1954) im September 1929 endgültig erkennen, daß alle Bemühungen in dieser Richtung erfolglos bleiben würden. Im November 1929 zog Eduard Bernstein seine fünf Jahre zuvor gegenüber der Marx-Engels-Archiv-Verlagsgesellschaft abgegebene Verzicht-Erklärung ausdrücklich zurück und erkannte als Eigentümer der ihm vormals anvertrauten Manuskripte und Briefe von Marx und Engels einzig den Vorstand der SPD an.[226]

Zu jenem Zeitpunkt war allerdings der größte Teil des Nachlasses bereits fotografiert und in dieser Form nach Moskau gebracht worden. In dem so gesicherten Material befanden sich auch die *Manuskripte*, die der im Suchen und Sammeln unermüdliche Rjazanov vermutlich im Jahre 1923 im SPD-Archiv gefunden hatte.[227] Den größten Teil des später sogenannten »dritten Manuskripts« publizierte Rjazanov erstmals 1927 in russischer Sprache unter dem Titel »Vorarbeiten zur ›Heiligen Familie‹«. 1929 folgte eine französische, 1930 dann eine neue russische Ausgabe dieses Textes, während es eine Ausgabe in der deutschen Originalfassung noch immer nicht gab.[228] Diese befand sich in Vorbereitung, als David Rjazanov im Februar 1931 unter dem Vorwurf der Unterstützung konterrevolutionärer menschewistischer Aktivität verhaftet, aus der sowjetischen KP ausgeschlossen und in die Wolgastadt Saratow verbannt wurde. In Reaktion auf die Absetzung Rjazanovs schrieb der langjährige Mitarbeiter und wissenschaftliche Leiter des Berliner SPD-Parteiarchivs Paul Kampffmeyer (1864-1945), das Moskauer Marx-Engels-Institut unter der Leitung Rjazanovs sei »das einzige geistige Aktivum des bolschewistischen Regimes« gewesen; doch komme immer ein Zeitpunkt, da der Geist den Trägern der Macht verdächtig werde.[229] Im Januar 1938 wurde der verbannte Rjazanov zum Tode verurteilt und sofort nach der Urteilsverkündung erschossen.[230] Sein Nachfolger als Direktor des Marx-Engels-Instituts (bald: »Marx-Engels-Lenin-Institut«), Vladimir Adoratskij, hatte im Jahre 1932 im *MEGA*-Band I/3 noch die vollständigen *Manuskripte* in deutscher Sprache herausgegeben, bevor die von Rjazanov begonnene und ganz entscheidend von ihm geprägte Gesamtausgabe, die – aus heutiger Sicht – »alte *MEGA*«, nach dem Erscheinen von zwölf der insgesamt rund vierzig geplanten Bände eingestellt wurde.

Parallel zum Konflikt zwischen David Rjazanov und der SPD hatte es im Jahre 1929 auch innerhalb der Partei einen Streit gegeben, der mit den ungeklärten Veröffentlichungsrechten bezüglich des Marx-Engels-Nachlasses und mit dem Verhältnis der Sozialdemokraten zum Marx-Engels-Institut in Moskau zusammenhing. Ausgelöst wurde der Streitfall, als J. P. Mayer im Jahre 1929 ein Manuskript von Marx in *Die Gesellschaft*, dem theoretischen Organ der deutschen Sozialdemokratie, publizieren wollte. Offenbar hatte Mayer (1903-1992)[231] im Parteiarchiv einen bis dahin unbekannten Teil der »Deutschen Ideologie« gefunden. An Albert Salomon (1891-1966), der seit 1928 vertretungsweise die Redaktionsleitung von *Die Gesellschaft* innehatte, schrieb der Genosse Mayer im April 1929, er sei »auf ein sehr wichtiges *unveröffentlichtes* Manuskript gestossen«.[232] Gleichzeitig bat er um eine baldige Publikationsmöglichkeit, da er auf der Basis einer erfolgten Veröffentlichung die Finanzierung seiner Nachlaß-Studien durch Stipendien beantragen wollte.[233] Salomon, der sich darüber gewundert hatte, daß das Parteiarchiv noch unentdeckte Schriften von Marx enthielt, sprach sich zunächst für eine Veröffentlichung aus, änderte dann aber seine Meinung, da ihm Bedenken hinsichtlich möglicher Rechte des Moskauer Marx-Engels-Instituts kamen: Er habe keine Lust, sich von Rjazanov einen Prozeß anhängen zu lassen, schrieb er an Mayer.[234] Außerdem hatte Salomon »nach persönlichen Eindrücken und Informationen und nach der Einleitung des Herausgebers Jacob Mayer nicht das Vertrauen, dass dieser für eine solche Aktenpublikation geeignet sei und eine unangreifbare zuverlässige Ausgabe machen werde«.[235] Mayer, der innerparteiliche Unterstützung für sich und seine Arbeit vermißte und der zudem seitens des Moskauer Marx-Engels-Instituts dringend ersucht worden war, die geplante Publikation zu unterlassen, hatte seine Arbeit schließlich »den Russen übergeben«, wie er Friedrich Stampfer, dem Chefredakteur des *Vorwärts* und Beisitzer des Parteivorstands, in einem Brief mitteilte.[236] Dieses wiederum brachte ihm eine schwere Rüge Wilhelm Dittmanns ein. Dittmann erklärte gegenüber Mayer, daß er dessen Verhalten als

»unerhört« erachte, um dann hinzuzufügen: »Unser *Partei*archiv ist nicht dazu da, Material zu liefern für eine ausländische Partei, die uns auf das Skandalöseste bekämpft.«[237]

Wie immer man diesen aus den Akten nur unvollständig rekonstruierbaren Streit interpretieren mag: deutlich wird, daß der Parteivorstand nun entschlossen war, Veröffentlichungen des Moskauer Instituts nicht länger zu unterstützen. Damit kam auch die Frage vermehrter eigener Publikationen aus dem Marx-Engels-Nachlaß in den Blick. Wie es schließlich zu der 1932 erschienenen Kröner-Ausgabe der Marxschen Frühschriften kam, unter welchen Umständen Siegfried Landshut zum Herausgeber wurde und wer überhaupt als erster der deutschen Bearbeiter die *Manuskripte* fand, läßt sich nur bruchstückhaft beantworten.

Festzustellen ist zunächst, daß das Verhältnis der beiden Herausgeber Landshut und Mayer von Konflikten gekennzeichnet war, ja, daß von einer *Zusammen*arbeit nur sehr bedingt die Rede sein kann.[238] Eine solche Vermutung liegt schon deshalb nahe, weil den von Landshut und Mayer 1932 herausgegebenen Frühschriften im Jahre 1953 eine von Landshut allein vorgelegte Neuausgabe folgte, in der der Name Mayers nicht einmal mehr erwähnt wurde. Zudem betrachteten sich sowohl Siegfried Landshut als auch J. P. Mayer – unabhängig voneinander und in Unkenntnis der bereits 1927 erfolgten russischen Teilveröffentlichung Rjazanovs – als »Entdecker« der *Manuskripte*.

Bereits die bis einschließlich 1933 publizierten Äußerungen Landshuts und Mayers lassen Spannungen zwischen ihnen erahnen. Kurz vor Erscheinen der Frühschriften hatte Mayer Landshuts *Kritik der Soziologie* in den *Neuen Blättern für den Sozialismus* mit offenkundiger Distanz besprochen.[239] Im März 1933 kommentierte Mayer in derselben Zeitschrift noch einmal eine Schrift von Landshut, nämlich dessen 1932 erschienene Marx-Biographie. Hier erklärte er, der Verfasser habe zwar die geistigen Prinzipien des Werkes von Marx wirksam herausgestellt, »die *Praxis* des Marxschen Wirkens« allerdings zu wenig berücksichtigt.[240]

Siegfried Landshut seinerseits setzte sich mit Mayer nicht kritisch auseinander: Er ignorierte ihn einfach. Sich als »eigentlichen« Herausgeber der Frühschriften verstehend, ließ er den

Namen Mayers in Publikationslisten und anderen Erwähnungen zumeist unbeachtet. Auch die Entdeckung der *Manuskripte* beanspruchte Landshut für sich allein. In einer anläßlich des 50. Todestages von Karl Marx noch 1933 erschienenen Broschüre erklärte er, daß »es dem Schreiber dieser Zeilen gelungen ist, aus dem Nachlaß von Marx eine Schrift zutage zu fördern, die von ausschlaggebender Bedeutung für die Kenntnis der intimeren Gedanken von Marx ist (Nationalökonomie und Philosophie)«.[241] Deutlicher noch äußerte Landshut sich in seinen Lebensläufen. In einem im Exil verfaßten Curriculum vitae des Jahres 1934 berichtet er rückblickend über seine Forschungen im SPD-Archiv:[242]

»Infolge der Unterbindung meiner wissenschaftlichen Arbeiten ist mir die Weiterverfolgung einer Entdeckung unmöglich gemacht worden, die mir nach langen Vorarbeiten im Jahre 1932 [!] gelungen ist. Ich hatte in den Archiven in Berlin ein unbekanntes Manuskript von Karl Marx entdeckt, dessen Existenz ich auf Grund von Studien der Geistes- und Sozialgeschichte des 19. Jahrhunderts schon lange vermutet hatte.«
Leider gibt Landshut hier fälschlicherweise das Jahr der Veröffentlichung, nicht das der »Entdeckung« an. Unklar bleibt, wann er überhaupt im SPD-Archiv zu forschen begann.[243] Feststellen läßt sich aber, daß ihm schon im Jahre 1929 die Grundzüge seiner später in mehreren Publikationen dargelegten Marx-Interpretation klar vor Augen lagen. So konnte er im Winterhalbjahr 1929/30 eine Arbeitsgemeinschaft in der Hamburger Volkshochschule anbieten, deren Titel »Auslegung und Verständnis der Grundideen von Karl Marx« lautete und in deren näherer Beschreibung es hieß: »Dazu dienen vor allem die zum Teil neu entdeckten Jugendschriften. An ihnen soll das Verständnis gewonnen werden für die einheitliche Grundtendenz des gesamten Werkes und die Bedeutung der ökonomischen Zusammenhänge für die ›Emanzipation des Menschen‹«.[244] Es könnte sein, daß mit den »neu entdeckten Jugendschriften« tatsächlich bereits die *Manuskripte* gemeint waren. Sollte Landshut zu diesem Zeitpunkt aber noch nicht auf sie gestoßen sein, so untermauert der obige Titel zumindest seine Aussage, im Parteiarchiv der SPD außerordentlich gezielt nach Manuskripten des jungen Marx gesucht zu haben.

Ob Siegfried Landshut die *Manuskripte* früher oder später als J. P. Mayer fand, läßt sich nicht mehr entscheiden. Einen Hinweis auf deren Existenz publizierte zuerst Mayer. In einem kurzen Artikel, der im Januar 1931 in der *Roten Revue*, einer von der Sozialdemokratischen Partei der Schweiz herausgegebenen *Sozialistischen Monatsschrift*, erschien, berichtete er, daß sich im handschriftlichen Nachlaß von Karl Marx eine »unveröffentlichte Schrift« finde, die nach der Vorrede, welche Marx der Arbeit beigegeben habe, den Titel »Über den Zusammenhang der Nationalökonomie mit Staat, Recht, Moral und bürgerlichem Leben nebst einer Auseinandersetzung mit der Hegelschen Dialektik und der Philosophie überhaupt« tragen könnte. Von einer Veröffentlichung des Textes ist aber noch nicht die Rede. Im Vorwort der Kröner-Ausgabe von 1932 ist dann bezogen auf »Nationalökonomie und Philosophie« folgendes nachzulesen:[245]

»Diese Schrift sollte ursprünglich als Einzelausgabe unter dem Titel erscheinen: ›Karl Marx. Über den Zusammenhang der Nationalökonomie mit Staat, Recht, Moral und bürgerlichem Leben nebst einer Auseinandersetzung mit der Hegelschen Dialektik und der Philosophie überhaupt, herausgegeben von J. P. Mayer und Friedrich Salomon‹. Der Wortlaut des im Archiv der Sozialdemokratischen Partei Deutschlands befindlichen Originalmanuskripts von Karl Marx ist von J. P. Mayer und Friedrich Salomon gemeinsam entziffert und zur Herausgabe vorbereitet worden. Der Text für eine solche Einzelausgabe, für deren Einleitung J. P. Mayer den interpretatorischen, Friedrich Salomon den editorischen Teil verfaßt hatte, lag satzfertig vor, als sich die Möglichkeit ergab, die Schrift in den größeren Zusammenhang dieser Ausgabe zu übernehmen. Eine zweite Überarbeitung der Handschrift wurde von J. P. Mayer und S. Landshut vorgenommen und von allen drei Bearbeitern des Manuskripts nochmals ergänzend durchgesehen.«

Eine derartige Erklärung vermittelt den Eindruck, Landshut habe zunächst gar nichts mit der Entdeckung, Entzifferung, Interpretation und Herausgabe der *Manuskripte* zu tun gehabt. Dies überrascht angesichts der Tatsache, daß die 1932 erschienene Ausgabe der Frühschriften schließlich ganz eindeutig seine

Handschrift trug. So stammte die ausführliche und richtungweisende Einleitung in den Kröner-Bänden – unter der die Namen beider Herausgeber standen – allein von ihm, worauf u. a. ihre inhaltliche Ausrichtung – sie ging weit über Mayers Marx-Interpretationen hinaus – und die typisch Landshutsche Diktion verweisen. Wenn tatsächlich eine von J. P. Mayer und dem seit 1928 im Archiv tätigen Friedrich Salomon (1890-1946)[246] vorbereitete Fassung der *Manuskripte* inklusive Einleitung existiert hatte, so machte die dann erschienene Landshut/Mayer-Ausgabe samt Vorwort jedenfalls zweierlei deutlich: Zum einen zeigte sich, daß die immerhin »satzfertig« vorliegende Fassung einer weiteren Bearbeitung bedurft hatte; zum anderen, daß von Mayers »interpretatorischem Teil« der Einleitung nichts übriggeblieben war.

Den offenkundigen Ungereimtheiten in der Geschichte der Landshut/Mayer-Ausgabe auf die Spur zu kommen bleibt ein Versuch, da nur ein sehr geringer Teil Aufklärung versprechender Quellen vorhanden ist. Einschlägige SPD-Parteiunterlagen jener Jahre wie Vorstandsprotokolle, Archivberichte und Korrespondenz gelten als verschollen, im Nachlaß des damals für das Parteiarchiv zuständigen Vorstandsmitglieds Wilhelm Dittmann findet sich keinerlei Hinweis auf Landshut bzw. die Veröffentlichung der Marxschen Frühschriften, und die Krönersche Verlagskorrespondenz aus der Zeit vor 1933 ist im Zweiten Weltkrieg verbrannt.

Als aufschlußreich erweist sich aber die im Archiv des Kröner-Verlags verwahrte, im Zusammenhang mit der 1953 erschienenen Neuausgabe Marxscher Frühschriften geführte und bisher unbekannte Korrespondenz der Jahre 1951 bis 1954. Daß Landshut als alleiniger Herausgeber dieser neuen Kröner-Ausgabe fungierte, löste – sowohl im Vorfeld als auch nach Erscheinen des Bandes – den heftigen Protest J. P. Mayers aus. Obgleich Mayer bald seine Anwälte einschaltete, wurde der Streit schließlich zugunsten Landshuts entschieden. Dabei führte die Untersuchung der Herausgeberrechte direkt zu den Umständen der ersten Ausgabe der Frühschriften von Marx im Jahre 1932 und zur Frage der jeweiligen Anteile der damaligen Herausgeber.

Ausdrücklich gab Siegfried Landshut an, daß bereits die Ausgabe von 1932 ganz allein seine Idee gewesen sei und daß er

Mayer unter keinen Umständen nochmals als Mitherausgeber akzeptieren würde. Im einzelnen heißt es, etwa in einem Brief vom 24. Februar 1951:[247]

»Der leider verloren gegangene Schriftwechsel mit Herrn Dr. Marx, dem damaligen Lektor des Kröner-Verlages, hätte Ihnen gezeigt, dass ich schon damals heftig gegen die Nennung von Herrn J. P. Mayer und F. Salomon protestierte, insbesondere aber gegen die Erwähnung von Herrn J. P. Mayer als Mitverfasser der Einleitung.«

In einem weiteren Schreiben vom 23. Juli 1951 erklärte Landshut:[248]

»Faktisch war die Tätigkeit des Herrn Mayer (und noch mehr die von Herrn Salomon) auf ihre Tätigkeit an der Entzifferung des Manuskriptes beschränkt. Jedoch beschränkte sich die Entzifferungsarbeit von Herrn Mayer im wesentlichen auf die mehr technische Seite. Alle diejenigen Arbeiten der Interpolation des Manuskripttextes, die ohne ein gründliches Verständnis des Marxschen Werkes und vor allem der Hegel[schen] Phänomenologie nicht möglich wären, stammen von mir. Einige der einleitenden Bemerkungen zu den einzelnen abgedruckten Schriften hat allerdings Herr Mayer verfasst. Obwohl der Name von Herrn Mayer auch unter der Einleitung steht, so stammt doch nicht ein einziges Wort dieser Einleitung, geschweige denn ein Gedanke von Herrn Mayer.«

Zur Frage, wie es dann überhaupt zur Mitherausgeberschaft Mayers und zur Nennung Friedrich Salomons gekommen sei, machte Landshut folgende Angabe:[249]

»Die Nennung der beiden Herren wurde damals durch einen Schriftwechsel des Vorsitzenden der Sozialdemokratischen Partei mit dem Kröner-Verlag hinter meinem Rücken erzwungen. Als es schliesslich soweit kam, dass die Partei mit der Verweigerung drohte, die Marx-Manuskripte zur Verfügung zu stellen, gab ich nach. Dies würde ich aber heute unter keinen Umständen mehr tun.«

Andernorts berichtete Landshut, er allein habe mit dem Kröner-Verlag einen Vertrag über die Marx-Edition geschlossen; J. P. Mayer sei erst in einem späteren Stadium und lediglich deswegen hinzugezogen worden, weil ohne ihn die Veröffentlichung des Marx-Manuskriptes »Nationalökonomie und Philosophie«

faktisch nicht möglich gewesen wäre.[250] Darüber sei es auch zu einer direkten Verhandlung mit dem SPD-Vorsitzenden Otto Wels (1873-1939) gekommen, welcher ihm nochmals die Bedingung einer Namensnennung von Mayer und Salomon gestellt und mit der Zurückziehung der *Manuskripte* gedroht habe.[251]

Die von Landshut derart beschriebenen Umstände nannte J. P. Mayer seinerseits ein »Scherzbild« der damaligen Arbeitsverhältnisse. Sein Bericht lautet:[252]

»Die Zusammenarbeit mit Herrn L. kam so zustande: Ich hatte Nationalök. und Philosophie und die Deutsche Ideologie [...] aus den Manuskripten rekonstruiert und zum Druck vorbereitet, als sich durch Rudolf Hilferding, der Mitglied des Parteivorstandes war, die Möglichkeit anbot, beide Werke in Ihrem Verlag zu veröffentlichen. [...] Die Vorbereitung dieser Manuskripte zum Druck hat mehrere Jahre in Anspruch genommen. Ich habe auf Hilferdings Anregung Landshuts Angebot akzeptiert und mit ihm in Berlin und Hamburg die übrigen Texte der Auswahl gemeinsam festgelegt. Ausserdem haben wir auch Nationalök. und Philosophie noch einmal gemeinsam durchgelesen. [...] ich weiss bestimmt, dass das Vorwort, wie Sie aus dem Stil erkennen können, *völlig* von mir verfasst wurde, die Einleitung bis auf einige Sätze von Landshut, die Vorbemerkungen zur Deutschen Ideologie und zu Nationalök. und Philosophie von mir. Ich würde auch behaupten, dass meine Kenntnis des Frühwerks von Marx damals sehr viel vollständiger war als die von Herrn L., wie jeder Leser meiner 1930 [tatsächlich: 1931, R. N.] erschienenen Marx-Biographie feststellen kann.«

Daß »jeder Leser« gerade anhand der Marx-Biographie von J. P. Mayer den Eindruck erhalten sollte, der Verfasser verfüge über eine profundere Kenntnis des Marxschen Frühwerkes als Landshut, läßt sich – zumal im Vergleich mit dessen Einleitung zu den Frühschriften – nur schwerlich nachvollziehen.[253] Landshut selbst geriet angesichts der Selbsteinschätzung Mayers offenbar in Rage. In einem weiteren Brief an den Kröner-Verlag[254] schilderte er die mangelnden wissenschaftlichen Fähigkeiten Mayers, wofür dieser sich wiederum mit Angriffen auf Landshut revanchierte. Auch die Ebene beleidigender Äußerungen wurde beiderseits nicht gescheut.

Abgesehen davon vermochte Siegfried Landshut aber auch ganz exakte Angaben über jene Teile der Ausgabe von 1932 zu machen, die aus der Feder Mayers stammten.[255] Dem Verlag schlug Landshut vor, auf eben diese von Mayer verfaßten bzw. angeregten Passagen zu verzichten – was seiner Meinung nach keinen Verlust bedeutete – und so eine rechtlich nicht angreifbare neue Ausgabe zu erstellen. Tatsächlich wurde auf diese Weise verfahren. Daß diese Bemühungen – aus der Sicht Landshuts und des Verlages – erfolgreich waren, belegt die spätere Bemerkung Mayers, Siegfried Landshut habe in der Neuausgabe »sehr sorgfältig« die Spuren seines früheren Mitherausgebers beseitigt.[256] Insofern darf die Neuausgabe der Marxschen Frühschriften von 1953 als reine »Landshut-Ausgabe« gelten, auch wenn ihr noch die – freilich revidierte – Entzifferungsarbeit von Mayer und Salomon zugrunde lag. Schließt man vom Inhalt der Neuausgabe auf den Landshutschen Anteil an der Ausgabe von 1932, so ergibt sich in der Tat das von Landshut gezeichnete Bild, er sei schon damals der maßgebliche Herausgeber gewesen. Gestützt wird diese Annahme durch die auch von Mayer bezeugte Tatsache, daß der Kröner-Verlag seinerzeit lediglich einen Vertrag mit Siegfried Landshut schloß, während zwischen Landshut und Mayer ein Untervertrag bestand, der letzterem etwa ein Drittel des Gesamthonorars zusicherte.[257]

Zu den vielen offenen Fragen der Landshut/Mayer-Ausgabe gehört auch jene nach der Rolle der SPD-Gremien. In diesem Zusammenhang ist bemerkenswert, daß Siegfried Landshut im Mai 1930 Mitglied der SPD wurde, zu einem Zeitpunkt also, da er vermutlich schon eine Veröffentlichung der Marxschen Frühschriften plante. Erstaunlicherweise währte diese einzige Parteimitgliedschaft Landshuts nicht einmal ein halbes Jahr, denn bereits im Oktober 1930 verließ er die Sozialdemokratische Partei wieder. Über die Hintergünde dieses Ein- und Austritts, den Landshut nur ein einziges Mal in einem Fragebogen von 1933 erwähnte,[258] ist nichts Näheres bekannt. Allerdings drängt sich die Vermutung eines Zusammenhangs auf zwischen dem raschen Austritt und den Querelen um die Marx-Ausgabe.

Einer Äußerung J. P. Mayers zufolge war schon die Nennung Friedrich Salomons und seines Arbeitsanteils von einem Parteischiedsgericht beschlossen worden.[259] Daß die Partei auch hinsichtlich der Mitherausgeberschaft Mayers eine entscheidende Rolle spielte, ist wahrscheinlich. Ebenso dürfte die Formel »Einleitung der Herausgeber« nur unter Druck zustande gekommen sein. Warum sonst hätte Landshut den Namen Mayers unter der von ihm verfaßten Einleitung hinnehmen sollen?

Zusammenfassend ist zu konstatieren: Eine »gemeinsame« Ausgabe von Landshut und Mayer hat es im Grunde nicht gegeben; die Unterschiede zwischen den beiden als Herausgeber genannten Personen und ihre Konflikte waren eklatant. Selbst wenn Siegfried Landshut die Entzifferungsarbeiten von Mayer und Salomon unterschätzt haben sollte, so kann kein Zweifel darüber bestehen, daß die Marx-Ausgabe von 1932 in erster Linie von ihm geprägt war. Als Entdecker der berühmten »Pariser Manuskripte« muß hingegen David Rjazanov gelten. Allerdings hat Landshut diese auf seine Weise »entdeckt«, denn die Einleitung zu den Marxschen Frühschriften markiert den Ausgangspunkt einer grundlegend neuen Interpretation, die das philosophische Frühwerk ins Zentrum des Interesses rückt, die Kontinuität im Marxschen Werk betont und jene Traditionslinien benennt, aus denen dieses Werk überhaupt herauswuchs. Aufbauend auf einem solchen Verständnis, fanden die Schriften von Karl Marx – die »Pariser Manuskripte« an der Spitze – dann auch Eintritt in die westliche akademische Welt.

Die Begründung eines neuen Marx-Verständnisses

Das Erscheinen der Marxschen Frühschriften, insbesondere aber die Veröffentlichung der »Pariser Manuskripte« in der Landshut/Mayer-Ausgabe wie in der *MEGA* waren ein Ereignis, das rasch kommentiert wurde. In den theoretischen Organen der deutschen und der österreichischen Sozialdemokratie, in *Die Gesellschaft* bzw. in *Der Kampf*, erschienen ausführliche, die große Bedeutung der *Manuskripte* unterstreichende Artikel von Herbert Marcuse[260] und Hendrik de Man.[261] Im *Archiv für Sozialwissenschaft und Sozialpolitik* bezog sich Werner Falk auf die *Manuskripte*, um die nun klarer zutage liegenden Verbindungen von Hegel zu Marx zu erörtern.[262]

Bevor diese detaillierteren Besprechungen erschienen, hatte

der Berliner *Vorwärts* in seiner Spätausgabe – schon im März 1932 – August Rathmanns kämpferischen Artikel zur »Erneuerung des Marxismus!« gebracht.[263] Erst aufgrund der Jugendschriften, so heißt es hier, erhalte man »ein tatsächlich zutreffendes Bild von Marx«, denn seine Grundhaltung werde gerade in ihnen am deutlichsten sichtbar. Rathmann skizziert einen um Humanität ringenden Marx, dessen Arbeiten eine »Sache des Herzens« seien und von dessen »Entdeckung« auch in der »wirren Gegenwart« des Jahres 1932 eine Rückbesinnung auf den »eigentlichen Impuls der sozialistischen Bewegung«, ja, ein »neuer Aufschwung« erhofft werden dürfe. Ausdrücklich wendet sich Rathmann gegen jene Nachfolger und Anhänger von Marx, die »Marxisten«, denen »der eigentliche Sinn der Marxschen Lebensarbeit sehr oft nicht aufgegangen ist«. »Im Leninismus-Stalinismus«, so heißt es weiter, habe der »Marxismus« seine »größte Entartung und auch Verzerrung« gefunden. Rathmann resümiert, daß die Jugendschriften den weitaus besten Zugang zum Werk von Marx und damit zum geistigen Fundus des Sozialismus böten. Bezüglich der Ausgabe von Landshut und Mayer hebt er nicht nur hervor, daß sie als preisgünstige Taschenausgabe eine wichtige Breitenwirkung gewährleiste, sondern auch, daß deren ausführliche Einleitung besondere Beachtung verdiene.

Unter dem Titel »Der neu entdeckte Marx« veröffentlichte *Der Kampf* im Mai und Juni 1932 einen zweiteiligen Artikel Hendrik de Mans. De Man bezieht sich hier insbesondere auf die *Manuskripte*, die er »ein bis jetzt unbekanntes Werk von Marx« nennt, welches Anfang des Jahres in der *MEGA* und »fast am gleichen Tag« in einem »von zwei sozialdemokratischen [!] Schriftstellern herausgegebenen Sammelwerk« erschienen sei.[264] Die beiden Ausgaben vergleichend, erklärt er, daß sie sich in der Anordnung der Texte stark unterschieden und daß auch der Text selbst zahlreiche Varianten aufweise, was aber letztlich unerheblich sei. Im folgenden zitiert de Man dann aus der *MEGA*, da ihm die dortige Ausgabe der *Manuskripte* übersichtlicher gegliedert erscheint und weil sie als Teil der ersten Gesamtausgabe die Bedeutung eines Standardwerkes besitze.[265]

De Man, der sich selbst als »Ketzer an der marxistischen Orthodoxie« bezeichnet, findet im jungen, im humanistischen

Marx einen Verbündeten. *Diesen* Marx ruft er als Zeugen auf gegen den »materialistischen Marxismus«, dem nun ein »humanistischer Marxismus« gegenübergestellt wird. Ausgehend von einer derartigen Dichotomie erklärt de Man, daß es gerade der junge Marx gewesen sei, der einen Höhepunkt an schöpferischen Qualitäten erreicht habe, während sich in den späteren Marxschen Werken »eine gewisse Hemmung und Schwächung der Schaffenskraft« finden lasse. Den *Manuskripten* komme innerhalb des Frühwerks insofern eine besondere Bedeutung zu, als sich in ihnen viel deutlicher als in irgendeinem anderen Werk von Marx die ethisch-humanistischen Motive offenbarten, die hinter seiner sozialistischen Gesinnung und hinter den Werturteilen seines ganzen wissenschaftlichen Lebenswerkes stünden.

Die von Hendrik de Man in *Der Kampf* vorgetragene Einschätzung des Marxschen Frühwerks konnte Werner Falk bereits in seine Überlegungen einbeziehen. Falk war der Ansicht, daß de Man mit seinem scharf konstruierten Gegensatz zwischen dem »orthodoxen Marxismus« und dem »ethisch-humanistischen Standpunkt des jungen Marx« zu weit gegangen sei. Es gebe auch keinen krassen Bruch im Marxschen Werk, ebensowenig könne man von der Entdeckung eines »neuen« Marx sprechen. Falk geht es vor allem darum, die Verwandtschaft im Ausgangspunkt anzuzeigen, die Marx mit den »reifsten Bemühungen der klassischen deutschen Philosophie«[266] verbindet, um dann deren Fortbildung und Kritik durch ihn, Marx, erhellen zu können. Eine der wichtigsten Lehren der Marxschen Jugendschriften sei es, so Falk, daß sie die Legende von einem Marx zerstörten, der in der Jugend zwar unter dem Eindruck mannigfacher philosophischer Problemstellungen gestanden habe, der sich dann aber in einer stetigen Entwicklung von dieser philosophischen Herkunft, wie von der Philosophie überhaupt, gelöst habe, um sich allein noch konkreten und positiven Arbeiten wie Geschichte, Politik und Ökonomie zu widmen. Die Jugendschriften zerstörten diese Legende, da sich Marx hier »durch und durch als Philosoph« enthülle. Dabei zeigten sich nicht nur seine frühen Bemühungen als philosophisch, sondern der große Torso des Gesamtwerkes stelle sich von ihnen her als eine zentral philosophische Leistung dar, die unmittelbar an die großen philosophischen Systeme des 18. und des beginnenden

19. Jahrhunderts anknüpfe und ihren Gehalt beträchtlich weiterführe.²⁶⁷ Als Textgrundlage seiner Ausführungen hatte Werner Falk nicht die *MEGA*, sondern die »verdienstvolle Sammlung der Marxschen Frühschriften« von Landshut und Mayer gewählt, und auch seine Interpretation bewegte sich in jener Spur, die in der dortigen Einleitung schon vorgezeichnet war.

Demgegenüber hielt sich Herbert Marcuse in seiner sehr ausführlichen Besprechung der *Manuskripte* ganz an die Moskauer Gesamtausgabe. Die Krönersche Taschenausgabe »erledigte« er in einer Fußnote. Ohne überhaupt die Namen der Herausgeber zu nennen, erklärte er, daß dort das »erste Manuskript«, ein »für das Verständnis des Ganzen kaum entbehrliche[s] Stück«, fehle. Außerdem weiche die Lesung des Textes von der Gesamtausgabe an zahlreichen Stellen ab, wobei der Sinn des Textes in der Taschenausgabe leider »vielfach entstellt« sei.²⁶⁸ Woher Marcuse wissen wollte, welcher Text korrekt wiedergegeben und welcher entstellt war, blieb sein Geheimnis. Schließlich hatte er selbst doch wohl nie die Originalmanuskripte in Händen gehalten. Zudem erwähnte Marcuse nicht, daß der von ihm so eindeutig bevorzugte Abdruck der *Manuskripte* in der *MEGA* lediglich auf der Basis von Kopien erfolgt war. Selbst wenn man diese Textfassung jener der Landshut/Mayer-Ausgabe von 1932 in vielem vorzieht, wird man Marcuses »Feststellung« mithin nur als eine Behauptung, ja, eigentlich als eine Diffamierung einstufen können. Marcuses Äußerungen sind insofern unredlich, als sie ohne jede Begründung suggerieren, daß Landshut und Mayer eine »Sinnentstellung« womöglich willentlich vorgenommen hätten, es bei ihnen mindestens jedoch in großem Maße an der nötigen Sorgfalt gemangelt habe, während die *MEGA* in jeder Hinsicht zuverlässig sei.

So eindeutig Marcuse die *MEGA* als Textgrundlage bevorzugte, so eindeutig widersprach er dann allerdings der Einschätzung der *Manuskripte*, die Adoratskij in der Einleitung des *MEGA*-Bandes I/3 gegeben hatte. »Die Veröffentlichung der Ökonomisch-philosophischen Manuskripte von Marx aus dem Jahre 1844«, so heißt es bei Marcuse, »muß zu einem entscheidenden Ereignis in der Geschichte der Marx-Forschung werden«. Die *Manuskripte* könnten »die Diskussion über den Ursprung und den ursprünglichen Sinn des Historischen Materialismus, ja der ganzen Theorie des ›wissenschaftlichen Sozialismus‹, auf einen neuen Boden stellen«; auch ermöglichten sie »eine fruchtbarere und aussichtsreichere Stellung der Frage nach den sachlichen Beziehungen zwischen Marx und Hegel«.[269] Marcuses grundlegende These lautet, daß »die revolutionäre Kritik der politischen Ökonomie in sich selbst philosophisch fundiert ist«, wobei er hervorhebt, daß »anderseits die sie fundierende Philosophie schon die revolutionäre Praxis in sich trägt«. Mit der Darstellung der inneren Verflechtung von Philosophie und revolutionärer Praxis betont Marcuse die Kontinuität im Werk von Marx und wendet sich vehement gegen jene Interpreten, die den philosophischen Gehalt der Marxschen Theorie abdrängen oder schamhaft verbergen wollen. Mit seinem Beitrag hoffte Herbert Marcuse, die Diskussion um eine neue Marx-Interpretation zu forcieren. Doch zumindest in Deutschland wurde diese 1933 abrupt gestoppt.

Siegfried Landshut selbst hatte bis zum Frühjahr 1933 insgesamt vier Schriften über Karl Marx veröffentlicht, in denen die wesentlichen Eckpunkte seiner Marx-Interpretation enthalten sind. Nach dem bereits erwähnten Aufsatz »Marx redivivus« und nach der zweibändigen Ausgabe der Marxschen Frühschriften samt Einleitung erschien im Herbst 1932 Landshuts Marx-Biographie: eine vierzig Seiten umfassende Schrift, die als Heft 5 in der Reihe von Colemans kleinen Biographien veröffentlicht wurde.[270] Zeitgleich wurden hier kurze Biographien u.a. über Caesar, Maria Theresia, Wilhelm II., Mussolini, Hindenburg und Hitler publiziert. In der Wiener *Arbeiterzeitung* wurde dazu angemerkt, die Landshutsche Marx-Biographie, die in einem bürgerlichen Verlag erschienen und vornehmlich für bürgerliche Leser bestimmt sei, könne trotz einiger Vorbehalte auch sozialistischen Arbeitern aufs beste empfohlen werden.[271] Im folgenden Jahr wurde die Marx-Biographie in holländischer Übersetzung publiziert.[272] Ein weiterer kurzer, sechzehn Seiten umfassender Text Landshuts anläßlich des fünfzigsten Todestages von Marx erschien noch 1933 unter dem Titel *Karl Marx – Ein Leben für eine Idee!* im Verlag des Bildungsausschusses der SPD, Landesorganisation Hamburg.[273]

Am ausführlichsten äußerte sich Landshut in der Einleitung

zu den Frühschriften, deren programmatischer Titel »Die Bedeutung der Frühschriften von Marx für ein neues Verständnis« lautete. Das »alte Verständnis« hatte seinen Ausgang von der Untersuchung der ökonomischen Schriften genommen. Dies war auch der Ansatzpunkt Landshuts gewesen, allerdings mit der Überlegung, daß der im *Kapital* vollzogenen Analyse geistesgeschichtlich entscheidende Voraussetzungen zugrunde lägen, die in der ökonomischen Analyse selbst nicht thematisiert würden, sondern ihr stillschweigend innewohnten.[274] Diese das Werk erst verständlich machenden Voraussetzungen aber seien, so Landshut, das ausdrückliche Thema der Marxschen Arbeiten vor 1847, in denen Marx sich Zug um Zug den ganzen Horizont der geschichtlichen Bedingungen erschlossen habe. Einen »Knotenpunkt« der ganzen Marxschen Gedankenentfaltung bilde die Schrift »Nationalökonomie und Philosophie«:[275]

»Das von uns hier neu veröffentlichte Manuskript zeigt Marx auf der vollendeten Höhe seiner Position. Obwohl seine äußere Form erkennen läßt, daß es so nicht zur Publikation bestimmt, sondern noch stark Züge der Selbst-Verständigung verrät, ist es doch das einzige Dokument, das in sich die ganze Dimension des Marxschen Geistes umspannt. Hier tritt der großartige Zusammenhang vollständig zutage, der von der Idee der Philosophie in einem Zuge über die Selbstentfremdung des Menschen (Kapital und Arbeit) zur Selbstverwirklichung des Menschen, zur ›klassenlosen Gesellschaft‹ führt.«

Der philosophische Grundgedanke des Marxschen Werkes ist nach Landshut einerseits das Vorhandensein einer »wahren sittlichen Idee«, einer »Idee der wahren Bestimmung des Menschen«, und andererseits die Erkenntnis, daß diese wahre Bestimmung in der bestehenden Wirklichkeit nicht realisiert sei. Der Widerspruch zwischen Idee und Wirklichkeit verdichte sich im Begriff der »Selbstentfremdung«, welchen Marx der Auseinandersetzung mit der Hegelschen Philosophie entnommen habe. Diesen Begriff stellt Landshut ins Zentrum seiner Interpretation. »Mit einer kleinen Abwandlung«, schreibt er, »könnte der erste Satz des Kommunistischen Manifestes auch lauten: Alle bisherige Geschichte ist die Geschichte der Selbstentfremdung des Menschen.«[276]

Nach Marx werde die Selbstentfremdung des Menschen als

Resultat des wirklichen, materiellen Prozesses der geschehenden Geschichte vor allem in der Teilung der Arbeit deutlich, denn sie begründe die Trennung des Menschen von seinem Produkt und die Abhängigkeit der Individuen untereinander. Die kapitalistische Wirtschaft stelle sich demnach als die letzte Übersteigerung der Arbeitsteilung mit all ihren Konsequenzen dar. Politisch drücke sich die Selbstentfremdung dadurch aus, daß der Staat mit seiner besonderen Organisation und Verfassung jenseits des privaten Interesses des Individuums stehe und diesem etwas »Äußerliches«, ihm »Entfremdetes« geworden sei. Der Widerspruch zwischen »sittlicher Idee« und Wirklichkeit werde immer weiter »auf die Spitze« und damit notwendig auch seiner Auflösung entgegengetrieben.[277]

Landshut hat betont, daß sich im Begriff der Selbstentfremdung die Einheit des Marxschen Grundgedankens widerspiegele, daß sich an ihm die ganze Marxsche Theorie entfalten lasse.[278] Wolle man die ökonomischen Schriften im Sinne von Marx verstehen, so müsse man die ihnen zugrundeliegenden philosophischen Schriften heranziehen, denn Marx sei überhaupt erst durch jene Grundüberlegungen, die nur in den Frühschriften ausdrücklich genannt seien, zur Ökonomie gekommen. Die Ökonomie sei gar nicht sein ursprüngliches Interesse gewesen, wie auch seine Klagen, sich »mit diesen langweiligen Dingen« beschäftigen zu müssen, bezeugten.[279]

Die Rückführung der ökonomischen Schriften auf die philosophischen, auf die »Idee der wahren Bestimmung des Menschen«, ist aber nur der erste Schritt der Landshutschen Marx-Interpretation. So fragt er weiter nach den Ursprüngen der Marxschen Philosophie, die er für keine »Neuschöpfung« hält, »denn so etwas gibt es in der menschlichen Geschichte nicht«.[280] Als grundlegend für das Marxsche Denken nennt Landshut die »beiden Urquellen, aus denen bis heute alle Gesittung und alles Denken der europäischen Völker sich gespeist hat«: die Antike und das Christentum.[281]

Die Marxsche Idee von der »wahren Demokratie«, in der die Trennung von privaten Angelegenheiten des Individuums und allgemeinen Angelegenheiten des Gemeinwesens aufgehoben ist, in der der Mensch nicht einer ihm äußeren, entfremdeten Ordnung untersteht und der »politische Staat« »abgestorben«

ist, findet Landshut wieder in der Idee der antiken Polis mit ihrer Identität privater und öffentlicher Existenz, wo Mensch-sein und Bürger-sein dasselbe ist; ein Ideal, das auch Rousseau bei der Konstruktion des *Contrat social* vorgeschwebt habe.[282]

Die Auffassung, daß das geschichtliche Geschehen selbst das wahre Sein des Menschen als sein Resultat zeitige, also die Gesamtkonzeption des Historischen Materialismus, hat aber nach Landshut ihre Ursprünge im Christentum, denn hier kehre in abgewandelter Form nichts anderes als der Erlösungsgedanke wieder. Zwar sei das »Jenseits« ins »Diesseits« verlegt und der religiöse Charakter in einen Charakter des Fortschritts umgewandelt, aber es bleibe der Aspekt einer mit Sicherheit eintretenden Lösung: die Befreiung aller Menschen.[283]

Mit dieser Analyse der geistesgeschichtlichen Voraussetzungen und der Betonung der Kontinuität innerhalb des Marxschen Werkes legte Landshut den Weg frei für neue Aspekte der Interpretation. Daß Siegfried Landshut seine Interpretation weitab von Marxismus und Kommunismus angesiedelt hatte, war überaus deutlich. So bedauerte er, daß Teile des Marxschen Werkes eine »penetrante Wirkung« auf »alles, was sich revolutionär gibt«, ausüben konnten.[284] Dabei handelte es sich nach Landshut um ein Werk, das nur sehr wenige in seiner »tieferen Bedeutung« kannten[285] und das zudem durch Engels eine »Verflachung« erfahren hatte, die auf die Nachwelt übertragen worden war.[286]

Landshut war nie Marxist, aber es scheint nicht übertrieben, ihn als großen Bewunderer von Karl Marx zu bezeichnen. Wie kaum ein anderer hatte Marx die Grundproblematik der modernen Lebenssituation erfaßt und im Begriff der Selbstentfremdung auf den Punkt gebracht. Dem »Erlösungsgedanken« von Marx stand Landshut fern, aber die Marxsche Analyse der gegenwärtigen Lage und das Ringen um die Möglichkeit menschlicher Freiheit waren ihm ganz vertraut. Beeindruckt von Marxens unerschöpflichem Arbeitseinsatz, fasziniert von der Leidenschaft seines Gemüts, schreibt Landshut:[287]

»Nur wer niemals einen Hauch davon erfahren hat, was die Leidenschaft der Erkenntnis, der Wille des Geistes vermag, kann in dem von Studien völlig verzehrten Marx einen weltfremden Stubenhocker und Bücherwurm erblicken.«

Siegfried Landshut hatte mehr als einen Hauch dieser Leidenschaft erfahren. Die zitierte Passage, wie auch andere Passagen seiner Marx-Biographie, lesen sich wie eine Selbstauskunft. In diesen Zusammenhang mag auch der noch 1933 publizierte Text *Karl Marx. Ein Leben für eine Idee!* einzuordnen sein, in dem Landshut die ewige Verbannung, Heimatlosigkeit, Isolierung und Not Marxens akzentuiert;[288] Bemerkungen, die im Rückblick wie eine Ahnung des Kommenden erscheinen.

Marx habe sich aber, so Landshut, über alle Schwierigkeiten des Lebens hinwegsetzen können, da er sein Leben in den Dienst einer Idee gestellt habe und die Quelle seiner geistigen Selbsterhaltung unerschöpflich gewesen sei. Schließlich heißt es in größter Ehrung:[289]

»Er, der die freie Selbstbestimmung des Menschen als das Ziel der Geschichte verkündet hat, hat selbst die Freiheit schon in seinem eigenen Leben verwirklicht.«

Dies ist der letzte Satz Siegfried Landshuts im letzten vor der Vertreibung veröffentlichten Text. Ein Jahr später stellte er in einem im Exil verfaßten Lebenslauf über die Ausgabe der Frühschriften fest, daß diese leider infolge eines »argen Missverständnisses« in Deutschland »annulliert« worden sei. Seine Forschungen, betonte Landshut, hätten mit »Marxismus« gar nichts zu tun.[290] Doch auf Unterschiede in der Marx-Interpretation kam es in dem Land, aus dem er vertrieben worden war, nun wahrlich nicht mehr an.

Tätigkeit in der Erwachsenenbildung

Neben seiner Assistentenstelle an der Universität, seiner in mehrere Publikationen mündenden Forschungsarbeit und seinen Vorbereitungen für die Habilitation war Siegfried Landshut von Herbst 1926 bis Anfang 1933 auch in der Erwachsenenbildung tätig. Diese Arbeit in der Hamburger Volkshochschule und beim Freien Bildungswesen Altona war für Landshut aus finanziellen Gründen notwendig; die Konzeption dieser Einrichtungen kam ihm aber grundsätzlich entgegen, und außerdem hatte er hier die Möglichkeit, Erfahrungen des Lehrens zu sammeln:[291]

»Die [...] Lehrtätigkeit an der Volkshochschule in Hamburg

und dem Freien Bildungswesen Altona ist für mich eine ständige Anregung und Förderung pädagogischer Möglichkeiten geworden. Während ich in Altona vorwiegend nationalökonomische Kurse leitete, versuchte ich in Hamburg, auch schwierigere Zusammenhänge der politischen Geschichte zu besprechen: Staat und Gesellschaft, ja sogar das sehr versteckte Phänomen: die Öffentlichkeit zum Thema zu machen.«

Welchen Charakter besaß nun diese Institution Volkshochschule, in der Landshut – viel freier als in der Universität – »seine Themen« lehren konnte?[292] Bemerkenswert ist zunächst, daß die Volkshochschule Hamburg und die Hamburgische Universität mit demselben Bürgerschaftsbeschluß vom März 1919 ins Leben gerufen wurden. Im »Vorläufigen Gesetz, betreffend die Hamburgische Universität und Volkshochschule« vom 31. März 1919 hieß es unter § 6, das Allgemeine Vorlesungswesen sei zu einer Volkshochschule auszugestalten und die an die Universität zu berufenden Professoren seien zu verpflichten, an der Volkshochschule mitzuarbeiten.[293] Dies war ein neuer, demokratisch und sozial inspirierter Anspruch, die akademische Ausbildung der wenigen mit der Weiterbildung breiter Gesellschaftsschichten zu verbinden. Im Hochschulgesetz, das dann am 4. Februar 1921 in Kraft trat, waren nur noch Spuren dieses Anspruchs erkennbar. Die Volkshochschule wurde, wie auch die Universität, die Wissenschaftlichen Anstalten und das Technische Vorlesungswesen, der neu geschaffenen Hochschulbehörde unterstellt. Daß die Professoren die Volkshochschule unterstützen sollten, wurde zwar wiederum in das Gesetz aufgenommen, aber die Form dieser Unterstützung nicht explizit festgeschrieben.[294] Tatsächlich war die geplante enge Verflechtung zwischen Universität und Volkshochschule bereits am Widerwillen der Professoren und deren elitären Bildungsvorstellungen gescheitert. Im Jahre 1921 verbot der Universitätssenat dann, Universitätsvorlesungen gleichzeitig im Rahmen der Volkshochschule anzubieten. Vorlesungen, die der jeweilige Dozent auch für Volkshochschüler als geeignet erachtete, sollten demnach doppelt angeboten werden.[295] Der gegen diesen Entschluß vorgebrachte Protest des Juristen Moritz Liepmann blieb erfolglos. In der Folgezeit bedeutete es für die Universitätsdozenten also eine Entscheidung zur zusätzlichen Verpflichtung und Belastung, wenn sie auch an der Volkshochschule Vorlesungen hielten oder Arbeitsgemeinschaften leiteten. Die »links« bzw. liberal-demokratisch gesinnten Hochschullehrer zeigten hier besonders großes Engagement. So zählten Ernst Cassirer, Carl von Tyszka und Walter A. Berendsohn zu denjenigen Lehrkörpermitgliedern der Universität, die sehr häufig Kurse in der Volkshochschule anboten. Auch Rudolf Laun, Moritz Liepmann, Albrecht Mendelssohn Bartholdy und Theodor Plaut, die dort zeitweise tätig waren, sind in diesem Zusammenhang zu nennen.[296]

Programm und Hörerzahlen der Volkshochschule stiegen zwischen 1919 und 1933 immens an. Im Arbeitsjahr 1926/27, als Landshut hier Dozent wurde, konnten einhundert Dozenten 265 Kurse für 9271 Teilnehmer anbieten, womit die Volkshochschule Hamburg nach eigener Auskunft den stärksten Besuch einer derartigen Institution in Deutschland zu verzeichnen hatte.[297] Etwa die Hälfte der Teilnehmer kam aus der Gruppe der Angestellten; Arbeiter waren im Durchschnitt der Jahre 1922 bis 1932 mit 20 bis 27% in den Kursen vertreten. Den Hauptteil der Veranstaltungen bildeten die sogenannten Arbeitsgemeinschaften: Kurse, die die gewohnte Rollenverteilung von Vortragenden auf der einen Seite und bloß Zuhörenden auf der anderen Seite aufbrechen sollten. Thematisch lag ein besonderer Schwerpunkt im Bereich von Politik, Wirtschaft und Geschichte. Über die Zielsetzung der Volkshochschule heißt es etwa im Arbeitsplan für den Sommer 1931:[298]

»Die Volkshochschule ist nach dem Gesetz keine Fachschule; darum will sie keine Kenntnisse und Fertigkeiten vermitteln, die dem Fortkommen im Beruf dienlich sein können. Jede wahre Bildung ist vielmehr Selbstzweck. [...] Die Volkshochschule steht nicht im Dienste einer bestimmten Weltanschauung oder einer Partei. Es ist Sache des Hörers, sich zu entscheiden. [...] Auf das Selbstdenken und das unablässige Streben nach Vertiefung der eigenen Erkenntnis kommt es an.«

Wenn auch fraglich bleibt, inwieweit derartige Ansprüche eingelöst wurden, so kann doch festgestellt werden, daß diese Programmatik dem Landshutschen Denken außerordentlich entsprach.

Siegfried Landshut begann seine Tätigkeit an der Volkshochschule im Sommerhalbjahr 1927. Am 22. Februar 1927 hatte deren Direktor, der SPD-Bürgerschaftsabgeordnete und spätere Hamburger Bürgermeister Rudolf Roß (1872-1951), der Hochschulbehörde die Namen der neuen Dozenten zur Genehmigung vorgelegt. Darunter: »Dr. S. Landshut / Privatgelehrter / Staats- und Gesellschaftswissenschaft«.[299] Innerhalb des Bereiches »Politik, Staat und Recht« konnte Landshut Themen für diese Veranstaltungen anbieten, und es scheint, daß sie meist nach seinen Wünschen haben stattfinden können, denn Titel und Untertitel seiner Arbeitsgemeinschaften verweisen auf typisch Landshutsche Themen, Fragestellungen und Methoden.

Von 1927 bis 1933, in einer spannungsgeladenen Krisenzeit also, in der sich die Gegner der Weimarer Demokratie zunehmend durchsetzten, schuf Landshut in seinen Volkshochschulkursen die Grundlage für selbständige Orientierung, bewußte Informationsauswahl und wohlüberlegte Meinungsbildung. Er wirkte dem entgegen, was er in seinem Aufsatz »Über einige Grundbegriffe der Politik« so nachdrücklich beschrieben hatte: der Beliebigkeit der öffentlichen Meinung und der damit verbundenen politischen Gefahr.

Über das Werk von Karl Marx hielt Landshut mehrere Volkshochschulkurse ab, und auch Rousseaus *Contrat social* behandelte er hier. Weitere Veranstaltungen Landshuts fanden etwa zu den Themen »Gesellschaft und Staat«, »Demokratische Wirklichkeit« und »Einführung in die Politik« statt. Im Winterhalbjahr 1930/31 leitete er eine Arbeitsgemeinschaft zum Thema »Praktische Anleitung zum selbständigen Arbeiten«, deren Untertitel »Wie lese ich?« lautete. In einer »Arbeitsgemeinschaft zur Klärung alltäglicher Begriffe und Redensarten« behandelte er 1929/30 u.a. die Frage: »Was heißt unpolitisch, überparteilich, reaktionär, radikal, konservativ?« Gerade die in der Öffentlichkeit ebenso selbstverständlich wie gedankenlos verwendeten Begriffe machte er zum Thema, suchte nach ihren Ursprüngen und beleuchtete sie schließlich in ihrer aktuellen Bedeutung. Dies war seine Art, gegen Oberflächlichkeit und Gleichgültigkeit anzugehen.

Konnte Siegfried Landshut an der Hamburger Volkshochschule also »seine« Themen behandeln, so hatte die Tätigkeit beim Freien Bildungswesen im benachbarten Altona einen anderen Charakter. Die Gründung dieser Institution der Erwachsenenbildung war im September 1919 von einer Kommission des Altonaer Museums beschlossen und auch dort, im Museum, angesiedelt worden. Das Programm umfaßte Arbeitsgemeinschaften und Vorträge, freilich in weit geringerer Anzahl und Vielfalt als in der Volkshochschule Hamburg. In den zwanziger Jahren belief sich die Zahl der Teilnehmer auf etwa eintausend pro Jahr.[300] Als Ziel kristallisierte sich in Altona zunächst ein anderes als in Hamburg heraus. Ab 1923 fanden beim Freien Bildungswesen Abiturientenkurse für Arbeiter statt, und ab 1925 wurden Kurse angeboten, die – in Anlehnung an die Konzeption der »Akademie der Arbeit« in Frankfurt – Arbeitern eine Weiterbildung ermöglichen sollten. Dieser konkret auf berufliche Aufstiegsmöglichkeiten zielenden Intention entsprach ein Themenschwerpunkt im Bereich der Wirtschaft.

Siegfried Landshut begann die Lehrtätigkeit in Altona ein halbes Jahr früher als in der Volkshochschule Hamburg, wobei sich seine dort abgehaltenen Kurse in Wirtschaftskunde offenbar bald besonderer Beliebtheit erfreuten.[301] Es ist möglich, daß Landshut aufgrund dieser Tätigkeit auch in näheren Kontakt zu Eduard Heimann kam, denn dieser unterrichtete ebenfalls beim Freien Bildungswesen Altona. Als Assistent Heimanns hatte Landshut dann ab Herbst 1927 für beide die dortigen Veranstaltungen zu koordinieren.

Vermutlich im Jahre 1929 unterbach Landshut dann seine Tätigkeit, um aber im Wintertrimester 1932 nochmals eine Arbeitsgemeinschaft zu leiten. Das für ihn ganz typische Thema lautete nun: »Die Idee der Gerechtigkeit – 1. Ursprung ihrer Notwendigkeit. 2. Gerechtigkeit und Recht. 3. Die Idee eines Zustandes der absoluten Gerechtigkeit«.

Inzwischen hatte sich das Freie Bildungswesen Altona in Zielsetzung, Arbeitsplan und Organisation stark der Hamburger Volkshochschule angenähert und führte ab 1931 auch offiziell den Titel »Volkshochschule Altona (Elbe)«, um diese Nähe zu demonstrieren. Ihrem Selbstverständnis nach vermittelte sie nun keine Fach- und Berufsausbildung, sondern diente vielmehr der »Ausbildung der Gesamtpersönlichkeit, dem Menschen als Mitglied der Gesellschaft, dem Staatsbürger«. Den Teilnehmern wollte sie die Gelegenheit bieten, »sich immer wieder auf die gesamten kulturellen, seelischen und geistigen Werte zu besinnen, ohne die der harmonische Vollmensch [!] nicht denkbar ist«.[302]

Ein derartiger Ansatz war innerhalb der deutschen Volkshochschulbewegung der Weimarer Jahre nicht ungewöhnlich, wie etwa die Tagungsprotokolle des Hohenrodter Bundes zeigen.[303] Nach Ernst Simon handelte es sich bei dem ab 1923 tagenden »Hohenrodter Bund« um »eine Zusammenfassung der in der deutschen Erwachsenenbildungsbewegung führenden Menschen«.[304] Siegfried Landshut habe zu denjenigen jüdischen Intellektuellen gehört, »die dem Hohenrodter Kreis nahestanden und sich bestrebten, ihn so dicht wie möglich an die Wirklichkeit des arbeitenden Menschen heranzuführen«.[305] In diesem Zusammenhang erwähnt Simon bemerkenswerterweise auch eine kleine, weitgehend unbekannt gebliebene Schrift Landshuts, die besondere Beachtung verdient.

Es handelt sich um den 22 Seiten umfassenden Text »Zur Bildungsfrage des berufstätigen Menschen«, der im Jahre 1929 zusammen mit einem Aufsatz von Hilmar Trede zur »Volksmusikpflege und Volkshochschule« erschienen ist.[306] Ausgangspunkt Landshuts ist hier die Bildungsidee Wilhelm von Humboldts, die Idee der »Persönlichkeitsbildung«. Von dieser aber sei die Realität weit entfernt. In einer von ökonomischer Orientierung bestimmten Gesellschaft diene das tradierte »Kulturgut« nur dazu, »den mißlichen Alltag etwas zu verschönen« und »die grauenhafte innere Leere mit angenehmen Gegenständen zu möblieren«.[307] Einziger Leitfaden für die Lebensführung seien ökonomische Lebenssicherung und Wohlstandssteigerung.

Ausgehend von einer Idee der Bildung, die auf das Verhältnis des Menschen zu sich selbst zielt, wendet sich Landshut dem Haupttätigkeitsfeld des Menschen zu: seiner Arbeit. Diese Arbeit nun lasse sich primär als »Fremdarbeit« kennzeichnen. Der Arbeitende sei persönlich gar nicht engagiert; die Stereotypisierung aller Tätigkeiten lasse den Menschen innerlich verkommen und führe zu einem »Dämmerzustand«, einem »Sich-Drücken vor jeder Engagiertheit« und einer Vergröberung der inneren Sensibilität. Und an die Fremdarbeit schließe sich die fremdbestimmte Freizeit an:[308]

»Hier aber setzt eine neue, von allen Seiten aus organisierte Treibjagd auf ihn ein, für die seine Uneigenständigkeit und Ausgeliefertheit ein willkommenes Freifeld bietet. Politische Organisation, geschäftliche Unternehmungslist und der Massensport halten dieses Feld ihrer Wirksamkeit völlig besetzt und sorgen dafür, daß auch kein Rest bleibt, der von irgend einer Seite her noch mit Beschlag belegt werden könnte. Man könnte beinahe sagen: zuletzt die Volkshochschule. Denn wie soll man es anders beurteilen, wenn der Lehrplan einer Volkshochschule die zufällige Kombination aus dem Angebot unkontrollierter Dilettanten, die ein [!] Nebenverdienst suchen und der wahllosen, ihrer selbst nicht bewußten Nachfrage der Bildungsungeduldigen ist, aus der die Volkshochschule das Gepräge einer Bildung resultiert, die sich ihrer menschlichen Auswirkung nach nicht wesentlich von jeder Zerstreuung unterscheidet.«

In diesem Sinne sei also auch die Volkshochschule ein Ort, an dem die Fremdbestimmung des Menschen stabilisiert werde, wo es »Abendunterhaltung« statt »Bildung« gebe. Das Ziel einer Bildungsmöglichkeit für jeden – ein Anspruch, der sich mit der Demokratisierung im 19. Jahrhundert entwickelt habe – sei damit nicht wirklich erreicht.

Doch bei dieser düsteren Darstellung des Menschen, der sich immer mehr von sich selbst entfernt und dessen »Scheu vor der eigenen Leere« der »Stachel zur weiteren Flucht vor ihr« ist,[309] bleibt Landshut nicht stehen. Es erfolgt die konstruktive Wendung, indem er versucht, eine »richtig« verstandene, d.h. tatsächlich auf den Menschen bezogene Bildung zu beschreiben und zu praktizieren. Ziel des Unterrichts müßte demnach nicht die Anhäufung von Wissen sein, sondern die »anschauliche Vergegenwärtigung der Lebenssituation des berufstätigen Menschen«. So dürfe es etwa beim Thema »Presse« nicht vornehmlich darum gehen, den Aufbau des Pressewesens nachzuvollziehen, sondern darum, sich selbst als Zeitungslesenden zu verstehen. »*Der Weg zur Gewinnung der eigenen Wirklichkeit, der Möglichkeit, mit sich selbst etwas anzufangen aus eigener Aktivität*«,[310] müsse die Richtschnur der Bildungsbestrebungen sein. Sein Verständnis von Bildungsarbeit zusammenfassend, schreibt Landshut:[311]

»Das, was aber der Bildungsarbeit ihren eigentlichen Ernst gibt, was sie allein dazu berechtigt, ein anderes Ansehen zu fordern, als bloßer Zeitvertreib, das ist eben gerade die Tendenz zur Aufhebung der Zwiegespaltenheit des Tages in einen ernsten und öden und in einen leichteren und anregenden Teil, deren Konsequenz die ist, daß eigentlich weder der eine noch der andere im Grunde ernst genommen wird, sondern daß man beide lediglich als Gift und Gegengift über sich ergehen läßt. Diese Tendenz kann sich nur realisieren, indem die ›Bildung‹ so auf den einzelnen in seiner Persönlichkeit wirkt, daß das Leben in seiner Ganzheit, d. h. alles, was er tut: schlafen, arbeiten, sprechen, sich erholen, lieben aus der eigenen, ›angeeigneten‹ Mächtigkeit geführt wird. Diese Aneignung aber erfordert leistungsmäßige Anstrengung: erst einmal in die Möglichkeit des Suchens seiner eigenen unartikulierten Möglichkeiten zu geraten. Da aber soll die Bildungsarbeit hinleiten.«

Eine so verstandene Bildung bedeutet »die ständige Bemühung um die eigene *Wirklichkeit* des seiner selbst bewußten Menschen«.[312] Es handelt sich also um einen für Lernende wie für Lehrende fortwährenden Prozeß, der »Anstrengungen« erfordert, der aber zur Erschließung der eigenen Möglichkeiten, zur Reifung einer selbstverantwortlichen Persönlichkeit führt.

Siegfried Landshuts Text »Zur Bildungsfrage des berufstätigen Menschen« hat bis heute nicht an Aktualität verloren. Darüber hinaus offenbart er das wissenschaftliche Selbstverständnis seines Autors:[313]

»Bis auf geringe Reste ist das Bewußtsein völlig verschwunden, daß Wissenschaftlichkeit eine spezifische *Lebenshaltung* bestimmter, wenn auch seltener Menschen ist, deren Wesentlichstes nicht so sehr in den Resultaten als vielmehr in dem Aufbrechen neuer Fragemöglichkeiten liegt. Nicht die *Sicherung*, sondern die *Fraglichkeit* der Lebenssituation ist das, was sie eigentlich bewegt.«

Es ist diese Fraglichkeit der Lebenssituation, die Landshut immer wieder geleitet hat und die sich darin ausdrückte, daß er scheinbare Selbstverständlichkeiten fortwährend in Frage stellte. Kein Zweifel: Dies machte ihn zu einem unbequemen, für viele zu einem renitenten und provozierenden Fachkollegen.

Daß Landshut mit seiner unnachgiebigen Haltung eine wissenschaftliche Außenseiterposition einnahm, sagt nicht nur etwas über ihn, sondern auch etwas über herrschende Wissenschaftsauffassungen aus.

Die zweite Habilitationsschrift (1933): *Historisch-systematische Analyse des Begriffs des Ökonomischen*

Am 21. Januar 1933 bewarb sich Siegfried Landshut zum zweiten Male um die Erteilung der Venia legendi, diesmal nicht für das Fach »Politik«, sondern für das Fach der Nationalökonomie. Die von ihm vorgelegte Habilitationsschrift trug den Titel *Historisch-systematische Analyse des Begriffs des Ökonomischen*. Thema und Titel waren, wie Landshut später schrieb, derart gewählt, daß die Kompetenz von Andreas Walther in der Frage dieser Habilitation in jedem Falle ausgeschaltet werden konnte.[314] Tatsächlich gelang es, Walther zu umgehen; mit Eduard Heimann, Waldemar Zimmermann und Heinrich Sieveking wurden drei Professoren des Sozialökonomischen Seminars als Gutachter bestellt. Walther war zu Beginn des Habilitationsverfahrens nur dadurch involviert, daß er in seiner Funktion als Dekan der Rechts- und Staatswissenschaftlichen Fakultät das an ihn gerichtete Gesuch Landshuts entgegenzunehmen hatte.

Im beigefügten Lebenslauf ging Landshut kurz auf das Scheitern des ersten Habilitationsversuchs ein, wobei er das Wort »Politik« vermied. Im Anschluß daran schilderte er den Hintergrund der nun vorgelegten Arbeit. Der Leitfaden seiner wissenschaftlichen Bemühungen und das Motiv aller seiner Arbeiten sei »stets die Aufhellung der wirtschaftlichen und politisch-gesellschaftlichen Zusammenhänge des gegenwärtigen öffentlichen Lebens als Resultate geschichtlicher Bedeutungs- und Motivationszusammenhänge« gewesen. Für eine solche, »von der von Dilthey inaugurierten geistesgeschichtlichen Forschungsweise belebten Fragestellung« ergebe sich notwendig die ständige Überschneidung der durch die traditionellen Disziplinen gezogenen Grenzen von in sich eigenständigen Wissensgebieten. Ökonomische Theorie, Wirtschaftsgeschichte, Dogmengeschichte, Geschichte der politischen Theorien und philosophische Anthropologie ließen sich als Titel für das Feld seiner Arbeit angeben. Die eingereichte Untersuchung verweise nun auf alle diese Zusammenhänge, wenn sie auch »zum Kern ihrer Erörterungen die Frage nach der Möglichkeit einer Wissenschaft vom Ökonomischen als einem allgemeinen Phänomen des gesellschaftlichen Lebens« habe.[315]

Diese Arbeit, die erst posthum im Frühjahr 1969 – und auch dann nur stark gekürzt – publiziert werden konnte,[316] stellt einen weiteren Schnittpunkt im Landshutschen Werk dar. In der für seinen Ansatz typischen Weise fragt Landshut nach den Ursprüngen der Ökonomie und nach ihrer Veränderung bis zur Gegenwart. Erneut wird ein Bogen geschlagen von der antiken Philosophie als wichtigstem Ursprung der geistigen Bewegungen Europas zu den politischen Phänomenen der Neuzeit. Dabei kommt Landshut zu dem Ergebnis, daß der Begriff der Ökonomik, so wie Aristoteles und Xenophon ihn verstanden hätten und wie er zweitausend Jahre lang Bestand gehabt habe, durch die Herausbildung der arbeitsteiligen Marktwirtschaft und durch die Verlegung des Schwergewichts von der Landwirtschaft auf die industrielle Produktion eine grundsätzlich neue Bedeutung erfahren habe.

Zur Begriffsbestimmung des Ökonomischen vor diesem Bedeutungswandel greift Landshut in erster Linie auf aristotelische Schriften zurück. Die ökonomischen Erörterungen seien von Aristoteles in den Bereich der Politik eingegliedert, denn die Ökonomie sei insofern ein Teil der Politik, als der Oikos, die Hausgemeinschaft, ein Teil der Polis sei. Insbesondere hebt Landshut die innere Bezogenheit des Oikos auf die Polis und das ihnen gemeinsame Telos hervor:[317]

> »Diese Einordnung bedeutet nicht nur eine Zusammenstückkung mehrerer Oikoi zu einer Polis, sondern eine innere Bezogenheit des Oikos auf die Polis, die schon mit zu seinem eigenen Begriff gehört. Dieser Begriff ist gestiftet durch das gemeinsame Telos, d.h. dasjenige, worin sich beide in ihrem wahren Wesen vollenden, gleichsam erst zu sich selbst kommen. Dies Telos der Polis ist die Ermöglichung eines ›Lebens im ›höheren‹ Sinne‹ [...] über das bloße, nackte Leben [...] hinaus.«

In der Hausgemeinschaft spiele das Verhältnis der Menschen untereinander eine größere Rolle als ihr Verhältnis zum Besitz. Der reine Gelderwerb gehöre in diesem Sinne nicht mehr zur Ökonomie, da er nicht zur höheren Bestimmung des Lebens führe, sondern nur zur leeren Vermehrung. Zu ihr gehöre dagegen der Tausch, der auf einer Art des »Gerechten« beruhe. Landshut resümiert:[318]

»Die Rückbesinnung auf ökonomische Betrachtungen, bevor es den ›Markt‹ im Sinne von Adam Smith gegeben hat, offenbart den dem Wort Ökonomie entsprechenden Zusammenhang mit dem ›Haus‹. Die Besorgung des Hauses und alles dessen, was zu seiner Erhaltung und seinem Gedeihen notwendig ist, ist von Anfang an, seit Aristoteles und Xenophon, Sache der Ökonomie. Dies trifft so lange zu, als das Haus noch der Rahmen für alle diese Tätigkeiten ist – von der Hausgemeinschaft, die aus Mann und Frau, aus Eltern und Kindern und aus Herr und Knecht besteht, bis zum Haus Hohenzollern oder Wittelsbach, dessen Herr der ›Landesvater‹ ist. Die Ökonomie gehört in das weite Feld der Politik, die Erwägungen beider aber stehen unter dem Aspekt der Ethik.«

In Abhebung von dieser ursprünglichen Bedeutung von Ökonomie versucht Landshut, den gegenwärtigen Begriff der Ökonomie zu klären. Diesen entwickelt er ausgehend vom Begriff des »Marktes«:[319]

»Die große Entdeckung von Adam Smith am Ende des 18. Jahrhunderts war der auf einem hohen Grad der Arbeitsteilung beruhende ›Markt‹, d.h. der durch Angebot und Nachfrage bedingte Allzusammenhang aller Waren und Leistungen und der sich dadurch selbst regulierenden Preise. Die Darstellung dieses, von den jeweiligen Wünschen, Absichten und Gesinnungen der einzelnen beteiligten Personen unabhängigen Wirkungszusammenhangs wird dadurch zum Gegenstand einer neuen Art von Wissenschaft, der ökonomischen Theorie.«

Für den Menschen bedeute der ökonomische Mechanismus des Marktzusammenhangs, daß er zum »ohnmächtigen Objekt der gespenstischen Eigenbewegung des Marktes«[320] geworden sei. Diese Eigenbewegung als eine »selbständige, anonyme Gewalt« habe aller spontanen menschlichen Regung ihr Gesetz aufgezwungen, und die universale Arbeitsteilung habe die *Herauslösung der Ökonomie aus dem Ganzen des Lebenszusammenhangs der menschlichen Gesellschaft* bewirkt, was eine beunruhigende Veränderung in der geschichtlich-gesellschaftlichen Lebenswelt darstelle.[321] Dies sei der Ursprung des Marxschen Interesses für ökonomische Probleme gewesen, ein Ursprung, der mithin als ein ethisch-politischer zu kennzeichnen sei. Die theoretischen Bemühungen von Marx zielten darauf ab, die »Unsittlichkeit der Ökonomie« zu demonstrieren, wobei er den Begriff der »Selbstentfremdung des Menschen« zum Kardinalpunkt seines Begriffs des Ökonomischen gemacht habe.

Die Unterschiede zwischen dem ursprünglichen Begriff der Ökonomik, in dessen Zentrum der Mensch selbst stand, und dem »neuen« Begriff der Ökonomie, der gekennzeichnet ist durch die Eigengesetzlichkeit des Marktes und die Selbstentfremdung des Menschen, werden offenbar. Dieser Begriffswandel kennzeichnet den Übergang von der vorindustriellen zur Industriegesellschaft. Die Wirtschaft habe nun ihren eigenen Bereich, gleichsam jenseits der persönlichen Verhältnisse und Lebensäußerungen der Menschen gewonnen und stelle »ein Stück Natur mitten im gesellschaftlichen Leben«[322] dar; der Begriff des Ökonomischen bezeichne jetzt »eine Art von zweiter Natur mit eigenen Bewegungsgesetzen«.[323] Dieser Begriff liege, so Landshut, der Nationalökonomie seiner Zeit zugrunde, und zwar unabhängig von den verschiedenen Schulen und Richtungen.[324] Die Verbindung zur ursprünglichen Bedeutung, zur »Ökonomik« im aristotelischen Sinne, scheine völlig abgerissen, das Wissen um sie versunken.

Siegfried Landshuts Habilitationsschrift im Fach Nationalökonomie erweist sich als eine für ihn durch und durch typische Arbeit. Auch hier ist er als Politikwissenschaftler am Werke, der die gegenwärtige Ökonomie – ebenso wie in der ersten Habilitationsschrift die Soziologie – als Folge des Auseinanderfallens der Politik seit dem 18. Jahrhundert versteht. Mit der Trennung eines vormals einheitlichen Lebensbereiches in die Bereiche Staat und Gesellschaft sowie mit der rasanten Entwicklung der modernen Industriewirtschaft haben sich die Bedingungen des Miteinanderlebens grundlegend gewandelt. Diese Veränderungen – und somit auch die Gegenwart – sind nur zu begreifen, wenn man die Lebensbedingungen in vormoderner Zeit kennt. In *Kritik der Soziologie* hatte Landshut festgestellt, daß der äußerst komplexe Zusammenhang aller Leitprinzipien der abendländischen Sozialgeschichte und damit der Grundkategorien der Lebensauffassung überhaupt ohne die Antike nicht zu verstehen sei.[325] In seiner Arbeit über den »Begriff des Ökonomischen« zeigt er eindrucksvoll, wie dessen spezifisch »moderner« Gehalt in Abhebung von der alten »Ökonomik« sichtbar wird. Daß Landshuts Studie dabei spätere Entdeckungen Otto Brunners über die alteuropäische Ökonomik[326] vorwegnahm, ist bis heute weitgehend unbekannt.

Die Schrift *Historisch-systematische Analyse des Begriffs des Ökonomischen* konnte 1933 nicht mehr publiziert und daher auch nicht mehr rezipiert werden. Teile der Untersuchung erschienen erstmals sechsunddreißig Jahre später, und genau vierzig Jahre später stellte Hans-Ulrich Wehler einen kleinen Auszug daraus an den Anfang des von ihm herausgegebenen Arbeitsbuches *Geschichte und Ökonomie*,[327] da ihm im Landshutschen Text frühzeitig wichtige Probleme erfaßt zu sein schienen.[328] In einer Vorbemerkung konstatiert Wehler, Landshut habe die historische Neuartigkeit der kapitalistischen Marktgesellschaft, der mit ihr entstehenden Politischen Ökonomie und ihres Begriffsvokabulars herausgearbeitet. »Sein strenges Insistieren auf diesen historischen Bedingungen«, so Wehler, »hat angesichts des irreführenden Anspruchs auf Allgemeingültigkeit, wie er z. T. von der neoklassischen Schule oder einem falsch verstandenen Marxismus erhoben wird, noch nichts an Berechtigung eingebüßt.«[329]

Diese Schrift also reichte Siegfried Landshut im Januar 1933 der Rechts- und Staatswissenschaftlichen Fakultät der Hamburgischen Universität als Habilitationsschrift ein. Seine Hoffnung, die Venia legendi endlich zu erhalten, mußte er jedoch wiederum aufgeben.

5. Vertreibung

Die Vertreibung Hamburger Hochschullehrer

Innerhalb weniger Monate des Jahres 1933 veränderte sich das Gesicht der Hamburgischen Universität grundlegend. Schon zu Beginn des Wintersemesters 1933/34 machte die mehrjährige Wirkungsstätte Siegfried Landshuts den Eindruck einer »gleichgeschalteten« Hochschule. Wie an anderen deutschen Universitäten wurden in Hamburg die »nichtarischen« und politisch unerwünschten Mitglieder des Lehrkörpers auf der Grundlage des »Gesetzes zur Wiederherstellung des Berufsbeamtentums« vom 7. April 1933 entlassen oder zwangsweise in den Ruhestand versetzt. Trotz der dramatischen Entwicklung blieben Protesthandlungen aus.[1] Die Einfügung der Universität ins nationalsozialistische Herrschaftssystem vollzog sich auch in Hamburg sehr zügig und erschreckend problemlos. Bis Ende 1933 war die Hochschulreform unter der Führung des Historikers und späteren Rektors Adolf Rein (1885-1979) bereits weitgehend abgeschlossen. Mit dem neuen Hochschulgesetz, das am 21. Januar 1934 in Kraft trat, wurde die auf Selbstverwaltung basierende Universitätsverfassung zugunsten des »Führerprinzips« abgeschafft; die Universität wurde in eine nationalsozialistische umgewandelt.

Die Hochschullehrer wehrten sich nicht gegen die massiven Eingriffe, was nicht daran lag, daß sie es nicht gekonnt hätten, sondern vor allem daran, daß sie es nicht wollten.[2] Parteimitglieder der NSDAP waren wenige; einverstanden mit den Zielen der »nationalen Revolution« waren die meisten. Die Zerstörung der Weimarer Republik war von der großen Mehrheit der deutschen Gelehrten mitbetrieben worden, und ihr tatsächliches Ende wurde trotz nur diffuser Vorstellungen einer zukünftigen nationalsozialistischen Politik ohne Zweifel begrüßt.

Die nationalistische und antirepublikanische Grundhaltung der Hamburger Hochschullehrer hatte sich während der Weimarer Jahre immer wieder gezeigt und bestätigte sich auch während des Amtsjahres 1931/32, als der Rektor Albert Wigand, ein glühender Bismarck-Verehrer und Hitler-Anhänger, seine Hoffnung auf eine baldige »Wende« öffentlich zum Ausdruck bringen konnte. Warnungen gegen diese Entwicklung, wie sie durch Albrecht Mendelssohn Bartholdy und Emil Wolff eindrucksvoll vorgebracht wurden, blieben wirkungslos.[3] Weit größere Beachtung erzielte Adolf Rein, der mit seinem Konzept der »Politischen Universität« die Integration der Hochschule in einen nationalsozialistischen Staat vorbereitete; ein Konzept, das in größerem universitären Rahmen schon Ende Dezember 1932 diskutiert wurde.

Die Ernennung Hitlers zum Reichskanzler und die Entwicklungen der nächsten Monate lösten bei der Mehrheit der Hochschullehrer jedenfalls keine Angst aus, sondern Eifer, an der »nationalen Revolution« mitzuwirken. Die Sitzungsprotokolle des Universitätssenats machen in bestürzender Weise deutlich, daß die Veränderungen und Eingriffe von den dort Anwesenden mit der größten Selbstverständlichkeit begrüßt oder hingenommen worden sind. In der 208. Sitzung am 27. April 1933 nahm der Jurist Leo Raape als Rektor, wie es im Protokoll lapidar heißt, »kurz zu der durch den nationalen Umschwung geschaffenen Lage Stellung«.[4] Ohne ein Wort des Widerspruchs erfolgte der Übergang zur Tagesordnung: Das dringlichste Thema schien die Vorbereitung des Festaktes zu sein, mit dem sich die Hamburgische Universität dann am 1. Mai 1933 euphorisch zu Hitler als ihrem Führer bekannte. Ebenfalls in der Sitzung vom 27. April kündigte sich der Beginn der bevorstehenden Entlassungen an:

»Der Rektor berichtet, daß den Professoren Heimann, Salomon, Stern, Panofsky, Plaut und Berendsohn von der Hochschulbehörde nahegelegt worden sei, Vorlesungen für das Sommersemester 1933 nicht anzusagen. Die genannten Herren hätten diesem Wunsch entsprochen. [...] Es sei Aufgabe der Fakultäten, die Lehrpläne, soweit es erforderlich sei, entsprechend zu ergänzen.«

Den sechs Professoren war von der Hochschulbehörde telefonisch mitgeteilt worden, daß sie auf ihre angekündigten Lehrveranstaltungen verzichten sollten, »da die Studenten sonst nicht für die Ruhe in der Universität garantieren könnten«.[5] Damit entsprach die Behörde der Forderung der nationalsozialistischen Studentenschaft. Der NSDStB hatte in zwei Schreiben vom 11. und 12. April 1933 an den nationalsozialistischen Hochschulsenator Friedrich Ofterdinger mit unverhohlener Drohung darauf hingewiesen, daß sich der Studentenschaft aufgrund der Vorlesungsankündigungen für das Sommersemester eine »außerordentliche Erregung« bemächtigt habe.[6] Die Professoren Heimann (»Marxist, Jude«), Plaut (»Jude«), Salomon (»Jude«), William Stern (»Jude«), Panofsky (»Jude«) und Berendsohn (»Jude, Marxist«) sollten im Sommer keine Lehrtätigkeit mehr ausüben dürfen:[7]

»Die hier aufgezählten Professoren haben sich als ganz unerträglich für die Studentenschaft erwiesen. Die beiden Volkswirtschaftler, bes. Heimann, haben sich begnügt, an der Hochschule Marxismus zu dozieren, sie haben auch jederzeit im politischen Kampf die SP unterstützt, haben für sie gesprochen u.a.m. Die übrigen 4 Professoren stellen die Hauptlehrer der Philologie studierenden Studenten dar. Es ist doch eine Schande, dass ein Mann wie Berendsohn, dessen Sohn übrigens hier in Hamburg schon einmal eine grosse Universitätsschlägerei entfesselt hat, ausgerechnet der einzige Lehrer für nordische Literatur ist. Stern ist Psychologe und hat als solcher grossen Einfluss auf die Erziehungswissenschaftler, denen er Psychoanalyse u.a. beibringt. Höchst widerwärtig ist auch der Jude Panofski [richtig: Panofsky, R.N.], der in Hamburg die Kunstgeschichte vertritt (ausser Sauerland [richtig: Sauerlandt, R.N.] der führende Mann). Seine Kollegs werden durch die typischen Salonbolschewisten besucht.«

Der NSDStB, seit den AStA-Wahlen 1931 stärkste politische Kraft unter den Studentenorganisationen Hamburgs, spielte bei der »Gleichschaltung« der Universität eine führende Rolle.[8] Wie die Protokolle des Universitätssenats zeigen, wurde aber auch das aggressiv-drohende Gebaren der nationalsozialistischen Studenten im Sommersemester 1933 von den im Senat anwesenden Professoren hingenommen; Forderungen der Studentenschaft galten wie selbstverständlich als »Beschlüsse«.

Der Vollzug des Berufsbeamtengesetzes erfolgte an der Hamburgischen Universität eilfertig und fast ohne Widerspruch. Daß es im allgemeinen »ruhig« in der Universität zugegangen sei, konnte Curt Eisfeld (1886-1969), Ordinarius für Betriebswirt-

schaft, in seinen 1973 erschienenen *Erinnerungen* mit Genugtuung feststellen:[9]
»Im ganzen war in Hamburg die Haltung der ›neuen Herren‹ der Universität gegenüber ruhig und vernünftig [...]. Gespräche mit auswärtigen Kollegen ließen bald erkennen, daß der Übergang ins ›tausendjährige Reich‹ keineswegs an allen Hochschulen so ruhig vonstatten gegangen war; wir wurden deshalb als ›Naturschutzpark‹ bezeichnet und beneidet.«
Aus der »Ruhe« dieses »Naturschutzparks« wurde ein Fünftel seiner Mitglieder vertrieben, aber Eisfeld leitete daraus lediglich die Aufgabe ab, seine Fakultät »in ihrer Leistungshöhe« zu erhalten.[10]
Die Flut von Entlassungen der häufig langjährigen Kollegen wurde befriedigt oder indifferent hingenommen, zuweilen auch unter dem Aspekt der Verbesserung eigener Karrierechancen begrüßt. Im Universitätssenat wurden die Entlassungen von Kollegen bekanntgegeben, die gerade selbst noch diesem Gremium angehört hatten. Aber keine Bedenken artikulierten sich. Diskutiert wurden lediglich Fragen wie die, ob ein »nichtbeamteter außerordentlicher Professor« nach seinem »Ausscheiden« wohl seine Amtsbezeichnung weiter tragen dürfe oder nicht. In der Sitzung vom 28. Juli 1933 teilte der Rektor Leo Raape – vermutlich nicht ohne Stolz – mit, er habe sich dafür eingesetzt, »daß sämtliche Entlassungen, soweit sie nicht bereits ausgesprochen seien, mit Wirkung von einem und demselben Tage angeordnet würden, damit Ungleichheiten, die als Ungerechtigkeiten empfunden werden könnten, tunlichst vermieden würden«.[11] Weiter heißt es im Protokoll:
»Der Rektor wirft sodann die Frage auf, wie die Universität sich gegenüber den von dem Berufsbeamtengesetz betroffenen Dozenten bei ihrem Ausscheiden verhalten sollte. Die Ansicht des Senats geht dahin, daß es in erster Linie Sache der Fakultäten sei, das ihnen nach Lage des Falles erforderlich Erscheinende zu tun. Darüber hinaus solle es dem Ermessen des Rektors überlassen werden, von Fall zu Fall zu entscheiden, ob auch er namens der Universität dem entlassenen Kollegen in schriftlicher oder mündlicher Form den schuldigen Dank aussprechen solle.«
In einer Haltung, die geprägt war von Selbstherrlichkeit, Igno-

ranz, Opportunismus und Autoritätsgläubigkeit, wurden die Entlassungen also bürokratisch-beflissen und anscheinend mit gutem Gewissen durchgeführt. Vielleicht wurde hier und da auch das »Ausscheiden« einer fachlichen Kapazität bedauert, aber bis auf ganz wenige Ausnahmen wurden die Entlassungen nicht in Frage gestellt, ja, von den meisten Universitätsangehörigen nicht einmal als Unrecht wahrgenommen. Der schon zuvor offen oder latent vorhandene Antisemitismus konnte sich nun ungehemmt entfalten. Die deutschen Universitäten und ihre Angehörigen versagten schon in den Anfangsjahren des »Dritten Reiches« gänzlich.

An der Hamburgischen Universität wurden die Entlassungen von Gelehrten hingenommen, die das wissenschaftliche Profil dieser Hochschule in den wenigen Jahren ihres Bestehens maßgeblich geprägt hatten. Ernst Cassirer, Albrecht Mendelssohn Bartholdy und Eduard Heimann wurden ebenso vertrieben wie der Kunsthistoriker Erwin Panofsky (1892-1968), der Psychologe William Stern (1871-1938) und der Physikochemiker Otto Stern (1888-1969). Durch die Entlassung dieser renommierten Wissenschaftler wurden ganze Forschungszweige beseitigt und Kontinuitätslinien abgeschnitten: ein irreversibler Substanzverlust. Es ist symptomatisch für die ungemein rasche und grundlegende Veränderung der Hamburgischen Universität, daß Ernst Cassirers Lehrstuhl für Philosophie 1933 zugunsten eines neuen Ordinariats für Rassenkunde abgeschafft wurde und die ordentliche Professur für Kunstgeschichte, die Erwin Panofsky innegehabt hatte, im selben Jahr der Schaffung eines Ordinariats für Kolonial- und Überseegeschichte diente, welches mit Adolf Rein besetzt wurde. Dabei bezeichnet die Vertreibung der genannten, besonders bekannten Wissenschaftler nur die Spitze des Eisberges. Insgesamt wurden mehr als neunzig Wissenschaftlerinnen und Wissenschaftler der Hamburgischen Universität meist aus »rassischen«, zum geringeren Teil auch aus politischen Gründen entlassen. Für jede einzelne und jeden einzelnen bedeutete die Entlassung eine tiefgreifende Zäsur innerhalb der eigenen Biographie, die Zerstörung einer Welt. Martha Muchow (1892-1933), Ernst Delbanco (1869-1935), Gerhard Lassar (1888-1936), Kurt Perels (1878-1933) und Heinrich Poll (1877-1939) begingen Selbstmord. Die meisten der entlassenen Hochschullehrer flohen ins Exil und konnten nur so ihr Leben retten. Der Professorin für Niederdeutsche Philologie, Agathe Lasch (1879-1942?), war dieses nicht möglich: Sie wurde in den Tod deportiert.[12]

Die Orte, an denen Siegfried Landshut in Hamburg gewirkt hatte, waren von Entlassungen und »Gleichschaltung« in besonderem Maße betroffen. Das Institut für Auswärtige Politik wurde nach einer Übergangszeit im April 1937 nach Berlin verlegt und mit dem bis dahin nur formal existierenden »Deutschen Institut für Außenpolitische Forschung« unter dessen Namen vereinigt.[13] Es diente dort den Interessen des ab 1938 amtierenden Reichsaußenministers Joachim von Ribbentrop. Mit Beginn des Zweiten Weltkrieges leistete das »Deutsche Institut für Außenpolitische Forschung« gezielt propagandistische Unterstützung für die Angriffspolitik Hitlers. Das ehemalige Institut zur Erforschung von Friedensbedingungen war also umgewandelt worden in eine Einrichtung, die die Propagierung von Kriegspolitik zur Aufgabe hatte. Albrecht Mendelssohn Bartholdy war nach seiner Zwangsemeritierung, die offiziell zum 31. Dezember 1933 erfolgt war, im März 1934 als Leiter des »Instituts für Auswärtige Politik« zurückgetreten, und sein »Kronprinz« Alfred Vagts hatte bereits Ende Dezember 1932 in vager Voraussicht der politischen Entwicklungen Deutschland zunächst in Richtung England verlassen. Ab März 1934 oblag Mendelssohn Bartholdys Stellverteter Ernst Delaquis (1878-1951) für einige Monate die Leitung des Instituts, anschließend, ab Juli 1934, fungierte Adolf Rein als kommissarischer Institutsleiter, und schließlich stand das ehemalige »Mendelssohn-Institut« für zehn Jahre im Zeichen des Juristen Friedrich Berber (1898-1985), eines Protegés Ribbentrops. Der extreme Opportunist Berber ordnete sich und das Institut bedingungslos den Zielen Ribbentropscher Kriegspolitik unter.

Das Sozialökonomische Seminar, Landshuts zweite und ungleich wichtigere Wirkungsstätte der Hamburger Zeit vor 1933, gehörte neben dem Psychologischen Institut, dem Institut für Physikalische Chemie und dem Kunsthistorischen Seminar zu jenen Universitätsinstituten, in denen ein wahrer »Kahlschlag« stattfand. Der Entlassung Eduard Heimanns zum

30. September 1933 waren die Entlassungen Theodor Plauts (zum 31. Juli 1933) und Siegfried Landshuts (zum 31. August 1933) vorangegangen. Auch Kurt Singer, der seit 1931 eine Gastprofessur in Japan innehatte, wurde »als Nichtarier« zum 1. September 1933 die Lehrbefugnis entzogen. Das ehemals so demokratisch geprägte und qualitativ hochbesetzte Sozialökonomische Seminar war binnen kürzester Zeit nicht mehr wiederzuerkennen.[14]

Die Frage, inwieweit die Hamburger Wirtschaftswissenschaft – und damit auch das Sozialökonomische Seminar – während des »Dritten Reiches« unter nationalsozialistischen Einfluß geraten ist, wird unterschiedlich beantwortet.[15] Die Argumente für einen enormen derartigen Einfluß sowohl auf personeller wie auch auf inhaltlicher Ebene scheinen jedoch zwingend. Nach der Emeritierung Heinrich Sievekings im Jahre 1936 blieb von den »alten« Ordinarien nur Waldemar Zimmermann zurück, der dann 1941 in den Ruhestand ging. Sievekings Nachfolger wurde Albert von Mühlenfels (1895-1977), ehemaliger aktiver Offizier, Beteiligter am Kapp-Putsch und NSDAP-Mitglied. Prägend für das Seminar wurde auch Paul Schulz-Kiesow (1894-1964), der von 1937 bis 1945 zunächst eine außerordentliche, dann eine ordentliche Professur für Verkehrswesen und Verkehrspolitik innehatte. Schulz-Kiesow war aktives NSDAP-Mitglied seit März 1933 und Mitarbeiter im »Amt des Gauwirtschaftsführers«. Rudolf Stucken (1891-1978), der 1935 bis 1939 als Professor für Sozialökonomie und Finanzwissenschaft im Seminar arbeitete, war Mitglied der SA. Ernst Schrewe (1900-1957), der schon als Assistent Sievekings im Seminar tätig gewesen war, erhielt im April 1942 eine außerordentliche Professur für Volkswirtschaftslehre, die er bis August 1943 wahrnahm. Dann nämlich erfolgte sein Aufstieg zum Leiter der Hamburger Schulbehörde. Auch Schrewe war aktives NSDAP-Mitglied und zudem Intimus des Reichsstatthalters Karl Kaufmann. Fast alle Wissenschaftler, die während des »Dritten Reiches« im Sozialökonomischen Seminar arbeiteten, paßten in das Bild nationalsozialistischer Wirtschaftsideologie. Die Einbeziehung von Publikationen, verwendeter volkswirtschaftlicher Lehrbücher und in Hamburg verfaßter Dissertationen erhärtet die Annahme eines solchen Tatbestands. Der »nationalsozialistischen Wirtschaftspolitik« entsprach die »nationalsozialistische Wirtschaftsforschung« – auch in Hamburg.

Neben dem »Institut für Auswärtige Politik« und dem Sozialökonomischen Seminar soll auch ein weiterer Bereich erwähnt werden, mit dem Landshut zumindest indirekt verbunden war: die Soziologie. Sowohl Heimann als auch Singer und Landshut hatten dieses Fach in unterschiedlicher Ausrichtung und Intensität beeinflußt. Durch ihre Vertreibung wurde die Soziologie in Hamburg zur Disziplin eines Mannes: Andreas Walther. Ohne Zweifel hat Walther sich während des »Dritten Reichs« um den Ausbau der Soziologie bemüht und ihren Weg zur empirisch arbeitenden Spezialwissenschaft in Hamburg entscheidend bestimmt. Dies relativiert aber in keiner Weise die Tatsache, daß der Nationalsozialist Walther seine wissenschaftliche Forschung im Rahmen der herrschenden NS-Ideologie betrieb. In einer neueren Untersuchung über das Hamburger Soziologische Seminar im »Dritten Reich« hat Rainer Waßner hervorgehoben, daß die Vertreibung Heimanns, Singers und Landshuts und der damit verbundene »Bruch mit der Tradition eines sozialphilosophischen und politikökonomischen Denkens, in dem das Soziologische mitschwingt«, den Aufstieg der professionellen Soziologie bedeutet habe.[16] Dieser Aussage ist nüchtern betrachtet kaum zu widersprechen; um aber der Gefahr einer Verkürzung des vorliegenden Fragezusammenhangs vorzubeugen, sei dreierlei erwähnt: Erstens war die akademische Soziologie in ihrem institutionellen Konsolidierungsprozeß bis 1933 schon weit fortgeschritten. Hätte dieser Prozeß weitergeführt werden können, so wäre auch in Hamburg kaum der Alleingang eines Andreas Walther zur Durchsetzung des neuen Faches als Einzeldisziplin vonnöten gewesen. Zweitens hätte der Einfluß Heimanns und Landshuts der Soziologie sehr zugute kommen können, auch wenn er nicht unbedingt zur »Professionalisierung« als Einzeldisziplin beigetragen hätte. Und drittens sollte neben dem Faktum, daß zwischen 1933 und 1945 tatsächlich praxisnähere Methoden der »Sozialforschung« eingeführt wurden, die in Richtung einer »modernen« Disziplin der Soziologie wiesen, besonders hervorgehoben werden, daß diese Entwicklung im Dienste des Nationalsozialismus stattfand, daß die hier tätigen Wissenschaftler sich dem NS-Herrschaftsanspruch unterwarfen.[17]

Diese Skizze von grundlegenden Veränderungen bisheriger Landshutscher Tätigkeitsbereiche wirft bezeichnende Schlaglichter auf die Situation der Universität im Jahre 1933 und in den Jahren danach. Die im *Hochschulalltag im »Dritten Reich«* vorliegenden Untersuchungen dokumentieren ausführlich, daß die Vertreibung jüdischer und politisch unerwünschter Hochschullehrer für die Hamburgische Universität verheerende Folgen hatte. Für die Entlassenen und Zwangsemeritierten selbst war die Vertreibung eine Katastrophe. Siegfried Landshut wurde innerhalb weniger Monate, bis zum Juni 1933, der Boden unter den Füßen entzogen. Der Abbruch des Habilitationsverfahrens, die Beendigung des Lehrauftrags in der Volkshochschule, die Entlassung aus der Universität und schließlich die Vertreibung aus Deutschland markieren Stationen dieses Entwurzelungsprozesses.

Scheitern des zweiten Habilitationsversuches 1933

Siegfried Landshut reichte seine Habilitationsschrift *Historisch-systematische Analyse des Begriffs des Ökonomischen* am 21. Januar 1933 ein, neun Tage vor der Vereidigung Hitlers als Reichskanzler. Wie er Jahre später in einem Brief an Alexander Rüstow schrieb, hatte er diese Arbeit »überhastet abgeschlossen«.[18] Ihm war demnach bewußt, daß die Zeit drängte und seine Habilitation zunehmend gefährdet sein könnte.

Unbelastet war dieses Habilitationsverfahren von Anfang an nicht. So wurde bereits in Landshuts Gesuch, in welchem er sich um die Erteilung der Venia legendi für das Fach der Nationalökonomie bewarb, pedantisch »herumgestrichen« und »Nationalökonomie« durch »Sozialökonomie« ersetzt.[19] Zudem wurde Landshuts Bitte, ihm wegen seiner wirtschaftlichen Lage die Habilitationsgebühren zu erlassen, abgelehnt. Insgesamt unproblematisch verlief dagegen die Annahme der Habilitationsschrift durch die Gutachter Eduard Heimann, Waldemar Zimmermann und Heinrich Sieveking, die ihre Voten bemerkenswert schnell, nämlich schon bis zum 8. Februar 1933, abgegeben hatten.[20]

Eduard Heimann setzte sich in einem neunseitigen Gutachten

ausführlich mit dem Ansatz Landshuts auseinander, den er zwar offensichtlich nicht teilte, partiell aber für fruchtbar hielt. Heimann hebt hervor, daß Landshut den Versuch der Dogmenhistoriker, eine fortlaufende Geschichte nationalökonomischen Denkens zu konstruieren, zum Scheitern verurteile: indem er nämlich aufzeige, daß die Ökonomie in der Antike etwas ganz anderes gewesen sei als die gegenwärtige Ökonomie, die ihre Charakteristik durch den Begriff des Marktes erhalte. Zugleich versuche Landshut jene »alte Ökonomie« im Sinne einer Aristotelischen Normwissenschaft wieder in die Theorie-Diskussion einzuführen. Außerhalb des »ökonomischen Kerns«, der Theorie im engeren Sinne, und dem »historisch-soziologischen Fundament« gebe es nach Landshut zum Verständnis der Wirtschaft noch eine dritte Größe in Form einer »besonderen Normwissenschaft im unhistorischen Sinne«. Deren Gegenstand sei die »ewige Wirtschaft«, also das Wesen der Wirtschaftsgebilde, wie es erfüllt sein müsse, damit überhaupt gewirtschaftet werden könne. Mit dieser Interpretation, so Heimann, gehe Landshut über die geläufige Unterscheidung der theoretischen und praktischen Nationalökonomie hinaus, wobei der Wert dieses Ansatzes jedoch fraglich erscheine:

»Wie weit dieser Gedanke fruchtbar ist, [...], darüber ist meine Ansicht allerdings sehr viel skeptischer als die des glühenden Heidegger-Anhängers Landshut, der von seiner allgemeinen weltanschaulichen Position her vielleicht etwas zu stark zu dieser Deutung disponiert ist.«

Große Teile des Gutachtens stellen eine Entgegnung dar, aber mehrfach betont Heimann die »originelle Weise«, in der Landshut seine Gedanken entwickle; bekennt, daß er aufgrund mangelnder philologisch-historischer Kenntnisse nicht alles beurteilen könne, und lobt insbesondere das Kapitel über Marx: Landshut verstehe Marx zum Teil besser, als dieser sich selbst verstanden habe. Die Leistung der Schrift erkennt Heimann darin, daß hier der »grosse Gedankenschatz des ökonomischen Denkens« begrifflich gefaßt und geklärt worden sei. Das Fazit des Gutachtens lautet:

»Ohne also auch in wesentlichen Punkten mit dem Verfasser übereinzustimmen, halte ich doch die Grundabsicht seiner Arbeit für so echt akademisch und die Ausführung im einzelnen für so originell, dass ich die Annahme der Arbeit befürworte.«

Für die Annahme der Arbeit sprach sich auch Waldemar Zimmermann aus, wenngleich 16 Seiten seines 17seitigen Gutachtens eine starke Kritik an der Landshutschen Schrift ausdrücken. Zimmermann bemängelt vor allem, daß Landshut zu einseitig argumentiere und »realgeschichtliche und dogmengeschichtliche Tatsachen« nicht »streng gewissenhaft« interpretiere. In der Art und Weise, wie Landshut seinen Absichten widersprechende Autoren abtue, »bekundet sich manchmal eine peinliche Überheblichkeit«.

In seinem Gutachten setzt Zimmermann sich mit einzelnen Begriffen und Autoren auseinander, die er jeweils anders interpretiert als Landshut; immer betonend, daß er nicht auf alle Fehler Landshuts eingehen könne. Warum er die Annahme der Arbeit befürwortet, wird aus dem Gutachten nicht deutlich. Zimmermann konstatiert schließlich, daß er die Habilitationsschrift ablehnen müßte, legte er dieselben kritischen Maßstäbe an, die ihr Verfasser anderen Arbeiten gegenüber gezeigt habe. Und er fährt fort:

»Aber ich sehe durch viele Irrungen und Verzerrungen eine starke Begabung durchleuchten, die bei strengerer Selbstzucht vielleicht noch Erhebliches ohne Überheblichkeit zu leisten imstande ist.«

Auch Heinrich Sieveking vermochte der Landshutschen Schrift nicht »restlos zuzustimmen«. In seinem am 8. Februar 1933 abgegebenen Gutachten wandte er sich vor allem gegen eine zu strikte Abgrenzung einer Wirtschaftswissenschaft im engeren Sinne und stellte überdies fest, daß die Schriften von Marx trotz der Wichtigkeit der entdeckten Frühschriften doch nicht nur aus dieser Perspektive betrachtet werden dürften.

Es ist wissenswert, daß Sieveking sein Gutachten in Kenntnis der beiden anderen Bewertungen geschrieben hat, wobei er sich hauptsächlich den Ausführungen Heimanns anschloß und darüber hinaus weitere Aspekte einer positiven Würdigung Landshuts aufnahm. Er führt aus, daß ein Habilitand nicht nur nach einer Schrift beurteilt werden dürfe, sondern seine gesamte Laufbahn anzusehen sei. So liege als wissenschaftliche Leistung vor allem auch Landshuts Marx-Ausgabe vor, die, wie auch die

Habilitationsschrift, zeige, daß der Verfasser imstande sei, wissenschaftliche Fragen aufzuwerfen und bei seinem Leser den Sinn für solche Fragen zu wecken. »Wohl niemand, der die Landshutsche Arbeit gelesen hat«, so Sieveking, »wird sie ohne den Eindruck aus der Hand legen, sich mit einem geistreichen Menschen unterhalten zu haben.«

Aufgrund der drei Gutachten wurde die Habilitationsschrift in der Fakultätssitzung vom 25. Februar 1933 angenommen und die Probevorlesung für den Beginn des Sommersemesters angesetzt. Zwei Tage später teilte Landshut dem Dekan der Rechts- und Staatswissenschaftlichen Fakultät, Andreas Walther, die drei zur Auswahl stehenden Vortragsthemen mit: »Die wirtschaftlichen Probleme des Saar-Gebietes«, »Die Umgliederung des Bedarfs nach dem Kriege, besonders in Deutschland, monographisch dargestellt« und »Prinzipien der Wirtschaftsgeschichte«.[21]

Zu Beginn des Sommersemesters, am 4. April 1933, schrieb Eduard Heimann aus Berlin an den neuen Dekan Curt Eisfeld. Er bat diesen, »die schwebende nationalökonomische Habilitationssache zunächst etwas dilatorisch behandeln zu wollen, damit erst der Semesterbeginn überstanden wird und man dann hoffentlich in ruhigeres Fahrwasser gelangt«. Die Fakultät solle Landshut daher noch nicht das Thema mitteilen; über den Aufschub sei der Kandidat verständigt.[22] Diese Rettungsaktion Heimanns läßt darauf schließen, daß er die Möglichkeit einer erfolgreichen Probevorlesung Landshuts Anfang April für gefährdet, wenn nicht für unmöglich hielt. Wahrscheinlich rechnete er mit massiven Störungen seitens der Studentenschaft. Schon am 1. April 1933, dem Tag des »Juden-Boykotts«, hatte der nationalsozialistische Vorsitzende der Hamburger Studentenschaft Wolff Heinrichsdorff in einem Brief an Senator Ofterdinger u. a. mitgeteilt, der Vorstand der Studentenschaft sei der Ansicht, »dass Berufungen jüdischer Dozenten und Habilitationen nicht mehr in Frage kommen«.[23]

Laut Bericht Leo Raapes in der Sitzung des Universitätssenats vom 5. Mai 1933 habe der Präses der Hochschulbehörde dann »diesem Beschluß« zugestimmt.[24] Auch wenn Heimann von dem Brief Heinrichsdorffs am 4. April nichts gewußt haben dürfte, so war die antisemitische Haltung der Studenten doch unübersehbar, wie etwa der Massenzustrom in den Hamburger NSDStB im Anschluß an die Reichstagswahlen vom 5. März 1933 verdeutlicht.[25]

Eduard Heimann verzögerte also die Probevorlesung Landshuts in der Hoffnung, die Situation würde wieder günstiger. Doch schon drei Tage nach seiner Intervention, am 7. April 1933, wurde das »Gesetz zur Wiederherstellung des Berufsbeamtentums« bekanntgegeben, womit die systematische und scheinlegale Entrechtung und Vertreibung »nichtarischer« und politisch unerwünschter Wissenschaftler begannen. Daß die Beachtung des Berufsbeamtengesetzes ausdrücklich auch bei der Zulassung zur Habilitation und der Erteilung von Lehraufträgen verlangt wurde, findet sich in einem Schreiben der Landesunterrichtsbehörde vom 9. Juni 1933.[26] Zu diesem Zeitpunkt hatte die Rechts- und Staatswissenschaftliche Fakultät längst in diesem Sinne entschieden. Schon am 2. Mai schrieb deren Dekan, Curt Eisfeld, an Landshut:[27]

»Sehr geehrter Herr Doktor!

Die Rechts- und Staatswissenschaftliche Fakultät ist in ihrer Sitzung vom 29. April d. J. zu dem Ergebnis gelangt, von der Weiterverfolgung Ihrer Habilitationsangelegenheit abzusehen. Ihre der Fakultät eingereichten Papiere bitte ich, bei der Geschäftsstelle der Fakultät in Empfang zu nehmen.«

Eine Woche später wies Eisfeld die Universitätskasse an, Landshut die gezahlte erste Rate der Habilitationsgebühr zurückzuerstatten. Ein letzter Brief Eisfelds an Landshut in dieser Angelegenheit datiert vom 13. Mai. Offenbar hatte Landshut um eine nähere Erläuterung zum Habilitationsabbruch ersucht. Eisfeld schrieb nun, die Fakultät habe die Habilitationsschrift zwar im Februar angenommen, sei aber jetzt »mit Rücksicht auf die veränderten Verhältnisse« zu dem Ergebnis gelangt, »von der Weiterverfolgung dieser Habilitationsangelegenheit abzusehen«.[28]

Das war das Ende aller Hoffnungen auf Habilitation. Daß Andreas Walther beim ersten Versuch 1928 die Habilitation im Alleingang verhindern konnte, war schon tragisch genug. Aber daß der zweite Versuch nun ebenfalls scheiterte, obwohl – wie Eduard Heimann später schrieb – die »Habilitation für Nationalökonomie in gutem Gange und fast abgeschlossen [war], als Hitler zur Macht kam«,[29] wirkte sich fatal aus. In den folgenden

Jahren des Exils spielte es eine für die Stellensuche erschwerende Rolle, daß Landshut sich nicht habilitiert hatte. Die dafür vorhandenen Gründe traten in den Hintergrund, denn erstens war der Konkurrenzkampf auf dem Arbeitsmarkt für Wissenschaftler im Exil enorm groß, so daß jede fehlende formale Qualifikation ins Gewicht fiel, und zweitens nahm Landshut zudem eine wissenschaftliche Außenseiterposition ein. Nicht zuletzt sollte der akademische Status, d. h. hier der nicht erreichte akademische Status eines Privatdozenten, auch in der Nachkriegszeit bei der Frage der Berufung Landshuts an die Universität Hamburg wieder zur Sprache kommen.

Dabei war offensichtlich, daß ein drei Monate früher eingereichtes Habilitationsgesuch Landshuts sicher zum Erfolg geführt hätte. So aber waren 1933 die »veränderten Verhältnisse« dazwischengetreten. Auch die NS-»Verhältnisse« lassen sich jedoch rückführen auf die Menschen, die sie schufen, stabilisierten und akzeptierten: auch auf die überwältigende Mehrheit der Mitglieder der Hamburgischen Universität.

Entzug des Lehrauftrags in der Volkshochschule

Die Volkshochschule war schon vor 1933 ein bevorzugtes Ziel nationalsozialistischer Angriffe. Ab Juni 1932 verdichteten sich die einzelnen Diffamierungen zu einem »Nazi-Feldzug gegen die Volkshochschule«.[30] Organ dieser Hetzkampagne war das nationalsozialistische *Hamburger Tageblatt*, das am 12. Juni 1932 mit der Schlagzeile »Die Hamburger Volkshochschule – eine marxistische Domäne« aufwartete. Zwei Tage später erschien der Artikel »Staatliche Pressestelle verteidigt marxistische Volkshochschule«, am 14. August 1932 folgte die Schlagzeile »Macht Schluß mit der marxistischen Mißwirtschaft – Schafft eine deutsche Volkshochschule«, und am 5. Oktober 1932 hieß es: »Wir wollen eine deutsche Volkshochschule! Wann, Herr Senator Dr. de Chapeaurouge, blasen Sie endlich einmal der Hamburger mit Staatsgeldern unterhaltenen Parteischule das Lebenslicht aus?«

Mitinitiatorin dieser Kampagne war Margarete Adam, Dozentin der Volkshochschule Hamburg und Mitglied der NSDAP.

184 Vertreibung

Nachdem eine von ihr im Juni 1932 beantragte Arbeitsgemeinschaft zum Thema »Nietzsche und moderne Kulturprobleme: Erziehungsfrage, Ehefrage, sexuelle Frage, Frauenfrage, Rassenfrage, Judenfrage« vom Leiter der Volkshochschule abgelehnt worden war, begann Margarete Adam, Hetzartikel zu lancieren, die Teilnehmer ihres einen schon bestehenden Kurses zu einer Unterschriftensammlung zu veranlassen und Hochschulsenator Paul de Chapeaurouge Beschwerdebriefe zu schreiben, die eine ganze Akte füllen.[31] Obwohl der Vorstand der Volkshochschule neben den heftigen Angriffen seitens der Presse auch unter den Druck der Hochschulbehörde geraten war, lehnte er den Antrag auf einen zweiten Kurs Margarete Adams im November 1932 endgültig ab. Die Dozentin setzte daraufhin ihre Hetztiraden fort. Noch am 1. März 1933 reichte sie den *Hamburger Nachrichten* einen Artikel ein, in dem sie wiederum erklärte, das Volkshochschulwesen sei dem Marxismus ausgeliefert; zu den »stramme[n] Sozialdemokraten und Linksdemokraten« zählte sie auch Siegfried Landshut. Um die »marxistische Übermacht« sowohl an der Volkshochschule Hamburg als auch in Altona zu belegen, konstatierte Margarete Adam, Landshut habe im Winterhalbjahr 1932/33 in Hamburg über »Politik und persönliches Leben« und in Altona über »Die Idee der Gerechtigkeit« gelesen.[32]

Für den Sommer 1933 hatte Siegfried Landshut zwei Arbeitsgemeinschaften angekündigt: die eine zum Thema »Was ist politisch ›interessant‹?«, die andere zum »Schlagwort im politischen Leben«.[33] Am 24. Februar 1933 war von der Volkshochschule das »Arbeitsprogramm Sommerhalbjahr 1933« an die Hochschulbehörde abgeschickt worden.[34] Der Semesterbeginn sollte am 3. April erfolgen, aber zur Durchführung der angezeigten 165 Kurse kam es nicht mehr.

Seit dem 8. März 1933 besaßen die Nationalsozialisten die Mehrheit im Hamburger Senat und stellten den Bürgermeister. Der geplante Semesterablauf der Volkshochschule wurde nun rasch verhindert. Ende März 1933 erhielten alle VHS-Dozenten einen gleichlautenden Brief, in dem es hieß, die für das Sommersemester 1933 erteilten Lehraufträge seien »mit sofortiger Wirkung widerrufen«.[35] Aufgrund des unsicheren Beschäftigungsstatus der VHS-Dozenten waren Kündigungen gar nicht nötig, und die personellen Veränderungen in der Volkshochschule konnten sich daher in Windeseile vollziehen. Nach der Annullierung aller Verträge für das Sommerhalbjahr 1933 wurden bald neue Verträge – jetzt nur noch für 48 Dozenten und insgesamt 50 Kurse – abgeschlossen. Von den ursprünglich für die Abhaltung von Arbeitsgemeinschaften vorgesehenen Universitätsmitgliedern Walter A. Berendsohn, Albert Görland, Siegfried Landshut, Hermann Noack und Carl von Tyszka wurde keiner mehr berücksichtigt. Hermann Noack allerdings sollte in den folgenden Jahren wieder zu den besonders aktiven Dozenten der Volkshochschule gehören. Dies korrespondiert mit der Tatsache, daß der frühere Assistent Cassirers im November 1933 Anwärter der SA wurde, verschiedenen NS-Berufs- und Standesorganisationen sowie 1937 der NSDAP beitrat. Im Philosophischen Seminar der Universität nahm er während der NS-Herrschaft die wichtigste Rolle ein. Auch Paul Schulz-Kiesow unterrichtete während des »Dritten Reiches« noch an der Volkshochschule. Der ehemalige langjährige Assistent Heinrich Sievekings, der sich 1928 für Sozialökonomie habilitiert hatte, war schon Anfang März 1933 in die NSDAP eingetreten und erhielt dementsprechend einen der Verträge gleich für das Sommersemester 1933.

Der neue Arbeitsplan für dieses Semester lag bereits Anfang April gedruckt vor. Heinrich Haselmayer, kommissarisch eingesetzter neuer Direktor der Volkshochschule und Nachfolger des abgesetzten Sozialdemokraten Kurt Adams,[36] beschrieb darin den »Neu-Aufbau«. Unter den Gebieten, denen sich die VHS zu widmen habe, nannte er als erstes »die Rassenlehre als das biologische Grundprinzip deutscher Kultur«. Marxisten und Juden würden nun nicht mehr in der Volkshochschule lehren, erklärte Haselmayer, da nur »deutsche Lehrkräfte« die »Mittler deutschen Geistesgutes« sein könnten.[37] Auch die Anmeldeformulare für Teilnehmer wurden sofort verändert; sie enthielten nun die Frage »Arische Abstammung: ja oder nein«. Im April 1934 wurde die Volkshochschule aus dem Hochschulwesen herausgenommen und der »Behörde für Volkstum, Kirche und Kunst« angegliedert, womit sie auch organisatorisch direkt der NSDAP unterstand.

Rascher und radikaler konnte die Umwandlung der Volkshochschule kaum betrieben werden. Dennoch wird in der Festschrift dieser Institution aus dem Jahre 1959 Ernst Schrewe – er war von 1937 bis 1944 ihr Direktor – für seine »Verdienste um die Erhaltung der Volkshochschule und um die Verhütung eines Mißbrauchs der Pädagogik« gelobt.[38] Schrewe hat in den zwanziger Jahren u.a. dem Stahlhelm, der Bismarckjugend und der DNVP angehört; während des »Dritten Reiches« hatte er verschiedene Parteiämter in der NSDAP inne und galt – wie schon erwähnt – als Intimus des Reichsstatthalters Karl Kaufmann. Von April 1942 bis zum Oktober 1943 war er außerordentlicher Professor für Volkswirtschaftslehre am Sozialökonomischen Seminar und anschließend Leiter der Hamburger Schulbehörde. Universitätssenat und Fakultät bescheinigten ihm nach 1945, daß er sich als Direktor der Volkshochschule »unparteiisch« gezeigt habe.[39] Diese Einschätzung gehört in den Kontext apologetischer Bemühungen der Nachkriegszeit und widerspricht schlicht den historischen Tatsachen: Die Zusammensetzung des Lehrkörpers, das Angebot der Lehrveranstaltungen, die immer wieder formulierten nationalsozialistischen Ziele, die nachweisbare organisatorische Nähe der Volkshochschule zur NSDAP und etliche Äußerungen Schrewes im Sinne der NS-Ideologie[40] zeigen jedenfalls, daß von einem »Mißbrauch der Pädagogik« sehr wohl die Rede sein muß. Die Rolle der Volkshochschule im »Dritten Reich« differenzierter zu bestimmen gehört zu den Aufgaben einer Geschichte dieser Institution, die noch zu schreiben ist.

Für Siegfried Landshut bedeutete der Widerruf seines Vertrages mit der Volkshochschule den Abbruch einer jahrelang kontinuierlich ausgeübten und von ihm hochgeschätzten Tätigkeit, die den Schwerpunkt seiner Lehrtätigkeit überhaupt gebildet hatte, sowie den Verlust einer wichtigen Einnahmequelle.

Entlassung aus der Universität

Mit der für das Jahr 1933 geplanten Habilitation wollte Siegfried Landshut sich die Möglichkeit schaffen, endlich eine bessere Stellung innerhalb der Universität zu erlangen. Dies hätte seine wissenschaftliche Tätigkeit wesentlich gefördert und die ersehnte finanzielle Absicherung für sich und seine Familie bedeutet. Doch alle Pläne und Hoffnungen wurden innerhalb weniger Monate zerstört. Landshut mußte erleben, wie die politische Entwicklung in Deutschland für ihn immer bedrohlicher und seine Position innerhalb der Hochschule immer gefährdeter wurde.

Harri Meier, damals Assistent am Ibero-amerikanischen Institut, hat fast ein halbes Jahrhundert später beschrieben, wie er und der Romanist Fritz Schalk die Machtübernahme Hitlers erlebten:[41]

»So saßen wir am Nachmittag des 31. Januar 1933, dem Tag von Hitlers Machtergreifung [!], diskutierend im Curiohaus beisammen, eine Runde von einem Dutzend Assistenten, der Soziologe [!] Landshut, der Mathematiker Zorn, der Freund Ernst Lewalter, Germanisten und Philosophen, und ließen uns von den politisch Versierteren gern überzeugen, daß die gerade gebildete Koalition von Nationalsozialisten und Deutschnationalen eine drei-, schlimmstenfalls sechsmonatige Existenz nicht überdauern würde. Sechs Monate später war ein großer Teil dieser Runde schon in alle Welt verstreut.«

Nach der für viele noch überraschenden Ernennung Hitlers zum Reichskanzler wurden in der Folgezeit rasch weitere unübersehbare Weichen in Richtung einer nationalsozialistischen Diktatur gestellt. So setzten nach dem Reichstagsbrand vom 27. Februar die Verhaftungswellen und Terror-Aktionen der SA in großem Umfang ein. Vor allem politisch und intellektuell exponierte Gegner des Nationalsozialismus waren bereits zu diesem Zeitpunkt gezwungen, sich ins Exil zu retten. Bei der Reichstagswahl vom 5. März erhielt die NSDAP 43,9% der Stimmen und erreichte zusammen mit der DNVP knapp die absolute Mehrheit. Am 23. März folgte – mit Hilfe der Stimmen aus bürgerlichen Parteien – die Verabschiedung des »Ermächtigungsgesetzes«.

Für den 1. April 1933 riefen die Nationalsozialisten zum Boykott jüdischer Geschäfte auf. Der »Judenboykott« leitete den Prozeß der »Ausschaltung« der Juden aus dem deutschen Wirtschaftsleben ein. An diesem Tag, einem Samstag, suchte Siegfried Landshut das Sozialökonomische Seminar auf, das sich im

Hauptgebäude der Universität befand. In einem 1954 geführten Interview berichtete er, SA-Leute hätten vor der Tür gestanden, um Juden das Betreten zu verwehren. Er selbst sei zwar nicht am Betreten des Gebäudes gehindert worden, doch sei kurz nach ihm eine von den SA-Männern belästigte Studentin weinend ins Seminar gekommen.[42] Eine Woche später, am 7. April, wurde das »Gesetz zur Wiederherstellung des Berufsbeamtentums« bekanntgegeben. Insbesondere § 3 des Gesetzes, der sich gegen Beamte »nicht arischer Abstammung« richtete, bildete die Grundlage für die in den nächsten Monaten vollzogenen Entlassungen.

Als Motor für die Entlassungen fungierte die Studentenschaft. Daß die Namen Eduard Heimanns und Theodor Plauts auf deren erster Liste der zu entlassenden Professoren ganz oben standen, muß auf Landshut alarmierend gewirkt haben.[43] Wenn Heimann als »unerträglich« bezeichnet wurde, weil er »Marxismus« doziert habe, so konnte geschlossen werden, daß die Studentenschaft ihre Aggressionen bald auch gegen dessen jüdischen Assistenten richten würde, der sich als Marx-Interpret profiliert hatte. Im April 1933 befand Landshut sich also in einer äußerst prekären Situation. Die Atmosphäre in der Universität wie in Deutschland überhaupt war geprägt von der »nationalen Revolution«, gegen die sich kein nennenswerter Widerstand erhob. Der Antisemitismus weiter Teile der Bevölkerung hatte sich am 1. April erstmals mit staatlicher Sanktionierung zeigen können. Den Lehrauftrag in der Volkshochschule hatte Landshut bereits verloren, die Habilitationsangelegenheit wurde in der Schwebe gehalten, und von einer sicheren Assistentenstelle bei Eduard Heimann konnte keine Rede mehr sein. Heimann übte seine Lehrtätigkeit schon im Sommersemester 1933 nicht mehr aus, und Landshut muß deutlich gewesen sein, daß an eine berufliche Zukunft in der Universität auch für ihn nicht mehr zu denken war. Allerdings glaubte er, daß sich die Entlassung aufgrund seines Fronteinsatzes im Ersten Weltkrieg zumindest ein wenig hinauszögern würde: eine Annahme, die auf § 3, II des Berufsbeamtengesetzes basierte.

Ein solcher zeitlicher Aufschub war unbedingt notwendig, um das Familieneinkommen zu sichern, bis eine neue Arbeitsstelle im In- oder Ausland gefunden war. Außerdem hoffte Landshut, sein Habilitationsverfahren doch noch abschließen zu können. Als diese Hoffnung mit den schon erwähnten Schreiben Curt Eisfelds vom 2. Mai und vom 13. Mai endete, wurde die Lage noch bedrängender. Dietrich Bonhoeffer (1906-1945), der über seine Schwester Christine von Dohnányi und seinen Schwager Hans von Dohnányi Kontakt zu Landshut hatte, schilderte dessen Situation in einem Brief an den in Berlin lebenden evangelischen Theologen und Sozialpädagogen Friedrich Siegmund-Schultze (1885-1969), datiert vom 17. Mai 1933, wie folgt:[44]

»Ein uns nahestehender junger jüdischer Soziologe [!], Dr. Landshut, der an der Universität in Hamburg Assistent bei Heymann [richtig: Heimann, R. N.] war, ist durch die Beurlaubung von Heymann in große Schwierigkeiten geraten. Er wollte sich in diesem Mai habilitieren, hat aber vor ein paar Tagen erfahren, daß er nicht zugelassen wird. Sein stark jüdisches Äußeres würde ihm die Tätigkeit an der Universität auch wesentlich erschweren. Seine Assistentenstelle wird er aller Wahrscheinlichkeit nach in diesen Tagen verlieren. Damit ist er dann mit seiner schwer herzkranken Frau und drei Kindern völlig brotlos geworden. Sein letztes Buch *Kritik der Soziologie* ist seinerzeit sehr beachtet und anerkannt worden. Er ist ein Mann reinster Wissenschaftlichkeit und Aufrichtigkeit. Zu seiner Persönlichkeit ist zu sagen, daß er im Jahre 1914 mit 17 Jahren freiwillig ins Feld gegangen ist und von 1914 bis 1918 draußen gewesen ist. Er ist ein völlig deutschempfindender Mann, der sich auch jetzt noch nicht mit dem Gedanken abfinden kann, sich etwa im Ausland nach einer Stellung umzusehen. Lieber würde er hier irgendeine beliebige Arbeit tun, die ihn in stand setzt, seine Familie durchzubringen, auch wenn diese Arbeit ihn aus seinem bisherigen Beruf ganz herausbrächte. Nun ist meine Frage und Bitte an Sie, ob Sie die Freundlichkeit haben würden, Herrn Dr. Landshut irgendwie die Möglichkeit zu geben, mit dem Vorsitzenden des jüdischen Wohlfahrtsverbandes, Dr. Oldendorf [richtig: Ollendorff, R. N.], oder möglicherweise mit einem Herrn desselben Verbandes in Hamburg in Verbindung zu kommen, um sich dort über seine Lage zu besprechen. Mir und meinen Geschwistern, die mit Landshut nahe befreundet sind, liegt sein Schicksal sehr am Herzen, und ich möchte es nicht unversucht gelassen haben, Sie um die Hilfe, die Sie ihm angedeihen lassen könnten, herzlich gebeten zu haben.« Tatsächlich kümmerte sich Siegmund-Schultze um den von Bonhoeffer erbetenen Kontakt zur »Zentralwohlfahrtsstelle der deutschen Juden«. Doch sein diesbezüglicher Brief an Landshut – in ihm erklärte er sich bereit, mit Friedrich Ollendorff zu sprechen – erreichte den Empfänger nicht mehr.[45] Fraglich ist zudem, ob überhaupt noch die Gelegenheit bestand, Ollendorff die Situation Landshuts zu erklären, denn im Juni 1933 wurde Siegmund-Schultze »wegen Hilfe an Juden in 93 Fällen« aus Deutschland ausgewiesen.[46]

So schwer es Landshut auch fallen mochte, Deutschland zu verlassen, so deutlich zeigte sich in den Monaten April, Mai und Juni 1933, daß es dazu kaum eine Alternative gab. In dieser Phase suchte ihn zudem Hans von Dohnányi auf – er war mittlerweile als juristischer Hilfsarbeiter beim Reichsgericht in Leipzig tätig –, um seinem Freund nachdrücklich zu einer raschen Auswanderung zu raten. Aufgrund seiner Kenntnis der Kabinettssitzungen – so Landshut rückblickend – habe von Dohnányi schon im Frühjahr 1933 die Meinung vertreten, daß es für Juden in Deutschland keine »Existenzmöglichkeit« mehr gebe.[47] Völlig unklar war allerdings, wovon die fünfköpfige Familie im Ausland leben sollte. Die Chancen, binnen kurzer Zeit eine Universitätsanstellung in einem anderen Land zu erhalten, waren für einen nichthabilitierten, querdenkenden deutschen Politikwissenschaftler nicht eben groß.

Anfang Juni spitzte sich Landshuts Lage weiter zu: Er sah sich gezwungen, einen Fragebogen in Zusammenhang mit dem Berufsbeamtengesetz auszufüllen und bei der Hochschulbehörde einzureichen. In dem am 10. Juni dort eingegangenen, undatierten Fragebogen gab er an, »nicht-arischer Abstammung« zu sein und von Mai bis Oktober 1930 der SPD angehört zu haben. Außerdem vermerkte er die Zeit seines Frontdienstes.[48]

Am 12. Juni wandte Siegfried Landshut sich an den »Academic Assistance Council« (AAC) in London und bat um Hilfe bei der Stellensuche im Ausland. In seinem Brief beschrieb er den Abbruch des Habilitationsverfahrens und verwies auf *Kritik der Soziologie* sowie die Entdeckung Marxscher Frühschriften als Ausweis seiner wissenschaftlichen Fähigkeiten. Bezüglich der

Zuordnung zu einer Disziplin vermerkte er: »My special branches of university work are Sociology, Theory of Politics and Political Economy.«[49] Mit diesem ersten Schreiben Landshuts begann ein Briefwechsel zwischen ihm und dem AAC, der – teils intensiv geführt, teils unterbrochen – bis in das Jahr 1946 reicht. Da der AAC für Siegfried Landshut im Exil – wie auch für viele andere entlassene Wissenschaftler[50] – eine wichtige Rolle spielte, sei hier kurz die Gründungsgeschichte dieser Organisation skizziert.[51]

Der »Academic Assistance Council«, 1936 umbenannt in »Society for the Protection of Science and Learning« (SPSL), war während der Zeit des »Dritten Reichs« neben dem »Emergency Committee in Aid of Displaced Foreign Scholars« und neben der »Notgemeinschaft deutscher Wissenschaftler im Ausland« die wichtigste Hilfsorganisation für vertriebene deutsche Wissenschaftler. Initiator zur Gründung des AAC war der damalige Direktor der London School of Economics and Political Science (LSE), William Beveridge (1879-1963). Wie Beveridge in seinen Erinnerungen erwähnt, sei ihm der Gedanke schon Ende März 1933 gekommen, als er in einem Wiener Café in der Zeitung die Meldungen über die Entlassung einiger prominenter deutscher Professoren gelesen habe. Hier sei die Idee geboren worden, Hilfsleistungen für vertriebene deutsche Wirtschaftswissenschaftler zu organisieren. Mag die Erzählung auch romantisch anmuten, so sind die Leistungen der bald gegründeten Organisation überaus eindrucksvoll. Dem Plan, vor allem prominenten Wirtschaftswissenschaftlern zu helfen, entsprach die Gründung eines Sonderfonds der LSE, in den Professoren und Dozenten dieser Hochschule ein bis drei Prozent ihres Einkommens einzahlen sollten, was die meisten auch taten.[52] Neben dieser hochschulinternen Initiative wurde aber auch die Gründung einer auf nationaler Ebene angesiedelten Hilfsorganisation vorangetrieben, die vertriebene Wissenschaftlerinnen und Wissenschaftler aller Disziplinen unterstützen sollte. Schon am 22. Mai 1933 wurde der Gründungsaufruf des AAC veröffentlicht, der von 41 Persönlichkeiten des öffentlichen Lebens in Großbritannien unterzeichnet worden war. In diesem Appell heißt es:[53]

»Many eminent scholars and men of science and University teachers of all grades and in all faculties are being obliged to relinquish their posts in the Universities of Germany. The Universities of our own and other countries will, we hope, take whatever action they can to offer employment to these men and women, as teachers and investigators. But the financial resources of Universities are limited and are subject to claims for their normal developement which cannot be ignored. If the information before us is correct, effective help from outside for more than a small fraction of the teachers now likely to be condemned to want and idleness will depend on the existence of large funds specifically devoted to this purpose. It seems clear also that some organisation will be needed to act as a centre of information and put the teachers concerned into touch with the institutions that can best help them.«

Tatsächlich wurde der AAC in den Jahren 1933 bis 1945 zur Anlaufstelle von über 2500 vertriebenen Gelehrten. Die wichtigsten Aufgaben bestanden in der weltweiten Vermittlung von Arbeitsstellen, der Gewährung von Stipendien und Zuschüssen sowie in der Hilfe bei Visa-Angelegenheiten. Trotz chronischen Geld- und Personalmangels konnte der AAC in den folgenden Jahren Erstaunliches leisten, und allein das Wissen, daß es in den Räumen der Royal Society in London jemanden gab, der sich für die Belange der Vertriebenen wirklich interessierte und einsetzte, muß gerade zu Beginn des »Dritten Reichs« für die entlassenen bzw. schon exilierten Wissenschaftler bedeutsam gewesen sein.[54] Hier war jene Solidarität zu erkennen, die an der eigenen Hochschule oft so schmerzlich vermißt wurde. Im Falle Landshuts wurden jedoch nicht nur die Leistungen des AAC deutlich, sondern auch dessen Grenzen.

Siegfried Landshut hat vermutlich durch Theodor Plaut von der Gründung des AAC erfahren. Plaut, wie Heimann auf der ersten »Entlassungsliste« der Studentenschaft und wie dieser als Sozialdemokrat besonders gefährdet, hatte über seinen Schwiegervater Aby S. Warburg schon vor dem 22. Mai von Hilfsaktionen britischer Wissenschaftler erfahren und sofort Kontakte nach Großbritannien geknüpft.[55]

Auch Eduard Heimann nahm früh Kontakt zum AAC auf. Während eines kurzen Aufenthalts in London füllte er am 22. Juni dessen noch provisorischen Fragebogen aus. Hier gab er an:

»I got a former news of being dismissed, not yet as to date, probably 1st of July«.[56] Am gleichen Tag schrieb er dem AAC von seinem Hotel aus einen Brief, in dem er auf die Situation Siegfried Landshuts hinwies, den er noch nicht in den Listen des AAC glaubte:[57]

> »*Dr. Siegfried Landshut*, about 36 years old, with wife and 3 children, much discussed as a sociologist, just now dropped out of the academic career when going to be a Privatdozent for Economics, on account of being a Jew, and in spite of having fought 4 years and having chosen Germany to be his country, though born at Strassburg. Address: Hamburg 13, 35 Badestr.«

Erwähnt sei, daß beim Abtippen des handschriftlichen Briefes von Heimann im AAC ein Fehler unterlief: Aus »much discussed as a sociologist« wurde »much discussed as a socialist«.[58] Tatsächlich war Landshut weder Soziologe noch Sozialist. Die Festlegung auf eine bestimmte fachliche Disziplin und die Zuordnung zu einer bestimmten politischen Richtung oder Partei waren im Falle Landshuts überhaupt sehr schwierig, was sich bei der Stellensuche im Exil als durchaus negativ erweisen konnte.

Als Heimann dem AAC am 22. Juni 1933 hinsichtlich der Situation seines Assistenten schrieb, bezog er sich auf den Abbruch des Habilitationsverfahrens und nicht auf Landshuts Entlassung aus der Universität, die zu diesem Zeitpunkt noch nicht ausgesprochen worden war. Landshut wußte, daß es nur eine Frage der Zeit sein würde, bis auch er seine Stelle verlieren würde; er hoffte aber, bis dahin eine neue Anstellung finden zu können. Zwangsläufig konzentrierte er sich mittlerweile auf die Stellensuche im Ausland. Mit Hilfe Heinrich Sievekings hatte er Kontakte nach Ägypten geknüpft und zunächst – für den Sommer 1933 – das Angebot einer Vortragstätigkeit in Alexandria erhalten. Landshuts Hoffnung zielte darauf, in Ägypten Einzelheiten für eine Berufung an die Universität von Kairo regeln zu können. Die Chancen dafür standen scheinbar nicht schlecht, denn Sieveking hatte sich in besonderem Maße für Landshut engagiert und dem ägyptischen Erziehungsminister einen »offiziellen und äusserst warmen Empfehlungsbrief« zugesandt.[59]

Mit Schreiben vom 19. Juni bat Landshut die Landesunterrichtsbehörde um Urlaub vom 24. Juni bis zum 24. August, um das Angebot aus Alexandria annehmen zu können.[60] Am selben Tage erklärte sich Waldemar Zimmermann mit dem Antrag »einverstanden«, und zwei Tage später vermerkte Adolf Rein: »genehmigt«.[61] Die Abreise war auf den 23. Juni festgelegt. Edith Landshut und die drei Kinder sollten in Hamburg bleiben und vom Gehalt der halben Assistentenstelle leben, während Siegfried Landshut seinen Aufenthalt in Ägypten durch die nur mäßig dotierten Vorträge finanzieren wollte.

Der 23. Juni 1933 wurde für Landshut ein katastrophaler Tag. Da die Abreise für den Abend vorgesehen war, suchte er morgens noch die Universität auf. Dort erfuhr er, daß ihm seine Assistentenstelle zum 31. Juli gekündigt werden sollte. Auf die Entlassung war er sicherlich – wenn auch nicht an diesem Morgen – gefaßt gewesen; der Zeitpunkt des Inkrafttretens der Kündigung kam aber doch früher als erwartet und brachte alle seine Pläne ins Wanken. Wovon sollte seine Familie nach dem 31. Juli leben, wenn er sich zudem in Ägypten befand? Trotz der für die zurückbleibende Familie gefährlichen politischen und schwierigen finanziellen Situation war es Landshut unmöglich, von der Reise Abstand zu nehmen, erhoffte er sich doch gerade von ihr die Eröffnung neuer beruflicher Perspektiven.

Um auf den Kündigungstermin zu reagieren, blieben nur ein paar Stunden. In diesen Stunden zwischen der Entlassungsmeldung und dem Verlassen Deutschlands schrieb Landshut einen verzweifelten Brief an den inzwischen für die Universität zuständigen Schulsenator Karl Witt, der hier in voller Länge wiedergegeben werden soll:[62]

Sehr verehrter Herr Senator!
Gestatten Sie mir, Ihnen folgenden Sachverhalt zu unterbreiten:
Mir ist heute auf der Universität eröffnet worden, dass mir meine Assistenten-Stelle auf den 31. Juli ds. Js. gekündigt werden solle. Ich habe mit Herrn Professor Rein die Frage, ob und wie lange ich meine Assistenten-Stelle noch behalten würde, mehrfach besprochen. Ich bin dabei selbstverständlich davon ausgegangen, dass an sich eine Kündigung aus dem Grunde des § 3 des Gesetzes zur Wiederherstellung des Berufsbeamtentums, nach dessen Begriffsbestimmung ich Nicht-Arier bin, für mich

nicht in Frage komme, da ich während des ganzen Weltkrieges an der Front gestanden und – was ich nur nebenbei bemerke – als Elsässer für Deutschland optiert habe. Ich habe jedoch zu meinem Erstaunen von Herrn Professsor Rein erfahren müssen, dass die Kündigung unausbleiblich sei. Herr Professor Rein hat mir dabei mehrfach erklärt, dass ich jedenfalls mein Gehalt noch für drei Monate nach der Kündigung beziehen würde. Ich habe auf diese Erklärung meine gesamten Entschlüsse aufgebaut. – Ich bin aus Alexandrien aufgefordert worden, dort Vorträge zu halten und habe dieses Angebot angenommen. Da ich in Alexandrien nur den Unterhalt für mich selbst erwerben kann, hätte ich das Angebot niemals annehmen können, wenn ich nicht auf Grund der Zusicherungen von Herrn Professor Rein mich darauf hätte verlassen können, dass für meine Familie bis Ende Oktober gesorgt sei.

Auf der Universität ist mir nun heute zu meinem lebhaften Befremden erklärt worden, dass die letzte Gehaltszahlung am 31. Juli erfolgen wird. Damit ist die Existenz meiner Frau und meiner drei Kinder ab Mitte August in Frage gestellt; um so mehr als ich mich zu dieser Zeit in Ägypten befinde. Meine Reise nach Alexandrien rückgängig zu machen, ist völlig ausgeschlossen: ich muss heute abend abfahren. Irgend welche andere Unterhaltsmittel ausser meinem Assistenten-Gehalt stehen meiner Familie nicht zur Verfügung. In dieser Lage darf ich mich an Sie, sehr verehrter Herr Senator, wenden, mit der Bitte, mir die Weiterzahlung des Gehaltes drei Monate nach dem 31. Juli gewähren zu wollen, eventuell in der Form einer Verschiebung des Kündigungstermins auf mindestens drei Monate.

In ausgezeichneter Hochschätzung ergebenst

S. Landshut

Der Kündigungstermin wurde schließlich um einen Monat verschoben. Mit Datum vom 7. Juli teilte die Landesunterrichtsbehörde mit, sie sähe sich »leider« nicht in der Lage, Landshut über den 31. August hinaus zu beschäftigen.[63]

Siegfried Landshut hatte Deutschland – das Land, mit dem er so eng verbunden gewesen war und dessen Geistesgeschichte sein Denken so intensiv geprägt hatte – am Abend des 23. Juni tatsächlich verlassen. Fast 17 Jahre lang sollte er es nicht mehr betreten.

6. Exil
(1933-1950)

Überlebenskampf in Ägypten (1933-1936):
»...um einem unausdenkbaren Unheil zu entgehen«

Siegfried Landshut hielt in Alexandria die verabredeten Vorlesungen und reiste dann nach Kairo weiter, weil er sich die Berufung auf einen Lehrstuhl an der dortigen Universität erhoffte. Diese Hoffnung war insofern begründet, als ihm der ägyptische Unterrichtsminister in einem persönlichen Gespräch die Berufung nicht nur in Aussicht gestellt, sondern sogar versprochen hatte. Wie Landshut später schrieb,[1] ging er im Sommer 1933 schon davon aus, in Kürze eine Professur zu erhalten, was ihm ermöglicht hätte, seine Familie in gesicherte Verhältnisse nachkommen zu lassen.

In den folgenden Wochen und Monaten wurde dieser Optimismus Stück für Stück zerstört. Während die Zeit zunehmend drängte, sah Landshut sich von seiten der Universität und des Ministeriums weiteren unverbindlichen »Zusagen«, Vertröstungen und sich widersprechenden Aussagen gegenüber. Die finanziellen Mittel in Kairo erschöpften sich, während die in Hamburg praktisch auf Koffern sitzende Familie die Nachricht erwartete, endlich die Reise nach Ägypten antreten zu können. Der alltägliche Kampf Landshuts um Verbesserung seiner Lage muß aufreibend gewesen sein, zumal sich zwischenzeitliche Hoffnungen immer wieder in nichts auflösten. Den ihm zutiefst fremden Konventionen des Landes schien er ohnmächtig ausgeliefert zu sein. An Eduard Heimann schrieb er über die Anfangszeit in Ägypten:[2]

»Ägypten ist sicher eines der sonderbarsten Länder der Welt, aber weniger im Sinne des Exotischen und Wunderbaren (auch das, aber das gehört hier alles der Vergangenheit an) als vielmehr das Produkt der entsetzlichen Kreuzung zweier dekadenter Welten, nichts ist hier echt, noch nicht einmal die Lüge ... In dieser Atmosphäre eines Gemisches einer geradezu bezaubernden Liebenswürdigkeit mit einer durchaus naiven und wie selbstverständlich betriebenen Skrupellosigkeit habe ich mich lange überhaupt nicht zurechtgefunden.«

Ähnliches hatte Landshut der befreundeten Familie Dohnányi geschrieben, als er berichtete, er habe »in völliger Unkenntnis des Spinnennetzes von Intrigen und liebenswürdiger Skrupellosigkeit, in das man mit jedem Wort und jedem Schritt verstrickt wird, die lächerlichsten Fehler begangen« und »schweres Lehrgeld« bezahlt.[3]

Alle Versprechungen entpuppten sich schließlich als »leerer Wahn«.[4] Zu einer Berufung an die Kairoer Universität kam es nicht, womöglich war sie nie ernsthaft erwogen worden. Aber auch eine anderweitige Anstellung in Ägypten war nicht in Sicht.

Siegfried Landshut befand sich in einer verzweifelten Lage: Weder eine Rückkehr nach Deutschland war möglich, noch bot sich eine Perspektive in Ägypten. Hinzu kam, daß eine Stellensuche in einem anderen Land von Kairo aus denkbar ungünstig zu betreiben war. Hinter ihm lagen Entlassung und Vertreibung aus Deutschland und damit das Herausgerissenwerden aus allen sozialen und wissenschaftlichen Zusammenhängen; vor ihm lagen völlige Unsicherheit und existentielle Not. »Ich weiß nicht, ob Sie sich eine Vorstellung davon machen können«, schrieb Landshut an die Dohnányis, »welch ein Grad von Isoliertheit und Verlorenheit menschenmöglich ist.« Und am Ende setzte er hinzu: »Ich habe furchtbares Heimweh.«[5] In einem vom 5. Oktober 1933 datierten Brief an den in Rostock lehrenden Romanisten Fritz Schalk (1902-1980)[6] heißt es:[7]

»Lieber Schalk, obwohl ich mich über Ihren Brief sehr gefreut hatte und ebenso über Ihre Karte, so war ich doch nicht jeden Tag in der Verfassung, Ihnen zu schreiben. So sehr mir daran liegt, die alten Freundschaften nicht verrosten zu lassen, ja mich innerlich mehr daran klammere als unter anderen Lebensumständen, so sehr versagt mir oft das Wort, wenn ich in Not bin, über der eigenen, persönlichen Lage zu vergessen, dass sie der Anteil ist, den ich an einem allgemeinen Weltschicksal habe. Sie können es sich wohl denken, dass es nicht leicht ist, herausgerissen aus der vertrauten Welt, von der ich wohl aufrichtig sagen kann, dass es *meine* war, und ausgeliefert an eine Umgebung und an Umstände, die mir äusserst fremd, ja feindlich sind, die Besinnung und die Contenance zu bewahren, vor allem wenn die Sorge um Frau und Kinder alles erschwert und bitter macht.«

Die Werte und Ideale der »Landshutschen Welt« aber waren pervertiert worden, so auch von seinem bewunderten Lehrer Martin Heidegger. In Anspielung auf dessen Freiburger Rektoratsrede[8] faßte Landshut im Brief an Schalk zusammen:[9]

»Während ich zuerst noch mit dem heimlichen Wunsch u. der Hoffnung im Herzen lebte, diese ganze Zeit als eine Episode auffassen zu können, wird mir mehr und mehr klar, dass ich mich mit einem endgültigen Schicksal einzurichten habe. Wir haben alle jahrelang in dem ständigen Gefühl eines unaufhaltsamen Berg-ab gelebt, ohne uns wirklich Rechenschaft zu geben von der Totalität der vernichtenden Kräfte. Es ist mir unbegreiflich, wie man sich – wie H[eidegger] in seiner Schrift über die Universität – noch der Täuschung hingeben kann, dass ein Krampf eine Kampfeinstellung sei. Wenn es ein Charakteristikum gibt, das die moderne Öffentlichkeit in ihrer Totalität kennzeichnet – und zwar je vulgarisierter sie ist, desto intensiver – so ist es ihre Verlogenheit. Die absurdesten Heiden geben sich als wahre Christen aus, der bestialischste Materialismus als sittlicher Geist, die Ochlokratie staffiert sich als Aristokratie, die Speichelleckerei als Wissenschaft, die brüllende Haltlosigkeit als Disziplin und Mut. Das *ist* das Ende, nicht bloss der Wissenschaft, wie H[eidegger] eventuell noch geneigt ist zuzugeben, sondern eines jeden menschlichen Gemeingeistes überhaupt. Ich jedenfalls glaube, dass ich als isolierter Einzelner – von meinen persönlichen Freunden abgesehen – mein Leben zu Ende leben muss: ich täte es lieber in Europa, aber vielleicht muss ich es hier tun.«

Daß die NS-Herrschaft nicht nur von kurzer Dauer sein würde, war Landshut offenbar früh deutlich. Dementsprechend rechnete er auch nicht damit, in absehbarer Zeit nach Deutschland zurückkehren zu können.[10] Landshut beschloß daher, seine Familie nach Ägypten nachkommen zu lassen, obwohl sich dieses Land in jeder Hinsicht als Sackgasse herausgestellt hatte. Es blieb ihm auch kaum etwas anderes übrig, denn seine Frau und seine Kinder befanden sich in Hamburg – wie er selbst schrieb –

in einer »unhaltbaren Lage«.[11] Doch auch dieser Plan geriet ins Wanken, da Landshut völlig unerwartet einen polizeilichen Ausweisungsbefehl erhielt. Sein eigener Aufenthalt in Ägypten war nun plötzlich in Frage gestellt, und nur »nach monatelangen täglichen Bemühungen« gelang es ihm, wieder eine Aufenthaltsgenehmigung zu bekommen. Nun sollte Edith Landshut mit den Kindern tatsächlich nach Ägypten kommen, wobei die Reisefinanzierung nach wie vor ein Problem darstellte. Dieses »löste« sich folgendermaßen:[12]

»Schliesslich erhielt ich von einem Hilfskomitee hier die Mittel zugesagt, um meine Frau hierherkommen zu lassen. Eine Dame, die ihr Geld aus Deutschland herausbringen wollte, gab es meiner Frau zur Reise, das Geld sollte vom Komitee hier an mich ausgezahlt werden. Als es aber soweit war, zahlte das Komitee nur einen Teil und brachte mich und jene Dame, die nach Palästina wollte, in die unangenehmste Verlegenheit. Ich schulde dieser Dame heute noch den Restbetrag.«

Neben der Finanzierung war die Visa-Beschaffung ein weiteres Problem. Nachdem Edith Landshut den Haushalt in Hamburg aufgelöst hatte, war sie im Oktober 1933 mit den drei Kindern im Alter von zwei, acht und elf Jahren zu ihrer Schwiegermutter nach Straßburg gefahren, wo ein qualvolles Warten auf die Visa begann. Erst im Februar 1934 konnte in Genua das Schiff nach Alexandria bestiegen werden, wo Siegfried Landshut seine Familie erwartete. Die Landshuts mieteten eine Drei-Zimmer-Wohnung im Kairoer Vorort Maadi, was nur durch die finanzielle Unterstützung von Mitgliedern der jüdischen Gemeinde in Kairo ermöglicht wurde. Möbel und Gebrauchsgegenstände wurden zunächst von Nachbarn und Bekannten bereitgestellt.

Siegfried Landshut versuchte zum einen, eine Erwerbstätigkeit in Kairo zur Milderung der akuten finanziellen Nöte zu finden; zum anderen hoffte er doch noch, eine wissenschaftliche Stelle in irgendeinem anderen Land bekommen zu können. Daß die Aussichten nicht gut waren, wußte er genau. Die Anstellung eines Wissenschaftlers in einem Exilland hing von etlichen Faktoren ab: etwa von der vertretenen Disziplin, vom wissenschaftlichen Renommee, vom finanziellen Hintergrund, von Sprachkenntnissen, vom Alter, von bereits geknüpften Kontakten und vom Gesundheitszustand. Es war auch eine psychische Disposition vonnöten, die es ermöglichte, mit der Tatsache der Vertreibung weiterzuleben und neue Perspektiven aufbauen zu können. Im Falle Landshuts summierten sich die negativ wirkenden Faktoren. Seine politikwissenschaftlichen Arbeiten waren entweder unbekannt oder wurden unterschätzt; seine im Fach Nationalökonomie eingereichte Habilitationsschrift von 1933 war für andere Wissenschaftler mangels Veröffentlichung nicht existent, und in jenem Bereich, der am häufigsten mit dem Namen Landshut in Verbindung gebracht wurde, nämlich der Soziologie, besaß er gleichzeitig die größte Gegnerschaft. Zudem hatte er den Status eines Privatdozenten nicht erreicht, was viele Universitäten für eine Anstellung voraussetzten. Er verfügte auch über keinerlei Ersparnisse, die eine Wartezeit hätten überbrücken können, und hinsichtlich seiner Malaria-Anfälligkeit war Ägypten ein völlig ungünstiger Aufenthaltsort.

Die Hilfsorganisationen wußten nichts von der verheerenden Situation Siegfried Landshuts. Wenn ein Wissenschaftler sich außerhalb Deutschlands befand, wies dieses darauf hin, daß sich eine Beschäftigungsmöglichkeit schon hinreichend konkretisiert hatte, denn normalerweise versuchten die Entlassenen von Deutschland aus, eine Stelle im Ausland zu finden. So wurde auch beim AAC in London angenommen, Landshut habe mittlerweile eine Anstellung in Kairo gefunden, zumal dieser selbst – in der Hoffnung auf die Kairoer Professur – den Kontakt zum AAC vernachlässigt hatte.

Ohne Hilfe von außen war aber eine grundsätzliche Verbesserung der Situation nicht mehr möglich. So sandte Siegfried Landshut im Frühjahr 1934 einen Notruf an Eduard Heimann, der die Bitte enthielt, Kontakt zur Rockefeller Foundation aufzunehmen, um Möglichkeiten eines Stipendiums für soziologische Forschungen zu eruieren.[13] Heimann, der mit der Berufung an die New School for Social Research eine neue Wirkungsstätte in New York gefunden hatte,[14] ging über dieses Ansinnen weit hinaus, indem er nicht nur die Rockefeller Foundation, sondern auch verschiedene Hilfsorganisationen über den »Fall Landshut« unterrichtete. Dem AAC schrieb er ausführlich:[15]

»Herr *Dr. Siegfried Landshut*, dessen Bericht über seine furchtbare Notlage ich beifüge, ist von mir den verschiedenen

Hilfsorganisationen bereits früher vorgestellt worden; die Tatsache, dass er in Ägypten bereits untergebracht zu sein schien, scheint ihm für weitere Berücksichtigung geschadet zu haben, wie das ja ohne weiteres verständlich ist.

Der Fall Landshut ist selbst in der heutigen Lage aussergewöhnlich und einzigartig, dadurch dass L. als gebürtiger Elsässer vier Jahre an der deutschen Front war, nach dem Kriege für Deutschland optierte und sich deswegen mit seiner in Strassburg lebenden Familie überwarf und nun in Deutschland der Lebensmöglichkeit beraubt ist. Er hat seine Frau und drei kleine Kinder bei sich in Ägypten. Er ist als Autor über die Grundbegriffe der Soziologie heftig umstritten und vielfach abgelehnt worden, ist aber ein Gelehrter von ausserordentlicher Bildung und Vielseitigkeit und ein ungewöhnlich glänzender und hinreissender Lehrer, sowohl für Studenten als auch für alle Zweige der Erwachsenenbildung. In den letzten Jahren ist er als Entdecker, Kommentator und Herausgeber der philosophischen Schriften von Marx hervorgetreten (er ist weder philosophisch noch politisch Marxist, politisch überhaupt nicht unmittelbar interessiert, sondern vielmehr erzieherisch).

Ich bin zu einem Urteil über ihn mehr als irgend sonst jemand befugt, weil er 6 1/2 Jahre lang mein Assistent war, leider nur mit einer Halbtagsstellung und entsprechend geringem Gehalt bei einer fünfköpfigen Familie. Dies ist der Grund, warum seine wissenschaftlichen Qualitäten der wissenschaftlichen Öffentlichkeit nicht voll bekannt werden konnten: er musste immer wieder Tagesarbeit für den nackten Unterhalt suchen. Umsomehr habe ich die Strenge seines wissenschaftlichen Ethos und die Fülle seiner wissenschaftlichen Gesichtspunkte bewundern müssen.«

In seinem Schreiben schlug Heimann nicht nur vor, Landshut ein Forschungsstipendium zu gewähren, sondern plädierte auch dafür, die Finanzierung einer geregelten Lehrtätigkeit in Ägypten oder Jerusalem zu unterstützen.

Außer an den AAC wandte Heimann sich zudem an den International Student Service und an das Comité International pour le Placement des Intellectuels Réfugiés, beide mit Sitz in Genf. Ferner versuchte er, verschiedene Wissenschaftler bzw. in

Hilfsorganisationen engagierte Personen für Landshuts Situation zu interessieren. So schrieb er auch an seinen engen Freund Alexander Rüstow, der an der Universität in Istanbul eine Professur für »Wirtschaftsgeographie und Wirtschafts- und Sozialgeschichte« erhalten hatte,[16] und erwog, Albert Einstein als Fürsprecher Landshuts hinsichtlich der Hebräischen Universität in Jerusalem einzubeziehen.[17] Heimann, der über vielfältige Kontakte verfügte, war entschlossen, alles für Landshut zu tun – und zwar möglichst schnell. Der Notruf seines langjährigen Assistenten hatte ihn außerordentlich beunruhigt, und er bedauerte es, diesem nicht selbst Geld schicken zu können. Das letzte Geld nämlich hatte der engagierte Heimann gerade an in Deutschland verhaftete Freunde abgeschickt.

Die Tatsache, daß Landshut um ein Stipendium für soziologische Forschungen gebeten hatte, bewirkte, daß er im AAC nun unter der Kategorie »Sociology« geführt wurde. Und in einer Antwort an den International Student Service teilte der AAC mit: »the likelihood of finding a position as a sociologist is extremely small«.[18] Trotzdem setzten auch im AAC Aktivitäten ein. Da Landshut Herausgeber und besonderer Kenner der Marxschen Frühschriften war, ging der AAC davon aus, daß sich die London School of Economics and Political Science (LSE) für ihn interessieren könnte.[19] In diesem Sinne gingen am 30. Mai 1934 zwei Schreiben ab: eines an Harold J. Laski (1893-1950), um die Chancen an der LSE auszuloten, und eines an Karl Mannheim, um ein Gutachten über Landshuts wissenschaftliche Fähigkeiten einzuholen.

Laski teilte bald darauf mit, daß er im Moment nichts für Landshut tun könne.[20] Diese Meldung kam nicht überraschend; die Anfrage des AAC war lediglich ein Versuch gewesen. Weitaus schwerwiegendere Folgen hatte das Antwortschreiben Karl Mannheims. Mannheim, der 1933 selbst als »Nichtarier« seine Professur in Frankfurt verloren hatte und dann an die LSE nach London berufen worden war, gab in seiner Auskunft über Landshut, den er aus der Zeit bei Alfred Weber in Heidelberg ja auch persönlich kannte, u.a. folgendes an:[21]

»Als Landshut's positive Seiten muss ich die oben erwähnte Originalität und Begabtheit erwähnen, ferner eine Gesinnungstreue, die auch in den schwersten Situationen ihn neben der Wissenschaft auszuhalten veranlasste. Es kann aber nach der Erwähnung dieser positiven Eigenschaften nicht verschwiegen bleiben, dass er eine höchst einseitige – und meines Erachtens – ziemlich unfruchtbare Einstellung zu den Problemen der Soziologie hat, eine Denkweise übertreibt, die ganz besonders in der angelsächsischen Welt auf wenig Verständnis rechnen kann. Er gehört zu jenen Aussenseitern, die sich in Einseitigkeiten versteigen und wo man nicht mehr genau weiss, ob sie Opfer einer bösen Welt oder ihrer eigenen Übertreibungen sind. Wenn ich wüsste, dass kein Besserer durch seine Unterstützung gekürzt wird, würde ich unbedingt dafür sein, ihm die Möglichkeit zum weiteren Arbeiten zu geben, umso mehr, als er ja noch jung und deshalb auch entwicklungsfähig ist.«

Diese Beurteilung Landshuts durch Mannheim wirkte sich fatal aus. Die wissenschaftlichen Stellen in den Exilländern waren sehr knapp und die Konkurrenz ausgesprochen groß. In dieser Situation wurden Gutachten für den AAC zuhauf verfaßt: Die Mehrzahl war grundsätzlich positiven Tenors in freilich unterschiedlicher Abstufung. Ein offen negatives Gutachten aber, geschrieben von einem angesehenen Wissenschaftler, war die Ausnahme und konnte die Berufungschancen auf ein Minimum reduzieren. Das vernichtende Urteil über Landshuts Einstellung zur Soziologie hatte also immenses Gewicht. Als Soziologe schwanden damit Landshuts Chancen ungemein, und als solcher wurde er in Teilen der AAC-Akten schließlich geführt. Der besonders tragische Gehalt dieses Umstands liegt in der Tatsache, daß Landshut gar kein Soziologe im engeren Sinne gewesen ist, ja, daß er gerade durch seine Kritik an dieser Disziplin den Unmut ihrer Vertreter auf sich gezogen hatte. Insofern kann es gar nicht verwundern, daß Mannheim, der selbst zu den von Landshut kritisierten Soziologen zählte, eine negative Haltung einnahm. Mannheim übersah aber, daß er eine Kontroverse, die zur Zeit der Weimarer Republik geführt worden war, ins Exil verlängerte: Und im Exil ging es nicht mehr »nur« um einen wissenschaftlichen Disput, sondern zunächst um Fragen der Existenzsicherung.

Hinsichtlich dieses Verhaltens mag die Charakterisierung Karl Mannheims durch Norbert Elias, seinen Assistenten in der

Zeit der Frankfurter Professur, erhellend sein. Elias, der mit Mannheim eng befreundet gewesen war, hat rückblickend darauf hingewiesen, daß »die Bedeutung der Konkurrenz im Gebiete des Geistigen« – so auch der Titel des berühmten Mannheimschen Vortrags auf dem Soziologentag 1928 – ein Zentralthema in dessen eigenem Leben gewesen sei:[22]

»Sein Ehrgeiz – die Konkurrenz im Geistigen war ein ganz persönliches Problem – vertrug sich durchaus mit einer gewissen Unschuld der Einsicht. Wie hart und rücksichtslos er im Konkurrenzkampf sein konnte, schien er selbst nicht zu wissen.«

Im Falle Landshuts erkannte Mannheim offenbar, welche Konsequenzen sein Gutachten haben konnte. Denn sechs Wochen später, am 17. Juli 1934, machte er folgende Mitteilung:[23]

»Über Dr. Siegfried Landshut höre ich neuerdings, dass er in sehr grosser Not sei. Ich glaube, dass man ihm, wenn es irgendwie möglich ist, trotz meines letzten etwas zurückhaltenden Urteils eine Hilfe zukommen lassen müsste.«

Die Wirkung des ersten, keineswegs »zurückhaltenden Urteils« sollte dadurch vermutlich abgeschwächt werden; die Aussagen über Landshuts fachliche Qualifikation wurden jedoch in diesem zweiten Schreiben Mannheims nicht relativiert, aber genau darauf wäre es angekommen. Denn auch auf dem »Arbeitsmarkt des Exils« zählten in erster Linie die vermeintlichen Leistungen des Wissenschaftlers und nicht etwa humanitäre Gesichtspunkte. Mannheims Ansicht sollte sich jedenfalls ein halbes Jahr später durchaus negativ für Landshut auswirken.

Siegfried Landshut selbst hatte sich am 1. Juli 1934 nach längerer Zeit erstmals wieder beim AAC gemeldet, um seinen »Fall« in Erinnerung zu rufen.[24] Zwei Wochen später fragte er wegen einer konkreten Stelle an der Universität von Leeds an, auf die ihn Dietrich Bonhoeffer aufmerksam gemacht hatte.[25] Der Generalsekretär des AAC, Walter Adams (1906-1975), nahm daraufhin Kontakt mit der Leeds University auf, wobei sich die freie Stelle jedoch als Falschmeldung herausstellte.[26]

Zu denjenigen, die sich für Landshut einsetzten, gehörte auch sein ehemaliger Kollege Theodor Plaut, der inzwischen einen Zwei-Jahres-Vertrag als Professor of Commerce in Hull erhalten hatte.[27] Am 23. Juli 1934 gab er in einem Gespräch mit Walter Adams über Landshut Auskunft.[28] Plaut pries Landshuts außerordentliche Fähigkeiten und berichtete, daß dieser in Hamburg für viele Professoren zu brillant gewesen sei und dadurch Eifersucht erzeugt habe. Weitere Informationen solle der AAC von Ernst Cassirer, bei dem Landshut ein »philosophical training« genossen habe, und bei Albrecht Mendelssohn Bartholdy, »a very close friend of L's«, einholen.

Bereits einen Tag nach diesem Gespräch wandte sich Adams an Ernst Kahn (1884-1959) vom Jewish Refugees Committee in London.[29] Da er die Chancen einer Anstellung für Landshut als sehr gering einstufte, versuchte er, zumindest eine finanzielle Hilfe zu erreichen. Kahn gegenüber hob Adams insbesondere den jüdischen Familienhintergrund von Edith und Siegfried Landshut hervor.[30] Ernst Kahn, dem Landshut selbst schon geschrieben hatte, bot zunächst seine Hilfe in der Kontaktaufnahme und Vermittlung, nicht jedoch finanzielle Unterstützung an.[31]

Unterdessen wurde die Lage der Familie in Kairo immer dramatischer. Vom 30. Juli 1934 datiert ein Brief Landshuts an Plaut, in dem es heißt:[32]

»Sie können sich nicht vorstellen, lieber Herr Plaut, dass es diesmal wirklich so schlimm um uns steht. Ich selbst bin von all den Enttäuschungen und der verzweifelten Lage hier nicht nur seelisch, sondern auch physisch so erschöpft, dass ich seit Wochen ohne Erfolg gegen ein schleichendes Fieber ankämpfe, das mich mehr und mehr von Kräften bringt. Ich fürchte daher, dass meine Frau die dadurch entstandene Überlastung bei einer Temperatur, die selbst nachts noch 40°C beträgt, eines Tages auch nicht mehr leisten können wird. Eine Möglichkeit, von hier weg zu kommen, ist daher der einzige Ausweg, den ich noch sehe, um einem unausdenkbaren Unheil zu entgehen.«

Diese Möglichkeit, das zu einem Alptraum gewordene Ägypten endlich verlassen zu können, zeichnete sich aber in keiner Weise ab. Der AAC, an den Plaut den Notruf Landshuts weitergesandt hatte,[33] verschickte im August 1934 zunächst nur seinen ausführlichen Fragebogen an Landshut.[34] In diesem Fragebogen erklärte Landshut dann zu seinen Spezialgebieten: »History and Theory of the Principles of the Modern State and Society;

History and Theory of Political Economy«. Als Personen für Referenzen nannte er: Eduard Heimann, Ernst Cassirer, Alexandre Koyré, Theodor Plaut, Albrecht Mendelssohn Bartholdy und Ernst Kahn sowie die in Deutschland verbliebenen Fritz Schalk und Gerhard Leibholz.[35] Zur finanziellen Situation gab Landshut an, daß er weder über ein Einkommen noch über ersparte Beträge verfüge. Daher erklärte er sich auch zu einer industriellen oder kaufmännischen Tätigkeit bereit und bejahte die Frage, ob er im Fernen Osten oder in der Sowjetunion arbeiten würde. Nur eine Vermittlung in tropische Länder erachtete Landshut wegen seiner Malaria-Erkrankung, die auch in Ägypten periodisch auftrat, als ungünstig. Grundsätzlich war er zu allem bereit, was eine Änderung seiner Situation hätte nach sich ziehen können. Jede Veränderung schien eine Verbesserung. Doch der Überlebenskampf in Kairo dauerte an.

Mit wissenschaftlicher Tätigkeit ließ sich für Siegfried Landshut in Ägypten kaum Geld verdienen; immerhin aber konnte er 1934 in Kairo zwei Aufsätze in französischer Sprache publizieren.[36] In »Les grands problèmes sociaux de notre époque« besprach Landshut nicht einzelne »soziale Probleme unserer Zeit«, sondern legte in gewohnter Weise deren Ursprünge dar. Wiederum analysierte er in ganz grundsätzlicher Weise Veränderungen menschlichen Miteinanderlebens, die Entstehung der modernen Gesellschaft und die Bedeutung des Kapitalismus. Letzteres stand auch im Mittelpunkt seines Aufsatzes über »La crise et la politique monétaire de Président Roosevelt«, in dem er sich mit dem »New Deal«, dem neuen Staatsinterventionismus Rooseveltscher Prägung, auseinandersetzte. Landshut bescheinigte Roosevelt zwar eine couragierte Politik staatlichen Eingreifens, hob aber vor allem hervor, daß das regelmäßige Auftreten ökonomischer Krisen ein *wesenhaftes* Merkmal des sich selbst regulierenden Marktes sei.

Durch die Veröffentlichung kleinerer wissenschaftlicher Arbeiten war die finanzielle Misere nicht zu lindern. Ab Sommer 1934 beschritt Landshut daher einen gänzlich anderen Weg. Er nahm Kontakt zu einer Hamburger Im- und Exportfirma auf, für die er dann als Vermittlungsinstanz in Kairo fungierte.[37] Im Rahmen dieser Tätigkeit galt es etwa, ein Angebot über »echtägyptisch Henna« für einen neuseeländischen Interessenten auszukundschaften oder den ägyptischen Absatzmarkt für ausländische Waren zu sondieren. So sollte Landshut sich um Verkaufsmöglichkeiten für Emaille-Artikel in Ägypten kümmern; außerdem wurde vermutet, daß deutsche Metall-Grabkränze mit künstlichen Blumen in Kairo und Alexandria Absatz finden könnten. Die Zusammenarbeit dürfte nur von kurzer Dauer gewesen sein. Aus den Briefen Landshuts nach Hamburg geht hervor, daß er in Kairo einige Anstrengungen unternahm, Geschäfte anzuknüpfen, daß er bei seinen Verhandlungen aber auf etliche Schwierigkeiten stieß, die ihn sein Vorhaben bald aufgeben ließen.

Ein anderer Versuch Landshuts, Geld zu verdienen, bestand darin, sich als Übersetzer anzubieten. Im Auftrage einer medizinischen Firma benutzte er seine perfekten Kenntnisse der französischen Sprache dazu, ein deutschsprachiges Flugblatt über »Stenopressin« zu übersetzen.[38] Aber auch diese ernüchternde Tätigkeit half kaum über die nächsten Tage.

In dieser zermürbenden Phase, im Oktober 1934, traf ein Scheck über £ 20 bei Landshut ein, den Bernhard Kahn (1876-1955), Direktor des europäischen Büros des »American Joint Distribution Committee«, zur Linderung der größten Not hatte bereitstellen können.[39] Im Antwortschreiben Landshuts heißt es:[40]

»In einem Augenblick, in dem uns wirklich aller Tage Abend zu sein schien und selbst das Essen für den nächsten Tag in Frage gestellt war, kam ihre Sendung und brachte uns ein Aufatmen von einem entsetzlichen Albdruck. Ich kann Ihnen nicht mehr als dies sagen und meinen Dank.«

So lebenswichtig finanzielle Unterstützungen wie diese auch waren: Sie konnten doch nur temporäre Wirkung haben. Versuche Landshuts, die Situation grundlegend zu ändern, mißlangen. Mitte Oktober 1934 wandte er sich etwa an das Innenministerium in Kairo, da er in der Presse von einer neu einzuführenden Sozialgesetzgebung gehört hatte.[41] Als ehemaliger Assistent Eduard Heimanns, der Spezialist auf diesem Gebiete war, bot Landshut seine Dienste an. Über ein persönliches Vorstellungsgespräch kam die Angelegenheit aber nicht hinaus. Ebenfalls aus der Tagespresse hatte Landshut von Bestrebungen des Völkerbunds erfahren, einer Reihe von entlassenen Wissenschaftlern die Berufung an eine Universität finanziell zu ermöglichen: eine Meldung, die sich bald als Zeitungsente herausstellte.[42] Eine weitere Hoffnung betraf die Universität von Madrid, wo die Einrichtung eines »Instituto de Estudios Internacionales y Económicos« geplant war. Aber auch hier blieb es bei Vertröstungen.[43]

Der Plan einer wissenschaftlichen Arbeit zum »Europäischen Judentum seit der Emanzipation«

Neben der unermüdlichen Suche nach neuen Einnahmequellen und der Organisation des beschwerlichen Alltags hatte Landshut auch eine neue wissenschaftliche Arbeit begonnen. Unter den gegebenen Umständen, d.h. ohne gut ausgestattete Bibliotheken, bei großer Hitze und leichtem, schleichendem Fieber sowie vor allem in Anbetracht einer fehlenden konkreten Perspektive und einer permanenten Existenzangst, war dies eine außerordentliche Leistung. Die Wahl des Themas ist aufschlußreich: Es handelte sich um eine Untersuchung über das »Europäische Judentum seit der Emanzipation«. Am 22. Oktober 1934 schrieb er darüber an Bernhard Kahn:[44]

»In meiner aufgezwungenen Musse und der Reflexion über mein eigenes Schicksal habe ich Studien wieder aufgenommen, die ich schon vor 2 1/2 Jahren betrieben hatte, nämlich die Bearbeitung der Frage nach dem Anteil der Juden am Schicksal der modernen Welt. Diese Frage ist eine zweiseitige: einmal die nach der Bedeutung der Emanzipation für das ›Jude-Sein‹ und die jüdische Tradition; und ferner die Einflussnahme des in die Emanzipation entlassenen Judentums auf die Entwicklung des 19. Jahrhunderts, und zwar eben als spezifische Einflussnahme des emanzipierten Judentums. Ich finde, daß – wenn überhaupt wissenschaftliche Reflexion noch angestellt werden soll – die Aufgabe einer historisch-soziologischen Klärung des jüdischen Schicksals in der modernen Welt das ist, was von einem jüdischen Soziologen heute zu tun ist. Mir ist diese Arbeit zu einer Herzenssache geworden.«

Für Siegfried Landshut, der sich hier offenbar besserer Aussichten halber als jüdischer *Soziologe* bezeichnete, war die Geschichte des Judentums lange Zeit kein Gegenstand eigener Forschung gewesen. Erst mit dem zunehmenden Antisemitismus in Deutschland hatte Landshut begonnen, sich wissenschaftlich mit dieser Frage zu beschäftigen. Wie einem Schreiben an Theodor Plaut zu entnehmen ist, hatte er in den Jahren 1931/32 in Hamburg und Frankfurt am Main Vorträge über »die Bedeutung der Emanzipation für das Judentum« gehalten.[45] Zu einer Publikation in diesem Bereich war es aber nie gekommen. Über zwanzig Jahre später erklärte Landshut, daß er, der die Bindung zum Judentum schon weitgehend verloren hatte, erst durch die Vertreibung wieder »zum Juden geworden« sei.[46]

Die geplante Arbeit war der Versuch, ein Stück der eigenen qualvollen Geschichte zu verarbeiten. Eine Gliederung lag bereits vollständig ausgearbeitet vor:[47]

Europäisches Judentum seit der Emanzipation

I. Der Vorgang der Emanzipation in den europäischen Ländern (England, Frankreich, Deutschland)
  1. Die allgemeinen europäischen Ideen, die die Emanzipation befördert haben und die Herkunft der Widerstände
  2. Die Aufnahme der Emanzipation durch die Juden
II. Der Eintritt der Juden in die geistige, politische und wirtschaftliche Entwicklung des 19. Jahrhunderts
  1. Der Zugang zu neuen Berufen
  2. Liberalismus
  3. Kapitalismus und Politik
  4. Die jüdische Intelligenz
III. Die Umbildung des jüdischen Selbst-Verständnisses und Welt-Verhältnisses, exemplifiziert an Mendelssohn, Offenbach, Gabriel Riesser, Heine, Disraeli, Lassalle
IV. Die jüdische Tradition und die Teilnahme des Juden an der nichtjüdischen Mitwelt
  1. Der besondere Charakter des Jude-Seins im gesellschaftlichen Leben
  2. Strömungen innerhalb des Judentums
     a) die orthodoxe Richtung
     b) die liberale Richtung

c) der Zionismus
d) die völlig Assimilierten
V. Kulturkritik, Nationalismus und Judentum im Europa des 20. Jahrhunderts
VI. Das Verhältnis des heutigen europäischen Juden zu seiner eigenen Tradition und Vergangenheit und die Zukunft

Siegfried Landshut hegte die Hoffnung, speziell für diese Studie ein Stipendium erhalten und Ägypten dann verlassen zu können. In diesem Sinne teilte er Bernhard Kahn mit, daß die Untersuchung aufgrund der Materiallage nur in Europa oder in Jerusalem geschrieben werden könne.[48]

Auch Eduard Heimann und Theodor Plaut unterrichtete Landshut von seinem neuen Plan. Plaut gab Landshut den Rat, bei der Beantragung von Stipendien nicht darauf zu bestehen, die Arbeit nur außerhalb Ägyptens schreiben zu können. Er schlug vor, zunächst lediglich einen kürzeren Essay zu publizieren, um eine bessere Ausgangsbasis für die Finanzierung einer größeren Arbeit zu erlangen.[49] Eduard Heimann erklärte, »auf dieser jüdischen Grundlage müsste man was erreichen können«. Und er fügte hinzu:[50]

»Ich finde es sehr schön, dass Sie aus Ihrem schweren Schicksal wissenschaftliche Aufgaben gewinnen, und meine, dass solche Spannkraft *jeden* Versuch für Sie ermutigt und rechtfertigt.«

Und Heimann hatte wieder einiges versucht. Zwecks Finanzierung einer Stelle oder eines Stipendiums war er mit dem Emergency Committee in New York und mit der Johns Hopkins University in Baltimore in Kontakt getreten. Ferner hatte er Alfred Vagts über die Situation Landshuts unterrichtet und zur Mithilfe animiert.[51] Ebenfalls durch Heimann hatte sich auch das Interesse Alexander Rüstows in Istanbul intensiviert, etwas für Landshut zu tun. Da Heimann vom engen Kontakt Rüstows zur »Notgemeinschaft Deutscher Wissenschaftler im Ausland« (NDW) wußte, hatte er ihm die Notrufe Landshuts aus Ägypten zugeschickt.

Die »Notgemeinschaft« hatte Ende April 1933 als Beratungs- und Vermittlungsstelle von deutschen Wissenschaftlern für deutsche Wissenschaftler ihre Arbeit in Zürich aufgenommen. Der

Leiter der Organisation war zu Beginn der Mediziner Philipp Schwartz (1894-1977).[52] Nach dessen Berufung in die Türkei – noch im Jahre 1933 – übernahm der Jurist und vertriebene Kurator der Handelshochschule Berlin, Fritz Demuth (1876-1965), die Leitung. Ihm stand ein »Rat aus Akademikern« zur Seite, dem u. a. Max Born, Karl Brandt, Ernst Cassirer, James Franck, Hans Kelsen, Emil Lederer, Wilhelm Röpke und Philipp Schwartz angehörten. Die Mitglieder des Rates versuchten, an ihren jeweiligen neuen Wohn- und Arbeitsorten die Aktivitäten der NDW zu unterstützen. Zu den Hauptaufgaben der ersten Zeit gehörten die zahlreichen Vermittlungen von deutschen Wissenschaftlern in die Türkei. Die NDW und der AAC arbeiteten als die beiden größten Hilfsorganisationen für vertriebene Wissenschaftler in Europa eng zusammen. Nachdem die NDW im Januar 1936 ihr Büro nach London verlegt hatte, nutzten beide Organisationen zeitweilig auch die gleichen Räume.

Rüstow hatte Landshut am 30. September 1934 mitgeteilt, daß er seinen Namen auf die Vorschlagsliste der NDW für Stipendien in Höhe von 2400 Mark in Devisen gebracht habe.[53] Gleichzeitig wies er darauf hin, daß die von Landshut beschriebene Situation in Kairo charakteristisch für den gesamten Orient – inklusive der Türkei – sei. Im Antwortschreiben vom Oktober 1934 ging Landshut nochmals auf seine Lage in Ägypten ein. Er beschrieb die »lähmende Atmosphäre geistiger Lethargie«, die »wilde Skrupellosigkeit des internationalen Handels«, den »besonderen Charakter von Verlorenheit« und resümierte: »Hier kann ich nur noch von dem einen Wunsch leben – fort.«[54]

Doch die Entscheidung über das Stipendium blieb in der Schwebe. Im Januar 1935 schrieb Landshut an Fritz Demuth in Zürich, um seinem Antrag Nachdruck zu verleihen und nochmals explizit auf seine Untersuchung zum europäischen Judentum hinzuweisen:[55]

»Die Arbeit [...] ist in Überlegung und Meditation so stark herangereift, dass die Verhinderung ihrer Ausführung nicht nur einen persönlichen Schmerz für mich bedeutete, sondern dass das Gewicht des Themas selbst mir einen Anspruch auf Verwirklichung in dieser Zeit zu rechtfertigen scheint.«

Resigniert schrieb Landshut im selben Monat an Eduard Heimann, daß er an seiner Studie über das Judentum »gebastelt«

habe, nun aber von Kairo aus wirklich nicht mehr weiter komme.[56] Dabei blieb es: Das Projekt einer Arbeit über das »Europäische Judentum seit der Emanzipation« war beendet, bevor es richtig in Gang gekommen war.

Der hindernisreiche Weg an die Hebräische Universität

Zu Beginn des Jahres 1935 saß die Familie nach wie vor in Ägypten fest. Für den Unterhalt sorgte in erster Linie Edith Landshut, die verschiedene Tätigkeiten als Sekretärin ausübte.[57] Dabei handelte es sich aber nur um stundenweise oder zeitlich befristete Anstellungen, so daß die finanzielle Situation der fünfköpfigen Familie weiter unsicher blieb. Eine ihrer Arbeitsstellen fand Edith Landshut im Kairoer »Borchardt-Institut«, in dessen Bibliothek auch Siegfried Landshut – vermutlich stundenweise – vorübergehend tätig war.[58] Der Gründer und Leiter dieses Privatinstituts für »Ägyptische Bauforschung und Altertumskunde«, der einer jüdischen Familie aus Berlin entstammende Ludwig Borchardt (1863-1938), hatte sich offenbar für das Ehepaar eingesetzt.[59]

Neben der Bibliothekstätigkeit unterrichtete Siegfried Landshut noch einige Stunden an einer Schule in Alexandria, wohin er einmal pro Woche fuhr. Mit diesen Arbeiten konnte er sich gerade »schwimmfähig« halten, wie er Eduard Heimann nach New York schrieb.[60] Eine schmale Basis zum Überleben war also geschaffen, ansonsten herrschte bei Landshut Tristheit und Isolation. So erklärte er Heimann: »Mit dem ›Leben‹, sofern man von so etwas hier reden kann, im Lande habe ich keinen Kontakt.« Landshut hatte sich mit neuerer ägyptischer Geschichte und mit ägyptischen Verfassungsfragen beschäftigt. Aber alle diese Fragen, so Landshut, stünden in einem solchen Kreuzfeuer entgegengesetzter internationaler Interessen, daß man sich bei jeder Äußerung den »Mund verbrennen« müsse. Oberstes Ziel war und blieb, Ägypten endlich zu verlassen.

Immer wieder keimten Hoffnungen auf, daß dieses gelingen könnte; immer wieder wurden die Hoffnungen enttäuscht. Ein streng vertrauliches Schreiben der NDW machte Landshut auf die Vergabe zahlreicher Stipendien durch die Carnegie-Stiftung in New York aufmerksam.[61] Wieder wandte sich Landshut an Heimann, der sich der Angelegenheit vor Ort annehmen konnte.[62] Dabei stellte sich heraus, daß die Carnegie-Stiftung ein derart verlockendes Unterstützungsprogramm gar nicht beschlossen hatte, sondern daß hier schlicht eine Fehlinterpretation der Hilfsorganisationen vorlag.[63] Der unermüdliche Heimann mußte Landshut in seinem Brief vom 4. April 1935 weitere negative Eröffnungen machen. So gab es einen abschlägigen Bescheid von der Johns Hopkins University in Baltimore, wo Landshut auf Betreiben Heimanns für eine Soziologen-Stelle vorgeschlagen worden war. Zur Begründung der Ablehnung wurde angeführt, der Bewerber müsse sich mit Land und Leuten und insbesondere mit den medizinischen Verhältnissen in den Vereinigten Staaten auskennen, was bei Landshut nun wirklich nicht der Fall war. Gemeinsam mit dem Emergency Committee hatte Heimann ferner die Bewerbung Landshuts für eine Stelle in Kalifornien betrieben; doch auch hier blieben die Bemühungen erfolglos. Trotz aller Ernüchterung wollte Heimann sich auch weiterhin so intensiv wie bisher um eine Vermittlung Landshuts bemühen. Einstweilen schickte er seinem früheren Assistenten einen Geldbetrag aus eigener Tasche. Wie Landshut in seinem Antwortschreiben mitteilte, konnte er damit die »schon arg mitgenommene Kleidung ergänzen«.[64]

Als einzige Hoffnung auf grundlegende Veränderung der Situation kristallisierte sich zunehmend eine Bewerbung an der Hebräischen Universität in Jerusalem heraus. Schwierigkeiten ergaben sich hier vor allem in der Frage der Finanzierung. Die junge Hochschule hatte sich zu einer Anstellung Landshuts bereit erklärt, wenn die Bezahlung seiner Stelle auf fünf Jahre hinaus durch auswärtige Geldgeber gesichert wäre.[65] Eine derartige Bedingung bedeutete in jener Zeit schon fast das Ende aller Hoffnungen. Immerhin hatte Eduard Heimann erkundet, daß die Rockefeller Foundation grundsätzlich bereit war, die Anstellung eines Wissenschaftlers zur Hälfte mitzufinanzieren, wenn dem Geförderten dadurch nach Ablauf von zwei Jahren eine feste Stelle sicher wäre.[66] Obgleich die Vorstellungen in Jerusalem und New York stark voneinander abwichen, meinte Landshut, daß sich »bei einigem guten Willen« eine Lösung finden lassen müßte.[67] Das Ausmaß der Schwierigkeiten zu diesem Zeitpunkt, im Frühjahr 1935, war weder Landshut noch Heimann bekannt.

Blockierend wirkte zunächst, daß die Rockefeller Foundation über Landshut ein negatives Gutachten besaß. Wie üblich hatte die New Yorker Stiftung Informationen über Wissenschaftler eingeholt, die für ein Stipendium in Betracht kamen. Eine wichtige Quelle war hier der AAC in London, von dem man sich Listen mit Kurzbeurteilungen der Kandidaten schicken ließ. In einer derartigen Aufstellung vom 19. Dezember 1934 findet sich zu Siegfried Landshut folgende Eintragung: »Too dangerous to adopt. Conflicting information. Probably not very good.«[68]

Die Beurteilung Landshuts durch Karl Mannheim fand hier ihren Niederschlag. Hinzu kam, daß auch die Wertung Adolf Löwes – er war zu diesem Zeitpunkt Lehrbeauftragter an der Universität Manchester – negativ aufgefaßt worden war. Löwe hatte verschiedene Gelehrte anhand einer eigenen Skala eingestuft. Landshut wurde hier unter »B-C« geführt, woraus der AAC mangelnde fachliche Qualitäten Landshuts ableitete, da Löwe sonst wesentlich großzügiger »benotete«.[69] In einem Gespräch im AAC äußerte sich Löwe am 19. Dezember 1934 allerdings eindeutig zugunsten Landshuts: »very good teacher, knows how to handle people – would be great pity if he had to drop out of academic life permanently – very hard case.«[70]

Ob es zu diesem Zeitpunkt noch andere negative Gutachten, wie jenes von Mannheim, gegeben hat, ist nicht ersichtlich. Aus etwas späterer Zeit, vom 3. März 1935, stammt die Mitteilung des in Deutschland lehrenden Soziologen Leopold von Wiese (1876-1969),[71] daß er Landshut nicht zu den förderungswürdigen Wissenschaftlern seiner Disziplin zähle: Die Kontroverse um *Kritik der Soziologie* wirkte auch hier nach.[72] Die wissenschaftliche Außenseiterrolle Landshuts wurde bestraft.

Sehr positive Beurteilungen finden sich – wie erwähnt – von Heimann und Plaut. Ob es andere gegeben hat, etwa von Cassirer oder Mendelssohn Bartholdy, ist aus den Akten nicht rekonstruierbar. Für die Berücksichtigung bei der Vergabe von »Fellowships« der Rockefeller Foundation kam Landshut aufgrund der negativen Berichte zur Jahreswende 1934/35 nicht in Betracht. Nur den persönlichen Kontakten Eduard Heimanns sollte es zu verdanken sein, daß es nicht bei dieser Einschätzung blieb.

Für den Kontakt mit der Jerusalemer Universität spielte der dortige Professor für »International Relations«, der bekannte britische Jurist und Zionist Norman Bentwich (1883-1971), eine zentrale Rolle. In den Jahren 1933 bis 1936 war Bentwich zudem »Director of the League of Nation's Commission for Jewish Refugees from Germany« und damit einer der wichtigsten Ansprechpartner der Hilfsorganisationen.[73] Im Dezember 1934 hatte sich Landshut an Bentwich gewandt, ihm die mögliche Teilfinanzierung einer Stelle durch die Rockefeller Foundation mitgeteilt und auf sein in Jerusalem noch nicht vertretenes Spezialgebiet verwiesen: »Social and Political Science«.[74] Offenbar antwortete Bentwich, daß eine Verpflichtung eben nur in Frage käme, wenn fünf Jahre von auswärts finanziert werden könnten. Auf die Schwierigkeit dieser Bedingung wies Landshut in seinem Schreiben vom Januar 1935 hin.[75] Außerdem erklärte er, daß seine mangelnden Hebräisch-Kenntnisse es verhinderten, Vorträge in dieser Sprache zu halten, daß also zumindest für die erste Zeit vor allem an eine Forschungstätigkeit zu denken sei. In diesem Zusammenhang erwähnte er seinen Plan einer Studie über die Geschichte des Judentums.

Die Bestrebungen, nach Jerusalem zu gelangen, blieben zunächst erfolglos. Bentwich meldete sich nicht mehr, und auch eine Verhandlung mit Rockefeller war damit zunächst hinfällig geworden. Das Jahr 1935 war wiederum von völliger Unsicherheit gekennzeichnet. Zudem schien es, als hätten sogar die verschiedenen Hilfsorganisationen den »Fall Landshut« vergessen. Von der »Notgemeinschaft« hatte Landshut noch zur Jahreswende 1934/35 sehr optimistische Äußerungen hinsichtlich der dortigen Stipendienvermittlung erhalten,[76] dann allerdings hörte er überhaupt nichts mehr. In der Vermittlungstätigkeit war es zum Stillstand gekommen. Im Herbst 1935 hatte Landshut dann die Gelegenheit, für kurze Zeit nach Europa zu kommen. Ein Kairoer Krankenhaus beabsichtigte, neue Wirtschaftsmethoden einzuführen, und erteilte Landshut den Auftrag, sich diesbezüglich in Frankreich zu informieren.[77] Während Edith Landshut mit den Kindern ihre Eltern in Hamburg besuchte,[78] reiste Siegfried Landshut nach Straßburg und machte auch einen Abstecher nach Zürich, um persönlich mit Fritz Demuth zu sprechen. Dort erfuhr er, warum die ihm geltenden Bemühungen zum Stillstand gekommen waren. Bentwich hatte von einem Freund aus Kairo die Information erhalten, daß Landshut dort eine feste Anstellung innehabe und dringender Hilfe gar nicht bedürfe.[79] Diese Falschmeldung hatte Bentwich ohne Überprüfung sowohl an den AAC in London als auch an die NDW in Zürich weitergegeben, woraufhin jeweils verständlicherweise beschlossen wurde, daß es wichtigere »Fälle« als Landshut gebe. Im Gespräch mit Demuth hatte Landshut seine tatsächliche Situation in Ägypten geschildert, dabei aber in seinem Gesprächspartner den Eindruck erweckt, daß er nicht *jede* ihm angebotene Stelle annehmen würde. In diesem Sinne schrieb Demuth jedenfalls kurz darauf an den AAC und betonte, wie peinlich es werden könne, wenn man sich für Landshut einsetze und dieser dann womöglich ein Angebot ausschlüge.[80] Dementsprechend wurden die Aktivitäten der beiden großen Hilfsorganisationen im »Fall Landshut« auch weiterhin nur auf Sparflamme betrieben. Die Meinung über Landshut scheint zu diesem Zeitpunkt bei den drei für die Stellenvermittlung so wichtigen Personen Fritz Demuth, Walter Adams und Norman Bentwich nicht besonders günstig gewesen zu sein, da offenbar die Fehlinformation, die Bentwich aus Ägypten erhalten hatte, trotz des Dementis nachwirkte. Hier wird deutlich, wie wichtig vereinzelte Aussagen und darauf basierende einseitige Einschätzungen für das Schicksal eines Exilierten sein konnten, ohne daß dieser überhaupt davon wußte.

Nach Kairo zurückgekehrt, wandte Landshut sich erneut an Alexander Rüstow. Zunächst bezog er sich auf das Stipendium, für das sich auch Rüstow seinerzeit eingesetzt hatte:[81]

»Den Grund für den traurigen Misserfolg erfuhr ich zu meinem Entsetzen erst jetzt, als ich im Oktober die günstige Gelegenheit hatte, für kurze Zeit nach Europa zu entwischen und dabei gleich bei Herrn Geheimrat Demuth in Zürich vorsprach. Die von Mr. Norman Bentwich damals aufgestellte Behauptung, dass ich in Cairo unter günstigen Verhältnissen lebte und durch eine ausreichende Tätigkeit gesichert sei, entbehrte jeder Grundlage und wurde zu einer Zeit aufgestellt, als ich für meine Familie von Tag zu Tag die Lebensmittel zusammenkratzen musste. Dieser bedauerliche und eigentlich unverantwortliche Irrtum ist nun Gott sei Dank gründlich aufgeklärt. Meine Lage hat sich hier inzwischen nicht nur nicht gebessert, sondern – so weit das noch möglich war – verschlechtert ...«

Landshut bat Rüstow, in Erfahrung zu bringen, ob sich in Istanbul Chancen einer Lehr- oder Forschungstätigkeit im Bereich von Nationalökonomie, Wirtschaftsgeschichte, allgemeiner Staatslehre oder Soziologie ergeben könnten. Er verwies auf seine Kenntnisse der türkischen Sprache und konstatierte, daß eine beschränkte Arbeitsbasis für ihn das sein würde, was für den Durstenden das Wasser bedeute. Rüstow antwortete sofort, teilte aber mit, daß die Wirtschaftswissenschaften in Istanbul schon stark besetzt seien und vor einem generellen Ausbau der Universität an eine Verpflichtung Landshuts nicht zu denken sei.[82] Daß Rüstow anfügte, er habe Landshut in der Zwischenzeit nicht vergessen und sich seinetwegen »mehr als einmal den Kopf zerbrochen«, nützte im Ergebnis wenig.

Nützlicher war der sich Ende 1935 konkretisierende Plan, nach Palästina zu reisen. Um ein Visum der dortigen britischen Mandatsverwaltung zu erhalten, mußte Landshut nachweisen, daß die Kosten für seinen Aufenthalt gedeckt waren. Dies konnte er durch die Einladung eines Verwandten seiner Frau in Tel Aviv erreichen. Die Reise fand zu Beginn des Jahres 1936 statt und wurde für Landshut zu einem ersten Erfolg nach langer Durststrecke. Er erfuhr, daß die Hebräische Universität sowohl am Aufbau einer sozialwissenschaftlichen Fakultät als auch an der Verpflichtung seiner Person interessiert war, daß allerdings noch nicht genügend Mittel zur Verfügung standen. Landshut sollte und mußte sich also selbst um die Finanzierung seiner Stelle kümmern. Zumindest aber bestand die Universität nicht mehr auf der Fünf-Jahres-Regelung, sondern wollte nur noch die Geldmittel für die ersten beiden Jahre sichergestellt wissen. Es handelte sich um eine Summe von £ 700 bis 800, die Landshut »einzuwerben« hatte. Sollte die Rockefeller Foundation tatsächlich die Hälfte davon übernehmen, so blieben noch £ 350 bis 400 übrig, die aus anderen Quellen erschlossen werden mußten. Abgesehen von der Klärung der Umstände in Jerusalem hatte der Aufenthalt in Palästina für Siegfried Landshut eine weitere große Bedeutung. In einem Brief an den Hamburger Bankier Fritz Warburg (1879-1964) vom 29. Februar 1936 heißt es:[83]

»Zu all dem [den positiven Erfahrungen an der Hebräischen Universität, R. N.] kommt noch hinzu, dass ich heute – und vor allem nach meinem Besuch in Palästina – auch willensmäßig zu Palästina und der Arbeit dort ein ganz anderes Verhältnis bekommen habe. Ich bin von allem, was ich dort gesehen habe, tief beeindruckt, und wenn ich auch keineswegs die Schwierigkeiten und oft Bedenklichkeiten auf vielen Gebieten des allgemeinen Lebens übersehe, so bietet dies Land doch im Ganzen ein Bild solch lebendigen und überzeugenden Wollens und Werdens und auch besonders im Hinblick auf meine Arbeit ein solch ausserordentlich verlockendes Feld zum Einsatz neuer Kraft, dass ich keinen anderen Wunsch mehr habe, als dort arbeiten zu können.«

Ermutigend dürfte in Palästina vor allem auch die Bekanntschaft mit Ernst Simon gewesen sein, der in den folgenden Monaten die wichtigste und zuverlässigste Kontaktperson in Jerusalem war. Im Brief an Fritz Warburg erklärte Landshut:

»Ich habe in Herrn Dr. Ernst Simon einen Menschen kennengelernt, der mir nicht nur in meinen Anliegen von ausschlaggebendem Nutzen war, sondern zu [!] dem mich auch bildungsmäßig und menschlich eine große Sympathie verband. Hinzu kam noch, dass Herr Simon meine wissenschaftlichen Arbeiten kannte und schätzte und mir so infolge seiner Beziehungen zu allen ausschlaggebenden Stellen in einzigartiger Weise den Weg geebnet hat. Ich kann Ihnen nicht genug Dank für diese Vermittlung sagen.«

In Ernst Simon (1899-1988) lernte Landshut einen Menschen kennen, der nicht nur durch seine enorme Gelehrsamkeit und sein politisches Handeln beeindruckte, sondern der auch aus eigener Erfahrung um die spezifischen Probleme der Hebräischen Universität wußte. Zudem verfügte Simon über vielfältige Kontakte, die er für Landshut nutzbar machen wollte.[84]

Das Problem der Geldbeschaffung konnte nun auf verschiedenen Ebenen angegangen werden. Eduard Heimann bemühte sich wiederum in den Vereinigten Staaten,[85] Adolf Löwe in Großbritannien,[86] Ernst Simon in Palästina und Landshut selbst in Ägypten. Über Empfehlungsschreiben von Simon fand Landshut Zugang zur »Vereinigung der Freunde« der Hebräischen Universität in Kairo und Alexandria. Hier sollte versucht werden, die finanziellen Mittel zur Errichtung eines neuen Lehrstuhls einzuwerben. Das Wort »Geld« löste allerdings in beiden Vereinigungen nur Gereiztheit und ein Ablenken auf andere Gesprächsthemen aus.[87] Landshut änderte daraufhin seine Taktik und versuchte, das Interesse für die Universität in Jerusalem überhaupt zu aktivieren. Wie er an Simon schrieb, hatte er die Absicht, vor der Vereinigung in Kairo »ein kleines Referat zur Aufmunterung der Gemüter« zu halten.[88] Bei der dafür anberaumten Versammlung im März 1936 kam es aber doch zur Diskussion über finanzielle Fragen und zur Bildung zweier Fraktionen. Während eine Minderheit die Universität – und damit u.U. auch eine Stelle für Landshut – unterstützen wollte, lehnte die Mehrheit eine Zuwendung ab. Auch in diesem Gremium schieden sich die Geister an der Person Landshuts. Nach dessen eigener Schilderung gab es entweder große Bereitschaft zur Unterstützung oder ein schon feindlich zu nennendes Gebaren.[89]

Die Bemühungen Eduard Heimanns in New York waren ein weiteres Mal imponierend. Er schickte Landshut am 4. März 1936 eine ganze Liste mit Namen einflußreicher Personen, die Hilfe bieten könnten, und bemerkte nur nebenbei, daß sein Versuch, Landshut eine Anstellung in Ohio oder Kalifornien zu verschaffen, gescheitert war.[90] Aufmunternd-optimistisch äußerte er sich aber hinsichtlich der Chancen in Palästina. Heimann wies Landshut darauf hin, daß Ernst Kahn nach Jerusalem übergesiedelt sei, an den er sich im Bedarfsfalle »unbedingt und rückhaltlos« wenden solle. Kahn sei ein »ungemein anständiger und tätiger Mensch« und habe als angesehener Wirtschaftsfachmann mit unzähligen Kontakten sicher einigen Einfluß. Außerdem habe eine ausführliche Beratung mit dem Historiker Hans Kohn (1891-1971) stattgefunden.[91] Kohn habe versprochen, so dringend wie möglich an seinen engen Freund Hugo Bergmann (1883-1975), den Rektor der Hebräischen Universität, zu schreiben. Und schließlich teilte Heimann mit, daß er Norman Bentwich getroffen und von diesem nach einer »langen Auseinandersetzung« die mündliche und schriftliche Zusage zur Unterstützung Landshuts erhalten habe. Am 2. April 1936 konnte Heimann vermelden:[92]

»Bentwich und Demuth sind energisch in Tätigkeit getreten (auch Bentwich, der ja etwas gutzumachen hat).«

Dabei verweilte Heimann jedoch nicht. Über seinen alten Freund Arnold Wolfers hatte er Kontakt zum europäischen Büro der Rockefeller Foundation in Paris aufgenommen.[93] Im Zuge des neuen Planes, nun den Weg über die Pariser Filiale zu versuchen, bat er Wolfers und Rüstow, unaufgefordert Gutachten über Landshut dorthin zu schicken. Dieser Schritt war wohl überlegt, denn die sehr positiven und ausführlichen Gutachten machten ersichtlich, »daß Menschen von anerkanntem Rang (Wolfers ist Master eines Colleges in Yale University!!) und sehr verschiedener Einstellung (W. ist rechts, R. Mitte)« sich für Landshut einsetzten. [94]

Alexander Rüstow, der Landshut gar nicht persönlich kannte, bezog sich in seinem Gutachten, datiert vom 19. April 1936, vor allem auf *Kritik der Soziologie*.[95] Dieses Buch sei »eine der wichtigsten und vielversprechendsten Leistungen der deutschen Soziologie des letzten Jahrzehnts«. Zur Bedeutung der Landshutschen Max-Weber-Interpretation faßte er zusammen:

»So unbestreitbar die Bedeutung und so weitreichend der allgemeine Einfluss des Historisch-Soziologischen Werkes von Max Weber ist, so gering ist doch seltsamerweise die Zahl derjenigen, die in unmittelbarer Anknüpfung an ihn die durch seinen vorzeitigen Tod verwaisten Probleme weiterverfolgen. Von diesen wenigen, die wohl fast alle zu den vom Umsturz in Deutschland betroffenen gehören dürften, scheint mir Landshut der bedeutendste und selbständigste zu sein. Wer ihm die Fortsetzung seiner wissenschaftlichen Arbeit ermöglicht, trägt demnach auch wesentlich dazu bei, die Kontinuität einer so wichtigen und zukunftsträchtigen Tradition wie derjenigen Max Webers in produktiver Weise sicherzustellen.«

Auch Arnold Wolfers, dessen Gutachten möglicherweise noch mehr Gewicht hatte, trat nachdrücklich für Landshut ein:[96]

»Through my personal contacts with Dr. Landshut and his writings I have become convinced that he is an exceptionally able sociologist. A real scholar with ideas of great originality and practical significance, he is also a remarkably good teacher of whom the students spoke with greatest admiration and enthusiasm.«

Nun bestanden die Voraussetzungen eines positiven Votums;[97] kompliziert war die Finanzierung aber nach wie vor. Bei der

Rockefeller Foundation in Paris wartete man auf den Antrag der Hebräischen Universität. Der Antrag, der dort in der Schublade lag, sollte aber erst abgesandt werden, wenn die andere, von Paris nicht bezahlte Hälfte der Kosten gesichert war.[98] Inzwischen ging Landshut von einer Summe in Höhe von £ 600 für zwei Jahre aus, was eher niedrig bemessen war. Demnach mußte noch eine Bestätigung über £ 300 eintreffen. Diese wurde aus London erwartet, wo der AAC – seit März 1936 unter dem Namen »Society for the Protection of Science and Learning« (SPSL) – und mittlerweile auch die NDW ihren Sitz hatten. Wieder kam es zu Verzögerungen. Und wieder kam ein entscheidender Brief aus New York: diesmal nicht von Heimann selbst, sondern von dessen Wirkungsstätte, der Graduate Faculty an der New School for Social Research. Emil Lederer, damaliger Dekan dieser aus hervorragenden Gelehrten zusammengesetzten Fakultät, teilte dem Rektor der Hebräischen Universität am 26. Mai 1936 mit, man habe sich entschlossen, eine Tätigkeit Landshuts in Jerusalem mit einem Stipendium in Höhe von $ 600 zu unterstützen. Zur Begründung dieses Schrittes und zur Herkunft des Geldes erklärte Lederer:[99]

»As the faculty believes that Dr. Landshut is an outstanding man in his field and that his contribution to science is and will be of the greatest importance, the decision was made to offer this grant to the Hebrew University in case this institution should decide to appoint him. The faculty voted this grant unanimously from its fund which is raised by self-taxation of the members.«

Bereits einige Tage vor dieser offiziellen Mitteilung hatte Siegfried Landshut von der Entscheidung der Graduate Faculty erfahren. Am 21. Mai 1936 machte ihm Karl Brandt, Vorsitzender der Sonderfonds-Kommission, folgende ermutigende Eröffnung:[100]

»Ich habe die Ehre und die besondere Freude, Ihnen mitteilen zu koennen, dass die Graduate Faculty of Political and Social Science, die man hierzulande auch die ›University in Exile‹ nennt, in ihrer gestrigen Sitzung beschlossen hat, dem Rektor der Universitaet Jerusalem den Betrag von $ 600 zur Verfuegung zu stellen, um ihm die Möglichkeit zu geben, Sie zu berufen. Die Mittel stammen aus einem Selbstbesteuerungs-

Fonds. [...] Bei der Entscheidung der Fakultaet war die hohe Bewertung Ihres wissenschaftlichen Schaffens massgebend.«
In einem Brief vom folgenden Tage erklärte Eduard Heimann, daß er »jeden möglichen Verdacht«, diese Initiative sei von ihm ausgegangen, ablenken müsse. Karl Brandt habe der Fakultät unter Applaus die Unterstützung Landshuts vorgeschlagen. Das Plenum habe dann ohne Debatte zugestimmt.[101] Nur Heimanns ständigem Engagement war es allerdings zu verdanken, daß den Kollegen in New York überhaupt die Notlage Landshuts bekannt war. Ohne Zweifel war Heimann diejenige Person, die am nachdrücklichsten für Landshut eintrat und ganz entscheidend dazu beitrug, ein »unausdenkbares Unheil« zu verhindern. Dabei war auch Heimann ein Vertriebener, der – obschon rasch nach New York berufen – selbst unter der Exilierung litt.[102] Daß er sich in dieser Situation mit höchster Intensität um andere Exilierte kümmerte und sich darüber hinaus für in Deutschland inhaftierte Freunde, wie etwa Carlo Mierendorff (1897-1943),[103] einsetzte, gehört zu den bisher ungeschriebenen Kapiteln der Heimannschen Biographie.

Die $ 600 von der Graduate Faculty entsprachen £ 120 und waren somit wesentlicher Grundstock der aufzubringenden Summe; darüber hinaus war hier ein Signal der Solidarität gesetzt, das für Landshut überaus ermutigend gewirkt haben muß. So heißt es in seinem Dankesbrief an Karl Brandt:[104]

»Ist schon Ihre materielle Hilfe für mich in diesem Augenblick eine Art der Lebensrettung, so nimmt mich die Gesinnung der wahren ›Notgemeinschaft‹, die Sie mir kundtun, in eine Gemeinschaft auf, die mir schon aus dem Bewußtsein zu entschwinden drohte.«

Aus diesen Zeilen spricht nicht nur die Freude über die hier geleistete Hilfe, sondern auch die Enttäuschung und Bitterkeit über die anderswo nicht erbrachte Unterstützung. Daß Landshut von der »wahren ›Notgemeinschaft‹« spricht, ist ein Seitenhieb auf die NDW in London, auf deren Hilfe Landshut nach wie vor wartete. Daß die Zeit aber drängte, geht aus einem Schreiben Landshuts an Ernst Kahn vom 26. Mai 1936 hervor:[105]

»Entschuldigen Sie bitte, wenn ich Sie mit Briefen bombardiere, aber da trifft eben beiliegender Brief aus London ein,

der mich sehr deprimiert. Ich ersehe daraus, dass die Geldgeschichte in London noch nicht über das Stadium von vor drei Monaten hinausgediehen ist. Es ist [...] dringlicher, dass die Sache zu einem raschen Abschluss kommt, als diejenigen ahnen, die sich darum bemühen. Ich kann mich hier in Aegypten nicht mehr lange halten: einmal, weil ich keinerlei Verdienstmöglichkeit mehr habe und alles verbraucht habe und zweitens, weil meine Aufenthaltserlaubnis hier am 7. Juni abläuft und ich, wenn überhaupt, höchstens noch für 4 bis 6 Wochen eine Verlängerung erhalte, und auch das nur mit grosser Schwierigkeit und schmerzlichen Unkosten. [...] Eine längere Verzögerung der Angelegenheit, die sich jetzt schon über 5 Monate hinzieht und mich schon zur Aufnahme von Darlehen gezwungen hat, wäre wirklich sehr schlimm.«
Die Lage hatte sich dramatisch zugespitzt: Eine Anstellung in Jerusalem *mußte* glücken. Abgesehen von den £ 120 aus New York hatte Landshut £ 50 von der »Vereinigung der Freunde« der Hebräischen Universität in Kairo erhalten, und weitere £ 30 waren in Jerusalem von der »Deutschen Abteilung« der Jewish Agency zur Verfügung gestellt worden. Ausgehend von diesen insgesamt £ 200 schickte Hugo Bergmann am 23. Juni den Antrag auf Unterstützung Landshuts an die Rockefeller Foundation ab.[106] Der von Rockefeller verlangten Zusicherung einer Festanstellung nach Ablauf von zwei Jahren entsprach die Universität dabei nicht. Statt dessen wurde aber ausführlich begründet, daß die ernsthafte Absicht bestünde, Landshut bei der in Aussicht genommenen Errichtung einer Sozialwissenschaftlichen Fakultät zu berücksichtigen. Ob ein derartiger, jede verbindliche Zusage vermeidender Antrag überhaupt Aussicht auf Erfolg haben konnte, war ungewiß. Deshalb waren der genauen Formulierung dieses Antrages auch zahlreiche Diskussionen innerhalb der Universitätsgremien vorausgegangen. Eine zentrale Rolle in dieser Auseinandersetzung spielte der Vorsitzende des Exekutivrats der Universität, der Verleger Salman Schocken (1877-1959). In Berufungsfragen, die eben auch und vor allem Finanzierungsfragen waren, scheint Schockens Einfluß wesentlich größer gewesen zu sein als der des Rektors Hugo Bergmann oder der des Präsidenten der Universität Judah L. Magnes (1877-1948). Im Falle der Beschäftigung Landshuts vertrat

Schocken nun den Standpunkt, man dürfe angesichts der Finanzschwäche der erst im Aufbau befindlichen Hochschule keinerlei bindende Verpflichtung eingehen.

In der Tat war eine längerfristige Planung in Anbetracht der desolaten Finanzsituation und der Abhängigkeit von Spendengeldern schwierig. Niemand bestritt die offenkundige Geldnot, wohl aber gab es Stimmen, die Schockens Zurückhaltung kritisierten. Nachdrücklich wies Richard Koebner (1885-1958), seit 1934 Professor für Neuere Geschichte an der Hebräischen Universität, darauf hin, daß es sich hier auch um einen Präzedenzfall handele, nämlich die Frage betreffe, inwieweit die Jerusalemer Hochschule Unterstützung durch die Rockefeller Foundation erhalten könne. Koebner warnte davor, die Chance eines Rockefeller-Stipendiums für Landshut zu gefährden:[107]

»Ist man einmal in den Rockefeller-Listen drin, so wird es verhältnismässig leicht sein, ganz andere Anträge weiterzubringen als die verhältnismässig kleine Forderung im Falle Landshut. Es ist wohl nicht übertrieben, wenn man sagt, es handelt sich hier um eine Frage, von der die Zukunft unserer Universität ganz wesentlich mit abhängt.«

Auch diese das Wohl der Universität hervorhebende Stellungnahme blieb ohne Wirkung; der Rockefeller-Antrag war bereits in der beschriebenen, recht vagen Form nach Paris abgegangen. Danach begann das zermürbende Warten auf Antwort, vor allem bei Landshuts in Kairo. Am 26. Juli 1936, als die Angelegenheit sich nach wie vor in der Schwebe befand, machte Karl Brandt seinem Unmut Luft. Im Namen der Graduate Faculty schrieb er an Schocken, den er aus Deutschland flüchtig kannte:[108]

»[Es] geht ein grausiger Wirrwarr von Verhandlungen kreuz und quer mit Rockefeller, mit dem Academic Assistance Council und anderen Stellen vor sich, waehrend der arme Patient dabei zu verhungern droht. Die Universitaet Jerusalem hat eine so gewundene Bereitwilligkeits-Erklaerung Dr. Landshut anzustellen abgegeben, dass man zweifeln darf, ob sie ihm nuetzen wird. An unsere Fakultaet hat die Universitaet einen alles andere als freundlich gehaltenen Brief geschrieben, der darin endet, die Universitaet hoffe, es werde den Freunden Dr. Landshuts gelingen, seine Anstellung moeglich zu machen. Wir sind von dem Ton und der Haltung sehr wenig angenehm beruehrt. Wenn unserer Fakultaet eine derartige Stiftung aus heiterem Himmel gemacht wuerde, so wuerde jedenfalls eine freundlichere Antwort abgehen. [...] Es mag Sie interessieren, dass sehr zum Schaden der Universitaet Jerusalem bei allen hiesigen Hilfsinstitutionen die hartnaeckige Auffassung verbreitet ist, die organisatorischen Angelegenheiten der Universitaet und ihr Kontakt mit der Aussenwelt seien hoffnungslos verfahren. Ich habe darueber kein Urteil. Aber meistens haben ja communis opinii ihre Gruende.«

Mag man auch einräumen, daß Brandt und seine Kollegen in New York die Verhältnisse in Jerusalem nicht aus eigener Anschauung kannten und dortige Schwierigkeiten vielleicht unterschätzten, so bleibt doch festzustellen, daß die Außenwirkung der Hebräischen Universität in hohem Grade negativ war. Daran dachte offenbar auch Fritz Demuth von der NDW, als er Schocken in Kenntnis des Briefes von Brandt schrieb, er hoffe, daß die »leidige Angelegenheit, die weitum genaue Beachtung findet«, geregelt werde. »Der Fall hat sich gewissermaßen zu einer cause célèbre ausgewachsen, und von seiner Erledigung hängt nach meinem Eindruck viel ab.«[109]

Am 18. August 1936 wurde der erlösende Brief in Paris endlich abgeschickt. Tracy Kittredge, »Assistant Director« im dortigen Rockefeller-Büro, teilte Hugo Bergmann mit, daß ein Stipendium in Höhe von £ 300 für zwei Jahre gewährt werde.[110] Im Zuge dieser Entscheidung hatte man bei der Rockefeller Foundation gleich zwei Prinzipien vernachlässigt: Denn weder gab es im Falle Landshuts die verbindliche Zusage einer Weiterbeschäftigung noch den Nachweis über eine bereits vorliegende Summe in Höhe von £ 300. Großen Anteil an der dennoch positiven Entscheidung hatte offenbar Kittredge selbst, der gegenüber seiner New Yorker Zentrale argumentiert hatte, man müsse den Antrag aus Jerusalem in diesem besonderen Falle als verbindlich lesen und somit als ausreichend erachten.[111] Dementsprechend wies er auch Bergmann ausdrücklich darauf hin, daß die Bewilligung auf der Annahme beruhe, die Hebräische Universität werde alles tun, um Landshut nach Ablauf von zwei Jahren eine feste Anstellung einzurichten.

Mit dem Rockefeller-Stipendium war die entscheidende Voraussetzung zur Umsiedlung der Familie Landshut nach Palästina geschaffen. Die jetzt vorhandene Gesamtsumme war allerdings geringer als zuvor veranschlagt. Noch stand eine Antwort aus London aus, woher sich Landshut eine Unterstützung in Höhe von £ 100 erhoffte. Erst nachdem die Rockefeller-Zusage auch in London bekannt geworden war, schickte die SPSL am 7. September 1936 aus dem »International Appeal Fund« einen Scheck über £ 40.[112] Bevor diese unerwartet niedrige Summe eintraf, war Landshut bereits nach Jerusalem umgezogen. Von dort schrieb er am 5. September 1936 an Rüstow:[113]

»Endlich, endlich! Es ist mir nicht nur eine grosse Freude, sondern vor allem eine innige Genugtuung, dass all die unsäglichen Bemühungen meiner Freunde und Helfer ihre Frucht gezeigt haben. Rockefeller hat den Antrag der Universität Jerusalem genehmigt und ich bin schon an Ort und Stelle, um mich schnell zu installieren und alsbald in meinen neuen Wirkungskreis einzuarbeiten.«

Die Zukunft in Jerusalem war keinesfalls gesichert, aber der Aufbau neuer Perspektiven schien hier ungleich günstiger als in Ägypten. Der Fortzug war für die ganze Familie eine große Erleichterung, ja, eine Notwendigkeit. Über drei Jahre hatte Siegfried Landshut in Ägypten verbracht: drei Jahre des Existenzkampfes, der Isolation und der Depression.

Der Abschied von Kairo traf mit einer besonders grotesken Begebenheit zusammen. »Im Namen des Führers und Reichskanzlers« erhielt Landshut vom dortigen deutschen Gesandten von Wachendorf ein auf den 30. September 1936 datiertes und mit Hakenkreuz-Stempel versehenes Dokument:[114]

Dem
Dozenten Siegfried Landshut
in Kairo
ist auf Grund der Verordnung vom 13. Juli 1934
zur Erinnerung an den Weltkrieg 1914/1918 das von
dem Reichspräsidenten Generalfeldmarschall von Hindenburg
gestiftete
Ehrenkreuz für Frontkämpfer
verliehen worden.

Zweite Exilstation Palästina (1936-1945):*
Ein Land im Zeichen des Konflikts zwischen
Juden, Arabern und Briten

Als Siegfried Landshut im Sommer 1936 nach Palästina übersiedelte, betrat er ein Land, das sich für ihn und seine Familie als rettendes Ufer erwiesen hatte, in dem die Lebensbedingungen aber alles andere als einfach waren. Äußerst konfliktgeladen war das Verhältnis zwischen der jüdischen Bevölkerung, die die Errichtung einer jüdischen »Nationalen Heimstätte« anstrebte, den arabischen Bewohnern, die die Bevölkerungsmajorität stellten, und der zahlenmäßig schmalen Führungsschicht des Landes, die die Mandatsmacht Großbritannien repräsentierte. Feindseligkeiten, Nationalismus und Terrorakte bestimmten zunehmend die Szenerie.[115]

Mehr als fünfzig Jahre waren vergangen, seitdem die erste jüdische Einwanderungswelle nach Palästina in der Moderne, die erste Alija, in den 1880er Jahren eingesetzt hatte. Sie war Teil einer großen jüdischen Wanderungsbewegung, die durch die Pogrome in Rußland ausgelöst worden war. Für die Besiedlung Palästinas war die Rettung vor antisemitischen Ausschreitungen aber nicht der einzige Beweggrund; verbunden damit war auch

---

* Zur Transkription: Da die Schreibweise hebräischer Wörter in lateinischen Buchstaben nicht standardisiert ist, finden sich in den hier verwendeten Quellen und in der herangezogenen Literatur zahlreiche Varianten in der Schreibweise eines Wortes (z.B. »Kibbuz« oder »Kibbutz«; »Kwuza« oder »Kwuzah« oder »Kvuza« oder »Kevuzah« usw.). Im vorliegenden Text wurde nach folgenden Kriterien verfahren: 1.) Bei Zitaten und bei Titeln von Publikationen wurde grundsätzlich die dort verwendete Schreibweise beibehalten. 2.) Im sonstigen Text wurde eine einheitliche Schreibweise der Wörter gewählt, die sich – in der Regel und soweit dort vorhanden – orientiert an: Neues Lexikon des Judentums. Hg. von Julius H. Schoeps. Gütersloh-München 1992. 3.) Begriffsprägungen wie »Hakibbuz Hameuchad« (»Der vereinigte Kibbuz«) blieben im Text erhalten. Es kann also heißen »der Hakibbuz Hameuchad«, wobei dann mißlicherweise der deutsche *und* der hebräische bestimmte Artikel gebraucht werden (»Ha« ist im Hebräischen der bestimmte Artikel für jedes Genus; er wird nicht nur dem Substantiv, sondern auch dem qualifizierenden Adjektiv vorangestellt). Anmerkung zur Aussprache: Aufeinanderfolgende Vokale werden getrennt gesprochen, z.B. »Hakibbuz Hame'uchad«.

die zionistische Vision: die Sammlung der verstreuten Juden und die Errichtung eines spezifisch jüdischen Gemeinwesens; und zwar dort, wo sich die historische Wiege des Judentums befand, in Erez Israel.

Dem Zionismus, der sich als Spätling der europäischen Nationalbewegungen entwickelt hatte, schloß sich indes nur eine kleine Minderheit der Juden an. Immerhin aber kamen zwischen 1882 und 1903 20000 bis 30000 jüdische Einwanderer nach Palästina, wo im Jahre 1880 nur etwa 24000 Juden gelebt hatten. Die zweite Alija (1904-1914) mit 35000 bis 40000 Einwanderern wurde wiederum durch Pogrome in Rußland sowie auch durch die Enttäuschung über den Ausgang der russischen Revolution (1905) ausgelöst. Bei den Immigranten handelte es sich vorwiegend um Mitglieder verschiedener zionistischer Arbeitergruppen. Mit der zweiten Alija, der sogenannten »Arbeitereinwanderung«, veränderte sich die Struktur des Jischuw, der jüdischen Einwohnerschaft Palästinas, entscheidend. Zudem nahm die planmäßige jüdische Kolonisation in Palästina Gestalt an. Mit Hilfe des auf dem fünften Zionistenkongreß 1901 gegründeten Jüdischen Nationalfonds (»Keren Kajemet Lejisrael«) wurde systematisch Siedlungsboden angekauft, und im Jahre 1908 begann das von der Zionistischen Organisation errichtete, in Jaffa ansässige und von Arthur Ruppin (1876-1943)[116] geleitete Palästina-Amt mit der Koordinierung praktischer Kolonisation. In den Jahren der zweiten Alija entstanden die ersten landwirtschaftlichen Mischsiedlungen sowie die ersten Ansätze einer Industrie, und im Jahre 1909 wurde mit Tel Aviv die erste rein jüdische Stadt gegründet. Mit dieser Entwicklung ging auch eine spezifische Pionierideologie einher, die den Jischuw zunehmend prägte. Wesentliche Merkmale des Pionierideals waren erstens die Selbstaufopferung des einzelnen für die Aufgaben der Gemeinschaft und zweitens die besondere Wertschätzung körperlicher, vor allem landwirtschaftlicher Arbeit. Die äußerst harten Lebensbedingungen im Palästina jener Jahre forderten materielle Anspruchslosigkeit und Opferbereitschaft; sie wurden aber auch zu »Tugenden« stilisiert, worunter spätere Einwanderergruppen, so die aus Deutschland kommenden Juden, nicht selten zu leiden hatten. Insbesondere aus dem Kreis der mit der zweiten Alija Eingewanderten – zu ihnen zählten spätere Leitfiguren der Arbeiterbewegung wie David Ben Gurion (1886-1973), Berl Katznelson (1887-1944) und Izhak Tabenkin (1887-1971) – rekrutierte sich auf Jahrzehnte hin die politische Führungsschicht des jüdischen Palästina.

Doch auch zur Zeit dieser später legendär gewordenen zweiten Alija war die Zahl der Auswanderer aus Palästina nicht eben gering. Überhaupt war Palästina kein bevorzugtes Ziel jüdischer Migranten: Nur eine kleine Minorität entschloß sich in jener Zeit zu einem derartigen Abenteuer. Zwischen 1880 und 1920 machten die Palästina-Einwanderer nicht mehr als vier Prozent der gesamten jüdischen Wanderbewegung aus; bevorzugte Ziele der aus Osteuropa auswandernden Juden waren in erster Linie die Vereinigten Staaten, des weiteren Westeuropa und Lateinamerika.

Auftrieb erhielt die zionistische Bewegung durch die Anerkennung ihrer Ziele seitens der Briten. In der am 2. November 1917 abgegebenen »Balfour-Deklaration« erklärte der Außenminister Arthur James Balfour, die Regierung Seiner Majestät betrachte die Errichtung einer »Nationalen Heimstätte«[117] für das jüdische Volk in Palästina mit Wohlwollen und sei bemüht, dieses Vorhaben nach Kräften zu erleichtern. Dabei sollte jedoch nichts getan werden, was die religiösen oder bürgerlichen Rechte nichtjüdischer Gemeinschaften in Palästina beeinträchtigen könnte. In der Präambel des Völkerbundmandats für Palästina (1922/23) wurde diese Formel übernommen, womit die Mandatsmacht Großbritannien eine doppelte Verpflichtung einging, der sie, wie sich zeigen sollte, nicht gewachsen war. Für ein konfliktreiches Verhältnis zwischen Juden und Arabern einerseits wie zwischen beiden Bevölkerungsgruppen und der Mandatsmacht andererseits sorgte die jüdische Einwanderung und Ansiedlung. Mit der 1920 erfolgten Gründung des Keren Hajessod, eines Fonds zur Finanzierung des jüdischen Siedlungs- und Aufbauwerks, erhielt die Entwicklung des jüdischen »Nationalheims« neue Dynamik. Auch wurde von zionistischer Seite eine Erhöhung der Einwanderungszahlen angestrebt, wobei Überlegungen hinsichtlich des Verhältnisses zu der im Lande lebenden arabischen Majorität in der Praxis kaum eine Rolle spielten. Die palästinensischen Araber ihrerseits bekämpften die englische Einwanderungspolitik und die jüdische Ansiedlung;

blutige Unruhen – so bereits 1920/21 und vor allem dann im August 1929 – waren die Folge.

Im Anschluß an die »Balfour-Deklaration« wanderten mit der dritten Alija (1919-1923) ca. 35 000 Juden nach Palästina ein. Dies waren vorwiegend aus Rußland, Galizien und der Ukraine stammende junge Chaluzim (Pioniere), die bereits in Chaluz-Verbänden auf das entbehrungsreiche Leben in Palästina vorbereitet worden waren. Einen wieder anderen Charakter besaß die vierte Alija (1924-1931), die durch die antisemitische Politik in Polen ausgelöst wurde. Unter den insgesamt ca. 82 000 Einwanderern befand sich eine große Gruppe von Personen kleinbürgerlicher Herkunft. Diese gingen nicht auf das Land, wie es das zionistische Ideal forderte, sondern ließen sich überwiegend in den Städten nieder, um in Handel, Industrie und Handwerksbetrieben zu arbeiten. Aufgrund der akuten Wirtschaftskrise ab Ende 1925 war die Zahl der Auswanderungen zur Zeit der vierten Alija beträchtlich. Nach Abebben des Immigrationsschubs der Jahre 1924 bis 1926 wurden 1927 lediglich 2713 Einwanderer, aber 5071 Auswanderer registriert. Im folgenden Jahr sank die Einwanderungszahl dann auf den Tiefstand von 2178, bei immer noch 2168 Auswanderungen.[118]

Einen enormen Schub erhielt die jüdische Einwanderung mit Beginn der fünften Alija, ab 1932, denn diese Alija unterschied sich von den vorherigen dadurch, daß sie rasch den Charakter einer Masseneinwanderung annahm. Ende 1932 hatte Palästina rund 1 080 000 Einwohner gezählt, darunter etwa 200 000 Juden, was 18,5 % der Bevölkerung entsprach. Zwischen 1933 und 1941 wanderten ca. 230 000 Juden ein, so daß der jüdische Bevölkerungsanteil auf 31,2 % anstieg. Vor allem in den Jahren 1933 bis 1935 schnellten die Einwanderungszahlen Palästinas sprunghaft nach oben (1933: 30 300; 1934: 42 400; 1935: 61 900).[119] Angesichts dieser rasanten Entwicklung, die plötzlich eine jüdische Mehrheit im Land und auch einen jüdischen Staat möglich erscheinen ließ, mehrten sich Ausschreitungen und Überfälle seitens der Araber. Sie forderten einen Einwanderungsstopp, die Beendigung des jüdischen Bodenkaufs sowie politische Unabhängigkeit. Im Jahre 1936 spitzte sich die Lage zu; im April begann der arabische Aufstand, der bis zum Zweiten Weltkrieg andauerte. In Palästina herrschten in diesen Jahren bürgerkriegsähnliche Zustände. Als die britische Mandatsregierung – den arabischen Forderungen entgegenkommend – die Zahl der Einwanderungszertifikate drastisch reduzierte, geriet sie in schweren Konflikt mit dem Jischuw. Waren 1936 mit 29 700 Personen schon erheblich weniger Einwanderer aufgenommen worden als in den Jahren zuvor, so verringerte sich die Aufnahmezahl 1937 auf 10 500. Im gleichen Jahr kam die »Peel-Kommission« zu dem Schluß, daß die Verpflichtungen der britischen Regierung gegenüber Arabern und Juden nicht in Einklang zu bringen seien. Ihr Vorschlag lautete daher, Palästina zu teilen: in einen größeren arabischen Staat, einen kleineren jüdischen Staat sowie in ein drittes, Jerusalem einschließendes Gebiet, für das das britische Mandat fortbestehen sollte. Diese Empfehlung, die im Jischuw und in den zionistischen Gremien heftige Diskussionen um das Für und Wider eines kleinen jüdischen Staates auslöste, wurde von der britischen Regierung und auch von arabischer Seite nicht akzeptiert. Die Zahl der Einwanderungszertifikate blieb in der Folgezeit strikt begrenzt. Im Weißbuch von 1939 wurde dann die jüdische Einwanderung für die kommenden fünf Jahre auf insgesamt 75 000 Personen festgesetzt. Dabei waren die Juden auf den Zufluchtsort Palästina mehr angewiesen denn je: in einer Zeit, da sich – nach dem Wort Chaim Weizmanns – die Länder der Welt teilten – in solche, »die die Juden loswerden, und solche, die sie nicht hineinlassen wollen«.[120]

Die Geschichte des Jischuw war also gekennzeichnet von Konflikten, Unruhen und bewaffneten Auseinandersetzungen um das jüdische Recht auf Einwanderung, Ansiedlung und Autonomie, wobei diese Zusammenstöße ab Mitte der dreißiger Jahre deutlich schärfer wurden. Neben dem explosiven Verhältnis zwischen den in Palästina lebenden Arabern, Juden und Briten gab es auch im Jischuw selbst heftige Kontroversen.

Die zionistische Bewegung war durchaus heterogen und umfaßte verschiedene ideologische Gruppen und Grüppchen. Die sozialistischen, die bürgerlich-liberalen, die religiösen und die revisionistischen Zionisten: Sie alle konkurrierten miteinander und konnten in Fragen des Verhältnisses zur Diaspora, zur britischen Mandatsregierung und zur arabischen Bevölkerung ganz unterschiedliche Positionen einnehmen. Als Merkmale der politischen Kultur, die den Jischuw und später den Staat Israel kennzeichnen sollten, nennt Shmuel N. Eisenstadt »die ziemlich heikle Koexistenz von sektiererischen und antinomischen Tendenzen sowie die Neigung zu Gewaltanwendung und erbitterten Kämpfen innerhalb eines gemeinsamen konstitutionellen Rahmens; zweitens eine stark ideologisch fundierte, zukunftsgerichtete Politik, gepaart mit harten Auseinandersetzungen um die Verteilung von Mitteln; drittens die Beschwörung des echten Pioniergeistes und schließlich eine entschlossene Machtausübung«.[121]

Zum gemeinsamen konstitutionellen Rahmen gehörten vor allem: die 1897 gegründete »Zionistische Weltorganisation«, deren Präsident von 1920 bis 1931 sowie von 1935 bis 1946 Chaim Weizmann (1874-1952) war, die seit 1929 aus Zionisten und Nicht-Zionisten zusammengesetzte »Jewish Agency for Palestine«, eine im Palästina-Mandat anerkannte öffentlich-rechtliche Vertretung der Juden zum Zwecke der Zusammenarbeit mit der Mandatsregierung in Fragen der Errichtung des »Jüdischen Nationalheims«, sowie der »Waad Leumi«, der Nationalrat der organisierten Judenheit Palästinas unter dem britischen Mandat.

Zudem hatte sich im Jischuw – vor allem seit Beginn der Mandatszeit – ein komplexes inneres Gefüge von politischen, wirtschaftlichen und kulturellen Institutionen entwickelt. Dazu zählten etwa die äußerst gewichtige, 1920 gegründete Einheitsgewerkschaft »Histadrut«, die nicht nur gewerkschaftliche, sondern auch wirtschaftliche, siedlerische, soziale und kulturelle Funktionen erfüllte, die verschiedenen Siedlungen wie Kwuzot, Kibbuzim und Moschavim sowie deren Dachverbände, Kultur- und Bildungseinrichtungen, etwa die Hebräische Universität in Jerusalem und das Technion in Haifa, ein unabhängiges jüdisches Schulwesen, die militärische Selbstschutzorganisation »Hagana« sowie politische Parteien, unter denen die »Mapai«, die »Arbeiterpartei Erez Israels«, die bedeutendste war. Zum Parteienspektrum zählten außerdem der marxistisch orientierte »Haschomer Hazair« und die rechtsextreme Revisionisten-Partei.

Typisch für die innere Struktur des Jischuw war auch seine »sektorale« Aufteilung, wobei der »Arbeitersektor« gegenüber dem »bürgerlichen Sektor« und dem »zionistisch-religiösen Sektor« dominierte. Das sozialdemokratisch-gewerkschaftliche Lager, an dessen Spitze David Ben Gurion stand – er war langjähriger Vorsitzender der Histadrut gewesen, hatte 1930 die Mapai mitbegründet und fungierte von 1935 bis 1948 als Vorsitzender der Exekutive der Jewish Agency –, war zunehmend zur bestimmenden politischen Kraft im Jischuw geworden. In Gegnerschaft zum »Arbeiterzionismus« Ben Gurions, der auf fortschreitende territoriale Besiedlung, kontinuierliche Erhöhung des jüdischen Bevölkerungsanteils und Errichtung einer jüdischen Volkswirtschaft setzte, entwickelte sich die Haltung des militanten Revisionisten Zeev (Wladimir) Jabotinsky (1880-1940). Seine 1925 gegründete Revisionisten-Partei, die 1933 die Zionistische Weltorganisation vorläufig verließ, forderte den Auszug aus der Diaspora und die Schaffung eines jüdischen Staates beiderseits des Jordans. Zum Erreichen dieses Ziels schien jedes Mittel recht, vor allem das eines militärischen Aktionismus in Palästina. Hauptsächlich aus revisionistischen Kreisen rekrutierten sich auch die terroristischen Untergrundorganisationen »Irgun Zvai Leumi« (»IZL«) und »Lechi«, die – insbesondere ab Ende der dreißiger Jahre – vor Terrorakten gegen Briten und Araber nicht zurückschreckten.

Einen Eindruck von der nach außen wie nach innen gespannten Lage des Jischuw vermag die Geschichte des »Brit Schalom« (Friedensbund) zu geben.[122] Dieser kleine Zirkel bedeutender Intellektueller hatte sich im Jahre 1926 zunächst als Studienkreis konstituiert. Zu seinen Mitgliedern zählten u.a. Arthur Ruppin, Hugo Bergmann, Hans Kohn, Georg Landauer, Gershom Scholem, Ernst Simon sowie Martin Buber und Robert Weltsch. Einig war man sich darin, daß die »arabische Frage« der zentrale Punkt sei, mit dem sich die zionistische Bewegung auseinanderzusetzen habe; und zwar letztlich der Wahrung ihres eigentlichen moralischen und geistigen Kerns willen. Demgemäß trat der Brit Schalom öffentlich für eine jüdisch-arabische Verständigung in Palästina auf Grundlage der Gleichberechtigung und gegenseitigen Anerkennung ein. Diese Grundhaltung und der Vorschlag, in Palästina einen binationalen Staat zu errichten, wurden im Jischuw nicht selten mit scharfen Angriffen und dem Vorwurf des Antizionismus quittiert.

Mitbegründer der Gruppe und ihr erster Vorsitzender war Arthur Ruppin. Obwohl Ruppin als »Vater der zionistischen Kolonisation« über hohes Prestige verfügte, erntete er heftige Kritik für sein Engagement im Brit Schalom. Am 31. Dezember 1928 notierte er in sein Tagebuch:[123]

»Es kommt mir so vor, als ob wir ›Brith-Schalom-Leute‹ gegenüber dem Chauvinismus vieler Juden in Palästina denselben bitteren Stand haben wie die Pazifisten während des Krieges gegenüber den Nationalisten. Manchmal wird mir angst, wenn ich denke, daß dieser Chauvinismus das Charakteristikum der zukünftigen Generation in Palästina werden könne.«

Genau ein Jahr später schrieb Ruppin mit Blick auf die arabischen Übergriffe im August 1929:[124]

»Das Jahr 1929 war ein schweres Jahr. Die August-Unruhen, bei denen 130 Juden getötet wurden, haben uns gezeigt, an welchem Abgrund wir stehen. Leider ist es schwer, jetzt den Schaden zu reparieren. Vor den Unruhen wäre es vielleicht möglich gewesen, im Sinne des ›Brith Schalom‹ zu besseren Beziehungen zwischen Juden und Arabern zu kommen. Nach den Unruhen hat sich die Kluft zwischen beiden Völkern so vergrößert, daß die Propaganda des ›Brith Schalom‹ jetzt eher Schaden als Nutzen stiften würde. Man muß abwarten, bis die Leidenschaften sich etwas gelegt haben. Aber auch dann werden Verhandlungen sehr schwer sein, weil wir nicht auf viel verzichten können, ohne den ganzen Zionismus aufs Spiel zu setzen, und die Araber anscheinend entschlossen sind, uns dieses Minimum nicht zu gewähren.«

Ruppin gab im Jahre 1929 den Vorsitz des Brit Schalom ab, obgleich er von der Notwendigkeit einer jüdisch-arabischen Verständigung überzeugt war. Weder auf arabischer Seite noch im Jischuw erblickte er Raum für seine Vorstellungen. Im Gegensatz zu Ruppin intensivierten viele der anderen Mitstreiter ihr Engagement für den Brit Schalom. Doch auch sie sahen im Laufe der nächsten Jahre immer weniger Möglichkeiten, ihre Überlegungen in die Praxis umzusetzen. Im Jahre 1933 löste sich der Friedensbund auf; für dessen Ideen aber standen auch weiterhin einzelne Persönlichkeiten, denen Siegfried Landshut bald begegnete.

Die Einwanderung deutschsprachiger Juden nach Palästina

Die fünfte Alija besaß den Charakter einer Masseneinwanderung. Zwischen 1933 und 1941 wanderten mehr Juden nach Palästina ein (ca. 230 000), als Anfang 1933 dort gelebt hatten. Der Zusammenhang zwischen dem sprunghaften Anstieg der Einwanderung – vor allem in den Jahren 1933 bis 1935 – und der Machtübernahme der Nationalsozialisten in Deutschland ist evident. Gleichwohl kam auch zur Zeit der fünften Alija die Mehrzahl der Immigranten aus Polen und Osteuropa, während die Gruppe der aus Deutschland eingewanderten Juden mit etwa 55 000 Personen rund ein Viertel der Gesamteinwanderung jener Jahre umfaßte. Die Einwanderung deutschsprachiger Juden – aus Deutschland, Österreich und der Tschechoslowakei – belief sich insgesamt auf 75 500 Personen, und damit auf etwa ein Drittel dieser Alija. Die Möglichkeit eines breiten Einwanderungsstroms nach Palästina hing in großem Maße von der Politik der britischen Mandatsregierung ab. So erklärt sich die hohe Zahl der Einwanderungszertifikate in den Jahren 1933 bis 1935 auch dadurch, daß die Briten zu diesem Zeitpunkt noch eine numerische Angleichung zwischen Arabern und Juden in Palästina anstrebten. Dieser Politik folgte 1936 wieder eine entgegengesetzte, Einwanderungen blockierende Strategie, die die Zahl der Immigranten deutlich reduzierte.

Auch wenn die deutschen Juden also nicht die größte Einwanderungsgruppe der fünften Alija stellten, so waren doch sie es, die den Jischuw stark veränderten.[125] Hatten bis Anfang 1933 nur ca. 2000 Juden aus Deutschland in Palästina gelebt, was einem Bevölkerungsanteil von etwa einem Prozent entsprach, so trat in den folgenden Jahren eine größere Bevölkerungsgruppe aus Deutschland auf, die sich von den bisherigen hauptsächlich aus Rußland, Rumänien, Galizien und Polen eingewanderten Juden in vieler Hinsicht unterschied. Der Großteil der Juden in Deutschland war in einem weit stärkeren Maße an seine Umgebung assimiliert gewesen als Juden in anderen Ländern. Dies galt auch für die Zionisten, die innerhalb der deutschen Judenheit eine Minorität bildeten. Sie hatten erst »neu« zu ihrem Jude-

Sein finden müssen, weshalb einer von ihnen, Kurt Blumenfeld (1884-1963), die Formel vom »postassimilatorischen Zionismus« prägte, dessen besonderes Merkmal in einer nationalen Einstellung bestand, die mehr auf rationalen denn auf emotionalen Grundlagen beruhte.[126]

Mit der fünften Alija kamen Juden aus Deutschland nach Palästina, die die Emigration mehrheitlich nicht als Heimkehr nach Erez Israel, sondern als erzwungene Wanderung in eine für sie fremde Welt empfanden. Dies heißt nicht unbedingt, daß ihnen Sympathien für den Zionismus und der Wille zum Aufbau des Landes gänzlich fehlten, aber die Bindung an Palästina war bei ihrer Ankunft doch ungleich schwächer als die vorheriger Einwanderer. Aufgrund ihres geringen Bezugs zur zionistischen Idee wurden die »Jecken«, die Einwanderer aus Deutschland, im Jischuw mit Distanz, zuweilen auch mit Spott empfangen. Die Frage »Sind Sie aus Überzeugung hier oder aus Deutschland?« mußten sie sich offenbar häufig gefallen lassen.

Chaim Weizmann beschrieb seinen Eindruck von den einwandernden deutschen Juden der Jahre 1933 und 1934 rückblickend wie folgt:[127]

»Es waren Menschen, die sich bis vor kurzem sicher gefühlt und die eine gewisse moralische, gesellschaftliche und geistige Macht verkörpert hatten. Nun waren sie entwurzelt, in ein Land verpflanzt, zu dem keiner von ihnen eine innere Bindung hatte. Die Zionisten unter ihnen hatten wohl diese seelische und moralische Beziehung, doch sie waren genötigt – viele von ihnen noch in vorgerücktem Alter – ein neues Leben hier aufzubauen, in einem Klima, das für die meisten nicht geeignet war, und ohne die Annehmlichkeiten, an die sie gewöhnt waren. Wenn man diese Menschen ansah, so fragte man sich: Wird es ihnen gelingen? Werden sie fähig sein, in dem harten Boden Palästinas Wurzel zu fassen? Oder werden sie ihr Leben hier in einer Art Exil beschließen, immer der Vergangenheit nachtrauernd und unfähig, sich mit der Gegenwart auszusöhnen?«

Tatsächlich galt es, eine weitgehende Umstellung bisheriger Lebensgewohnheiten zu verkraften. Palästina war ein kleines, relativ wenig entwickeltes Agrarland, in dem die meisten Einwanderer aus Deutschland ihren Lebensstandard ganz erheblich senken mußten. Sie begegneten einer orientalischen Umgebung, in der andere Lebens- und Kulturformen vorherrschten, erlebten eine Regierung, die nach britischem Kolonialmuster funktionierte, und eine jüdische Selbstverwaltung, deren Methoden ihnen nicht weniger fremd waren. Hinzu kam ein ungewohntes und für viele beschwerliches Klima. Auch einen beruflichen Neuanfang zu finden war in vielen Fällen nicht einfach, da die Berufsschichtung der Juden in Deutschland in keiner Weise den Bedürfnissen eines Siedlungslandes entsprach. Ein besonderes Problem stellte schließlich die Sprache dar, die die Mehrzahl der Einwanderer nicht beherrschte. Gerade in Palästina aber war das Hebräische mehr als ein Verständigungsmittel, es galt als Symbol jüdischer Kollektividentität. Die Beherrschung der hebräischen Sprache wurde daher im Jischuw als wichtigstes Symptom der Eingliederung angesehen. Daß der Spracherwerb bei den Einwanderern aus Deutschland eher langsam voranschritt, löste entsprechenden Unmut aus. Sorgen und Nöte der aus Deutschland eingewanderten Juden stießen im Jischuw nur sehr begrenzt auf Verständnis. Entgegnet wurde ihnen nicht selten, daß die im Zuge der vorherigen stark ideologisch geprägten Alijot eingewanderten Juden in den früheren Phasen des zionistischen Kolonisationswerks noch weitaus härtere Bedingungen zu bewältigen gehabt hätten als die Immigranten der fünften Alija.

Doch trotz aller Schwierigkeiten: Palästina bedeutete für die Einwanderer jener Jahre zunächst einmal eines – ihre Rettung. Ohne Zweifel war es eine immense Leistung des Jischuw, die große Anzahl von Immigranten ab 1933 aufzunehmen. Betont werden muß jedoch auch, daß die zionistische Führung immer eine Priorität im Aufbau des Landes und nicht in der Rettung bedrohter Juden in Europa gesehen hat. Diese Haltung, die Tom Segev in seinem Buch *Die siebte Million* jetzt detailliert dargestellt hat, führte erschreckenderweise auch dazu, die potentiellen Einwanderer, die in Deutschland warteten, in »brauchbares« und »unbrauchbares Menschenmaterial« einzuteilen.[128] Gefragt waren Einwanderer, die sich an die bisher geschaffenen politischen, wirtschaftlichen und kulturellen Strukturen im Jischuw anpassen konnten; die Idee einer pluralistischen Gesellschaft hatte im Palästina jener Jahre keinen Raum. Für die Juden aus Deutschland gestaltete sich die Eingliederung in den Jischuw daher oft schmerzlich, bisweilen wurde sie als fast gewaltsam empfunden.

Trotz dieser Einebnungsbestrebungen veränderten die Einwanderer aus Deutschland in den dreißiger Jahren das Gesicht der jüdischen Gemeinschaft in Palästina. Durch sie kam erhebliches Kapital ins Land, das der Entwicklung von Industrie, Handel und Landwirtschaft zugute kam.[129] Auch Wissenschaft, Kunst, Verwaltung und Arbeitsmethoden wurden von den neuen Einwanderern beeinflußt, und in den Städten, in denen sich ca. 85 % der jüdischen Einwanderer aus Deutschland niederließen, wurde rasch eine Veränderung des Lebensstils spürbar.

Unterstützt wurde die Ansiedlung deutscher Juden durch das »Central Bureau for the Settlement of German Jews«. Dieses »Zentralbüro« der Jewish Agency, allgemein »Deutsche Abteilung« genannt, war auf Beschluß des im August 1933 tagenden 18. Zionistenkongresses gegründet worden. An der Spitze der »Deutschen Abteilung« stand Chaim Weizmann; Vorsitzender in Jerusalem war Arthur Ruppin, und die Geschäftsführung lag in den Händen Georg Landauers (1895-1954).[130] Die »Deutsche Abteilung« arbeitete eng mit dem Siedlungsdepartement der Jewish Agency in Jerusalem und dem Palästina-Amt in Berlin zusammen. Betont wurde, daß man der Ansiedlung der Einwanderer dienen, sich jedoch nicht mit caritativer Arbeit beschäftigen wolle. Damit sollte der Eindruck vermieden werden, daß für die Einwanderer aus Deutschland in besonderer Weise gesorgt würde.

Die entscheidende Hilfe für große Kreise der neuen Alija kam von ihrer eigenen Organisation, der »Hitachdut Olej Germania« (HOG).[131] Diese Selbsthilfeorganisation war bereits im Februar 1932 angesichts der langsam steigenden Einwanderung aus Deutschland und der rasch zunehmenden Anfragen von dort gegründet worden. Mit Beginn der Einwanderungswelle aus Deutschland übernahm die HOG vielfältige Aufgaben: Sie bot praktische Hilfe bei der Ankunft im Hafen von Jaffa bzw. Haifa, half bei der Beschaffung erster Unterkünfte, erteilte juristische und wirtschaftliche Auskünfte, vergab über eine selbst eingerichtete Darlehenskasse kleine Kredite, unterhielt eine zentrale landwirtschaftliche Auskunfts- und Vermittlungsstelle und versuchte – vor allem nach Verschlechterung der wirtschaftlichen Situation ab 1936 –, den Einwanderern bei der Arbeitssuche in ihrem Beruf oder bei der beruflichen Neuorientierung zu helfen. Das Ziel der von überzeugten Zionisten geleiteten HOG – ihr Vorsitzender war Kurt Blumenfeld[132] – bestand darin, die Eingliederung der deutsch-jüdischen Einwanderer in den Jischuw zu erleichtern. Besondere Bedeutung erhielten in diesem Zusammenhang »Hebräisierung und zionistische Erziehung«. Sprachkurse wurden in hoher Zahl eingerichtet, Vorträge und Seminare abgehalten. Im Jahre 1936 unterhielt die HOG bereits vier hauptamtlich besetzte Büros in Tel Aviv, Haifa, Jerusalem und Petach Tikwah sowie 21 Ortsgruppen. Im Bericht der Organisation für die Jahre 1936/1937 heißt es, daß es wohl keinen jüdischen Einwanderer aus Deutschland gegeben habe, »der nicht im Laufe der letzten Jahre die Büros der HOG ein- oder mehrmalig aufgesucht hat«.[133]

Allerdings stieß die Gründung einer landsmannschaftlichen Organisation im Jischuw auf heftigen Widerspruch. Auf dem Weg zu einer geeinten jüdischen Nation wollte man die Unterschiede der verschiedenen Einwanderergruppen im Grunde nicht wahrnehmen und die Interessenvertretung einer bestimmten Einwanderungsgruppe nicht akzeptieren. Seitens der HOG wurde deshalb immer wieder betont, daß man sich nur mit ganz praktischen Aufgaben beschäftige und keine politische Vertretung der Einwanderer aus Deutschland sein wolle.

Zu Konflikten führte auch die öffentliche Benutzung der deutschen Sprache. In einer der ersten Ausgaben des deutschsprachigen Presseorgans der HOG – es handelt sich um das noch heute existierende *Mitteilungsblatt (MB)* – heißt es im September 1933:[134]

»Unser Blatt ist keine Zeitung – sie würde sonst selbstverständlich nur in hebräischer Sprache erscheinen – sondern ein internes Informationsblatt, das vor allem Mitteilungen und Berichte der HOG sowie Zusammenstellungen freier Stellen und wirtschaftlicher Möglichkeiten enthält.«

Trotz derartiger Bekundungen wandelte sich die HOG in den folgenden Jahren zunehmend von einer landsmannschaftlichen Selbsthilfeorganisation zu einer politischen Gruppe. Das *MB* wurde zu einer von mehreren deutschsprachigen Zeitungen im

Lande, und die HOG, die mit der verstärkten Einwanderung österreichischer Juden 1938 zur HOGOA (Hitachdut Olej Germania we Olej Austria: Organisation der Einwanderer aus Deutschland und Österreich) erweitert wurde, entwickelte sich zu einer Vertretung, die auf innen- und außenpolitischem Gebiet mitzureden versuchte. So beschloß die Landestagung der HOGOA am 21. Dezember 1940 ein »Notstandsprogramm«, das der Arbeit für den Bestand des Jischuw während des Zweiten Weltkrieges zugrunde liegen sollte. Hervorgehoben wurde, daß die politischen Differenzen zwischen dem Jischuw und den Briten nun zurückzutreten hätten und daß insbesondere eine Verständigung mit der arabischen Bevölkerung anzustreben sei, welche sich nicht nur auf die gegenwärtige Kriegssituation, sondern auch auf die Zukunft erstrecken sollte.[135] Das »Notstandsprogramm« der HOGOA markierte die Position einer Minderheit, seine Formulierungen wirkten auf weite Teile des Jischuw provozierend. Im November 1942 gab das *MB* dann unter der Überschrift »Einstimmigkeit in Kfar Shmaryahu – Die fünfte Alijah formiert sich« die auf der Landestagung beschlossene »Umwandlung« der HOGOA bekannt.[136] Die mit Einwanderung, Sozialarbeit und kultureller Einordnung verbundenen Aufgaben wurden nun von der IOME (Irgun Olej Merkas Europa: Organisation der Einwanderer aus Mitteleuropa) fortgesetzt, während die politischen Ambitionen durch die Gründung einer neuen Partei, der »Alija Chadascha« (»Neue Einwanderung« bzw. »Neuer Aufstieg«), wirkungsvoll hervortreten sollten.[137] Die Alija Chadascha, unter Vorsitz von Felix Rosenblüth (1887-1978) und dessen Stellverteter Georg Landauer, wandte sich entschieden gegen das von Ben Gurion verfochtene Biltmore-Programm des Jahres 1942, weil die dort erhobene Forderung nach Gründung eines jüdischen Staats nach Kriegsende eine notwendige jüdisch-arabische Aussöhnung verhindere. Damit profilierte sich die neue Partei – obwohl ihr Programm zugleich betont zionistisch war – als Gegengewicht zu den führenden Instanzen des Jischuw. Spätestens mit dem UN-Teilungsplan für Palästina vom November 1947 zeichnete sich aber die Spaltung der Alija Chadascha ab: in eine Mehrheit, die die Teilung des Landes und die Gründung eines jüdischen Staates befürwortete – zu ihnen zählte Felix Rosenblüth –, und in eine Minderheit um

Georg Landauer, die dieses ablehnte. Bei Gründung des Staates Israel im Jahre 1948 löste sich die Alija Chadascha auf.[138]

Das Verhältnis zwischen den mitteleuropäischen Einwanderern und anderen Teilen des Jischuw blieb in der vorstaatlichen Phase grundsätzlich gespannt. Die Gruppe der deutschsprachigen Immigranten hatte um einen Platz im Jischuw zu kämpfen und sah sich dabei häufig dem Vorwurf mangelnder Anpassung und Einordnung ausgesetzt. Tatsächlich brachte sie neue Einflüsse ins Land, die im Widerspruch zu den bis dahin herrschenden Strukturen standen; z. T. unverhohlene Feindseligkeiten innerhalb des Jischuw waren die Folge. Zu betonen bleibt indes, daß Palästina einer der wichtigsten Zufluchtsorte jüdischer Flüchtlinge aus Deutschland, Österreich und der Tschechoslowakei gewesen ist.[139] Diese Flüchtlinge waren gerettet, sie überlebten.

Research Fellow an der Hebräischen Universität

Die Hebräische Universität war am 1. April 1925 auf dem Mount Scopus in Jerusalem offiziell eröffnet worden.[140] Zunächst handelte es sich um eine kleine, durch Spendengelder finanzierte Bildungsstätte, die mehr auf Forschung denn auf Lehre zielte und die nur wenige, sorgfältig ausgewählte, nämlich für den Jischuw besonders wichtige Disziplinen umfaßte. Im ersten akademischen Jahr 1924/25 gab es drei im Aufbau begriffene Institute an der Universität: das Judaistische, das Chemische und das Mikrobiologische Institut. Weitere Fächer kamen schrittweise hinzu, und die ersten beiden Fakultäten wurden gegründet: 1928 zunächst die Geisteswissenschaftliche, 1935 dann die Mathematisch-Naturwissenschaftliche.

Chaim Weizmann, der an der Gründung der Hochschule entscheidenden Anteil hatte, war Vorsitzender des Kuratoriums der Universität, während der 1922 aus den Vereinigten Staaten nach Palästina eingewanderte Rabbiner Judah L. Magnes als Kanzler amtierte. Im Zuge der 1934/35 erfolgenden Umorganisierung der akademischen und administrativen Leitung erhielt Magnes dann das repräsentative Amt des Präsidenten, womit sein Einfluß deutlich vermindert wurde. Entscheidendes Gremium blieb das Kuratorium als »Eigentümerin und oberste Behörde« der

Universität. Im Jahre 1938 bestand es aus 33 jüdischen, zumeist nicht in Palästina lebenden Persönlichkeiten, zu denen neben dem weiterhin als Vorsitzenden amtierenden Chaim Weizmann auch Albert Einstein und Sigmund Freud zählten. Während das Kuratorium nur etwa einmal pro Jahr zusammentrat, um grundsätzliche Fragen zu klären, oblagen die laufenden Geschäfte der Universität dem Exekutivrat in Jerusalem. Sein vom Kuratorium ernannter Vorsitzender war seit 1935 der schon erwähnte Salman Schocken. Er hatte die eigentliche Schlüsselposition inne. Als weiteres Universitätsgremium gab es noch den Senat, der sich aus sämtlichen Professoren und einigen Vertretern des übrigen Lehrkörpers zusammensetzte. Der vom Senat gewählte Vorsitzende war zugleich Rektor und damit akademisches Haupt der Universität. Ein Amt, das von 1935 bis 1938 der Philosoph Hugo Bergmann[141] bekleidete.

Bergmann zählte zu den deutschsprachigen Hochschullehrern, deren Anteil am Lehrkörper bereits vor 1933 erheblich war. Zu Beginn der fünften Alija wurden dann weitere Wissenschaftler aus Deutschland eingestellt. Die Hebräische Universität und auch das Technion in Haifa erhielten dadurch einen erheblichen Entwicklungsschub. 1937/38 waren insgesamt 84 Universitätslehrer in Jerusalem tätig, von denen etwa die Hälfte aus dem deutschen Kulturkreis stammte. Die Auswahl der Fächer vergrößerte sich, und auch die Zahl der Studierenden stieg nun merklich an, obgleich sie sich noch in bescheidenem Rahmen bewegte. 1932/33 waren 151 »ordentliche Studenten« immatrikuliert, 1933/34 schon 260, und als Landshut im akademischen Jahr 1936/37 an die Universität kam, waren es 709.[142]

Am 1. Oktober 1936 nahm Siegfried Landshut seine Tätigkeit als »Research Fellow« an der Hebräischen Universität offiziell auf. Der Weg von seinem kleinen Haus im Jerusalemer Vorort Talpiot zur Universität auf dem Mount Scopus war aufgrund des fortdauernden arabischen Aufstands nur unter Gefahr zurückzulegen. Der Alltag in Palästina war schwer, aber endlich konnte sich der inzwischen 39jährige wieder in universitärer Umgebung bewegen, konnte eine kontinuierliche wissenschaftliche Arbeit planen und den Gedankenaustausch mit anderen Gelehrten aufnehmen oder intensivieren. Die Zeit der Absagen verkündenden Briefe war vorbei, und zum ersten Mal seit drei

Jahren wußte Siegfried Landshut, woher im nächsten Monat die Mittel zur Unterhaltssicherung für sich und seine Familie kommen würden. Von Beginn an stand diese Situation allerdings unter dem Zeichen zeitlicher Limitierung. Was der auswärtigen Finanzierung nach Ablauf der zwei Förderungsjahre folgen würde, war völlig ungewiß. Eine Weiterbeschäftigung Landshuts über diesen Zeitraum hinaus hing von zwei Faktoren ab: Erstens schien es notwendig, daß die Hebräische Universität eine Sozialwissenschaftliche Fakultät installieren würde, um so einen potentiellen Lehrstuhl oder eine andere feste Stelle für Landshut schaffen zu können. Hinsichtlich dieser Fakultätsgründung bestand berechtigte Hoffnung, hatte die Universität doch der Rockefeller Foundation gegenüber derartige Absichten ausdrücklich bekundet. Zweitens hing die Weiterbeschäftigung davon ab, ob Landshut überhaupt auf den womöglich bis 1938 errichteten Lehrstuhl berufen werden würde. Hier zeichnete sich also für ihn die Notwendigkeit ab, sich binnen eines kurzen Zeitraums an der Universität zu profilieren. Daran, daß Siegfried Landshut diese Chance nutzen wollte und nutzen mußte, bestand kein Zweifel. Die letzten drei Jahre hatten gezeigt, wie schwierig es war, eine bezahlte wissenschaftliche Tätigkeit zu finden: ein Problem, das weltweit für viele vertriebene Wissenschaftler, und in besonderem Maße für Landshut, galt. Angesichts der zunehmenden Konsolidierung des NS-Regimes war auch an eine Rückkehr nach Deutschland in absehbarer Zeit nicht zu denken. Ohnehin hatte Siegfried Landshut daran schon lange nicht mehr gedacht. Eine Anstellung in Jerusalem war also *die* Chance, die einzig konkrete Perspektive.

Zunächst war aber das Sprachproblem zu bewältigen. Landshut mußte seine Englisch-Kenntnisse vervollständigen und vor allem eine Sprache vollständig neu erlernen: das Hebräische. Diese Sprache, in der später wissenschaftliche Vorträge gehalten und schriftliche Arbeiten verfaßt werden sollten, bedeutete auch für einen sprachlich so versierten Gelehrten wie Landshut eine Hürde, deren Überwindung beträchtliche Zeit in Anspruch nehmen mußte. Seine ausgezeichneten Kenntnisse des Französischen, Lateinischen und Griechischen hatte er dazu verwendet, Texte der jeweiligen Sprache im Original zu lesen, was beständig in die für ihn so typischen ausführlichen Begriffsbestimmungen einfloß. Nun sollte er indes eine Sprache erlernen, in die er sein eigenes Gedankengebäude zu transferieren hatte. Wie schwierig etwa mußte es für den immer auf sprachliche Klarheit bedachten Landshut sein, Nuancen seines Max-Weber-Ansatzes im Hebräischen auszuführen!

Neben der Erlangung der sprachlichen Kompetenz ging es auch darum, ein Forschungsgebiet zu finden, das gleichermaßen für ihn wie für die Universität von Interesse war. Es schien naheliegend, dieses Thema aus den Verhältnissen in Palästina abzuleiten, und so wurde »das Problem der Siedlungsgemeinschaften« zum neuen Schwerpunkt Landshutscher Untersuchungen. Von seiten der Rockefeller Foundation und der anderen Geldgeber gab es offenbar keine genauen Bedingungen über die inhaltliche Ausrichtung seiner Arbeit. Überhaupt war Landshuts Position an der Hebräischen Universität recht »freischwebend«, da an der jungen Hochschule weder Nationalökonomie noch Soziologie oder Politikwissenschaft als Fächer verankert waren. Dieser Außenstatus war nicht eben günstig, sollten Kontakte geknüpft und die Weichen in Richtung der lang ersehnten Festanstellung an der Universität gestellt werden.

Trotz der sprachlichen und institutionellen Schwierigkeiten befand sich Siegfried Landshut nun in einem produktiven Umfeld. Nach der fast völligen Isoliertheit in Kairo stand er in Jerusalem in persönlichem Kontakt zu anderen Intellektuellen wie Ernst Simon und – ab 1938 – Martin Buber (1878-1965). Ein weiterer bedeutender Unterschied zur Situation in Ägypten bestand darin, daß in Palästina die Erfahrung der Vertreibung und die Notwendigkeit des Neuanfangs mit vielen geteilt wurde. Auch etliche Verwandte lebten mittlerweile hier: Ein Cousin Siegfried Landshuts arbeitete in einer Apotheke in Jerusalem; ein zweiter Cousin war als Tierarzt tätig und ein dritter als Chemiker.

Doch nach einjährigem Aufenthalt in Jerusalem traf die Familie eine unvorhergesehene Verschlechterung der Situation. Im Herbst 1937 erkrankte Edith Landshut an Tuberkulose und mußte sich monatelang in einem Sanatorium behandeln lassen.[143] In Anbetracht dieses auch die finanzielle Lage nicht unerheblich belastenden Umstands und mit Blick auf das nahende Ende des Stipendiums wandte sich Landshuts Kollege Richard

Koebner am 20. Februar 1938 in einem ausführlichen Brief an Fritz Demuth in London, um Ratschläge und materielle Unterstützung für Siegfried Landshut zu erbitten.[144]

Zu diesem Zeitpunkt zeichnete sich bereits ab, daß es für Landshut nach Ablauf des Rockefeller-Stipendiums wohl kaum eine feste Anstellung an der Jerusalemer Hochschule geben würde. Die Sozialwissenschaftliche Fakultät war in weite Ferne gerückt. Teils lag dieses an den finanziellen Ressourcen, die nach der Erweiterung der Universität in den vorherigen Jahren nun immer knapper wurden; teils daran, daß – wie Koebner schrieb – die Einrichtung gerade dieser Fakultät vielen als nicht dringlich genug erschien. Darüber hinaus war deutlich, daß der für Landshut in Frage kommende Lehrstuhl nicht der erste sein würde, sollte die Gründung dieses Zweiges doch durchgesetzt werden. Wie Koebner angab, sei das Fach Siegfried Landshuts am besten mit »Political Science (Grundbegriffe der Staatslehre und Soziologie, Politische Theorien, Verfassungslehre)« wiederzugeben, womit aber der Aufbau einer neuen Fakultät nicht begonnen werden könne. Im übrigen sei Landshut innerhalb der Universität noch zu unbekannt, und schließlich erschwere auch ein komplizierter Instanzenweg innerhalb der Universität seine Berufung. Vereinfacht dargestellt sah dieser Instanzenweg folgendermaßen aus: Entscheidendes Gremium in Berufungsfragen wie auch in Fragen der Errichtung von Lehrstühlen war das in großen zeitlichen Abständen tagende Kuratorium, dessen Mitglieder in der Mehrzahl in den Vereinigten Staaten oder Großbritannien, also weit weg von der Hebräischen Universität, lebten. Im Falle einer Berufung mußte der Senat einen Antrag an das Kuratorium stellen, woraufhin der Exekutivrat ein entsprechendes Gutachten zu erstellen hatte. Entscheidungen gegen den Exekutivrat waren mithin kaum möglich, selbst wenn sich alle Lehrkörpermitglieder im Senat einig waren. Eine zentrale Rolle spielte dabei der Vorsitzende des Exekutivrates Salman Schokken, der gleichzeitig Mitglied des Kuratoriums war. Wollte man also eine Berufung Landshuts vorbereiten, so mußten zuerst die Senatsmitglieder für einen entsprechenden Antrag gewonnen werden, dann war der Exekutivrat, allen voran Salman Schokken, zu einem positiven Votum zu bewegen, und schließlich hieß es, die Mitglieder des Kuratoriums zu überzeugen.

Da unter diesen Umständen nicht abzusehen war, daß die Hebräische Universität ab Oktober 1938 für die Bezahlung Landshutscher Forschungstätigkeit aufkommen würde, schlug Richard Koebner in seinem Brief an Fritz Demuth vor, den Weg zur Weiterfinanzierung erneut über die bisherigen Geldgeber, die Rockefeller Foundation, die SPSL und die New School, zu versuchen. Die Erfolgsaussichten konnten nicht groß sein, waren die Gelder im Jahre 1936 doch jeweils explizit mit der Hoffnung auf eine anschließende Festanstellung Landshuts bereitgestellt worden. Außerdem sah sich die Universität nach wie vor außerstande, Landshut eine Berufungszusage für einen späteren Zeitpunkt zu geben. Trotzdem versuchte Koebner, für ein erneutes Stipendium zu werben, und argumentierte damit, daß Landshut gerade im Begriff sei, Fuß zu fassen:[145]

»Bisher hat er auch abgesehen von den geschilderten haeuslichen Verhaeltnissen [gemeint ist die Krankheit seiner Frau, R.N.] mit grossen Schwierigkeiten zu kaempfen gehabt. Er hatte zweierlei zu tun: 1. Hebraeisch zu lernen und 2. eine soziologische Forschungsarbeit zu unternehmen, die eine weitere Grundlage fuer dauernde Beschaeftigung geben sollte. [...] Die anderthalb Jahre, die ihm fuer die beiden Aufgaben zur Verfuegung standen, konnten noch weder fuer vollkommene Redefähigkeit im Hebraeischen noch fuer den Abschluss der unternommenen Arbeit ausreichen: daher kommt es auch, dass er fuer die meisten meiner Kollegen noch ein unbeschriebenes Blatt ist. Aber ich habe das Vertrauen, dass das naechste Jahr genuegen wird, um ihn hier bei uns eine persoenliche Position gewinnen zu lassen. Fuer den kommenden Sommer ist es ihm gestattet worden, im Anschluss an meine Fachabteilung Vorträge zu halten. Außerdem interessiert man sich bereits fuer ihn in den Kreisen der Arbeiterorganisation, zumal auch in manchen laendlichen Gemeinschaftssiedlungen, trotz oder vielleicht gerade wegen seiner Unabhängigkeit von aller Partei-Doktrin.«

Eine Woche später wandte sich Koebner mit einem weiteren Schreiben an Demuth.[146] Diesmal ging es um das gespannte Verhältnis zwischen Hebräischer Universität und Rockefeller Foundation. Die Stiftung habe eine »grundsätzliche Interesselosigkeit« gegenüber seiner Universität gezeigt, so daß es ihm unmöglich erscheine, sich hinsichtlich der Verlängerung des Landshutschen Stipendiums direkt dorthin zu wenden. Demuth bat er in dieser Angelegenheit um Vermittlung. Realistisch betrachtet, mußten aber alle Chancen auf Stipendien gering sein, solange sich in der Universität selbst keine konkreten Beschlüsse über Landshut abzeichneten. Dementsprechend bot der von Demuth zugezogene Walter Adams im April 1938 seine Hilfe insofern an, als er ein Überbrückungs-Stipendium nur für den Fall einer mit Sicherheit in allernächster Zeit erfolgenden Festanstellung in Aussicht nahm.[147] Angesichts der strapazierten Finanzlage der SPSL war dieses schon ein Entgegenkommen.

Erschwerend kam hinzu, daß das Vertrauen in die Entscheidungsinstanzen der Universität offenbar schon gelitten hatte. So wird in einem bereits 1936 gemeinsam von Walter Adams und Fritz Demuth verfaßten Bericht[148] konstatiert, daß die Hebräische Universität eine Außenwirkung zeige, die Unklarheit und Mißtrauen fördere. Berufungen nach Palästina würden von vielen Organisationen und einzelnen Wissenschaftlern nicht mehr ernst genommen, da diese sich ohnehin oftmals zerschlügen. Außerdem ginge die Universität in der Beachtung akademischer Gewohnheiten, wie sie sich in Deutschland im Laufe der Jahrhunderte gebildet hätten, zu weit: Man liefe damit Gefahr, »die Geschäfte zu komplizieren und zu bürokratisieren«.

Hilfe seitens auswärtiger Institutionen wurde immer unwahrscheinlicher, und auch in Jerusalem regte sich nichts. Im Sommer 1938 machte Richard Koebner einen weiteren Versuch, auf die Universitätsverwaltung einzuwirken; und zwar gemeinsam mit Martin Buber, der im März desselben Jahres nach Palästina gekommen war und seither den Lehrstuhl für Sozialphilosophie innehatte. Rückblickend beschrieb Koebner dieses Bemühen folgendermaßen:[149]

»[...] als Professor Buber und ich im Sommer 1938 einen Antrag auf vorueergehende Lehrbeauftragung fuer Dr. Landshut einreichten und dieser Antrag schon in der ersten Instanz abgelehnt wurde, hat es die Universitaet unterlassen, in irgendeiner Weise, wenn auch nur beratend, eine Fuersorge anzubahnen, wie sie in der Richtung des frueher bekundeten Interesses fuer die Person und Sache Landshuts gelegen haette.«

Am 30. September 1938 endete Siegfried Landshuts Stipendium, und von da an verfügte er über keinerlei Einkommen mehr. Zwar wurde er im »Rechenschaftsbericht« der Hebräischen Universität Ende 1938 noch als »Universitätslehrer« und »Research Fellow für Soziologie« aufgeführt[150] und besaß die Erlaubnis, die im Sommer 1938 begonnenen Vorträge über Max Weber fortzuführen, aber bezahlt wurde er dafür nicht.

Wieder vor dem Nichts: Das Scheitern einer universitären Weiterbeschäftigung

Ab Oktober 1938 befand sich die Familie ein weiteres Mal in einer akuten Notlage. Wiederum war unklar, aus welchen Mitteln der Unterhalt für Siegfried Landshut, seine kranke Frau und die drei, nun sechzehn, dreizehn und knapp acht Jahre alten Kinder bestritten werden sollte. In einer Aktennotiz der Universitätsverwaltung vom 1. November 1938 heißt es über die Lage der Familie:[151]

»Wegen Landshut selbst bemueht man sich, irgendeine Beschaeftigung zu finden bezw. noch einmal ein Stipendium von £P 6-8.-. Es ist aber voellig ausgeschlossen, dass er seine Familie jetzt ernaehren kann oder dass er ein Stipendium erhaelt, das ihn und seine Familie ernaehrt. Infolgedessen muss die Familie aufgeteilt werden.«

In dieser verheerenden Situation gab es wiederum Menschen, die es dabei nicht bewenden lassen wollten. So trat Ernst Kahn, der schon am Zustandekommen der Übersiedlung Landshuts nach Jerusalem mitgewirkt hatte, ein weiteres Mal energisch in Aktion. Am 19. Dezember 1938 konnte er Landshut mitteilen, daß Georg Landauer, mithin die »Deutsche Abteilung« der Jewish Agency, bereit sei, für den Monat Dezember £P 8 zur Verfügung zu stellen. Für die Monate Januar, Februar und März 1939 würde die gleiche Summe ausgezahlt werden, sofern die Hebräische Universität erklärte, daß sie Landshut ab 1. April 1939 eine bezahlte Anstellung gewähre.[152] Die getroffene Abmachung hatte also den Charakter einer Überbrückungshilfe und gab der Universität die Möglichkeit, die im Oktober nicht vorgenommene Vertragsverlängerung zu Beginn des folgenden

Semesters nachzuholen. Um der Universitätsverwaltung diese Situation klar zu machen, schrieb Kahn, ebenfalls am 19. Dezember 1938, an David Werner Senator (1896-1953), den Administrator der Universität:[153]

»nachdem die Familie Landshut gluecklich so weit ist, dass das Wasser abgesperrt werden soll usw. usw., ist es mir gelungen, die in der beifolgenden Kopie wiedergegebene Abmachung mit Dr. Landauer nach grossen Schwierigkeiten herbeizufuehren. Ich bitte Sie nun instaendigst und ernstlich, dass Sie einen Ausweg finden, um den wertvollen Dr. Landshut nicht voellig vor die Hunde gehen zu lassen.«

Als Senator, der als Administrator auch Mitglied des Exekutivrates war, kurz darauf antwortete, daß eine Anstellung Landshuts weder zum 1. April 1939 noch in absehbarer Zeit zu finanzieren sei, man sich aber bemühe, auf anderem Wege etwas für Landshut zu tun,[154] wurde Kahn um einiges deutlicher:[155]

»Sie sagen, dass ich offenbar nicht wuesste, was die Universitaet fuer Landshut getan hat und was sie tun kann. Meine Antwort ist darauf: Die Universitaet hat nach meiner festen Ueberzeugung nichts fuer Landshut getan. [...] Dagegen scheint Dr. Landshut immerhin insofern etwas fuer die Universitaet getan zu haben, als er dort Vorlesungen hielt. Die Universitaet ist sich nicht ganz klar, dass Dr. Landshut das Geld fuer den Omnibus auf den Skopus an seinem Munde bzw. an dem Munde seiner Glaeubiger absparen muss. Was die Universitaet weiter tun kann, ist mir insofern klar, als ich genau weiss, mit welch grossen Schwierigkeiten Sie dort zu kaempfen haben. Infolgedessen stelle ich mir die Leistung der Universitaet denkbar bescheiden vor. Schliesslich und endlich sind in einem Budget wie dem von Landshut auch einige Pfunde im Monat eine wichtige Sache. [...] Sie muessen nicht meinen, dass Dr. Landshut ein Freund von mir ist. Ich kannte ihn kaum, wenn ich auch von seinen guten Arbeiten gehoert habe. Mich laesst aber die schauerliche Situation dieses offenbar wertvollen Menschen nicht schlafen.«

Auch auf die Andeutung Senators, es mangele Landshut womöglich an der Bereitschaft, eine Arbeitsstelle außerhalb der Universität zu suchen, antwortete der in Wirtschafts- und Finanzfragen nun wahrlich beschlagene Kahn entschieden:

»Ich glaube, Sie tun dem Mann bitter Unrecht, denn seit langem laufen er und seine Freunde mir nach, um eine solche Stellung zu bekommen. Ich konnte immer nur sagen: woher nehmen und nicht stehlen.«

Außer mit der Schilderung der entsetzlichen Lage Landshuts argumentierte Ernst Kahn des weiteren mit der Verstimmung der Rockefeller Foundation, deren innere Strukturen er aus seiner New Yorker Zeit gut kannte. Auch wenn die Universität im Jahre 1936 keine bindende Erklärung zur Übernahme Landshuts abgegeben habe, so sei das Stipendium für Landshut seitens der Stiftung doch als Vorstufe seiner Eingliederung in den Lehrkörper betrachtet worden. Nun aber sei dieser erste Versuch von Rockefeller, etwas für die Universität zu tun, ein Fiasko gewesen und nicht dazu angetan, zu weiteren Stipendien dieser Art zu ermutigen.

Neben seiner Intervention bei Senator hatte Kahn sich auch an Salman Schocken direkt gewandt. Schocken gegenüber akzentuierte er die wissenschaftlichen Fähigkeiten Landshuts, den er einen »Soziologen von grossem Rang« nannte. Zudem machte er den konkreten Vorschlag, an der Hebräischen Universität die Position eines »Studentenvaters« einzurichten, welche es vormals an der Frankfurter Universität mit großem Erfolg gegeben habe. Für eine derartige Stelle sei Landshut geradezu prädestiniert: Er habe bei den Studenten viel Sympathien, da sie in ihm den feinen Kopf und den wohlmeinenden Menschen erkannt hätten. Schließlich kündigte Kahn in seinem Schreiben den Besuch von Martin Buber, Julius Guttmann und Richard Koebner an, die mit Schocken über den »Fall Landshut« sprechen wollten.[156]

Doch ebenso wie Senator blieb Salman Schocken bei seiner unnachgiebigen Haltung; in seinem Antwortschreiben erklärte er, eine Finanzierung sei schlicht nicht möglich.[157] Aus einer längeren Aktennotiz, die Schocken am 19. Dezember 1938 anfertigte, geht allerdings hervor, daß dies zwar ein gewichtiger, nicht aber der einzige Grund für den negativen Entscheid gewesen ist. Zum einen dürften die schwierigen Umstände bei der Stipendiumsgewährung im Jahre 1936, das beständige Drängen mehrerer Personen und die schroffen Klagen über die Universität nachgewirkt haben. Die Kritik an ihm und an der Universität bezeichnet Schocken ausdrücklich als ungerecht, und es scheint, daß er eine Anstellung auch als ein spätes Nachgeben gegenüber den seinerzeit für Landshut eingetretenen Personen empfunden hätte. So stellte sich Schocken auf den Standpunkt, daß die Universität keine Verpflichtung gegenüber Landshut eingegangen sei und also auch jetzt nichts eingefordert werden könne. Zum anderen ist Schockens persönliche Meinung über Landshut nicht die beste gewesen. Er stellte fest, daß der »research fellow« während der beiden Stipendiumsjahre nur ein einziges Mal bei ihm gewesen sei, den Kontakt also nicht gesucht hätte. Dafür kämen nun erneut Äußerungen von dritter Seite, die sich gleich wieder wie Ermahnungen läsen.[158]

Möglicherweise hat für das nicht einfache Verhältnis zu Landshut auch jene Eigenschaft eine Rolle gespielt, die Ernst Kahn kurz und bündig so formulierte: Landshut ist »*in eigener Sache* ein außerordentlich unpraktischer Mann«.[159] Tatsächlich dürfte es Landshut sehr schwer gefallen sein, zu seinem Vorteil zu verhandeln, auf längere Sicht um eine Stelle zu taktieren und sich schließlich anzupreisen. Ins Gewicht fiel für Schocken offenbar auch, daß Landshut während seiner Zeit als Fellow keine wissenschaftliche Arbeit zum Abschluß gebracht hatte. Demgemäß wies Adolf Löwe in einem Schreiben an Landshut ausdrücklich darauf hin, daß dieser seine Studie über die Gemeinschaftssiedlung rasch fertigstellen solle, um damit eine nicht hinreichende, aber doch notwendige Voraussetzung für eine Anstellung zu schaffen. Löwe, der bei einem längeren Besuch in Jerusalem die Universität hinsichtlich der Einrichtung einer Sozialwissenschaftlichen Fakultät beraten hatte, war bei dieser Gelegenheit nachdrücklich für Landshut eingetreten, hatte dabei aber auch erheblichen Widerspruch geerntet, der sich teils gegen die Fachrichtung Landshuts, teils gegen dessen Person richtete:[160]

»Mir ist bei meinen zahlreichen Vorstößen in Ihrem Interesse immer wieder entgegen gehalten worden, daß Sie während Ihrer palästinensischen Jahre wissenschaftlich nichts produziert haben. Es reicht leider nicht aus, daß ich persönlich die Ursachen dieses Mangels kenne und verstehe. Angesichts des generellen Widerstands, der an verschiedenen Stellen gegen die Sozialwissenschaften vorherrscht, und gewisser persönlicher Vorurteile, über die Sie mir selbst berichtet haben, gibt es eben

kein anderes Mittel zur Umstimmung der indifferenten Majorität als die sichtbare wissenschaftliche Leistung.«
In Anbetracht der drückenden Umstände, in denen Landshut zu jener Zeit lebte, war das leichter gesagt als getan. Der Eindruck, den Salman Schocken von ihm hatte, ließ sich nicht so einfach revidieren. In einer weiteren Aktennotiz vom 8. Februar 1939 hielt Schocken jedenfalls fest, daß er mit Ernst Kahn und mit Richard Koebner Gespräche über Landshut geführt und darin seine negative Haltung zum Ausdruck gebracht habe.[161]

Von dieser negativen Einstellung hatte ihn auch eine Eingabe mehrerer Professoren nicht abgebracht, die wenige Tage zuvor bei ihm eingetroffen war. Hier wurde um die Bewilligung einer sofortigen Beihilfe für Landshut in Höhe von £ 15 und um eine laufende Beihilfe bis zur Entscheidung über eine dauernde Beschäftigung gebeten. Betont wurde in dem dreiseitigen Text einerseits, daß Landshut sich »als Forscher wie als Lehrer bereits aufs beste bewährt« habe; andererseits, daß seine Wohnung ihm gekündigt worden sei und schnell etwas getan werden müsse.[162] Weitere Briefe und Gespräche folgten, doch eine Anstellung an der Universität wurde damit nicht wahrscheinlicher. Die Familie blieb vorerst auf kleine Zuwendungen von privater Seite angewiesen. In diese beklemmende Situation fiel zudem die Ankunft der Mutter Edith Landshuts, die – nach dem Tod ihres Mannes Ende 1938 – vor den antisemitischen Ausschreitungen in Hamburg hatte fliehen können.

Offenbar auf Betreiben von Judah L. Magnes erhielt Landshut im Februar 1939 zumindest den Betrag von £ 25 für seine Vorlesungen, die er nach wie vor hielt.[163] Dies war eine Summe, von der die Familie einen guten Monat leben konnte, doch angesichts der völlig desolaten Finanzsituation war auch damit nicht wirklich geholfen. Neben den beträchtlichen Altlasten waren im Laufe der vergangenen Monate weitere Schulden angewachsen. Zwecks Stundung der von ihm geschuldeten Summe schrieb Landshut am 5. März 1939 an die »Kupath Milwe shel Olej Germania«, die Darlehenskasse der HOGOA:[164]

»Meine persönliche Lage ist ja allgemein bekannt: Die Rückzahlung der Anleihe, die ich seiner Zeit zur Bestreitung der grossen Ausgaben aufnam, die mir durch das Lungenleiden meiner Frau erwuchsen, stockte von dem Augenblick an, in dem mir die Finanzverwaltung der Universität, trotz dringender Befürwortung durch die akademischen Instanzen, trotz weiterer Ausübung meiner Tätigkeit an der Universität und wider alles Erwarten keinerlei Zahlung mehr leistete. [...] So war ich ausser Stande, meine Rückzahlungsverpflichtungen einzuhalten, weil ich noch nicht einmal im Stande bin, auch bei grösster Einschränkung, den notdürftigsten täglichen Bedarf zu decken.«

Aufschub erwirkte Landshut damit nicht. Die beantragte Stundung wurde mit Hinweis auf die zahlreichen Anträge neuer Einwanderer abgelehnt.[165]

Im April 1939 konnte Siegfried Landshut dann eine zwar zeitlich eng begrenzte, aber immerhin bezahlte Tätigkeit übernehmen. Dank der Vermittlung Ernst Kahns beauftragte ihn das »Economic Research Institute« (ERI), eine 1935 in Jerusalem gegründete Forschungseinrichtung der Jewish Agency, eine Studie über »die soziologischen Grundlagen der Kwuzah in Palästina«, mithin eine Fortsetzung bisheriger Landshutscher Forschungen, zu erstellen. In einem Schreiben vom 27. März 1939[166] hatte Arthur Ruppin, der Begründer und Leiter des ERI,[167] den Rahmen der Auftragsarbeit abgesteckt. Die Bedingungen waren für Siegfried Landshut nicht eben günstig. Er mußte sich verpflichten, dem Institut einmal pro Monat einen Bericht über den Fortgang seiner Arbeit einzureichen und spätestens mit dem Ablauf des fünften Monats die beendete Studie »in Reinschrift und in drei Exemplaren« abzugeben. Das Verwendungsrecht der Arbeit blieb dem Institut vorbehalten, und die Bezahlung war mit insgesamt £ 50 niedrig bemessen. Landshut nahm das Angebot an, bat aber darum, die erste Rate des Honorars sofort an ihn auszahlen zu wollen.[168]

Im Sommer 1939 wurden die Versuche, Unterstützung durch die Universität zu erhalten, fortgesetzt. Die Situation Siegfried Landshuts und seiner Familie, wie sie etwa Richard Koebner und Ernst Kahn in erneuten Briefen an Salman Schocken schilderten, unterschied sich nun kaum noch von der entsetzlichen Lage, die die Landshuts in Ägypten mit letzter Mühe überstanden hatten. Koebner erklärte:[169]

»Die Lage ist schlimmer denn je und droht, die Züge einer Katastrophe anzunehmen. L's Frau ist wieder bedenklich erkrankt. L. selbst ist körperlich und seelisch sehr herabgekommen. Die Mittel, die ihm in den letzten Monaten zuflossen, waren so geringfügig, daß sie immer wieder rasch versiegen mußten, und schon für die nächste Zeit steht er vor dem Nichts. L. arbeitet an der ihm von Ruppin aufgegebenen Denkschrift, ist aber natürlich durch die drückenden täglichen Sorgen aufs schwerste in der Arbeit behindert. Das ist um so mehr zu bedauern, als die bereits vorgelegten Teile der Denkschrift nach allem, was ich hörte, wirklich Gutes versprechen. Überhaupt ist L. ja – so offenkundig auch gewisse Einseitigkeiten seiner Begabung zu Tage liegen – eine wissenschaftliche Persönlichkeit von achtenswertem Rang, und sein Schicksal bedeutet die Verwüstung einer wertvollen Kraft.«

Ernst Kahn bat Schocken in einem Brief vom 6. August 1939 zu erwägen, ob auf der bevorstehenden Kuratoriumssitzung der Universität nicht ein Weg gefunden werden könne, Landshut einen Lehrauftrag zu erteilen. Wieder verfolgte Kahn die drei bekannten Argumentationsstränge: die Außenwirkung der Universität, insbesondere gegenüber der Rockefeller Foundation, die wissenschaftliche Qualität Siegfried Landshuts sowie dessen akute Notsituation. Zu letzterem heißt es unmißverständlich:[170]

»Wenn für Landshut nichts geschieht – geschehen kann nur von der Universität etwas – ist eine Katastrophe kaum zu vermeiden. Denn der Freundeskreis von Landshut ist auf die Dauer nicht in der Lage, ihn über Wasser zu halten, und ich glaube, wir würden uns alle im Falle einer Katastrophe schwere Vorwürfe machen müssen. Denn es würden zwei wertvolle Menschen zugrundegehen.«

Auch auf einen derart erschütternden Appell reagierte Schocken kühl. So schrieb er an Kahn, Landshut habe immerhin zwei Jahre lang eine Chance gehabt, nicht bei der Universität, sondern sonst im Land sich zurechtzufinden.[171] Koebner gegenüber wiederholte er das Argument, daß die Universität das Recht haben müsse, zeitlich eingegangene Verpflichtungen auch ablaufen zu lassen. Als Vorsitzender des Exekutivrats habe er die Pflicht, diesen Standpunkt zu vertreten; ob er sich privat für den »Fall Landshut« interessieren sollte, müßte eine Aussprache ergeben. »Meine bisherigen Eindrücke«, so fügte Schocken hinzu, »gingen nach einer negativen Richtung.«[172]

Was nun folgte, war ein Akt ungewöhnlicher Solidarität. Eine erneute Eingabe an Schocken wurde abgegeben: der Appell zur Rettung einer Familie, unterzeichnet von hervorragenden Gelehrten und bekannten Persönlichkeiten:[173]

Jerusalem, den 1. Oktober 1939

Herrn
S. Schocken,
Jerusalem-Talbiye

Sehr geehrter Herr Schocken,
die Unterzeichneten wenden sich an Sie in der Angelegenheit des Herrn Dr. Siegfried Landshut, der von der Universitaet als research fellow anerkannt ist, aber von ihr kein Gehalt bezieht und in seiner fuerchterlichen wirtschaftlichen Notlage auch sonst keinerlei Hilfe erhaelt. Wir haben nicht lediglich aus Mitleid, sondern aus hoher persoenlicher Schaetzung fuer Dr. Landshut uns nach Kraeften bemueht, ihm materiell zu Hilfe zu kommen, haben aber sowohl die Unvollkommenheit dieser Hilfe wie das Unwuerdige der Situation aufs schaerfste empfinden muessen und wenden uns heute an Sie mit der Bitte, das Ihrige dazu zu tun, um dem unhaltbaren Zustande ein Ende zu bereiten.

Die Entstehung der Notlage Dr. Landshuts ist Ihnen, sehr geehrter Herr Schocken, so gut bekannt wie uns. Wir stimmen Ihnen darin bei, dass die Universitaet sich nicht als verpflichtet ansehen konnte, Herrn Dr. Landshut nach Ablauf des von der Rockefeller-Stiftung gewaehrten Stipendiums eine Dozentur oder einen sonstigen Lehrauftrag zuzuweisen. Wenn aber die Universitaet fuer das, was Dr. Landshut in seinem speziellen Fache zu leisten vermag, zumal unter den gegenwaertigen erschwerten Umstaenden, vorerst keine Verwendung zu haben glaubt, so muss sie es unseres Erachtens als ihre Ehrenpflicht ansehen, dem Manne, der auf ihre Anregung und als ihr Mitglied in seinem Fache hier gearbeitet hat, bei der Erreichung einer wirtschaftlichen Existenz behilflich zu sein. Die Erfuellung dieser Ehrenpflicht ist jetzt dringend notwendig geworden.

Wer die Verhaeltnisse hier zu Lande kennt und ausserdem die besonderen persoenlichen Schwierigkeiten in Rechnung zieht, denen ein Mann von rein wissenschaftlicher Vergangenheit wie

Dr. Landshut bei jedem eigenen Versuch zur wirtschaftlichen Existenzgewinnung unterliegen muss, kann nicht bezweifeln, dass er mit seiner Familie einfach dem Verhungern ausgesetzt ist, wenn die verantwortlichen Leiter der Universitaet keine Anstrengungen machen, um ihm wenigstens eine notduerftige Selbsterhaltung zu ermoeglichen.

Wir glauben, dass Sie, verehrter Herr Schocken, sich bereits von der Unhaltbarkeit des entstandenen Zustandes ueberzeugt haben und entschlossen sind, hier tatkraeftig rettend einzugreifen. Wir moechten Sie heute nur darauf hinweisen, dass hoechste Eile geboten ist. Die Mittel der Familie Landshut sind voellig am Ende, und waehrend alle Lebensbeduerfnisse sich verteuert haben, ist es Dr. Landshut zugleich unmoeglich, noch irgend einen Glaeubiger laenger zu vertroesten, da unter den gegenwaertigen Verhaeltnissen alle Fuersorge fuer den taeglichen Bedarf auf sofortige Barzahlung gestellt werden muss. Dr. Landshut, der bis zuletzt teils ohne, teils nur fuer gelegentliche Bezahlung sich wissenschaftlich und literarisch betaetigt hat, kann gegenwaertig auf diesem Wege nicht mehr weiterkommen. Er steht vor dem Nichts und droht, voellig zusammenzubrechen.

Es handelt sich hier um die Rettung von 6 Menschenleben. Wir bitten Sie, sich ganz persoenlich des Falles anzunehmen, fuer eine Behebung der gegenwaertigen fuerchterlichen Not zu sorgen und zugleich auch die Anbahnung einer ertraeglichen auf Arbeitsverdienst gestellten Existenz fuer die Zukunft in die Wege zu leiten.

In Hochschaetzung

Martin Buber	Georg Landauer
R. Koebner	A. Ruppin
E. Wertheimer	H. Bergmann
A. Fraenkel	Ernst Simon
J. Guttmann	M. Smoira
	Lola Herrmann
	Dr. Krojanker

Hier meldete sich eine Gruppe von Menschen zu Wort, von der man überzeugt sein durfte, sie habe sich nach reiflicher Überlegung und bei guter Kenntnis der Verhältnisse zu einem Eintreten für Landshut in dieser Form entschlossen. Angeführt wurde die Liste der Unterzeichner vom Namen Martin Bubers. Buber, der Siegfried Landshut wohl kurz nach seiner Ankunft in Palästina persönlich kennengelernt und auch privaten Kontakt zu ihm und seiner Familie gepflegt hatte, war *die* geistige Autorität unter den aus Deutschland eingewanderten Juden; im übrigen kannte er Salman Schocken sehr gut – lange Zeit war dieser Bubers wichtigster Verleger. Ebenso wie Martin Buber waren auch Richard Koebner (für Neue Geschichte), Julius Guttmann (für Jüdische Philosophie), Abraham Fraenkel (für Mathematik), Ernst Wertheimer (für Pathologische Physiologie) und Hugo Bergmann (für Philosophie) Professoren der Hebräischen Universität. Neben dem vormaligen Rektor Bergmann zählte mit Fraenkel auch der amtierende Rektor zu den Unterzeichnern. Ernst Simon, der zu diesem Zeitpunkt Dozent für Pädagogik war, hatte im Frühjahr 1936 den ersten Kontakt zwischen Landshut und Schocken hergestellt. Georg Landauer als Geschäftsführer der »Deutschen Abteilung« der Jewish Agency und vor allem Arthur Ruppin mit einer Fülle von Funktionen – er las auch an der Universität – nahmen wichtige Positionen im Jischuw ein. Moshe Smoira war einer der renommiertesten Juristen (später erster Präsident des obersten Gerichtshofes in Israel), Lola Herrmann, deren Ehemann Leo Generalsekretär des Keren Hajessod war, verfügte über vielfältige Kontakte, und der Publizist Gustav Krojanker schließlich zählte damals zu den prominentesten Persönlichkeiten der Einwanderung aus Deutschland.

Salman Schocken antwortete auf die Intervention dieser illustren Gruppe in einem Schreiben an die Erstunterzeichner der Eingabe, Martin Buber und Georg Landauer. Darin vermerkte er spitz, daß sich »die falschen Darstellungen über das Verhältnis der Universität zu Dr. Landshut und die daraus fälschlich abgeleiteten Verpflichtungen« in ihrem Wesen nicht dadurch veränderten, daß sie auch von Professoren der Universität wiederholt würden.[174] Einen Scheck über £ 20 fügte Schocken aus privater Tasche bei;[175] damit aber sollte die Angelegenheit für ihn beendet sein.[176]

Siegfried Landshut selbst ging davon aus, daß die Universität ihm gegenüber eine Verpflichtung eingegangen war. Als ausdrückliche Gegendarstellung zu den Erklärungen Schockens verfaßte Landshut einen detaillierten Bericht, den er Martin Buber und Hugo Bergmann zusandte. Zwei Jahre lang habe man ihn in der Hoffnung bestärkt – so Landshut –, daß eine fortdauernde Tätigkeit an der Universität für ihn zu finden sei. Er seinerseits habe in dieser Zeit alles getan, um eine geeignete Grundlage dafür zu schaffen. Ausführlich ging Landshut auch auf die besondere Situation ein, der sich ein Wissenschaftler an der Hebräischen Universität stelle:[177]

»Die wissenschaftliche Arbeit an der Universitaet Jerusalem steht unter ganz besonderen Voraussetzungen. Die Universitaet ist einmal eine in ihrer Art einzige Institution, und zwar vor allem in zwei Hinsichten: erstens steht sie nicht wie Universitaeten anderer Laender in einem Gesamtrahmen wissenschaftlicher Institutionen, die in der Vertretung wissenschaftlicher Faecher im Zusammenhang stehen, sie ist die *einzige* juedische Universitaet. Zweitens ist die hebraeische Sprache als alleinige Lehrsprache eine weitere Singularitaet der Universitaet. Die Einfuegung in die besonderen Bedingungen der Universitaet Jerusalem bedeutet also fuer jeden Wissenschaftler eine Beschraenkung auf einen ganz spezifischen Kreis der Wirksamkeit, in gewissem Sinne einen Verzicht auf – auch im publizistischen Sinne – auf [!] die mannigfaltigeren Moeglichkeiten des europaeisch-amerikanischen Sprach- und Kulturkreises. In dem Masse, in dem ich im Lauf der Zeit mir ueber diese besondere Situation und Beschraenkung klar wurde – die auf mich zu nehmen mein bester Wille war – suchte ich natuerlich nach Ablauf des ersten Jahres moeglichst bald eine Klaerung meines Verhaeltnisses zur Universitaet herbeizufuehren. Bei einer Unterredung, die ich im Sommer 1937 mit dem damaligen Rektor der Universitaet, Herrn Professor Bergmann, hatte, wurde ich von ihm beraten, mich moeglichst intensiv der raschen Aneignung der hebraeischen Sprache zu widmen, da dies die Voraussetzung fuer alles andere sei. [...] Um meine Eignung in dieser Richtung unter Beweis zu stellen, bat ich die Universitaet, zum Sommersemester 1938 meine erste Vorlesung in hebraeischer Sprache halten zu duerfen. Mein Antrag wurde genehmigt. Meine Vorlesungen gehoerten zu den best besuchten der Universitaet und fanden

in der Hoererschaft ein intensives Interesse. Leider waren ausser Herrn Professor Koebner, dem Historiker der Universitaet, niemals andere Mitglieder, weder des Lehrkoerpers noch der Verwaltung, bei diesen Vorlesungen zugegen.«
Landshut schilderte seine Bemühungen, am Ende des Sommersemesters 1938 eine Stellungnahme der Universität zu seiner Weiterbeschäftigung zu erhalten. Das Ergebnis war die Bestätigung seines Status als Forschungsmitglied der Universität mit dem Recht, Vorlesungen zu halten. Die finanzielle Seite aber blieb ungeklärt, und erst Anfang Oktober 1938 habe er von Senator erfahren, daß eine laufende Bezahlung nicht möglich sei. Dem folgten dann ein Jahr lang die Bekundungen der Universitätsverwaltung, daß sie keine einklagbaren Verpflichtungen übernommen habe:
»Infolge dieser Haltung der Universitaet, die sich trotz aller Bemuehungen und des immer bekundeten Interesses aller meiner Arbeit nahe stehender Professoren nicht geaendert hat, bin ich mit meiner Familie in den Zustand einer solch voelligen Mittellosigkeit geraten, dass auch die Fortfuehrung meiner wissenschaftlichen Arbeiten unmoeglich geworden ist. Dabei ist festzustellen, dass ich auch heute noch formell Forschungs-Mitglied der Universitaet bin.«
Siegfried Landshuts Versuch, an der Hebräischen Universität Fuß zu fassen, war gescheitert. Die Gründe dieses Scheiterns sind nur annäherungsweise zu bestimmen. Daß die finanzielle Situation der Universität eine Anstellung Landshuts zumindest erschwerte, bestritt niemand. Kontrovers wurde dagegen diskutiert, ob eine Bezahlung Landshuts – in welcher Höhe auch immer – überhaupt zu realisieren sei und ob die Universität eine Verpflichtung ihm gegenüber habe. Langjährige Kenner der Hebräischen Universität wie Hugo Bergmann und Arthur Ruppin sowie der amtierende Rektor Abraham Fraenkel bejahten beides. Konnten sie sich wirklich derart über die Verhältnisse an der Hochschule irren, wie Salman Schocken es ihnen dann attestierte?

Zweifellos war Schocken nicht allein dafür verantwortlich, daß Landshut nicht weiterbeschäftigt wurde. Er bewegte sich in einem sehr unsicheren finanziellen Rahmen – etwa zwei Drittel des Budgets mußten nach wie vor durch Spenden aufgebracht werden – und hatte dem Kuratorium Rechenschaft über sein Tun abzulegen. Andererseits war er die zentrale Person, wenn es darauf ankam, einen Lehrauftrag überhaupt zu ermöglichen. Ohne ihn ging in dieser Hinsicht kaum etwas, und so konnte seine konsequent unnachgiebige Haltung entscheidend sein. Die Art, wie Schocken diese Haltung demonstrierte, legt die Vermutung nahe, hier habe es sich um eine Art Präzedenzfall gehandelt, bei dem jedes Nachgeben als eine Schwächung der eigenen Position – auch gegenüber den sich engagierenden Professoren des eigenen Lehrkörpers – empfunden wurde. Die teils moralischen Appelle ließen Schocken in diesem Kontext unbeeindruckt.

Abgesehen von der Frage, ob die Universität Siegfried Landshut gegenüber eine Verpflichtung übernommen hatte, ging es aber auch darum, ob man ihn überhaupt einstellen *wollte*. Wie die zitierte Äußerung Adolf Löwes zeigt, schieden sich offenbar auch in Jerusalem die Geister bezüglich der Person Landshuts. Ein weiteres Mal scheint zudem seine Position innerhalb der Sozialwissenschaften Schwierigkeiten erzeugt zu haben. Nach einem Treffen mit David Werner Senator äußerte Eduard Heimann im Sommer 1940 gegenüber Buber folgende Einschätzung: »I found him [Senator, R.N.] very sympathetic with Landshut but it seems that Landshut's unorthodox position in the social sciences, which does not make him either a regular sociologist or a regular economist is an obstacle to placing him […].«[178] Wer sich im einzelnen innerhalb der Universität und des Kuratoriums gegen Landshut aussprach, ist allerdings aus den Akten nicht zu ermitteln, und auch der Gedanke, die von Koebner als unabhängig von jeder Partei-Doktrin gepriesene Einstellung Landshuts sei nicht unbedingt vorteilhaft für seine Weiterbeschäftigung gewesen, bleibt Spekulation.

Salman Schocken jedenfalls schätzte Landshut als Wissenschaftler nicht besonders; außerdem machte er ihn zu einem großen Teil selbst für seine furchtbare Lage verantwortlich. Sogar das beharrliche Eintreten einiger Kollegen Landshuts und deren ausführliche Gegenargumentation konnten an dieser Haltung nichts ändern; ja, es scheint, als habe ihr insistierendes Engagement den »Fall Landshut« für Schocken erst recht zu einem »roten Tuch« werden lassen.

Die Auseinandersetzung mit der Universitätsverwaltung war für Siegfried Landshut eine außerordentlich bittere Erfahrung. Zwar hatte er Zuspruch, Bestätigung und Hilfe von bedeutenden Kollegen erhalten, aber all dieses hatte nicht dazu geführt, endlich einen Platz in der universitären Gemeinschaft zu erhalten. Eine Anstellung an der Hebräischen Universität war nicht nur für die Gegenwart, sie war für Landshut im Grunde überhaupt illusorisch geworden. Was blieb, war große Enttäuschung.

Forschungsarbeit im Muster-Kibbuz Giwat Brenner

Als deutlich wurde, daß eine Anstellung Siegfried Landshuts an der Hebräischen Universität nicht zu erwirken war, mußten neue Überlegungen angestellt werden. Der Plan, der nun Gestalt annahm und wiederum von einer ganzen Gruppe von Personen unterstützt wurde, zielte auf eine Fortsetzung der Landshutschen Studien über die Gemeinschaftssiedlung. Zu diesem Zweck, und zur Reduzierung der Lebenshaltungskosten, sollte Landshut für einen vorerst begrenzten Zeitraum in einen Kibbuz übersiedeln. Auch hier war wieder zunächst das finanzielle Problem zu lösen. In einem Brief an Judah L. Magnes, datiert vom 25. Januar 1940, erläuterten Buber und Ruppin die Situation. Da man angesichts der Vorstudien davon ausgehe, daß Landshut eine wertvolle Arbeit über die Gemeinschaftssiedlung in Palästina verfassen könne, werde nun versucht, bei verschiedenen Institutionen finanzielle Mittel für einen Forschungszeitraum von einem Jahr einzuwerben.[179]

In Erwartung einer bevorstehenden Regelung siedelten Edith und Siegfried Landshut mit ihrem jüngsten Sohn Thomas bereits im Februar 1940 in den Kibbuz Giwat Brenner über, da sie sich in Jerusalem finanziell nicht mehr halten konnten.[180] Bis zum 3. April 1940 war die Sammlung des für die Forschungsarbeit notwendigen Geldes dann tatsächlich abgeschlossen. An diesem Tag wurde eine Vereinbarung zwischen dem Economic Research Institute und Giwat Brenner geschlossen, die den Aufenthalt der nun dreiköpfigen Familie Landshut für die Dauer eines Jahres regelte.[181] Drei Tage später nahm die Mitgliederversammlung von Giwat Brenner das Abkommen an, und am 7. April 1940 erfolgte die offizielle Aufnahme Landshuts in den Kibbuz.

An der Finanzierung des Aufenthalts waren beteiligt: die Landwirtschaftliche Abteilung der Jewish Agency, der Keren Hajessod, der Keren Kajemet, der Merkas Chaklai, der Hakibbuz Hameuchad, die Universität und das Economic Research Institute. Von dem zusammengetragenen Geld wurden die Übersiedlungskosten bezahlt, der monatliche Unterhaltsbeitrag an Giwat Brenner entrichtet, ein Teil der Schulden getilgt sowie die Unterhaltskosten für Siegfried Landshuts Schwiegermutter in einem Jerusalemer Altersheim gedeckt. Im Gegenzuge sollte Landshut dem ERI zweimonatlich Rechenschaftsberichte über den Fortgang seiner Arbeiten vorlegen und innerhalb von neun Monaten eine detaillierte Studie über die Gemeinschaftssiedlung zum Abschluß bringen. Wie Arthur Ruppin unterstrich, war diese »ungewöhnliche Form« des Auftrages und seiner Bezahlung nur aufgrund der »schwierigen persönlichen Verhältnisse« Landshuts beschlossen worden.[182] Dabei war – wie der Mitarbeiter und spätere Direktor des ERI, der Wirtschaftswissenschaftler Alfred Bonné (1899-1959),[183] in einem Schreiben an Landshut mitteilte – die Vergabe des Auftrags nicht unumstritten gewesen.[184] Offenbar galt der Erforscher der Gemeinschaftssiedlungen vielen als zu kritisch gegenüber seinem Forschungsgegenstand, und dies zu einem Zeitpunkt, da das Prestige der Kibbuzim im Jischuw einen Höchststand erlangt hatte.[185]

Im Gegensatz zur Entstehungszeit der ersten Kwuzot,[186] als diese noch Experiment waren und häufig nicht recht ernst genommen wurden, hatte die Kibbuz-Bewegung in den 1920er und vor allem in den 1930er Jahren eine außerordentlich wichtige Position im Jischuw errungen, sich dabei freilich von den Idealen ihrer Anfänge zunehmend entfernt. Die Vision einer neuen, einer gerechten Gesellschaft wurde abgedrängt zugunsten pragmatischer Siedlungspolitik. Hermann Meier-Cronemeyer, obwohl voller Sympathie mit den Kibbuzim, hat diese Entwicklung in der Grundthese seiner Studie zusammengefaßt: Demnach erlagen »die in den frühen Kwuzot wirksamen Ideale, die alles wollten nur keine Organisation, nur keinen Staat, immer mehr der Tendenz zum Organisatorischen, zum Politisch-Militärischen«.[187]

Gerade in den dreißiger Jahren hatten sich Anzahl, Größe, Charakter und Ansehen der Kibbuzim zunehmend verändert. Der endgültige Aufstieg der Arbeiterbewegung zur dominierenden zionistischen Kraft hatte die Position der Kibbuz-Bewegung gestärkt. Die Kibbuzim, die Avantgarde der Arbeiterbewegung, verstanden sich als eigentliche Elite der zionistischen Bewegung, und als solche wurden sie nun mehr und mehr anerkannt. Im Zuge der Masseneinwanderung der fünften Alija kam ihnen bei der Aufnahme der Einwanderer eine wichtige Rolle zu, und mit Beginn des arabischen Aufstands im Jahre 1936 setzte eine weitere entscheidende Wandlung ein: Die Kibbuzim, die verwundbarsten Punkte im Jischuw, verwandelten sich in Wehrlager mit Verteidigungskomitees, Barrikaden und Wachtürmen; sie arbeiteten eng mit der Hagana zusammen und dienten als deren Waffenlager. Vor allem aber wurden sie zum Instrument der Eroberung Palästinas. Die Kibbuzim schienen *das* geeignete Mittel, das jüdische Siedlungsgebiet weiter auszudehnen. Nach dem Prinzip von »Turm und Schanze«[188] wurde nun eine Besiedlung im großen Stil betrieben; und zwar vorwiegend nach politischen und strategischen Gesichtspunkten. Zwischen 1936 und 1939 entstanden mehr als fünfzig neue Siedlungen, darunter 36 Kibbuzim.[189] Die Mitgliederzahl der Kibbuzim erhöhte sich von 10 635 im März 1936 auf 17 839 im September 1939. Insgesamt zählten die Kibbuzim zu diesem Zeitpunkt 24 105 Bewohner, was 5,41 % der jüdischen Bevölkerung Palästinas entsprach (gegenüber 4,43 % im Jahre 1936).[190]

In einer Phase entschiedener Expansion wie äußerster politischer und militärischer Spannung begann Siegfried Landshut im April 1940 seine Tätigkeit in Giwat Brenner. Der Kibbuz Giwat Brenner, »Der Hügel Brenners«, benannt nach dem während der arabischen Unruhen 1921 ermordeten Schriftsteller Joseph Chaim Brenner (1881-1921), war einer der größten Kibbuzim in Palästina. Von litauischen und deutschen Juden 1928/29 unweit von Rehovot – etwa zwanzig Kilometer südöstlich von Tel Aviv – gegründet,[191] war seine Einwohnerzahl bis 1936 bereits auf 623 angestiegen.[192]

Giwat Brenner gehörte dem 1927 gegründeten Kibbuzverband »Hakibbuz Hameuchad« (»Der vereinigte Kibbuz«) an, der große Kibbuzim befürwortete und eine maßgebliche Rolle in der strategischen Ansiedlung wie in der Militarisierung der Kibbuz-Bewegung spielte. Neben dem an Mitgliedern stärksten Hakibbuz Hameuchad gab es zwei weitere große Dachorganisationen der Kibbuzbewegung, die ebenfalls in der zweiten Hälfte der zwanziger Jahre gegründet worden waren: den »Chewer Hakwuzot« (»Bund der Kwuzot«) und den »Hakibbuz Haarzi« (»Der Landes-Kibbuz«). Im Gegensatz zum Expansionsdrang des Hakibbuz Hameuchad vertrat der Chewer Hakwuzot die Idee einer kleinen, überschaubaren Kwuza. Bezogen auf die Parteizugehörigkeit waren sowohl der Hakibbuz Hameuchad als auch der Chewer Hakwuzot der Mapai zuzuordnen, während der Hakibbuz Haarzi die Kibbuzim des marxistischen Haschomer Hazair umfaßte. Als übergeordnete Instanz wirkte die mächtige Einheitsgewerkschaft Histadrut, in der so gut wie alle Kibbuzniks Mitglied waren und in der wiederum die verschiedenen Kibbuz-Verbände um Einfluß kämpften. Um einen Eindruck zu vermitteln von der hitzigen Atmosphäre verschiedener Interessen, Machtansprüche und Ideologien, in der Siegfried Landshut seine Forschungen über die Kibbuzim betrieb, seien die politischen Machtkämpfe innerhalb der Arbeiterbewegung, die an der Tagesordnung waren und bei denen der Hakibbuz Hameuchad – als eine Art Fraktion innerhalb der Mapai und der Histadrut – eine wichtige Rolle spielte, zumindest angedeutet.

Unter Führung Izhak Tabenkins hatte sich der Hakibbuz Hameuchad zu einem unabhängigen politischen Machtfaktor entwickelt, der zusehends eine innerparteiliche Opposition in der Mapai bildete. Deutlich wurde dies vor allem in der Diskussion um die Einigung der Kibbuzbewegung, die von Berl Katznelson seit Mitte der dreißiger Jahre immer energischer gefordert wurde.[193] Im Grunde ging es Katznelson um die Einigung der Kibbuzverbände innerhalb der Mapai und um das Abwenden einer Tendenz, die er beim Hakibbuz Hameuchad – der ihm im übrigen näherstand als der Chewer Hakwuzot – wahrnahm: den Abfall vom humanen Sozialismus. Bereits während seiner Polen-Reise im Jahre 1933 hatte Katznelson in einigen Ortsstellen der Hechaluz, des Weltverbandes der Chaluz-Bewegung, Plakate mit folgendem Text gesehen: »Die Doktrin des jüdischen Pioniertums ist grausam in der Praxis und wunderbar in ihrem Wesen«.[194] Diese »Grausamkeit« schien im Hakibbuz Hameuchad mit der Zeit zum Erziehungsmittel, zu einem Teil der Ideologie zu werden. Katznelsons Vorstellungen von einer gerechten, von einer menschenwürdigen Gesellschaft entsprach dies ganz und gar nicht. Auch die Sympathie bzw. Verehrung für die Sowjetunion, wie er sie in weiten Kreisen des Hakibbuz Hameuchad vorfand, stieß bei ihm auf Kritik.

Der Hakibbuz Hameuchad widersetzte sich den Einigungsbestrebungen; die entfachte Auseinandersetzung wurde zu einem bisweilen mit Härte geführten Streit zwischen Machtblöcken und schließlich zur Existenzfrage für die Mapai. In einem Gespräch mit dem Sekretariat des Hakibbuz Hameuchad im Januar 1939 erklärte Katznelson, daß die Gegensätze in der Partei nicht ideologisch seien, sondern ein Kampf um Macht. In dieser Atmosphäre habe er in der Mapai wie in der Histadrut keine Luft zum Atmen. Die Grundfesten der Mapai waren erschüttert, zumal sich in Tel Aviv eine oppositionelle »Fraktion B« gebildet hatte, die die Partei in den Jahren 1938/39 mehr beschäftigte als andere Fragen jener an schwerwiegenden Problemen nicht armen Zeit. Die Folge der Machtkämpfe war nicht nur der Bruch der jahrzehntelangen Freundschaft zwischen Katznelson und Tabenkin, sondern schließlich auch die vom Hakibbuz Hameuchad gemeinsam mit der »Fraktion B« vollzogene Abspaltung von der Mapai im Jahre 1944.

Indes hatte sich der so straff geführte Hakibbuz Hameuchad mit einer Opposition in den eigenen Reihen auseinanderzusetzen: mit der Alija aus Deutschland, deren Mangel an chaluzischem Geist von der Führung des Hakibbuz Hameuchad immer wieder beklagt und deren Fähigkeit zu entbehrungsreichem Leben samt harter Arbeit ein ums andere Mal in Frage gestellt wurde. Die bereits erwähnten Probleme der deutschen Einwanderer, der »Jecken«, bei der Eingliederung in den von Ostjuden geprägten Jischuw zeigten sich in den Kibbuzim womöglich noch deutlicher als anderswo, war der Kontakt zwischen den Menschen hier doch besonders eng. Abgesehen von den vielen Alltagsproblemen im Kibbuz jener Zeit litten die »Jecken« zudem unter dem erdrückenden Zentralismus des Hakibbuz Hameuchad, und dessen geistige Leitfigur, der häufig als charismatische Persönlichkeit geschilderte Izhak Tabenkin, war vielen von ihnen offenbar fremd. Ihre Mentoren waren eher Martin Buber und Berl Katznelson. Folgt man der Darstellung Shlomo Erels, so gab es im Hakibbuz Hameuchad gar eine »Phobie« gegenüber der deutschen Alija, während es für die Einwanderer aus Deutschland durchaus typisch war, die Leitung dieses Kibbuzverbandes als »bolschewistisch« und als unfähig zu jeglicher Abweichung von ihrer Linie anzusehen.[195]

Der Konflikt zwischen dem Hakibbuz Hameuchad und den aus Deutschland stammenden Kibbuzniks erhielt auch deshalb eine besondere Dynamik, weil deren quantitatives Gewicht mit der Masseneinwanderung ab 1933 in kurzer Zeit enorm stieg. Im Jahre 1936 stellten sie bereits ein Drittel der rund 16000 Menschen zählenden Bevölkerung des Hakibbuz Hameuchad.[196] Aus Furcht vor einer Veränderung des Kibbuz und einer Verschiebung der Machtpositionen betrieb der Hakibbuz Hameuchad eine rigide Einordnungspolitik. Dabei galten als Grundsätze: die uneingeschränkte Autorität der Leitung, die extreme Mischung von Landsmannschaften sowie die sorgsame Auswahl von Gründungsgruppen. Bewußt wurde die deutsche Alija verstreut, und nicht selten wurden Einwanderer genau jenen Kibbuzim zugewiesen, in die sie gerade nicht hatten gehen wollen. Dezidiert sprach sich die Leitung des Hakibbuz Hameuchad auch dagegen aus, daß eine Gruppe aus Deutschland einen Kibbuz gründen und damit zum dort tonangebenden Kreis werden könne.

Insofern war es eine Ausnahme, daß Giwat Brenner – allerdings vor Beginn der fünften Alija – von Chaluzim aus Deutschland zumindest mitgegründet worden war. Zu diesen Gründungsmitgliedern – es handelte sich dabei um eine geschlossene Gruppe von Jugendlichen, den »Kibbuz Cherut« aus Hameln – kamen in den dreißiger Jahren viele Einwanderer aus Deutschland hinzu, so daß dieser Immigrantenkreis den Kibbuz maßgeblich prägte. Daß es in Giwat Brenner Kibbuzniks gab, die eher der Opposition im Hakibbuz Hameuchad zuzurechnen waren, und daß es mit Enzo Sereni und Chaim Ben Ascher zwei Mitglieder Giwat Brenners waren, die sich für die Einigung der Kibbuzbewegung im Sinne Katznelsons engagierten, kann daher kaum überraschen. Bemerkenswert ist allerdings, daß gerade dieser Kibbuz sich gleichzeitig zu einem regelrechten Musterbeispiel für das ökonomisch-politische Konzept des Hakibbuz Hameuchad, ja, – trotz aller Konflikte – zu dessen »Hochburg«[197] entwickelte: Es gab eine auf stetige Erweiterung angelegte Wirtschaft, die eine Mischung von Landwirtschaft, Industrie und bezahlter Außenarbeit einschloß, sowie vor allem eine beständige Zunahme der Bevölkerung.[198]

So aufstrebend Giwat Brenner in dieser Hinsicht war, so hart waren allerdings die dortigen Lebensbedingungen. In einem seiner ersten Arbeitsberichte für Arthur Ruppin, im Juni 1940, berichtete Landshut von dem »übertriebenen Expansionstempo« Giwat Brenners und den daraus folgenden Konsequenzen.[199] In den elf Jahren seines Bestehens sei die Bevölkerungszahl von 40 auf über 900 angestiegen, wobei sich in den Jahren 1937 bis 1939 nicht nur die Schulden stark vermehrt hätten, sondern auch der Lebensstandard um ein beträchtliches gesunken sei. Mit anderen Worten: Die Erweiterung der Wirtschaftszweige und die Aufnahme neuer Mitglieder wurden auf »Kosten« der Kibbuzniks betrieben, deren Verhältnisse sich trotz harter Arbeit nicht nur nicht verbesserten, sondern gar verschlechterten. Im folgenden schilderte Landshut »die nachteilige Wirkung der stets erhöhten Ansprüche an den Verzicht- und Opferwillen der Menschen auf die Stimmung der Gemeinschaft« sowie »das Versagen der Organisation angesichts der sich rasch vermehrenden vielfältigen Aufgaben«:

»Die Beschaffung des notdürftigsten Wohnraumes, der Ersatz unbrauchbar gewordener Anlagen stösst auf die grössten Hindernisse und zieht sich monatelang hin. Die alltäglich gewordene Nichterfüllung gegebener Zusagen bei hundert kleineren und grösseren Gelegenheiten entwertet jedes Wort. Das Sich-Durchsetzen robusterer Naturen [...] und die Zurückdrängung der Stilleren und Neueren macht böses Blut. Nicht die organisatorische Unfähigkeit der Personen, sondern der steigende Andrang täglicher Erfordernisse bei nicht im gleichen Mass gewachsenen Mitteln scheint mir die Ursache zu sein.«

Arthur Ruppin kannte Landshut und dürfte über dessen kritische Äußerungen nicht überrascht gewesen sein; ungewöhnlich war eine derartige Kritik im Jahre 1940 aber allemal. Schließlich schien ein sehr hoher Anspruch an den Verzicht- und Opferwillen der Menschen typisch für den Jischuw und geradezu konstitutiv für die Kibbuz-Bewegung, vor allem aber für den Hakibbuz Hameuchad, wo er offenbar gar nicht hoch genug sein konnte. Auch vom »Versagen« der Organisation im Vorzeige-Kibbuz dieses Dachverbandes zu sprechen und dessen Expansion in Frage zu stellen kam der Verletzung eines Tabus gleich. Der nonkonformistische Landshut dachte gar nicht daran, in den Chor derer einzustimmen, die – vor allem in jener Zeit – den Aufschwung der Kibbuzbewegung begeistert kommentierten. An Sympathie für die Kibbuzniks fehlte es ihm durchaus nicht, aber gerade deshalb fragte er nach den konkreten Lebensbedingungen der Menschen im Kibbuz und danach, was aus den ursprünglichen Idealen geworden sei.

Für Siegfried Landshut war der insgesamt vierzehnmonatige Aufenthalt im Kibbuz keine einfache Zeit. Wiederum wußte er, daß das nur unter großen Mühen zustande gekommene Arbeitsverhältnis nach Ablauf eines Jahres enden würde. Neben der Fertigstellung seiner Kibbuz-Studie mußte er also versuchen, für die daran anschließende Zeit eine Perspektive zu finden.

Zu Beginn seiner Tätigkeit machte Landshut sich mit den Verhältnissen in Giwat Brenner vertraut, sprach mit den Kibbuz-Mitgliedern und durchforstete die Buchhaltung: dies alles in einer Phase der Meldungen über das Vorrücken deutscher Truppen nach Frankreich. Am 19. Juni 1940 schrieb er an Alfred Bonné:[200]

»Als eine Art Protest gegen die hypnotische Paralyse, von der in diesen Tagen auch sonst besonnene Leute ergriffen sind, sende ich Ihnen hier meine Bemerkungen über die Frage der Rentabilität. Auch mir fällt die Arbeit inmitten dieser Weltkatastrophe schwer, insbesondere da meine Familie in Frankreich von ihr unmittelbar betroffen ist. Trotzdem, denke ich, haben wir Grund, unsere Arbeit fortzusetzen.«

Wenige Tage später erfolgte die Besetzung weiterer Teile Frankreichs; im Elsaß wurde eine deutsche Zivilverwaltung eingesetzt. Siegfried Landshut hatte allen Grund, um das Leben seiner 73jährigen Mutter zu fürchten. Dasselbe galt für seine ebenfalls in Frankreich lebende Schwester Lore samt Familie. Paula Rüdell, die ältere Schwester Siegfried Landshuts, lebte mit ihrer Familie nach wie vor in Deutschland und befand sich schon länger in Gefahr.

Während Landshut über die Situation seiner nächsten Verwandten im Ungewissen blieb, setzte er seine Forschungen fort, arbeitete in diversen Archiven, besuchte zahlreiche Kibbuzim und hielt etliche Vorträge. In Giwat Brenner gab Siegfried Landshut auch einen Kurs über Demokratie, wie er in einem undatierten, 1940 verfaßten Brief an die Verwandten in Jerusalem berichtet:[201]

»Ich habe [...] hier bei dem ›Lern-Monat‹, den Giwat Brenner veranstaltet, einen Kurs über Demokratie übernommen und obwohl es mir natürlich wohl tut, daß ich damit so guten Erfolg habe, so habe ich doch ungewöhnlich viel Arbeit davon. Nun soll morgen Tabenkin, der König des Kibbuz Hameuchad, hierher kommen und man verlangt von mir, daß ich ihm ein ›Muster-Seminar‹ vorführe ...«

Derweil arbeitete Edith Landshut als Haushaltshilfe beim Arzt des Kibbuz und versuchte zudem, durch Schneidern aus alten Kleidungsstücken etwas Geld zu verdienen. Daß der Alltagskampf für das Ehepaar Landshut auch in Giwat Brenner nicht aufhörte, zeigen die vielen Briefe, die Edith Landshut in jener Zeit an die in Jerusalem lebenden Familienmitglieder schrieb. Um Porto zu sparen, wurden sie häufig nicht per Post geschickt, sondern Reisenden mitgegeben. Auch waren diese Briefe gleichzeitig an mehrere Personen gerichtet, so daß sie in Jerusalem wiederum zwischen verschiedenen Empfängern – der Tochter Susanne, der im Altersheim lebenden Mutter, dem Vetter ihres Mannes, Heinrich Landshut, und weiteren Personen – herumgetragen wurden.[202] Themen der Briefe sind die ständige Geldnot, die häufigen Malariaanfälle Siegfried Landshuts – sie waren in Giwat Brenner wieder aufgetreten –, das eigene schlechte gesundheitliche Befinden, die Sorgen um den Sohn in Ben Schemen und die Tochter in Jerusalem, die Angst um die Verwandten in Frankreich, der nächtliche Alarm im Kibbuz aufgrund der italienischen Bombenangriffe auf Tel Aviv.

Trotz all dieser Widrigkeiten und Belastungen konnte Siegfried Landshut dem ERI seine Forschungsarbeit termingerecht, und zwar Kapitel für Kapitel, übergeben. Am Ende des Jahres

1940 lag die Untersuchung fast vollständig vor, und Alfred Bonné teilte Landshut mit, er erachte die Darstellung als »formal und inhaltlich sehr eindrucksvoll«.[203] Auch Arthur Ruppin, aus dessen Sicht einige Desiderata bestanden, war insgesamt zu einem »günstigen Urteil« gekommen.[204] Am 30. Januar 1941 machte Landshut Ruppin brieflich davon Mitteilung, daß das abschließende Kapitel in Kürze eingereicht werden könne.[205] Diese Information war verbunden mit der Frage nach einer Zusammenarbeit über das Vertragsende am 7. April 1941 hinaus. Landshut erklärte, eine weitere Untersuchung der spezifischen Probleme der Gemeinschaftssiedlung sei überaus sinnvoll, da die Entwicklung in den Kibbuzim sich in ständigem Fluß befinde und mit einer einmaligen Forschungsarbeit nicht erschöpfend behandelt werden könne. Daß an eine Verlängerung des bisherigen Engagements nicht zu denken war, hatte Ruppin schon mündlich mitgeteilt. Daher schlug Landshut vor, ihm zumindest eine Unterstützung in beschränktem Maße zu gewähren. In diesem Zusammenhang bat er Ruppin, Kontakt mit Berl Katznelson aufzunehmen, da dieser Landshuts Mitarbeit »bei der Verwirklichung gewisser von der Histadrut gebilligter Pläne« erwäge.[206] In einem Schreiben an Alfred Bonné, datiert vom 18. März 1941, mithin kurz vor Ablauf der Vertragszeit mit dem ERI, berichtete Landshut vom Stand der Dinge:[207]

»Berl hat nach einem Gespräch mir versprechende Andeutungen gemacht, aber seine Entscheidung von meinem Auftreten im Semimar der Histadrut in Rehovot abhängig gemacht. Dort halte ich eine Reihe von 10 Vorträgen mit Uebungen, die bis jetzt – so wird mir gesagt – ein Erfolg waren. Dennoch konnte ich bisher Berl nicht dazu bewegen, sich in konkreter Form über zukünftige Absichten zu äussern. Dass meine Lage wieder mal fatal ist, ist mir klar.«

Offenbar kurz darauf schrieb Edith Landshut in einem undatierten Brief an ihre Tochter:[208]

»Papa war heute mit Berl zusammen, der ihm folgendes gesagt hat: Er und Ruppin hätten sich geeinigt, gemeinsam Papa literarische Arbeiten zu übertragen, da jeder allein das nötige Budget nicht aufbringen könne. Nähere Verlautbarungen seien aber noch nicht getroffen und könnten erst nach Pessach getroffen werden. Er hätte noch keinen fertigen Plan und braucht diesen offenbar, um ihn der Histadrut vorzulegen, bevor er Geld bekommen kann für den Zweck. Er sei der Meinung, wir sollten eben länger in Giwat Brenner bleiben. Mehr könne er jetzt nicht sagen. Du kannst Dir vorstellen, daß meine Stimmung nicht gehoben ist nach dieser Auskunft, ebenso Papas. Trotzdem wir das sehr ungern tun, sehe ich keinen anderen Weg als zu versuchen, daß Ruppin bis zur Lösung der Frage für Oma weiterbezahlt, da er ja angeblich bereit ist, einen Teil zu tragen, daß Papa Giwat Brenner selbst oder durch einen Dritten zu bewegen sucht, ihm ein Zimmer zu lassen, in dem er nebst allen Sachen verbleibt, und daß auch Thomas hier bleibt. Ich zu Euch ...«

Im April 1941 befand Landshut sich wieder am Ende eines Vertragsverhältnisses; erneut wurden Zahlungen an ihn eingestellt. Eine kontinuierliche Beschäftigung war nicht in Sicht. Der Grund dafür ist nicht in der Finanznot allein zu suchen. Zum Tragen kam vielmehr folgendes: In einer Zeit, da Ideologie- und Machtkämpfe den Jischuw zunehmend prägten, umging man den von Partei-Doktrin und Wunschdenken unabhängigen Wissenschaftler.

Hauptwerk der Exilzeit:
Die Gemeinschafts-Siedlung in Palästina

Daß Siegfried Landshut ein konzessionsloser Wissenschaftler war, belegt seine im Mai 1941 dem ERI übergebene, in deutscher Sprache verfaßte Studie *Die Gemeinschaftssiedlung als »Lebensgemeinschaft«* in bestechender Weise.[209] Diese Arbeit, die Landshut wenig später mit neuerem Zahlenmaterial ergänzte und der er dann den Titel *Die Gemeinschafts-Siedlung in Palästina* gab,[210] ist bis heute nur auszugsweise in der Originalsprache erschienen.[211] Es lohnt, den Gang dieser wichtigsten wissenschaftlichen Arbeit Landshuts während seiner Exilzeit zu rekapitulieren.

Ausgangspunkt für Landshut ist die Tatsache, daß die Gemeinschaftssiedlung ihrem eigenen Sinne nach eine »Lebensgemeinschaft« sein soll, d.h. »eine Gemeinschaft in der tag-täglichen Sorge um die Erfordernisse des Lebens und für die ganze

Zeit dieses Lebens«.[212] Diejenige Lebensgemeinschaft, die die menschliche Gesellschaft stets und überall geschaffen habe und die überhaupt ihre Urform bilde, sei die »Hausgemeinschaft«, von welcher trotz der ungeheuren Veränderungen durch die Entwicklung der modernen kapitalistischen Marktwirtschaft auch heute noch in der Familie ein Rest erhalten sei. Anders als bei dieser »natürlichen« Lebensgemeinschaft handele es sich bei der Gemeinschaftssiedlung um eine »willkürliche«, eine »künstliche« Lebensgemeinschaft, beruhe sie doch auf dem freien Willensentschluß sonst voneinander unabhängiger einzelner. Die Existenz solcher Siedlungen setze voraus, daß jeder Bewohner seine persönlichen Lebensbedingungen, etwa bezogen auf Arbeit, Wohnen, Ernährung, Kleidung, Freizeit und Kindererziehung, aus freiem Entschluß den Erfordernissen der Gemeinschaft unterstelle. Jeder müsse bereit sein, sich auf die vollständige Gemeinschaft des täglichen Lebens einzulassen und die Allgemeinheit des Besitzes sowie die Gleichheit des Konsums zu akzeptieren.

Was aber, fragt Landshut, schaffe einen auf engste Gemeinschaft zielenden Zusammenhang zwischen Menschen, die weder durch Verwandtschaft noch durch persönliche Sympathie miteinander verbunden seien? Gemeinsame Interessen oder Überzeugungen reichten dazu offensichtlich nicht aus, denn diese führten lediglich zur Bildung von Vereinigungen und Vereinen. Es bedürfe schon eines außer-alltäglichen Anlasses, um Menschen zu einer derart radikalen Änderung ihres Lebensstandes zu bewegen. Eine auf freiem Willensentschluß ihrer Mitglieder basierende Lebensgemeinschaft enthalte demnach ein besonderes Element, »das über das Leben des gesellschaftlichen Alltags hinaus dem Leben eine höhere Erfüllung zu gewähren geeignet erscheint«.[213] Die Gemeinschaft müsse einer Aufgabe dienen, die gerade unter normalen Bedingungen des gesellschaftlichen Lebens nicht zu erfüllen sei. Diese spezifische Aufgabe oder »Mission« bilde das Lebensprinzip einer derartigen Lebensgemeinschaft.

Gemeinschaften dieser Art hat es nur höchst selten gegeben. Abgesehen von der jüdischen Gemeinde der Essäer und dem mittelalterlichen Kloster – also religiös motivierten Lebensgemeinschaften – nennt Landshut die bis zur Mitte des 19. Jahrhunderts in Nordamerika gegründeten Gemeinschaftssiedlungen.[214] Nach ihren fundierenden Ideen und Aufgaben lassen sich nach Landshut die mehr als einhundert zumeist kurzlebigen Gemeinschaftssiedlungen Nordamerikas in religiöse und sozialistische Kommunen unterscheiden.

Weder Religion noch Sozialismus erwiesen sich allerdings als geeignete Basis für den Bestand der Siedlungen. Das Scheitern der religiösen Kommunen führt Landshut auf folgende Gründe zurück: den nicht ausreichenden Nachwuchs, den Ausfall einer führenden Persönlichkeit sowie die Schwächung des religiösen Geistes durch Eindringen der weltlichen Gesinnung aus der Umwelt in das Innere der Lebensgemeinschaft. Hinsichtlich der noch schnelleren Auflösung der sozialistischen Gemeinschaftssiedlungen konstatiert er, daß der bloße Kommunismus als solcher eben keine Idee sei, die zur Grundlage einer Lebensgemeinschaft dienen könne. Wenn es jedem einzelnen nur darum gehe, die absolut gleichen Vorteile des Lebens mit den anderen zu genießen, so werde jeder kleinste Unterschied und jeder geringste Umstand von ihm schon als eine Ungerechtigkeit und als eine Verletzung der allgemeinen Idee empfunden werden.

Vor diesem Hintergrund, den gescheiterten Versuchen gestifteter Lebensgemeinschaften, untersucht Landshut die Gemeinschaftssiedlung in Palästina, die durch »eine neue und eigentümliche Kombination von Motiven«[215] entstanden sei, dennoch aber die gleiche jüdisch-christliche Ideenwelt zur Grundlage habe, auf der bisher alle Bindungen von Lebensgemeinschaften erwachsen seien. Dabei sei die Entstehung der Gemeinschaftssiedlungen in Palästina in keiner Weise auf einen vorbedachten Plan zur Gründung einer neuen gesellschaftlichen Lebensform zurückzuführen. Vielmehr habe die Kwuza sich als »das natürliche Resultat bestimmter Voraussetzungen«[216] herausgebildet. Landshut nennt und erläutert in diesem Zusammenhang: die Zionsidee, die Rückkehr zur Landarbeit, die sozialistischen Ideen einer Gesellschaft der ausbeutungslosen Selbstarbeit, die Isoliertheit in fremder Umgebung, die Mittellosigkeit der Einwanderer und die Erschließung des Bodens. Nach Landshut handelte es sich bei den frühen Kwuzot tatsächlich um Lebensgemeinschaften, deren Idee »sich wesentlich auf die Erneuerung des Menschen und seine Beziehung zum Mitmenschen bezog«.[217] Dieses Grundprinzip bildet die Basis der Gemeinschaftssiedlung in Palästina; allerdings sei es in der weiteren Entwicklung der Kibbuzbewegung zunehmend von anderen Einflüssen überlagert, ja, in seiner vormals gelebten Intensität nahezu völlig verdrängt worden.

Ein grundsätzlich neuer Zug im Charakter der Siedlungsgemeinschaften sei in dem Augenblick hinzugetreten, da die Bedeutung Palästinas als der öffentlich-rechtlich gesicherten Heimstätte für das jüdische Volk die Möglichkeit einer Besiedlung im größeren Maßstab eröffnet habe:[218]

»Zwei neue Momente waren es vor allem, die mit dem stärkeren Zustrom von Einwanderern nach dem Kriege in den Vordergrund traten und die schließlich die Herausbildung einer neuen Form der Siedlungsgemeinschaft zur Folge hatten. Das war erstens der Gedanke der allgemeinen sozialistischen Organisation der arbeitenden Gesellschaft als der Grundlage des Aufbaus des Nationalheims, und zweitens die Auffassung der Arbeit als einer Dienstpflicht des Einzelnen, die er dem jüdischen Volk bei seiner nationalen Wiedergeburt zu leisten hat.«

Mit der »neuen Form der Siedlungsgemeinschaft« war die »große Kwuza« gemeint: der »Kibbuz«, in dem das Prinzip der »offenen« Gemeinschaft galt. Dadurch – so meinte Landshut – sei die enge Verbundenheit der Genossen aufgehoben worden; statt des persönlichen Verhältnisses von Mensch zu Mensch sah er die wirtschaftliche Leistung sowie die Fähigkeit zur Aufnahme neuer Einwanderer von nun an in den Vordergrund gerückt.

Welche grundlegende Idee aber hielt die Siedlungen überhaupt zusammen? Die »Aufgabe«, der die palästinensische Gemeinschaftssiedlung unterstellt sei, so antwortet Landshut, bestehe in der Neuansiedlung von Juden auf dem Boden ihres alten Landes – in der Absicht, dem Begriff des »jüdischen Volkes« einen neuen Inhalt zu geben.[219] Zwei außergewöhnliche Merkmale der Siedlungen seien damit verbunden: das in ihnen herrschende Arbeitsethos und ihre Vorbildfunktion.

Anders als in den amerikanischen Siedlungen erfolge die produktive körperliche Arbeit in den Kwuzot und Kibbuzim nicht im Schweiß des Angesichts allein; sie werde vielmehr zu dem

»der Wiedergeburt des Judentums geweihten Dienst«.[220] In der Urbarmachung des Ackers der Heimaterde, im Säen, Pflanzen und Ernten, mit jedem neuen Ertrag und jedem Stück neu erschlossenen Landes komme das Volk selbst zur Existenz: Die Verkettung der Siedlungsarbeit mit der nationalen Idee gebe der palästinensischen Gemeinschaftssiedlung ihren besonderen Charakter. Als zweiten grundlegenden Unterschied zwischen den Gemeinschaftssiedlungen in Nordamerika und denen in Palästina erachtet Landshut das Verhältnis zur gesellschaftlichen Umwelt. Während die amerikanischen Siedlungen einsame Inseln im fremden Ozean gewesen seien, sei in den Kwuzot jenes Leitmotiv verbindlich, das zugleich für die gesamte jüdische Öffentlichkeit gelte. So bestehe die spezifische Bedeutung der Lebensgemeinschaft der Kwuza in einer besonderen Repräsentation des allgemeinen jüdischen nationalen Lebens.

Daß diese »höhere Aufgabe«, diese »nationale Mission«,[221] gewissermaßen automatisch den Bestand der Gemeinschaftssiedlungen garantiert, bestreitet Landshut jedoch. Für ihn ist das gegenseitige lebendige Gefühl der Solidarität und der persönlichen Verbundenheit mit der Gemeinschaft, ihrem Werk und ihrer Aufgabe notwendig zur Erhaltung der Lebensgemeinschaft. Eine derartige innere Homogenität der Gemeinschaft hält Landshut indes für stark gefährdet angesichts der Aufnahme immer neuer Einwanderer, die sich je nach Herkunftsland und sozialer Schicht außerordentlich voneinander unterschieden. An der Frage der inneren Homogenität macht Landshut auch die Merkmale der drei großen Kibbuzverbände fest.

Dem Chewer Hakwuzot attestiert er, die Sorge um die menschliche Homogenität der Lebensgemeinschaft besonders betont zu haben, wobei allerdings gerade die Idee der allgemeinen nationalen und repräsentativen Aufgabe allmählich verblaßt sei.[222] Beim Hakibbuz Haarzi sei man sich – wie beim Chewer Hakwuzot – der Notwendigkeit der menschlichen Homogenität der Gemeinschaft bewußt, wisse aber zudem, daß eben diese Gemeinschaft auf der Einheit einer objektiven Idee der Lebensführung beruhen müsse. Insofern seien die *formalen* Voraussetzungen der kibbuzischen Lebensform nirgendwo in solcher Klarheit und Konsequenz aufgenommen worden wie beim Hakibbuz Haarzi. Dessen parteipolitische Ausrichtung, seine an marxistisch-sozialistischen Gedankengängen orientierte Idee, widerspreche jedoch geradezu dieser Lebensform. Kein Begriff der marxistischen Theorie sei mit der kibbuzischen Bewegung in Palästina in Deckung zu bringen, während umgekehrt der Begriff der Nation dem marxistischen System völlig unassimilierbar sei und auch der Begriff der geschlossenen Wirtschaftsgemeinde für den marxistischen Gedanken ein Unding darstelle.[223]

Am ausführlichsten beschäftigt Landshut sich mit dem Hakibbuz Hameuchad.[224] Und auch hier kann er kaum noch etwas von der ursprünglichen Idee der Lebensgemeinschaft erkennen. An einem Bekenntnis zu bestimmten geistig-sittlichen Motiven der öffentlichen Lebensgestaltung mangele es, denn was einzig zähle, seien Wirtschafts- und Bevölkerungswachstum. Im zentralistisch geführten und von militärisch-sozialistischem Geist geprägten Hakibbuz Hameuchad komme es – anders als beim Chewer Hakwuzot und beim Hakibbuz Haarzi – auf die selbständige Existenz der einzelnen Siedlungsgemeinschaft schon nicht mehr an; bestimmend sei vielmehr, daß wirtschaftliche Aufgaben von der mit weitreichender Kompetenz ausgestatteten Zentrale verteilt würden. Der ständige Bevölkerungszuwachs führe außerdem zu einer zunehmenden Bürokratisierung und Anonymität.[225] So komme es, daß manche Chawerim überhaupt nicht voneinander wüßten, daß sie Mitglieder ein und derselben »Lebensgemeinschaft« seien.

Die Kritik könnte schärfer kaum sein, und auch bei der Beurteilung konkreter Zustände in den Gemeinschaftssiedlungen zügelte Landshut sich nicht. Zwar hob er hervor, daß in dieser Hinsicht nur eine »Momentaufnahme« vorgelegt werden könne und daß die von ihm kritisierten Verhältnisse möglicherweise in ein paar Jahren nicht mehr bestünden. Seine Kritik indes ist fundamentaler Natur. Das Leben im Kibbuz erscheint als Tortur: Der gute Wille der Bewohner wird bis zum äußersten strapaziert, wobei ein Opponieren gegen diese Verhältnisse aufgrund der moralischen Verpflichtung zur nationalen Aufgabe nahezu ausgeschlossen ist.

Der Alltag in der Gemeinschaftssiedlung ist nach Landshuts Schilderung gekennzeichnet von ständiger Inspruchnahme und oft unerträglicher Nähe. Der Platz für wesentliche und intime menschliche Beziehungen sei durch die Gemeinschaft belegt. Keine Handlung entgehe den anderen Bewohnern des Kibbuz, an keinem Ort sei der einzelne ungestört.[226] Trotzdem herrsche Einsamkeit, da den Menschen durch die Auflösung der Familie das »tiefe Gefühl der Geborgenheit« versagt bleibe.[227] Die Wohnverhältnisse seien derart schlecht, daß viele noch nach Jahren keinen festen Schlafplatz hätten. So handele es sich bei dem »Dritten«, einer Person, die oft monatelang mit einem Ehepaar den Schlafraum teile, um eine verbreitete Erscheinung. Andere müßten nach harter Arbeit mit einem Bett vorliebnehmen, für das es keine Matratze gebe. Auch Unterernährung sei bisweilen zu verzeichnen. Ärgerlichste Kämpfe gebe es um einen Kamm, eine Zahnbürste oder ein Stück Rasierseife. Die Verbindung nach außen sei fast abgeschnitten: der eigene Briefwechsel hänge vom Stand der Gemeinschafts-Portokasse ab, und Fahrten in andere Orte seien ohnehin nicht finanzierbar.

Einerseits würden immense Arbeitsleistungen verlangt und vollbracht, andererseits sei nicht einmal ein bescheidenes Maß an Wohlstand zu erringen. Die Befreiung von der bloßen Notdurft sei aber in aller Welt »die Voraussetzung für jegliche Entwicklung eines freieren und geistig reicheren Daseins, für die Entwicklung gesitteter Formen des menschlichen Miteinanderlebens und für die Schätzung des Daseins als eines höheren Wertes«. Dies – so Landshut – sei für »gewisse einflußreiche Kreise der kibbuzischen Bewegung« eine »quantité négligeable«;[228] die Opferwilligkeit der Siedler werde hier wie selbstverständlich vorausgesetzt.

Das Leben im Kibbuz stehe ganz im Zeichen einer »unentwegten Expansions-Politik«.[229] Immer gehe es darum, höhere Erträge zu erwirtschaften, alte Siedlungen zu vergrößern und neue zu errichten. Der Kibbuz zeige häufig nach außen hin als Wirtschaftsunternehmen eine Wirtschaftsgesinnung, die in ihrer Robustheit keinem privaten Unternehmen etwas nachgebe. Und nach innen erfolge eine Beanspruchung der Kräfte, die unter anderen Verhältnissen als Ausbeutung gebrandmarkt würde. Die Sorge um den Menschen trete gegenüber der Sorge um die Wirtschaft gänzlich in den Hintergrund. Damit aber geriete der eigentliche Sinn der Gemeinschaftssiedlung selbst in Gefahr:[230]

»Aber wie es leicht geschieht, dass bei der intensiven Verfolgung eines bestimmten Zieles sich alle Kräfte und alle Bestrebungen nur in dieser einen Richtung festlegen, so tritt schließlich der eigentliche Sinn der Sache mehr und mehr in den Hintergrund. Schliesslich erfordert die einmal in Bewegung gesetzte Dynamik der ständigen Erweiterung und Vergrösserung immer weitere Verzichte und Einschränkungen der Menschen, und das alltägliche Leben und der Mensch selbst werden zum blossen Betriebsmittel des Unternehmens. Die Selbsterkenntnis dieser Tatsache wird aber durch das Bewußtsein der ›Pionier-Aufgabe‹ und der Verpflichtung zum ›Aufbau‹ verhindert.«

An anderer Stelle heißt es:[231]

»In diesem ganzen absurden Verhältnis von Mensch und Wirtschaft, bei dem die Sorge um den Menschen selbst einer leeren Vorstellung von ›Entwicklung‹, ›Fortschritt‹, ›Aufbau‹ zum Opfer gebracht wird, steckt aber ein verhängnisvoller Fehler, der schliesslich gerade die Verwirklichung dessen verhindert, weswegen er begangen wurde.«

Entgegen dem Idealbild freudig am Aufbau mitwirkender Kibbuz-Mitglieder zeichnet Landshut ein deprimierendes Bild ausgebeuteter und zunehmend resignierter Menschen. Zudem konstatiert er eine wachsende Indifferenz gegenüber dem Schicksal der Gemeinschaft, auf dessen Bestimmung der einzelne offensichtlich doch gar keinen Einfluß habe. Das Leben in den Gemeinschaftssiedlungen sei nahezu ausschließlich von ökonomischen Zielen geprägt; Fragen der Kultur und der gemeinsamen Lebensgestaltung würden weitgehend ausgeblendet. In dieser Tatsache liege aber genau die Gefahr für die Kibbuzim wie für die Idee der »Nationalen Heimstätte« überhaupt. Die öffentliche Diskussion in Palästina sei fortwährend bestimmt von der Frage der Bevölkerungskapazität, aber das zentrale Problem, »inwiefern das Judentum und in welcher Weise es ein Leitfaden für den wirklichen Zusammenhang der nationalen Gemeinschaft sein kann«, würde kaum jemals angerührt.[232] Dieses nie konkretisierte Problem belaste aber in starkem Maße das Gemeinschaftsleben, denn in den Kibbuzim lebten Menschen aus verschiedensten Gegenden der Welt mit unterschiedlichstem Kultur- und Bildungshintergrund.[233] Auch die Einstellung zur jüdischen Religion lasse sich in keiner Weise auf einen Nenner bringen, und so frage sich, inwieweit einzig die Tatsache des »Jude-Seins« all diese Heterogenität zu einer nationalen Einheit führen könne.

Im besonderen weist Siegfried Landshut darauf hin, daß die Motive des Zionismus ihren Ursprung in der geschichtlichen Entwicklung der westeuropäischen Ideen hätten und auch die Bewohner der Gemeinschaftssiedlungen in ihrer Mehrzahl dem emanzipierten Judentum zuzurechnen seien.[234] Die Idee der freien Selbstverwirklichung eines nationalen Daseins sei aus der europäischen Tradition der Aufklärung und des 19. Jahrhunderts übernommen. Daß es sich hier um die Idee der Selbstverwirklichung des *jüdischen* Daseins handle, bedeute aber die Begegnung mit einer Überlieferung ganz anderer Art. Zwischen der »Welt des europäischen Geistes« und der Überlieferung des Judentums bestehe ein Widerspruch, der zwar permanent präsent sei, aber kaum zum Thema öffentlicher Diskussion gemacht werde:[235]

»Eben die geistigen Kräfte, die die Idee der Demokratie und der freien Nation, der Selbstbestimmung und des auf dem freien Ausdruck des Lebens beruhenden Werts der Nation zu den alles gesellschaftliche Leben leitenden Begriffen gemacht haben, eben diese Kräfte sind die gleichen, die das überlieferungstreue Judentum zur Auflösung gebracht haben. Eine Besinnung auf die ehrwürdige Überlieferung des Judentums in der Gestalt, die es in seiner vieltausendjährigen Geschichte angenommen hat, gerade im Namen der modernen Ideen, die ihren Ursprung und ihre Bedeutung in der Entwicklung des europäischen Geistes haben, enthält eine Problematik, deren unausgesprochener Widerspruch sich auf Schritt und Tritt geltend machen muß. Denn was besagt denn noch heute jenes allgemeine Judentum, an dem angeblich alle teilhaben, wenn es auf keinen Fall mehr die unverbrüchliche Verbindlichkeit von Bibel, Talmud und Schulchan Aruch bedeuten kann?«

Die »unüberlegte Bezugnahme auf ›das‹ Judentum« könne mithin nicht die Frage nach dem praktischen Leitfaden einer gemeinsamen nationalen Existenz beantworten. Notwendig sei vielmehr ein dominierendes, für das öffentliche Leben charakteristisches und repräsentatives Element, das durch die Strenge seiner Lebensführung sich als führende sittliche Autorität und echte Repräsentation des Allgemeinen und Nationalen manifestiere und behaupte, eine gesellschaftliche Kraft, die nicht durch Terror und Zwang, sondern durch die Allgemeinverbindlichkeit ihres eigenen Lebensprinzips der disparaten Mannigfaltigkeit und Willkür ein orientierendes Zentrum sei.[236]

Landshut mißt der Idee der Gemeinschaftssiedlung den höchsten Wert bei, wenn er den Kwuzot und Kibbuzim – ihrer ganzen Stellung im öffentlichen Leben Palästinas und dem Prinzip ihrer eigenen Lebensform nach – diese entscheidende gesellschaftlich-kulturelle Aufgabe, diese Vorbildfunktion zuweist. Gleichzeitig aber wird die ganze Schärfe der Kritik deutlich, bedenkt man, wie ausführlich Landshut zuvor den Widerspruch zwischen der Wirklichkeit in den Kibbuzim und dem eigentlichen Prinzip ihrer Lebensform beschrieben und analysiert hatte. Sicher: Die Kibbuzim waren ein vorzügliches Instrument zur planmäßigen Kolonisation, aber wirkte in ihnen noch das ursprünglich geistig-sittliche Motiv? Dieses schien doch gänzlich hinter Ideologien und Expansionsbestrebungen zurückgetreten zu sein, ja, im Grunde führte die Landshutsche Arbeit zu der Frage, ob es denn überhaupt noch vorhanden sei. Wenn aber das sittliche Motiv – die Hingabe an eine allgemeine Sache, die gewissenhafte Treue, die Achtung des Mitmenschen, die Verantwortung für sich und den anderen[237] – schon in den Gemeinschaftssiedlungen verloren ging, so konnte es im Jischuw insgesamt nicht anders sein.

Preisverleihung und Ächtung:
Die Rezeption der Kibbuz-Studie

Nachdem Siegfried Landshut seine Schrift *Die Gemeinschafts-Siedlung in Palästina* abgeschlossen hatte, galt es, deren Veröffentlichung zu realisieren. Aufgrund des kritischen Tenors der Arbeit, aber auch schon angesichts der Übersetzungs- und Publikationskosten war dies kein leichtes Unterfangen. Erst im Jahre 1943, zwei Jahre nach Abschluß der Arbeit, nahm die Idee einer englischsprachigen wie einer hebräischsprachigen Ausgabe Gestalt an. Seitens des Economic Research Institute wurde eine Fassung in englischer Sprache unterstützt. Alfred Bonné und Ernst Kahn schlugen vor, das Buch in Ägypten drucken zu lassen, da die Herstellungskosten dort günstiger seien und auch der Vertrieb in englischsprachige Länder von dort aus leichter geregelt werden könne.[238] Die Übersetzung versuchte man über die »Central Bank of Cooperative Institutions« zu finanzieren.[239] Tatsächlich wurde eine englische Fassung unter dem Titel *The Communal Settlements in Palestine* fertiggestellt, allerdings wohl erst im November 1944, und zu einer Publikation ist es nie gekommen.[240]

Eine Übersetzung der Landshutschen Studie ins Hebräische wurde von der Deutschen Abteilung der Jewish Agency finanziell unterstützt. Sie dürfte nach einigen Schwierigkeiten mit verschiedenen Übersetzern im Herbst 1943 abgeschlossen worden sein.[241] Auch für die Frage der Publikationskosten zeichnete sich eine Lösung ab, und zwar die Verwendung eines Preisgeldes. Im Mai 1943 hatte das *Mitteilungsblatt* bekanntgegeben, der IOME habe zum Andenken an den am 1. Januar 1943 verstorbenen Arthur Ruppin einen »Ruppin-Wissenschaftspreis« ins Leben gerufen. Zweck des mit £ 50 dotierten Preises sei es, wissenschaftlichen Arbeiten aus dem Arbeitsgebiet Arthur Ruppins zur Veröffentlichung zu verhelfen.[242] Siegfried Landshut bewarb sich und hatte Erfolg.

Anfang November 1943, zweieinhalb Monate vor der Preisverleihung, wurde Landshuts Kibbuz-Studie im *Mitteilungsblatt* bereits positiv erwähnt. Anläßlich des Semesteranfangs der von der HOGOA eingerichteten und nun vom IOME betriebenen Jerusalemer Volkshochschule hieß es, daß Siegfried Landshut, »dessen grundlegendem Werk über die Gemeinschaftssiedlung in Palästina bereits mit Spannung entgegengesehen wird«, eine fünfstündige Vorlesung über »Wirtschaft und Gesellschaft im palästinensischen Kibbuz« halte.[243] Am 28./29. Januar 1944 fand dann im Saal des Bet Chaluzot in Jerusalem die Landestagung des IOME statt, deren Auftaktabend dem Gedenken Ruppins gewidmet war. Felix Rosenblüth hielt die Eröffnungsrede dieser vor großem Publikum stattfindenden Festveranstaltung, Fritz Naphtali nahm die Verleihung des Ruppin-Preises vor, und der Preisträger selbst hielt einen Vortrag über »Die Gesellschaftswissenschaft in Palästina«.[244] Siegfried Landshut war die Auszeichnung durch einstimmigen Beschluß des Preisrichterkollegiums, bestehend aus Fritz Naphtali (1888-1961),[245]

Gustav Krojanker (1891-1945)[246] und Ludwig Pinner (1890-1979),[247] zugespochen worden. In der Begründung heißt es:[248] »Das Buch Dr. Landshuts ist eine Original-Forschungsarbeit über die neue Form der wirtschaftlichen und gesellschaftlichen Organisation, die innerhalb der zionistischen Kolonisation in unserem Lande geschaffen wurde. Seine Untersuchung bezieht sich auf die gesellschaftlichen Probleme der Kwuza, die einer wissenschaftlichen Erörterung bedürfen sowohl zur Förderung ihrer inneren Entwicklung als auch zur Vorbereitung des Verständnisses für diese Organisationsform in weiteren Kreisen. Dr. Landshut gab in seinem Buch eine tiefe Analyse der Lebensprobleme der Kwuza als wirtschaftlichen und gesellschaftlichen Körpers. Der Verfasser beschreibt alle Erscheinungen auf Grund direkter Beobachtungen und schöpft aus primären Quellen, die verborgen sind in der internen Literatur der Kibbuz-Bewegung aller Richtungen. Ausser der tatsächlichen Beschreibung gibt der Verfasser eine Beurteilung auf Grund seines eigenen kritischen Urteils. Das Richter-Kollegium beglückwünscht Dr. Landshut zu seinem Buch, das eine wichtige wissenschaftliche Arbeit über unser Leben im Lande darstellt auf einem Gebiet, das dem Herzen Arthur Ruppins sehr nahe war.«

Die Verleihung des erstmals vergebenen Ruppin-Preises war für Siegfried Landshut eine wohltuende Ehrung, und das Preisgeld bedeutete eine in jener Zeit nicht zu unterschätzende Zuwendung. Bezeichnend ist aber, daß diese Anerkennung von seiten der Organisation mitteleuropäischer Einwanderer ausgesprochen wurde, einer Gruppe, die selbst eine Sonderrolle im Jischuw einnahm. So war der Ruppin-Preis kein Zeichen dafür, daß Landshut im jüdischen Palästina Fuß zu fassen begann; eher handelte es sich um eine Bestätigung seiner Außenseiterstellung.

Besonderen Zuspruch erhielt Landshut auch von Martin Buber, dessen eigenes Verhältnis zur jüdischen Öffentlichkeit in Palästina ein kompliziertes war.[249] Der große Gelehrte erzielte in Palästina nicht jene Wirkung, die er zuvor ausgelöst hatte. Für seinen mit hohem geistig-ethischen Anspruch verbundenen Zionismus, nach dem die jüdische Gemeinde der Welt das Modell sozialer und religiöser Erneuerung vorleben sollte, für seinen

»Hebräischen Humanismus«, gab es wenig Raum in dem von außen bedrohten und von inneren Machtkämpfen gezeichneten jüdischen Palästina. Buber, der unablässig für eine jüdisch-arabische Verständigung eintrat, war ein unbequemer Mahner zur Humanität; ein Nonkonformist, der bis zu seinem Tod im Jahre 1965 immer wieder für Irritationen in der israelischen Öffentlichkeit sorgte.

Seit seiner Übersiedlung nach Palästina im März 1938 hatte Buber sich kontinuierlich für Landshut eingesetzt. So hatte er mehrmals bei Schocken interveniert, gemeinsam mit Ruppin den Plan des Forschungsaufenthalts in Giwat Brenner entwickelt sowie Landshuts Mitarbeit bei hebräischsprachigen Publikationen gefördert. Als die Hebräische Universität schließlich im Jahre 1947 tatsächlich die Einrichtung eines Lehrstuhls für Politische Wissenschaft plante, brachte er Landshut abermals ins Gespräch. Um dessen hochrangige wissenschaftliche Leistung in Palästina zu dokumentieren, schickte Buber die englische Fassung der Kibbuz-Studie u.a. an Eduard Heimann, von dem er ein Gutachten erbat.[250] Im Antwortschreiben Heimanns heißt es:[251]

»I have now read Landshut's book manuscript on the ›Kvoutzah‹ and am much impressed with its comprehensive and at the same time profound vision of its problem. The loftiness and severity of the author's critical point of view may offend some, naturally, but is, in my opinion, in the best tradition of a social science which does not content itself with a neutral presentation of facts but believes in the moral and educational task of academic teaching.«

Eine ähnliche Auffassung dürfte Martin Buber vertreten haben. Buber selbst war Anfang der vierziger Jahre von Kibbuz zu Kibbuz gereist, um sich ein Bild von den Gemeinschaftssiedlungen zu machen und mit deren Bewohnern zu diskutieren. In jener Zeit, da er über die Kibbuz-Studie Landshuts in jeder ihrer Entwicklungsphasen informiert war, schrieb er sein Buch *Pfade in Utopia* – eine geistesgeschichtliche Darstellung des »utopischen Sozialismus« –, das im Frühjahr 1945 abgeschlossen wurde und dessen Veröffentlichung 1947 in hebräischer, 1949 in englischer und 1950 in deutscher Sprache erfolgte.[252] In dem mit »Noch ein Experiment« überschriebenen Kapitel[253] befaßt Buber sich

mit den Gemeinschaftssiedlungen in Palästina, denen er ein
»vorbildliches Nicht-Scheitern« attestiert.[254] Grundsätzliche
Ähnlichkeiten in den Auffassungen Bubers und Landshuts werden hier deutlich.

Beide verbindet zunächst die Erkenntnis von einer fundamentalen Krise menschlichen Miteinanderlebens. Dem hochkapitalistischen Zentralismus, so Buber, sei es gelungen, die Gesellschaft zu atomisieren, das autonome Gruppenleben zu depossedieren.[255] Einem derartigen Zersetzungsprozeß entgegenzuwirken, ist nach Buber die Tendenz der kooperativen Bewegung.
Die Kwuza, die *Gemeinschaft*ssiedlung, habe sich – »wenn auch nicht explicite, so doch implicite« – als »Zelle einer restrukturierten Gesellschaft« verstanden,[256] und genau darin erblickt er ihren Vorbildcharakter, ähnlich der »repräsentativen Aufgabe« bei Landshut. Dem zugrunde liegt bei beiden ein Begriff von Gemeinschaft, der wesenhafte zwischenmenschliche Beziehungen, der ein wirkliches Miteinanderleben beinhaltet.[257]

Wenn Martin Buber dann nicht von einem »Gelingen«, sondern von einem »Nicht-Scheitern« spricht, so lenkt er den Blick in manchem auf eben die Kritik, die Landshut an den Kibbuzim geübt hat. Eine echte Gemeinschaft müsse laut Buber nicht aus Menschen bestehen, die dauernd miteinander umgingen, sondern aus solchen, die, eben als Genossen, füreinander aufgeschlossen und bereit seien. Die innergesellschaftlichen Fragen einer Gemeinschaft seien in Wahrheit die Fragen ihrer Echtheit und damit ihrer inneren Kraft und ihres Bestandes. Die Mitglieder der ersten Kwuzot hätten das »in einem tiefen Instinkt« gewußt; dieser Instinkt aber scheine nun nicht mehr in demselben Maße wach zu sein,[258] wofür Buber in erster Linie die durch die Massenimmigration ausgelöste Veränderung in der Zusammensetzung der Gemeinschaftssiedlungen, die Aufnahme von »Halbchaluzim«, verantwortlich macht. Anstoß nimmt er auch an der zunehmenden Politisierung der Kibbuz-Bewegung, die der notwendigen Einigung der einzelnen »Sonderverbände« im Wege stehe.[259] Zweifellos hat Buber Landshuts Kritik an der Entwicklung der Kibbuzim sehr ernst genommen und in seine Überlegungen einbezogen. Allerdings schien er weitaus zuversichtlicher als der in dieser Frage um einiges nüchterner wirkende Landshut. Bei allen kritischen Einwänden Bubers bleibt ein wohlwollender, ein ermutigender Ton vernehmbar. Aus seinen Worten spricht viel Hoffnung, daß die Gemeinschaftssiedlung eine Alternative zur »destrukturierten Gesellschaft« entfalten könne; sie enthalten gleichsam den unausgesprochenen Appell, diese Möglichkeit nicht zu verspielen.

Wie die Verleihung des Ruppin-Preises und die Gemeinsamkeiten mit Buber bezeugen, stieß Landshuts Kibbuz-Studie durchaus auf Anerkennung und verwandtes Denken. Indes handelt es sich hier um die positive Reaktion einer kleinen Minderheit; die typische Reaktion auf Landshuts Arbeit war eine andere. Diese zu dokumentieren, fällt schwer, da mit Landshuts Buch genau das geschah, was ihm am meisten schadete: Es wurde weitgehend ignoriert. Nachdem die hebräische Übersetzung im Jahre 1944 unter dem Titel *Hakwuza* (Die Kwuza) in bescheidener Auflage erschienen war,[260] blieben Rezensionen weitgehend aus.[261] Stanley Maron hat die damalige Reaktion auf das Buch wie folgt zusammengefaßt:[262]

»Initial reception was cool and the book had very limited circulation, both because there was at the time little academic interest in the kibbutz and because its objectively critical approach went against the grain of the prevalent ideological support and admiration for the kibbutz.«

Vergegenwärtigt man sich die politische Situation im Jischuw zur Zeit des Erscheinens von *Hakwuza*, so kann diese Abwehrhaltung gegen Landshuts kritische Studie kaum verwundern. Mit den Beschlüssen der »Biltmore-Konferenz«, die im Mai 1942 in New York stattgefunden hatte, war mittlerweile eine neue Phase zionistischer Politik eröffnet worden. Gesprochen wurde nun nicht mehr vom Ziel einer »Nationalen Heimstätte«, sondern ganz ausdrücklich und offiziell von der Errichtung eines jüdischen Staates. So viele Gründe für diese Wende auch angeführt werden mochten – die Erfahrung des arabischen Aufstands, die britische Weißbuchpolitik seit 1939, die langsam deutlicher werdende Katastrophe des europäischen Judentums –, so erstaunlich war, daß ein jüdischer Staat in einem Land mit mehrheitlich arabischer Bevölkerung gegründet werden sollte. Die Biltmore-Vorschläge sahen ein jüdisches Gemeinwesen vor, in dem die palästinensischen Araber, mithin die Bevölkerungsmehrheit, einen Minderheitenstatus zugewiesen bekommen sollten. Für Hannah Arendt, die als Berichterstatterin an der Konferenz teilnahm, bedeuteten diese Beschlüsse den sichtbaren Beginn eines »revisionistischen Erdrutsches innerhalb der zionistischen Organisation«.[263] Der jetzt von Ben Gurion propagierte Nationalismus schien eine Verständigung mit der arabischen Bevölkerung auszuschließen. Unumwunden erklärte Arendt: »Der einzige deutliche Unterschied zwischen den Revisionisten und den allgemeinen Zionisten liegt heute in ihrer Haltung gegenüber England, und das ist keine grundlegende politische Streitfrage«.[264] Ihre scharfe Kritik am Zionismus bedeutete nicht, daß sie dem jüdischen Volk ein Recht auf Palästina absprach.[265] Was sie aber ebenso wie Landshut verabscheute, war die Verarmung des geistigen Lebens und die Inkaufnahme inhumaner Verhältnisse.

In Palästina opponierte nur eine Minderheit gegen das offizielle zionistische »Biltmore-Programm«. In Fortführung der Brit Schalom-Tradition wurde im August 1942 der »Ihud« gegründet, eine Vereinigung für die Verständigung zwischen Juden und Arabern. Etwa einhundert Menschen hatten sich hier unter Vorsitz von Judah L. Magnes und maßgeblicher Beteiligung von Martin Buber, Ernst Simon, Robert Weltsch, Hugo Bergmann, Henrietta Szold, Mosche Smilanski und Shlomo Zemach zusammengefunden, um die Idee eines binationalen Staates mit paritätischer Verfassung zu verfechten.[266] Ebenfalls in Reaktion auf die Biltmore-Konferenz wurde Ende Oktober 1942 die bereits erwähnte, aus der HOGOA hervorgegangene Alija Chadascha gegründet.[267] Zudem hielt auch der marxistisch orientierte Haschomer Hazair an seiner Forderung nach jüdisch-arabischer Verständigung fest.

Nur innerhalb dieses Minoritätenlagers – sieht man von den Marxisten ab – hatten Landshuts grundsätzliche Erwägungen zum Wesen und zur eigentlichen Aufgabe der Gemeinschaftssiedlung überhaupt noch eine Chance auf Gehör. Ansonsten aber war *Hakwuza* zwar eine Provokation, doch eine öffentliche Auseinandersetzung darüber fand nicht statt. Bei zunehmender Identifizierung mit der von Ben Gurion eingeschlagenen Politik schien Landshuts Art des Denkens, etwa sein Insistieren auf der Notwendigkeit eines geistig-sittlichen Lebensprinzips und die Kritik an der unüberlegten Bezugnahme auf »das Judentum«, den Horizont diskutierbarer Fragestellungen zu überschreiten. In einer Zeit, da von jüdischer Seite alles für eine möglichst weite Ausdehnung des Siedlungsgebiets und eine unbegrenzte Einwanderung getan wurde, genügte schon der Einwand gegen das unbedingte Wirtschafts- und Bevölkerungswachstum, um ins Abseits zu geraten.

So wurde *Hakwuza* also ignoriert, und das, obgleich es einen Ausgangspunkt wissenschaftlicher Forschung über Kibbuzim markiert. Vor Erscheinen der Landshutschen Studie waren zwar etliche Informationsbroschüren und Aufsätze veröffentlicht worden, aber größere Darstellungen über die Geschichte der Kibbuzim und die dort herrschenden Lebensverhältnisse gab es kaum. Auch Nachum Benaris 1934 erschienenes Buch *Zur Geschichte der Kwuzah und des Kibbuz*[268] – eine Schrift, die die zionistischen Organisationen den nach der nationalsozialistischen Machtübernahme aus Deutschland flüchtenden Jugendlichen »in die Hand drückten«[269] – vermittelte nur ein undeutliches Bild. Hinzu kam, daß Benaris Buch aus der Sicht des Hakibbuz Hameuchad verfaßt worden war. Die einseitige Informationspolitik des Hakibbuz Hameuchad wurde in einer anderen Schrift aus demselben Jahr, in Mordechai Orensteins *Zur Problematik der Kibbuzbewegung in Erez Jisrael*, kritisiert.[270] Orenstein selbst vertrat die Richtung des Hakibbuz Haarzi, d.h. des Haschomer Hazair. Zu nennen ist auch die 1935 veröffentlichte volkswirtschaftliche Dissertation des Schweizers Joseph Weiss, die umfangreiches Datenmaterial bereitstellte.[271] Die Studie war aber insofern aus einem eingeschränkten Blickwinkel geschrieben worden, als ihr vornehmlich Rentabilitätserwägungen zugrunde lagen. Auch war Weiss selbst nicht in Palästina gewesen und kannte die Gemeinschaftssiedlungen folglich nicht aus eigener Anschauung. Für alle drei genannten Arbeiten gilt zudem, daß sie eben nur die Entwicklung bis zu Beginn der dreißiger Jahre umfaßten.

Siegfried Landshuts *Hakwuza* war innerhalb der Kibbuz-Forschung etwas durchaus Neues. Nicht einer bestimmten Richtung der Kibbuzbewegung verschrieben – er hatte im Gegenteil nicht eine von ihnen verschont gelassen –, legte Landshut – wie wohl keiner vor ihm – die Wurzeln, die ursprüngliche Problematik der Gemeinschaftssiedlung frei. Ferner war *Hakwuza* die erste Studie eines Sozialwissenschaftlers, die auch längere Beobachtungen der Lebensverhältnisse im Kibbuz einbezog. Allerdings: Mit einer *wissenschaftlichen* Studie über Kibbuzim erntete man in jener Zeit kaum Anerkennung. Während in der Kibbuzbewegung offenbar häufig die Meinung vertreten wurde, ein »außenstehender« Wissenschaftler dürfe sich gar kein Urteil erlauben,[272] war in akademischen Kreisen das Interesse an einer Kibbuz-Forschung noch eher gering.[273]

Inzwischen stellen zwar die Kibbuzim – wie Gunnar Heinsohn schon 1982 konstatierte – »eines der bestuntersuchten Gesellschaftssysteme der Erde dar«,[274] an der fehlenden Rezeption des Landshutschen Buches hat dieses jedoch nichts geändert. Dies ist auch darauf zurückzuführen, daß Landshuts Studie in englischer Sprache nie und in deutscher nur auszugsweise erschienen ist. Zudem blieb die deutsche Teilveröffentlichung im 1969 posthum erschienenen Sammelband *Kritik der Soziologie*, mithin 25 Jahre nach der hebräischen Erstveröffentlichung, nahezu unbemerkt.[275]

Betrachtet man die Literaturverzeichnisse der zahllosen englisch- und deutschsprachigen Bücher über den Kibbuz, so scheint Landshuts Studie gar nicht zu existieren. Nur in wenigen Publikationen wird sie überhaupt erwähnt, so bei Hermann Meier-Cronemeyer, Harry Viteles und Stanley Maron. Während Meier-Cronemeyer in seiner gründlichen Arbeit mehrmals die unveröffentlichte deutsche Originalfassung heranzieht, ohne freilich deren eigentliche Idee zu berühren,[276] bringt Viteles – er kannte Landshut aus der Zeit in Palästina persönlich – lediglich einige unkommentierte Zitate aus *Hakwuza*.[277] Stanley Maron, Mitglied des Kibbuz Maayan Zvi, hat dagegen die Bedeutung Landshuts hervorgehoben und seine Argumentationslinien zumindest angedeutet.[278]

Über fünfzig Jahre sind vergangen, seitdem Siegfried Landshut seine Kibbuz-Studie veröffentlichte. In dieser Zeit hat sich in der Tat vieles gewandelt, was Landshut als »Momentaufnahme« in den Jahren 1940/41 beschrieben hatte. Der Lebensstandard ist mittlerweile sehr hoch, familiäre Strukturen haben sich wieder mehr durchgesetzt, Individualität hat größeren Raum u.a.m. Überflüssig geworden ist die Kritik damit allerdings keineswegs, denn die grundsätzliche Frage nach der Verwirklichen einer »Gemeinschaft« im Landshutschen Sinne, nach der Übernahme einer »repräsentativen Aufgabe« bleibt unvermindert bestehen. An ihrer Beantwortung müssen sich die Kibbuzim auch heute und in Zukunft messen lassen.[279]

Zugleich stellt die *Die Gemeinschafts-Siedlung in Palästina* einen ebenso wichtigen wie ungewöhnlichen Beitrag zur Geschichte des Zionismus dar. Siegfried Landshut, der die Entwicklung der Kibbuzbewegung kritisch betrachtete, der den Verlust geistig-ethischer Motive konstatierte und Humanität anmahnte, gehört zu denjenigen, die sich auch in den emotionsgeladenen Jahren vor Gründung des Staates Israel Scharfsinn und nüchterne Distanz bewahrten. In ähnlich pointierter Weise wie Hannah Arendts Schriften zur Problematik des Zionismus trägt Landshuts Kibbuz-Studie zu einem differenzierten Verständnis damaliger Verhältnisse in Palästina, insbesondere der »geistigen Situation«, entscheidend bei. Der Tatsache eines beeindruckenden jüdischen Aufbauwerks wird dadurch nichts genommen; wohl aber werden Bedenken, Widersprüche und Konfliktpotentiale deutlich, die einer reinen Erfolgsgeschichte des Zionismus entgegenstehen.

Beim »Britischen Mittelmeersender«

Im April 1941 hatte die Finanzierung der Forschungen in Giwat Brenner und damit auch der Aufenthalt der Familie Landshut im Kibbuz geendet. Wiederum war Siegfried Landshut ohne feste Anstellung und ohne geregeltes Einkommen. Wovon Landshuts ab April 1941 lebten, ist weitgehend ungewiß. Offenbar hielten Gelegenheitsaufträge die Familie irgendwie über Wasser. Seit der Rückkehr aus Giwat Brenner lebten Edith und Siegfried Landshut in Jerusalem erneut in bescheidenen Verhältnissen. Sie bewohnten ein arabisches Haus im Stadtteil Baka, bestehend aus zwei Zimmern, einer Küche im Schuppen sowie einer Pumpe zur Wasserversorgung.

Hier arbeitete Siegfried Landshut zunächst an der Schrift *Eretz Israel's Triple Alliance. Jewish National Land, Labour, Capital*, die im Jahre 1942 vom Keren Hajessod herausgegeben wurde.[280] Bei dieser reich bebilderten, 24 Seiten umfassenden englischsprachigen Publikation handelte es sich um eine Art Informations- und Werbebroschüre, die beim Keren Hajessod sowie beim »Zionist Information Office« in Jerusalem und Tel Aviv kostenlos zu erhalten war. Offensichtlich war die Annahme dieser Auftragsarbeit der Notwendigkeit des Gelderwerbs geschuldet. Zwar findet sich auch in *Triple Alliance* die gewohnt straffe Gedankenführung Landshuts, doch der ebenso charakteristische kritische Ton fehlt nahezu gänzlich.

Landshut schildert die in der Tat enorme Leistung jüdischer Kolonisation in Palästina, die Verwandlung eines weglosen, teils vertrockneten, teils versumpften Gebiets in ein blühendes, ertragreiches Land und analysiert diese Entwicklung anhand der für den Aufbau notwendigen Grundfaktoren Boden, Arbeit und Kapital. Der organisierte Landkauf durch den Jüdischen Nationalfonds, das Arbeitsethos der zweiten Alija samt der planerischen Fähigkeit Arthur Ruppins sowie die Einrichtung des Keren Hajessod als Instrument der Finanzregulierung werden als Stationen zum Erfolg dargestellt; die verschiedenen Siedlungsformen, Kwuzot, Kibbuzim und Moschavim, werden erläutert und – in der deutschen Fassung – als »Sturmtruppe [!] der landwirtschaftlichen Kolonisation«[281] bezeichnet. Ohne Einschränkung oder Infragestellung erklärt Landshut, Kwuza und Kibbuz seien »organisierte Lebens- und Arbeitsgemeinschaften, die wie eine große Familie aus einer gemeinsamen Kasse leben und für diese gemeinsame Kasse arbeiten«; sie seien »ein außerordentlich wirksames Instrument progressiver Siedlungspolitik und vor allem da ganz unentbehrlich, wo es gilt, in exponierten Gegenden, oft inmitten einer gefährlichen Umgebung als erste Pioniere neue Flächen bisher unbebauten Bodens zu erschließen«.[282] Derlei Sätze wären – jedenfalls ohne Kommentierung – in der zu diesem Zeitpunkt schon verfaßten, aber noch nicht veröffentlichten Kibbuz-Studie undenkbar gewesen. In *Triple Alliance* beschränkte Landshut sich auf die »Habenseite« der Kolonisation, die er durchaus anerkannte, vermied aber, seine Bedenken, die Defizite und Fehlentwicklungen in der Siedlungspolitik auch nur zu nennen. Bezeichnend ist, daß gerade diese untypische Arbeit Landshuts besondere Resonanz erfuhr. Die in großer Zahl abgegebene Broschüre war bald vergriffen, so daß im Jahre 1944 eine zweite Auflage folgte. In deren Vorbemerkung heißt es, *Triple Alliance* sei den Besuchern Palästinas – für sie war die Broschüre also in erster Linie verfaßt worden – zur wichtigsten Informationsquelle geworden. Zudem war bereits 1942, im Jahre der Erstauflage, eine spanische Übersetzung erstellt worden, die vermutlich vornehmlich in Argentinien Absatz finden sollte.[283]

In der Schlußpassage von *Triple Alliance* hatte Landshut Palästina als Heimat geschildert, »die das Herz eines jeden Juden höher schlagen läßt«; er hatte auch darauf verwiesen, daß wichtiger als die große Entwicklung in der Landwirtschaft und entscheidender als der Fortschritt der industriellen Produktion »die wachsend tiefere Verwurzelung des freien jüdischen Menschen im eigenen Lande« sei.[284] Gerade diese Verwurzelung aber spürte Landshut persönlich nicht. Knapp fünf Jahre waren seit seiner Ankunft in Palästina vergangen, doch das, was er sich ohne Zweifel von seinem dortigen Aufenthalt versprochen hatte, war nicht eingetreten: Er hatte keine festen Wurzeln schlagen und keine längerfristigen Perspektiven aufbauen können. Den Gedanken an eine Rolle im akademischen Leben Palästinas hatte er mit dem Ende seines Rockefeller-Stipendiums aufgeben müssen, und über das Verhalten der Hebräischen Universität blieb weiterhin nur Verärgerung. An Alexander Rüstow schrieb Landshut nach längerer Unterbrechung der Korrespondenz am 8. August 1941:[285]

»Ich selbst bin nicht mehr Mitglied der Univ., die mir – entgegen der Rockefeller gegenüber abgegebenen Versicherung – nach Ablauf des Stipendiums kein Gehalt mehr auszahlte. Nicht etwa infolge meines Misserfolgs (ich hatte im Gegenteil einen grossen Lehrerfolg), sondern infolge eigenartiger Landesverhältnisse und einer merkantilen Auffassung akademischer Aufgaben, deren Erklärung dem Landesfremden zu viel verschwendete Mühe wäre. Kurz und gut ich privatisiere seit etwa 2 Jahren, ein wenig einkömmlicher Beruf.«

Überhaupt äußerte Siegfried Landshut sich enttäuscht und resigniert über die Verhältnisse in Palästina, über »die hiesige Indifferenz und Interesselosigkeit an allen Fragen, die über das Leben von der Hand in den Mund hinausgehen«. »Den eigenen Trieb zur Betätigung« sah er »in völliger Isolierung« gehalten.

In dieser Isolierung arbeitete Landshut an einem wissenschaftlichen Vorhaben, das ebenso charakteristisch für ihn wie ungewöhnlich für das Palästina jener Jahre war. Wie er Rüstow im September 1941 schrieb, handelte es sich um die Vorbereitung einer »Anthologie des Staates«, »eine[r] Zusammenstellung all derjenigen Texte abendländischer Denker, in denen der Schatz unseres Wissens über den Staat und die Grundbedingungen seiner Existenz enthalten sind«. Neben interpretierenden Anmerkungen sollte jedem Text eine Biographie seines Verfassers vorangestellt werden. Damit verfolgte Landshut das Ziel einer »Gesamtdarstellung der Idee des abendländischen Staates«.[286] Wurde die »Anthologie des Staates« auch nie fertiggestellt, so zeigt dieses Projekt doch die Kontinuität im wissenschaftlichen Denken Siegfried Landshuts. Dieses war in der Disziplin der »Politik« lokalisiert; seine Wurzeln hatte es vor allem in der deutschen und französischen Geistesgeschichte.[287] Hier war Landshut viel mehr »zu Hause« als in Palästina, wo er zunehmend zwischen alle Stühle geriet.

Folgerichtig hatte Siegfried Landshuts Tätigkeit der nächsten Jahre weder etwas mit dem universitären Leben in Jerusalem noch mit der zionistischen Bewegung zu tun: Im Jahre 1942 wurde er zunächst Mitarbeiter, dann rasch Leiter der deutschen Abteilung des »Britischen Mittelmeersenders« in Jerusalem.[288]

Errichtet, unterhalten und kontrolliert wurde der Sender, der offiziell den Namen »British Mediterranean Station« trug, von der Near East Branch (Sitz Kairo/Jerusalem) des Political Warfare Executive (PWE).[289] Beim PWE handelte es sich um die im August 1941 in London neu gegründete britische Behörde für »psychologische Kriegsführung«, die u.a. die alleinige Zuständigkeit für Auslandsrundfunksendungen besaß.

Der Britische Mittelmeersender hatte 1941 zunächst in Kairo seinen Standort erhalten, war aber im folgenden Jahr nach Jerusalem verlegt worden, wo er bis zur Einstellung des Sendebetriebes – Anfang 1945 – blieb. Die außerhalb Jerusalems installierte Sendeanlage ermöglichte die Ausstrahlung von Sendungen für den Mittelmeerraum, den Balkan und Nordafrika. Das Programm wurde in acht sich abwechselnden Sprachen gesendet: Englisch, Deutsch, Italienisch, Serbokroatisch, Rumänisch, Bulgarisch, Griechisch und Albanisch.[290] Die Sendezeit war aufgeteilt in 15-Minuten-Sequenzen pro Sprache, so daß Nachrichten innerhalb von zwei Stunden in allen acht Sprachen ausgestrahlt werden konnten. Da von 6.00 Uhr morgens bis Mitternacht gesendet wurde, hatte die deutsche Abteilung – wie alle anderen auch – neunmal pro Tag für eine Viertelstunde auf Sendung zu gehen.

Der Arbeitsschwerpunkt des Britischen Mittelmeersenders lag bei den Sendungen, die in südosteuropäischen Sprachen ausgestrahlt wurden. Dabei sollte die Bevölkerung in den von Deutschland besetzten Gebieten Südosteuropas in ihrer Abwehrhaltung gegen die Besatzungsmacht gestärkt werden. Die deutschsprachigen Sendungen sollten den in Südosteuropa bzw. in Nordafrika stationierten deutschen Soldaten begründen, daß Deutschland den Krieg aufgrund der militärischen, wirtschaftlichen und geographischen Gegebenheiten unmöglich gewinnen könne. Dabei wurde Wert darauf gelegt, die Zuverlässigkeit der Nachrichten zu etablieren und die Meldungen ruhig und sachlich vorzutragen.

Die deutsche Abteilung des Britischen Mittelmeersenders, die ab 1942 von Siegfried Landshut geleitet wurde, bestand – ihn eingeschlossen – aus fünf Redaktionsmitgliedern und zwei Sekretärinnen, die schichtweise arbeiteten. Zu den festen Mitarbeitern Landshuts gehörten der spätere Orientalist Daniel Dishon (geb. 1920),[291] der Rabbiner Robert Raphael Geis (1906-1972)[292] sowie der Staatswissenschaftler Bernays.[293] In den frühen Morgenstunden und am späten Abend hatte nur ein Redakteur Dienst, tagsüber zwei. Aufgrund der kleinen Besetzung betätigten sich die Redakteure der Abteilung in der Regel auch als Sprecher. Getrennt von der Sendeanlage, befanden sich die Büros und Studios aller Abteilungen des Britischen Mittelmeersenders in Jerusalem: und zwar im – wegen des Krieges leerstehenden – französischen Hospiz »St. Pierre en Gallicante«. Dort gab die britische Leitung des Senders täglich, manchmal auch zweimal täglich, Direktiven an die einzelnen Redaktionen aus. Teils handelte es sich hierbei um Anordnungen des PWE, teils um Reaktionen auf das eigene, im Hause gesammelte Abhörmaterial. Die Anweisungen hatten aber eher einen allgemeinen Charakter und ließen den einzelnen Redaktionen beachtlich viel journalistischen Freiraum für »ihre« Viertelstunde. Eine Kontrolle gab es insofern, als die Texte der

Redaktion vor Sendebeginn bei der britischen Leitung eingereicht werden mußten und eine Abweichung vom akzeptierten Programm während der Sendung zur Unterbrechung derselben geführt hätte. Dies ist aber nie vorgekommen. Bei den Texten handelte es sich um Nachrichten und kurze Kommentare, die im Laufe des Tages immer wieder aktualisiert wurden. Die Grundlage dafür bildeten – neben den Anordnungen der Leitung und dem Abhörmaterial – die englischsprachigen BBC-Nachrichten und Agentur-Meldungen, die im »Central News Room« allen Abteilungen zugänglich waren. In den ersten 12 bis 18 Monaten ihres Bestehens arbeitete die Station als Tarnsender und gab ihre Identität nicht bekannt. Ab 1943 meldete sich der Sprecher mit den Worten: »Hier ist der Britische Mittelmeersender mit seinem deutschsprachigen Programm.« Als »Erkennungszeichen« fungierten Anfangstakte eines Marsches von Edward Elgar.

Die Schwerpunkte der Sendungen hingen eng mit dem Kriegsverlauf zusammen. Eine intensive Berichterstattung erfolgte über die Lage in Südosteuropa und – bis zum November 1943 – über die Situation in Nordafrika. Ab Anfang 1944 ging es vornehmlich darum, deutschen Soldaten in Griechenland und benachbarten Regionen klarzumachen, daß sie abgeschnitten seien und weitere Kriegshandlungen keinen Zweck mehr hätten. Daß die Sendungen tatsächlich bei ihren Adressaten angekommen sind, haben Kriegsgefangenenvernehmungen belegt. Auch eine starke deutsche Störsendertätigkeit mag als Indiz für die Wichtigkeit des Britischen Mittelmeersenders gelten.[294] Die deutsche Abteilung errang auch innerhalb des Senders Anerkennung. So lobte dessen britischer Leiter, der von der BBC übergewechselte Journalist Roy Elston,[295] in einem Brief an Siegfried Landshut ausdrücklich die Sendungen der Abteilung anläßlich der Landung anglo-amerikanischer Streitkräfte in der Normandie am 6. Juni 1944:[296]

»I should like to express my warmest thanks to you and your staff for the very good work done during the events of 6th June and afterwards. The demands were exceptional and both in the extent of the labour involved and in the quality of the transmissions, the German Section has maintained a very high standard.«

Die so gerühmte, mit Exilierten besetzte Abteilung[297] war maßgeblich geprägt von Siegfried Landshut. Daniel Dishon berichtet über seinen ehemaligen Chef:[298]

»Er leitete seine kleine Gruppe mit Entschlossenheit, Charisma, natürlicher (und unbestrittener) Autorität und viel Sinn für Im-Werden-begriffener Historie. Seine Auffassung, was die Sendung sein sollte, und sein Stil wurden – ich möchte beinahe sagen: unmerklich – zu denen der anderen Mitarbeiter: durch Vorbild viel mehr als durch Anweisung. Dabei war aber doch ganz klar, wer der Chef war (und wer, in dieser Eigenschaft, der englischen Leitung des Hauses gegenüber verantwortlich war).«

Von Siegfried Landshut ging zweifellos eine große Wirkung aus. Gänzlich unumstritten ist er dabei nie gewesen. Eine Aversion gegen Landshut hatte der kommunistische Schriftsteller Louis Fürnberg (1909-1957), der noch im Oktober 1944 Mitarbeiter des Senders wurde und dort eine Außenseiterposition innehatte. Wie Fürnberg selbst schrieb, war er nur »infolge eines Versehens« in der deutschen Abteilung des Britischen Mittelmeersenders angestellt worden, wo seine Arbeit sowohl in sprachlicher als auch in politischer Hinsicht als miserabel eingestuft wurde. Louis Fürnberg, der sich völlig ungerecht behandelt fühlte, schrieb am 20. Oktober 1944 an Arnold Zweig in Haifa:[299]

»Seit neun Tagen bin [ich] also beim Mittelmeersender (bitte secret!!), der [sic!] Gehalt ist ausgezeichnet, ich würde die nächste Zeit sorgenfrei leben können. Aber (und auch das secret, ganz unter uns!) – ich habe mir nie vorstellen können, was für Lumpen es unter unseren Kollegen gibt. Der Politzer ist neben einem eitlen Herrn, der sich als Professor für politische Wissenschaften ausgibt, weder aber von Politik noch von Wissenschaft eine Ahnung hat, mein Vorgesetzter.«

Für Siegfried Landshut scheint die Zeit beim Britischen Mittelmeersender die erfolgreichste und für ihn befriedigendste während des Aufenthalts in Palästina gewesen zu sein. Er hatte eine feste, für damalige Verhältnisse recht gut bezahlte Anstellung gefunden und verfügte über die Möglichkeit, seine Fähigkeiten für eine sinnvolle Aufgabe einzusetzen. Es mußte wohltuend sein, nach all den deprimierenden Rückschlägen eine leitende Position innezuhaben und in der eigenen Arbeit anerkannt zu werden. Vermutlich gefiel es ihm auch, in deutscher Sprache zu schreiben, immer über die neuesten militärischen und politischen Entwicklungen informiert zu sein und in irgendeiner Weise den Erfolg der Alliierten unterstützen zu können. Dabei war deutlich, daß die Tätigkeit mit eben diesem Erfolg enden würde.

Das Wesen der modernen Gesellschaft – Vier Aufsätze in hebräischer Sprache

Während der Zeit beim »Britischen Mittelmeersender« setzte Siegfried Landshut auch seine Publikations- und Vortragstätigkeit fort. So war er in der Jerusalemer Volkshochschule tätig, wo Martin Buber, Ernst Simon, Georg Landauer, Richard Koebner, Alfred Bonné und Ernst Kahn zu seinen Kollegen zählten.[300] Neben der bereits erwähnten Vorlesung über die Gemeinschaftssiedlungen beteiligte Landshut sich im Wintersemester 1943/44 auch am Vortragszyklus zur »Kultur der Romantik«. Bezeichnenderweise lautete sein Vortragsthema hier »Die Romantik in Staat und Gesellschaft«. Alle Veranstaltungen Landshuts fanden auf deutsch statt.[301] Die wenigen Schriften, die Landshut in jenen Jahren veröffentlichen konnte, erschienen in englischer und vor allem in hebräischer Sprache. Abgesehen von der Kibbuz-Studie publizierte er vier Aufsätze in hebräischer Sprache, die hier gesondert besprochen werden sollen. Sie sind außerhalb des hebräischen Sprachraumes unbekannt, und auch Landshut selbst hat sie in späteren, für deutsche Institutionen bestimmten Publikationslisten nicht mehr aufgeführt.[302]

Bereits die Publikationsorgane, in denen die vier Aufsätze zwischen 1939 und 1945 erschienen, werfen ein bezeichnendes Licht auf das Umfeld, in dem Landshut sich in Palästina bewegte; vor allem aber bezeugen die Texte die Kontinuität in seinem Werk auch während dieser Lebensphase. Erneut analysiert Landshut das Wesen der modernen Gesellschaft und die Möglichkeiten des Menschen in ihr; und wiederum lesen sich diese Aufsätze als Versuch, dem Verlust des Geistes in unserer Welt entgegenzutreten.

Der früheste der vier hebräischen Aufsätze trägt den Titel »Die soziale Revolution in der Auffassung Landauers«:[303] eine

Würdigung des Schriftstellers, Literaturkritikers und Philosophen Gustav Landauer (1870-1919), jenes entschieden antimarxistischen Anarchisten und parteilosen Sozialisten, der nach der Novemberrevolution 1918 in München dem Zentralarbeiterrat, dann im April 1919 der Räteregierung angehört hatte und der am 2. Mai 1919 von Freikorpsmitgliedern ermordet worden war. Zum zwanzigsten Jahrestag der Ermordung erschien nun 1939 in Tel Aviv ein Sammelband über Landauers Werk und Wirken, herausgegeben vom Kulturzentrum der Histadrut, im Grunde von dessen Leiter Jacob Sandbank (1897-1939), einem Verfechter Landauerschen Gedankenguts.[304] Sandbank, der auch in der Kulturarbeit der HOG eine zentrale Rolle spielte, hatte viele mitteleuropäische Einwanderer zur Mitarbeit an dem Landauer-Band herangezogen; neben Siegfried Landshut etwa Hugo Bergmann, Max Brod und insbesondere natürlich Martin Buber, der mit Gustav Landauer beinahe zwei Jahrzehnte lang befreundet gewesen war. Daß Bubers Sozialphilosophie, daß sein Begriff von »Gemeinschaft« stark von Landauer beeinflußt war, ist mehrfach beschrieben worden.[305] Für Landauer fing Sozialismus beim einzelnen Menschen und der möglichen Veränderung des eigenen Lebens an; die von ihm propagierte Revolution verstand er als permanente Revolution, als fortwährenden geistigen Prozeß. Angestrebt wurde die Restrukturierung der Gesellschaft, die nur aus der Stärkung des Gemeinschaftslebens, und zwar von den »kleinen Zellen«, den Gemeinden und Siedlungen her zu erwarten war. Genau daran knüpfte Martin Buber in seinem Beitrag für den Sammelband an. In dem mit »Landauer zu dieser Stunde« überschriebenen kurzen Text verweist er auf die Aktualität der Ideen Landauers und auf den Beginn ihrer Verwirklichung in Palästina.[306] Die Kibbuzim seien »das, was Landauer gemeint hat: sie sind es, wenn sie nur das in Wahrheit werden, was sie im Grunde sind«.[307]

Siegfried Landshuts Mitarbeit an dem Landauer-Sammelband fiel in jene für ihn schwierige Zeit, da sich das endgültige Ende seiner Tätigkeit an der Hebräischen Universität abzeichnete. Sein Beitrag war jedoch auch in dieser Phase alles andere als eine bloße Gelegenheitsarbeit: Gustav Landauer war Landshut ein geistiger Verwandter, und indem er über ihn schrieb, teilte er sich selbst mit.

Für Landshut zählte Landauer zu den wenigen Denkern, die das Wesen der modernen Gesellschaft erkannt hatten. Dies versucht Landshut anhand zweier Bücher von Landauer, *Die Revolution* (1907)[308] und *Aufruf zum Sozialismus* (1911/1919),[309] zu illustrieren. Dabei scheint Landauers Diagnose der Moderne sich in ihren Grundzügen nicht von Landshuts eigener zu unterscheiden. Unter Verwendung von Zitaten aus den genannten Werken zeichnet Landshut ein Bild der neuen Zeit, deren wesentliches Merkmal die Umkehrung eines menschlichen, kulturellen und unmittelbaren Lebens und des in ihm wirkenden Geistes in einen anonymen Prozeß zunehmend automatischer Vorgänge ist. Die moderne Gesellschaft lasse sich kennzeichnen durch eine Masse von »Gleichberechtigten«, die dem unsichtbaren Gesetz des Staates und den Regeln des Absatzes gehorche. Der Platz des einzelnen in der Masse bestimme sich nur noch durch seine Aufgabe im technischen, wirtschaftlichen und bürokratischen Mechanismus, woraus das Gefühl resultiere, von Prozessen beherrscht zu werden, die sich außerhalb jeder Willensentscheidung des isoliert einzelnen bewegten.

Als Entgegnung auf diese Entwicklung versteht Landshut den Sozialismus Landauers: Der zunehmend geistlosen modernen Gesellschaft wird mit einer *geistigen* Bewegung geantwortet. »Geist«: Dies ist der Begriff, den Landauer in seinen Schriften ein ums andere Mal genannt, ja beschworen hat. Was aber war damit gemeint? Landshut galt Landauers Lehre vom Sozialismus als Symbol der wahren Gemeinschaft, einer Gemeinschaft, in der die individuelle Existenz und die Tätigkeit jedes einzelnen zum *lebendigen* Element des gesellschaftlichen Zusammenlebens werden. Für diese Lebendigkeit, für wahrhafte menschliche Beziehungen, steht der Begriff des »Geistes«.[310]

Versteht man den Sozialismus im Landauerschen Sinne als *geistige* Bewegung, so kann dessen Grundproblem laut Landshut auch nicht die Frage der wirtschaftlichen Organisation, sondern nur die der gedanklichen Inhalte des Gemeinschaftslebens sein. Eine Gemeinschaft sei eben kein äußerlicher Zusammenschluß, sondern einzig von innen her, vom *gemeinsamen Geist* bestimmt. Damit ist ausdrücklich das Kriterium genannt, an dem Landshut ebenso wie Buber – letzterer freilich in weit hoffnungsvollerer Art – auch und vor allem die Kibbuzim maßen.

Hat es aber angesichts der fortschreitenden Mechanisierung und Rationalisierung der gesellschaftlichen Verhältnisse überhaupt noch Sinn, den Geist solcherart aufzurufen? Gustav Landauer hat daran geglaubt. Landshut nennt ihn einen Prediger und Propagandisten – und zwar einen begabten –, der mit aller Macht des sprachlichen Ausdrucks und im Ton der Begeisterung wachrütteln und zum gemeinsamen Handeln aufrufen wollte. Gerade dieser Ton ist es, den Landshut dreißig Jahre später als einer vergangenen Zeit zugehörig erklärt, den er in dieser Form für nicht mehr möglich hält. Die Dringlichkeit des Anliegens ist für Landshut in keiner Weise vermindert, sondern weiter gestiegen; in gleichem Maße aber scheinen die Chancen, den fortschreitenden Prozeß aufzuhalten, gesunken. Landshut spekuliert, welche Position Landauer wohl nun im Jahre 1939 einnähme, und erklärt: »Wenn Landauer heute nicht überhaupt das Schweigen vorziehen würde, er würde in seinen Worten über die Revolution und den Sozialismus nicht vom Grundthema des Geistes abweichen«.[311] Dieser Satz darf auch als Selbstauskunft gelesen werden. Eine gewisse Niedergeschlagenheit Landshuts zeigt sich hier ebenso wie große Entschiedenheit: das Zweifeln an den eigenen Wirkungsmöglichkeiten, das bisweilen zum Verzweifeln, zum Schweigen zu führen droht – und zugleich doch das leidenschaftliche Festhalten am »Grundthema des Geistes«, eben weil es dazu gar keine Alternative gibt.

Siegfried Landshut jedenfalls schwieg nicht. Im Jahre 1941 publizierte er in einem von Berl Katznelson herausgegebenen Sammelband den Aufsatz »Am Ende eines Jahrhunderts (1840-1940)«,[312] eine Bestandsaufnahme der modernen Gesellschaft. Die letzten einhundert Jahre seien eine Periode so außerordentlicher Veränderungen gewesen, wie es sie in der bisherigen Geschichte noch nicht gegeben habe. Es sei das Gefühl einer »Zeitenwende« entstanden, welches zunächst das Grunderlebnis einzelner Denker wie Jacob Burckhardt, Nietzsche und auch Marx gewesen sei, das sich dann aber zum Bewußtsein der Epoche überhaupt gesteigert habe. Der Erfolg eines Buches wie Oswald Spenglers *Untergang des Abendlandes* sei dadurch erst möglich geworden.

Im folgenden schildert Landshut, mit welch ungeheurer Geschwindigkeit tiefgreifende Veränderungen im vergangenen

Jahrhundert vonstatten gingen und was diese Entwicklung für die Menschen bedeutete: zunächst die völlige Umgestaltung ihres Arbeitslebens, ihrer Anschauungen und Gewohnheiten – »eine Revolution in ihrer Seele und in ihrem Denken«.[313]

Insbesondere hebt Landshut den »allmächtige[n] Einfluß des wirtschaftlichen Erfolgs auf das Gesellschaftsleben« hervor.[314] Der Prozentsatz derjenigen Gedankeninhalte, die sich auf nichtwirtschaftliche Dinge bezögen, würde immer geringfügiger, und so verschwinde aus dem gesellschaftlichen Leben nach und nach jeder Begriff von anderen Möglichkeiten, die das Leben erfüllen könnten. Anders als in vorherigen Epochen herrsche zunehmend die Auffassung, daß eine bequeme und reichliche Versorgung der wahre Lebensinhalt sei; eine Haltung, die den »kleinen Mann« geradezu charakterisiere.

Von dieser These aus gelangt Landshut zu den der modernen Demokratie inhärenten Gefahren. Die Neigungen und Bestrebungen der Massen seien bestimmend für die Entwicklung der öffentlichen Angelegenheiten, und wer Einfluß gewinnen wolle, müsse – egal wie – versuchen, in der Masse eine möglichst breite Zustimmung zu finden. So gebe es etwa einen Wettkampf um den Wähler, und kein Mittel scheine zu absurd, um dessen Stimme zu erringen. Landshut konstatiert eine allgemeine Einebnung von Ideen und Begriffen und vermißt – ähnlich wie Alfred Weber in seinen Ausführungen zur »Führerdemokratie« – die Existenz »echter Autoritäten«:[315]

»Echte Autorität bedeutet, daß die Ehre, das Ansehen und die Kraft einer Persönlichkeit aus deren eigenem Wert hervorgehen und aus ihrem eigentlichen Wesen stammen, ohne von etwas anderem abzuhängen. Jede Autorität gründet sich auf die Anerkennung eines unabhängigen Wertes, der nur von seiner eigenen Qualität bedingt ist. Wenn aber die Bedeutung jeder Sache und jedes Menschen von der Zustimmung des Publikums abhängt, wenn Dinge und Menschen keinen Wert haben, es sei denn, er werde ihnen von der Masse zugesprochen, so besteht keine echte Autorität mehr. Die Masse kennt Begeisterung und bestenfalls Furcht – aber Ehrfurcht kennt sie nicht.«

Der Zerfall jeder Autorität und der Verlust aller Werte hatten nach Landshut eine Verwirrung und Richtungslosigkeit erschreckenden Ausmaßes zur Folge. In all dieser Beliebigkeit und Desorientiertheit erwache die Sehnsucht nach irgendeiner Art der Führung, und es sei kein Wunder, »wenn schließlich ein zynischer und eifernder Mensch, Ebenbild des ›kleinen Mannes‹, den Platz des Erlösers einnimmt«.[316] Landshuts Mißtrauen gegenüber der »Masse« hatte sich durch die Erfahrung der nationalsozialistischen Machtübernahme vertieft; bestanden hatte es schon vor 1933.

Die moderne Gesellschaft drohte nach Ansicht Landshuts zur sinnentleerten Einheitsgesellschaft zu werden; zu einer Gesellschaft, in der Geist, Wissenschaft und Kunst keinen praktischen Einfluß mehr ausübten, in der es eben immer ausschließlicher um den kurzfristigen materiellen Gewinn ginge. Daß auf diesem Wege keine Zufriedenheit der Menschen erreicht werden kann, stand für Landshut außer Frage. Wenn alle Lebenshoffnung sich auf die möglichst reichliche Versorgung mit materiellen Gütern richte, so ziehe eine solche Einstellung unabwendbar ein ständiges Gefühl des Ungenügens nach sich: Mit der Erfüllung eines bestimmten Bedürfnisses werde die Grenze der allgemeinen Sättigung nur noch weiter erhöht, ohne daß je eine echte Befriedigung eintrete. Zudem erwachse ein hohes Maß an Konkurrenz, denn das »mein« und »dein« stünden einander erbarmungslos gegenüber. Die Frage, wer mehr und wer weniger habe, werde so zum wichtigsten Unterschied zwischen den Menschen.

Und Landshut nennt noch ein weiteres Merkmal der modernen Gesellschaft: Das Leben des einzelnen sei zwar derart geordnet, geregelt und bis ins Detail berechnet wie niemals zuvor, aber die Grundlage, auf der alles basiere, bleibe unerkannt. Es habe sich das Gefühl eingestellt, einem automatischen Prozeß ausgeliefert zu sein. Unterstellt werde mithin, daß es eine Kraft gebe, die ihren eigenen Gesetzen gehorche und vom Menschen unabhängig sei. Diese Haltung registriert Landshut sowohl bei Karl Marx als auch bei Oswald Spengler. Für ihn trifft sich Marxens Theorie einer zwangsläufigen Geschichtsentwicklung mit Spenglers Untergangsphantasien in der Annahme eines unaufhaltsamen Prozesses, bei welchem der Mensch nur noch eines tun könne: diesen Prozeß erkennen und seine Unabwendbarkeit verstehen.[317]

Siegfried Landshut widersprach der Annahme einer unabänderlichen Gesetzmäßigkeit der menschlichen Geschichte. Obgleich ernüchtert von der Situation des Menschen in der modernen Gesellschaft, hielt er fest an der Möglichkeit positiver *Gestaltung*. Alles andere, so schien Landshut vermitteln zu wollen, käme nichts Geringerem gleich als der Abdankung des Geistes.

Die in »Am Ende eines Jahrhunderts« behandelte Frage nach dem Wesen der modernen Gesellschaft ist auch das Thema des Aufsatzes über Karl Marx und Max Weber, der im Oktober 1945 im ersten Heft der von Martin Buber, Shmuel Hugo Bergman und Julius Guttmann herausgegebenen philosophischen Zeitschrift *Iyyun* (»Betrachtung«) erschien;[318] die Studie verdient, in einem Zuge mit Karl Löwiths großem Aufsatz über Marx und Weber genannt zu werden. Ein halbes Jahrhundert nach seiner hebräischen Erstveröffentlichung in Jerusalem ist Landshuts Text 1996 erstmals in deutscher Sprache erschienen.[319]

In straffer Gedankenführung und mit großem kompositorischen Geschick gelingt es Landshut, das verschachtelte Gebilde von Gemeinsamkeiten und Unterschieden in den Auffassungen von Marx und Weber zu analysieren. Im folgenden kann diese Analyse nur in groben Zügen wiedergegeben werden.

Siegfried Landshut konstatiert, daß das eigentliche Thema der Forschungen von Marx und Weber im Grunde das gleiche sei. Nicht nur sei die gesellschaftliche Welt, die beide betrachteten, identisch, auch seien die gesellschaftlichen Erscheinungen, die sie als wesentlich akzentuierten und die sie in den Mittelpunkt ihres wissenschaftlichen Interesses stellten, dieselben: bei Marx angegeben mit dem Begriff der »Selbstentfremdung«, bei Weber mit dem der »Rationalisierung«.

Die unterschiedliche Begriffswahl sei aber nicht zufällig, sondern verweise auf die Differenz in den Auffassungen. Das Wort »Selbstentfremdung« impliziere, daß die bestehende gesellschaftliche Welt nicht die eigentliche Welt des Menschen sei, sondern eine ihm fremde. Wenn der Mensch also zur Erkenntnis dieser Welt im Sinne von Marx gelange, werde die Erkenntnis zwangsläufig zur Kritik. Die einzige positive Einstellung zur bestehenden Welt entstamme der Annahme, daß sie sich selbst in eine andere umkehren werde und daß sie den Kern der wahren

Gesellschaft schon in sich berge. Alles, was in der gegenwärtigen Welt bestehe, erhalte aber seinen positiven oder negativen Wert von der Idee einer Gesellschaft, die noch nicht bestehe, das heißt von der Idee der sozialistischen Gesellschaft:[320]

»Hier ist die Quelle von Marx' wissenschaftlicher Einstellung zu den gegebenen Faktoren der gesellschaftlichen Wirklichkeit und auch die Quelle seiner menschlichen Einstellung zu der Gesellschaft, der er mit seinem Wesen angehört. Wenn der Ausgangspunkt des wissenschaftlichen Interesses an der Gegenwart und der Vergangenheit jenseits beider liegt, nämlich im Bereich einer messianischen Idee von der Aufhebung der Widersprüche dieser Welt, dann ist auch Marx' Einstellung zu seinen Zeitgenossen und zu den Ereignissen der Gegenwart durch seinen Standort jenseits der Wirklichkeit bedingt. Für ihn ist die Gegenwart schon zur Vergangenheit geworden, und die gesamte Entwicklung der Menschheit liegt vor ihm wie ein offenes Buch, denn er selbst steht jenseits von Gegenwart und Vergangenheit. Er tritt den Menschen mit einer Lehre von einer Botschaft gegenüber.«

Liegt der Marxsche Standort nach Landshuts Ansicht also »jenseits der Wirklichkeit«, so liegt der Webersche mitten in ihr:[321]

»Weber lebt ganz in der Gegenwart, auf sie konzentrieren sich sein Wille und sein Erkenntnisstreben, in ihr lebt er mit anderen Menschen, die ihm durch die gemeinsame Stunde und das gemeinsame Schicksal verbunden sind. Weber hilft mit allen seinen Kräften und mit derselben Hingabe, die seine wissenschaftliche Arbeit auszeichnet, jedem, der sich mit seinen Sorgen an ihn wendet. Jederzeit war er bereit, seine wissenschaftliche Arbeit zu unterbrechen und mit der ganzen Kraft seines Verstandes und mit seiner ganzen Energie den Kampf um Gerechtigkeit aufzunehmen, wenn er fand, daß Menschen Unrecht getan oder eine objektive Pflicht durch private Ursachen vernachlässigt wurde.«

Es ist ein ungewöhnlich schwärmerischer und persönlicher Ton, den Landshut hier anschlägt. Die von ihm stilisierte warme Menschlichkeit Webers steht zudem im Kontrast zu seinen Äußerungen über Marx, der »selbst in der Entfremdung von der tatsächlichen Welt lebte«.[322]

Diese Landshutsche Sicht resultiert vor allem aus dem Geschichtsverständnis von Marx, nach dem der Sozialismus sich *zwangsläufig*, d. h. durch die Kraft des »natürlichen Ablaufs«, aus dem Kapitalismus entwickeln werde: eine Konstruktion, in der der Mensch als aktives, als denkendes und handelndes Wesen nicht mehr vorkommt. Wenn Marx von einem »Naturgesetz der Entwicklung« oder von der »Notwendigkeit des Prozesses« spricht, so setze er auf eine nichtmenschliche, dem Wunder ähnliche Kraft. Genau diese »geistlose« Anschauung, nach der die Freiheit des Menschen erst aus ihrer völligen Verneinung hervorwachsen solle, hatte Gustav Landauer im *Aufruf zum Sozialismus* mit nicht zu überbietender Schärfe angegriffen.[323] In seinem Aufsatz über Landauer verwies Landshut seinerseits auf die Tiefe der Marxschen Gedankenwelt, auf die zutreffende Analyse der modernen Gesellschaft bei Marx und auf dessen Kampf für die Freiheit des Menschen,[324] hielt aber zugleich Landauers Kritik für absolut begründet; in »Am Ende eines Jahrhunderts« kritisierte er das Marxsche Geschichtsverständnis in ganz ähnlicher Weise.

Wie verhält es sich nun mit Max Weber? Landshut erklärt, daß dieser im Gegensatz zu Marx keine allgemeine Gesetzmäßigkeit der gesellschaftlichen Entwicklung gekannt und keine Theorie über den Gang der Weltgeschichte entwickelt habe. Kategorien wie »Fortschritt« oder auch »Verfall« seien ihm fremd gewesen. Weber habe anhand eines ungeheuer breiten, aber keineswegs zufällig gewählten Themenspektrums die gesellschaftliche Welt in ihrem besonderen Wesen erkennen wollen, ein Unternehmen, das niemals abgeschlossen werden könne.[325] Ihm sei es nicht um die Proklamation eines Programms gegangen; vielmehr habe er die Grundlage bereiten wollen, um »die gegenwärtige Wirklichkeit zum Schauplatz möglicher Entscheidungen zu machen«.[326] Marx und Weber vergleichend, heißt es:[327]

»Während der Ausgangspunkt für die universalhistorische Auffassung von Marx die Idee einer idealen Gesellschaftsform ist, die das verdeckte Ziel der Geschichte darstellt, so liegen für Weber der Ausgangspunkt und das Ziel seiner gesamtgeschichtlichen Problemstellung in der Erkenntnis der gegenwärtigen Stunde als Augenblick der verantwortungsbewußten Entscheidung im Rahmen begrenzter Möglichkeiten.«

Und noch pointierter erklärt Landshut:[328]
»Marx setzt seine Hoffnung auf die gesellschaftliche Welt und ihre Gesetze; alles Forschen von Weber setzt auf den Menschen und seine Verantwortung.«
Bei allen Unterschieden führt Landshut Marx und Weber immer wieder auf eine Ebene zurück. Die zentrale Frage, die den Forschungen beider zugrunde liege, sei dieselbe: die Frage nach der Möglichkeit menschlicher Existenz in einer Welt, die zur Welt mechanischer Prozesse geworden sei; und diese Frage wiederum entstamme derselben Auffassung von des Menschen wahrer Wesenheit – der Freiheit.[329] Nicht irgendein Problem einer besonderen Wissenschaft stehe im Mittelpunkt der Forschungen von Marx und Weber, sondern »*das* Problem unserer Epoche«.[330]

Wie geht Siegfried Landshuts Vergleich zwischen Marx und Weber aus? Zunächst: Landshut entscheidet sich nicht für den einen und gegen den anderen; beide gelten ihm als leidenschaftliche Denker, die das Wesen der modernen Gesellschaft in besonderer Klarheit und Intensität zu erfassen vermochten. Bereits in der Anlage des Aufsatzes wird deutlich, daß ein Vergleich in diesem Falle nur heißen kann, Marx und Weber grundsätzlich auf eine Stufe zu stellen. Erst auf dieser Basis der Gleichrangigkeit untersucht Landshut die erheblichen Unterschiede zwischen beiden, und hier wird man zwar nicht von einer explizit ausgesprochenen Präferenz, aber doch von einer erkennbar größeren Nähe Landshuts zu Max Weber sprechen dürfen.

Dabei steht für Landshut die »Tiefe und Erhabenheit«[331] der historischen Sicht von Marx außer Frage. Auch bleibe dem Marxschen Werk in jedem Falle ein besonderes Vorrecht: die Erkenntnis von der enormen Wichtigkeit der materiellen und natürlichen Faktoren auf die Formung des gesellschaftlichen Lebens. Auf dieser Entdeckung beruhe die ganze Entwicklung der modernen Gesellschaftswissenschaft. Marx habe gezeigt, daß der menschliche Geist mit äußeren Bedingungen verknüpft sei, und auch Max Weber habe auf dieser Grundlage aufgebaut. Betrachtet man aber, was Landshut dann über die Theorien und Prognosen von Marx erklärt, über die Bedingungsgesetze und Automatismen, die dieser meinte, gefunden zu haben, so bleibt die Schlußfolgerung, Marx selbst habe dem Geist schließlich gar keinen Raum mehr gelassen.

Anders Max Weber: Er habe den »Geist der Wahrheit« und die Verantwortlichkeit gegenüber der Wahrheit gefordert.[332] Weber kannte auch keine vollkommene Gesellschaftsform, die die Aufhebung der Entfremdung verspricht und deren Entwicklung sich zwangsläufig aus den bestehenden Widersprüchen ergibt. Landshut kannte sie ebensowenig. Wenn er zudem Webers Gegenwartsbezogenheit gegenüber dem jenseits der Wirklichkeit liegenden Standort von Marx hervorhebt, so markiert er gleichsam seine Position. Und noch eines: Die Richtschnur der Weberschen Forschungen, der hohe Anspruch an sich selbst, an eine »schlichte intellektuelle Rechtschaffenheit« – auch sie war Landshuts eigene.

Bleibt noch, einen vierten hebräischsprachigen Aufsatz Siegfried Landshuts vorzustellen, der auf den ersten Blick einem ganz anderen Thema gewidmet scheint als die bisher besprochenen Texte. Im ersten Heft der von Martin Buber herausgegebenen und von Ernst Simon redigierten Zeitschrift *Beajot* (*Probleme*) erschienen im April 1944 Landshuts »Reflexionen über die Alija«.[333] *Beajot*, das war die mit hohem Anspruch gegründete Monatsschrift des Ihud,[334] über die man im *Mitteilungsblatt* folgendes lesen konnte:[335]

»Die Zeitschrift soll nach dem Vorwort des Herausgebers eine freie Tribüne sein, nicht in dem Sinne, daß einfach ein Gemisch von Anschauungen zum Abdruck kommt, sondern eine bestimmte Haltung gegenüber der jüdischen Wirklichkeit, die sich aber nicht von vorgefaßten Meinungen, sondern von echter Suche nach Wahrheit leiten läßt. Das erste Heft enthält Aufsätze von Martin Buber, Rabbi Benjamin [d.i. Joschua Radler-Feldman, R.N.], Ernst Simon, Moshe Smilanski, S[hlomo] Zemach, J[udah] L. Magnes, Dr. Landshut und anderen und einen speziellen Wirtschaftsteil, der von Ernst Kahn redigiert ist.«

Wenn Siegfried Landshut im Jahre 1944 einem Kreis von Menschen in Palästina geistig nahestand, dann diesem in *Beajot* versammelten. Hier fand seine kritische Stimme zumindest Gehör. Daß er – ebenso wie eineinhalb Jahre später im Falle von *Iyyun* – als Mitautor des ersten, gewissermaßen programmatischen Heftes hinzugezogen wurde, zeugt darüber hinaus von einer grundsätzlichen Anerkennung seines Schaffens.

Das Thema, das Landshut in *Beajot* erörterte, nämlich die Frage der uneingeschränkten jüdischen Einwanderung nach Palästina, war von außerordentlicher Brisanz. Es erstaunt nicht, daß Landshut auch hier eine kritische Position gegenüber den im Jischuw herrschenden Tendenzen bezog; wie er dieses allerdings tat, war selbst für *Beajot* an der Grenze des Annehmbaren. Ernst Simon jedenfalls sah sich veranlaßt, den Text Landshuts nicht ohne einen besonderen Kommentar abzudrucken.[336]

Zwei Fragestellungen sind leitend für die Landshutschen Ausführungen. Erstens: Ist eine unbeschränkte jüdische Einwanderung nach Palästina überhaupt wünschenswert? Und zweitens: Kann die im Jischuw verbreitete Prognose einer Masseneinwanderung nach dem Krieg als realistisch gelten? Beide Fragen auch nur zu stellen, bedeutete einen ähnlichen Tabubruch wie Landshuts Zweifel am echten Gemeinschaftsleben in den Kibbuzim. Seit Beginn der modernen Alijot schien doch ein möglichst breiter Einwanderungsstrom die notwendige Bedingung zur Errichtung eines jüdischen Gemeinwesens in Palästina, nur so – war die ganz vorherrschende Meinung – konnte die Position der jüdischen Bevölkerungsminorität gegenüber den arabischen Bewohnern gestärkt werden. Außerdem war die Einwanderungsfrage im vorangegangenen Jahrzehnt auch zunehmend zur Frage der Rettung europäischer Juden geworden. In dieser Situation also, da im Jischuw die Aufhebung des britischen Weißbuches vehement gefordert wurde, das Biltmore-Programm die Grundlage der offiziellen zionistischen Politik bildete und auch Terroraktionen gegen die britische Mandatsmacht zunahmen, stellte Landshut fest, daß es wohl noch nie ein Land gegeben habe, das in solchem Maße seine kulturelle, wirtschaftliche und politische Existenz an eine einzige Bedingung geknüpft habe wie das jüdische Palästina, nämlich an die der ununterbrochenen Einwanderung von außen. Und er wagte zu fragen, ob eine derartige Vorherrschaft des Alija-Gedankens der »eigentlichen Idee des Zionismus« zum Vorteil oder zum Nachteil gereiche.[337]

Die Behandlung dieses »sensiblen Themas«,[338] das im öffentlichen Diskurs gar nicht vorkomme, erfordere zunächst die Kenntnis derjenigen Faktoren, von denen die jüdische Einwanderung nach Palästina abhänge. Entscheidend seien hier, wie bei Wanderungsbewegungen generell, die »Abstoßungskraft« des

Auswanderungslandes einerseits und die »Anziehungskraft« des Einwanderungslandes andererseits. Was die Anziehungskraft Palästinas angeht, so erklärt Landshut, daß diese relativ gering gewesen sei und jedenfalls nicht allein die Gründung des jetzigen – also des 1944 bestehenden – Jischuw ermöglicht hätte:[339]

»Die bisherige Alija war also nicht in der Hauptsache das Ergebnis des zionistischen Rufes an das Weltjudentum, die Einwohner der Diaspora in unserem Lande wieder zusammenzuführen, sondern die Folge des sozialen und wirtschaftlichen Drucks in den verschiedenen Ländern der Diaspora.«

Insbesondere bei den mitteleuropäischen Juden habe in vielen Fällen nicht einmal die extremste »Abstoßungskraft« ausgereicht, um die Neigung zur Auswanderung im allgemeinen und zur Einwanderung nach Palästina im besonderen wesentlich zu erhöhen. Vor diesem Hintergrund widerspricht Landshut der von der Führung des Jischuw gegebenen Prognose einer nach dem Krieg einsetzenden Masseneinwanderung. Er geht vielmehr davon aus, daß die überlebenden Juden in Europa nach dem Sieg der Alliierten eher dort blieben als nach Palästina auszuwandern.

Wenn nämlich die Abstoßungskraft in den Ländern der Diaspora nach Kriegsende abnähme, so sei nur im Falle einer besonders großen Anziehungskraft Palästinas eine dortige Einwanderungswelle zu erwarten. Eine solche Anziehung übe das Land jedoch nicht aus. Landshuts Prognose für die wirtschaftliche Situation im Palästina der Nachkriegszeit fällt negativ aus, und was die politische Freiheit und Sicherheit angeht, so werde der Mensch, dem es in erster Linie um Ruhe und Eintracht gehe, wenig Begeisterung zeigen, gerade in ein Land zu gehen, in dem jederlei Sprengstoff vorzufinden sei und wo die inneren Streitigkeiten oft genug von gegenseitigen Verdächtigungen und Anschuldigungen zu offener Gewalttätigkeit übergingen.[340] Sein Fazit lautet:[341]

»Es besteht daher keine Aussicht auf das Einströmen einer großen Alija. Wenn wir eine solche allen Ernstes wollen, müssen wir dafür eine Vorbedingung schaffen, und zwar die Anziehungskraft des Landes erhöhen, nicht durch Propaganda, sondern durch Festigung seines inneren Gefüges. Es muß zu einem Ort wirtschaftlicher Stabilität, politischer Sicherheit, einer gesäuberten kulturellen Atmosphäre und einer selbständigen Kultur mit weltweitem Horizont werden. Da aber fragt es sich, ob diese Dinge möglich sind, solange unsere Gedanken und unser Streben sich wie im Teufelskreise um einen so zweifelhaften und unsicheren Faktor drehen wie das imaginäre Anwachsen der Alija.«

In seinem Kommentar zu Landshuts Aufsatz lobt Ernst Simon den Verfasser, der es gewagt habe, die Grundfragen des Zionismus von neuem zu stellen. In etlichen Punkten aber widerspricht er ihm.[342] Betont Landshut, daß viele mitteleuropäische Juden einer Auswanderung widerstrebt hätten, so führt Simon die außerordentlich hohe Zahl der doch nach Palästina eingewanderten Menschen an. Hebt Landshut hervor, daß viele Palästina-Einwanderer nur zwangsweise gekommen seien, so erinnert Simon an jene vor den Toren Palästinas verbliebenen einreisewilligen Juden, denen die britischen Behörden ein Einwanderungszertifikat versagt hätten. Der These Landshuts, die zionistische Bewegung ignoriere die negativen Folgen einer unbegrenzten und undifferenzierten Alija, hält Simon schließlich entgegen, daß es eine zionistische Opposition gebe, die die von Landshut angedeuteten Gefahren durchaus erkenne. Selbst diese Opposition, die des zionistischen Chauvinismus gewiß nicht verdächtig sei – Simon beruft sich hier ausdrücklich auf Martin Buber –, erachte aber die Fortsetzung der Alija als lebensnotwendig für den Jischuw, und zwar nicht zuletzt um der Qualität seines inneren Lebens willen. Daß die Anziehungskraft Palästinas erhöht werden müßte, meint aber auch Simon und verweist in diesem Zusammenhang auf Leo Herrmann und dessen Plädoyer für einen Zionismus, der nicht nur verfolgte Juden, sondern auch physisch satte und in Sicherheit lebende Juden zur Einwanderung nach Palästina bewegen solle.

Ernst Simon selbst war einer der exponiertesten und unnachgiebigsten Vertreter jener intellektuellen Opposition im Jischuw, die für ein jüdisches Gemeinwesen auf hoher geistig-ethischer Grundlage eintrat.[343] Er rang darum als Zionist, während Siegfried Landshut sich von der gesamten zionistischen Bewegung distanziert hatte. In etlichem stimmte Landshut mit Simon, Buber und anderen grundsätzlich überein, aber im Gegensatz zu diesen war sein Standort nicht innerhalb, sondern außerhalb des zionistischen Rahmens. Auch der religiöse Aspekt der Zionsliebe, der bei Buber und Simon lebendig war, spielte für Landshut keine Rolle. Es ist bezeichnend, daß er ihn in seinem Aufsatz überhaupt nicht erwähnt. In der Kibbuz-Studie hatte er schon erklärt, daß er die Religion für kein wahrhaft verbindendes Element im Jischuw halte, sondern daß lediglich eine »unüberlegte Bezugnahme auf ›das‹ Judentum« vorzufinden sei.

Hinsichtlich der Kibbuzim hatte Landshut die übertriebenen Expansionstendenzen sowie den Verlust der eigentlichen Gemeinschaftsidee kritisiert, und diese Kritik galt im Grunde für das jüdische Palästina überhaupt. Nach Ansicht Landshuts setzte der Jischuw auf ständigen Bevölkerungszuwachs, ohne sich die Frage vorzulegen, welche Entwicklung eigentlich im Innern stattfinde.[344] Von der inneren Struktur her war das jüdische Gemeinwesen für ihn jedenfalls kein Vorbild und keine Ausnahme; Landshut nahm hier vielmehr das wahr, was er als typisch für die moderne Gesellschaft erachtete: den Verlust von Geist und Gemeinschaft. Landshuts Einschätzung, die wie üblich von ganz grundsätzlichen Erwägungen geleitet war, fußte natürlich auch auf seiner persönlichen Erfahrung in Palästina, wo er viele Enttäuschungen erlebt hatte und wo man seine kritischen und unbequemen Einwände im allgemeinen nicht hatte hören wollen.

Als der Britische Mittelmeersender zu Beginn des Jahres 1945 seinen Sendebetrieb in Jerusalem einstellte, bedeutete dies für Landshut auch das Ende seines Aufenthaltes in Palästina. Über acht Jahre lang hatte er hier Höhen und Tiefen durchlebt, aber Fuß fassen hatte er nicht können. Erez Israel war ihm nicht zur neuen Heimat geworden. Seine Kinder, die nun keine Kinder mehr waren, blieben vorerst in Palästina; das gleiche galt für Edith Landshut, die inzwischen im Jerusalemer Kinderheim Armon Jeladim tätig war. Siegfried Landshut, nach wie vor in britischen Diensten, wurde alsbald versetzt; ausgerechnet in jenen Ort, dem zu entfliehen ihn soviel Mühe gekostet hatte: nach Kairo.

Zweiter Ägypten-Aufenthalt (1945-1948): »Re-education« zwischen Bittersee und Tumilat

Anfang 1945 stand die Ankunft Siegfried Landshuts in Kairo unter ganz anderen Vorzeichen als im Sommer 1933. Diesmal suchte er nach keiner akademischen Anstellung, sondern besaß als Angehöriger des Prisoners Information Department (PID) bereits ein fest umrissenes Aufgabengebiet: Im Rahmen der Re-education deutscher Kriegsgefangener sollte Landshut eine wichtige Funktion zukommen.

Was Landshut unter »Re-education« verstand, legte er in einem Artikel dar, der im Februar 1945 im *Forum*, dem »Jerusalem Radio Magazine«, erschien.[345] Hier fragte er nach dem grundsätzlichen Ziel der »Umerziehung« und nach den Möglichkeiten seiner Verwirklichung. Daß die Erziehungsaufgabe in der Hinführung zu demokratischem Denken bestand, war unbestritten; Landshut aber erörterte, was Demokratie eigentlich meine. Für ihn war offenkundig, daß man nicht zu einer Demokratie zurück dürfe, die unfähig sei, sich gegen ihre Feinde zu verteidigen. Auch in der Demokratie könne Freiheit demnach nicht uneingeschränkt, könnten Werte nicht beliebig sein:[346]

»Re-education towards democracy can [...] never mean re-education towards that liberal democracy the political power of which does not touch the public life of society, but which, in its disinterested neutrality, leaves equal place to hatefulness and conciliation, lie and truth, perfidy and honesty. The idea of re-education has ripended upon a transformed conception of democracy. Political power has been entrusted with a positive task; it has become a moral authority advocating a distinctive public spirit. It no longer represents an undefined abstract power of society but a definite notion of humanity.«

Humanität in ihrer Person und in ihrem Wirken zu verkörpern, war demnach auch die Voraussetzung derer, die die Re-education durchführten. Den Einfluß, den diese »echten Autoritäten« gegenüber den vom Nationalsozialismus geprägten Deutschen auszuüben hatten, beschreibt Landshut wie folgt:[347]

»This influence should be of a *total nature*, that is, it should be equally felt in all spheres of life; it must be *authoritative*, proclaiming the all-powerful authority not of any opinion but of a superior principle; the influence must be *exemplary*, that is, the principles of thinking and doing for which it stands must be represented by the educating authority itself, and, finally, the educating authority *must not be alien and imposed from without*, but has to live a communal life with those to be educated.«

Die Re-education war für Landshut eine »geistige Mission«: eine Auffassung, die ihn offenbar häufig in Konflikt mit seinen Vorgesetzten brachte, auf der aber zugleich seine bemerkenswerte Wirkung auf die Gefangenen beruhte.

Siegfried Landshut begann seine Tätigkeit in der Gefangenenbetreuung als Leiter der »Educational Section« des »German PW Directorate«.[348] Diese Unterabteilung des British Foreign Office[349] gehörte militärisch zum »General Head Quarter/Middle East Land Forces« (GHQ/MELF). Das »German PW Directorate« war zuständig für die »Re-education« von etwa 100 000 deutschen Kriegsgefangenen in Ägypten. Hatte die »Educational Section« zu Beginn der Landshutschen Tätigkeit eine übergreifende Stellung hinsichtlich dieser Aufgabe innegehabt, so wurde ihre Bedeutung durch eine grundlegende Neuorganisation bald vermindert. Das »German PW Directorate« wurde in fünf Abteilungen aufgeteilt, wobei die frühere »Educational Section« zu einer kleinen Vortragsabteilung reduziert wurde, deren Leiter Landshut aber blieb. Daneben bestanden Abteilungen für die politische Einstufung der Kriegsgefangenen, die Presse, den Englisch-Unterricht und die sogenannte »Field-Section«, in der die einzelnen Lehrer und Vortragenden zusammengefaßt wurden. In einem Bericht Landshuts über seine Arbeit in den Kriegsgefangenenlagern heißt es dazu rückblickend:[350]

»Durch diese Einteilung kam eine ideenlose Maschinerie zustande, in der auf fünffache Art und Weise Re-education praktiziert wurde, ohne dass irgendeine gemeinsame Direktive die verschiedenen Tätigkeiten zueinander in Beziehung gesetzt hätte. In vielen Fällen wußte niemand, wo die Kompetenz der einen Abteilung aufhörte u. die der anderen begann oder wer sich überhaupt mit dieser oder jener Frage zu beschäftigen hatte.«

In diesen Schwierigkeiten sah Landshut jedoch nur den Ausdruck einer noch grundsätzlicheren Misere:[351]
»Der Aufbau unserer Organisation [German PW Directorate, R. N.], deren Aufgabe die sogen. Re-ed[ucation] deutscher Kriegsgefangener war, d. h. also Aufgabe einer geistigen Mission, war aber dem allgemeinen Schema irgend einer bürokratischen Verwaltung nachgebildet ohne jede Berücksichtigung des besonderen Zweckes. Wie hätte das auch anders sein können, da dieser Zweck selbst den Leitern der Organisation niemals klar war.«
Für Siegfried Landshut war von entscheidender Bedeutung, wer Leiter des »German PW Directorate« war, da es sich bei diesem um seinen direkten und auch einzigen Vorgesetzten in Ägypten handelte. Landshut machte keinen Hehl daraus, daß er alle vier Briten, die sich innerhalb von dreieinhalb Jahren auf dem Posten des Leiters abwechselten, für völlig ungeeignet hielt. Er betrachtete sie als Hindernisse bei der Ausführung seiner Tätigkeit und versuchte sie – wo immer möglich – durch direkten Kontakt zur Londoner Behörde zu umgehen. Nur der erste Leiter sei überhaupt bemüht gewesen, seine Aufgabe zu erfüllen, allerdings sei ihm diese »so fremd wie dem Elefant das Fliegen« gewesen. Die anderen ließen sich dadurch charakterisieren, daß sie passiv und indifferent oder gewinnsüchtig und geschmacklos gewesen seien. Einer habe »seine gehässige Verfolgungswut« fanatisch ausgelebt und in einem »Meer von Haß, Verachtung und Erbitterung« diktatorisch regiert. Er, Landshut, habe vergeblich versucht, den »verheerenden Wirkungen« dieses »Führertums« zu begegnen und sei daraufhin für viele Monate in Ungnade gefallen.[352]
Eine weitere Schwierigkeit bestand laut Landshuts Bericht darin, daß dem Transport, der Lagerhaltung und der allgemeinen Verwaltung absoluter Vorrang vor der »Erziehungs-Arbeit« gegeben wurde. Dabei sei der Grad der Nachlässigkeit und Interesselosigkeit gerade in diesen Abteilungen schwierig zu beschreiben, »ohne im Leser ein ungläubiges Lächeln hervorzurufen«. Um den »erbärmlichen Zustand« zu schildern, in dem sich das Transportwesen ständig befunden habe, sei eine eigene Schrift erforderlich. Es bestand also ein »chaotisches Durcheinander«, in das Landshut sich gestellt sah und in dessen Rahmen

er – es sei wiederholt – die »Aufgabe einer *geistigen* Mission« zu erfüllen suchte.[353]

Als Leiter der Vortragsabteilung hatte Siegfried Landshut seinen festen Sitz in Kairo; häufig aber war er zwischen den einzelnen Kriegsgefangenenlagern unterwegs, um eine ausgedehnte Vortragstätigkeit zu absolvieren. Die deutschen Kriegsgefangenen waren auf etwa siebzig Lager verteilt, die sich entlang des Suez-Kanals, vom großen Bittersee bis nach Port Fouad,[354] sowie entlang des Wadi Tumilat befanden. Durch seine vielen Fahrten in die einzelnen Lager und durch die Berichte anderer Vortragender, die sich bei ihm als Leiter der Abteilung sammelten, hatte Landshut »wohl den besten Überblick über die Entwicklung in den Lagern, über die Bestrebungen, die Stimmungen, die Bedürfnisse der Kriegsgefangenen und die Notwendigkeit der dementsprechenden Maßnahmen«. Ein großes Problem erblickte er in der politischen Überprüfung der Gefangenen und ihrer Zuteilung in verschiedene Gruppen: In Gruppe A wurden »die aktiven Gegner des Nationalsozialismus« zusammengefaßt, in Gruppe B »Mitläufer und Indifferente« und in Gruppe C Nationalsozialisten. Die Re-education konzentrierte sich auf die der Gruppe B angehörenden Gefangenen, während die in Gruppe A eingestuften verhältnismäßig schnell entlassen und die der Gruppe C zugehörigen möglichst isoliert wurden. An der Zuteilung der Kriegsgefangenen in die jeweiligen Gruppen war Landshut in keiner Weise beteiligt. Diese Aufgabe oblag einer Nachbarabteilung, deren Arbeit er heftig kritisierte.

Vornehmlich richtete sich Landshuts Kritik gegen die Einstufung aller Angehörigen des »Strafbataillons 999«[355] in die A-Gruppe der aktiven Gegner des Nationalsozialismus: eine Einstufung, die er nur für einen Teil des Bataillons gelten lassen wollte. Die so vorgenommene Einteilung war von großer Wichtigkeit, da die »A-Leute« auch mit der politischen Überprüfung anderer Gefangener betraut wurden. Landshut hielt die Folgen dieses Umstands für katastrophal. Er stellte »frechen Zynismus«, »infam ausgedachte Methoden absichtlicher Erniedrigung« und eine Fülle »absurder Fehlurteile« fest, die schließlich dazu führten, daß die gesamte Prüfer-Gruppe anläßlich des Kontrollbesuchs eines Londoner Beamten ihres Amtes enthoben wurde. Zu diesem Zeitpunkt sei aber – so Landshut – schon mehr an Vertrauen, gutem Willen und Offenheit zerstört worden, »als die weiseste und geschickteste Re-education je hätte wieder gut machen können«.[356]

Dennoch setzte sich Landshut nach Kräften für die Umsetzung seiner Vorstellungen von Re-education ein. Er wollte der geistigen Trägheit entgegenwirken und die Gefangenen mit demokratischem Denken überhaupt vertraut machen. Dies war eine schwierige Aufgabe, hatten die jungen Männer doch kaum etwas anderes erlebt als ihre Soldatenzeit und zuvor den Alltag im nationalsozialistischen Deutschland. Außerdem fand die Re-education in den Zeltlagern der Wüste unter sehr schwierigen Bedingungen statt. Erhart Kästner (1904-1974), der seine Erfahrungen als Kriegsgefangener im *Zeltbuch von Tumilat* verarbeitet hat, beschreibt die Situation im Lager wie folgt:[357]

»Unserer Lage fehlte etwas, was vor allem zur Wüste gehört: das Durchziehen der Weiten. Das fehlte, und doch kann man sagen, daß wir erfuhren, was Wüste eigentlich ist: die wir gefesselt waren in ihre Trostlosigkeit. Die wir nicht nur vorübergehend dort waren wie zum Versuch ihrer Menschenverachtung, sondern, wie uns vorkam, auf endlose Zeit. Monate, Jahre hindurch lebten wir auf einem winzigen Stück des unabsehbaren Sands. Die Sinnlosigkeit, deren Urbild die Wüste selbst ist, war mit der Sinnlosigkeit, daß wir darin nur ein winziges überfülltes Viereck besaßen, multipliziert. Der Sand war bald unser Element. Keine Farben hatte die Welt und die Erde roch nicht. Es wuchs nichts, kein Baum und kein Halm. Nur Sand, Sand und Sand.«

Nach derlei Schilderungen rufen die Leistungen, die bis zur Schließung der Lager im September 1948 auf den Gebieten der Bildung und Kultur vollbracht worden sind, Erstaunen hervor. So wurden Vortragsreihen und Tagesseminare eingerichtet sowie längerfristige Unterrichtsprogramme entwickelt. Lagerzeitungen und Lagerrundfunk entstanden. In vielen Lagern gab es trotz sehr beschränkter Möglichkeiten Konzerte, Theater-Aufführungen und Ausstellungen. Wolfgang Kobbe (geb. 1923) etwa, Kriegsgefangener und »teacher« im Lager von Port Fouad, hatte monatelang amerikanische und britische Zeitschriften gesammelt, um im Jahre 1947 eine kleine Ausstellung moderner Kunst präsentieren zu können. Die Fotos zeigten Bilder von Marc, Macke, Pechstein und Kokoschka; Künstler, die den meisten Mitgefangenen völlig unbekannt waren. Die Ausstellung wurde von Siegfried Landshut eröffnet. Er war es, der maßgeblichen Anteil an den zunehmenden Aktivitäten dieser Art hatte, obgleich er nicht in allen siebzig Lagern die Re-education persönlich betreuen konnte. Aber er wirkte als leitend-koordinierende und häufig verehrte Ansprechperson der einzelnen Arbeitsgruppen, die sich in den Lagern gebildet hatten.

Einen gut organisierten schul- oder gar hochschulähnlichen Unterricht gab es in drei Kriegsgefangenenlagern in Ägypten. Im Lager 380 (Fayid) war der bereits im Herbst 1945 aufgenommene Unterricht kontinuierlich zu einer »Wüsten-Universität« ausgebaut worden. Trotz des heißen Klimas und trotz mangelnden Unterrichtsmaterials hatten sich hier gemäß einem Universitätsstudienplan die Disziplinen Rechts- und Staatswissenschaften, Wirtschaftswissenschaften, Evangelische und Katholische Theologie, Sprachwissenschaften, Mathematik und Naturwissenschaften, Medizin, Technik und Musiktheorie bilden können. Außerdem wurden vier Abiturlehrgänge mit 70 Teilnehmern und zwei Lehrgänge zur Erlangung der Mittleren Reife mit 25 Teilnehmern durchgeführt. Im Jahre 1946 bestanden 363 Einzelklassen und Lehrgänge mit 233 Lehrkräften und 8930 Teilnehmern. Die 420 Wochenstunden wurden in zehn Unterrichtszelten abgehalten. Unter den Lehrkräften befanden sich Professoren, Studienräte und Pfarrer.[358]

Des weiteren entstand im Lager 306 eine Schule, die theologische, juristische, technische und naturwissenschaftliche Fächer sowie Abiturlehrgänge und Verwaltungskurse anbot. Einer der Unterrichtsleiter war hier zeitweise Wolfgang Abendroth (1906-1985),[359] mit dessen »marxistischen Schulungen« Siegfried Landshut offenbar ganz und gar nicht einverstanden war.[360]

Und schließlich gab es auch im Lager 379 (dem Erhart Kästners) eine Grundschule mit vierzig Klassen, drei Abiturientenkurse und eine ausgezeichnete Bücherei. In diesem Lager war auch der »Spiegel-Verlag P.I.D.« gegründet worden, in dem Landshut zwei Broschüren veröffentlichte. So wurde im Februar 1947 die fünfzehn Jahre zuvor in Lübeck erschienene Karl-Marx-Biographie im Wüstensand von Tumilat in einer Auflage von 700 unter schwierigen Bedingungen vervielfältigten Exemplaren »wieder geboren«.[361] Außerdem erschien im Juli 1947 ein 83 Seiten umfassendes *Politisches ABC* mit grundsätzlichen Ausführungen zu den Begriffen Aristokratie, Demokratie, Gewaltenteilung, Liberalismus, Macht und Recht, Menschenrechte, Nation, Parlament, Parteien, Staat, Verfassung, Wahlen und Zweikammersystem.[362]

Siegfried Landshuts Tätigkeit bildete eine Art Klammer zwischen all den größeren und kleineren Unternehmungen auf dem Gebiet der Re-education. In den Lagern ist seine Leistung offenbar häufig gewürdigt worden. Eine Ehrung besonderer Art fand in der »Universität« des Kriegsgefangenenlagers in Fayid statt, die sich selbst den Namen »Utopia« gegeben hatte. Am 1. Dezember 1947 wurde Landshut dort der Titel eines »Dr. h.c. impro.« verliehen, was nichts anderes hieß, als daß er zum »ganz ausserordentlichen Professor für Improvisation« ernannt worden war. In der »Laudatio« heißt es dazu:[363]

»Mit tiefer Freude und hohem Stolz erfüllt es mich noch heute, des Abends mich zu erinnern, als Sie, hochverehrter Herr Professor, mit markanten Worten, hart und unerbittlich, die Reste der Kultur verteidigten, symbolhaft verkörpert durch Ihre wunderbare Krawatte, als Sie durchdrungen von dem Wunsch, die inneren Zusammenhaenge des Kapitalismus auf induktivem Wege erforschten, als Sie die Identitaet nebularer Gebilde mit der modernen Volksmeinung in ihrer Relativitaet zur prinzipiellen Beeinflussbarkeit generell entdeckten. Es ist mir einfach unmoeglich, all das zu erwaehnen, was Sie an Kraft und Erkenntnis uns schenkten.«

Auf eine enge Zusammenarbeit mit Landshut verwies auch die *Wüstenstimme*, die Zeitung des Lagers 306, deren erste Nummer am 24. Oktober 1945 erschienen war. In ihrer 141. und letzten Ausgabe vom 17. Juli 1948 verabschiedete sich die *Wüstenstimme*, in der Berichte und Kommentare über Ereignisse im Lager, Gedichte von Kriegsgefangenen, Literatur-Auszüge und Anzeigen abgedruckt worden waren, mit einem »allerletzten Bildbericht«. Eine Zeichnung zeigt die Schriftführer und Zeichner der Zeitung sowie einen »ständigen Leser«. In der Mitte dieser »Gesellschaft« steht – vorzüglich gezeichnet – Siegfried Landshut, zum Abschied der *Wüstenstimme* ein Taschentuch an die feuchten Augen führend.[364]

Ende September 1948 wurden die letzten Kriegsgefangenenlager in Ägypten geschlossen. Siegfried Landshut mag mit gemischten Gefühlen dem Ende seiner dortigen Arbeit entgegengesehen haben. Zu ungewiß war seine persönliche Zukunft, zu ungewiß war auch, welche Richtung die allgemein-politische Entwicklung nehmen würde. In dieser Hinsicht schien Landshut nicht gerade optimistisch gewesen zu sein.[365]

Und wie stand es mit seinem persönlichen Verhältnis zu Deutschland, nachdem er dreieinhalb Jahre lang intensiven Kontakt zu deutschen Kriegsgefangenen gehabt hatte? Karl August von Kameke, einer dieser Gefangenen, schrieb anläßlich des Todes von Siegfried Landshut im Dezember 1968:[366]

»Der Erfolg seiner im stillen geleisteten Arbeit erleichterte es ihm, die Enttäuschung von 1933 zwar nicht zu überwinden, aber durch ein neues Verhältnis zu Deutschland zu ersetzen, dem Lande, mit dem er auch in der Emigration innerlich verwurzelt blieb.«

Sicher ist diese Verwurzelung sehr stark gewesen, aber sie konnte in dieser Ausprägung auch deshalb erhalten bleiben, weil Landshut im Exil kaum eine Gelegenheit erhielt, in anderer Umgebung Fuß zu fassen. Umgekehrt ließe sich sogar anführen, daß die enge Bindung an Deutschland dabei eher ein Hemmnis gewesen ist. Siegfried Landshut sah sich in der deutschen Geistesgeschichte beheimatet, aber aus Deutschland war er vertrieben worden: Dies bedeutete keine »Enttäuschung«, es war eine »menschliche Katastrophe«.[367] Danach ein »neues Verhältnis« zu Deutschland zu gewinnen mußte ungemein schwierig, wenn nicht unmöglich sein. Hier scheint die Zeit in den Kriegsgefangenenlagern immerhin eine Annäherungsphase gewesen zu sein, die aber keineswegs unbelastet verlief. Als Beispiel dafür mag Landshuts Verhältnis zu Erhart Kästner gelten. Kästner, mittlerweile Direktor der Herzog-August-Bibliothek in Wolfenbüttel, schrieb am 4. Juli 1950 an Landshut:[368]

»An mich aus dem Lager 379 werden Sie sich kaum noch erinnern. Ich habe leider verabsäumt, Ihnen damals zu wiederholten Malen zum Ausdruck zu bringen, wieviel mir Ihre Vorträge bedeutet haben, vielleicht weniger wegen der Themen, in denen ich nur gastweis weile, als wegen der großartigen Kühle und genauen Treue des Denkens, die das Mitdenken leicht machten. Freilich stand ich auch unter dem Eindruck eines Vorurteils Ihrer Seits gegen mich seit einem Verhör in Mahdi – doch das sind vergangene und ganz unwichtige Geschichten geworden.«

Ob diese Geschichte für Landshut so unwichtig geworden war, darf bezweifelt werden. Worum es bei dem Verhör ging, schilderte Kästner selbst in einem Brief an seinen Schriftstellerkollegen Gerhard Nebel (1903-1974):[369]

»Ich verehrte ihn [Siegfried Landshut, R.N.] sehr, aber er liebte mich nicht. Nicht bei meinem ersten persönlichen Verhör in Maadi, aber einem späteren dort, das offenbar der Erforschung der Gefangenenpsyche galt und bei dem ich, nur mit zwei Lumpen bekleidet, einer Korona von zwanzig feschen Emigranten gegenübersaß (was mich auf die Palme brachte), erklärte ich Landshut, ich könne in der Emigration kein Verdienst erblicken. Die Juden, die ich kennte und liebte, seien je besser sie seien, desto später und unfreiwilliger aus Deutschland gegangen. Da war es aus. Ich wäre beinahe in ein Nazilager gekommen.«

Derlei Äußerungen mußte der »fesche Emigrant« also von intellektuell-konservativer Seite über sich ergehen lassen. Bemerkenswert ist auch, daß es sich bei Gerhard Nebel, dem Adressaten dieses Briefes, um einen Studienfreund Siegfried Landshuts handelte. Beide hatten bei Heidegger studiert. Nebel, der seinem sechs Jahre älteren Studienkollegen später einen sehr starken Einfluß auf sein Leben bescheinigen sollte,[370] hatte die Familie Landshut sogar während ihres ägyptischen Exils in Kairo besucht[371] und wußte also um die damaligen Schwierigkeiten. Im Antwortbrief an Kästner, datiert vom 29. November 1949, schreibt Nebel:[372]

»Landshut tut mir leid – er war Elsässer, im vorigen Krieg mehrmals verwundet, fühlte sich ganz als Deutscher, hatte für Deutschland optiert – die Frage für die Juden ist, wie sie mit dem Hass fertig werden, und das scheint ihnen nicht zu gelingen. Ich habe pflichtschuldig meinen jüdischen Freunden nach dem Krieg geschrieben, kein einziger hat geantwortet.«

Auch an Siegfried Landshut hatte Nebel »pflichtschuldig« geschrieben.[373] Was Landshut angesichts derlei Bekundungen empfand, ist ungewiß; sicher ist jedoch, daß die erlittene Vertreibungs- und Exilgeschichte eine Trennlinie bedeutete: auch zu früheren Freunden wie Gerhard Nebel. Ein nahtloses Anknüpfen an die Weimarer Zeit war nicht möglich, und zum Nachkriegsdeutschland konnte Landshut ein positives Verhältnis allenfalls ganz allmählich entwickeln.

Erste Kontakte zur »Universität Hamburg«

Der Beginn seiner Tätigkeit in Ägypten bedeutete für Siegfried Landshut zugleich den Beginn einer erneuten Stellensuche. Zum einen *mußte* er sich um eine andere, längerfristige Anstellung kümmern, da seine Arbeit in den Kriegsgefangenenlagern angesichts des nahenden Kriegsendes von Anfang an nur als eine zeitlich eng begrenzte aufgefaßt werden konnte. Zum anderen *wollte* er sich aber auch einer anderen Aufgabe zuwenden, denn sein Ziel bestand nach wie vor darin, wissenschaftlich zu arbeiten.

Der Aufenthalt in Ägypten war somit nur eine weitere »Zwischenlösung«, zu der Landshut sich im Frühjahr 1945 mangels Alternative entschlossen hatte. Ohne Zweifel hat er dann seiner Tätigkeit im Rahmen der Re-education zunehmend größere Bedeutung beigemessen, aber sicher ist auch, daß er andere Beschäftigungsfelder durchaus vorgezogen hätte. So berichtete Landshut in einem Brief an Alexander Rüstow vom 5. Oktober 1945, daß er sich in Kairo mit »nicht sehr ergiebigen Nachkriegsaufgaben« beschäftigen müsse, da es für ihn »in dieser Weltgegend« völlig ausgeschlossen sei, seinen wissenschaftlichen Beruf auszuüben.[374] Möglichkeiten, wieder im akademischen Leben Fuß zu fassen, waren allerdings immer noch kaum vorhanden, und diese Möglichkeiten von Kairo aus überhaupt zu eruieren war besonders schwierig. Wiederum war Landshut bereit, jede sich bietende Chance zu ergreifen, um Ägypten verlassen zu können. Nach etwa einem Jahr dortigen Aufenthalts schrieb er am 15. März 1946 an Rüstow:[375]

»Mit der Moeglichkeit hier fuer mich selbst zu arbeiten, ist es schlecht bestellt. Die Fuersorge fuer die geistigen Beduerfnisse meiner 100 000 Kriegsgefangenen hier im Mittleren Osten frisst mich vollstaendig auf. Wenn auch die Arbeit interessant

und dankbar ist, so habe ich doch jetzt davon genug. In einiger Zeit wird die ganze Veranstaltung allerdings sowieso zu Ende sein, und ich bin daher eifrig, aber bisher ergebnislos bemueht, mir irgend eine Arbeitsmoeglichkeit zu schaffen.«
Siegfried Landshut ahnte zu diesem Zeitpunkt nicht, daß seine Tätigkeit in Ägypten noch zweieinhalb Jahre währen würde: eine Dauer, die offenbar gar nicht in seinem Interesse lag. Verschiedene Versuche Landshuts, seine Arbeit in den Kriegsgefangenenlagern vorzeitig zu beenden, lassen sich rekonstruieren. So erbat er etwa die Hilfe Alexander Rüstows bei der Suche nach einer Arbeitsmöglichkeit.[376] Dieser konnte indes nur vermelden, daß er vom »Comité International pour le Placement des Intellectuels Refugiés« nach einem geeigneten Wirtschaftswissenschaftler für die Universität in Jerusalem gefragt worden sei und den Namen Landshuts daraufhin an die Spitze seiner Vorschlagsliste gesetzt habe.[377] Allerdings hatte dies nur geringe Bedeutung, da Landshut aus mehreren Gründen gar keine Aussichten auf die genannte Stelle besaß. In seiner Antwort auf Rüstows Schreiben, datiert vom 15. März 1946, fand Landshut unmißverständliche Worte zur Kennzeichnung seiner Aussichten in Palästina:[378]
»Ihre liebenswürdige Empfehlung nach Jerusalem hat mich sehr amuesiert. Abgesehen davon, dass ich ja fuer den Posten eines reinen Oekonomisten nicht in Frage komme, glaube weder ich noch die Jerusalemer Kreise, dass das vom hitzigsten Chauvinismus beherrschte oeffentliche Leben in Palaestina ein guenstiger Boden fuer meine Idee von wissenschaftlicher Arbeit ist. Daher drueckt man sich schon die ganzen Jahre um mich herum.«
Noch ein weiteres Mal aber wurde Landshut für eine Professur an der Hebräischen Universität ins Gespräch gebracht, und zwar von Martin Buber, der die im Aufbau befindliche Sozialwissenschaftliche Fakultät betreute. Zu besetzen war die Stelle eines »Associate Professor« für Political Science. Nachdem der zunächst vorgeschlagene Jurist Alexander Haim Pekelis (1902-1946)[379] bei einem Flugzeugunglück in Irland ums Leben gekommen war, bemühte sich Buber, die Grundlage für eine Berufung Siegfried Landshuts zu schaffen. Um Gutachten über dessen Eignung einzuholen, wandte er sich im Oktober 1947 an

Eduard Heimann, Adolph Lowe, Arnold Wolfers und Wilhelm Röpke.[380] Sowohl die Anfrage Bubers als auch die erhalten gebliebenen Antworten Heimanns und Lowes[381] bezeugen die besondere Anerkennung Landshutschen Denkens, doch in den entscheidenden Universitätsinstanzen herrschte offenbar eine ganz andere Meinung. Typisch erscheint in diesem Zusammenhang eine in den Akten der SPSL festgehaltene Einschätzung aus dem Januar 1948, wonach Landshuts Chancen einer Anstellung in Palästina überhaupt als gering veranschlagt werden, nicht zuletzt weil dieser sich durch sein Kibbuz-Buch unbeliebt gemacht habe.[382] Auf welchem Wege die Berufungsfrage schließlich entschieden wurde, ist ungewiß; das Ergebnis jedenfalls stand ganz im Gegensatz zu dem von Buber gemachten Vorschlag. Berufen wurde der in den USA lehrende Jurist Benjamin Azkin (geb. 1904), ein früher Anhänger der Revisionisten-Partei. Im Jahre 1949 übernahm er an der Hebräischen Universität die Professur für Verfassungsrecht und wurde zugleich Associate Professor für Politische Wissenschaft.

Da eine berufliche Zukunft in Palästina immer unwahrscheinlicher wurde, war es für Landshut naheliegend, an eine Anstellung in Großbritannien zu denken. Schließlich befand er sich schon seit einigen Jahren in britischen Diensten und verfügte inzwischen auch über die notwendigen Kenntnisse der englischen Sprache. Zwecks Stellensuche in Großbritannien wandte sich Landshut abermals an die SPSL. Bevor er dies selbst tun konnte, war ihm allerdings ausgerechnet Karl Mannheim zuvorgekommen. Denn in seinem Schreiben vom 9. März 1946 hatte dieser die SPSL auf Siegfried Landshut aufmerksam gemacht und zudem betont, daß er jedes notwendige Gutachten verfassen würde. Schließlich hatte Mannheim kurz und bündig erklärt: »He is both a good philosopher and sociologist.«[383] Wie diese Sinneswandlung zustande kam, läßt sich nicht nachvollziehen; es ist aber belegbar, daß Mannheim und Landshut inzwischen miteinander korrespondierten[384] und daß der in London tätige Gelehrte von der schwierigen Exilzeit seines Kollegen erfahren hatte. So faßte er es in seinem Brief an die SPSL zusammen: »He had a difficult struggle, but I hope his time has now come.«[385]

Doch trotz dieser warmen Empfehlung war die Zeit Siegfried

Landshuts immer noch nicht gekommen. Bei verschiedenen Institutionen und Organisationen bewarb sich der mittlerweile 48jährige Wissenschaftler vergeblich. Dabei hatte er gegenüber der SPSL ausdrücklich angegeben, daß er außer an einer wissenschaftlichen Tätigkeit im engeren Sinne auch an einer Anstellung im Medienbereich oder an der Beschäftigung in einer internationalen Organisation interessiert sei.[386] Doch weder bei der UNO noch bei der LSE oder bei der BBC hatten seine Bewerbungen Erfolg.

Parallel zu all diesen wenig aussichtsreichen Versuchen, in Großbritannien oder in einem anderen Land eine Anstellung zu finden, rückte *eine* Frage zusehends in den Vordergrund: nämlich die, ob Landshut auch eine Arbeitsmöglichkeit in Deutschland wahrnehmen würde. Auf eine entsprechende Anfrage hin schickte er am 27. März 1946 ein »Statement« an die SPSL, in dem es hieß, er sei zur Rückkehr an eine deutsche Universität bereit. In einem Begleitschreiben wies Landshut aber ausdrücklich darauf hin, daß er jede andere Möglichkeit vorziehen würde.[387] Nur wenige Tage später erreichte ihn aus Istanbul ein Brief Alexander Rüstows, in dem dieser von seinen Gedanken an eine Rückkehr nach Deutschland spricht und in diesem Zusammenhang eine Anfrage Alfred Webers aus Heidelberg erwähnt.[388] In seiner Antwort, datiert vom 6. April 1946, ging Landshut ausführlich auf die Frage einer möglichen Rückkehr ein:[389]

»Sehr interessiert und gefreut hat mich die Tatsache, dass Sie von Alfred Weber eine Anfrage erhalten haben. Ich habe gerade vor einigen Tagen die erste Nummer der jetzt mit von ihm herausgegebenen Zeitschrift ›Die Wandlung‹ erhalten, mit der sehr schoenen Rede von Jaspers zur Wiedereroeffnung der Heidelberger Universitaet. Es ist verständlich und koennte von heilsamer Bedeutung sein, dass die Fuehrung an den deutschen Universitaeten automatisch in die Haende der letzten alten Mohikaner zurueckgefallen ist: Jaspers, Weber, Meinecke, Bultmann etc. Auch was Grimme ueber den Wiederaufbau des hoeheren Bildungswesens und die Notwendigkeit der strengen Auslese einer neuen Elite gesagt hat, war nicht schlecht.

Was nun das Problem einer Rueckkehr anbetrifft, so waere ich – falls es praktisch an mich herantrete – in keiner geringe-

ren Verlegenheit als Sie. Die Erfahrungen, die ich bei meinem staendigen Umgang mit Deutschen aller Altersklassen, und darunter nicht wenig gebildeten Menschen, mache, eignen sich schwerlich, um daraus fuer die Frage einer Verbindung des eigenen Lebens mit dem deutschen Schicksal Schluesse zu ziehen. Ich begegne einer allgemeinen, ausserordentlichen Aufgeschlossenheit, die besonders bei der Jugend, aber auch sehr viel bei Offizieren von zweifelloser und keineswegs opportunistischer Aufrichtigkeit ist. Wenn es gelaenge, was ich hier in einem doch sehr beschraenkten Kreise tue, eine Auslese humaner, gebildeter und starker Personen zu treffen, die vor allem bestimmt sind, die Schluesselstellungen in Verwaltung, Rechtswesen, Erziehung und Presse einzunehmen, wenn es weiter gelaenge, den Spuk der alten Parteikadaver zu bannen, wenn schliesslich das britische Interesse an Deutschland so aktiv und die allgemeine Ergebenheit gegenueber England auf deutscher Seite so stark bleibt, so ist man zu sehr guten Hoffnungen berechtigt. Aber das alles sind offene Fragen. [...]
Ich selbst bin gegen eine Rueckkehr nach Deutschland sehr skeptisch, aber ich schliesse diese Moeglichkeit keineswegs aus.«

Als Siegfried Landshut seine Skepsis gegenüber einer möglichen Rückkehr nach Deutschland bekundete, hatte in Hamburg bereits das erste Nachkriegssemester stattgefunden. Unter dem Namen »Universität Hamburg« war die ehemalige Wirkungsstätte Landshuts am 6. November 1945 wiedereröffnet worden. Im Sitzungsprotokoll der Rechts- und Staatswissenschaftlichen Fakultät vom 6. März 1946 findet sich die erste Nennung des Namens Siegfried Landshut nach Ende des »Dritten Reichs«:[390]

»Für die Wiederanstellung seit 1933 entlassener bzw. emegrierter [sic!] Professoren sind gegebenenfalls folgende ehemalige Angehörige der Fakultät zu berücksichtigen: [...] Dr. Siegfried *Landshut*, Nationalökonomie.«

Besonders hervorzuheben, daß hier dem Wort »emegrierter« ein orthographischer Fehler innewohnt, mag als allzu subtile Interpretation erscheinen, aber symptomatisch für die Situation nach 1945 ist dieser Mangel durchaus. »Emigration« war ein Wort, das zu benutzen schon Schwierigkeiten barg, da das gesamte

Thema der Vertreibung und des Exils tabuisiert worden war. Eine Liste von wiederanzustellenden Hochschullehrern anzufertigen bedeutete im übrigen nicht, daß eine Wiederanstellung auch tatsächlich angestrebt wurde. Im Falle Landshuts wurde sie es zunächst sicher nicht.

Am 20. Mai 1946 erhielt die Universität ein Schreiben der Nordwestdeutschen Hochschulkonferenz, in dem mitgeteilt wurde, daß die britische Militärregierung nach »geeigneten Verwendungsmöglichkeiten« für sechs Hochschullehrer suche. Der Anfrage, die sich an alle Hochschulen der Britischen Zone richtete, waren Lebensläufe dieser Wissenschaftler beigefügt; unter ihnen als einziger »ehemaliger Hamburger«: Siegfried Landshut.[391] Das an den Rektor adressierte Schreiben wurde an die Rechts- und Staatswissenschaftliche Fakultät weitergeleitet, die neben Landshut auch zu dem Juristen Otto Riese, einen zweiten auf der Liste stehenden Hochschullehrer, Stellung nehmen sollte. Als Ergebnis vermeldet das Protokoll der Fakultätssitzung vom 3. Juli 1946 knapp: »Für Herrn Landshut und Herrn Riese besteht im Augenblick keine Verwendung.«[392] In einem Schreiben an die Nordwestdeutsche Hochschulkonferenz äußerte sich der Dekan, Erich Genzmer, am 12. August 1946 etwas differenzierter:[393]

»Zum Schreiben H. 392/46 vom 20. 5. 1946 teile ich ergebenst mit, daß für Herrn Professor Dr. Landshut keine Verwendungsmöglichkeit in meiner Fakultät besteht. Das Gleiche gilt zur Zeit auch für Herrn Professor Dr. Riese; doch wird, falls eine entsprechende Vakanz eintritt, die Fakultät ihn ernstlich in Erwägung ziehen.«

Die Ablehnung Landshuts war demnach eine grundsätzliche, eine Anstellung sollte nicht einmal in Erwägung gezogen werden. Wie es zu dieser Entscheidung kam, ist in den Akten nicht festgehalten. Ungewiß ist ferner, was aus einem Schreiben wurde, das Siegfried Landshut selbst an die Universität gerichtet hatte. Wie er dem hamburgischen Schulsenator Heinrich Landahl (1895-1971) zwei Jahre später, im August 1948, brieflich erklärte, hatte er sich bereits im Jahre 1946 an seine ehemalige Hochschule gewandt, aber keine Antwort erhalten.[394] Ob dies, wie Landshut selbst als Möglichkeit einräumte, auf die mangelhafte Postverbindung zurückzuführen war oder andere Ursachen hatte, bleibt ungeklärt. Sicher ist, daß sich an der Universität Hamburg zu diesem Zeitpunkt niemand für eine Rückkehr Landshuts einsetzte, daß diese im Gegenteil blockiert wurde.

Fast zwei Jahre lang blieben Siegfried Landshut und die Universität Hamburg ohne Kontakt, bis schließlich von dritter Seite eine neue Verbindung geknüpft wurde. Die Initiative dazu ergriff im April 1948 zunächst Dr. Bues, ein Mitarbeiter des »Zentralamtes für Arbeit« in Lemgo. Dieser war beauftragt, sich in Ägypten über die »Rückführung« der noch verbliebenen 40 000 deutschen Kriegsgefangenen zu orientieren. Nur vier Tage nach seiner dortigen Ankunft übersandte er dem Vizepräsidenten des »Zentralamtes für Arbeit«, dem Sozialdemokraten Walter Auerbach (1905-1975), einen ersten Bericht, der fast ausschließlich von der Situation Landshuts handelte.[395] Bues erklärte, daß Landshut für die Kriegsgefangenen in einer so vorbildlichen Weise arbeite, wie man es sich in Deutschland einfach nicht vorstellen könne. Da aber die verdienstvolle Arbeit Landshuts in Kürze ein Ende finden werde, ziehe es ihn wieder nach Deutschland zurück. Kurz: Bues bat Auerbach um Unterstützung bei der Suche nach einem geeigneten »akademischen Auftrag« für Landshut in den Besatzungszonen.

Walter Auerbach leitete das Ansinnen samt der mitgeschickten persönlichen Daten Landshuts weiter an Rudolf Gerstung, den Leiter der Sozialpolitischen Abteilung beim Parteivorstand der SPD. Dieser informierte dann am 21. Juli 1948 Heinrich Landahl.[396] Gerstung teilte in seinem Schreiben mit, der »Genosse Landshut«[397] wolle nach Deutschland zurückkehren und möglichst wieder eine Lehrtätigkeit aufnehmen. Landahl antwortete postwendend, daß »die Sache« in der Universität Hamburg »mit aller Energie« bearbeitet werde.[398] Schwierigkeiten erblickte Landahl in dem Umstand, daß niemand mehr da sei, der Landshut kenne, und man auch nicht wisse, ob dieser seine Habilitation 1933 noch habe abschließen können. Besonders betonte Landahl aber, daß er sich für eine »angemessene Stellung« Landshuts persönlich einsetzen wolle, da er von dessen wissenschaftlicher Qualität überzeugt sei.[399]

Hinsichtlich einer Berufung Siegfried Landshuts war nun wiederum die Rechts- und Staatswissenschaftliche Fakultät gefragt. Deren Dekan, Curt Eisfeld, teilte der Schulbehörde mit, daß trotz einiger von Eduard Heimann eingeholter Auskünfte Einzelheiten über den Lebensgang und die Veröffentlichungen Landshuts fehlten, welche zur Prüfung einer Wiederbeschäftigung aber notwendig seien.[400] Es ist kaum zu glauben, daß gerade Eisfeld, der als Dekan der Rechts- und Staatswissenschaftlichen Fakultät im Mai 1933 Landshut den Abbruch des Habilitationsverfahrens mitgeteilt hatte, nun – 1948 wiederum im Amte des Dekans – darauf keinen Bezug nimmt, Landshut nicht zu kennen scheint und weitere Nachweise über dessen Qualifikation anfordert!

Fragt man nach den Gründen für Eisfelds empörendes Verhalten, so wird man auch seine bürokratische Pedanterie zu berücksichtigen haben. An ihr hielt er fest, in dem Glauben, allzeit »korrekte« Entscheidungen treffen zu können. Immerhin hatte er durch diese vermeintlich »sachliche« Art die Jahre des »Dritten Reiches« als Dekan und später sogar als Prorektor überdauern können, ohne daß er nach 1945 der Nähe zum Nationalsozialismus »verdächtigt« wurde.[401] Wie Eisfelds *Erinnerungen* andeuten, hat er dabei ein ruhiges Gewissen bewahren können, da er immer nur versucht habe, auch unter schwierigen Bedingungen zum Wohle der Universität beizutragen.[402]

Es kann hier nicht darum gehen, Eisfeld als NS-Anhänger zu »entlarven«, der er nicht gewesen ist. Wichtiger ist vielmehr, daß sein Verhalten von einer Mentalität geprägt ist, die sich etwa mit den Begriffen »Pflichtbewußtsein« und »Ordnungsdenken« beschreiben ließe und mit der Eisfeld nicht allein stand. Statt gegen falsche Pflichten und unsinnige Ordnungen zu opponieren, hatte er sich während des »Dritten Reiches« offenbar in einer angeblich vernünftig-nüchternen Weise an gerade jenen Ordnungen »festgehalten«. Ein derartiges Denken erfuhr nach 1945 keinen Bruch, sondern wurde gerade bei der Legitimierung der eigenen Vergangenheit weiter benutzt. Eine Auseinandersetzung mit der Vertreibung ehemaliger Kollegen konnte innerhalb einer solchen Strategie nur störend sein. Es gab demnach keine Fragen nach dem »Exilschicksal« Siegfried Landshuts, sondern gefragt wurde nur, inwieweit er sich inzwischen für eine Anstellung in der Fakultät qualifiziert habe. Dieses Denken reichte in Ansätzen bis zu einer Person wie Heinrich Landahl, der im September 1948 entschuldigend an Landshut schrieb:[403]

»Ich selbst habe von Ihnen und Ihrer Arbeit sehr klare Vorstellungen. In der Universität sind inzwischen so viele Veränderungen vor sich gegangen, daß man wenig oder nichts von Ihnen weiß. Ihnen selbst ist nur zu gut bekannt, wie gründlich eine Fakultät vorgeht, wenn es sich darum handelt, einen neuen [sic!] wissenschaftlichen Mitarbeiter in ihren Kreis aufzunehmen.«

Es mußte Siegfried Landshut doch zumindest mißtrauisch stimmen, daß er seine wissenschaftliche Qualität ausgerechnet jener Universität gegenüber beweisen sollte, die ihn vertrieben hatte. Gerade die Vertreibung hatte doch eine kontinuierliche wissenschaftliche Arbeit, die er nun belegen sollte, unmöglich gemacht.

Neben Eisfeld, der die mehrheitliche Meinung der Fakultät an die Schulbehörde übermittelt hatte, wandte sich ein weiteres Mitglied der Rechts- und Staatswissenschaftlichen Fakultät an Landahl. Es war Karl Schiller (1911-1994), dem als Mitglied des Sozialökonomischen Seminars die »Bearbeitung« der »Angelegenheit Landshut« besonders nahegelegt worden war.[404] Die Argumentation in seiner »persönlichen Stellungnahme« stellte Schiller nicht auf den Nachweis der wissenschaftlichen Qualifikation ab, sondern er erklärte:[405]

»Es handelt sich bei L. um einen *ganz klaren Wiedergutmachungsfall*, der an die Universität Hamburg bzw. das Sozialökonomische Seminar geknüpft ist, sodaß die Universität verpflichtet ist, ihn wiederzubeschäftigen. Eine Assistentenstelle kommt selbstverständlich für L. jetzt nicht mehr in Frage.«

Schiller schlug vor, entweder eine Professur speziell für Landshut einzurichten oder ihm eine freie Stelle im Pädagogischen Institut bzw. im Institut für Auswärtige Politik zuzusprechen.

Während im August 1948 in Hamburg also die Überlegungen weitergingen, wie im Falle Landshuts verfahren werden solle, saß dieser in Ägypten schon auf gepackten Koffern, da das offizielle Ende der Arbeit in den Kriegsgefangenenlagern auf den 30. September 1948 festgesetzt worden war. Von Kairo aus in den neu gegründeten Staat Israel zu reisen, wo seine Familie lebte, war in jener Zeit des ersten israelisch-arabischen Krieges unmöglich. Auch hatten sich dort im Zuge der Staatsgründung keine neuen Möglichkeiten für ihn ergeben.

Siegfried Landshut hatte beschlossen, Ägypten in Richtung Großbritannien zu verlassen. Da er in britischen Diensten stand, war es recht unproblematisch, für dieses Land ein Visum zu bekommen; außerdem hatte er noch Gelder zu erhalten, die nur dort ausgezahlt wurden, und schließlich hoffte er wohl nach wie vor auf eine wissenschaftliche Arbeit in England. Parallel dazu bemühte sich Landshut auch um eine Einreisegenehmigung für die britische Besatzungszone, da er selbst die Möglichkeiten für eine Rückkehr nach Hamburg erkunden wollte. Mit einem Brief vom 29. August 1948 nahm er persönlich Kontakt zu Heinrich Landahl auf, um diesen über seine Situation zu informieren und seine künftige Adresse in England mitzuteilen.[406]

In der Schulbehörde war am 31. August 1948 auch ein Brief Eisfelds eingegangen, in dem es hieß, die Fakultät stehe dem Gedanken, Landshut für das Wintersemester 1948/49 eine Gastprofessur zu übertragen, »durchaus positiv« gegenüber.[407] Die bisherige Verzögerung seiner Antwort erklärte Eisfeld damit, daß man davon ausgegangen sei, für Landshut eine endgültige Regelung finden zu müssen, wozu sich die Fakultät offenbar außerstande sah. Nun sollte die Gastprofessur auch dazu dienen, Landshut »unter die Lupe« zu nehmen. Am 7. September 1948 konnte Schulsenator Landahl »im Einvernehmen mit der Rechts- und Staatswissenschaftlichen Fakultät der Universität Hamburg« Landshut brieflich fragen, ob er bereit sei, für das kommende Wintersemester eine Gastprofessur für »politische Soziologie« zu übernehmen.[408]

Vom 14. September 1948 datieren die in freundlichstem Ton gehaltenen Antwortschreiben Landshuts an Landahl und an die Fakultät. An den Senator schrieb er:[409]

»Gerne leiste ich Ihrer Aufforderung Folge. Darf ich Sie versichern, dass die Moeglichkeit der Rueckkehr an meine ehemalige Arbeitsstaette und in die Stadt, an die mich reiche und gute Erinnerungen binden, mir nicht nur die Erfuellung eines bestaendigen Wunsches, sondern auch eine – wahrscheinlich nicht leichte – Aufgabe bedeutet.«

Im Brief an den Dekan erklärte Landshut, er hoffe, »dass die Wiederanknuepfung der Beziehungen zu meiner ehemaligen Arbeitsstaette beiden Seiten nicht allzu schwer fallen wird«.[410]

Zunächst gab es aber bürokratische Schwierigkeiten, Ägypten überhaupt verlassen zu können. Erst am 18. Oktober 1948 erreichte Landshut Großbritannien; eine Weiterfahrt nach Hamburg war seiner eigenen Angabe zufolge nicht vor dem 10. November möglich.[411] Die dort inzwischen in den Vorlesungsplan des Wintersemesters aufgenommenen Veranstaltungen mußten aber bald »gestrichen« werden. Denn am 11. November 1948 erklärte Landshut aus London in zwei ähnlich lautenden Briefen an Landahl[412] und an Eisfeld[413] seine Absage. Im Brief an Eisfeld heißt es:

»Eine fatale Verkettung kleiner, aber leider entscheidender Tuecken hat nicht allein bisher schon Schwierigkeiten auf den Weg nach Hamburg gehaeuft, sondern haelt mich auch jetzt noch zurueck. Abgesehen davon, dass die hiesigen Behoerden meinen bisherigen Pass als unzureichend erklaeren und auf der Ausfertigung neuer Papiere durch das Home Office bestehen, liege ich selbst mit Rheumatismus zu Bett und bin bewegungsunfähig. So halte ich es fuer zwecklos, meine Vorlesungen noch in diesem Semester aufzunehmen. Ob Sie es fuer moeglich halten, einen spaeteren Zeitpunkt oder das Sommer-Semester in Aussicht zu nehmen, muss ich natuerlich Ihnen ueberlassen. Wie sehr ich nach all den Hindernissen dieses letzte Hemmnis bedaure, brauche ich Ihnen wohl nicht ausdruecklich zu versichern. Es waere mir besonders peinlich, wenn der Fakultaet dadurch irgend welche Ungelegenheiten erwuechsen.«

Seine eigenen »Ungelegenheiten« der letzten fünfzehn Jahre ließ Landshut unerwähnt.

Rückkehr nach Europa:
Letzte Exilstation Großbritannien (1948-1950)

Der Brief, den Siegfried Landshut am 11. November 1948 an Curt Eisfeld sandte, enthielt die Gründe für eine unausweichliche Absage der Vorlesungen in Hamburg und die Bekundung eines mit dieser Absage einhergehenden tiefen Bedauerns. Über die Zweifel, die ihn im Blick auf eine Rückkehr nach Deutschland bewegten, schrieb er kein Wort. Derlei Zweifel bestanden aber mit Sicherheit. So ist entgegen dem eindeutigen Inhalt des zitierten Schreibens davon auszugehen, daß die Gastvorlesungen nicht nur daran scheiterten, daß Landshut nicht nach Hamburg kommen konnte, sondern auch daran, daß er dem Hamburger Arrangement eine andere Lösung vorzog. Denn zu diesem Zeitpunkt war ihm eine – wenn auch nur befristete – Anstellung in Großbritannien so gut wie sicher.

Vier Tage, nachdem Siegfried Landshut der Universität Hamburg abgesagt hatte, wurde eine Zusammenarbeit zwischen ihm und der »Anglo-Jewish Association« (AJA)[414] in London offiziell beschlossen. Die Entscheidung der Gesellschaft, eine Auftragsstudie über die Situation der Juden in islamischen Ländern zu vergeben, war bereits Monate zuvor gefallen. Ein in diesem Zusammenhang vom »Foreign Affairs Committee« der AJA gebildetes »Sub-Committee« hatte Anfang September 1948 nach einem geeigneten Wissenschaftler gesucht, ohne daß dabei der Name Landshuts ins Gespräch gekommen war.[415] Bis zur nächsten Sitzung dieses Unterausschusses am 15. November 1948 war die Suche abgeschlossen worden. Es gab nur einen Kandidaten: Siegfried Landshut. Dieser war in der Sitzung vom 15. November bereits selbst zugegen, damit Details des Vertrages abgestimmt werden konnten.[416] Warum die Wahl in ganz eindeutiger Weise auf ihn gefallen war, ohne daß der Ausschuß zwischenzeitlich getagt hatte, läßt sich aus den Akten nicht rekonstruieren. Möglicherweise hatte sich Norman Bentwich als Mitglied des »Sub-Committee« für Landshut eingesetzt; dieser hatte jedenfalls nicht einmal ein Gutachten über seine bisherige Forschungstätigkeit einreichen müssen.

Siegfried Landshut wurde zum »Research Director« der AJA ernannt, mit dem Auftrag, eine Überblicksdarstellung zum Thema *Jewish Communities in the Muslim Countries of the Middle East* zu verfassen. Die Studie sollte binnen neun, höchstens aber binnen zwölf Monaten abgeschlossen sein. Das Honorar für den Zeitraum von neun Monaten betrug £ 750. Der offizielle Arbeitsbeginn wurde auf den 28. November 1948 festgelegt; ab dem 16. Dezember 1948 standen Landshut eine Sekretärin, ein der arabischen Sprache kundiger Assistent und ein eigenes Büro zur Verfügung. Die Kosten dieses Forschungsauftrags teilte sich die AJA mit dem »American-Jewish Committee«.

In regelmäßigen Abständen hatte Landshut dem »Foreign Affairs Committee« Arbeitsberichte einzureichen, und auf nahezu jeder Sitzung dieses Ausschusses wurde über sie berichtet und debattiert.[417] Gleichwohl ließ man dem »Research Director« offenbar recht freie Hand in der Ausarbeitung. Auch für Nachforschungen beantragte Reisen nach Frankreich und Israel wurden akzeptiert. Siegfried Landshut unternahm sie zu Beginn des Jahres 1949.[418]

Mit der Einschränkung, nicht auf die Situation der Juden in Marokko, Algerien und Tunesien eingehen zu können, legte Landshut seine Untersuchung nach Ablauf von elf Monaten, also Ende Oktober 1949, in englischer Sprache vor.[419] Im darauffolgenden Jahr wurde sie mit einigen aktuellen Ergänzungen als 102 Seiten starkes Buch vom *Jewish Chronicle* in London herausgegeben.[420] In ihrem gemeinsamen Vorwort betonten Jacob Blaustein, Präsident des American Jewish Committee, und Ewen E. S. Montagu, Präsident der Anglo-Jewish Association, daß Landshuts Auftragsarbeit den Beginn soziologischer Forschung zur Situation der orientalischen Juden markiere.[421]

Die Studie umfaßte Berichte und Analysen über die Situation der Juden in Ägypten, im Irak, im Libanon, in Syrien, in Persien, in Afghanistan, auf der arabischen Halbinsel, in der Türkei und in Libyen. Laut einer abgedruckten Statistik lebten in diesen Ländern 389 300 Juden, deren Geschichte und Traditionen noch unerforscht seien.[422] Die Studie implizierte vor allem auch Überlegungen zur aktuellen Lage der Juden in islamischen Ländern nach der Staatsgründung Israels. So ging sie jeweils den Fragen nach, inwieweit sich das Zusammenleben von Moslems und Juden seit dem Mai 1948 verändert habe, ob eine friedliche Koexistenz überhaupt möglich sei und wie viele der in islamischen Ländern lebenden Juden die Absicht hätten, nach Israel umzusiedeln.

Die ausführlichste Einzelbeschreibung galt der Situation in Ägypten, die Landshut aus eigener Anschauung kannte. Demnach hatte sich die Lage der knapp 65 000 Mitglieder der jüdischen Gemeinde in Ägypten seit der Nacht vom 14. auf den 15. Mai 1948 dramatisch geändert. Es habe Ausschreitungen, Überfälle und Verhaftungen gegeben, und auch die wirtschaftlichen Möglichkeiten für Juden seien eingeschränkt worden. Außer in Ägypten habe es Ausschreitungen gegen Juden vor allem auch im Irak, in Syrien und im Libanon, also in weiteren Ländern der 1945 gegründeten »Arabischen Liga«, gegeben; ferner in Bahrain, Aden und Libyen. Der Yemen, Afghanistan und Persien hätten sich nicht den Gewalttätigkeiten gegen Juden angeschlossen, aber auch dort sei die Situation wegen der grundsätzlichen Diskriminierung der Juden problematisch. Am günstigsten schätzte Landshut die Lage in der Türkei ein, wo im Zuge des Kemalismus einzig der »Gordische Knoten« islamischer Prinzipien habe durchbrochen werden können.[423]

Landshut konstatiert, daß Ägypten, Syrien und der Irak die Gleichheit der Rechte aller Staatsbürger garantierten und daß diese Staaten also ihre eigene Verfassung verletzten, wenn sie jüdische Bürger diskriminierten oder verfolgten. Insbesondere verweist er darauf, daß die offizielle Rechtsgleichheit ohnehin im Widerspruch zu der Tatsache stehe, daß der Islam zur Staatsreligion erklärt worden sei. Denn der Koran lege fest, daß »Ungläubigen« nicht die gleichen Rechte eingeräumt würden wie Moslems. Die genannten Staaten seien demnach nur »pseudodemocratic nations«.[424]

Wert legt Landshut auch auf die Feststellung, daß in den islamischen Ländern nicht eine spezifisch antijüdische Einstellung vorherrsche, sondern eine generellere Abneigung gegen alle nicht dem islamischen Glauben verbundenen Menschen. Zwar habe sich durch die Gründung des Staates Israel die Aggression der Moslems besonders gegen Juden verschärft, aber dies dürfe nicht mit der spezifisch europäischen Erscheinung des Antisemitismus verwechselt werden.[425]

Als Konsequenz der zunehmenden Konfrontation beschreibt Landshut, daß viele Juden, deren Familien schon jahrhundertelang in islamischen Ländern gelebt hätten, nun nach Israel übersiedelten. So hätten sich die jüdischen Gemeinden in Libyen, in Aden sowie im Yemen bereits fast völlig aufgelöst, und auch die Umsiedlung der Juden aus Syrien verliefe in großer Schnelligkeit. Allerdings seien einer zahlenmäßig so hohen Einwanderung nach Israel auch finanzielle Grenzen gesetzt, so daß eine ähnliche Lösung für Juden aus Ägypten und dem Irak nicht in Frage käme. Es müßte daher eine Sicherung ihrer Position in den jeweiligen Ländern erreicht werden.[426]

Die Prognose Landshuts in dieser Hinsicht war nicht unbedingt pessimistisch. Er hoffte, daß sich auf politischer Ebene eine liberalere moslemische Richtung auf Dauer durchsetzen könnte, wodurch auch eine Änderung der aktuellen antijüdischen Haltung in der Bevölkerung bewirkt würde. Die Etablierung von friedlichen und freundschaftlichen Beziehungen zwischen den islamischen Staaten und Israel erachtete er als notwendig.

Die Auftragsstudie konnte im Oktober 1949 fertiggestellt werden. Erst anschließend – vermutlich in Ermangelung von Alternativen – wandte sich Siegfried Landshut am 3. November 1949 wieder an die Universität Hamburg.

7. Rückkehr

»... mit ruhiger Selbstverständlichkeit« –
Die Wiedereröffnung der Hamburger Universität

Die Wiedereröffnung der Universität unter dem »sauberen, sachlichen Namen«[1] »Universität Hamburg« konnte keine »Stunde Null« darstellen, und in einem bestimmten Sinne sollte sie es auch gar nicht. So stand die programmatische Eröffnungsrede des Rektors Emil Wolff vom 6. November 1945 ganz im Zeichen des Versuchs, möglichst bruchlos an die Zeit vor 1933, an eine dem »überpersönlichen Reich der Vernunft« und der »europäischen Tradition« verpflichtete Wissenschaftsauffassung anzuknüpfen.[2] Dafür mußte die so gekennzeichnete Wissenschaftstradition den Nationalsozialismus »überlebt« haben – eine Prämisse, die Emil Wolff in weitem Umfange für gegeben hielt. Wolff verwies darauf, daß von den Universitäten und von der Wissenschaft in der NS-Zeit zwar gefordert worden sei, einer objektiven, nur ihren immanenten Gesetzen unterworfenen Erkenntnis zu entsagen und Forschung und Lehre bewußt in den Dienst des herrschenden politischen Systems zu stellen; er erklärte aber gleichzeitig, daß diese Forderung an den Universitäten nicht habe durchgesetzt werden können:[3]

»Es muß mit allem Nachdruck festgestellt werden, daß die deutschen Universitäten in der Mehrheit ihrer Professoren und wohl auch ihrer Studierenden sich dieser Forderung nicht unterworfen hat und in Forschung und Lehre der Idee einer Wissenschaft, die der Erkenntnis der Wahrheit um ihrer selbst willen geweiht ist, unverbrüchlich treu geblieben ist. Wir wissen, daß die Welt außerhalb Deutschlands mehr von den Lehrern an den deutschen Universitäten verlangt und erwartet hat als diese Fortsetzung ihrer Arbeit in der Stille und diese gewissenhafte Bewahrung der Kontinuität der Tradition der Wissenschaft. Immerhin verdanken wir es dieser Erhaltung und Pflege unseres geistigen Erbes, daß wir heute vom Stande der Wissenschaft aus mit der gleichen *ruhigen Selbstverständlichkeit* unser Semester beginnen können wie im November

1932, daß hier die Möglichkeit einer unmittelbaren Anknüpfung an die Entwicklung vor dem nationalsozialistischen Staatsstreich besteht, die für die innere Sicherheit und Zuversicht bei der Erfüllung der vor uns liegenden Aufgabe schwer ins Gewicht fällt [...].«

Emil Wolff sprach vom »Versagen der deutschen Universitäten« und davon, daß »die Welt« von ihnen berechtigterweise Protest gegen die »geistige Knechtung des nationalsozialistischen Systems« erwartet hätte. Aber er versuchte, »verständlich zu machen, wenn auch nicht zu entschuldigen, wodurch dieser Protest unmöglich geworden war«. In erster Linie verwies er auf die innere Spaltung der Universitäten, die 1933 jede Einigung der Professoren untereinander oder gar die Einigung von Professoren und Studenten verhindert hätte. Jeder vereinzelte Widerstand hätte somit nur die Auslieferung der Universitäten an den Nationalsozialismus und ihre völlige Zerstörung während der Zeit der NS-Herrschaft bedeuten können.[4]

Diese »innere Spaltung« vor der nationalsozialistischen Machtübernahme, mit der die meisten Universitäten zu dem folgenden »Unheil« mittelbar beigetragen hätten, sei verursacht worden erstens durch ihre ablehnende Haltung gegenüber der Weimarer Verfassung und zweitens durch ihre Sympathie für die »Auflehnung eines großen und politisch erregten Teiles der Studentenschaft gegen den bestehenden Staat«, wobei diejenigen, die eine solche Position eingenommen hätten, allerdings meinten, aus »edlen patriotischen Motiven« zu handeln.[5] Wenn Wolff auch die verheerenden Folgen dieses Denkens benannte, so verzichtete er doch darauf, die während der Weimarer Jahre so häufig und so fatal beschworene »Vaterlandsliebe« selbst in Frage zu stellen und den damals herrschenden Nationalismus und Antidemokratismus genauer zu analysieren. Dies ermöglichte ihm hervorzuheben, daß das Semester im November 1945 mit der gleichen »ruhigen Selbstverständlichkeit« begonnen werden könne wie im November 1932. Diese »ruhige Selbstverständlichkeit« aber war 1945 völlig unangebracht; und im Jahre 1932 war sie es beileibe auch schon gewesen.

Ausgangspunkt der Wolffschen Argumentation war die Ansicht, die NS-Zeit habe einen Einbruch der Politik in die akademische Welt bedeutet, den es nun rückgängig zu machen gelte.

Akzentuiert wurde nicht das Versagen der Universität, sondern die durch die NS-Zeit hindurch »geretteten« akademischen Werte, wie sie von offenkundigen Gegnern des Nationalsozialismus, von Emil Wolff und Rudolf Laun sowie von dem Altphilologen Bruno Snell und dem Pädagogen Wilhelm Flitner, in der Tat repräsentiert wurden. Diese »letzten Mohikaner«, wie Siegfried Landshut sie genannt hätte, waren es vor allem auch, die schon kurz nach der kampflosen Besetzung Hamburgs durch britische Truppen am 3. Mai 1945 die Umstellung der Universität auf die Nachkriegsverhältnisse besprachen und diese dann in der Folgezeit trotz britischer Besatzung entscheidend mitbestimmten.[6] Von der eigenen politischen und moralischen Integrität auf die Mehrheit der Universitätsgelehrten zu schließen, wurde dabei offenbar als notwendig empfunden, um Traditionen »wiederbeleben« zu können. Dies führte soweit, »belasteten Kollegen« »Persilscheine« auszustellen und sich dazu zu bekennen, »die Geschlossenheit und Unversehrtheit des Standes für die Existenz der Universität höher zu schätzen als rückhaltlose innneruniversitäre Auseinandersetzung über die Rolle der Universität im ›Dritten Reich‹«.[7]

Insofern war die personelle Kontinuität an der Universität Hamburg stark,[8] was auch für andere deutsche Universitäten zutraf. Verstärkt wurde diese Tendenz noch, als auf Verfügung des hamburgischen Senats Mitte 1948 auch alle als »Mitläufer« eingestuften und noch suspendierten Hochschullehrer wieder eingestellt wurden.[9]

Wenn intendiert wurde, die Wissenschaftstradition von vor 1933 wiederherzustellen, so wäre es auch folgerichtig gewesen, die damals vertriebenen Wissenschaftler an ihre ehemalige Hochschule zurückzubitten. Dies aber unterblieb weitgehend. Zwar hatte Bruno Snell Anfang Juli 1945 danach gefragt, wie es um die 1933 entlassenen Gelehrten stünde, war aber vom Rektor Emil Wolff lediglich darauf hingewiesen worden, daß die Betroffenen einen Antrag auf Wiedereinstellung bei der Schulbehörde stellen könnten.[10] Ein Anspruch auf Wiedereinstellung wurde als legitim erachtet,[11] eine Einforderung dieses Anspruches aber nicht forciert.[12] So kam die Situation der zwölf Jahre zuvor vertriebenen Hochschullehrer bei der Universitätseröffnung am 6. November 1945 weder in der Ansprache von Senator

Heinrich Landahl noch in der Rede von Rektor Emil Wolff zur Sprache, und im Frühjahr 1946 blieb die Aufforderung der Schulbehörde, zurückzuberufende Professoren vorzuschlagen, folgenlos.

Von den exilierten Hochschullehrern kehrten nur wenige nach Hamburg zurück. Für einige von ihnen war das Exil tatsächlich zur Emigration geworden. Für Alfred Vagts etwa kam eine Rückkehr gar nicht mehr ernstlich in Frage.[13] Anderen war es aufgrund psychischer Sperren unmöglich, in jene Universität zurückzukehren, aus der sie vertrieben worden waren. So vermied es Erwin Panofsky zeitlebens, auch nur einen Kurzbesuch in Hamburg zu machen.[14] Andere Hochschullehrer waren im Exil gestorben: unter ihnen Albrecht Mendelssohn Bartholdy, William Stern und Ernst Cassirer.

Zu denjenigen, die nach Hamburg zurückkehrten, gehörten die drei Mediziner Victor Kafka (1881-1955), Otto Kestner (1873-1953) und Hans Türkheim (1889-1955), wobei sich die beiden Erstgenannten schon im Emeritierungsalter befanden. Türkheim nahm 1951, im Alter von 62 Jahren, wieder eine Lehrtätigkeit in Hamburg auf und war von 1952 bis zu seinem Tod im Jahre 1955 Honorarprofessor der Universität.[15] Der Altphilologe Ernst Kapp (1888-1978), der in engem Kontakt zu Bruno Snell stand, kehrte 1954 als Emeritus nach Hamburg zurück.[16] Der Mathematiker Emil Artin (1898-1969), dem 1951 die Rechtsstellung eines Emeritus zugesprochen worden war, siedelte im Jahre 1958 wieder nach Hamburg über, nachdem ihn gesundheitliche Gründe zuvor davon abgehalten hatten.[17] Zu den Rückkehrern aus dem Exil ist ferner der Psychologe Curt Bondy (1894-1972) zu zählen. Der ehemalige Hamburger Privatdozent, der 1933 seine Honorarprofessur in Göttingen verloren hatte und schließlich ins US-amerikanische Exil geflüchtet war, wurde zum Sommersemester 1950 auf William Sterns früheren Lehrstuhl für Psychologie berufen. Ihn hatte er bis zu seiner Emeritierung im Jahre 1959 inne.[18]

Auch Eduard Heimann kehrte schließlich nach Hamburg zurück. Schon kurz nach Wiedereröffnung der Universität war ein brieflicher Kontakt zu ihm hergestellt worden, um die Chancen einer Remigration zu ermitteln. Dieser damals ungewöhnliche Schritt ging auf die Initiative Wilhelm Flitners zurück, der freundschaftlich mit Heimann verbunden war. Flitner handelte offiziell im Auftrage des Universitätssenats, während die Rechts- und Staatswissenschaftliche Fakultät zunächst tatenlos blieb. Im Juli 1946 mußte er von der Fakultät ausdrücklich eine Stellungnahme zu einer möglichen Rückkehr Heimanns erbitten.[19] Als Dekan wandte sich dann Erich Genzmer persönlich an Heimann und schlug vor, die für den Herbst 1947 in Aussicht genommenen Gastvorlesungen doch um mindestens ein Jahr zu verschieben, da an der Universität Hamburg alles noch recht »behelfsmäßig« zuginge.[20] Tatsächlich hielt Eduard Heimann, der nach wie vor an der New School for Social Research in New York tätig war, im Sommersemester 1948 seine ersten Gastvorlesungen in Göttingen und Hamburg; ihnen folgten weitere in den nächsten Jahren. 1962 nahm er – im Alter von 73 Jahren – auch seinen Wohnsitz wieder in Hamburg und setzte seine Vorlesungstätigkeit bis zu seinem Tod 1967 regelmäßig fort.[21] Mit Abstand am intensivsten wirkte aber ein anderer ehemaliger Exilierter an der Universität Hamburg: Siegfried Landshut, der letzte hier zu nennende Wissenschaftler aus dem kleinen Kreise der »Remigranten«.[22]

Warum die Universität und ihre Angehörigen so wenig für die während der NS-Zeit entlassenen Hochschullehrer taten, läßt sich nur bruchstückhaft beantworten. Anzuführen ist etwa, daß Lehrstuhlinhaber die Konkurrenz zurückkehrender Wissenschaftler fürchteten und im Einzelfall auch persönliche oder wissenschaftliche Antipathien gegen Exilierte zum Tragen gekommen sein mögen.[23] Große Bedeutung scheint in diesem Zusammenhang aber vor allem dem Aspekt der »Ausblendung« der NS-Zeit und der jeweils eigenen dort eingenommenen Rolle zuzukommen. Denn die Ansicht, das »Dritte Reich« sei für die Universitäten ein Intermezzo ohne bleibende Folgen für die traditionelle Wissenschaftsauffassung gewesen, drohte angesichts des Themas »Exil« zusammenzubrechen. Dieses Thema machte es offenbar schwierig, das Versagen der Universitäten wie das individuelle Versagen zu relativieren oder gar zu ignorieren; allerdings »gelang« auch das temporär. Wenn aber die Aussage Margarete und Alexander Mitscherlichs zutrifft, daß nämlich die Abwehr der mit der Nazivergangenheit verbundenen Schuld- und Schamgefühle vorherrschend war,[24] so mußte die bloße Existenz von Menschen, denen offensichtlich großes Unrecht angetan worden war, bei den in Deutschland Verbliebenen Ängste auslösen. Demgemäß rief der Gedanke, jene Vertriebenen wieder als Kollegen zu »begrüßen«, häufig Ablehnung, zumindest aber Unbehagen hervor.

Die skizzierte Tendenz, eine Auseinandersetzung mit der Vergangenheit zu verweigern, verfestigte sich in den Jahren bis zu Siegfried Landshuts Ankunft im Januar 1950 zusehends. Alle Zeichen standen auf Restauration. Im Zuge des seit 1948 offenen Kalten Krieges hatten sich unter den Ordinarien Konservatismus und Nationalismus wieder ungehemmter Bahn brechen können, und nach den ersten Jahren des Hungerns hatte sich nun – nicht nur an den Universitäten, aber auch an ihnen – die »betäubende Werktätigkeit«[25] des Wiederaufbaus verstärkt, die den Blick zurück auf die Jahre des NS-Regimes geradewegs ausschließen sollte.[26]

Entsprechend berichtete Eduard Heimann am 25. August 1952 in einem Brief an Alvin Johnson (1874-1971) von einem gigantischen Prozeß kollektiver Verdrängung: »Everybody talks of the war and the catastrophe, nobody of Nazism«.[27] Dabei fand der Gastprofessor Heimann wohlwollende Wendungen für die Studierenden, aber scharfe Worte gegen die deutschen Kollegen. Nach seiner Beobachtung vermieden diese nämlich nicht nur, ihre persönliche Rolle im Nationalsozialismus zu hinterfragen: Sie weigerten sich sogar, zwölf Jahre NS-Herrschaft auch nur zu erwähnen. So heißt es bei Heimann: »Many students told me that I was the only professor who discussed the reasons which led to Nazism and its collapse.«

Der ungeheure Verdrängungsprozeß betraf nicht nur die Universitäten, sondern war charakteristisch für die deutsche Nachkriegsgesellschaft überhaupt. Der jüdische Romanist Victor Klemperer (1881-1960), der in seinen *Tagebüchern* wohl so genau wie kein anderer den Alltag im Nationalsozialismus dokumentiert hatte, mußte schon am 11. Mai 1945 deprimiert feststellen, daß das Volk »absolut geschichtslos« sei, in »jeder Hinsicht«. »Das 3. Reich ist schon so gut wie vergessen«, notierte Klemperer, »jeder ist sein Feind gewesen, ›immer‹ gewesen; und über die Zukunft macht man sich die unsinnigsten Vorstellungen.«[28]

Hannah Arendt, die im Dezember 1949 zum ersten Mal ins Nachkriegsdeutschland reiste, konnte ihr Entsetzen über die dortige Atmosphäre nicht verbergen. In einem ebenso bewegenden wie hellsichtigen Essay über ihren Besuch[29] konstatiert sie »allgemeinen Gefühlsmangel«, »offensichtliche Herzlosigkeit« und »billige Rührseligkeit«. Weiter heißt es:[30]

»Diese Gleichgültigkeit und die Irritation, die sich einstellt, wenn man dieses Verhalten kritisiert, kann an Personen unterschiedlicher Bildung überprüft werden. Das einfachste Experiment besteht darin, expressis verbis festzustellen, was der Gesprächspartner schon von Beginn der Unterhaltung an bemerkt hat, nämlich daß man Jude sei. Hierauf folgt in der Regel eine kurze Verlegenheitspause; und danach kommt – keine persönliche Frage, wie etwa ›Wohin gingen Sie, als Sie Deutschland verließen?‹, kein Anzeichen von Mitleid, etwa dergestalt: ›Was geschah mit Ihrer Familie?‹ – sondern es folgt eine Flut von Geschichten, wie die Deutschen gelitten hätten (was sicher stimmt, aber nicht hierhergehört); und wenn die Versuchsperson dieses kleinen Experiments zufällig gebildet und intelligent ist, dann geht sie dazu über, die Leiden der Deutschen gegen die Leiden der anderen aufzurechnen, womit sie stillschweigend zu verstehen gibt, daß die Leidensbilanz ausgeglichen sei und daß man nun zu einem ergiebigeren Thema überwechseln könne.«

Arendt stellt fest, daß es keine Reaktion auf das Geschehene gebe und schwer zu sagen sei, ob es sich dabei um eine »absichtliche Weigerung zu trauern oder um den Ausdruck einer echten Gefühlsunfähigkeit« handele.[31] Überall sei eine Flucht vor der Wirklichkeit und damit eine Flucht vor der Verantwortung anzutreffen. Diese zeige sich vor allem in der Haltung, mit Tatsachen so umzugehen, als handele es sich um bloße Meinungen. Man fühle sich erdrückt von einer »um sich greifenden öffentlichen Dummheit«, der man kein korrektes Urteil in den elementarsten Dingen zutrauen könne.[32] Die Hauptwaffe bei der Abwehr der Wirklichkeit sei die Geschäftigkeit geworden, das gierige Verlangen, »den ganzen Tag pausenlos an etwas zu hantieren«.[33]

Die Abwehr der Wirklichkeit schien sogar staatlich »verordnet«, bedenkt man, daß Konrad Adenauer schon in seiner ersten

Regierungserklärung am 20. September 1949 deutlich zu verstehen gab, daß die »Vergangenheitsbewältigung« nun endlich zum Schluß kommen müsse.[34] Innerhalb eines solch umfassenden Verdrängungsprozesses aber galten die Remigranten zwangsläufig als »Störfaktoren«. Ihre Geschichte, die Geschichte des Exils und der Remigration, wurde zum Tabu – und immer, wenn dieses Tabu brüchig zu werden drohte, wurde sie gar zum »öffentlichen Ärgernis«.[35]

Ankunft

Nach fast einem Jahr nahm Siegfried Landshut am 3. November 1949 wieder Verbindung zur Universität Hamburg auf. Dem Dekan der Rechts- und Staatswissenschaftlichen Fakultät, inzwischen Eduard Bötticher, erklärte er, daß seine Gesundheit wieder hergestellt sei und er somit die ursprünglich für das vorherige Jahr geplanten Gastvorträge halten könne.[36] Hatte sich Landshut im November 1948 offenkundig eher aus psychischen denn aus den genannten physischen Gründen außerstande gesehen, nach Hamburg zu kommen, so deutete auch das Schreiben vom November 1949 erst auf eine vorsichtige Annäherung hin: »Ich hielte es im Interesse beider Teile, der Universitaet sowohl als meiner selbst, fuer ratsam, wenn mein Kontakt mit der Universitaet und den deutschen Verhaeltnissen zunaechst einmal in der Form einer Reihe von Gastvortraegen waehrend einer kuerzer befristeten Zeit, etwa zwei bis drei Wochen, stattfinden koennte.«
Im Namen der Fakultät antwortete ihr Prodekan, Rudolf Sieverts, daß »selbstverständlich« noch ein Interesse bestünde, Gastvorträge Landshuts zu arrangieren. Diesem wurde anheimgestellt, ob die Vorträge noch im Wintersemester 1949/50 oder erst im folgenden Sommersemester stattfinden sollten.[37] Siegfried Landshut wollte in jedem Falle schon im Januar 1950 nach Hamburg kommen,[38] wobei offenbar eine Rolle spielte, daß er in London über keinerlei neue Perspektive verfügte. Trotz einiger bürokratischer und finanzieller Schwierigkeiten innerhalb der Universität, der Hochschulverwaltung und der britischen Behörden kam der Besuch Landshuts Ende Januar 1950 zustande.

Da Heinz-Dietrich Ortlieb (geb. 1910), zu diesem Zeitpunkt Professor für Volkswirtschaftslehre an der Akademie für Gemeinwirtschaft, von 1931 bis 1933 bei Heimann studiert hatte und Landshut aus diesem Zusammenhang vage erinnerte, wurde er von der Fakultät beauftragt, den Gastvortragenden vom Bahnhof abzuholen. Ortlieb betont rückblickend, Siegfried Landshut sei schon bei der Ankunft sehr freundlich und von »vornehmer Distanz« gewesen. Ressentiments gegen Deutschland hätte er bei Landshut – anders als bei seinem Lehrer Heimann – niemals feststellen können.[39]

Daß Siegfried Landshut einen derartigen Eindruck nach außen vermittelte, sei unbezweifelt; gleichwohl darf über diese äußerliche Haltung nachgedacht werden. Was dem nun 52jährigen Landshut auf seiner Fahrt von London nach Hamburg, bei seiner Ankunft und bei den ersten Begegnungen alles durch den Kopf gegangen sein mag, läßt sich nicht ergründen; wohl aber lassen sich einige Aspekte zusammentragen, die den Hintergrund seiner Situation im Jahre 1950 zu skizzieren vermögen.[40]

Beinahe siebzehn Jahre waren vergangen, seitdem Siegfried Landshut am 23. Juni 1933 Hamburg in Richtung Ägypten verlassen hatte. Die einzelnen Stationen seines Entwurzelungsprozesses und die teils alptraumhaften Etappen seines Exils sind hier beschrieben worden. Es war ein Exil, das über all die Jahre Exil blieb und sich nicht in »Emigration« verwandelte, denn an keinem Ort hatte Landshut Wurzeln geschlagen. Am ehesten noch wäre Jerusalem hierfür ein Ort gewesen, hätte Landshut die Gelegenheit erhalten, an der Hebräischen Universität dauerhaft arbeiten zu können. Aber eine längerfristige wissenschaftliche Tätigkeit fand er weder dort noch in Großbritannien, das in dieser Hinsicht gewissermaßen als »letzter Versuch« gelten kann. Daß Siegfried Landshut Kontakte zu seiner ehemaligen Universität angeknüpft hatte, entsprang somit eher einer Notwendigkeit denn der »positiven« Entscheidung, nach Hamburg zurückkehren zu *wollen*. Es sei daran erinnert, daß Landshut gegenüber der SPSL bekundete, er würde jede andere Arbeitsmöglichkeit einer Rückkehr nach Deutschland vorziehen: eine Haltung, die auch Ende 1948 noch vorgeherrscht haben mag, als er das bereits verabredete Gastsemester in Hamburg wieder absagte.

Dabei wird deutlich, daß eine weitere Dimension zu berücksichtigen ist, nämlich die des »Nicht-Zurückkehren-*Könnens*«. Eine Rückkehr an den Ort der Vertreibung mußte quälend sein, zumal Landshut auch während der Zeit des Exils seine starke Bindung zu Deutschland nie verloren hatte. *Dieses* Deutschland aber, das sein »Zuhause« gewesen war, existierte nicht mehr. Siegfried Landshut hatte noch erleben müssen, wie sich »seine« Alma mater voller Stolz zum Nationalsozialismus bekannt hatte und seine engsten Kollegen im Sozialökonomischen Seminar wie er vertrieben worden waren; die Universität Hamburg des Jahres 1950 mußte ihm fremd erscheinen. Diejenigen Universitätsangehörigen, die er noch kannte, hatten die Jahre des Nationalsozialismus in Hamburg verbracht. Auch wenn Landshut die in Deutschland Gebliebenen nicht aufgrund dieser Tatsache »verurteilt« haben mag, so mußte es doch eine scharfe Trennlinie geben zwischen ihnen und ihm, dem Exilierten. Und sicherlich gab es auch Menschen, mit denen er sich eine Begegnung wirklich nicht wünschte.

Es war eine einsame Rückkehr. Neben etlichen früheren Kollegen mußte er auch viele Freunde schmerzlich vermissen. Hans von Dohnányi und Dietrich Bonhoeffer hatten das Ende des »Dritten Reiches« nicht mehr erlebt. Noch im April 1945 waren sie aufgrund ihrer Widerstandstätigkeit von den Nationalsozialisten ermordet worden. Zudem lebte die große Verwandtschaft bis auf wenige Ausnahmen nicht mehr auf deutschem Boden. Was für alle jüdischen Familien in Deutschland galt, traf auch auf die Familie Landshut zu: Ihre Geschichte war bestimmt von Vertreibung, Verfolgung und Ermordung. In seiner Familienchronik hat der Vetter Siegfried Landshuts festgestellt, daß im Jahre 1962 von 134 Familienangehörigen 35 in Israel, 47 in Europa und 52 in den Vereinigten Staaten oder anderen Ländern lebten.[41] Die Vertreibung der Juden durch die Nationalsozialisten hatte die Familie über die ganze Welt verstreut. Neun Familienmitglieder waren während der NS-Zeit umgebracht worden. Paula Rüdell, die ältere Schwester Siegfried Landshuts, gehört zu jenen, die Theresienstadt überlebt haben.[42] Erinnert sei in diesem Zusammenhang an eine Äußerung Hannah Arendts aus dem Jahre 1964:[43]

»Das Entscheidende ist ja nicht das Jahr 33; jedenfalls für

mich nicht. Das Entscheidende ist der Tag gewesen, an dem wir von Auschwitz erfuhren. [...] Das war wirklich, als ob der Abgrund sich öffnet.«

Wie konnten gerade zurückgekehrte Juden angesichts dieses Abgrundes leben – und wie lebte Siegfried Landshut mit ihm? Es scheint, daß er sich einen notwendigen »Schutzraum« dadurch schuf, daß er den Blick möglichst in die Zukunft richtete, seine Hoffnung auf nachfolgende Generationen setzte und Gespräche über seine Vertreibung und die Zeit des Exils weitgehend vermied, wobei letzteres auch entscheidend dadurch bedingt war, daß kaum jemand zu einer Auseinandersetzung bereit gewesen ist. Auch von anderen aus Deutschland vertriebenen Wissenschaftlern ist bekannt, daß sie bei ihrer Rückkehr von fast niemandem nach der Zeit des Exils befragt wurden und daß sich kaum jemand danach erkundigte, wie es weiteren ehemaligen Kollegen im Exil ergangen war.[44]

Die Ankunft in Hamburg Ende Januar 1950 nahm bereits charakteristische Verhaltenszüge der nächsten Jahre voraus. Siegfried Landshut zeigte keine Ressentiments, und kaum einer fragte danach, wie dieses möglich sein konnte. Er erzählte so gut wie nichts über die Zeit seines Exils, und kaum einer wollte davon hören. So kam es zu einer erstaunlichen Ergänzung unterschiedlich motivierter Verdrängungsvorgänge. Daran wird zu denken sein, will man auch nur erahnen, was sich hinter Landshuts »vornehmer Distanz« verborgen haben mag.

Daß aber auch für ihn die Grenze des Erträglichen überschritten werden konnte, ist an dem einzigen dokumentierten Fall in aller Deutlichkeit zu ersehen. Es darf vorgegriffen werden: Als Siegfried Landshut zu einer im Oktober 1951 in der Göhrde stattfindenden Tagung der Auslandswissenschaftlichen Gesellschaft eingeladen wurde,[45] fand er auf der Liste der voraussichtlichen Teilnehmer auch den Namen Carl Schmitt (1888-1985). Dies bedeutete für Landshut eine ungeheure Provokation, und sein Protest gegen die Einladung Schmitts hätte schärfer nicht sein können. Er erklärte, daß er abgeneigt sei, jedes Mal auf »den Pfennig nachzurechnen«, ob in den unheilvollen Jahren ein jeder auch seine menschliche Schuld beglichen habe, daß es aber eine definitive Grenze gebe für die persönliche Möglichkeit, fünf gerade sein zu lassen. Im Falle Carl Schmitts sei diese für ihn absolut überschritten. Landshut forderte die Auslandswissenschaftliche Gesellschaft auf, die Einladung an Schmitt zurückzuziehen. Sollte dies nicht geschehen, so behalte er sich die volle Handlungsfreiheit vor, die sich nicht nur auf sein persönliches Fernbleiben von dieser Tagung beschränken werde.[46] Über Schmitt selbst heißt es:[47]

»Ich kann mir nicht recht vorstellen, dass es der Leitung der Geschäftsstelle der Auslandswissenschaftlichen Gesellschaft unbekannt sein sollte, dass von allen Vertretern der deutschen Universitäten, die ihr wissenschaftliches Lehramt an den äußeren Erfolg der moralischen Monstrositäten des Nationalsozialismus verraten haben, Carl Schmitt derjenige ist, der sich dabei am widerwärtigsten kompromittiert hat. Es ist ja an dieser Stelle nicht nötig, die Äußerungen antisemitischen Übereifers zu zitieren, mit denen Carl Schmitt seine zahlreichen jüdischen Freunde öffentlich nicht nur desavouierte, sondern mit Schmutz bewarf. ›Freunde‹, deren Gastfreundschaft er noch eben in Anspruch genommen und deren einem er sogar eines seiner bekanntesten Bücher gewidmet hatte (als er noch nicht Staatsrat war). Aber abgesehen von diesem widerwärtigen Verrat genügte schon seine öffentliche Rechtfertigung der Morde vom 30. Juni 1934, um seine moralische Qualifikation als ein Gelehrter in Dingen des Rechtes und des Staates endgültig auszulöschen.«

Berufung auf den neu errichteten Lehrstuhl für die »Wissenschaft von der Politik«

Siegfried Landshuts erster Aufenthalt in Hamburg nach Ende der NS-Zeit war recht kurz. Nur zwei Gastvorträge waren schließlich vereinbart worden. Am Abend des 8. Februar 1950 hielt er im Hörsaal H des Hauptgebäudes der Universität einen Vortrag zum Thema »Geplante Gemeinschaften – Gemeinschaftssiedlungen in Nordamerika und Palästina«; am folgenden Abend sprach er an gleicher Stelle über »Hundert Jahre Bevölkerungsvermehrung – Die quantitative Seite der gesellschaftlichen Entwicklung«. Daneben wurden in Gesprächen mit Schulsenator Landahl und mit Dekan Böttcher die Weichen für künftige Gastvorlesungen, noch nicht aber für eine endgültige Berufung gestellt.

Nach der grundsätzlichen Entscheidung, überhaupt wieder in eine engere Beziehung mit der Universität Hamburg zu treten, und nach seiner kurzen dortigen Vortragstätigkeit zu Beginn des Jahres 1950 scheint Siegfried Landshut bereit gewesen zu sein, im Falle eines Rufes nach Hamburg zurückzukehren. Dies heißt jedoch nicht, daß sich seine Skepsis und seine widerstreitenden Gefühle im Blick auf eine Rückkehr »aufgelöst« hätten. Aber an Alternativen mangelte es, und die Zeit drängte, da Landshut in Großbritannien über kein festes Einkommen mehr verfügte. So war die Situation des Ehepaares – Edith Landshut siedelte 1949 auch nach London über[48] – wiederum von finanziellen Schwierigkeiten geprägt.

Erneute Gastvorlesungen in Hamburg waren für das Sommersemester 1950 in Aussicht genommen worden, aber weder der genaue Zeitpunkt noch die sonstigen Modalitäten waren fest vereinbart. Im April 1950 wandte sich Landshut an Eduard Bötticher, um zunächst die Frage seiner Habilitation zu klären.[49] Hierüber hatte er sich bereits bei seinem Aufenthalt in Hamburg mit Heinrich Landahl auseinandergesetzt. Da Landahl ihm erklärt hatte, es gäbe keinerlei Aktenvermerk mehr über diese Angelegenheit, schickte Landshut nun eine Abschrift des Schreibens von Curt Eisfeld aus dem Jahre 1933, welches ihn damals vom Abbruch des Habilitationsverfahrens unterrichtet hatte. Bötticher antwortete am 19. April 1950, daß sich das Schreiben auch in den Fakultätsakten gefunden hätte und die Angelegenheit bei Landshuts nächstem Aufenthalt in Hamburg besprochen werden könne.[50] In der Fakultätssitzung vom 20. Mai 1950 ließ sich Bötticher dann die Vollmacht der Fakultät geben, die Frage der Habilitation »im Wege der Wiedergutmachung« mit Landshut zu regeln.[51] Dies scheint dann ohne große Probleme und sehr stillschweigend getan worden zu sein: In den Akten findet sich darüber kein Vermerk.

Im Mai 1950 wurde vereinbart, daß Landshut für den Monat Juli einen Lehrauftrag für Soziologie an der Universität Hamburg wahrnehmen sollte. Im Auftrage der Schulbehörde teilte Regierungsdirektor Hans von Heppe mit, daß es sich um eine einmonatige »Gastprofessur« handele;[52] die Tätigkeit wurde mit dem Monatsgehalt eines ordentlichen Professors vergütet. Der Lehrauftrag bestand in der Abhaltung eines Kollegs über »Grundprobleme der Soziologie« von vier Wochenstunden nebst einem zweistündigen Kolloquium sowie einer Vorlesung über »Bevölkerungsprobleme der letzten 100 Jahre« von zwei Wochenstunden.

Laut Aussage Eduard Heimanns war Siegfried Landshut bei Verabredung dieser »Gastprofessur« davon ausgegangen, daß sich eine endgültige Berufung auf eine Professur für Soziologie daran anschließen würde. Heimann berichtet darüber in einem Brief an Curt Bondy vom 6. Januar 1951:[53]

»Vor einem Jahr war L. Gastdozent für Soziologie, zum Ausprobieren. Als er gefragt wurde, ob er gern dauernd kommen würde, ereignete sich das verhängnisvolle Missverständnis, dass er, in seiner vornehm-zurückhaltenden Art, seine Freude verbergen und sich nicht aufdrängen wollte, was wiederum der Dekan als Ablehnung auffasste, in der Meinung, L. ziehe vor, in London zu bleiben. Als L. dann im Sommer zum zweiten Mal als Gast nach Hamburg eingeladen war, in der sicheren Annahme, dass dies die endgültige Berufung bedeutete, fand er sich vor der Tatsache, dass Herr Mackenroth berufen war, ein erstklassiger Nationalökonom, Prof. in Kiel, der in die Soziologie hinüberwechseln will [...].«

Hinsichtlich der hier von Heimann angesprochenen Besetzung des Soziologie-Lehrstuhls bedarf es eines gesonderten Rückblicks. Beim Ordinariat für Soziologie handelte es sich um jenes, das in der Vergangenheit einzig Andreas Walther innegehabt hatte. Walther war im Alter von 65 Jahren zum 31. März 1944 emeritiert worden; danach begannen die Auseinandersetzungen um die Zukunft des Lehrstuhls. Offenbar gab es innerhalb der Philosophischen Fakultät, der der Soziologie-Lehrstuhl auf Wunsch Walthers 1934 zugewiesen worden war, Bestrebungen, das Ordinariat in eines für Archäologie umzuwandeln. Um dieses zu verhindern, ließ sich Andreas Walther reaktivieren und nahm seine Arbeit im Soziologischen Seminar in beschränktem Umfang wieder auf. Erst im Juli 1945 endete Walthers neunzehn Jahre währende Tätigkeit mit den Verfügungen der britischen Besatzungsmacht.[54]

Im September wurde von der Philosophischen Fakultät der

Antrag gestellt, den Lehrstuhl für Soziologie mit einem Philosophen, nämlich mit Josef König (1893-1974), zu besetzen.[55] Senator Heinrich Landahl befürwortete dessen Berufung, plädierte allerdings dafür, daß König den regulären Lehrstuhl für Philosophie erhalten sollte, was dann 1946 auch geschah. Landahl, der also für die Aufrechterhaltung des Ordinariats für Soziologie eingetreten war, schlug des weiteren vor, den Lehrstuhl wieder in den Rahmen der Rechts- und Staatswissenschaftlichen Fakultät zu stellen.[56] Auch dies wurde realisiert, und zwar im Mai 1947.[57] Der Philosophischen Fakultät blieb ein Mitspracherecht hinsichtlich der Lehrstuhl-Besetzung erhalten. Dies wurde schon im folgenden Jahr relevant, als sich beide Fakultäten in bezug auf einen Kandidaten völlig uneins waren. Die Rede ist von Landshuts späterem Kollegen Helmut Schelsky (1912-1984), den die Rechts- und Staatswissenschaftliche Fakultät in ihrer Dreierliste gemeinsam mit Helmuth Plessner (1892-1985) und vor Georg Weippert (1899-1965) auf Platz eins setzte,[58] während die Philosophische Fakultät ihn in ungewöhnlich scharfer Form ablehnte.[59] Hier fiel die Beurteilung des Probevortrags, den der Gehlen- und Freyer-Schüler Schelsky im Dezember 1948 zum Thema »Stabilität und Instabilität von Institutionen« gehalten hatte, vernichtend aus.[60] Die ablehnende Haltung wurde sowohl wissenschaftlich als auch politisch begründet. Die Kritik am Vortrag und an den Schriften Schelskys wurde hinsichtlich ihrer wissenschaftlichen Qualität aufrechterhalten; die politischen Bedenken aber wurden ein halbes Jahr später »aufgrund des neu ergangenen Materials« fallengelassen.[61] Anscheinend waren hier Vermutungen, Schelsky habe dem Nationalsozialismus auch nach seiner Studentenzeit noch nahgestanden, entkräftet worden. Am 4. Juni 1949 konnte die aus Vertretern der beiden zuständigen Fakultäten sowie dem Rektor der Universität besetzte Berufungskommission der Behörde endlich eine Vorschlagsliste übergeben. Helmuth Plessner rangierte an erster Stelle, Georg Weippert an zweiter und Helmut Schelsky an dritter Stelle.[62]

Diese Einigung war das Ergebnis eines schwierigen Entscheidungsprozesses, in dessen Verlauf auch der Name Siegfried Landshuts gefallen war. Der amtierende Rektor, der Physikochemiker Paul Harteck, hatte aufgrund der scharfen Kontroverse innerhalb der Berufungskommission die Stellungnahme von zwei außerhalb Hamburgs lehrenden Wissenschaftlern erbeten, die als Autoritäten der soziologischen »Zunft« galten: Es handelte sich um Leopold von Wiese und Max Graf zu Solms.[63] Die Anfrage Hartecks vom März 1949 bezog sich auch auf Siegfried Landshut, mit dem selbst in dieser Frage aber gar kein Kontakt aufgenommen worden war. Wer den Namen Landshuts ins Gespräch gebracht hatte, ist ungeklärt; bei den weiteren Sitzungen der Kommission spielte er jedenfalls keine Rolle mehr. Dies läßt sich in erster Linie auf die Stellungnahme von Wieses zurückführen. Leopold von Wiese hatte seine Haltung gegenüber Landshut seit seiner negativen, dem AAC im Jahre 1935 übermittelten Beurteilung nicht geändert:[64]

»Siegfried Landshut hat im Jahre 1929 ein Buch *Kritik der Soziologie* geschrieben, das manchen Grund zu einer negativen Kritik gab. Im 8. Jahrgang der Kölner Vierteljahreshefte für Soziologie findet sich auf S. 335 ff. eine eingehende Besprechung von Andreas Walther, die auf die erheblichen Mängel dieser Schrift hinweist. Ich konnte mich damals dieser Ablehnung von Andreas Walther durchaus anschließen. Seitdem habe ich niemals wieder etwas von ihm gehört, und ich bin erstaunt, daß er jetzt wieder auftaucht.«

Ausgerechnet im Verbund mit Landshuts schärfstem Gegner Andreas Walther argumentiert von Wiese also, und es hat darüber hinaus den Anschein, als sähe er es am liebsten, Landshut würde gar nicht mehr »auftauchen«.

Siegfried Landshut wurde in die Diskussion um die Besetzung des Soziologie-Lehrstuhls nicht mehr einbezogen. Wie sich herausstellte, hatten aber auch die dann auf die Liste gesetzten Plessner, Weippert und Schelsky keine besseren Chancen, da Senator Landahl im Juli 1949 intervenierte. Landahl bat die Kommission zu prüfen, »ob nicht auch Herr Professor Mackenroth (Kiel) unter dem Gesichtspunkt einer sozialwissenschaftlichen Orientierung des soziologischen Lehrstuhls in erster Linie mit in Erwägung zu ziehen sei«.[65] Die Berufungsvorschläge der Kommission waren damit gestoppt; der Vorschlag Landahls aber wurde von den Vertretern der Rechts- und Staatswissenschaftlichen Fakultät mit der Begründung, Gerhard Mackenroth (1903-1955) habe sich bisher nicht soziologisch ausgewiesen, abgelehnt.[66] Damit trat ein Stillstand in der Frage der Berufung ein; der Lehrstuhl für Soziologie blieb weiterhin vakant. Genau in dieser Phase nahm Landshut wieder Kontakt zur Universität Hamburg auf. Es wäre mithin ein günstiger Zeitpunkt gewesen, sich für das Ordinariat ins Gespräch zu bringen. Dies tat Siegfried Landshut wohl nicht eindringlich genug, was zum einen an der mangelnden Kenntnis der Besetzungssituation, zum anderen an der von Heimann beschriebenen »vornehm-zurückhaltenden Art« gelegen haben mag. Allerdings ist ungeklärt, in welcher Weise Landshut zu einer Rückkehr befragt worden ist und ob nicht auch seitens der Fakultät eine gewisse »Zurückhaltung« bestanden hat.

Im Sommersemester 1950 blieb der Soziologie-Lehrstuhl weiterhin unbesetzt; geplant waren aber Gastprofessuren von Heimann für den Juni und von Landshut für den Juli 1950. Sechs Wochen vor Landshuts Ankunft, am 20. Mai 1950, wurde in der Rechts- und Staatswissenschaftlichen Fakultät nun doch dem Wunsche Landahls gemäß beschlossen, Makkenroth als einzigen Kandidaten auf die Berufungsliste zu setzen. Die Philosophische Fakultät unterstützte diese Haltung. Einhellig argumentierte man, daß dieser sich mittlerweile auch soziologisch ausgewiesen habe.[67] Damit war die von Heimann beschriebene Situation eingetreten: Siegfried Landshut kam nach Hamburg und erfuhr, daß ein Ruf auf den Lehrstuhl gerade erfolgt sei; jedoch nicht an ihn, sondern an Gerhard Makkenroth.

Immerhin war Eduard Heimann zu diesem Zeitpunkt schon massiv für Siegfried Landshut eingetreten. Während seines Aufenthaltes in Hamburg hatte er im Juni 1950 von der Berufung Mackenroths erfahren und den Vertretern der Fakultäten offenbar deutlich zu verstehen gegeben, daß Landshut hätte berücksichtigt werden müssen, zumal dieser eine Berufung mit Sicherheit auch angenommen hätte. Heimanns Einsatz zeigte Wirkung, denn im schon erwähnten Brief an Curt Bondy konnte er vermerken:[68]

»Alle Beteiligten fanden die so für L. geschaffene Lage unerträglich, und es wurde in Aussicht genommen, ihn für den neuzuschaffenden Lehrstuhl für Political Science vorzuschlagen. [...] Ich habe mich im Sommer sehr gefreut, mit welcher

Loyalität und Herzenswärme alle Herren sich bemühten, das Unglück wieder zu heilen, das unversehens eingetreten war.«
Daß Siegfried Landshut nicht für den Soziologie-Lehrstuhl, sondern hinsichtlich des Lehrstuhls für Political Science Berücksichtigung finden sollte, konnte ihm selbst nur recht sein. Obgleich er ohne Zweifel das Ordinariat für Soziologie mit politikwissenschaftlichen Bezügen hätte wahrnehmen können und wollen, so entsprach doch ein Lehrstuhl für die »Wissenschaft von der Politik« weit mehr seinen Vorstellungen. Ein gravierendes Problem bestand allerdings in der Tatsache, daß ein derartiger Lehrstuhl zwar geplant, der Zeitpunkt seiner Installierung aber noch völlig ungewiß war.

Die Errichtung eines Lehrstuhls für »Politische Wissenschaften« – die Bezeichnungen wechselten häufig und verrieten die Unsicherheit in bezug auf das »neue« Fach – war in Hamburg erstmals in der Sitzung der Deputation der Schulbehörde am 12. Oktober 1949 offiziell zur Sprache gekommen. Tags darauf bat Hans von Heppe den Rektor Paul Harteck, einen geplanten Ausbau der Universität im Senat und in den betroffenen Fakultäten zu erörtern.[69] Im einzelnen war die Einrichtung von fünf neuen Lehrstühlen, darunter jener für »Politische Wissenschaften«, in Aussicht gestellt. Eine daraufhin aus Vertretern der Philosophischen sowie der Rechts- und Staatswissenschaftlichen Fakultät gebildete Kommission sollte eine Stellungnahme zu dem Ordinariat für Politik erarbeiten. Nach der ersten Zusammenkunft am 10. Dezember 1949[70] trat jedoch ein mehrmonatiger Stillstand in der Kommissionsarbeit ein.

Hintergrund der Erörterungen in der Behörde und an der Universität Hamburg bildete eine auf breiterer Ebene in den westlichen Besatzungszonen, dann in der Bundesrepublik geführte Diskussion um die Einführung der Politikwissenschaft.[71] Gefordert wurde diese Disziplin in der Nachkriegszeit vor allem als Instrument zur Vermittlung demokratischen Denkens, als wichtiger Baustein innerhalb der Erziehung zur Demokratie. Die somit politisch und pädagogisch motivierten Überlegungen zur Etablierung der Politikwissenschaft wurden in erster Linie von der amerikanischen Militärregierung und von deutschen – vornehmlich sozialdemokratischen – Politikern getragen.[72] Im September 1949 war die Diskussion so weit gediehen, daß das Kultusministerium von Hessen mit Unterstützung des Justizministeriums eine Konferenz zum Thema »Einführung der politischen Wissenschaften an den deutschen Universitäten und Hochschulen« veranstalten konnte. Von amerikanischer Seite finanziert, waren es auf der »Konferenz von Waldleiningen«[73] auch zwei Amerikaner, die die hier anwesenden 44 deutschen Professoren sowie zahlreiche höhere Beamte aus Kultus- und Justizbehörden über die in den Vereinigten Staaten etablierte Disziplin der »Political Science« unterrichteten: der deutsche Emigrant Karl Loewenstein und der Präsident der »American Political Science Association«, Quincey Wright. Eine Leitlinie der Konferenz bildete der Gedanke, daß die politische Bildung, nicht nur in den Schulen, sondern auch in den Hochschulen Einzug finden müsse. Kontrovers wurde indes diskutiert, ob in diesem Zusammenhang die Schaffung einer selbständigen Disziplin »Political Science« überhaupt notwendig sei. Das Argument, alle in diesem Fach zu behandelnden Fragestellungen könnten auch im Rahmen der bestehenden Fächer Rechtswissenschaft, Geschichtswissenschaft, Soziologie, Volkswirtschaftslehre und Philosophie behandelt werden, kam nicht nur in Waldleiningen zur Sprache, sondern war charakteristisch für die Haltung vieler Universitätsangehöriger, die einen Eingriff in den Besitzstand deutscher Hochschulen mißbilligten. Trotz großer Differenzen hinsichtlich der Frage, wie politische Bildung in die Universitäten getragen werden sollte, war das Gros der in Waldleiningen Versammelten aber für die Einführung des Faches »Politik« eingetreten, obgleich über dessen Ausgestaltung noch recht diffuse Vorstellungen bestanden. Schließlich wurde eine zwölfköpfige Kommission gebildet, die sich mit Fragen des Aufbaus der Politikwissenschaft befassen sollte. Zu ihr gehörten u.a. Otto Suhr, Theodor Eschenburg, Carl Friedrich von Weizsäcker und der mittlerweile 81jährige Alfred Weber sowie – seitens der Universität Hamburg – Rudolf Sieverts.

Bemerkenswerterweise fand die Konferenz von Waldleiningen ohne Berücksichtigung der Westdeutschen Rektorenkonferenz (WRK) statt. Von dort wurde denn auch bald eine Haltung demonstriert, die als offenkundige Abgrenzung zu den in Waldleiningen vorherrschenden Tendenzen zu werten war. Am 2. und 3. März 1950 trat die WRK in Hannover zusammen und verabschiedete eine Resolution, die eine Befürwortung der politischen Bildung an deutschen Hochschulen einschloß. Es hieß dort aber: »Als Aufgabe der Hochschulen erscheint es jetzt vor allem, in Forschung und Lehre das Vorhandene zu pflegen, zu ergänzen und fortzubilden.«[74] Die Möglichkeit einer Errichtung neuer Lehrstühle für Politikwissenschaft wurde nicht erwähnt.

Trotz dieser klaren Absage konnte sich die WRK in der Folgezeit der Diskussion um das Fach »Politik« nicht entziehen. So unterschiedlich ausgerichtete Wissenschaftler wie Alfred Weber, Eugen Kogon, Wolfgang Abendroth, Dolf Sternberger, Ludwig Bergstraesser und Michael Freund versuchten, auf der im März 1950 in Berlin stattfindenden Tagung der Deutschen Hochschule für Politik ihre Vorstellungen hinsichtlich der »neuen« Disziplin zu präzisieren.[75] Hinzu kam jener Beschluß der Kultusministerkonferenz vom 15. Juni 1950, in dem die Errichtung planmäßiger Lehrstühle für »Politik« befürwortet wurde.[76] Für den Juli 1950 hatten Mitglieder der in Waldleiningen gebildeten Kommission gemeinsam mit Vertretern der von der WRK bestellten Arbeitsgruppen die Konferenz von Königstein[77] vorbereitet. Diese Konferenz spiegelte den mittlerweile in engagierten Kreisen erreichten Konsens über die Existenzberechtigung der Disziplin wider, was allerdings nicht über die an den deutschen Hochschulen fortbestehenden Vorbehalte gegen die »Wissenschaft von der Politik« hinwegtäuschen darf. Erst politischer Druck war vonnöten, um die Disziplin schrittweise an den Universitäten durchzusetzen. Da die Installierung der »Political Science« an deutschen Hochschulen wesentlich im Rahmen des amerikanischen Re-education-Programms forciert wurde, galt das Fach nicht selten als importiert; auch hatte es sich eines lang anhaltenden Rufs der Unwissenschaftlichkeit zu erwehren.

Vor diesem Hintergrund verwundert es nicht, daß in Hamburg die ersten Impulse zur Schaffung eines Lehrstuhls für Politik nicht von der Universität, sondern von der Behörde und dem ihr vorstehenden sozialdemokratischen Präses ausgingen. Daß die innerhalb der Universität zu dieser Frage gebildete Kommission monatelang untätig blieb, mutet im beschriebenen Kontext auch nicht erstaunlich an, wobei innerhalb dieses Gremiums allerdings mehr noch als eine grundsätzlich ablehnende Haltung die große Unsicherheit hinsichtlich des als neu empfundenen Fachs Wirkung gezeigt haben dürfte. Erst nach etlichen Verschiebungen des Termins trat die Kommission am 26. Juli 1950 wieder zusammen; also während des Aufenthalts von Siegfried Landshut in Hamburg und nach der Konferenz von Königstein. Die Professoren Curt Bondy, Fritz Fischer, Wilhelm Flitner, Rudolf Grossmann, Josef König, Rudolf Laun, Hans Ritschl, Rudolf Sieverts und Emil Wolff einigten sich während der Kommissionssitzung darauf, daß die Errichtung eines Lehrstuhls für die »Wissenschaft von der Politik« anzustreben sei. Eine »Definition« des Faches wurde ausdrücklich nicht versucht, dafür aber betont, daß es besonders wichtig sei, diesen Lehrstuhl von parteipolitischen Einflüssen freizuhalten. Festgestellt wurde weiterhin, daß der einzurichtende Lehrstuhl sowohl der Philosophischen als auch der Rechts- und Staatswissenschaftlichen Fakultät angehören sollte. Wie aus dem Bericht der Kommission hervorgeht, wurde auch über Siegfried Landshut bereits gesprochen: Seine Kandidatur erscheine »aussichtsreich«, eine Abstimmung habe man aber noch nicht vorgenommen.[78]

Daß die Kommission einzig Landshut als möglichen Kandidaten nannte, war eng mit dem Engagement Eduard Heimanns verbunden. Heimann, der offenbar schon mündlich für seinen ehemaligen Assistenten eingetreten war, hatte am 3. Juli 1950, kurz nach seiner Abreise aus Hamburg, ein schriftliches Gutachten überreichen lassen.[79] Darin schilderte er ausführlich die hervorragende Qualifikation Landshuts und dessen besondere Befähigung, einen Lehrstuhl für »Politische Wissenschaft« einzunehmen. Einleitend heißt es:

»Es ist kein Geheimnis, daß ich Herrn Professor Siegfried Landshut für eine ausgezeichnete Wahl halten würde. Hierüber möchte ich aus genauer Kenntnis seiner Person und seiner Laufbahn einige Worte sagen. Es ist irrig, Herrn Landshut als einen Schüler von mir zu bezeichnen, wie es auf Grund unserer persönlichen Verbindung oft in bester Absicht geschieht. Er kam zu mir als reifer Gelehrter nach Abschluß seines Studiums mit einer Empfehlung von Alfred Weber in Heidelberg [...].«

Nach einer Auflistung der wichtigsten Landshutschen Publikationen nahm Heimann kurz zu zweien von ihnen Stellung:

»1.) Das wichtige Buch von 1929 über die Kritik der Soziologie ist mindestens so sehr ein Buch über politische Theorie wie über Soziologie, wie der Titel und der Augenschein alsbald lehren.
2.) Die Herausgabe der philosophisch-politischen Schriften des jungen Marx war ein denkwürdiges Ereignis: manche dieser Schriften hatten bis dahin unveröffentlicht in den Archiven geschlummert, weil sie den marxistischen Bewegungen nicht geheuer waren. Die Russen haben unmittelbar nach L. diese Schriften ebenfalls publiziert, haben sich aber weislich gehütet, sie entweder in die russische oder in irgendeine andere nichtdeutsche Sprache zu übersetzen. L's Einleitung zu der Sammlung ist eine erstklassige Leistung.«
Und das Resümee lautet:
»Daß L. ein vornehmer Gelehrter und ein vornehmer Mann ist, wird, wie ich annehme, von denjenigen bezeugt werden, die mit ihm Berührung gehabt haben oder von seinen bevorstehenden Vorlesungen und etwaigen Einzelvorträgen Kenntnis nehmen werden. In diesem Zusammenhang möchte ich darauf hinweisen, daß die manchmal gehörte Befürchtung, als könnte ›politische Wissenschaft‹ etwas mit der in Deutschland scheel angesehenen Tagespolitik zu tun haben, am besten durch das Niveau und die Spannbreite des Mannes selber, durch seine weltweite Sicht und auch durch seine englische Staatsbürgerschaft entkräftet wird. Ich stehe nicht an, ihn als einen Mann ersten Ranges zu bezeichnen und der Meinung Ausdruck zu geben, daß die Universität Hamburg, wenn sie ihm die Gelegenheit zur Arbeit mit deutscher Jugend und zur Ausführung lang gehegter literarischer Pläne geben würde, sich selbst den schönsten Dienst erwiese.«
Die Absicht, sich diesen Dienst zu erweisen und Siegfried Landshut nach Hamburg zu holen, bestand nun tatsächlich. Am 7. August, kurz nach Ende der Landshutschen Vortragstätigkeit im Sommersemester 1950, reichte Eduard Bötticher als Dekan der Rechts- und Staatswissenschaftlichen Fakultät bei der Schulbehörde den Antrag ein, Landshut für das Wintersemester 1950/51 einen »Lehrauftrag für Soziologie und politische Wissenschaften« zu erteilen.[80] Damit hatte sich auch die Frage der Berufung Landshuts konkretisiert; diese schien für die Zeit nach Ablauf

des halbjährigen Lehrauftrags in Aussicht gestellt. Denn zur Begründung des Antrags hatte Bötticher auch angeführt, daß Landshut dringend einer finanziellen Hilfe bedürfe, »um die Zeit bis zu seiner evtl. Berufung nach Hamburg zu überbrükken«.

Der Lehrauftrag wurde sehr zügig genehmigt; allerdings sollte die Vergütung nur den Bezügen einer außerordentlichen Professur entsprechen, da für das Fach »Politische Wissenschaften« ein Extraordinariat geplant sei.[81] Nach seinem Aufenthalt in Hamburg war Landshut davon ausgegangen, daß ein ordentlicher Lehrstuhl eingerichtet werden sollte. Daß nun behördlicherseits ein Extraordinariat geplant wurde, machte ihn – wie er Eduard Bötticher schrieb – stutzig.[82] Nach all den Anstellungsschwierigkeiten seiner Laufbahn und den Erfahrungen, die er mit der Universität in Hamburg gemacht hatte, war Landshuts Reaktion kaum verwunderlich. Eine generelle Skepsis läßt sich auch in der Tatsache erkennen, daß Edith und Siegfried Landshut noch am 7. September 1950 die britische Staatsangehörigkeit angenommen haben:[83] dies immerhin zu einem Zeitpunkt, da mit einer Übersiedlung nach Hamburg gerechnet werden konnte.

Die Errichtung eines Ordinariats für die Wissenschaft von der Politik wurde von der Universität Hamburg nun konkret unterstützt. Am 5. September stellten die Dekane der Philosophischen sowie der Rechts- und Staatswissenschaftlichen Fakultät bei der Schulbehörde gemeinsam den entsprechenden offiziellen Antrag.[84] Dabei betonten sie, daß hinsichtlich der Bedeutung des Faches nur ein ordentlicher Lehrstuhl in Frage komme. Zweifelsohne mit Blick auf Landshut wurde festgestellt, daß die Schaffung eines Extraordinariats die Möglichkeit einer geeigneten personellen Besetzung des Lehrstuhles erheblich erschweren würde.

Es schien also alles in recht gutem Flusse, als Landshut im November 1950 das dritte Mal an die Universität Hamburg kam, zumal für das Wintersemester 1950/51 nun doch noch die Vergütung eines ordentlichen Professors genehmigt worden war.[85] Die ganz auf den erwarteten Lehrstuhl für die Wissenschaft von der Politik ausgerichteten Themen seiner Vorlesungen lauteten: »Das Parlament« und »Der politische Rousseau«. Über die letztgenannte berichtet Hans-Christian Röglin, ein Student der ersten Stunde:[86]

»Ich war der dritte Student, der die Vorlesung von S. L. hörte. Ich erinnere noch, wie im Vorlesungssaal der alten Hamburger Universität [...] das Ehepaar Herrmann und S. L. beratschlagten, ob nun eine Vorlesung gehalten werden sollte oder nicht. Dann erschien ich als Dritter – tres faciunt collegium –, und so verlief die 1. Vorlesungsstunde für S. L. und uns im Wintersemester 1950/51 unter dem Thema: ›Der politische J. J. Rousseau‹ – faszinierend für Studenten, die bis dahin nur die ausschließliche Wissensvermittlung kannten.«

So faszinierend Landshuts Themen und seine Vortragsweise für die Anwesenden waren, so schwierig mußte es doch zunächst sein, größere Studentenkreise anzusprechen. Nicht nur der Gastprofessor hatte sich durchzusetzen, sondern auch die durch ihn vertretene Disziplin, die noch nicht an der Universität verankert war. Wer in die ersten Gastvorlesungen kam, erschien aus Interesse an den angekündigten Themen und nicht, weil eine Studien- oder Prüfungsordnung es so wollte. Siegfried Landshut erreichte also zunächst nur einen kleinen Kreis von Studenten, die an politisch-philosophischen Fragestellungen interessiert waren. Für diese aber waren seine Vorlesungen offenbar ein Ereignis.

Die Frage einer endgültigen Berufung Landshuts erhielt im Wintersemester 1950/51 eine neue Wendung. Denn der ein halbes Jahr zuvor für den Lehrstuhl für Soziologie vorgesehene Gerhard Mackenroth lehnte mit Schreiben vom 25. November 1950 den an ihn ergangenen Ruf ab.[87] Als neuer Kandidat kam daraufhin der in Chicago lehrende Arnold Bergstraesser (1896-1964) ins Gespräch.[88] Eine Kandidatur Landshuts wurde zunächst nicht erwogen, da mit der Errichtung des Lehrstuhles für die Wissenschaft von der Politik gerechnet wurde. Ob und wann dieser Lehrstuhl eingerichtet werden würde, war gegen Ende des Jahres 1950 allerdings immer unklarer geworden, und es zeichnete sich die Möglichkeit ab, daß Siegfried Landshut wiederum leer ausgehen könnte. In diesem Sinne verständigte Curt Bondy den inzwischen wieder in New York weilenden Eduard Heimann; gleichzeitig erbat er eine Einschätzung hinsichtlich Bergstraessers Befähigung für das Fach Soziologie.[89] In seinem Ant-

wortschreiben vom 6. Januar 1951 schilderte Heimann, daß Bergstraesser trotz aller politischen Differenzen ein Duz-Freund von ihm sei.[90] Allerdings habe dieser seit zehn Jahren keine Sozialwissenschaft mehr betrieben, sondern sich ganz der Herausgabe einer zehnbändigen Goetheausgabe gewidmet, und überhaupt könne Bergstraesser kaum als Soziologe bezeichnet werden. Vergleichend zu Siegfried Landshut gibt Heimann an: »Da sein Gegenkandidat Landshut ist, so stehe ich nicht an, diesen für den fachlich qualifizierteren zu halten. Nicht für den intelligenteren, sie sind beide hochintelligent und gebildet. Aber L. hat eben, zum Unterschied von B., ganz überwiegend [über] die fundamentalen Fragen der politischen und der soziologischen Theorie gearbeitet; er ist wahrscheinlich auch der konzessionslosere Gelehrte.«
Die Stellungnahme Heimanns hatte ein weiteres Mal Gewicht. Noch im Januar 1951 beschloß die Berufungskommission, Siegfried Landshut als einzigen Kandidaten für den Soziologie-Lehrstuhl zu nominieren. Hans Würdinger reichte als Dekan der Rechts- und Staatswissenschaftlichen Fakultät diesen Vorschlag am 16. Februar 1951 offiziell bei der Behörde ein.[91] Die Begründung sowie die beigefügte fünfseitige Würdigung Landshuts entsprechen weitgehend den Stellungnahmen Eduard Heimanns.

Das Schreiben Würdingers enthielt noch einen weiteren Vorschlag der Rechts- und Staatswissenschaftlichen Fakultät, nämlich jenen, Arnold Bergstraesser auf den Lehrstuhl für die Wissenschaft von der Politik zu berufen, falls es doch zu seiner Errichtung kommen sollte. Die Argumentation war nicht eben schlüssig, wurde Bergstraesser doch im selben Brief aufgrund seiner rein literarhistorischen Forschungstätigkeit der vergangenen Jahre für den Bereich der Soziologie abgelehnt. Im Vordergrund stand dabei vermutlich, die Chancen für die Errichtung eines Politik-Lehrstuhles durch die sofortige Präsentation eines neuen Kandidaten stärken zu wollen. Damit war die kuriose Situation entstanden, daß eine Berufung Landshuts zwar so gut wie sicher war, daß er aber den für ihn zweifellos ungeeigneteren Lehrstuhl erhalten sollte.

Dazu kam es nicht, denn am 28. Februar 1951 konnte Heinrich Landahl mitteilen, daß der Hamburger Senat der Errichtung eines Ordinariats für die Wissenschaft von der Politik zugestimmt habe. Von Landahl stammte auch der Vorschlag, daß die Hochschulsektion der Deputation der Schulbehörde daraufhin die Berufung des ursprünglich für den Politik-Lehrstuhl vorgesehenen Siegfried Landshut beschließen möge. Nachdem die Dekane der Rechts- und Staatswissenschaftlichen und der Philosophischen Fakultät dem Vorschlag zugestimmt hatten, erklärte sich auch die Hochschulsektion damit einverstanden.[92] Noch am Nachmittag desselben Tages wurde in der Sitzung der Rechts- und Staatswissenschaftlichen Fakultät beschlossen, Siegfried Landshut als einzigen Kandidaten für den neuen Lehrstuhl aufzustellen und ihn bei einer möglichen Ablehnung seitens der Bürgerschaft als einzigen Kandidaten für die Soziologie einzusetzen.[93]

Am 6. März 1951 beantragte der Senat, die Bürgerschaft möge zustimmen, daß an der Universität Hamburg ein ordentlicher Lehrstuhl für die Wissenschaft von der Politik errichtet werde. In der Begründung hieß es, daß es in Hamburg schon seit einiger Zeit ein allgemeines Einvernehmen über die Etablierung eines derartigen Lehrstuhles gegeben habe, bisher jedoch keine der Bedeutung des Faches entsprechenden Besetzungsvorschläge gemacht worden seien. Nun aber liege ein Vorschlag der Universität vor, der auch die einstimmige Billigung der Hochschulsektion der Deputation der Schulbehörde gefunden habe.[94]

In der Bürgerschaftssitzung vom 4. April 1951 sprachen sich Vertreter aller dort anwesenden Parteien für die Schaffung des Lehrstuhles aus.[95] Einhellig galt dieser Schritt als wichtiger Beitrag zur Demokratie-Erziehung. Landahl erinnerte zudem daran, daß es in der jungen Geschichte der Universität schon Gelehrte gegeben habe, denen Politik als wissenschaftliche Aufgabe selbstverständlich gewesen sei, etwa Rudolf Laun, Albrecht Mendelssohn Bartholdy und Eduard Heimann. Als Themenbereiche der »Wissenschaft von der Politik« gab er in Anlehnung an die Konferenz von Waldleiningen folgendes an: Weltpolitik, politische Soziologie, vergleichende Staatenkunde, die auf die Gegenwart bezogene Universalgeschichte und Politische Theorie.

Am 25. April 1951 beschloß die Bürgerschaft dann einstimmig, den Senatsantrag auf Errichtung eines ordentlichen Lehrstuhles für die Wissenschaft von der Politik zum 1. Mai 1951 anzunehmen,[96] und drei Tage später erhielt Landshut, der im Sommersemester 1951 wieder als Gastprofessor in Hamburg tätig war, offiziell Kenntnis von seiner Berufung.[97] Siegfried Landshut folgte dem Ruf, nahm - neben der fortbestehenden britischen - die deutsche Staatsangehörigkeit an[98] und bezog eine Wohnung in unmittelbarer Nähe seiner ersten Hamburger Adresse. Am 18. Juli 1951 wurde er zum Ordentlichen Professor ernannt.

8. Wiederbegründung der Politischen Wissenschaft
(1951-1968)

Der vergessene »Gründungsvater«

Mit viel Skepsis, wenn nicht gar mit offener Ablehnung, wurden die Lehrstühle für die »Wissenschaft von der Politik« an deutschen Hochschulen aufgenommen. Für die Gegner des Faches handelte es sich um eine neue, von außen »verordnete« Disziplin ohne eigenen Gegenstandsbereich. Sie wurde als überflüssige Konkurrenz zu den schon bestehenden Fächern empfunden und galt aufgrund ihres Zusammenhangs von »Wissenschaft« und »Politik« als suspekt. Die Vertreter der »Wissenschaft von der Politik« hatten keinen leichten Stand, zumal auch in den eigenen Reihen Unklarheit über den Gegenstand der Disziplin und über den ihr zugrundeliegenden Begriff der »Politik« herrschte.

Vielfach unberücksichtigt blieb dabei, daß es sich bei der Politik keineswegs um eine neue Disziplin handelte. Noch bis zum Ende des 18. Jahrhunderts hatte die Politik innerhalb der am aristotelischen Vorbild orientierten Fächertrias der »praktischen Philosophie« neben Ethik und Ökonomik (als Lehre vom Haus) ihren Platz gehabt. Dann war sie aber einem in Deutschland überaus schroffen Traditionsbruch nahezu gänzlich zum Opfer gefallen. Während sich im Laufe des 19. Jahrhunderts Nationalökonomie und Soziologie zunehmend als eigenständige Disziplinen ausbildeten, blieb die vormals übergeordnete, durch Universalität gekennzeichnete Politik nur noch in Spuren kenntlich, vor allem in der »Allgemeinen Staatslehre«, aus welcher sie jedoch im Zuge der Scheidung eines juristischen und soziologischen Staatsbegriffs auch verschwand.

An den Universitäten der Weimarer Republik gab es keine selbständige Disziplin »Politik«, und eine Wiederbegründung dieses Faches blieb aus, obgleich durchaus ein »politikwissenschaftliches Potential« existierte, für das nicht zuletzt der Name Siegfried Landshut steht. In seiner Untersuchung zur Emigration von »Staats- und Politikwissenschaftlern« hat Alfons Söllner dieses Potential hervorgehoben: Demzufolge sind nach der Machtübernahme der Nationalsozialisten vierundsechzig Wissenschaftler vertrieben worden, die sich im Exil als Politikwissenschaftler betätigten.[1] In den Vereinigten Staaten, wo sich die »Political Science« seit der Jahrhundertwende sehr rasch als eigenes Fach konstituiert hatte, ließen sich vierundfünfzig von ihnen nieder. Als die Politik nach 1945 – von amerikanischer Seite forciert – dann im Sinne einer »Demokratiewissenschaft« an deutsche Hochschulen zurückkehrte, brachten auch einige Remigranten ihre Erfahrungen aus den USA ein.[2] Die ältere Tradition des Faches allerdings spielte nur eine untergeordnete Rolle; für Landshut dagegen war sie entscheidend. Unter den ersten Lehrstuhlinhabern der Politikwissenschaft in der Bundesrepublik hat wohl keiner so konsequent wie er versucht, an die Wurzeln der Disziplin anzuknüpfen. Er geriet damit in eine Außenseiterposition: ein Umstand, der bis heute fortwirkt.

Obgleich Siegfried Landshut maßgeblichen Anteil an der Etablierung der Politikwissenschaft hatte, sucht man seinen Namen in der langsam anlaufenden wissenschaftsgeschichtlichen Debatte zur »Gründungsphase« des Faches in der Bundesrepublik zumeist vergeblich. Selbst bei dem bereits erwähnten, von Hans Karl Rupp und Thomas Noetzel unternommenen Versuch, die »Anfänge der westdeutschen Politikwissenschaft« mittels »biographischer Annäherungen« auszuleuchten, bleibt Landshut ungenannt.[3] Als sogenannte »Gründungsväter« gelten dagegen: Franz L. Neumann (1900-1954), Ernst Fraenkel (1898-1975), Ossip K. Flechtheim (geb. 1909), Wolfgang Abendroth (1906-1985), Eugen Kogon (1903-1987), Carlo Schmid (1896-1979), Dolf Sternberger (1907-1989), Theodor Eschenburg (geb. 1904), Arnold Bergstraesser (1896-1964) und Eric Voegelin (1901-1985). Zur Auswahl dieser zehn Politikwissenschaftler erklären die Verfasser, daß vor allem alle Orte vertreten sein sollten, an denen schon im ersten Dezennium nach dem Kriege Hochschulen oder Institute für Politikwissenschaft entstanden seien.[4] Erstaunlicherweise bleibt aber unbeachtet, daß einer der frühesten Politik-Lehrstühle im Jahre 1951 an der Universität Hamburg eingerichtet wurde und Siegfried Landshut damit zu den ersten Ordinarien der Politikwissenschaft in der Bundesrepublik zählte. Lediglich einer der zehn bei Rupp/Noetzel aufgeführten »Gründungsväter« war früher auf einen Politik-Lehrstuhl berufen worden als Landshut: Wolfgang Abendroth, dessen Berufung nach Marburg am 26. Oktober 1950 erfolgte.[5]

Doch Siegfried Landshut hatte nicht nur einen der ersten Lehrstühle für Politik inne, er engagierte sich auch in besonderer Weise für die Etablierung des Faches in der Bundesrepublik, wie etwa seine kontinuierliche Vorstandstätigkeit in der »Vereinigung für die Wissenschaft von der Politik« – seit 1959: »Deutsche Vereinigung für Politische Wissenschaft« (DVPW) – belegt. Bereits an der am 10. Februar 1951 in Königstein stattfindenden Gründungsversammlung der »Vereinigung« nahm Landshut teil.[6] Dem dort gewählten ersten Vorstand gehörten neben dem Vorsitzenden Alexander Rüstow[7] die beiden Lehrstuhlinhaber Wolfgang Abendroth und Ernst Wilhelm Meyer (1892-1969) sowie Otto Suhr (1894-1957), Erwin Stein (1903-1992), Georg Weippert und Adolf Grabowsky (1880-1969) an. Als Ehrenvorsitzender wurde zudem Alfred Weber gewählt. Dies sind die Namen, die für die Frühphase der »Vereinigung« üblicherweise genannt werden. Allerdings: Ernst W. Meyer, der den ersten Politik-Lehrstuhl in Frankfurt innehatte,[8] schied schon im November 1951 aus der Universität aus, um als deutscher Botschafter nach Indien zu gehen. Für den frei gewordenen Vorstandssitz aber wurde Siegfried Landshut vorgeschlagen und auf der ersten großen wissenschaftlichen Tagung der »Vereinigung« am 3. Mai 1952 in Berlin auch einstimmig gewählt;[9] drei Jahre später erfolgte seine Wahl zum stellvertretenden Vorsitzenden.[10] Daß Landshut also ab 1952 Vorstandsmitglied war, dieses bis 1958 blieb und im besagten Zeitraum in verschiedener Hinsicht eine wichtige Rolle spielte, sucht man in der Literatur zur Fachgeschichte vergeblich.[11]

Als Ziel der »Vereinigung« wurde proklamiert, »Forschung und Lehre der Wissenschaft von der Politik zu fördern, auch durch Erfahrungs- und Meinungsaustausch mit dem Ausland«.[12] Kein Zweifel, daß Landshut intensiv in diesem Sinne gewirkt hat. Zunächst nahm er sich der Studienorganisation an, eines der drängendsten Probleme nach Errichtung der ersten Lehrstühle, da weder ein Plan über den Verlauf des Politik-Studiums existierte, noch Klarheit über die Möglichkeiten des Studienabschlusses bestand. Insbesondere zur Formulierung von Richtlinien für eine Diplomprüfung setzte der Vorstand der »Vereinigung« im Februar 1952 eine Kommission ein, der neben Abendroth, Grabowsky und Suhr auch der zu diesem Zeitpunkt noch nicht als Vorstandsmitglied fungierende Landshut angehörte.[13] In Hamburg legte Siegfried Landshut dann bereits im Juli 1952 den detaillierten Entwurf eines Studienplans vor.

Ein weiterer wichtiger Bereich in der Anfangsphase der »Vereinigung« war die Kontaktaufnahme zu Organisationen der Politikwissenschaftler im Ausland. Zunächst ging es dabei überhaupt um Aufnahme in die internationale Dachorganisation, die 1949 gegründete »International Political Science Association« (IPSA). Alexander Rüstow, der die Vorverhandlungen geführt hatte, erklärte auf der Vorstandssitzung vom 10. Februar 1952, man solle mit einem Aufnahmeantrag so lange warten, bis sichergestellt sei, daß von israelischer Seite kein Einspruch erhoben werde. Landshut entgegnete darauf, daß auch trotz etwaiger Bedenken in Israel ein Antrag gestellt werden solle.[14] Tatsächlich wurde die Aufnahme der deutschen »Vereinigung« in die IPSA auf deren am 8. und 9. September 1952 in Den Haag stattfindenden Kongreß ohne Gegenstimme und bei einer Enthaltung angenommen. Landshut, der als einer der wenigen deutschen Politikwissenschaftler an dieser internationalen Konferenz teilgenommen hatte – erstaunlicherweise war die eigentlich vorgesehene deutsche Delegation, bestehend aus Rüstow, Sternberger und Suhr, komplett ausgefallen –, berichtete auf der Vorstandssitzung der »Vereinigung« am 22. September 1952 über den Verlauf: »Israel habe seinen Einspruch fallen lassen und sich der Stimme enthalten; mit Prof. Azkin (Israel) sei eine gute Verständigung hergestellt worden«, heißt es im Protokoll.[15] Dies war keinesfalls selbstverständlich, zumal eine von der »Vereinigung« vorbereitete Erklärung über die NS-Zeit in Den Haag schließlich in verschiedenen Fassungen abgegeben wurde, was für peinliche Verwirrung sorgte. Die gute Verständigung ging offenbar im wesentlichen auf Siegfried Landshut zurück.

Auch auf den frühen wissenschaftlichen Tagungen der »Vereinigung« trat Landshut mit etlichen Beiträgen hervor. Ein Hauptreferat hielt er sowohl im Jahre 1954 in Hamburg als auch im Jahre 1958 in Tutzing. Auf der Hamburger Tagung, deren

Ausrichtung wohl maßgeblich auf seine Initiative zurückging, sprach er – ebenso wie Dolf Sternberger – über »Formen und Funktionen der parlamentarischen Opposition«; in Tutzing referierte er über »Empirische Forschung und Grundlagenforschung in der politischen Wissenschaft«.

Überhaupt waren Landshuts erste Jahre als Lehrstuhlinhaber von großer Aktivität gekennzeichnet. Neben seiner umfangreichen Lehrtätigkeit baute er den Studiengang Politische Wissenschaft an der Universität Hamburg auf; zudem unterrichtete er jahrelang an der Akademie für Gemeinwirtschaft, einer Hochschule des Zweiten Bildungswegs. Auf zahlreichen Tagungen und Veranstaltungen hielt er Vorträge, etwa auf dem Historikertag in Marburg 1951 (»Die soziologische Geschichtsauffassung des Marxismus«), anläßlich des »Nationalen Gedenktages des deutschen Volkes« in Hamburg 1952 (»Volkssouveränität, Parteien und Freiheit«), auf dem Soziologentag in Bad Meinberg 1956 (»Tradition und Revolution«) und im Rahmen des ebenfalls 1956 vom DGB organisierten »Fünften Europäischen Gesprächs« in Recklinghausen (»Bestimmt die Klassenzugehörigkeit unser gesellschaftliches Dasein und Denken?«); er trat in Rundfunksendungen auf und diskutierte im Fernsehen über das Werk von Marx; er gab dessen Frühschriften erneut heraus und trug mit seiner Auswahl der Schriften Alexis de Tocquevilles maßgeblich zu einer neu einsetzenden Tocqueville-Rezeption bei; als Herausgeber und Übersetzer holte er Standardwerke der angelsächsischen und französischen Politikwissenschaft in die Bundesrepublik: Für die deutschsprachigen Ausgaben von Herman Finers *Theory and Practice of Modern Government* und von Maurice Duvergers *Les Partis Politiques* zeichnete er verantwortlich.

Bei all diesen hier zunächst nur aufgelisteten Tätigkeiten war Landshut von einem bestimmten, im folgenden zu klärenden Politik-Begriff geleitet, und genau darin liegt offenbar der Grund, warum er trotz seines unbestreitbar großen Engagements in der Frühphase der westdeutschen Politikwissenschaft doch weitgehend isoliert blieb.

Was ist Politik?

Siegfried Landshut, für den eine Klärung von Begriffen und Gegenstandsbereichen immer besonders vordringlich gewesen war, konstatierte gerade für sein Fach große Verwirrung und Unsicherheit. So schrieb er im Jahre 1959, das Wort »Politik« sei in der täglichen Umgangssprache von solch uferloser Verschiedenheit der Bedeutungen, daß deren Zurückführung auf den ursprünglichen Begriff fast den Eindruck der Willkür erwecken müsse. Weiter heißt es:[16]

»Daß es sich bei der P[olitik] um ein kunstvolles Verfahren, daß es sich um das handelt, was die Politiker tun, hatte sich zu solcher Selbstverständlichkeit verfestigt, daß selbst die Universitäten, die nach 1945 ein solches Fach gelehrt wissen wollten, es als Wissenschaft von der P[olitik] bezeichneten. Mit Recht wurde daher die skeptische Frage aufgeworfen, ob denn diese Wissenschaft P[olitik] lehren könne! Aber der Begriff P[olitik] ist ja nicht von gestern. Er ist neben Physik, Metaphysik und Ethik einer der ältesten Begriffe zur Bezeichnung einer Wissenschaft, der Wissenschaft von der Polis, der politischen Gemeinschaft, der res publica.«

Siegfried Landshut wurde nicht müde, an die mehr als zweitausendjährige Geschichte der Politik zu erinnern, an jenen Bereich der politischen Gemeinschaft, der dem Bewußtsein der Menschen in der modernen Gesellschaft zunehmend entrückt war. In welchem Maße die Zurückdrängung der Politik im aristotelischen Sinne erfolgt war, machte Landshut an einem neueren Begriff, an dem der »Politischen Soziologie«, deutlich. In seinem 1956 erstmals veröffentlichten Aufsatz »Zum Begriff und Gegenstand der Politischen Soziologie«[17] setzte er sich kritisch mit einer Tendenz auseinander, die in den Arbeiten Otto Stammers repräsentativen Ausdruck gefunden hatte.[18] Wenn Stammer (1900-1978) einen Wörterbuchartikel zur »Politischen Soziologie« mit der Feststellung beginnen konnte, daß deren Anliegen vielfach mit der Erkenntnisabsicht der Wissenschaft von der Politik gleichgesetzt werde,[19] so zeigte sich darin für Landshut der Abbruch jeglicher Verbindung zum ursprünglichen Begriff des Politischen. Er versuchte daher zunächst, die Traditionslinie der »Politik« mit wenigen Strichen nachzuzeichnen:[20]

»Ist aber Politik nicht der Titel für ein sehr altes, ja vielleicht sogar für das älteste Thema wissenschaftlicher Reflexion im Hinblick auf das geordnete Gemeinschaftsleben der Menschen? Ist es nicht der Titel, unter dem sich seit Aristoteles bis zu Althusius – Politica methodice digesta – und Rousseau, dem eine Theorie der ›institutions politiques‹ vorschwebte, und schließlich bis zu Dahlmann und Treitschke das Denken um den Begriff des ›politischen‹ Gemeinwesens bemühte?«

Was aber bedeute es, fragt Landshut weiter, wenn sich in unserer Zeit der Begriff des »Politischen« in eine adjektivische Bestimmung einer anderen Wissenschaft verwandele, der Soziologie, einer Wissenschaft also, die im Verhältnis zum respektablen Alter der Politik doch erst jüngerer Herkunft sei? Welche Wandlung sei vor sich gegangen, wenn es neben der Betriebs-, der Wissens-, der Kultur-, der Religions-Soziologie auch die Politische Soziologie gebe, und der Bereich der Lebensordnung, der früher als der politische bezeichnet worden sei und den Aristoteles in seiner *Politik* als die höchste und alle anderen umfassende Gemeinschaft erklärt habe, zu einer Spezialität der Soziologie werde?

Indem Siegfried Landshut diese Fragen stellt, macht er den Traditionsabbruch im Bereich des Politischen deutlich; zu ihrer Beantwortung verweist er auf die tiefgreifenden Umwälzungen, die vor allem seit Ende des 18. Jahrhunderts zur Wirkung gekommen sind. Wie schon ausführlich in *Kritik der Soziologie* erörtert, führt er auch hier die Soziologie auf ihren Ursprung zurück, auf den Zerfall des vormals gesellschaftlich-politischen Ganzen in zwei voneinander getrennte Sphären: »in die des allgemeinen, des für alle in gleicher Weise verbindlichen Systems der Gesetze des Staates auf der einen, und die des Privaten, des Besonderen, der Gesellschaft auf der anderen Seite«.[21] Im Zuge der fortschreitenden Demokratisierung sei die Problematik dieses Antagonismus in den Vordergrund getreten. Die Polarität von Staat und Gesellschaft habe sich zunehmend zugunsten der Gesellschaft aufgelöst, wobei der Prozeß der Herausbildung eines allgemeinen Willens, eines die Gesamtheit verpflichtenden Willens, zum zentralen Problem geworden sei. Die Politik verwandele sich damit in der Tat in Soziologie, das Phänomen des

Politischen werde zu einem Epiphänomen der Gesellschaft. Vor diesem Hintergrund erst werde verständlich, daß sich die Meinung herausbilde, politische Willensbildung und Kampf um Macht seien das einzige Thema aller Politik, und die Politische Wissenschaft habe es vor allem mit den »Faktoren der Machtbildung« zu tun.

Entgegen diesem »modernen« Politik-Verständnis betont Landshut, daß sich das ursprüngliche Thema der Politik, die Frage nach dem Begriff des politischen Gemeinwesens, nach dem Menschen als Zoon politikon heute von neuem stelle. Der Politischen Soziologie setzt er folgendes »Programm« entgegen:[22]

»Die Besinnung der Politik geht auf den Ursprung und das Wesen politischer Gemeinschaft, sie fragt nach den das Politische konstituierenden Elementen, nach dem Begriff der Herrschaft, der Repräsentation, der Souveränität oder Majestät, der Legalität, der Einheit, der Freiheit in der Zuordnung von Befehl und Befolgung, der Gliederung der politischen Gemeinschaft und ihrem Zusammenhang mit Recht und Gerechtigkeit. Sie reflektiert auf die Zustände und Verhältnisse der politischen Gegenwart aus dem Aspekt des Politischen, nicht aus dem der Gesellschaft.«

Siegfried Landshut versuchte deutlich zu machen, daß eine Politik als Wissenschaft im aristotelischen Sinne möglich – ja, daß sie vor allem unverzichtbar sei. Ein aufschlußreiches Zeugnis seines Denkens ist der 1958 auf der Tutzinger Tagung der »Vereinigung für die Wissenschaft von der Politik« gehaltene Vortrag »Empirische Forschung und Grundlagenforschung in der Politischen Wissenschaft«. Auch hier wehrte er sich vehement gegen die Meinung, daß Politik letztlich nichts anderes heiße als »Kampf um Macht«; eine Auffassung, die schon nahezu zu einem Gemeinplatz geworden sei.[23] Landshut meinte damit nicht zuletzt die Mehrzahl der in Tutzing anwesenden Fachkollegen, und es entbehrt nicht eines gewissen verärgerten Untertons, wenn er ihnen gegenüber folgendes erklärt:[24]

»Ich darf mich der Anführung zahlloser Belegstellen enthalten, wenn ich feststelle, daß der Begriff Politik heute auch in der Wissenschaft zumeist und mit wenigen Ausnahmen so verstanden wird, wie er in der losen Umgangssprache, in Zeitungen, in Versammlungen und Gesprächen verstanden wird,

nämlich Politik als das, was die Politiker machen, die Art, in der sie verfahren: Politik als Kunst des Möglichen, der geschickten Ausnutzung von Chancen, des Manövrierens im Hinblick auf einen beabsichtigten Erfolg.«
Das routinierte Disponieren der Mittel zur Erreichung eines Zwecks sei also in den Vordergrund, der Bezug auf ein Gemeinwesen aber ganz in den Hintergrund getreten. Ein solches Politik-Verständnis habe laut Landshut auch diejenigen geleitet, die die neuen Lehrstühle als solche einer »Wissenschaft von der Politik« benannt hätten und damit wohl zu verstehen geben wollten, daß es sich hier um eine Bemühung handele, dasjenige wissenschaftlich zu »erfassen«, was die Politiker betreiben, etwa bestimmte Regeln oder gar Gesetze daraus zu deduzieren. Nach Meinung Landshuts wurde dem Fach mithin die Aufgabe zugewiesen, von der täglichen Praxis vorgegebene Fragen zu lösen, womit ihr lediglich die Rolle einer »Hilfsveranstaltung«, einer »Technologie« zukäme.[25]

Als Merkmal dieser Entwicklung beschreibt Siegfried Landshut den Niedergang der politischen Theorie und die Betonung empirischer Forschung in der Politischen Wissenschaft.[26] Die Neigung zur Empirie – zur Beobachtung, Zählung, Sammlung und Gruppierung – kennzeichnet er als unbestreitbares Bedürfnis der Zeit; einer Zeit, in der die gesellschaftliche Welt von der komplizierten Unübersichtlichkeit ihrer inneren Verhältnisse geprägt sei. In diesem »entfremdeten« Charakter der modernen Gesellschaft liege der Anlaß zur neueren empirischen Forschung begründet, deren Resultate das Bedürfnis nach Orientierung befriedigen sollen. Es zeige sich aber, daß schon die Begriffe, an denen sich die Fragestellungen jener Forschungsrichtung orientierten, weniger ein reines Erzeugnis des Gedankens als vielmehr ungeläutert der täglichen Umgangssprache entnommen seien.[27]

Es ist Landshuts Intention zu zeigen, daß auch und gerade in der Gesellschaft des 20. Jahrhunderts nicht die Aufschichtung von Daten und die Schilderung von Ereignissen Orientierung schaffen können, sondern nur eine Rückbesinnung auf die Tatsache, daß der Mensch seiner Natur nach ein politisches Wesen sei. Kein menschliches Gemeinwesen sei denkbar oder lebensfähig, das nicht gewisse Elemente ursprünglicher polis, d. h. politischer Lebensgemeinschaft, noch in sich bewahre: Sogar an den modernen Staat bestehe der »geheime Anspruch«, daß er so etwas wie eine polis sein solle. Eine derartige politische Lebensgemeinschaft zeichne sich durch eine »Gemeinsamkeit des Lebens« aus:[28]

»Eine solche Gemeinschaft des Lebens ist [...] nur möglich, sofern das, was allen gemein ist, das Allgemeine, sich auf das Leben und Miteinanderleben selbst bezieht. Nur etwas Geistiges kann in diesem Sinne gemeinsam sein. Macht, Wohlstand oder Besitz sind Dinge, die nur geteilt werden können, und was der eine davon hat, kann der andere nicht haben. Gemeinschaft heißt aber Gemeinsamkeit im Hinblick auf etwas, was für das Leben der Gemeinsamen allgemein ist. Für eine politische Gemeinschaft besagt das: eine konkrete, bestimmte Idee der Lebensführung, ein sittlicher Imperativ des Verhaltens, der für alle, die die Gemeinschaft bilden, im wörtlichsten Sinne ›verbindlich‹ ist, weil allein in einer solchen Idee, in einem solchen Imperativ die Einheit einer Gemeinschaft begründet sein kann. Ich sage damit ja nichts Neues, ich formuliere nur anders und nehme ernst, was von jeher als das Wesen einer politischen Gemeinschaft begriffen wurde, aber in unseren modernen Ohren etwas sagenhaft klingt.«

Daß es überaus schwierig sein würde, die Bedeutung der politischen Lebensgemeinschaft wieder stärker ins Bewußtsein zu bringen, war Landshut nur allzu deutlich. So führte er aus, daß der Bereich des Politischen – »der Repräsentation eines Allgemeinen und Gemeinsamen« –, dem die politische Gemeinschaft ihre Existenz schulde, sich in einen »privaten Kampf um Macht« aufgelöst habe. Trotz dieser Bestandsaufnahme war sich Landshut eines sicher:[29]

»Aber dennoch kann das Bewußtsein nicht völlig verlorengehen, daß der Mensch ein zoon politikon ist, und es kann gerade deshalb nicht verlorengehen, *weil* er es ist. Denn dies ist der Grund, weshalb wir uns ständig gedrungen fühlen, die gegebene öffentliche Ordnung als eine politische zu begreifen. Wir suchen nach Autorität – nach der Autorität der Institutionen –, finden sie aber nicht in den staatlichen Organisationen, die den anarchistischen Untergrund der Gesellschaft bändigen sollen. Wir suchen nach dem Allgemeinverbindlichen, das der Beliebigkeit partikularer Interessen überlegen sein soll, aber es besteht nur als ein desideratum unseres Bewußtseins.«

Für Landshut war es die Aufgabe der Politischen Wissenschaft, dieses Desideratum in ihre Mitte zu rücken. Nur so – als reflektierendes Bewußtsein der Zeit – könne sie sich selbst und damit ihrer Zeit dienen.

Keine Frage: Siegfried Landshut nahm eine Außenseiterposition innerhalb seiner Disziplin ein. Wilhelm Hennis, der die Relevanz des hier besprochenen Vortrages hervorgehoben hat, konstatierte gar, dieser Text sei kaum noch verstanden und daher zunächst auch nicht gedruckt worden.[30] Eine heutige Lektüre des Tutzinger Protokolls bestätigt diesen Eindruck. Die an das eindringliche Referat anschließende und von Arnold Bergstraesser geleitete Diskussion lief an den Intentionen Landshuts vorbei. Zwar wurde das Gespräch derart vorstrukturiert, daß die drei zentralen Aspekte »Kritik und Analyse der Empirie«, »Landshuts Gegenwartsdiagnose: Polis – apolitischer Staat« sowie »Landshuts Forderung: Rückbesinnung auf die Grundlagen der Wissenschaft von der Politik« behandelt werden sollten, doch fand ein wirklicher Austausch darüber im Grunde nicht statt.[31] Wohl mochte Landshut der schuldige Respekt entgegengebracht worden sein, doch ein Versuch des Verstehens, ein Ernstnehmen seines Anliegens, seines Appells, blieb offenbar weitgehend aus.

Wie Siegfried Landshut von vielen seiner Fachkollegen eingeschätzt wurde, bezeugt auf charakteristische Weise auch die drei Jahre vor der Tutzinger Tagung geführte Diskussion um die *Zeitschrift für Politik*. Das im Auftrag der »Vereinigung für die Wissenschaft von der Politik« von Adolf Grabowsky, Alexander Rüstow und Otto Suhr herausgegebene Fachorgan war nach der Kündigung Gert von Eynerns (geb. 1902) zum 31. März 1955 ohne Redakteur.[32] Auf der Suche nach einem Wissenschaftler, der die Redaktionsgeschäfte fortan leiten sollte, kam auch der Name Landshuts ins Gespräch. Landshut selbst hatte offenbar signalisiert, daß er nicht abgeneigt wäre, diese Aufgabe zu übernehmen. Einwände dagegen blieben nicht aus. So erklärte Otto Heinrich von der Gablentz (1898-1972) in einem an Alexander Rüstow gerichteten Schreiben vom 10. Mai 1955:[33]

»Meine Bedenken gegen Landshut sind doch stärker und werden von den Leuten hier [in Berlin, R. N.], die ihn kennen, geteilt. Über seine hervorragenden geistigen und menschlichen Qualitäten brauche ich kein Wort zu verlieren. Doch seine ›Politik‹ ist so stark eine ästhetisch-esoterische Angelegenheit, eine abstrakte Betrachtung darüber, wie aus dem Machtkampf Integration des Gemeinwesens wird, dass ich fürchte, er würde die Redaktion nicht realistisch genug führen.«
Schon Mitte der fünfziger Jahre gab es für Landshuts Art des Denkens auch in der eigenen »Zunft« nur wenig Raum. Als ästhetisch-esoterisch, als abstrakt und wirklichkeitsfremd wurde sein Politik-Verständnis nicht selten abgetan. Doch wird man unter den Politikwissenschaftlern schwerlich eine lebensnahere Position finden als die seine. Siegfried Landshuts Überlegungen waren nicht realitätsfern, sie waren im Gegenteil ausgesprochen gegenwartsbezogen. Um die gewordene Wirklichkeit aber überhaupt verstehen zu können, war ein genauer Blick auf ihre Entstehung unerläßlich. Dabei durften Begriffe niemals unbefragt übernommen, sie mußten vielmehr auf ihren eigentlichen Gehalt hin untersucht werden. Für den Bereich der Politik stellte Landshut fest, daß der antike Begriff des politischen Gemeinwesens, welcher die Totalität des menschlich-gesellschaftlichen Lebens betreffe, »auch heute noch« aller Politik zugrunde liege.[34] Daran konnte seiner Ansicht nach auch ein wie immer gearteter wissenschaftlicher »Fortschritt« nichts ändern.

Sicher: Landshut stand mit seinem Rückgriff auf die antike Politik nicht völlig allein. Es gab zumindest Berührungspunkte mit anderen Wissenschaftlern, deren Wirken ein ähnlicher Begriff des Politischen zugrunde lag. Der politischen Philosophie verpflichtet war etwa der aus dem amerikanischen Exil zurückgekehrte Eric Voegelin. Im Jahre 1958 war dieser auf den neu eingerichteten ersten Politik-Lehrstuhl in München berufen worden, ein Jahr darauf erschien sein zuerst 1952 in Chicago veröffentlichtes Buch *The New Science of Politics* in deutscher Sprache. Nach Voegelins eigenen Worten handelte es sich dabei um den »Versuch, die Politische Wissenschaft in klassischem Sinne wiederherzustellen, im Gegensatz zu den vorherrschenden Methoden des Positivismus«.[35] Obgleich Voegelin einen Kreis von Schülern um sich versammeln konnte, war seine Randständigkeit innerhalb der deutschen Politikwissenschaft aber überaus deutlich. Nach seiner Emeritierung im Jahre 1969 kehrte er in die Vereinigten Staaten zurück.

Auch die »Freiburger Schule« um Arnold Bergstraesser – ihr sind etwa Kurt Sontheimer, Hans Maier und Dieter Oberndörfer zuzurechnen – knüpfte an ein Politik-Verständnis an, das sich mit jenem Siegfried Landshuts überschneiden konnte;[36] insgesamt aber wurden philosophische Problemstellungen mehr und mehr aus der Politikwissenschaft zurückgedrängt.[37] In seiner im Wintersemester 1959/60 in Frankfurt eingereichten Habilitationsschrift *Politik und praktische Philosophie* erklärte Wilhelm Hennis, daß die Politische Wissenschaft den sie motivierenden Fragezusammenhang aus den Augen verloren hätte, was gerade auch die Lage der Disziplin in Deutschland kennzeichne, wo diese einen »einzigartigen Traditionsabbruch« erlitten habe.[38] Hennis' Arbeit erschien 1963, und nach der späteren Aussage des Verfassers war ihr der Zeitgeist schon in diesem Jahr nicht mehr günstig.[39] Neben der »empirisch-analytischen« und der »dialektisch-kritischen« Richtung der Politikwissenschaft blieb für die Politik als praktische Wissenschaft immer weniger Platz; mit dem modernen Wissenschaftsbegriff schien sie unvereinbar. Auch Siegfried Landshuts Bemühung um eine zweckgerichtete, nämlich am Gemeinwohl, am »guten Leben« orientierte Politische Wissenschaft, einer Wissenschaft, die sich ihrer eigenen Tradition bewußt ist und die nach den Möglichkeiten menschlichen Zusammenlebens in der modernen Gesellschaft fragt, fiel zunehmend durch das Raster herrschender Auffassungen von Politik.

Die Neuausgabe Marxscher Frühschriften

Das Werk von Karl Marx hat Landshut ein Leben lang beschäftigt. Seine intensive Auseinandersetzung mit den Marxschen Ideen fand in *Kritik der Soziologie* bereits deutlichen Ausdruck; in der Ausgabe der Frühschriften von 1932 mündete sie in ein aufsehenerregendes Resultat. Im Exil war es Siegfried Landshut kaum möglich, seine Marx-Forschung fortzusetzen. Erst im Jahre 1945 erhielt er die Gelegenheit, seinen großen Aufsatz über Marx und Max Weber in hebräischer Sprache zu publizieren; 1947 konnte er dann im Kriegsgefangenenlager in Ägypten seine fünfzehn Jahre zuvor erschienene Marx-Biographie in bescheidener Auflage wieder drucken lassen und damit einer interessierten Leserschaft zugänglich machen.

Die eigentliche Wiederaufnahme seiner Studien zum Marxschen Werk begann für Landshut im Zuge seiner Rückkehr nach Hamburg. Im Dezember 1950 nahm der Kröner-Verlag wegen einer Neuausgabe der Frühschriften Kontakt zu ihm auf. Seinerseits war der Verlag schon in den Jahren zuvor verschiedentlich aufgefordert worden, die Ausgabe aus dem Jahre 1932 neu aufzulegen.[40] Dies scheiterte nicht zuletzt daran, daß ein Kontakt zu den damaligen Herausgebern noch nicht wieder zustande gekommen war. Ende 1950 erhielt man über den Parteivorstand der SPD schließlich die Londoner Adresse J. P. Mayers sowie die Nachricht vom Tod des als Mitarbeiter in der »Landshut/Mayer-Ausgabe« genannten Friedrich Salomon; über die Philosophische Fakultät der Universität Hamburg erfuhr man von der dortigen Gastprofessur Siegfried Landshuts.

In Verbindung setzte sich der Verlag zunächst mit Landshut, dem am 16. Februar 1951 mitgeteilt wurde, daß die Ausgabe der Frühschriften von 1932 »samt allen Matern und Platten« 1934 von der Gestapo beschlagnahmt worden sei, man nun aber an eine baldige Neuauflage denke.[41] In seinem Antwortschreiben begrüßte Landshut den Plan, machte jedoch deutlich, daß er nur als alleiniger Herausgeber in Frage komme, da schon die alte Ausgabe im wesentlichen das Resultat seiner und nicht Mayers oder Salomons Arbeit gewesen sei.[42] Auch in weiteren Briefen machte Siegfried Landshut unmißverständlich klar, daß eine erneute Mitherausgeberschaft Mayers seine eigene Mitwirkung ausschließen würde. Da aber auch J. P. Mayer Kontakt zum Kröner-Verlag aufgenommen und seine Ansprüche angemeldet hatte, versuchte man, die beiden früheren Herausgeber zusammenzubringen. Als Landshut jedoch weiterhin eine eigenständige Leistung Mayers an der Ausgabe von 1932 bestritt und die Umstände der damaligen Veröffentlichung detailliert schilderte, genau darlegte, welche Teile der Erstausgabe von ihm und welche von Mayer stammten, entschied man sich im Kröner-Verlag für Landshut als alleinigen Herausgeber. Daraufhin brach J. P.

Mayer die Korrespondenz mit dem Hinweis ab, sein Rechtsanwalt werde sich zu gegebener Zeit melden.[43]

Als Problem ergab sich schließlich zweierlei: Erstens mußte überlegt werden, wie man eine von Landshut allein vorgelegte Neuausgabe gegen mögliche Ansprüche J. P. Mayers absichern konnte, und zweitens schien es aus finanziellen Gründen geboten, die über tausend Seiten umfassende zweibändige Ausgabe des Jahres 1932 um etwa die Hälfte zu kürzen. Siegfried Landshut erklärte, daß es ihm nicht schwerfiele, eine Ausgabe zu erstellen, die »keinerlei Spuren der Mitarbeit von Herrn Mayer mehr trägt«.[44] Mit dem Argument, daß nun eine »völlige Neuausgabe« entstehe, sollten alle juristischen Schwierigkeiten aus dem Weg geräumt werden. Auch die erheblichen Kürzungen, die der Verlag verlangte, hielt Landshut ohne großen Substanzverlust für möglich.

Im Juni 1953 erschienen dann die von Siegfried Landshut allein herausgegebenen Marxschen Frühschriften in einer einbändigen, knapp sechshundert Seiten umfassenden Ausgabe. In bewußter Abgrenzung zur alten »Landshut/Mayer-Ausgabe« lautete der Titel des Bandes nun nicht mehr *Der Historische Materialismus*, sondern *Die Frühschriften*.[45] Verzichtet hatte Landshut für die Neuausgabe insbesondere auf weite Teile der »Deutschen Ideologie«, die beinahe den gesamten zweiten Band der Ausgabe von 1932 gefüllt hatte. Auch Passagen des Textes »Kritik der Hegelschen Staatsphilosophie« waren gestrichen worden. Den Text von »Nationalökonomie und Philosophie«, also den Text der »Pariser Manuskripte« (im folgenden wiederum kurz: *Manuskripte*), hatte Landshut anhand der Lesarten in der *MEGA* sowie in der 1950 von Erich Thier herausgegebenen Fassung überarbeitet und außerdem mit einer neuen Vorbemerkung versehen. Zudem waren alle von J. P. Mayer verfaßten Kurztexte getilgt. Die neue Einleitung bestand im wesentlichen aus einer Kombination der Einleitung von Landshut aus dem Jahre 1932 und seiner ebenfalls 1932 erschienenen Marx-Biographie. Neu verfaßt war schließlich das Vorwort, in dem Landshut sich zwar ausdrücklich auf die alte Ausgabe der Frühschriften bezog, den Namen J. P. Mayer aber nicht einmal erwähnte.

Bald nach Erscheinen des vielbeachteten Bandes setzten sich die Anwälte Mayers mit dem Kröner-Verlag in Verbindung, um

Schadensersatzforderungen anzumelden. *Die Frühschriften*, so hieß es begründend, seien zum großen Teil eine Reproduktion der Ausgabe von 1932.[46] Siegfried Landshut machte dagegen geltend, daß die beiden Ausgaben ganz unterschiedlichen Konzeptionen folgten. Hatte man sich 1932 zum Ziel gesetzt, die bis dahin zerstreuten Schriften von Marx bis zum Kommunistischen Manifest in möglichster Vollständigkeit zu sammeln, so sei für die Neuausgabe von 1953 bewußt eine Auswahl getroffen worden, die im neuen Vorwort ausdrücklich begründet werde: »Von dem literarischen Werk von Marx sollte diesmal nur das aufgenommen werden, worin sich die Entwicklung und der Fortschritt in der endgültigen Position von Marx vollzieht.«[47]

Die folgenden Auseinandersetzungen zwischen dem Kröner-Verlag und zwei von Mayer beauftragten Anwaltskanzleien ist durch einen umfangreichen Briefwechsel dokumentiert. Zu einem Prozeß kam es aber nicht, da J. P. Mayer schließlich die Aussichtslosigkeit seiner Bemühungen erkennen mußte. Von Bedeutung war dabei vor allem, daß er Landshuts Aussage, schon 1932 der maßgebliche Herausgeber gewesen zu sein, nicht entkräften konnte.

Für Siegfried Landshut war es eine Genugtuung, daß er nun als alleiniger Herausgeber des Kröner-Bandes fungierte, daß unter der von ihm verfaßten Einleitung tatsächlich nur noch sein Name stand und daß die ganze Konzeption des Bandes noch mehr seinem Zugang zur Marxschen Ideenwelt entsprach, als dies schon in der Ausgabe von 1932 der Fall gewesen war. In seinem kurzen Vorwort ließ er keinen Zweifel daran, wie er die Frühschriften und insbesondere die *Manuskripte* innerhalb des Marxschen Werkes einordnete. Über die Wirkung der ersten Ausgabe der Frühschriften 1932 heißt es:[48]

»Die gesamte Marx-Auffassung, wie sie sich durch die Vermittlung von Engels, Kautsky, Bernstein, Luxemburg und schließlich Lenin befestigt hatte und sowohl für die Marxisten wie die Anti-Marxisten gleichermaßen maßgebend geworden war, rückte jetzt unter einen völlig veränderten Aspekt. Der vollständige Überblick über die Gedankenarbeit von Marx bis zu seinem 30. Lebensjahr machte deutlich sichtbar, in welche Beschränkung und ›materialistische‹ Dürftigkeit der ganze Reichtum der Marx'schen Gedankenwelt

durch die bisherigen Ausleger gebracht worden war. Es stellte sich heraus, wie wenig begründet die bis dahin übliche Vernachlässigung der Frühschriften als eines noch philosophisch ›befangenen‹ Vorstadiums von Marx war. Denn gerade diese ›Jugendschriften‹ eröffnen ja den geistesgeschichtlichen Horizont, ohne den weder der ›Historische Materialismus‹, noch ›Das Kapital‹ in ihrer wahren Bedeutung zu erfassen sind. Es ist kein Zufall, daß die sowjet-amtliche Marx-Auslegung von diesen Schriften nie Notiz genommen hat. Für das heute neu erwachte Bedürfnis nach einer Auseinandersetzung mit dem Marxismus sind gerade diese Dokumente unentbehrlich.«
Tatsächlich rückten die Frühschriften zunehmend ins Zentrum des Interesses westeuropäisch-amerikanischer Marx-Forschung.[49] Während die philosophischen Schriften vom sowjetisch geprägten Marxismus weitgehend ignoriert wurden,[50] bildeten sie für viele der »westlichen« Marx-Interpreten – auch für die marxistisch orientierten – bald die Grundlage einer Neuinterpretation des Gesamtwerkes: eine Entwicklung, die später von Perry Anderson in seinem Buch *Über den westlichen Marxismus* als »Verschiebung des Brennpunktes der marxistischen Theorie von der Ökonomie und der Politik hin zur Philosophie« gekennzeichnet wurde.[51] Ungeachtet ihres fragmentarischen Charakters standen die *Manuskripte* dabei im Mittelpunkt. Sie machten regelrecht Karriere.[52]

Schon das Erscheinen der *Manuskripte* im Jahre 1932 hatte in Deutschland zumindest Anfänge einer Diskussion ausgelöst, die allerdings mit der nationalsozialistischen Machtübernahme jäh abgebrochen und höchstens im Exil – etwa von Herbert Marcuse[53] – fortgesetzt wurde. Die dann in der Bundesrepublik erneut einsetzende Rezeption stand bereits unter anderen Vorzeichen. Der Marx der Frühschriften, dessen nahe Verbindung zu Hegel mittlerweile deutlich herausgearbeitet worden war, fand nun Eingang in den akademischen Bereich, um bald in den Kreis der »großen Philosophen«, der »Klassiker« aufgenommen zu werden. Begonnen hatte die Rezeption an den Universitäten schon kurz nach Kriegsende, als die Frühschriften – auch auf Grundlage der Landshut/Mayer-Ausgabe, vor allem aber in der Fassung der *MEGA* – zum Gegenstand der Forschung avancierten. Bereits im Jahre 1949 wurde Heinrich Popitz von Karl

Jaspers in Basel mit einer Arbeit promoviert, die später unter dem Titel *Der entfremdete Mensch. Zeitkritik und Geschichtsphilosophie des jungen Marx* veröffentlicht wurde.[54] In Hamburg war es Ralf Dahrendorf, der zu Beginn des Jahres 1952 seine Dissertation *Der Begriff des Gerechten im Denken von Karl Marx* einreichte. Als Doktorvater hatte Josef König Dahrendorf darin bestärkt, sich den Frühschriften zuzuwenden, wenn er sich mit Marx beschäftigen wolle.[55] Zweitgutachter der Doktorarbeit war Siegfried Landshut: für ihn die erste Prüfungstätigkeit in einem Promotionsverfahren überhaupt.

In dieser Phase zunehmender akademischer Marx-Rezeption erschien 1953 Landshuts Neuausgabe der Frühschriften. Das Echo in den Medien war beträchtlich. Ausführlich besprochen oder auch nur angezeigt wurde der Band in überregionalen Tageszeitungen wie in Lokalblättern, in Rundfunksendungen, Parteizeitungen und wissenschaftlichen Organen.[56] Begrüßt wurde durchweg, daß die Frühschriften nun leichter zugänglich seien; die Bedeutung der Texte selbst stand – bei aller unterschiedlicher Interpretation – außer Frage.

»Die Gegenwart im Lichte der Marxschen Lehre«

Siegfried Landshut, der Marx-Kenner und Nichtmarxist, beteiligte sich an der Marx-Diskussion der fünfziger Jahre in vielfacher Weise. Davon zeugt – neben der Neuausgabe der Frühschriften, die 1958 eine zweite und 1961 eine dritte Auflage erlebte[57] – eine Fülle von Vorträgen, Vorlesungen und Aufsätzen. Intensiv nahm Landshut auch an der Arbeit der »Marxismus-Kommission« teil, die 1951 von der Studiengemeinschaft der Evangelischen Akademien eingesetzt worden war und die »der Frage nach dem Menschenbild des Marxismus, seinem Wesen und seiner Wandlung (vom jungen Marx bis zum Stalinismus)« nachgehen sollte.[58] Zu den regelmäßigen Teilnehmern der Marxismus-Kommission in den fünfziger Jahren gehörten neben Landshut etwa Iring Fetscher, Helmut Gollwitzer, Ludwig Landgrebe, Erwin Metzke, Richard Nürnberger und Erich Thier. Landshuts Präsenz in der Diskussion um Marx wird ferner belegt durch seine Beteiligung an internationalen Tagungen zur Marxismus-Forschung oder auch durch seine Teilnahme an einem von Dolf Sternberger geleiteten, vom Hessischen Rundfunk am 14. Juni 1956 ausgestrahlten Fernsehgespräch, in dessen Rahmen er mit Franz Borkenau, Karl Löwith, Oswald von Nell-Breuning und Carlo Schmid die Frage »Ist der Marxismus heute überholt?« diskutierte.

Im Zuge der immer breiter werdenden Rezeption des »philosophischen Marx« war Siegfried Landshut als kompetenter Marx-Forscher durchaus gefragt, wenngleich er auch hier einen ganz selbständigen Standpunkt ausbildete, an dem sich die Geister schieden. Im Zentrum seiner vielfach vorgebrachten Interpretation standen die Begriffe »Selbstentfremdung« und »klassenlose Gesellschaft«. Hinsichtlich des erstgenannten Begriffs knüpfte Landshut direkt an seine früheren Deutungen an. Die Marxsche Analyse und Prophetie basierte seiner Meinung nach auf dem von Hegel geprägten Begriff der »Selbstentfremdung des Menschen«, welcher wiederum »in der Tat der Schlüssel zum Verständnis der modernen Welt ist«.[59] Bezüglich des Begriffs der »klassenlosen Gesellschaft« ging er merklich über frühere Interpretationen hinaus. Hier stellte er die verblüffende These auf, daß die westlichen Länder sich dem Zustand einer »klassenlosen Gesellschaft« annäherten, während gerade in der Sowjetunion alle Merkmale einer »Klassengesellschaft« erfüllt seien.

Eine frühe Gelegenheit, sein Marx-Verständnis zumindest anzudeuten, nahm Landshut auf dem Marburger Historikertag 1951 wahr,[60] wo er über »Die soziologische Geschichtsauffassung des Marxismus« referierte.[61] Für die Sektion »Soziologie und Historie« hatte Gerhard Ritter ein Referat Hans Freyers über »Die Rolle der Soziologie in der westeuropäischen Geschichtswissenschaft«[62] geplant und jemanden gesucht, der in einem zweiten Vortrag die marxistischen Theorien behandeln sollte. Als Ritter dann auf der Gründungsveranstaltung der »Vereinigung für die Wissenschaft von der Politik« im Februar 1951 in Königstein Siegfried Landshut kennenlernte, lud er ihn ein, diese Rolle zu übernehmen. Landshut sträubte sich offenbar nicht, gemeinsam mit Freyer aufzutreten und sagte sogleich mündlich zu.[63] Freyer seinerseits nahm den Vorschlag Ritters später ebenfalls an, gab jedoch vor, Landshut nicht zu kennen.[64]

An Theodor Schieder, der als Historiker ein Korreferat zu Freyer und Landshut halten sollte, schrieb Ritter, daß er – »auch von anderer Seite ermuntert« – Siegfried Landshut eingeladen habe. In ihm habe er jemanden kennengelernt, der »ein sehr guter Marx-Kenner ist, vom Marxismus herkommt [!], mir allerdings erklärte, daß er nicht Marxist sei«.[65]

Es ist sicher zutreffend, wenn Winfried Schulze resümiert, Landshut habe dann mit seinem Beitrag die Erwartungen Ritters erfüllt und die grundlegende Ablehnung marxistischer Methoden bestätigt.[66] Tatsächlich erklärte Landshut, daß die marxistische Geschichtsschreibung eine rückwärtige Revision der Geschichte betreibe, und zwar als echte Konsequenz aus der Voraussetzung, daß Sinn und Ziel der Geschichte ganz und gar bestimmt seien. Eindringlich verwies er auf George Orwells *1984* und nannte die dortige Schilderung eine zwar in dichterischer Anschaulichkeit dramatisierte, aber dennoch mit strenger Genauigkeit durchgeführte Projektion der wirklichen Prinzipien des Marxismus.[67] Zugleich aber hob Landshut hervor, daß der Einfluß der Marxschen Lehre nur deshalb so groß geworden sei, weil Marx »in seinem Begriff der Selbstentfremdung, der Darstellung jener anonymen Mächte, die gleichsam über die Köpfe der Menschen hinweg sich nach ihren eigenen Gesetzen bewegen, ein faktisches – und fundamentales – Phänomen der geschichtlich-gesellschaftlichen Wirklichkeit« angesprochen habe.[68]

Den Begriff der »Selbstentfremdung« hatte Marx von Hegel übernommen – und, nach Landshuts Deutung, nicht nur ihn. In einem 1953 vom RIAS gesendeten Rundfunkbeitrag mit dem Titel »Von Hegel zu Marx« legte Landshut die Zusammenhänge dar.[69] Als Ausgangspunkt seiner Überlegungen wählte er jene Interpretation über das Verhältnis von Hegel und Marx, die Herbert Marcuse in seinem damals noch nicht in deutscher Sprache publizierten Buch *Reason and Revolution* gegeben hatte. Marcuse hatte erklärt, daß der Übergang von Hegel zu Marx in jeder Hinsicht der Übergang zu einer wesentlich anderen Gestalt von Wahrheit sei, die in den Begriffen der Philosophie nicht interpretiert werden könne. Ein Zugang zur Marxschen Theorie lasse sich nicht dadurch gewinnen, daß man die Umformung alter philosophischer Kategorien zeige: Jeder einzelne Begriff der Marxschen Theorie – so Marcuse – habe eine sachlich andere Grundlage, ganz wie die neue Theorie eine neue begriffliche Struktur und einen neuen Rahmen habe, die aus den vorhergehenden Theorien nicht abgeleitet werden könne.[70]

Landshut unternimmt es nun, gerade das Gegenteil aufzuzeigen: Alle Grundbegriffe, die für die Marxsche Theorie leitend seien, seine »Anatomie der bürgerlichen Gesellschaft« und der damit verbundene universal-historische Aspekt, könnten ihren philosophischen – und d.h. ihren Hegelschen Ursprung – nicht abstreifen; ja, gerade die philosophisch-hegelsche Einfärbung aller empirischer Kategorien bei Marx hätte die Popularisierung seiner schwierigen und überaus komplizierten empirischen Analysen zu einer Heilslehre überhaupt erst möglich gemacht. Zwar erhebe Marx den Anspruch, alle seine Begriffe und den gesamten Zusammenhang seiner Theorie aus einer empirischen Analyse der geschichtlich-gesellschaftlichen Wirklichkeit deduziert zu haben, aber nicht nur dadurch, daß seine Analyse der kapitalistischen Wirtschaftsgesellschaft an den Hegelschen Begriffen der »Selbstentäußerung«, »Selbstentfremdung« und »Selbstverwirklichung« orientiert sei, sondern auch dadurch, daß er die Freiheit als das Ziel der Weltgeschichte, und zwar als dialektische Versöhnung von Idee und Wirklichkeit, begreife, bleibe die Hegelsche Philosophie der tragende Grund, ohne den selbst die Theorie vom Mehrwert ihren eigentlichen Sinn verliere.[71]

Landshut versucht im folgenden zu zeigen, daß Marx ganz auf dem Erbe Hegels fußt, daß seine gesamte Lehre ohne den Hegelschen Freiheitsbegriff gar nicht zu denken sei. In der philosophischen Idee der Freiheit fand Marxens Analyse und Kritik der gesellschaftlichen Wirklichkeit überhaupt ihren Maßstab:[72]

»Daß die Freiheit aber die wahre Bestimmung des Menschen ist, das ergibt sich Marx nicht aus der empirischen Analyse der Produktionsverhältnisse, sondern umgekehrt: Indem Marx diese Produktionsverhältnisse vom philosophischen, d.h. vom Hegelschen Begriff der Freiheit her beurteilt, stellen sie sich als die Selbstentfremdung des Menschen dar.«

Für Marx sei die Verwirklichung der Idee der Freiheit ebenso der eigentliche Inhalt der Geschichte wie für Hegel. Die Verwandlung, die aber bei Marx vor sich gehe, bestehe darin, daß er die Aufgabe der Philosophie der geschichtlich-gesellschaftlichen

Wirklichkeit zuteile. Die materielle, die wirklich geschehende Geschichte solle nach Marx also das vollbringen, was bei Hegel die Philosophie vollbracht habe. Damit bleibe er aber der Hegelschen Philosophie gerade doch ganz verhaftet.

Aufschlußreich für die Weiterentwicklung Landshutscher Marx-Forschung in der Bundesrepublik ist insbesondere sein 1956 erschienener Aufsatz »Die Gegenwart im Lichte der Marxschen Lehre«. Auch hier kennzeichnet er zunächst die »Selbstentfremdung des Menschen« als denjenigen Begriff, dessen umfassende Bedeutung für den »Gesamtentwurf von Mensch, Gesellschaft und Geschichte« bei Marx grundlegend ist.[73] Mit ihm habe Marx nichts anderes ausgesagt, »als was wir selbst in unserer Lebenswelt wiedererkennen«. Die tägliche Welt sei zu einer fremden Welt geworden, was sich daran ermessen lasse, daß »die Dimensionen, in denen sich alles verliert, was zu unserem engsten Leben gehört, die organische Konstitution der menschlichen Natur völlig überbietet. Die Überfülle dessen, was täglich den Sinnen aufgedrängt wird, was wir lesen, im Film sehen, im Radio hören, steht in seiner Menge und Mannigfaltigkeit in keinem Verhältnis mehr zur angemessenen Auffassungs- und Erlebnisfähigkeit.«[74] In ihrem sinnfälligsten Extrem zeige sich die Selbstentfremdung des Menschen aber in der »hemmungslosen Eigengesetzlichkeit des technischen Fortschritts«.[75] Selbst wenn man nicht an die atomaren Kräfte denke, deren Entfesselung zugleich die potentielle Vernichtung des Menschen und all seiner Werke auf der Erde in sich schließe, so bringe allein das immer weitere Fortschreiten technischer Möglichkeiten, der unaufhaltsame Zug zur Überbietung des jeweils erreichten Zustandes eine immer weitere Entfernung von der physischen, psychischen und organischen Konstitution des Menschen mit sich. Seine eigene Natur müsse der Mensch nun an die Entwicklung der Technik anpassen, damit er den von ihr gestellten Forderungen noch genügen könne.[76] In seinem Begriff der Selbstentfremdung habe Marx die Summe des heraufkommenden Zeitalters vorweggenommen, obgleich er sich die meisten der in der Mitte des 20. Jahrhunderts eingetretenen Verhältnisse nicht habe vorstellen können. Als Landshut dieses im Jahre 1956 mit ausdrücklicher Erwähnung von Robert Jungks Buch *Die Zukunft hat schon begonnen*[77] schrieb, konnte auch er sich wohl kaum vorstellen, wie rasch sich die von ihm geschilderten Verhältnisse bis heute weiterentwickeln würden.[78]

Mochten Landshuts Überlegungen zum Entfremdungsbegriff noch von anderen Marx-Interpreten geteilt werden, so lösten seine Thesen zur »klassenlosen Gesellschaft« Erstaunen aus. Nach Ansicht Landshuts waren auch diese Voraussagen Marxens eingetroffen, allerdings mit dem bedeutsamen Unterschied, daß sich die »klassenlose Gesellschaft« nun in den »kapitalistischen Ländern« entwickle, während man in den »kommunistischen Staaten« eine besonders typische Klassengesellschaft vorfinde.

Seine Argumentation baute Landshut nach jenen Kriterien auf, die Marx für eine »klassenlose Gesellschaft« bestimmt hatte. Die Gesellschaft in den westlichen Ländern – so Landshut – sei im Begriff, sich dem Zustand der »klassenlosen Gesellschaft« – oder anders ausgedrückt: der »eingeebneten Einheitsgesellschaft« – anzunähern. Hier gebe es kein Klassenbewußtsein mehr, da die Auflösung der Klassenunterschiede offensichtlich sei. Die Umgangsformen, der Lebensstil, die Lektüre und die Art der Beschäftigung in der Freizeit hätten sich zunehmend angeglichen. Auch die Marxsche Voraussage, daß in der »klassenlosen Gesellschaft« alle Ideologie verschwinde, sei nahezu eingetreten, denn die unterschiedlichen ideologischen Konzeptionen würden immer mehr ineinanderfließen, so daß jede politische Partei Mühe habe, das Besondere ihrer eigenen Grundsätze von denen der anderen Parteien abzuheben. Weiterhin habe Marx gesagt, daß es in der »klassenlosen Gesellschaft« keinen Staat mehr gäbe. Tatsächlich sei der Staat, wie Hegel und Marx ihn verstanden hätten, »abgestorben«, denn der moderne Staat sei immer weniger »politisch«, sondern immer mehr für die »Verwaltung des täglichen Lebens« zuständig. Die Regierung sei in erster Linie zu einer Art »Generalverwaltung des allgemeinen Wohlbefindens« geworden und werde als solche auch von der Mehrzahl der Bürger aufgefaßt. Schließlich sei auch das letzte von Marx genannte Kriterium im Begriff, erfüllt zu werden: nämlich das Heraufkommen der universellen Gesellschaft und das Verschwinden der souveränen Nationen. Das politische Denken habe sich über die Nation hinaus schon anderen, umfangreicheren Zusammenhängen zugewandt, und die Einschmelzung der alten Nationen in umfassendere organisatorische Einheiten stehe auf der Tagesordnung.

Anders die Situation in der Sowjetunion: Dort seien alle Kriterien einer »Klassengesellschaft« erfüllt. Das Eigentum an den Produktionsmitteln sei in wenigen Händen konzentriert, denn ein angebbarer Kreis von Personen der »Partei« habe die Verfügungsgewalt über sie. Auch gebe es in der Sowjetunion das »Original und Muster aller Ideologie«. Jede Abweichung von dieser Ideologie, jedes Zweifeln an der unfehlbaren Vernunft der kommunistischen Partei erscheine als Gefährdung der allgemeinen Ordnung, und der Staat mit seiner bewaffneten Macht sei nichts anderes als das Instrument der herrschenden Klasse zur Aufrechterhaltung der bestehenden Verhältnisse. Schließlich sei auch die nationale Idee »in ihrer ganzen Glorie und mit allen ihren Attributen« wiederzufinden. Zusammenfassend stellt Landshut fest:[79]

»Es mag uns paradox erscheinen: aber indem Marx den Umschlag eines gesellschaftlichen Zustandes in einen anderen in den entsprechenden Begriffen zum Ausdruck bringen wollte, hat er in Wahrheit nichts anderes getan, als zwei Möglichkeiten gegenübergestellt, die beide in der gesellschaftlichen Wirklichkeit seiner Zeit angelegt waren. Das Paradoxe liegt nur darin, daß die Gesellschaftsordnung, die sich selbst als die Verwirklichung der zukünftigen ausgibt, alle Züge der vorrevolutionären an sich trägt, und daß sich die Merkmale der zukünftigen Gesellschaft da vorfinden, wo sich die Zustände der Zeit von Marx ohne Bruch zu ihren eigenen Konsequenzen weiterentwickelt haben.«

Indem Landshut das Verhältnis der Marxschen Theorie zur gesellschaftlichen Wirklichkeit in »Ost« und »West« derart charakterisierte, betrat er Neuland. In zahlreichen Vorträgen vertrat er seine Thesen und erntete dafür Widerspruch, Unverständnis, vor allem aber Verblüffung. Das Presseecho mit Schlagzeilen wie »Ein Aufsehen erregender Vortrag«,[80] »Sähe Marx uns heute so?«[81] und »Karl Marx würde staunen«[82] war entsprechend.

»Aufrichtige und nachdrückliche Glückwünsche« anläßlich seiner Marx-Interpretation erhielt Landshut aber von Dolf Sternberger. Nach der Lektüre von »Die Gegenwart im Lichte der Marxschen Lehre« versprach er Landshut, ihm in der oben erwähnten Fernsehdiskussion reiche Gelegenheit zur Entwicklung seiner Thesen zu verschaffen.[83] Besonders angeregt von Landshuts Argumentation zeigte sich auch Alexander Rüstow: Seit Jahr und Tag habe er nichts mehr so Aufregendes gelesen, bedauerlich nur, daß der Aufsatz an so verborgener und abgelegener Stelle erschienen sei.[84] Beifall zollte schließlich Hannah Arendt. In ihrem 1957 veröffentlichten Essay »Tradition und die Neuzeit« erklärte sie:[85]

»Daß Marx' Voraussagen sich in erstaunlichem Maße gerade überall dort bewahrheitet haben, wo keine Revolution die Entwicklung des Kapitalismus unterbrach, ist jetzt in einem der wichtigsten neueren Beiträge zur Marx-Interpretation von S. Landshut in ausgezeichneter Weise nachgewiesen worden.«

Indes: Hatte die Kritik an Landshuts Thesen nicht ihre Berechtigung? Ebnete er die nach wie vor existierenden sozialen Unterschiede nicht allzusehr ein, wenn er die Gesellschaft der Bundesrepublik in den fünfziger Jahren dadurch charakterisierte, daß sie sich beinahe im Zustand der Klassenlosigkeit und Einheitlichkeit befinde?[86] Diese Frage wurde auch im Rahmen des vom DGB organisierten »Europäischen Gesprächs« erörtert, das 1956 dem Thema »Die Gesellschaft, in der wir leben« gewidmet war. Landshut, dem man auf Vorschlag Alexander Rüstows[87] das Spitzenreferat des ersten Veranstaltungstages übertragen hatte, faßte hier nochmals seine Thesen zur »Auflösung der Klassengesellschaft«[88] zusammen: Das seit etwa 150 Jahren wirkende revolutionäre Prinzip der Gleichheit habe sich mehr und mehr durchgesetzt. Die Entwicklung zur »egalitären Einheitsgesellschaft« sei unaufhaltsam und bereits weit fortgeschritten, wobei der Veränderungsprozeß ein solch stürmisches Tempo angenommen habe, daß diejenigen Begriffe und Vorstellungen, mit denen man sich in der Gegenwart zu orientieren suche, schon einer vergangenen Welt angehörten. Zu diesen überholten Begriffen zähle auch der der Klasse.

In der Diskussion über den Vortrag Landshuts wurden vor allem seitens der anwesenden Gewerkschaftsvertreter Einwände gegen die aufgestellten Thesen erhoben. So wurde geltend gemacht, daß es – zumal weltweit betrachtet – sehr wohl ausgeprägte Klassenunterschiede gebe. Nach mehrheitlicher Meinung der an der Aussprache Beteiligten war zwar ein Trend zur gesellschaftlichen Einebnung in einigen Ländern nicht zu übersehen, doch glaubte man, Landshut habe Tempo und Ausmaß dieser Entwicklung überschätzt. Zudem hielt man ihm entgegen, daß eine Einkommensangleichung noch weit entfernt und erst zu erstreiten sei.[89] So zutreffend die Diskussionsbeiträge im einzelnen auch sein mochten, den Kern der Landshutschen Ausführungen berührten sie zumeist nicht.

Siegfried Landshut selbst räumte ein, daß sich natürlich eine »Unmenge von Ungleichheiten« aufzählen ließe, daß dieses jedoch nichts am Grundgehalt seiner Position ändern könnte.[90] Er bat darum, ihm dies nicht als »besonders hartnäckige Dickköpfigkeit« anzurechnen. Der ungeheuren Vielfalt des Lebens sei er sich natürlich bewußt, und so wisse er auch, daß man leicht den Eindruck einer abstrakten theoretischen Starrheit erwecke, wenn man ein Thema dennoch unter ein so allgemeines Leitprinzip stelle, wie er es getan habe. Aber der vorgetragene Leitgedanke bleibe eben bestehen, nämlich derjenige, daß das Prinzip der Gleichheit, einmal in der Gesellschaft virulent geworden, zum regulativen Prinzip aller öffentlichen Ordnung werde.[91]

Und was die Einkommensfrage betraf, so hatte Landshut bereits in seinem Vortrag erklärt, daß selbst Marx den Klassenunterschied niemals mit der Verschiedenheit der Einkommen begründet habe. Das eigentlich die Klassenzugehörigkeit konstituierende Moment habe er im *Bewußtsein* der Zugehörigkeit zu einer Klasse erblickt. Doch eine solche Zusammengehörigkeit einer Gruppe, die sich durch ihre eigene Lebensart, durch Umgangsformen, Kleidung und Sprache von anderen unterscheidet, vermochte Landshut nicht mehr zu erkennen. Wo alles ineinander übergehe und damit das Bewußtsein der Zusammengehörigkeit zu einer gesellschaftlichen Einheit verblasse, da gebe es eben keine gegliederte Gesellschaft mehr: Die Auflösung der Klassenunterschiede in unseren Tagen hielt er für offensichtlich.[92]

Landshuts These von der »klassenlosen Gesellschaft« erschien etlichen Teilnehmern des »Europäischen Gesprächs« als allzu optimistisch. Doch nichts zeigt deutlicher, auf welch unterschiedlichen gedanklichen Ebenen sich der Vortragende einerseits und die Mehrzahl der Diskussionsteilnehmer andererseits bewegten. Mit Optimismus hatten die Ausführungen Landshuts nämlich rein gar nichts zu tun. Die nun Wirklichkeit werdende »klassenlose Gesellschaft« bedeutete für ihn eben nicht die von Marx prognostizierte »Erlösung« des Menschen. Marx war davon ausgegangen, daß sich in der »klassenlosen Gesellschaft« die Selbstentfremdung zugunsten der Selbstverwirklichung auflösen würde. Genau dieses aber war nicht eingetreten, wie Landshut mit Nachdruck konstatierte. Insbesondere in seinen Arbeiten zu Tocqueville versuchte er deutlich zu machen, daß die Entwicklung zu einer »Einheitsgesellschaft« nicht die Verwirklichung der Freiheit bedeute, sondern ihren Verlust.

Alexis de Tocqueville:
Das Zeitalter der Gleichheit

Der Neuausgabe der Marxschen Frühschriften im Jahre 1953 folgte im Jahr darauf ein weiterer von Siegfried Landshut herausgegebener Band in der Reihe Krönerscher Taschenausgaben. Es handelte sich um eine Auswahl der Schriften Alexis de Tocquevilles (1805-1859), erschienen unter dem Titel *Das Zeitalter der Gleichheit*.[93] Der knapp dreihundert Seiten umfassende Band enthielt vor allem Landshuts Teilübersetzungen der beiden Hauptwerke *De la Démocratie en Amérique* und *L'Ancien Régime et la Révolution*. An der »Tocqueville-Renaissance« in der Bundesrepublik hatte Landshut damit entscheidenden Anteil. Durch ihn wurden zumindest Auszüge wesentlicher Texte Tocquevilles in deutscher Sprache zugänglich.

Dabei hatte es schon sehr früh deutsche Übersetzungen gegeben: So war der erste Teil von *De la Démocratie en Amérique*, den Tocqueville 1835 publiziert hatte, bereits im folgenden Jahr in Leipzig als *Über die Demokratie in Nordamerika* erschienen, und auch *L'Ancien Régime et la Révolution* wurde kurz nach der Erstveröffentlichung im Jahre 1856 ins Deutsche übertragen. Als Landshut aber seine Auswahl herausgab, waren diese beiden alten Ausgaben nicht nur längst vom Büchermarkt verschwunden, sondern auch in den Bibliotheken nur höchst selten zu finden. Siegfried Landshut schreibt darüber:[94]

»Es hieße einen längeren Kommentar zur Verkümmerung der politischen Wissenschaft, eine Art geistiger Erblindung gegenüber dem ganzen Bereich des Politischen in Deutschland nach der Mitte des 19. Jahrhunderts schreiben, wollte man die Gründe dieser eigenartigen Interesselosigkeit darzulegen versuchen.«

In Frankreich sowie zudem in Großbritannien und in den USA hatte insbesondere der erste Teil der *Démocratie* nach seinem Ersterscheinen einen außerordentlich großen Erfolg gehabt. Im Jahre 1848 lag bereits die zwölfte französische Auflage vor, und auch die englischsprachige Fassung fand nicht weniger Resonanz. Ebenfalls auf große Nachfrage traf *L'Ancien Régime et la Révolution*. Als ab 1864 die erste von Gustave de Beaumont betreute Gesamtausgabe der Schriften Tocquevilles in Paris erschien, war das öffentliche Interesse allerdings bereits gesunken. Der Eindruck des Werkes verblaßte auch in Frankreich – wenngleich nicht so stark wie in Deutschland, wo er nie so groß gewesen war. Die Wiederentdeckung Tocquevilles, also jenes Phänomen, das in der Literatur später oft als »weltweite Tocqueville-Renaissance« bezeichnet wurde, setzte erst in den 1930er Jahren ein.[95] Deutlichstes Zeichen eines erneut erwachten Interesses an Tocqueville war dann die ab 1951 in Paris erscheinende neue französische Gesamtausgabe, deren Leitung J. P. Mayer oblag.[96]

In Deutschland war Tocqueville, trotz der frühen Übersetzungen, von Anfang an nur begrenzt rezipiert worden, und bald gab es kaum noch Stimmen, die überhaupt auf sein Werk hinwiesen. Unter diesen wenigen war die Wilhelm Diltheys die markanteste. In seiner 1910 erschienenen Abhandlung *Der Aufbau der geschichtlichen Welt in den Geisteswissenschaften* erklärte Dilthey, Tocqueville sei »unter allen Analytikern der politischen Welt der größte seit Aristoteles und Machiavelli«[97] – eine mittlerweile vielzitierte Äußerung, die hinsichtlich der Wertschätzung Tocquevilles die volle Zustimmung Landshuts fand.

Wie Theodor Eschenburg später mit Blick auf die Rezeption in Deutschland schrieb, blieb der Kreis der Kenner Tocquevilles bis 1945 auf eine kleine Zahl beschränkt.[98] Unter diesen muß Albert Salomon hervorgehoben werden; ihm gebührt das Verdienst, als erster eine deutschsprachige Auswahl von Schriften Tocquevilles vorgelegt zu haben. Seinem 1935 im Schweizer Exil erschienenen Band blieb allerdings die Breitenwirkung versagt.[99] So war es erst Landshuts 1954 veröffentlichte Auswahlausgabe, die wichtige Schriften Tocquevilles einem größeren deutschsprachigen Publikum in Auszügen zugänglich machte.

Indem Landshut eine Auswahl aus Werken und Briefen Tocquevilles herausgab und insbesondere auch den bis dahin wenig beachteten und noch gar nicht vollständig ins Deutsche übertragenen zweiten Teil der *Démocratie* berücksichtigte,[100] wollte er das Interesse für diesen »großen Analytiker der politischen Welt« wecken. Offenbar handelte es sich hierbei um ein Vorhaben aus der Zeit vor 1933,[101] das über zwanzig Jahre lang hatte warten müssen und das sich auch nach 1945 nicht problemlos realisieren ließ. In der Einleitung zur zweiten Auflage des Jahres 1967 wies Landshut ausdrücklich darauf hin, daß es schwierig gewesen sei, überhaupt einen Verlag für dieses Projekt zu interessieren.[102]

Die Korrespondenz zwischen Landshut und dem Kröner-Verlag belegt diesen Umstand. Demnach machte Landshut schon im Juni 1951, also kurz vor seiner Ernennung zum Ordinarius in Hamburg und inmitten der Verhandlungen über die Ausgabe der Marxschen Frühschriften, den Vorschlag, einen Band mit Schriften Tocquevilles, dieses »bedeutendsten Interpreten der modernen Demokratie«, herauszubringen.[103] Interessanterweise war es J. P. Mayer, der dem Verlag im folgenden Monat einen ähnlichen Plan vorlegte. Unter Leitung Mayers waren in Paris soeben die ersten beiden Bände der großen französischen Tocqueville-Gesamtausgabe erschienen; nun schlug er vor, im Kröner-Verlag deutschsprachige Fassungen von *De la Démocratie en Amérique* und von *L'Ancien Régime et la Révolution* herauszugeben.[104]

Der Verlag lehnte beide Angebote ab, da man sich von einer Tocqueville-Ausgabe kein Geschäft versprach. Landshut indes beharrte auf seinem Plan. Als man ihm im September 1952 anbot, eine einbändige Max-Weber-Ausgabe herauszugeben, erklärte er, daß ein derartiger auf dreihundert Seiten begrenzter Band angesichts des Weberschen Werkes »ein fast unmögliches Unternehmen« sei, daß ihm aber eine Auswahl der Schriften Tocquevilles »wichtig und dringend« erscheine.[105] Landshut nahm auch in der Folgezeit jede Gelegenheit wahr, dem Verlag zu erklären, daß man einen schweren Fehler begehe, wenn man die Tocqueville-Ausgabe nicht herausbringe. Im Oktober 1953 wurde er schließlich gebeten, die Herausgabe des Bandes zu übernehmen.[106] In seinem Antwortschreiben bekräftigte Landshut nochmals die Wichtigkeit der Veröffentlichung:[107]

»Es ist doch ein unmöglicher Zustand, daß das klassische Werk über die gesellschaftlichen Voraussetzungen der modernen Demokratie, das gerade heute wieder in aller Munde ist, nicht in deutscher Sprache zur Verfügung steht.«

Im Spätsommer 1954 konnte Landshuts Tocqueville-Band *Das Zeitalter der Gleichheit. Eine Auswahl aus dem Gesamtwerk* ausgeliefert werden. Presse und Rundfunk berichteten darüber in ähnlicher Intensität wie ein Jahr zuvor anläßlich des Erscheinens der Marxschen Frühschriften.[108] Rezensiert wurde Landshuts Auswahl häufig gemeinsam mit einer Reihe anderer Bücher, deren Veröffentlichung nun im Zuge der langsam beginnenden »Tocqueville-Renaissance« ebenfalls erfolgte. So erschienen – eingeleitet von Carl J. Burckhardt – Tocquevilles *Souvenirs* 1954 erstmals in deutscher Sprache.[109] Im gleichen Jahr publizierte J. P. Mayer die deutsche Übersetzung seines Buches über Tocqueville, den *Propheten des Massenzeitalters*,[110] und bald darauf folgten zwei Bände mit Auszügen aus der *Démocratie*, der eine 1955 herausgegeben von Friedrich August v. d. Heydte,[111] der andere 1956 von J. P. Mayer.[112]

Die Rezensenten der von Landshut herausgegebenen Auswahl lenkten den Blick auf die erstaunliche Aktualität der Beschreibungen und Analysen Tocquevilles. Einem solchen Autor, einem solchen Buche gegenüber gebe es nur das »Nimm und lies!«, heißt es in einer mit »Ein großer Staatsdenker« überschriebenen Rezension, abgedruckt in *Das Parlament*. Daß es sich nicht um Probleme des vorigen Jahrhunderts handele, so der Autor des Artikels weiter, brauche kaum besonders betont zu werden: Ganze Seiten wirkten, als seien sie für unsere Tage geschrieben.[113] Einen ähnlichen Tenor hatte die Besprechung in *Die Gegenwart*: Tocquevilles Buch über die *Demokratie in Amerika* vermittle, obwohl vor hundertzwanzig Jahren geschrieben, »noch immer die tiefsten und erschreckendsten Einblicke in das Wesen und die immanenten Gefahren des demokratischen Systems«.[114] Als weiterer Rezensent erklärte Werner

Conze, daß bei der Stoffülle und dem Gedankenreichtum Tocquevilles eine Auswahl nur ein Notbehelf sein könne, daß aber Landshuts vorzügliches Lesebuch in deutscher Sprache gut geeignet sei, »dem großen Meister der Verknüpfung von Soziologie, Politik und Geschichte« auch in Deutschland die Verbreitung zu schaffen, die er verdiene.[115] In der umfassendsten Besprechung der Tocqueville-Literatur jener Jahre hob Eberhard Kessel hervor, daß Tocqueville wieder gelesen werde, da man beginne, die von ihm beschriebenen Probleme am eigenen Leibe zu empfinden. Es gebe nun das Bemühen, sein Werk einem größeren Publikum zugänglich zu machen, und am wichtigsten sei in diesem Zusammenhang vielleicht, »daß kürzlich in den bekannten handlichen Kröner-Taschenbüchern eine Auswahl aus dem Gesamtwerk herausgekommen ist, die Siegfried Landshut mit einer scharfsinnig interpretierenden Einleitung versehen hat«.[116] Auch Hanno Kesting erklärte in seiner in *Neue Politische Literatur* erschienenen Sammelrezension, daß die von Landshut besorgte Auswahl aus dem Gesamtwerk unter den neu erschienenen Textauswahlen Tocquevilles die »sicher beste« sei.[117] Und in den *Gewerkschaftlichen Monatsheften*, um ein letztes Beispiel anzuführen, konstatierte Hans Lutz, daß es kaum einen Denker gebe, der von unserer Zeit ernster genommen werden müßte als Tocqueville. Lutz gab dem Wunsch Ausdruck, nun möge der »verdienstvollen Auswahl aus dem Gesamtwerk mit dem ausgezeichneten Vorwort von Landshut« bald eine deutsche Gesamtausgabe folgen.[118] Tatsächlich wurde diese im Jahre 1959 unter Leitung J. P. Mayers auf den Weg gebracht.[119] Bis dahin war Landshuts Auswahlausgabe die wichtigste Textgrundlage einer Tocqueville-Rezeption, die in der Bundesrepublik einen verspäteten, aber deutlichen Schub erhalten hatte.

Worin nun bestand für Siegfried Landshut die besondere Bedeutung Tocquevilles? Am ausführlichsten äußerte er sich darüber in der seiner Auswahl vorangestellten Einleitung, die – ebenso komprimiert und prägnant wie im Marx-Band – eine eindringliche Darstellung der Voraussetzungen und Besonderheiten Tocquevilleschen Denkens bietet. Die ersten Sätze machen bereits deutlich, welch engen Zusammenhang Landshut zwischen Tocqueville und Marx sah:[120]

»Alexis de Tocqueville, 1805 geboren, war ein um dreizehn Jahre älterer Zeitgenosse von Karl Marx. Beide beherrschte vom ersten Erwachen ihrer geistigen Regsamkeit an das Bewußtsein, in einer Zeit unerhörter Umwälzungen aller Prinzipien und aller Bedingungen zu leben, die bis dahin für die Ordnung und den Geist des täglichen Lebens in der menschlichen Gesellschaft maßgebend gewesen waren. Was die geistige Leidenschaft beider – so verschiedenartiger, so entgegengesetzter Menschen – von vornherein fesselte, war die Frage nach der Bedeutung, nach dem Wo-Hinaus dieser Entwicklung und ihr Verlangen, die entscheidenden Momente dieser Veränderung bestimmen zu können.«

Marx und Tocqueville erkannten – so Landshut – »die Tendenz zu einer vollständigen Aufhebung aller gesellschaftlichen Unterscheidung, den Zug zu einer fortschreitenden Gleichheit der Vielen« und »den zwangsläufigen Charakter dieser Entwicklung, die ihre Antriebe aus der gesamten Vergangenheit und Geistesart des Abendlandes erhält«. Ebenso sei beiden gemeinsam die tiefe Abneigung und Verurteilung der mit dieser Entwicklung verbundenen Orientierung des allgemeinen Lebens am wirtschaftlichen Erfolg. Einen großen Unterschied zwischen beiden Analytikern der modernen Gesellschaft macht Landshut dann vor allem in ihrer Wirkung aus: Gegenüber der »weltbewegenden Elementarkraft«, die die Marxschen Ideen entfaltet hätten, sei das Werk Tocquevilles nämlich völlig in den Schatten getreten.[121]

Ins Zentrum seiner Tocqueville-Interpretation rückte Siegfried Landshut den Begriff der Gleichheit. Dabei betonte er, daß die politische Gleichheit nur eine Konsequenz der allgemeinen Einebnung der gesellschaftlichen Standes- und Rangunterschiede sei, welche in einem langandauernden und bis heute nicht beendeten Prozeß erfolge. Die Französische Revolution, die einen Teil dieses Prozesses darstelle, habe – »indem sie durch einen Akt der Gewalt die Gleichheit aller zum Ordnungsprinzip der politischen Gemeinschaft machte« – die allgemeine und ohnehin zwangsläufige Entwicklung noch überholt.[122] Es sei das Verdienst Tocquevilles, diesen Gesamtprozeß entdeckt zu haben: Er habe das Prinzip der Gleichheit als ein Grundmotiv der europäischen Gesellschaft benannt und die Französische Revolution als keineswegs abgeschlossen betrachtet. Weitergegangen sei er in seiner Analyse noch, indem er die Bedeutung des Gleichheitsprinzips im Zusammenhang der ganzen abendländischen Geschichte, ja, in einem universalhistorischen Zusammenhang gesehen habe:[123]

»Was er heraufkommen sieht, ein unabwendbares Resultat, auf das die verschiedensten Kräfte konvergieren, ist: die politisch geordnete Gesellschaft der Gleichen. Sie bedeutet eine Daseinsbedingung des Menschen, eine Form von Lebensgemeinschaft, wie sie bisher in aller Geschichte und auf der ganzen Erde noch nie existiert hat. Sie ist mit nichts Bisherigem zu vergleichen, auch nicht mit der antiken Demokratie, die etwas grundsätzlich anderes war.«

In Anbetracht dieser radikalen Umwälzung habe Tocqueville einen »religiösen Schauder«[124] empfunden, der offenbar auch Siegfried Landshut noch erfaßte. Wie Tocqueville vertrat er die Ansicht, daß die »unwiderstehliche Gewalt des Gleichheitspostulats«[125] geeignet sei, die Verwirklichung von Freiheit und die Möglichkeit menschlicher Würde massiv zu gefährden. »Freiheit« und »Würde«: Dies waren die Begriffe, die laut Landshut den Hintergrund der Analyse Tocquevilles bildeten:[126]

»Leitend für die Auffassung der Geschehnisse seiner Zeit, des drängenden und unabgeschlossenen Charakters ihrer Verschiebungen und Umwälzungen war für Tocqueville *die Idee des Menschen und der ihr angemessenen Ordnung des Miteinanderlebens*, wie sie sich in der Überlieferung des Abendlandes im Begriff der ›Freiheit‹ und der ›Würde‹ der auf sich selbst gestellten Person ausgesprochen hat.«

»Freiheit« sei nach Tocqueville nur da möglich, wo der Wille eigenständiger einzelner oder machtvoller Gemeinschaften zur Führung ihrer eigenen Sache durch keine sich ihnen auferlegende Gewalt gebrochen werde. Zur Freiheit gehöre »Autorität und Würde der Selbstbehauptung, geachtetes Recht und Ehrfurcht vor dem Verpflichtenden«.[127]

In der »egalitären Massengesellschaft« sah Landshut dafür nur wenig Raum. Eine »angemessene Ordnung des Miteinanderlebens«, eine aufgrund von Bindungen zwischen den Menschen gelebte Mitmenschlichkeit, schien der zunehmenden Vereinzelung zum Opfer zu fallen: Niemand sei mehr persönlich für einen anderen verantwortlich, jeder ziehe sich auf sich selbst und seinen engsten Kreis zurück, so daß die weitere Mitwelt fremd werde. Verknüpft sei damit eine Gleichgültigkeit gegenüber allem, was über den kleinen Kreis der eigenen Angelegenheiten hinausginge. Schließlich ginge es nur noch darum, den eigenen Wohlstand zu verbessern und zu sichern. Dieses einzige, auf das private Wohlergehen gerichtete Interesse fürchte aber nichts so sehr wie eine Störung der regelmäßigen Ordnung und Ruhe. Diese Furcht mache – hier zitiert Landshut Tocqueville – »stets bereit, beim ersten Aufruhr die Freiheit fortzuwerfen«.[128] Da die Macht keines einzelnen größer sei als die eines anderen, alle also gleich schwach seien, werde allein in der Staatsgewalt jene Macht gesehen, die stark genug sei, die allgemeine Ordnung zu sichern. So gehe die ständige Neigung dahin, »der über allen stehenden Zentralgewalt allein alle Macht zuzubilligen«.[129] Als »Schilderung unserer eigenen Wirklichkeit« bezeichnete Landshut dann das, was Tocqueville als die kommende egalitäre Gesellschaft beschrieben hatte:[130]

»Ich sehe eine zahllose Menge einander ähnlicher und gleicher Menschen, die sich ohne Unterlaß um sich selbst bewegen, um sich kleine und vulgäre Freuden zu verschaffen, die ihre Seele ausfüllen. [...] Über ihnen allen aber erhebt sich eine ungeheure Vormundschaftsgewalt. [...] Sie sorgt für ihre Sicherheit, sieht ihre Bedürfnisse voraus und sichert sie, fördert ihre Vergnügungen, führt ihre wichtigsten Angelegenheiten, leitet ihre Arbeit, regelt ihre Nachfolge, verteilt die Erbschaften; könnte sie ihnen nicht völlig die Last zu denken und die Mühe zu leben abnehmen?«

Die Prognose bzw. Bestandsaufnahme könnte düsterer nicht ausfallen. Tocqueville aber gestattete sich keine Resignation; er erkannte vielmehr seine Aufgabe, sein eigentliches und – nach Wilhelm Hennis – sein einziges Thema: Wie können wir die Entwürdigung der Seelen im von der Vorsehung gewollten Zeitalter der Gleichheit verhindern?[131]

Tocqueville wußte von der Herabwürdigung und von der neuartigen Knechtung des Menschen in der modernen Zivilisation; er war der frühe Analytiker jener »entzauberten Welt«, die Marx mit dem Begriff der »Selbstentfremdung«, Max Weber mit demjenigen der »Rationalisierung« gekennzeichnet hat. Dabei vermochte Tocqueville, so die Ansicht Landshuts, in mindestens einer Hinsicht Marx sogar zu übertreffen: »in dem aufrichtigen Bemühen um vollständige Vorurteilslosigkeit und in dem ernsten Bewußtsein der Verantwortung als Mitlebender seiner Zeit«.[132] Landshut hebt den »Kampf im Herzen Tocquevilles« hervor, den inneren Zwiespalt zwischen der zwingenden Evidenz der gewonnenen Einsicht in die Unabwendbarkeit des Schicksals, mit dem die Entwicklung entgegendränge, und seinem ebenso zwingenden Bedürfnis, sich nicht von der Teilnahme und Verantwortung an dem Leben und Handeln der Zeit auszuschließen.[133] Daß Tocqueville trotz bedrückender Einsichten der Gegenwart zugewandt blieb, daß er sich – obgleich zuweilen isoliert und einsam – dem Mitmenschlichen bewußt nicht entzog, dies war es, was Landshut veranlaßte, in höchster Achtung von dem »Zauber seiner Persönlichkeit«[134] zu sprechen.

Keine Frage: Landshut hatte in Tocqueville einen geistigen Verwandten gefunden, und indem er dessen Denken und Verhalten darstellte, gab er gleichsam Selbstauskunft. Wenn er Tocquevilles Verehrung der abendländischen Überlieferung und ihres Ausdrucks in den Künsten, dem Schrifttum und den Lebensformen beschrieb, so machte er deutlich, daß er diese Verehrung teilte. Und wenn er Tocquevilles Befürchtungen im Blick auf die Veränderungen des Zusammenlebens der Menschen aufzeigte, dann stellte er seine eigenen Befürchtungen, ja, stellte er seine Sichtweise der gegenwärtigen gesellschaftlichen Verhältnisse dar. Die Tendenz zur »allgemeinen Einebnung und Kommerzialisierung«[135] bedeutete für ihn – wie für Tocqueville – eine große Bedrohung. Diese Bedrohung habe auch als Motiv hinter der radikalen Verneinung »aller bestehenden Verhältnisse« bei Marx gestanden.[136] Neben Marx und Tocqueville gehörte für Landshut auch Jacob Burckhardt zu jenen, die die beschriebene Entwicklung analysiert und empfunden hatten.[137] Die Namen Burckhardt, Marx und Tocqueville repräsentieren aber nicht nur eine ihm verwandte Sichtweise, sondern auch drei unterschiedliche Reaktionen auf eine ähnliche Erkenntnis. So sei Burckhardt von der Niedrigkeit des Treibens der Zeit fort zur stillen Betrachtung der Größe und Schönheit des Vergangenen geeilt, Marx habe an die vollkommene Gesellschaft der Zukunft geglaubt, und Tocqueville habe »Willen zur Solidarität mit dem Geschehen und den Menschen seiner Zeit« gezeigt und deshalb am politischen Leben seiner Zeit teilgenommen.[138] Ohne Zweifel stand Siegfried Landshut in diesem Zusammenhang Tocqueville am nächsten. Landshuts Analyse der Gegenwart mochte finster und bedrückend ausfallen, aber eine Flucht in die Vergangenheit wurde nicht versucht. Sein Denken war – auf breitester historischer Grundlage – streng gegenwartsbezogen. Wie Tocqueville – und auch wie Max Weber[139] – wollte er nicht »außerhalb seiner Zeit« stehen, sondern ganz in ihr, denn nur so konnte auf die Entwicklung des menschlichen Zusammenlebens Einfluß genommen werden.

Lehrtätigkeit an der Universität Hamburg: Die schwierige Eingliederung der Politischen Wissenschaft

Mit seinem Denken und mit seinem Fach traf Siegfried Landshut an der Universität Hamburg auf erhebliche Schwierigkeiten. Zwar gab es seit dem Sommersemester 1951 den Lehrstuhl für die »Wissenschaft von der Politik«, aber wo diese Wissenschaft ihren Platz haben sollte, war völlig ungeklärt. Weder existierte ein Studienplan für Politik, noch bestand anfangs die Möglichkeit, in diesem Fach einen Abschluß zu erlangen. Der beschriebene Zustand herrschte nicht nur in Hamburg, sondern zunächst an allen deutschen Universitäten, die Lehrstühle für Politische Wissenschaft eingerichtet hatten.[140]

Auf einer von der amerikanischen Hohen Kommission in Deutschland angeregten »Konferenz über Politische Wissenschaften« tauschten sich die Fachvertreter im Februar 1952 über die allenthalben äußerst schwierige Situation aus. Zu den dreißig Teilnehmern der im Institut für Sozialforschung in Frankfurt stattfindenden Tagung zählten mit Wolfgang Abendroth, Ossip K. Flechtheim, Ernst Fraenkel, Eugen Kogon, Siegfried Landshut, Ernst W. Meyer, Alexander Rüstow und Otto Suhr die wichtigsten Vertreter der westdeutschen Politikwissenschaft. Anwesend war auch der in New York lehrende Franz L. Neumann, dessen Aufenthalt in der Bundesrepublik den Anlaß der Konferenz bildete.

Landshut schilderte ausführlich die Lage der Politischen Wissenschaft an der Universität Hamburg: die Isolierung seines Lehrstuhls innerhalb der Hochschule, die mangelnden Möglichkeiten eines Abschlusses im Hauptfach Politik, die fehlende Ausstattung mit dringend erforderlichen Büchern. Knapp resümierte er: »Die Aussichten für ein politisches Studium sind also gleich Null«. Weiter berichtete er von den besonderen Schwierigkeiten des »Ein-Mann-Betriebes«. Als einzige Lehrkraft des Faches habe er vierzehn Stunden Vorlesungen und Seminare pro Woche und komme nicht einmal mehr dazu, die Literatur zu verfolgen.[141]

Um die unsichere Situation seiner Studenten zu beenden und um der Politikwissenschaft innerhalb der Hochschule ein angemessenes Profil zu verleihen, legte Siegfried Landshut dem Rektor der Universität Hamburg im Juli 1952 den detaillierten Entwurf eines Studienplans vor. Landshut regte an, einen besonderen und in sich geschlossenen Studiengang der »Politischen Wissenschaften« einzurichten. Nach sechs Semestern sollte ein Diplomabschluß, nach acht Semestern die Promotion zum Dr. rer. pol. möglich sein. Des weiteren sah der Entwurf vor, »alle diejenigen Wissensgebiete zusammenzufassen, deren Beherrschung die Voraussetzung für jede Betätigung im öffentlichen Leben sein muß«. Dies bedeutete – bei Überschreitung der Fakultätsgrenzen – die Kombination von Politik, Geschichte, öffentlichem Recht und Volkswirtschaft. Dazu sollten Ergänzungsfächer, etwa Soziologie, Philosophie und Fremdsprachen, gewählt werden. Als Ziel des neuen Studienganges formulierte Landshut:[142]

»Diese Ausbildung muß den Kandidaten mit demjenigen Mass an Kenntnissen und an Vertrautheit mit den Problemen des öffentlichen Lebens ausstatten, das als solide Bildungsgrundlage für jede speziellere Ausbildung in der Praxis dienen kann. Der Studiengang bedeutete eine positive Antwort auf die immer häufiger werdenden Klagen über das einseitige spezialisierte Fachstudium und den bloßen Erwerb der nackten Techniken und Fachkenntnisse, die für irgendeinen speziellen Beruf notwendig sind.«

Insbesondere wies Landshut darauf hin, daß die Universität Hamburg mit einem starken Zustrom von Studenten rechnen könnte, führte sie diesen – abgesehen von den Hochschulen für Politik – einmaligen Studiengang durch. Doch die Realisierung der Vorschläge Landshuts wurde offenbar nie in Erwägung gezogen.

Auch eine andere Anregung aus der frühen Zeit seiner Hamburger Professur blieb wirkungslos. Sie betraf die »Reorganisation des Instituts für Auswärtige Politik«, über die Landshut bereits im Sommer 1951 eine fünfseitige Denkschrift vorgelegt hatte.[143] Als Inhaber des Politik-Lehrstuhls wollte er ausdrücklich an die Tradition des »Mendelssohn-Instituts« anknüpfen.[144] Seinen Vorstellungen zufolge sollte das Institut eine selbständige Stiftung bleiben und als »einzigartige Plattform für eine sachliche, wohlbegründete und abgewogene Erörterung und Darlegung zentraler Probleme des öffentlichen und des Völkerlebens« dienen.[145] Als ehemaliger Mitarbeiter des »Instituts für Auswärtige Politik« schlug Landshut vor, dessen wertvolle Bibliothek – sie war 1946 nach Hamburg zurückgeführt und im folgenden Jahr in der Staats- und Universitätsbibliothek untergebracht worden – wieder stärker nutzbar zu machen. Ihr sollten – auch räumlich – die Forschungsstelle für Völkerrecht und ausländisches öffentliches Recht, das Seminar für öffentliches Recht und Staatslehre sowie das gemeinschaftliche Seminar für die Wissenschaft von der Politik und für Soziologie angelehnt werden. Die Anregungen, die innerhalb der Universität auf positive Resonanz gestoßen waren, wurden von der Hochschulabteilung verworfen. Erst 1957 wurde das »Institut für Auswärtige Politik«, das zu diesem Zeitpunkt praktisch nur aus seiner Bibliothek bestand, aus der Staats- und Universitätsbibliothek ausgegliedert und räumlich mit der »Forschungsstelle für Völkerrecht und ausländisches öffentliches Recht« verbunden. Die formelle Vereinigung beider Institute zum heutigen »Institut für Internationale Angelegenheiten« erfolgte 1973.

Trotz diverser vergeblicher Bemühungen versuchte Landshut auch weiterhin, die Studienbedingungen im Fach Politik zu verbessern. Die Prüfungsmöglichkeiten mußten schließlich geklärt werden, und so setzte er sich dafür ein, die Politische Wissenschaft in die Prüfungsordnung der Philosophischen Fakultät einzugliedern und Politik-Studenten damit die Promotion zum Dr. phil zu ermöglichen. Doch auch in dieser besonders dringlichen Angelegenheit stieß er auf Schwierigkeiten. In der für diese Frage eingesetzten Kommission dominierten zunächst Bedenken bezüglich der »Wissenschaftlichkeit« des Faches. Etliche Modelle wurden erwogen, die alle auf eine »Absicherung« des Studiums der Politik durch die als seriös geltende Geschichtswissenschaft hinausliefen. Diese sollte gewissermaßen eine »Vormundschaftsrolle« übernehmen. Um sich über die Möglichkeiten der Verbindung von Geschichte und Politik klarzuwerden, erhielt der Historiker Fritz Fischer (geb. 1908) sogar den Auftrag, sich an den Universitäten der Vereinigten Staaten entsprechend zu informieren. Als er im Mai 1953 – nach achtmonatigem Aufenthalt in den USA – zurückkehrte, berichtete er, daß es eine Verbindung zwischen Geschichte und Politischer Wissenschaft dort gar nicht gebe, daß die »Political Science« vielmehr eine große Selbständigkeit aufweise.[146] Dies war ein Ergebnis, das insbesondere seine Kollegen aus der Geschichtswissenschaft nicht zu befriedigen vermochte.[147]

Bezeichnend für deren Abwehrhaltung war auch, daß Siegfried Landshut zunächst nicht einmal als Mitglied in die Kommission aufgenommen worden war, die doch einzig das von ihm vertretene Fach zum Thema hatte. Erst auf seine Intervention hin wurde er zugezogen.[148] In der Kommissionssitzung vom 26. Juni 1953 kam es dann zum Eklat. In Anwesenheit des Historikers Egmont Zechlin (1896-1992) brachte Landshut zur Sprache, was seine Studenten ihm über dessen Äußerungen berichtet hatten.[149] Demnach hatte Zechlin überaus abfällige Bemerkungen über die Politische Wissenschaft und deren Vertreter gemacht. Verschiedene Studenten hatten erzählt, Zechlin habe ihnen vom Politikstudium abgeraten, da es sich bei der Politik nur um eine »Pseudowissenschaft« handele. Ferner soll Zechlin besonders betont haben, daß Landshut während des Zweiten Weltkriegs in britischen Diensten gestanden habe. Zechlin dementierte diese Äußerungen. Beide – Landshut und Zechlin – legten in den folgenden Wochen schriftliche Aussagen von Studenten vor. In den von Landshut eingereichten Berichten wurde ausführlich geschildert, wo, wann und wie Zechlin sich abfällig geäußert hatte; die von Zechlin eingereichten Stellungnahmen enthielten das Gegenteil. Ein eingesetzter Schlichtungsausschuß sah sich zur Klärung des Falles außerstande. Nachdem dort beschlossen worden war, nun zur mündlichen Einzelbefragung der Studenten überzugehen, erklärte Landshut, im Interesse seiner Studenten von der Weiterverfolgung dieser Angelegenheit Abstand nehmen zu wollen.[150] Der »Fall Landshut/Zechlin« kann auch rückblickend nicht entschieden werden; deutlich wird aber die feindliche und intrigante Atmosphäre zwei Jahre nach Errichtung des Politik-Lehrstuhls.

In ihrer Sitzung vom 9. Januar 1954 stimmte die Philosophische Fakultät nach zähen Verhandlungen über einzelne Bestimmungen und mit einem Abstimmungsergebnis von zehn zu acht Stimmen der Eingliederung der Politischen Wissenschaft in ihre Prüfungsordnung endlich zu.[151] Die hier angedeuteten Schwierigkeiten waren symptomatisch für einen komplizierten Einbindungsprozeß der Disziplin in die Universität. Auch die Soziologie befand sich in einer ähnlichen Randstellung. Der Lehrstuhl dieses Faches wurde zum 1. Mai 1953 – nun doch mit Helmut Schelsky – wiederbesetzt. Im November desselben Jahres erfolgte dann die Zusammenlegung des Seminars für die Wissenschaft von der Politik und des Seminars für Soziologie zum »Seminar für Sozialwissenschaften«. Beide Disziplinen – die Politische Wissenschaft und die Soziologie – gehörten sowohl der Philosophischen als auch der Rechts- und Staatswissenschaftlichen Fakultät an. Nachdem letztere zum Wintersemester 1954/55 geteilt worden war, bestand eine Zugehörigkeit zur Philosophischen sowie zur Wirtschafts- und Sozialwissenschaftlichen Fakultät.

Gleichberechtigte Direktoren des Seminars für Sozialwissenschaften waren Siegfried Landshut und Helmut Schelsky.[152] Als dritter Direktor kam im April 1957 Carl Jantke (1909-1989) hinzu. Jantke, der zuvor Soziologie an der Akademie für Gemeinwirtschaft gelehrt hatte, erhielt den Lehrstuhl für »Soziologie, Wirtschafts- und Sozialgeschichte«. Während Landshut mit Jantke eine freundschaftliche Verbindung pflegte, war sein Verhältnis zu Helmut Schelsky, der bis 1960 in Hamburg blieb, offenbar reservierter.[153]

Das Seminar für Sozialwissenschaften war in der Vier-Zimmer-Etage eines komfortablen Einzelhauses in der Feldbrunnenstraße untergebracht. Es gab ein Büro, in dem sich auch die in zwei Schrankwände passende Bibliothek befand, zwei Seminarräume und ein gemeinsames Dienstzimmer für die beiden, später für die drei Direktoren. Nach einem Zwischenspiel, bei dem das Seminar gemeinsam mit dem Gerichtsmedizinischen Institut untergebracht war, erhielt es 1962 in dem am Campus gelegenen »Seminargebäude der Wirtschafts- und Sozialwissenschaftlichen Fakultät« dem Ansteigen der Studentenzahlen entsprechendere Räumlichkeiten.[154]

Mehr als zehn Jahre waren seit der Errichtung des Lehrstuhls für die Wissenschaft von der Politik vergangen, und langsam gewann das Fach an universitärem Terrain. Abgeschlossen war die Eingliederung der Disziplin aber weder in Hamburg noch an den anderen deutschen Universitäten. Immerhin war die Politische Wissenschaft im Jahre 1960 an zwölf der achtzehn deutschen Universitäten als selbständiges Fach vertreten. Insgesamt gab es vierundzwanzig ordentliche bzw. außerordentliche Lehrstühle für Politikwissenschaft. Zu diesem Zeitpunkt verfügte aber lediglich die Freie Universität Berlin über ein Hauptfachstudium der Politischen Wissenschaft, das mit einem eigenen Diplomexamen abgeschlossen werden konnte.[155] Größere Bedeutung besaß die Disziplin auch in Hessen und Baden-Württemberg, da dort Sozialkunde als Schulfach eingerichtet worden war und entsprechende Studiengänge für Lehramtskandidaten notwendig wurden. An der Universität Hamburg konnte ab 1958 ein Fakultätsexamen abgelegt werden. Dieses verlieh keinerlei Titel, war aber die Voraussetzung für Hauptfachstudenten der Politik, der Soziologie und der Wirtschafts- und Sozialgeschichte, zum Dr. rer. pol. promoviert werden zu können. Daneben bestand die Möglichkeit der Promotion zum Dr. phil. fort. Die Zahl der Hauptfachstudenten war im Bereich der Politischen Wissenschaft allerdings weiterhin wesentlich geringer als die der »Nebenfächler«,[156] und es gibt nur wenige Doktorarbeiten, die Landshut betreute.[157]

Über ein Jahrzehnt vertrat Siegfried Landshut die Politikwissenschaft in Hamburg allein; d. h. er baute den Studiengang aus bescheidensten Anfängen überhaupt erst auf: eine Unternehmung, die von einem »Ein-Mann-Betrieb« kaum zu leisten war. Daß er die Arbeit des Semesters nur noch mühsam bewältige, berichtete Landshut beispielsweise in einem Brief an Dolf Sternberger vom Dezember 1959.[158] Zu diesem Zeitpunkt hatte er gerade – obgleich gesundheitlich angeschlagen – auch das Dekanat der Wirtschafts- und Sozialwissenschaftlichen Fakultät übernommen.[159] Weitere Verpflichtungen, etwa jene als Kuratoriumsvorsitzender des renommierten »Hansischen Goethe-Preises«, kamen hinzu.[160]

Erst im Jahre 1962 wurde dann ein zweiter Politik-Lehrstuhl eingerichtet, auf den, offenbar mit Landshuts Unterstützung, Wilhelm Hennis (geb. 1923) berufen wurde. Mit Hennis war Landshut sich über den besonderen Charakter des Faches und seine Tradition einig. Entsprechend machten beide im Jahre 1963 den dann erfolgreichen Vorschlag, die Lehrstühle für die »Wissenschaft von der Politik« umzubenennen und den Begriff »Politische Wissenschaft« einzuführen. Zur Begründung heißt es:[161]

»Aus welchen Motiven auch immer nach dem vergangenen Krieg diese Disziplin in den deutschen Universitäten wieder Aufnahme gefunden hat: es war offenbar das Bewußtsein verlorengegangen, daß es sich dabei nicht um eine neue, sondern um eine der ältesten Wissenschaften handelt, ja, daß ›Politik‹ überhaupt von Aristoteles über Althusius bis Treitschke der Name der Wissenschaft war. Die jetzt in Hamburg übliche Bezeichnung ›Wissenschaft von der Politik‹ wäre schon deshalb zu vermeiden, als sie geeignet ist, die irrige Vorstellung zu erwecken, es handele sich darum, das zum Gegenstand einer Wissenschaft zu machen, was an sich Sache der ›Politik‹, d.h. der Regierung, der Abgeordneten, der Presse ist. Daher der immer wieder zu hörende Einwand, daß Politik nicht lehrbar sei. Der vorgeschlagene Name Politische Wissenschaft, der am kürzesten und unmißverständlich durch ein Adjektiv die besondere Thematik dieser Wissenschaft kennzeichnet, hat außerdem den Vorteil, daß er mit der sowohl in den angelsächsischen Ländern als auch der in Frankreich üblichen Bezeichnung – Political Science, Science Politique – übereinstimmt.«

Wilhelm Hennis war dem Landshutschen Denken tief verbunden; gleichwohl verlief die Zusammenarbeit der beiden Ordinarien im gemeinsamen Seminar nicht spannungsfrei.[162] Unter den Hamburger Kollegen hatte Landshut – wie erwähnt – engeren Kontakt vor allem zu Carl Jantke sowie zum Heimann-

Schüler Heinz-Dietrich Ortlieb. Bevor Ortlieb im Jahre 1964 Ordinarius für Volkswirtschaftslehre an der Universität Hamburg und Direktor des Hamburgischen Weltwirtschaftsarchivs wurde, hatte er von 1952 bis 1955 und von 1958 bis 1962 die Akademie für Gemeinwirtschaft geleitet.[163] Von 1953 bis 1964 fungierte er zudem als Direktor der dortigen Forschungsstelle, der Landshut als außerordentliches Mitglied angehörte. Vom Wintersemester 1952/53 bis zum Sommersemester 1959 war Landshut selbst als Lehrbeauftragter an der »Akademie« tätig, was nicht zuletzt seine Wertschätzung für diese Hochschule des Zweiten Bildungswegs bezeugt. Hinsichtlich der Veröffentlichungen der Akademie für Gemeinwirtschaft galt er als einer der »Lieblingsautoren«.[164] Im von Ortlieb ab 1956 herausgegebenen *Hamburger Jahrbuch für Wirtschafts- und Gesellschaftspolitik* erschienen etliche seiner Aufsätze.

Obgleich sich die Politische Wissenschaft in Hamburg langsam etablierte, blieb Siegfried Landshut innerhalb des Universitätslehrkörpers weitgehend isoliert. Gleiches galt für seine Position im Fach selbst. Zwar wurde ihm mit der Wahl zum Vorsitzenden der »Deutschen Vereinigung für Politische Wissenschaft« für die Amtsperiode 1964/65 noch einmal ausdrücklich Respekt gezollt, doch an seiner Randständigkeit innerhalb der Disziplin änderte dies nichts. Es ist symptomatisch, daß die Initiative zur Wahl Landshuts auf den amtierenden Vorsitzenden Dolf Sternberger, mithin auf einen der wenigen ihm geistig Nahestehenden,[165] zurückging. Als Sternberger seinen neu gewählten Nachfolger telefonisch benachrichtigte, nahm dieser die Wahl »mit höchlicher Überraschung, aber doch gern« an.[166] Tatsächlich war Landshut dann aus gesundheitlichen Gründen nur noch sehr bedingt in der Lage, das ihm übertragene Amt auszuüben.

Im Juni 1964 stellte Siegfried Landshut aufgrund seines schlechten Gesundheitszustands den Antrag auf Emeritierung zum 31. März 1965.[167] Schon im Herbst 1956 hatte er einen Herzinfarkt erlitten, und ab dem Wintersemester 1961/62 mußten angekündigte Vorlesungen und Seminare immer wieder wegen Krankheit ausfallen oder verschoben werden. Ein Lehrstuhl-Nachfolger konnte nicht sofort gefunden werden. Nachdem erst Theodor Eschenburg und dann auch Karl Dietrich Bracher den Ruf nach Hamburg abgelehnt hatten, wurde schließlich zum 1. Oktober 1966 Hans-Peter Schwarz (geb. 1934) – ein Schüler Arnold Bergstraessers – auf den Lehrstuhl für Politische Wissenschaft berufen.[168] Im folgenden Jahr trat dann auch hinsichtlich des zweiten Lehrstuhls in diesem Fach ein Wechsel ein. Wilhelm Hennis nahm einen Ruf nach Freiburg an; sein Nachfolger wurde Ernst Fraenkels langjähriger Assistent Winfried Steffani (geb. 1927).

Der akademische Lehrer

Das Verhältnis zwischen dem akademischen Lehrer Siegfried Landshut und seinen Studenten war ein außergewöhnliches. Landshuts Anziehungskraft war groß; er wurde geschätzt, bisweilen verehrt, und nicht selten empfanden Studierende die Begegnung mit ihm als bedeutend für den eigenen Lebensweg. Umgekehrt scheint Landshut im engeren Kreis seiner Studentinnen und Studenten jene Offenheit für sein Denken und immer wieder auch jene geistige Verbundenheit gefunden zu haben, die ihm von den Kollegen so oft versagt blieb.

Landshuts erste Doktorandin Elsbeth Friedlaender, die spätere Bundesministerin Katharina Focke (geb. 1922), charakterisiert ihren »Doktorvater« rückblickend als »gütig, leise, präzis, klar, außerordentlich verantwortungsbewußt und von der Bedeutung des Faches Politik an den Universitäten Nachkriegsdeutschlands durchdrungen«.[169] Auch beschreibt Katharina Focke, die selbst keine eigentliche »Landshut-Schülerin« war und nur vom Herbst 1952 bis zum Frühjahr 1954 in Hamburg Politik studierte,[170] die »etablierte Gedankengemeinschaft«, in die sie »hineingeraten« sei. Eine derartige Gedankengemeinschaft mit seinen Studenten war typisch für den akademischen Lehrer Siegfried Landshut. Wenn Huguette Herrmann (geb. 1928) – eine Studentin der »ersten Stunde« – erklärt, die Vorlesungen Landshuts seien »eine der großen Erfahrungen ihres Lebens« gewesen,[171] so spricht sie das aus, was für etliche »Landshut-Schüler« gilt. Dies heißt nicht, daß sich nicht auch am akademischen Lehrer Landshut die studentischen Geister schieden. Es gab nicht wenige Studenten, denen sein Denken fremd blieb und die bald seine Vorlesungen verließen; aber diejenigen, die blieben, scheinen oftmals eine starke Prägung erfahren zu haben.

Siegfried Landshut nahm die Lehre sehr ernst. Wenn er seine Vorlesungen hielt, teilte er mit seinen Studenten, was ihm selbst wichtig war. Sie wurden Teilnehmer seines Denkprozesses, denn – wie sein langjähriger Assistent Wolfgang Kessel (geb. 1929) berichtet – dachte Landshut immer »neu«; überhaupt schien er immer zu *denken*. Dabei konnte es um Themen und Begriffe gehen, die ihn seit Jahrzehnten beschäftigten, aber er hinterließ bei seinen Zuhörern das Gefühl, die frischeste Denkleistung habe das Vorgetragene zutage gefördert.[172] Nach übereinstimmenden Schilderungen sprach Landshut während seiner Vorlesungen grundsätzlich frei. So berichtet etwa der heute in München Soziologie lehrende Horst Jürgen Helle (geb. 1934):[173]

»[Landshuts] Vorlesungen waren sehr beliebt und wurden von den Studenten mit großer Aufmerksamkeit und Hochachtung verfolgt. Wir bewunderten damals, daß er in fast völlig freier Rede vortrug, nur hin und wieder auf einen Zettel mit wenigen Notizen schaute und daß er dennoch in hervorragendem Deutsch druckreif sprach.«

Wie intensiv Landshut aber seine Vorträge vorbereitete, wie sorgfältig er seine Formulierungen wählte, zeigen seine – leider nur noch teilweise erhaltenen – handschriftlichen Vorlesungsentwürfe. Auf jedes Wort kam es an. Die Präzision der Sprache, auf die Landshut so viel Wert legte, entsprach der Klarheit seiner Analyse. Mochte die Bestimmtheit, mit der er vortrug, auch groß gewesen sein, so stand doch immer im Mittelpunkt, das selbständige Denken seiner Studenten anzuregen. Nicht selten endeten seine Ausführungen mit einem unkommentierten Zitat, das den Zuhörern über die Vorlesung hinaus zu denken gab. Auch riet er – dessen parteipolitische Richtung im dunkeln blieb – den Studierenden, sich im Studentenparlament und in politischen Parteien zu engagieren.

Es war deutlich, daß Landshut das Politik-Studium nicht als stringente Berufsausbildung auffaßte, sondern daß er eine Bildungsgrundlage für das zukünftige Leben schaffen wollte. Zum Verdruß mancher Kollegen kam es ihm bei Examina dementsprechend nicht so sehr auf das Faktenwissen an, als vielmehr auf die »innere Haltung« des Prüflings, auf dessen Ernsthaftigkeit und Begeisterung für wissenschaftliche Fragestellungen.[174]

Dies bedeutete keineswegs, daß man bei Landshut leicht zum Abschluß gelangte. Schon die Zulassung zu den Seminaren hing von einem Vorgespräch ab, in dessen Verlauf den Studierenden nicht selten »auf den Zahn gefühlt wurde«.[175] Auf die Seminararbeit selbst mußte man sich wirklich einlassen und bereit sein, Texte wieder und wieder zu lesen. Über die akribische Textarbeit und die strenge Begriffsanalyse berichtet Wolfgang Kessel:[176]

»[...] die Referate hatten oft die Bedeutung von Begriffen im Kontext des Gedankengebäudes eines Klassikers zum Thema, also z.B. ›Der Begriff des Naturstandes (bzw. der volonté générale, des Vertrages, der Freiheit usw.) bei Rousseau‹ etc., wobei es darauf ankam, sehr genau zu lesen, nicht über irgendetwas hinweg zu lesen, sich nur an den Text zu halten und sich nicht durch Sekundärliteratur in die Irre führen zu lassen. Wobei dann L. bei der Besprechung oft an Hand einzelner Sätze oder Textstellen zeigte, daß man immer noch nicht genau genug gelesen und über den Sinn nachgedacht hatte.«

Großen Wert legte Landshut auch auf persönlichen Kontakt zu seinen Schülern. In den ersten Jahren seiner Professur organisierte er gemeinsame Reisen – etwa nach Paris, London, Oxford, Straßburg und Bonn – sowie Zusammenkünfte in Hamburg, beispielsweise ein von ihm und Alfred Grosser initiiertes Treffen deutscher und französischer Studenten.[177] Hervorzuheben sind aber vor allem die abendlichen Gesprächsrunden, die vorwiegend bei ihm zu Hause, in der für alle »Landshut-Schüler« mit vielfältigen Erinnerungen besetzten Parkallee 88, stattfanden. Ab 1961 nahm er sich zudem einen Abend pro Woche Zeit, um Studierende des Wohnheimes an der Hagenbeckstraße zu besuchen, deren Protektor er war.[178]

Von der Zeit des Exils erzählte Landshut auch im privateren »Parkallee-Kreis« höchst selten, und in späteren Jahren scheint er dieses seinen Studenten gegenüber gar nicht mehr getan zu haben.[179] Eine Ausnahme bildete Walter Grab (geb. 1919), der über seine Begegnung mit Landshut folgendes berichtet:[180]

»Ich gehörte vermutlich zu den wenigen, denen er etwas von seinem Exil erzählte, weil er mich kennenlernen wollte, da ich ja im Alter von 43 zu ihm kam, um im Nebenfach zu promovieren. Er hörte meine Geschichte genau an und sagte, daß er an der Jerusalemer Uni und später im Kibbuz gewesen sei. Aber auch diese wenigen Sätze waren vornehm und zurückhaltend, ohne Eifer und Groll. Was hätte dieser Mann alles leisten können, wenn man ihn nicht vertrieben hätte!«

Den Studenten galt Siegfried Landshut als Autorität; ihm selbst war diese Rolle Verpflichtung. In seinem Aufsatz über »Die Schwierigkeiten der politischen Erziehung in der egalitären Massengesellschaft« beschrieb Landshut im Jahre 1957 Aufgaben und Probleme politischen Unterrichts;[181] er charakterisierte damit zugleich seine Tätigkeit als akademischer Lehrer.

Eine Schwierigkeit der politischen Erziehung erblickte Landshut darin, »daß man ja in den jungen Menschen ein Bewußtsein ihrer staatsbürgerlichen Verantwortung erwecken soll, während die allgemeine Tendenz heute gerade in der Richtung verläuft, *persönliche Verantwortung* durch die Regelung aller Lebensvorgänge durch Gesetze auszuschalten«.[182] Wiederum mit Rückgriff auf den Terminus der »Selbstentfremdung« erläutert Landshut die modernen Lebensverhältnisse: Diese seien dem Menschen eben fremd und zunehmend undurchsichtig geworden. Der einzelne sei aus dem unmittelbaren Lebenszusammenhang herausgelöst, weil das, was seine Tageswelt bestimme, die Möglichkeit unmittelbarer Empfindung einfach übersteige:[183]

»Hier entspinnt sich eine ganz kardinale Kalamität politischer Erziehung. Auch in der Demokratie ist sie ein Ersatz für etwas, was früher gar nicht notwendig war: sie soll durch stimulierenden Unterricht etwas ersetzen, was im gesellschaftlichen Leben selbst nicht mehr zu erreichen ist. Das früher vorhandene selbstverständliche Hineinwachsen muß durch eine Arbeit des Gedankens und des Kopfes ersetzt werden. Der einzelne gehört zu dieser Welt, aber seine Orientierung ist nicht selbstverständlich.«

Als Problem beschreibt Landshut, daß der politische Unterricht nicht nur die verlorengegangene Orientierung in der Mitwelt ersetzen und das ursprüngliche Gefühl der Dazugehörigkeit erneuern, sondern daß er auch die Willensimpulse für die politische Ordnung, für die parlamentarische Demokratie, wachrufen soll. Daß derartige Willensimpulse in der Bevölkerung insgesamt nur allzu schwach entwickelt waren, hatte Landshut in seinem 1955 erschienenen Aufsatz »The Development of Democracy in Germany in the 19th and 20th Century« dargelegt. Obwohl er der parlamentarischen Demokratie in der jungen Bundesrepublik gute Chancen bescheinigte, machte er doch auf eine fundamentale Gefahr aufmerksam:[184]

»[...] generally speaking, the majority of the population is disinterested in political affairs. At the same time, an amazing ignorance prevails regarding the simplest democratic institutions. [...] However, without no doubt, the passive attitude of a large portion of the population towards democracy still remains a problem.«

Aufgabe der politischen Erziehung war demnach, diese passive Haltung zu überwinden und das Engagement jedes einzelnen für die freiheitliche Demokratie zu fördern. Eine besondere Schwierigkeit erblickte Landshut aber darin, daß sich die faktischen Verhältnisse des politischen Alltags keineswegs mit den Prinzipien und Voraussetzungen deckten, die den Normen und Artikeln der Verfassung entsprächen. Als Beispiel führt Landshut Artikel 38 I GG an, in dem der Abgeordnete als selbständige Persönlichkeit mit freier Entscheidung im Plenum dargestellt sei, während er tatsächlich doch seine politische Existenz verliere, wenn er auf Dauer gegen die Entscheidungen seiner Partei votiere. Auch Artikel 21 I GG, der einen demokratischen Aufbau der Parteien vorschreibe, stehe in Widerspruch zur Wirklichkeit. Denn offenkundig sei, daß die Willensbildung innerhalb der Parteien zumeist nicht von unten nach oben, sondern eben umgekehrt von der Parteispitze aus erfolge. Diese müsse disponieren können und die Sicherheit haben, daß ihre Anweisungen sich durchsetzen ließen; andernfalls wäre die Partei lebensunfähig.[185]

Nach Landshut kommt es darauf an, sich den bestehenden Widersprüchen samt ihrer Ursachen zu stellen und nicht »ein Tuch des Stillschweigens« über sie auszubreiten, um die bestehende Ordnung »wie ein Paradies« darzustellen. Seine Vorstellung von politischer Erziehung verdeutlicht folgendes Resümee:[186]

»Wenn der Lehrer sich keinen Illusionen hingibt, dann wird auch der Heranwachsende das allergrößte Vertrauen fassen, weil er sieht, daß er in eine Realität eingeführt wird. Das ist, wie ich aus eigener Erfahrung gesehen habe, das Zugkräftigste, was es überhaupt gibt. Alles andere kann nur falsches Pathos sein.«

In der Tat nahm Landshut seinen Studenten etliche Illusionen, doch zur Resignation wurden sie gerade nicht geführt. Allein die Präsenz seiner Person und die Kraft seines Denkens verboten dies. Welche Wirkung Landshut auf seine Studenten ausübte, hat Jürgen Dennert zu beschreiben versucht:[187]

»Die intensive Wirkung Landshuts auf seine Schüler beruhte nicht nur auf der faszinierenden Dichte und logischen Geschlossenheit seines Lehrgebäudes, auch nicht nur an der noch am klassischen Vorbild orientierten Diktion seines Vortrages und auf der Schärfe und Klarheit seiner Begriffe, sondern auf der schwer zu erfassenden und zu beschreibenden persönlichen Wirkung. In Siegfried Landshut paarten sich Güte, wissenschaftliche Intention und eine durch nichts zu beeinflussende Unbestechlichkeit des Urteils mit einer für einen deutschen Wissenschaftler ungewöhnlichen Lebenserfahrung.«

Siegfried Landshuts Vorlesungen, Seminare und Kolloquien kreisten um das immer gleiche Thema: die Gesamtbewegung der »politischen Moderne«. Seine Vorlesungstitel lauteten etwa: »Einige Grundbegriffe der Politik«, »Der Begriff der politischen Freiheit«, »Theorie der Politik«, »Das Verhältnis von Staat und Gesellschaft im 19. und 20. Jahrhundert«, »Das politische Gemeinwesen«, »Die klassenlose Gesellschaft«, »Die Idee des Gemeinwohls in der Geschichte der politischen Theorie«, »Politik und Technik«, »Das Problem der politischen Gleichheit von 1789 bis heute«.

Für Landshut war die Moderne gekennzeichnet vom Verlust des Politischen. Der moderne Staat galt ihm als das Gegenteil einer politischen Gemeinschaft, als »das Prinzip der Nichtpolis, das Unpolitische zum Prinzip gesetzt«.[188] Insofern erläuterte Landshut seinen Studenten die Gegenwart und ihre spezifischen Probleme, indem er ihren Blick gerade auf das lenkte, was in der modernen Gesellschaft weitgehend abhanden gekommen war, ohne doch ganz verschwinden zu können: auf das Allgemeine und Gemeinsame, das eine *politische* Gemeinschaft kennzeichnet.

Ohne je zu vermitteln, daß man in eine »bessere Vergangenheit« zurückkehren könne, verdeutlichte Landshut die abendländische Tradition politischen Denkens und den weitgehenden Abbruch, den diese mit dem Rationalen Naturrecht und dann in der »egalitären Massengesellschaft« erlitten hatte. Immer wieder erläuterte er die Entwicklung anhand einzelner Begriffe, die auf ihren Ursprung und auf ihre eigentliche Bedeutung hin untersucht wurden. Seine großen Aufsätze zum Souveränitätsbegriff,[189] zum Begriff der Opposition[190] sowie zum »politischen Begriff der Repräsentation«[191] legen davon in eindrucksvoller Weise Zeugnis ab.

Die Studenten wollte Landshut lehren, die Grundbegriffe der Politik tatsächlich *politisch* zu verstehen. Erst mit Bezug auf das Wesen der politischen Gemeinschaft – so Landshut – erschlössen Begriffe wie Herrschaft, Repräsentation und Legitimität, wie Institution, Wahl und Gesetz ihre *politische* Bedeutung, bezogen auf die Polarität von Staat und Gesellschaft aber verlören sie den ihnen eigentümlichen Bedeutungszusammenhang.[192] Vor diesem Hintergrund griff Landshut in seinen Vorlesungen häufig jene Fragen und Grundprobleme der modernen Demokratie auf, die in der damaligen publizistisch-wissenschaftlichen Diskussion besondere Aufmerksamkeit erfuhren und die bis heute nicht an Bedeutung verloren haben: so etwa die Suche nach dem »Wählerwillen« und der »öffentlichen Meinung« oder die Frage der Einführung von »plebiszitären Elementen« in die Verfassungen der parlamentarischen Demokratie.[193]

Landshuts *politische* Sichtweise eröffnete vielen der bei ihm Studierenden einen Blick für übergeordnete Zusammenhänge; seine geistige Strenge diente nicht selten als Maßstab eigener Bemühungen. In den meisten der von Landshut betreuten Doktorarbeiten ist sein Einfluß unmittelbar zu spüren – in der Fragestellung, im methodischen Ansatz, in der Ausführung und bisweilen auch in der Diktion.[194]

So kennzeichnete Wolfgang Kessel in seiner Dissertation auctoritas und potestas als zwei für die Existenz eines politischen Gemeinwesens fundamentale, und zwar nicht gesetzte, sondern eben ursprüngliche Prinzipien, um dann zu zeigen, daß das Zusammentreffen von auctoritas und potestas im demokratischen Staat zu einem zufälligen geworden sei.[195] Dietrich Hilger (1926-1980) untersuchte Edmund Burkes Vorstellungen und Begriffe vom politischen Gemeinwesen und machte auf dieser Grundlage deutlich, warum Burke die Prinzipien der Französischen Revolution als Aufhebung und Negation eines solchen Gemeinwesens beurteilen mußte.[196] Hans-Christian Röglin (geb. 1927), der seine Studien bei Landshut neben einem vollen Jurastudium betrieben hatte, analysierte in seiner Doktorarbeit den auf dem Prinzip der Souveränität beruhenden modernen Gesetzesbegriff und legte dar, daß diesem – im »Verwaltungsstaat« wie im totalitären Staat – keine sittlich-vernünftige Verpflichtung mehr innewohne.[197] Ricarda Mischke (geb. 1929) schrieb ganz im Sinne Landshuts über *Die Entstehung der öffentlichen Meinung im 18. Jahrhundert* und widersprach schon im Titel der sonst gängigen Auffassung, daß öffentliche Meinung eine ursprüngliche Erscheinung des gesellschaftlichen Lebens schlechthin sei.[198] Die Arbeiten von Ingeborg Bode (1929-?) – *Ursprung und Begriff der parlamentarischen Opposition* – und von Jürgen Dennert (1935-1970) – *Ursprung und Begriff der Souveränität* – verrieten ebenfalls schon im Titel den Einfluß Landshuts. Bode versuchte vor allem anhand der Schriften Bolingbrokes, den Begriff der Opposition nach seinen konstitutiven Merkmalen zu bestimmen[199] – laut Landshut »ein Beitrag zur Bedeutungsanalyse politischer Begriffe überhaupt«.[200] Dennert untersuchte den Gedanken der Souveränität als das für den modernen Staat bestimmende Prinzip und wies damit, gleich seinem Lehrer, auf jene Bruchstelle hin, die den aristotelischen Begriff eines politischen Gemeinwesens vom Begriff des modernen Staates schied.[201] Erwähnung verdient schließlich Klaus Streifthaus Dissertation über die Aufnahme des Souveränitätsbegriffs in England. Streifthau (geb. 1923) analysierte die Umwandlung der politischen Grundstruktur des englischen Gemeinwesens im 19. Jahrhundert, d.h. die Durchsetzung des House of Common als letztlich bestimmendem Organ – zu Lasten des vorherig wirkenden, auf der Trias von Monarch, House of Lords und House of Commons beruhenden Systems der »checks and balances«.[202]

Landshuts Wirkung war aber nicht nur auf den kleinen Kreis von Doktorandinnen und Doktoranden begrenzt.[203] Ab 1955 schrieben sich in den Vorlesungen regelmäßig um die zweihundert Hörer ein.[204] Walter Grab berichtet, daß auch die Seminare überlaufen gewesen seien und Landshut die Zahl der Teilnehmer rigide auf dreißig reduzierte, um »vernünftig« arbeiten zu können. In den Tocqueville- und Rousseau-Seminaren, so betont Grab rückblickend, habe er mehr gelernt »als irgendwo sonst«: Während seiner späteren Tätigkeit als Geschichts-Professor in Tel Aviv habe er immer wieder darauf zurückkommen können.[205]

Deutlich wird hier der starke, aber gewissermaßen »unterirdische« Einfluß Siegfried Landshuts. Typisch ist, daß Grab – wie die Mehrheit der Studenten Landshuts – »nur« Nebenfächler war, was etwa auch auf die späteren Professoren der Erziehungswissenschaft Heinz-Hermann Schepp (geb. 1925),[206] Berthold Michael (geb. 1924)[207] und Hermann Lange (geb. 1929)[208] zutrifft, die den Landshutschen Ansatz in der Pädagogik fruchtbar zu machen suchten. Wie intensiv das Studium bei Landshut bisweilen betrieben wurde, zeigen die Vorlesungs- und Seminarmitschriften, die Hermann Lange, Berthold Michael sowie Rita und Heinz-Hermann Schepp[209] insbesondere in den Jahren 1957 bis 1963 anfertigten. Detailliert, oft sogar wörtlich, wurden die Vorträge mitgeschrieben und alsbald abgetippt, so daß heute ca. 1500 maschinengeschriebene Seiten Landshutscher Rede existieren: eine wertvolle Quelle, zumal Landshuts eigene Vorlesungsentwürfe in der Mehrzahl nicht mehr aufzufinden sind.[210]

In die Politikwissenschaft hinein hat Landshut über seine Schüler kaum gewirkt. Trotz des legendären »Landshut-Seminars« hat es keine »Landshut-Schule« gegeben und keinen einzigen Schüler, der als Politikwissenschaftler den Forschungsansatz Landshuts aufgenommen und weiterentwickelt hätte. Dietrich Hilger, der vom April 1951 an Landshuts »wissenschaftliche Hilfskraft« gewesen war, darf als derjenige gelten, der besonders konsequent und kontinuierlich mit dem Politikverständnis seines Lehrers weiterarbeitete. Allerdings hatte er eine Assistentenstelle bei Carl Jantke erhalten und war mithin zur Sozial- und Wirtschaftsgeschichte gewechselt (Professur ab

1970). Als Hilger im Jahre 1980 starb, hinterließ er umfangreiche unveröffentlichte Studien, unter anderem seine nicht vollendete Habilitationsschrift, die ganz dem Landshutschen Denkansatz verpflichtet war.[211]

Wolfgang Kessel, von 1956 bis 1962 Landshuts Assistent, entschied sich für den wissenschaftlichen Dienst des Deutschen Bundestages. Jürgen Dennert schließlich schien prädestiniert dafür, das Denken Landshuts im Bereich der Politischen Wissenschaft fortzuführen. Er war 1962 Kessels Nachfolger geworden und hatte die Assistentenstelle bei Landshut bis zu dessen Emeritierung im Jahre 1965 inne. Dennert, auch als glänzender Journalist mehrfach ausgezeichnet, habilitierte sich mit einer ganz von Landshut inspirierten Schrift, die 1970 unter dem Titel *Die ontologisch-aristotelische Politikwissenschaft und der Rationalismus. Eine Untersuchung des politischen Denkens Aristoteles', Descartes', Hobbes', Rousseaus und Kants* publiziert wurde.[212] Es handelte sich um den ersten Teil einer größeren Untersuchung zur Politischen Theorie, mit der Dennert versuchte, die verschüttete Tradition und Geschichte der Politikwissenschaft für die gegenwärtige Methoden- und Problemdiskussion fruchtbar zu machen. Der geplante zweite Teil der Studie konnte nicht mehr abgeschlossen werden. Jürgen Dennert starb im Januar 1970 im Alter von 34 Jahren.[213]

Letzte Jahre:
Die Universität wird zur Fremde

Siegfried Landshut wurde zum 31. März 1965 emeritiert. Kurz darauf, am 26. Juni 1965, starb Edith Landshut nach langer, schwerer Krankheit. Im Laufe ihrer vierundvierzigjährigen Ehe war sie »Friedel« – so Siegfried Landshuts Rufname unter Verwandten und Freunden – von Hamburg nach Kairo, von Kairo nach Jerusalem, von Jerusalem nach London und von London schließlich im Jahre 1952 wieder nach Hamburg gefolgt. Vor allem in Ägypten war es Edith Landshut gewesen, die maßgeblich für den Lebensunterhalt der Familie gesorgt hatte. Die folgenden Exiljahre in Palästina waren für sie gekennzeichnet von schwerer Krankheit, Geldnot und der Sorge um die bald an verschiedenen Orten lebenden Familienmitglieder. Auch in London warteten nur bescheidene Verhältnisse und eine ungewisse Zukunft. Arnon Aviner schreibt über seine Mutter:[214]

»Tuti [der Kosename Edith Landshuts in der Familie, R. N.] was in many ways an extraordinary woman who throughout her life grappled courageously with an endless chain of misfortunes. In spite of a Job like fate she was not a bitter personality.«

Edith Landshut, wenngleich in den Exiljahren mindestens ebenso entwurzelt wie ihr Mann, war die Konstante im unsteten Leben Siegfried Landshuts. Inwieweit sie hinsichtlich dessen wissenschaftlicher Arbeit eine Rolle spielte, läßt sich nicht im einzelnen dokumentieren. Sicher ist, daß es auch in diesem Bereich einen regen Austausch gegeben hat; jedenfalls war es üblich, daß Edith Landshut die Studien ihres Mannes in den verschiedenen Phasen der Entstehung vorgelesen wurden. Überhaupt war das Vorlesen eigener und fremder Texte, die gemeinsame Beschäftigung mit ihnen, etwas überaus Typisches bei Landshuts gewesen.[215]

Nach dem Tod seiner Frau lebte Siegfried Landshut noch dreieinhalb Jahre. In dieser Zeit hielt er weiterhin Vorlesungen und Vorträge, schrieb Aufsätze, machte Reisen und Pläne für weitere Arbeiten. Eines der Projekte jener Jahre war die großangelegte Textedition der *Klassiker der Politik*: eine Reihe, die an die in den zwanziger Jahren edierte, von Friedrich Meinecke und Hermann Oncken begründete Textsammlung gleichen Namens anknüpfen sollte. Als Herausgeber der »Neuen Folge«, deren erster Band 1965 im Westdeutschen Verlag erschien, fungierten neben Landshut Otto Heinrich von der Gablentz und Dolf Sternberger. Von letzterem war die Initiative zur Wiederbelebung der *Klassiker* ausgegangen.[216] Im Jahre 1967 veröffentlichte Landshut als Band 4 der Reihe eine neubearbeitete und erweiterte Auflage seiner zuerst 1954 bei Kröner erschienenen Tocqueville-Ausgabe. Ein von Landshut geplanter Rousseau-Band, der ursprünglich im Herbst 1966 erscheinen sollte, konnte dagegen nicht realisiert werden.[217] Insgesamt brachten es die *Klassiker der Politik* nur auf sechs Bände.[218] Der von Jürgen Dennert herausgegebene Band *Calvinistische Monarchomachen* konnte 1968 noch erscheinen; im selben Jahr aber ging der

Westdeutsche Verlag in Konkurs. Zwar wurde der Verlag dann aus der Konkursmasse fortgeführt, nicht jedoch die kostspielige Reihe, die vor allem ein Prestigeprogramm gewesen war. Die Bestände der *Klassiker* wurden »verramscht«.

Trotz aller Widrigkeiten versuchte Siegfried Landshut auch in den letzten Lebensjahren, seine Idee von Politik zu vermitteln. Als Emeritus hielt er noch Vorlesungen an der Universität Hamburg: über »Das revolutionäre Prinzip der Neuzeit«, über »Politische Ideengeschichte von Machiavelli bis Rousseau« und zur »Analyse politischer Begriffe«. Obgleich er sich also nicht völlig aus dem universitären Leben zurückzog, wurde ihm dieses jedoch zunehmend fremder. Die »Politologie« – ein von Landshut ungeliebter Begriff – entwickelte sich ganz im Gegensatz zu seinen eigenen Vorstellungen; und den Aktionen der Studentenbewegung stand er – soweit er sie noch miterlebte – nicht nur ablehnend gegenüber: Er litt unter ihnen.

Zwar konstatierte Landshut ebenso wie die Studenten eine Krise des Hochschulwesens, doch meinte er, daß die Not der Universität den studentischen Protagonisten lediglich »Anlaß zum Jux« sei, daß diese nichts anderes täten, als ihren »politischen Exhibitionismus« zu befriedigen.[219] Die Schärfe der Landshutschen Äußerungen spiegelt die Befürchtung wider, seiner Art des Lehrens könnte – nun von studentischer Seite her – endgültig der Boden entzogen werden. Worum ging es konkret?

Im Zuge der Diskussion um eine umfassende Hochschulreform hatte der vormalige Hamburger AStA-Vorsitzende Detlev Albers am 28. Juli 1967 seine im Auftrag des AStA erarbeiteten Vorschläge zur *Demokratisierung der Universität* vorgelegt. Ausgangspunkt der Überlegungen war der Gedanke, daß in der Hochschule – mit ihrer vom Staat zugestandenen Autonomie – die Entscheidungsgewalt denselben Prinzipien unterliegen müsse, denen die staatliche Gewalt selbst unterliege, nämlich den »Prinzipien der freien Demokratie«.[220] Konkret schlug Albers die Drittelparität vor: Professoren, »Mittelbau« und Studenten sollten gleichgewichtig in den Universitätsgremien vertreten sein. Damit waren zugleich jene Forderungen benannt, die der Verband Deutscher Studentenschaften (VDS) und der Sozialistische Deutsche Studentenbund (SDS) bundesweit stellten.

Siegfried Landshut nahm Albers' Ausführungen zum Anlaß, seine Gegenposition darzulegen. Zunächst verfaßte er – vermutlich um die Jahreswende 1967/68 – eine siebenseitige Stellungnahme für den universitätsinternen Gebrauch;[221] dann versuchte er, eine gekürzte Fassung in der Tageszeitung *Die Welt* zu publizieren. Doch sogar dort lehnte man seinen Text als »unzeitgemäß« ab. Erst posthum, im Jahre 1969, wurde der Artikel schließlich in der *Soziologenkorrespondenz* abgedruckt.[222]

Für Landshut beruhte die Krise des Hochschulwesens vor allem auf zwei verschiedenartigen Erscheinungen, die ihre gemeinsamen Impulse aus der geschichtlichen Wandlung der Gesellschaft erhielten. Zum einen nennt er die zunehmende Verwandlung bestimmter Wissenschaften in Technologien, »d.h. in Systeme von Kenntnissen und Verfahrensweisen, die an dem die Gesellschaft beherrschenden Zweck der Produktionssteigerung orientiert sind«. Zum anderen konstatiert er eine »Überflutung der Hochschulen mit immer weiter steigenden Massen von – mit teils nur mangelhafter Schulbildung ausgestatteten – Studenten«.[223] Als Folgen dieser Erscheinungen kennzeichnet Landshut etwa die Überfüllung der Hörsäle und Seminare, die Hilflosigkeit der jungen Studenten, die Überlastung der Ordinarien und Dozenten sowie überhaupt den mangelnden Arbeitskontakt zwischen Lehrenden und Lernenden. In dieser Situation, so Landshut, aber falle den AStA-Vertretern nur ein Stichwort ein: »Demokratie«.

Landshut kritisiert den »primitive[n] Gleichheitsfetischismus, der in der Nivellierung aller gegebenen Unterschiede das Allheilmittel für jede Schwierigkeit sieht«;[224] er wendet sich gegen die Ideologie des Fortschritts, nach der die Vollkommenheit der gesellschaftlichen Zustände durch Beseitigung letzter störender Elemente – »z.B. des ›Autoritätsmonopols‹ der Professoren« – verwirklicht werden könne;[225] und er hebt hervor, daß die Universität von den Mitbestimmung fordernden Studenten nicht mehr als ein Ort der Forschung und Lehre, sondern als ein Produktionsbetrieb aufgefaßt werde.[226] In Entgegnung auf Detlev Albers' Forderung, die Prinzipien freier Demokratie in den Hochschulen zu realisieren, schreibt Landshut:[227]

»Die Freiheit, die die Studenten so lärmend für sich in Anspruch nehmen, ist für die Hochschule zuerst und zunächst die Freiheit der Forschung und der Lehre. Wenn sie bedroht ist, dann insbesondere durch die Interessen und Forderungen derjenigen Studenten, denen weniger an der Forschung als daran gelegen ist, überall mitzureden. Freiheit ist vor allem eine Sache der Bildung – ungebildete Freiheit ist das Gefährlichste. Die Hochschulen sind Anstalten der Bildung – oder sollen es sein, wenn die Gesellschaft eine freie Gesellschaft sein will. Zu solchen Anstalten gehört – das liegt in der Natur der Sache – eine bestimmte Stufung der zu ihr Gehörigen: sie besteht aus Lehrenden und Lernenden, Gebenden und Nehmenden, Erfahrenen und Unerfahrenen. Solange die Hochschulen noch nicht dazu abgesunken sind, bloße Umschlagstellen für Fakten und Methoden zu sein, solange sie noch Bildung anstreben, solange ist ihnen eine Hierarchie eigentümlich. Aufhebung der Hierarchie heißt Aufhebung der Bildung als Sinn der Hochschule, heißt also Aufhebung der Freiheit. Das ist es aber, was sich die Studentenführer besinnungslos zum Ziel genommen haben – während sie laut Freiheit fordern.«

Siegfried Landshut sah die Universität als Anstalt der Bildung, als Ort des forschenden Lehrens und Lernens massiv gefährdet. Offenbar schien es ihm, als griffe jene Entwicklung, die er als charakteristisch für die moderne Gesellschaft erachtete, nun ganz und gar auch auf die Hochschule über: die zunehmende Nivellierung aller gegebenen Unterschiede als Kennzeichen für die »egalitäre Massengesellschaft«. Die geforderte Demokratisierung der Universität betrachtete Landshut entsprechend als Welle bloßer Gleichmacherei, die schließlich den letzten Ort des Geistigen hinwegzuspülen drohte.

Worüber er sich freilich kaum äußerte, waren die offenkundigen Mängel der »Ordinarienuniversität« und die Notwendigkeit einer umfassenden Universitätsreform. Mit großer Skepsis nahm Landshut die rasant steigenden Studentenzahlen wahr, und in der Tat traten in einer »Massenuniversität« Probleme neuer Art auf die Tagesordnung. Ebenso gewiß ist allerdings, daß die Öffnung der Universitäten und eine entsprechend konzipierte, ihren Namen verdienende Bildungspolitik längst überfällig waren. Der planmäßige Ausbau des Bildungswesens war unverzichtbar für die Konsolidierung der Demokratie. Ralf Dahrendorf hat dies in seiner Formel *Bildung ist Bürgerrecht* auf den Punkt gebracht.[228]

Daß die akademische Selbstverwaltung nicht länger allein in den Händen der Ordinarien liegen sollte, ergab sich nur folgerichtig aus den sich verändernden Verhältnissen. Seit Ende der fünfziger Jahre waren die Studentenzahlen sprunghaft in die Höhe geschnellt, und parallel zu dieser Entwicklung war auch der Lehrkörper, und zwar in erster Linie die Gruppe der nichtordinierten Wissenschaftler, erheblich angewachsen.[229] Kaum erstaunlich also, daß dieser sogenannte »Mittelbau« nun nach Mitbestimmung verlangte. Geradezu unerhört erschien vielen Lehrstuhlinhabern aber vor allem, daß »sogar« die Studierenden ein Mitspracherecht forderten. Auch Landshut lehnte eine derartige Forderung schroff ab.[230] Er führte an, daß die Hochschule für die Masse der Studenten nur das vorübergehende Vorstadium für ihren endgültigen Beruf außerhalb bedeute, während sie für Dozenten und Professoren die »bleibende, beständige Bedingung ihres Lebens und ihrer Arbeit« sei. Den Studenten eine Mitverantwortung für langfristige Regelungen anzuvertrauen, hielt er demgemäß für widersinnig. Zudem sprach er von der »Unfertigkeit des Studierenden« und von dessen »unzulänglicher Urteilsreife«.[231] Schließlich wandte er sich dagegen, der »einfachen Zuständigkeit und Verantwortung bestimmter Sachwalter« einen »aufgeblähten Pluralismus vielköpfiger Versammlungen« entgegenzusetzen. Als Hauptbeschäftigung derartiger Versammlungen prophezeite er: »endloses Palaver«.[232] Allzusehr glaubte Landshut an die »echte Autorität« einzelner, wie er sie selbst verkörperte, und allzuwenig gab er den tatsächlich schwierigen, mitunter unergiebigen, aber für ein demokratisches Gemeinwesen unerläßlichen Diskussionen und Entscheidungsprozessen unter Beteiligung vieler eine Chance.

Daß die Studentinnen und Studenten die Autorität ihrer Professoren plötzlich nicht mehr fraglos akzeptierten, traf die Ordinarien wie ein Schock. Die zuvor weitgehend geltende Unantastbarkeit professoraler Standpunkte verkehrte sich ins Gegenteil. Äußerungen riefen nun nicht selten allein deshalb Widerspruch hervor, weil sie aus dem Munde eines Ordinarius stammten. Waren die studentischen Reaktionen insofern also zu pauschal und bisweilen völlig ungerecht und geradezu verletzend, so erfolgten sie grundsätzlich doch mit einiger Berechtigung. Schließlich waren die Professoren nicht schon deshalb im Recht, weil sie Professoren waren. Daß auch sie, die »Erfahrenen« und »Gebenden«, völlige Irrwege gehen konnten, hatte sich ja in jüngerer Vergangenheit deutlich gezeigt.

In Hamburg fand der studentische Protest gegen die »Ordinarienuniversität« seinen sinnfälligsten Ausdruck am 9. November 1967, jenem Tag, an dem die Professoren in gewohnter Weise die Rektoratsübergabe feierlich zu begehen gedachten. Vor dem Zug der in das Auditorium maximum einziehenden Professoren entrollten zwei Studenten ein Transparent mit der dann vielzitierten Aufschrift »Unter den Talaren – Muff von 1000 Jahren«. Noch am selben Tag war auf der ersten Seite des *Hamburger Abendblatts* die Schlagzeile »Studenten schockieren die Professorenschaft«[233] zu lesen, und wirklich stellte die Aktion für die Ordinarien eine ungeheure Provokation dar. Dabei wurde die in der Parole enthaltene Anspielung auf das »Tausendjährige Reich« oft noch nicht einmal bemerkt.

Der damaligen Studentengeneration gebührt das Verdienst, die Rolle der Universitäten im »Dritten Reich« überhaupt erst ins Blickfeld gerückt und Versäumnisse der Nachkriegszeit endlich kritisiert zu haben. Allerdings führte die Art und Weise, wie die Studierenden 1967/68 agierten, häufig zur Verbitterung auch derjenigen Professoren, die Vertriebene und Verfolgte des NS-Regimes gewesen waren,[234] ja, offenbar fühlten sich etliche von ihnen zuweilen gar an das »Dritte Reich« erinnert.[235] Nach dem Bericht der langjährigen Landshut-Schülerin Karla von Malapert-Neufville (geb. 1939) äußerte sich auch Siegfried Landshut in diesem Sinne.[236] Ihm, der als Emeritus im Sommersemester 1968 und zu Beginn des Wintersemesters 1968/69 noch Vorlesungen über die »Analyse politischer Begriffe« hielt, war es nur schwer erträglich, daß sein Wort nicht mehr zu zählen schien, daß man auch ihn nicht mehr ausreden ließ. Vorlesungsstörungen waren an der Tagesordnung, und die Zwischenrufe und Unterbrechungen mögen bei Landshut noch vergleichsweise begrenzt gewesen sein: dennoch aber trafen ihn die studentischen Aktionen ganz persönlich; sie beraubten ihn jenes Raumes, der ihm der wohl wertvollste war.[237]

Nach der geplatzten Rektoratsfeier vom 9. November 1967 gewannen die Reformbestrebungen rasch an Dynamik. Zwei Wochen später, am 24. November 1967, fand, wiederum im Auditorium maximum, eine große Podiumsdiskussion statt, die als letzter Anstoß zur Hochschulreform in Hamburg gelten kann. Gemeinsame Veranstalter waren die Hamburger Sektion der »Internationalen Gesellschaft für die Freiheit der Kultur« und der AStA der Universität; das Motto lautete: »Revolution 1967 – Studentenulk oder Notwendigkeit?«. Die Teilnehmer des Podiumsgesprächs – unter ihnen Rudi Dutschke, der Berliner Landesvorsitzende des Sozialistischen Deutschen Studentenbundes (SDS), und Ralf Dahrendorf, zu jenem Zeitpunkt Soziologie-Professor in Konstanz – waren sich bei allen Unterschieden darüber einig, daß einschneidende Veränderungen in der Hochschule überfällig waren.[238]

Die weiteren Diskussionen um eine Hochschulreform mündeten schließlich in das am 1. Mai 1969 in Kraft tretende neue Hamburger Universitätsgesetz, das radikal mit der traditionellen Struktur der Universität brach. Den Übergang von der »Ordinarienuniversität« zur »Gruppenuniversität« – so die beiden Schlagwörter jener Zeit – erlebte Siegfried Landshut nur noch teilweise mit. Wie nahe ihm bis zuletzt die Vorgänge an der Universität gingen, verdeutlicht ein an die Wirtschafts- und Sozialwissenschaftliche Fakultät gerichtetes Schreiben des in Berkeley lehrenden Wirtschaftswissenschaftlers Carl Landauer (1891-1983). In dem zehn Tage nach Landshuts Tod verfaßten Brief heißt es rückblickend:[239]

»[...] in den letzten Monaten haben wir ueber Hochschulangelegenheiten korrespondiert, wobei sich sein im Nachruf [gemeint ist die von der Universität verschickte Todesanzeige, R. N.] mit Recht geruehmtes sicheres Urteil gegenueber politischen und sozialen Prozessen wieder bewaehrte; dieser Briefwechsel hat aber auch gezeigt, dass ihm die Schwierigkeiten der deutschen Universitaet sehr nahe gegangen sind. Es war eben die andere Seite seiner warmen, an allen Ereignissen auch mit dem Gefuehl teilnehmenden Persoenlichkeit, dass er sich die Unerfreulichkeiten des oeffentlichen und akademischen Lebens sehr zu Herzen nahm und unter ihnen litt.«

Immer noch Marx?

Am 5. Mai 1968 jährte sich zum 150. Mal der Geburtstag von Karl Marx. Schon im März hatte in der Geburtsstadt Trier eine Veranstaltungsreihe mit Vorträgen, Ausstellungen und Tagungen begonnen; die Deutsche Bundespost widmete dem 150jährigen Marx eine Gedenkmarke, und Ende April füllte Marxens Kopf auch die Titelseite des *Spiegel* – montiert mit einem Foto demonstrierender Studenten.[240] Am Vorabend des Geburtstages erfolgte dann die Eröffnung der von der Friedrich-Ebert-Stiftung neu eingerichteten Ausstellung im Marxschen Geburtshaus. Willy Brandt (1913-1992), zu jenem Zeitpunkt SPD-Vorsitzender und Außenminister, plädierte bei dieser Gelegenheit für »eine unbefangene Würdigung der großen Beiträge, die Karl Marx zum politischen und gesellschaftswissenschaftlichen Denken unserer Zeit geliefert hat«.[241] Das Wort von einer »Marx-Renaissance« fand sich nun gehäuft in Vorträgen und Zeitungsartikeln; dabei wurde Marx freilich von ganz verschiedenen Seiten interpretiert bzw. vereinnahmt. Symptomatisch war, daß am 5. Mai 1968 in Trier zwei miteinander konkurrierende Veranstaltungen stattfanden.

Ein internationales Symposion zum Thema »Marx heute« war von der Deutschen Unesco-Kommission ausgerichtet worden. Den Hauptvortrag der Festveranstaltung hielt vor sechshundert geladenen Gästen der Philosoph Ernst Bloch (1885-1977),[242] eines der weiteren fünf Referate – in deutlichem Gegensatz zu dem am Marxismus festhaltenden Bloch – Siegfried Landshut.[243] Ort des Geschehens war das von Polizei hermetisch abgeriegelte Trierer Stadttheater. Während dort ein »westlicher – ›humanistischer‹ – Marx« gewürdigt wurde, orientierte sich die am selben Tag im überfüllten Saal der Trierer Großgaststätte »Treviris« stattfindende Konkurrenzveranstaltung am »östlichen, leninistischen Marx-Geschmack«.[244] Maßgeblicher Organisator dieser zahlenmäßig weit stärkeren Gegenkundgebung war Wolfgang Abendroth.

Das »gespaltene Marx-Festival« – so die durch die Presse wandernde Formel[245] – fand in angespannter Atmosphäre statt. Der Protest der »Außerparlamentarischen Opposition« gegen verkrustete Strukturen in Staat und Gesellschaft, gegen die bevorstehende Annahme der Notstandsgesetze durch den Bundestag, gegen den Vietnam-Krieg hatte seinen Höhepunkt erreicht. Dem Anschlag auf Rudi Dutschke am 11. April 1968 waren die »Osterunruhen« und die Ausweitung der »Anti-Springer-Kampagne« gefolgt. In Frankreich hatte es am 3. Mai Straßenschlachten zwischen Studenten und Polizisten gegeben, mit denen dort bürgerkriegsähnliche Unruhen begannen.

Dem Marxismus kam hinsichtlich der studentischen Gesellschaftskritik eine grundlegende Rolle zu. Im *Spiegel* vom 29. April 1968 schilderte Bernd Rabehl, Mitglied des SDS-Bundesvorstandes, die Bedeutung des Marxismus für seine Organisation, die den Kern der APO bildete. »Der Marxismus«, so Rabehl, »wird von uns als Methode der Analyse der gesellschaftlichen Wirklichkeit verstanden, zugleich als kompromißlose Kampfanweisung für die antiautoritären Revolutionäre.«[246]

Anders als Ernst Bloch, dem die wachsende politische Aktivität der Studenten Hoffnung auf eine Wiederbelebung des Marxismus machte, hatte Landshut mit einem derart aktivistisch verstandenen Marx nichts im Sinn, und eine »konkrete Utopie«, wie Bloch sie für notwendig hielt, konnte es seiner Ansicht nach gar nicht geben. Bloch erklärte, daß Marx mit der Prognose eines zwangsläufigen »Sieges der Arbeiterklasse« Recht behalten werde, und zwar auch bezogen auf den »bisher so wenig zum Umschlag tätige[n] Westen«.[247] Für Landshut waren dies »Erlösungsgedanken«, die von der Problematik der gegenwärtigen Lebenssituation wegführten. Daß die »Revolutionäre« Marx in seiner eigentlichen Tiefe überhaupt nicht verstünden, daß sie sich über den Grad der eigenen Selbstentfremdung gar nicht im klaren seien, stand für ihn außer Frage.

Die Trierer Vorträge von Bloch und Landshut waren so unterschiedlich, daß sich auch von einer »gespaltenen Unesco-Veranstaltung« sprechen ließe. Schon über die Art des Auftretens von Bloch war Landshut entsetzt. Er meinte, dieser gebärde sich wie ein »Conférencier«, dem es gar nicht um Inhalte, sondern nur um rhetorische Formeln gehe.[248] Daß Bloch zudem die SPD und den direkt vor ihm sitzenden Willy Brandt heftig angriff, daß er einen Linksdrall empfahl, sofern die Partei weiter bestehen wolle, berührte Landshut offenbar auch höchst unangenehm.

Siegfried Landshuts eigenes Referat ließ an geschliffenen Formulierungen und zugespitzten Gedanken nichts vermissen; es scheint geradezu, als wollte er seinem Ärger mit diesem überaus pointierten Vortrag ein wenig Luft machen. So sprach er von der »fundamentalen Perversität der modernen Gesellschaft [...], die ganz und gar auf uferlose Produktion und Konsumtion eingestellt ist«;[249] der Studentenbewegung bescheinigte er »karnevalistische Formen«,[250] und schließlich ließ er es sich in diesem Festvortrag nicht nehmen, jene Briefstelle aus dem Jahre 1851 zu zitieren, an der Karl Marx gegenüber Engels von der »ökonomischen Scheiße« berichtet, mit der er hoffe, bald fertig zu sein.[251] Im Zentrum der Ausführungen Siegfried Landshuts stand wiederum der Begriff der »Selbstentfremdung des Menschen«:[252]

»Diese Selbstentfremdung des Menschen [...] ist, seit Marx das Phänomen entdeckt hat, bis heute die gleiche geblieben. Sie stellt sich heute noch nicht einmal mehr als eine primär ökonomische Perversion dar. Im Gegenteil: was zur Zeit der Forschungsarbeiten von Marx als zerstörende Gewalt der Krisendynamik erschien, ist inzwischen durch dirigistische Wirtschaftspolitik weitgehend domestizierbar geworden. Aber immer deutlicher wird der allgemein menschliche Charakter der Selbstentfremdung, immer starrer, kälter und fremder das System der Normierungen und Prozesse, das Labyrinth der Betriebe und Organisationen, der Verwaltungen und Behörden, von deren Beachtung die Selbsterhaltung eines jeden abhängt. Anpassung [...] ist die allgemeine Aufforderung, die an jeden ergeht: Anpassung des eigenen Lebens und Strebens an die etablierten Verhältnisse – oder im neuesten Jargon: an das establishment.«

Insofern war es für Landshut auch keineswegs erstaunlich, daß »die Jugend« gegen die etablierten Verhältnisse protestierte. Er ließ jedoch keinen Zweifel darüber, wie er diesen Protest einschätzte:[253]

»Die rebellierende Jugend folgt der Aufforderung von Marx: ›...alle Verhältnisse umzuwerfen, in denen der Mensch ein erniedrigtes, ein geknechtetes, ein verlassenes, ein verächtliches Wesen ist‹. Nur zeigen die Maskierungen, die wilden Bärte, die abgegriffenen Pullover oder stilisierten Kostüme, in denen die Rebellen ihres eigenen Selbst habhaft zu werden versu-

chen, wie sehr sie selbst ein hilfloses Opfer der Selbstentfremdung geworden sind.«
Die Selbstentfremdung des Menschen beschreibt Landshut als ein bestimmendes Merkmal der modernen Gesellschaft, um dann der Frage nachzugehen, von welchem Selbst die Entfremdung eigentlich stattfinde. Wenn Marx von der Selbstentfremdung sprach, so mußte er doch eine Vorstellung von dem eigentlichen, dem wahren, dem unverfälschten Selbst gehabt haben. »Welches ist dies wahre Selbst«, fragt Landshut, »an dem gemessen die gesellschaftliche Welt sich als Entfremdung erweist?«[254]
Seiner Auffassung nach ist Marx eine zweifache Antwort zu entnehmen: Zum einen sei das Selbst die »allgemeine Natur des Menschen schlechthin«. Dieser Natur gegenüber seien die Lebensbedingungen der bürgerlichen Produktions- und Tauschgesellschaft »unmenschlich«. Zugleich aber sei das Selbst in der Vorstellung von Marx – und darauf kommt es Landshut eigentlich an – »eine bestimmte geschichtliche Prägung dieser Natur, nämlich der gebildete Bürger der vorindustriellen europäischen Gesellschaft«.[255] Nie habe Marx die regelmäßige Lektüre des Homer, der Tragiker und Shakespeares unterbrochen, und überhaupt habe ihm das Griechentum wie die ganze Welt der humanistischen Bildung als Norm und unerreichbares Muster gegolten. So ausdrücklich wie wohl in keiner seiner anderen Schriften versucht Landshut hier, Marx aus seinen vorindustriellen, ganz der abendländischen Geistesgeschichte verpflichteten Voraussetzungen zu interpretieren.[256] Dahinter steht offenbar die Auffassung, daß die gesamte Marxsche Gesellschaftskritik letztlich den aristotelischen Begriff vom »guten Leben« in der Polis zum Maßstab habe. Deutlich wird auch, welche Art von geistiger Nähe er zu Marx empfand; einem Marx, der seiner Ansicht nach einer endlosen Flut von Fehldeutungen ausgesetzt war:[257]
»In der heutigen Finsternis der Selbstentfremdung würde Marx – wenn er in seiner ursprünglichen Intention begriffen würde – als reaktionär bezeichnet werden.«
Bar jeder Erlösungshoffnung stand Siegfried Landshut den fortschrittsgläubigen Marxisten gänzlich fern. Ebenso effektvoll wie provozierend zitierte er am Ende seines Trierer Vortrages jenen Ausspruch, der Marx selbst zugeschrieben wird: »Quant à moi – je ne suis pas Marxiste.«[258]

Im Jahre 1969, also posthum, wurde Landshuts Trierer Vortrag unter dem Titel »Immer noch Marx?« vollständig abgedruckt. Die Antwort auf diese Frage war unmißverständlich: Daß fast alle Begriffe und Kategorien, mit denen Marx die bürgerliche Gesellschaft seiner Zeit ausgelegt hatte, gegenstandslos geworden waren, stand für Landshut außer Frage. Ebenso deutlich war ihm aber auch, daß Marx mit dem Begriff der Selbstentfremdung, jenem Begriff, »der sich auf den gesamten Lebenszusammenhang bezieht, auf die Totalität des menschlichen Lebens in der Gesellschaft«,[259] den Kern der modernen Gesellschaft zutreffend beschrieben hatte. Landshuts Interesse galt nicht dem »Erlöser« Marx – den es ja gar nicht geben konnte –, sondern dem Analytiker der Moderne: und hier nahm Marx eine herausragende Position ein. In einem Brief an Dietrich Hilger erklärte Landshut,[260]

»dass Marx von allen Analytikern der modernen Gesellschaft der einzige ist (ausser Max Weber), der mit dem Begriff der Selbstentfremdung, im ganzen Umfang und der ganzen Tiefe, die er bei ihm hat, das Urphänomen anspricht, den allgemeinen Nenner kennzeichnet, der bei allem Wandel einzelner Erscheinungen und Phasen das Stigma des Zeitalters ist, von Anfang bis heute und überhaupt«.

Marxens Ausführungen zur Selbstentfremdung des Menschen sind ebensowenig überholt wie der Kern der Landshutschen Marx-Interpretation. Wenn nun, nach dem Niedergang des »realen Sozialismus«, die Frage »Immer noch Marx?« aufs neue gestellt wird, so ließe sich mit Landshut entschieden und zugleich nüchtern antworten: »Jetzt erst recht!«

Israel

Auch die letzten Lebensmonate Siegfried Landshuts waren von zahlreichen Unternehmungen und einer intensiven Auseinandersetzung mit aktuellen Vorgängen gekennzeichnet. Den Sommer 1968 in der Schweiz verbringend, schrieb Landshut am 29. August seiner Studentin Karla Zillt, er habe »Tage lang fast ununterbrochen Nachrichten am Radio gehört«.[261] Die Meldungen, die ihn derart beschäftigten, betrafen den Einmarsch der

Warschauer-Pakt-Truppen in die Tschechoslowakei in der Nacht vom 20. auf den 21. August 1968. Weiter heißt es in dem Schreiben: »[Ich] habe sehr vermisst, dass niemand da war, um einmal ein Wort zu wechseln. Denn die Ereignisse offenbaren Abgründe.«

Wieder in Hamburg, berichtete Landshut – ebenfalls in einem Schreiben an Karla Zillt –, daß er sogleich von den Rachegeistern seiner langen Ferien überfallen worden sei: »Vorlesung, neue Vorträge, Umbruch-Korrekturen etc.«.[262] Auch teilte er mit, daß er am 29. September nach Israel abfliegen wolle.

Seit seiner Rückkehr nach Deutschland im Jahre 1951 hatte Landshut nur wenige Kontakte nach Israel unterhalten, und nicht ein einziges Mal hatte er das Land besucht. Wenngleich er sich durchaus mit jüdischen Fragen befaßte und auch die Entwicklung in Israel aufmerksam verfolgte, so war er doch mit Äußerungen zu diesem Bereich sehr zurückhaltend.[263] In keiner seiner Vorlesungen und keinem seiner Seminare machte er die Verhältnisse im jüdischen Staat zum Thema.[264] Ebensowenig publizierte er darüber. Anfang der sechziger Jahre ließ er sich von Daniel Dishon noch einmal neueres Material über die Kibbuz-Bewegung schicken,[265] doch der Plan, frühere Forschungen auf diesem Gebiet weiterzuführen, wurde offenbar bald wieder aufgegeben.

Erst im Jahre 1967 hielt Siegfried Landshut einen größeren, bis heute nicht im Druck erschienenen Vortrag zur Charakteristik des damals knapp zwanzig Jahre alten Staates Israel; der Titel: »Konstitutive Elemente des israelischen Nationalbewußtseins«.[266] Landshut vertritt hier die Auffassung, daß die Nationwerdung der Juden in Israel nicht auf der jahrtausendealten Überlieferung des Judentums beruhe, sondern an einem Begriff von Nation orientiert sei, dessen klassisches Muster durch die Französische Revolution geprägt worden sei.

Die Gründung des Staates Israel sei von vielen Juden und auch von Nichtjuden als die Erfüllung der alten Verheißung, als die Rückkehr der Juden ins gelobte Land, aufgefaßt worden. Für unbestreitbar aber hält Landshut, daß die zionistische Bewegung, die sich durch die Besiedlung und Fruchtbarmachung Palästinas, durch den systematischen Ausbau der »Nationalen Heimstätte« unter britischem Mandat und dann schließlich durch die Gründung des Staates Israel zum Repräsentanten des Judentums überhaupt erklärt habe, daß eben diese zionistische Bewegung gar nicht spezifisch jüdischen Antrieben entsprungen sei. Sie sei der Sproß einer allgemeinen europäischen Bewegung, von der im Laufe des 19. Jahrhunderts auch fast alle Teile des in der Welt verstreuten Judentums ergriffen worden seien.

Diesen Zusammenhang zwischen der Gründung eines jüdischen Nationalstaats und der aus der Aufklärung hervorgegangenen Emanzipationsbewegung, also der neueren europäischen und nicht der alten jüdischen Geschichte, macht Landshut vor allem an der Rolle Theodor Herzls deutlich. Herzl (1860-1904), »auch heute als der geistige Vater des modernen Israel verehrt«, sei zugleich derjenige in der Reihe der großen Protagonisten der zionistischen Bewegung, der am weitesten vom überlieferten Judentum entfernt gewesen sei, ja, der eigentlich wenig davon gewußt habe.[267] Herzls Sorge sei nicht die Bewahrung und Erhaltung dessen gewesen, was seit mehr als zweitausend Jahren die Juden in aller Welt miteinander verbunden und von ihrer Umgebung getrennt habe: »die Treue zum alten Bund«. Er habe vielmehr seine ganze Energie auf die Aufgabe gerichtet, den überall grassierenden Antisemitismus dadurch matt zu setzen, daß ihm sein Gegenstand entzogen würde. So sei er – vor dem Entwurf zu seinem Buch *Der Judenstaat* – auf den Gedanken gekommen, alle Juden in Wien sollten gemeinsam in einem Demonstrationszug zum Stephansdom ziehen und sich dort taufen lassen. Später sei er hinsichtlich der Errichtung einer jüdischen »Nationalen Heimstätte« bereit gewesen, das Angebot eines Territoriums in Britisch-Ostafrika anzunehmen. Die Überlieferung von der ewigen Verbundenheit des Volkes Israel mit dem ihm gelobten Land habe Herzl also für etwas gehalten, worauf man auch verzichten könnte. Weiter schreibt Landshut:[268]

»Aber wenn auch schließlich die Gründung des jüdischen Nationalstaats im verheißenen Land der Väter zustande kam, so erhielt doch im Lauf der Jahre der Geist Herzls die Oberhand. Um mit der Sprache von Moses Hess zu sprechen, war er eben bereit, das, was Hess die ›jüdische Nationalität‹ genannt hatte, der Emanzipation zum Opfer zu bringen. In der Anerkennung Herzls als des eigentlichen Vaters des Staates Israel ist zugleich enthalten die stillschweigende Bejahung jener gro-

ßen Geistesströmung des 19. Jahrh., die Herzls geistige Heimat und deren Quelle die Aufklärung war, die Französische Revolution und die Menschenrechte. Sie hatte alles beflügelt, was im 19. Jahrh. nach Emanzipation verlangte: das Proletariat, die Demokraten, und schließlich die Juden.«
Über die Konsequenzen für das israelische Nationalbewußtsein heißt es:[269]
»Mit den Ideen und Begriffen der Aufklärung übernahmen aber die jungen Zionisten, insbesondere die der dritten Einwanderungswelle nach dem ersten Weltkrieg, die damit verbundene Geisteshaltung: die hohe Schätzung des rationalen Denkens, der Naturwissenschaften, des sogenannten Fortschritts und des Erfolges. So geraten sie zu ihrer eigenen jüdischen Überlieferung, zu deren Erfüllung sie – wie sie meinten – nach Palästina einwanderten, in ein zwiespältiges Verhältnis. Sie nehmen diese Überlieferung nicht mehr beim Wort, nicht mehr ernst, und billigen ihr nur noch eine übertragene, eine symbolische, eine *mythologische* Bedeutung zu.«
Ausdrücklich verweist Landshut darauf, daß seine Bedenken und Zweifel an der Wiedererstehung des Volkes Israel im Sinne der Weissagung kein Einwand gegen die Berechtigung der Existenz des Staates Israel seien. Wohl aber plädiert er dafür, die tatsächlich vorherrschenden Ursprünge des Nationalbewußtseins ohne religiöse Überhöhung zu benennen. Als mißlich erachtet er »die beliebte Verweisung auf biblische Zitate zur Erläuterung, unter Umständen zur Rechtfertigung politischer Ziele und Methoden, wie sie z.B. Ben Gurion liebt«: Alles profane Geschehen erhalte dadurch eine höhere, wenn auch illegitime Weihe. Seinen Vortrag beendete Landshut schließlich mit einem Zitat desjenigen jüdischen Gelehrten, den er besonders achtete, mit einem Zitat Martin Bubers:[270]
»Jetzt, nach einer Verkündigung ohne Erfüllung, ist ein gewisses Maß von Erfüllung ohne Verkündigung in Erscheinung getreten; man gebärdet sich, als ob das Reich anbräche – und weiß doch von keinem König und keinem Königswillen mehr.«
Schon in seiner Kibbuz-Studie hatte Landshut die »unüberlegte Bezugnahme auf ›das‹ Judentum« kritisiert. Seiner Ansicht nach

war es nicht die jüdische Religion, die das verbindende Element im Jischuw und später im Staat Israel darstellte, sondern es war eine nationale Idee, wie sie im Europa der Aufklärung und der Revolution geboren worden war. Mithin stellt sich der Zionismus als Versuch dar, Religion gerade durch Nation zu ersetzen.

Das massive nationale Selbstbewußtsein, »das heute in Israel sich kundtut, und das in seiner mitunter lauten Kundgabe fast alles überbietet, was in dieser Hinsicht heute in den Ländern der alten Nationen anzutreffen ist«,[271] beruhte laut Landshut nicht auf der jüdischen Überlieferung, sondern auf einer Reihe eindeutiger Tatsachen und Ereignisse, die in den vergangenen fünfzig Jahren zusammengewirkt hatten. In erster Linie nennt er »das starke Gefühl heimatlicher Liebe zum Boden, zur Landschaft mit ihren Siedlungen, Pflanzungen und Feldern und den neu gewachsenen Wäldern«. Diese Landschaft, wie sie sich heute dem Auge biete, so Landshut, sei ja selbst erst das Produkt mühseliger Anstrengungen und großer Entbehrungen mehrerer Generationen von Siedlern.[272]

Siegfried Landshut stand der spezifisch modernen, am »Fortschritt« orientierten Geisteshaltung der Zionisten ganz und gar fern. Aber er empfand Achtung für die Leistung der Menschen, die das Land aufgebaut hatten. Seine Haltung gegenüber den Verhältnissen in Israel blieb also durchaus kritisch, doch als er das Land im Herbst 1968 besuchte, äußerte er sich auch anerkennend über die Errungenschaften der vergangenen zwei Jahrzehnte.[273] Eine starke innere Bindung an Israel hatte er aber offenbar nicht, und sein Blick auf die dortige Entwicklung war überaus nüchtern.

Zum Beginn des Wintersemesters 1968/69 kehrte Landshut von seiner Israel-Reise nach Hamburg zurück. Gesundheitlich ging es ihm nicht gut, und auch die Situation an den Hochschulen machte ihm weiterhin merklich zu schaffen. Anfang Dezember erbrach er nach dem häuslichen Mittagessen Blut und wurde sofort ins Krankenhaus gebracht. Einige Tage und Nächte führte er einen schweren Todeskampf. Am 8. Dezember 1968 starb Siegfried Landshut 71jährig in Hamburg. Die Todesursache waren innere Blutungen; vermutlich die Folge einer nie richtig ausgeheilten Gelbsucht, die er sich bereits im Kriegsgefangenenlager in Ägypten zugezogen hatte.[274]

Gesammelte Schriften

Siegfried Landshuts Schriften waren weit verstreut erschienen. Als er starb, war vieles vergriffen und manches auch in Bibliotheken kaum noch aufzufinden; zudem war etliches überhaupt nie publiziert worden. Dieses in sich stringente, nach außen hin aber zerrissene Werk spiegelte den Lebensweg eines Wissenschaftlers wider, dessen ebenso konsequentes wie leidenschaftliches Denken im Dienste menschlichen Miteinanders sich in aller Existenznot und Entwurzelung hatte behaupten müssen. Jenes Werk also war schon zu Lebzeiten Landshuts nur wenigen vertraut; am besten kannten es seine »Schüler«.

Im engeren Schülerkreis war schon Mitte der sechziger Jahre der Plan entstanden, die wichtigsten Schriften Landshuts endlich in einem Sammelband einer breiteren Leserschaft zugänglich zu machen. Zunächst war man auf den Gedanken gekommen, die »Gesammelten Schriften« anläßlich der Emeritierung Landshuts 1965 herauszugeben. Als sich aber die Zeit für ein derartiges Vorhaben als zu kurz erwies, sollte der Sammelband zum siebzigsten Geburtstag Siegfried Landshuts im Jahre 1967 erscheinen. In einem Brief vom 19. September 1965 schrieb der von den Plänen unterrichtete Landshut seiner Schülerin Rita Schepp – sie war gemeinsam mit ihrem Mann Initiatorin des Editionsprojektes[275] –, daß er sich über die Absicht seiner Schüler sehr freue.[276] Zugleich berichtete er, daß auch Wilhelm Hennis ihm soeben den Vorschlag gemacht habe, seine verstreuten Schriften in einem Band zu versammeln. Die Initiative seiner Schüler aber, so betonte Landshut, sei ihm sehr viel lieber, vor allem wenn er nicht selbst als Herausgeber seiner Schriften fungieren müßte, sondern sich dafür einer seiner früheren Schüler finden ließe.

Insbesondere von Rita und Heinz-Hermann Schepp sowie von Wolfgang Kessel wurden die Vorbereitungen für eine Ausgabe der »Gesammelten Schriften« vorangetrieben. Der Sammlung und Sichtung der Texte folgten Auswahlüberlegungen, Gliederungsentwürfe und Verlagskontakte.[277] Im Sommer 1967 waren die Vorarbeiten weit gediehen; allerdings hatte man noch keinen geeigneten Verlag gefunden, nachdem sich Pläne einer Zusammenarbeit mit dem Westdeutschen Verlag aus finanziellen Gründen zerschlagen hatten. In dieser Situation erklärte Wilhelm Hennis, daß er den Sammelband in die von ihm und Hans Maier herausgegebene, im Luchterhand-Verlag erscheinende Reihe »Politica« aufnehmen wolle. Eine Kalkulation liege schon vor, das Buch könne sofort in Druck gehen.[278] Dies gab den Ausschlag für Hennis' Angebot. Landshut teilte Rita Schepp die günstige Publikationsmöglichkeit bei Luchterhand mit und bemerkte, daß Hennis freilich »eine sehr andere Konzeption« für den geplanten Band habe als seine Schüler.[279] Während diese an eine Edition dachten, in der das ganze Spektrum Landshutschen Denkens vertreten sein sollte, bevorzugte Hennis einen auf 350 Seiten begrenzten Band mit besonderem Akzent auf den wissenschaftstheoretischen Schriften. Landshut selbst erklärte, daß er Hennis bei der nächsten Zusammenkunft die Aufnahme einiger Texte vorschlagen wolle, die dieser bisher noch nicht berücksichtigt habe. Besonderen Wert lege er auf den Abdruck des Aufsatzes »Die Gegenwart im Lichte der Marxschen Lehre« und des 1956 im »Handwörterbuch der Sozialwissenschaften« erschienenen Artikels »Marxismus«. Vor allem aber sollten das erste und das letzte Kapitel der Kibbuz-Studie aufgenommen werden. Schon zu Beginn der Editionspläne im Sommer 1965 hatte er hervorgehoben, daß es ihm eine »besondere Genugtuung« wäre, wenn »wenigstens« diese Teile der Untersuchung erstmals in deutscher Sprache veröffentlicht würden.[280]

Die von Siegfried Landshut vorgeschlagenen Schriften wurden tatsächlich in den Sammelband aufgenommen, doch dessen Veröffentlichung in der »Politica«-Reihe erlebte er nicht mehr. Unter dem Titel *Kritik der Soziologie und andere Schriften zur Politik*[281] erschien er im Jahre 1969. Der 372 Seiten umfassende Band enthielt zwölf – zum Teil noch nie publizierte oder schwer zugängliche – Schriften. Den Kern der Ausgabe bildete Landshuts 1929 erschienenes Hauptwerk *Kritik der Soziologie*, das durch diesen Nachdruck eigentlich erst wieder zugänglich wurde. Selbst in der Bibliothek des Hamburger Seminars für Sozialwissenschaften hatte bis dahin nur eine Fotokopie gestanden. Zwar gab es mittlerweile sogar eine japanische Übersetzung, die 1963 in Tokio erschienen war,[282] doch in der Bundesrepublik hatte man Landshuts grundlegendes Werk aus der Weimarer Zeit kaum zur Kenntnis genommen.

Von besonderer Bedeutung war auch die Erstveröffentlichung einiger Kapitel aus Landshuts 1933 vergeblich eingereichter zweiter Habilitationsschrift *Historisch-systematische Analyse des Begriffs des Ökonomischen*. Auf diese Weise konnte die Studie zumindest in Teilen für die Nachwelt gerettet werden; das Gesamttyposkript gilt bis heute als verschollen. Den dritten größeren Komplex des Sammelbandes bildete ein Auszug aus Landshuts bis dahin nur in hebräischer Sprache erschienenen Studie über *Die Gemeinschafts-Siedlung in Palästina*. Zusätzlich zu den drei genannten Texten enthielt die Auswahl neun Aufsätze, deren Inhalt das Spektrum Landshutscher Forschungen zumindest andeutete. Von Landshuts frühen Texten wurden die erste richtungweisende Schrift »Über einige Grundbegriffe der Politik« (1925) sowie der Aufsatz über »Max Webers geistesgeschichtliche Bedeutung« (1931) aufgenommen. Hinzu kamen die von Landshut gewünschten Texte »Die Gegenwart im Lichte der Marxschen Lehre« (1956) und »Marxismus« (1956) sowie seine Studien über Grundprobleme der modernen Demokratie: »Volkssouveränität und öffentliche Meinung« (1953), »Formen und Funktionen der parlamentarischen Opposition« (1955) und »Der politische Begriff der Repräsentation« (1964). Neben dem Aufsatz »Zum Begriff und Gegenstand der Politischen Soziologie« (1956) wurde schließlich auch der für das Selbstverständnis der Politikwissenschaft ausschlaggebende und bis dahin nicht veröffentlichte Tutzinger Vortrag über »Empirische Forschung und Grundlagenforschung in der Politischen Wissenschaft« abgedruckt.

Bedauerlich ist, daß der so reichhaltige Band den Eindruck eines unfertigen und lieblos bearbeiteten Produkts macht. Auf eine Einleitung verzichtete man ebenso wie auf ein Nachwort. Überhaupt enthält das Buch nicht eine einzige Information über den Verfasser der hier vorgelegten Schriften. Schließlich ist die Gestaltung völlig unübersichtlich, und die bibliographischen Angaben sind fehlerhaft. Daß die Landshut-Schüler einen weitaus sorgfältiger bearbeiteten Band erstellt hätten, steht außer Zweifel. Immerhin aber waren wichtige Texte Landshuts nun überhaupt wieder greifbar.

Als *Kritik der Soziologie und andere Schriften zur Politik* im Jahre 1969 erschien, war dies jedoch gewiß kein günstiger Zeitpunkt für eine angemessene Rezeption. In der sozialwissenschaftlichen Diskussion, die seit Beginn der sechziger Jahre vom »Positivismusstreit« dominiert wurde,[283] fielen Landshuts Überlegungen durchs Raster. Rezensionen zu den gesammelten Schriften gab es nur wenige.

Eine längere Besprechung erschien in der *Frankfurter Rundschau*. Hier wurde der Band vorgestellt, der Zusammenhang von Lebensweg und Werk Landshuts hervorgehoben und mit der Bemerkung geschlossen, dieses Buch sei nützlich für all diejenigen, »die sich mit den – heute nicht immer klar ausgewiesenen – Ausgangspositionen und Entwicklungen der Soziologie und Politikwissenschaft aus der Feder eines in diesem Kampf Engagierten vertraut machen wollen«.[284] In der *Frankfurter Allgemeinen Zeitung* wies Wolf Lepenies auf den Sammelband hin. In enger Anlehnung an den von Hennis verfaßten Nachruf auf Siegfried Landshut verband er eine Skizze der Landshutschen Biographie mit einer knappen Einordnung der vorliegenden Schriften. Diese dokumentierten nach Ansicht von Lepenies »eine wichtige Phase der deutschen Sozialwissenschaften, deren Abhängigkeit von der jeweiligen politischen Situation Landshut wie kaum ein anderer gespürt hat«.[285]

Indes: Landshuts Schriften wurden auch nach ihrem Erscheinen im Jahre 1969 ignoriert oder ohne eingehende Würdigung zurückgewiesen. Die Ablehnung erfolgte von unterschiedlicher Seite. In der Zeitschrift *Das Argument* erschien 1971 eine ausführliche Besprechung des Sammelbandes, die sich vor allem auf die *Kritik der Soziologie* bezog. Zunächst charakterisiert der Rezensent durchaus im Sinne Landshuts die tiefe Krise, in der sich die Soziologie »seit nunmehr wenigstens mehreren Jahrzehnten« befinde. Was mancherorts als Methodenpluralismus gefeiert werde, so heißt es weiter, offenbare sich tatsächlich schlicht als Rat- und Hilflosigkeit. Angesichts dieses Dilemmas verdiene Landshuts *Kritik der Soziologie* gebührendes Interesse, weil sie die dringend gebotene grundsätzliche Auseinandersetzung führe und dabei einen originellen Weg einschlage.[286]

Im folgenden wird dann zwar etwa Landshuts Analyse des Weberschen Denkens als brillant hervorgehoben, doch insgesamt überwiegen ganz eindeutig die Bedenken gegen den von Landshut vertretenen Ansatz. Landshuts Soziologie sei zu philosophisch, fast überhaupt nicht ökonomisch orientiert. Mit der Vernachlässigung der Ökonomie breche die Soziologie aber als »Emanzipationswissenschaft« zusammen und schlage um in bloße »Herrschaftswissenschaft«. Kritisiert wird zudem, daß Landshut zufolge die Problematik der Wirklichkeit nur artikuliert, nicht aber verändert werden solle. So lautet das Resümee, die *Kritik der Soziologie* halte nur als Diskussionsanstoß das, was sie zu versprechen scheine.[287]

Ebenfalls zu einem insgesamt negativen Urteil gelangte aus ganz anderem Blickwinkel der Schelsky-Schüler Bernhard Schäfers (geb. 1939) im *Archiv für Rechts- und Sozialphilosophie*. Er vermochte dem Sammelband zwar Anregungen zu entnehmen, doch für die Theorien- und Methodenbildung der Soziologie schienen ihm die Landshutschen Schriften ohne Belang. Die *Kritik der Soziologie* zeigte nach Schäfers' Ansicht, daß Landshut letztlich nicht »aus der idealistischen Befangenheit der deutschen Soziologie und ihrer geistesgeschichtlichen Orientierung« herauskomme.[288] Wenn Schäfers diese Aussage dann ausgerechnet mit Landshuts Exkurs über Karl Mannheims *Ideologie und Utopie* belegt und – mit Angabe einer Seitenzahl – fälschlicherweise behauptet, Landshut habe sich mit Mannheims Wissenssoziologie identifiziert, so wird allerdings das der Rezension zugrundeliegende Unverständnis der von Landshut vertretenen Position deutlich. Für alle im Sammelband abgedruckten Schriften macht Schäfers schließlich ähnliche Stärken und Schwächen aus: »Stärken dort, wo es geistesgeschichtlich zu erinnern, zu rezipieren und zu vermitteln gilt; Schwächen in der materiellen, empirischen Analyse und der Explikation der konkreten historisch-politischen Situation des beleuchteten Phänomens«.[289]

Hinsichtlich der Landshutschen Max Weber-Rezeption verwies Schäfers im übrigen auf die Ergebnisse einer von Horst Baier 1969 bei Schelsky eingereichten Habilitationsschrift. Baier (geb. 1933) beschäftigte sich in seiner Studie mit den frühen Weberdeutungen von Landshut, Löwith und Freyer, behauptete aber, daß diese ihrer Grundaussage nach überholt seien. Mochten die Interpretationen aus ihrer Entstehungszeit heraus noch plausibel erscheinen, erklärte Baier, so sei ihr »künstlicher Charakter« heute nicht zu übersehen.[290] Gemeinsam sei den Untersuchungen, daß sie Weber uminterpretierten »in ein zwar signifikantes, aber doch Epiphänomen einer basalen Wirklichkeit, der das eigentliche hermeneutische Interesse unserer Interpreten gilt«. Solche Interpretationen hielt Baier nicht nur deshalb für überholt, weil sich die »zugrundeliegenden Philosopheme selbst- oder fremdkritisch aufgelöst haben«, sondern auch, »weil der von ihnen so verpönte Formalismus Max Webers sich wirklichkeitsmächtiger gezeigt hat als die konstruierten Substantialitäten seiner Kritiker«.[291] Hier aber wurde nun Landshut uminterpretiert, denn etwas zu »konstruieren« lag ihm gänzlich fern. Im Gegenteil versuchte er, nach den Ursprüngen und nach der Eigenart der Weberschen Fragestellung zu forschen; für Baier war dies nur noch eine »Reduktion auf ›basale‹ Problemwirklichkeiten«.[292]

Im Jahre 1975 erschien schließlich noch eine Studie, die sich mit Landshuts *Kritik der Soziologie* beschäftigte, d.h. die ganz gegen sie verfaßt worden war. Gemeint ist René Königs *Kritik der historisch-existenzialistischen Soziologie*.[293] Mit diesem Buch hatte es insofern etwas Kurioses auf sich, als es sich um Königs 1937 in Zürich eingereichte Habilitationsschrift handelte, die nun, also 38 Jahre später, erstmals publiziert wurde. In einem neu verfaßten Vorwort hielt König ausdrücklich an seinen vormals gewonnenen Erkenntnissen fest.

Sein Ziel war die »Destruktion der ganzen wirklichkeitswissenschaftlichen, lebensphilosophischen oder existenzialistischen Position in ihrem Grunde« zugunsten einer an Emile Durkheim angelehnten »Soziologie als objektiver Wissenschaft«.[294] Ausführlich beschäftigt König sich mit den Vertretern einer »historisch-existenzialistischen Soziologie«, mit Wilhelm Dilthey, Hans Freyer, Rudolf Smend und Siegfried Landshut. Letzterer bezeichnet für ihn einen radikalen Standpunkt. Landshut habe in der *Kritik der Soziologie* den »Radikalismus der existenzialistischen Fragestellung« so weit getrieben, »daß er damit zunächst den Ast absägt, auf dem die Soziologie bisher saß«.[295] König referiert Teile der dortigen Argumentation, der er durchaus Folgerichtigkeit bescheinigt. Landshuts Bemühung aber, die Soziologie aus ihrem Entstehungszusammenhang heraus zu begreifen, sie nämlich als *das* wissenschaftliche Kind der modernen Gesellschaft auszuweisen, prallt ganz an König ab.

René Königs Auffassung des Faches, dessen Entwicklung in

der Bundesrepublik er entscheidend beeinflußt hat, stand in deutlichem Gegensatz zum Landshutschen Denken. Er vertrat eine bewußt als empirische Einzelwissenschaft konzipierte Soziologie; eine Soziologie, die – so ein vielzitiertes Wort Königs – »nichts als Soziologie« sein wollte.[296] Bezeichnend für sein Wissenschaftsverständnis ist es, wenn er schon in der *Kritik der historisch-existenzialistischen Soziologie* erklärt: »Leidenschaft macht heute wie ehedem die Menschen blind«[297] – ein Satz, den Wilhelm Hennis als Königs »Schlüsselsatz« bezeichnet hat, um ihm das Webersche »Pathos« und das Webersche »Ergriffen-Werden« entgegenzuhalten.[298] Hennis folgert, daß König – und mit ihm die heutige Soziologie überhaupt – den Anschluß an Weber und die ihn eigentlich bedrängenden Fragen verloren habe.[299] Siegfried Landshut dagegen, so ließe sich hinzufügen, stand noch in einer Traditionslinie mit Weber, dessen leidenschaftliches Fragen nach dem »Schicksal des Menschen« ihm ganz und gar vertraut war.

René König war die Gedankenführung in *Kritik der Soziologie* fremd; er konnte sich offenbar gar nicht auf sie einlassen. Überdies scheint es, als habe er das Werk Landshuts jeweils so interpretiert, wie es ihm gerade für die Untermauerung eigener Thesen gelegen kam. Eine dieser Thesen, die er im Vorwort zur Buchausgabe der *Kritik der historisch-existenzialistischen Soziologie* noch einmal hervorhob, lautete, daß die unheilvolle Strömung der Lebensphilosophie über alle Verschiedenheiten der politischen Standpunkte hinaus aus einer ziemlich einheitlichen Ontologie erwachsen sei, daß man mithin »die rechts- und linksorientierten historischen Existenzialisten, also die Diltheyaner und die Marxisten« zusammenfassen müsse.[300] Zu letzteren zählte er Siegfried Landshut.

Auch in einem 1961 erschienenen Aufsatz über »Die Soziologie der zwanziger Jahre« hat König diesen Gedanken aufgegriffen. Hier vertritt er die Auffassung, daß linke und rechte Ideologien zum Ende der Weimarer Republik hin austauschbar geworden seien.[301] Die Veröffentlichung von Landshuts *Kritik der Soziologie* (1929) einerseits und von Hans Freyers *Soziologie als Wirklichkeitswissenschaft* (1930) andererseits gelten ihm als Beleg für seine These. Die *Kritik der Soziologie* wird herangezogen, um das »falsche Bewußtsein« und die »Ideologisierung des

Denkens in den zwanziger Jahren« auch auf seiten der Linken zu beweisen.[302] Kurzum: König denunziert ausgerechnet Siegfried Landshut als intellektuellen Totengräber der Weimarer Republik.

Um aber die erstaunliche Beliebigkeit in der Argumentation René Königs zu verdeutlichen, bedarf es eines Blicks auf die zwischen ihm und Helmut Schelsky geführte Kontroverse um ein vermeintliches Ende der deutschen Soziologie vor der Machtergreifung der Nationalsozialisten. Im Jahre 1958 hatte König erklärt, daß die deutsche Soziologie »1933 brutal zum völligen Stillstand gebracht« worden sei.[303] Ein Jahr später behauptete Schelsky hingegen, die Soziologie der Weimarer Zeit sei schon vor der NS-Machtübernahme am Ende gewesen: »die Melodien waren durchgespielt«.[304] Um seine These aus den fünfziger Jahren zu verteidigen, veröffentlichte König 1984 eine ausführliche Stellungnahme, in der er hervorhob, daß es gerade in der letzten Phase der Weimarer Republik bedeutende Forschungsansätze gegeben habe, deren Weiterführung durch den Nationalsozialismus jäh gestoppt worden seien.[305] Zur Stützung dieser Aussage berief König sich ausdrücklich auf Siegfried Landshut und dessen *Kritik der Soziologie*: für ihn nun »die wichtigste Veröffentlichung aus der uns hier angehenden Periode der deutschen Soziologie bzw. soziologischen Theorie in Deutschland, die sich am direktesten auf die Konzeption der Soziologie selbst bezieht«.[306]

Von einer auch nur annähernd angemessenen Rezeption der Schriften Siegfried Landshuts kann bis heute keine Rede sein. Daß dem Werk die Durchsetzung gewiß nicht leicht werden wird, hat schon Wilhelm Hennis in seiner 1969 gehaltenen, 1970 veröffentlichten akademischen Gedächtnisrede prognostiziert.[307] Tatsächlich blieb dem Werk auch nach Landshuts Tod im Jahre 1968 jene Würdigung versagt, die es verdient. Das Erscheinen der gesammelten Schriften vermochte daran nichts zu ändern. Die wenigen hier skizzierten Reaktionen aus dem Kreise der Soziologen zeigen nur Unverständnis, und in der Politikwissenschaft fand eine Diskussion über Landshuts Denken gar nicht erst statt. Im übrigen: Die Reihe »Politica«, in der Landshuts Sammelband 1969 erschienen war, wurde bald eingestellt. Die nicht verkauften Exemplare ließ der Verlag einstampfen.

Aus dem Nachlaß:
»Das revolutionäre Prinzip der Neuzeit«

Siegfried Landshut hat ein relativ schmales Werk hinterlassen. Kein Zweifel, daß die Vertreibung aus Deutschland im Jahre 1933 den Fluß wissenschaftlichen Arbeitens in hohem Maße gehemmt, ja, zeitweise ganz unterbrochen hat. Vor seiner Entlassung aus der Universität hatte Landshut in nur wenigen Jahren zwei Habilitationsschriften verfaßt, die Ausgabe der Marxschen Frühschriften besorgt und etliche Aufsätze veröffentlicht. In den langen Jahren des Exils aber war die Weiterführung seiner Studien kaum möglich, und auch die Publikationsmöglichkeiten waren sehr begrenzt. Nach der Rückkehr an die Universität Hamburg im Jahre 1951 entfaltete Landshut nochmals eine reiche wissenschaftliche Tätigkeit. Hinsichtlich seiner Veröffentlichungen sind insbesondere die Marx- und Tocqueville-Ausgaben hervorzuheben; zudem erschien eine ganze Reihe wichtiger Aufsätze, aber ein Buch, ein größeres Werk vermochte er nicht mehr zu vollenden. Des öfteren wurde Landshut von seinen Schülern gebeten, doch an eine umfassendere Publikation zu denken, auf die man sich beziehen könne, und tatsächlich schien er nicht abgeneigt, diesen Wünschen nachzukommen. Sein Tod aber setzte schließlich allen etwaigen Plänen ein Ende. So ist vieles, was Landshut in seinen Vorlesungen ausführlich behandelt hat, niemals einer größeren Leserschaft zugänglich geworden.

Jürgen Dennert, Wolfgang Kessel und Dietrich Hilger beabsichtigten daher, aus den nachgelassenen Vorlesungsentwürfen eine posthume Veröffentlichung zusammenzustellen.[308] Die erste Sichtung der handschriftlichen Aufzeichnungen sowie eine thematische Aufteilung unter den drei Bearbeitern fand noch in der ersten Hälfte des Jahres 1969 statt.[309] Dennert und Hilger übernahmen die Texte zur Theorie der Politik.[310] Kessel bearbeitete die Manuskripte zum »Revolutionären Prinzip der Neuzeit«.[311] Unter eben diesem Titel hatte Landshut im Wintersemester 1965/66 eine Vorlesung gehalten. Die dort vorgetragenen Gedanken hatten ihn bis zu seinem Tod besonders beschäftigt, und offenbar war es auch dieser Themenbereich gewesen, zu dem er noch selbst eine Publikation geplant hatte.[312]

Die Bearbeitung der Vorlesungsentwürfe erwies sich in mancher Hinsicht als schwierig und war überhaupt nur möglich, weil sie von denjenigen ausgeführt wurde, die ganz mit dem Landshutschen Denken vertraut waren. So mußte die Kurzform der Sätze vorsichtig in eine lesbare Form gebracht werden, ohne der spezifischen Diktion Landshuts Gewalt anzutun. Auch war der besseren Verständlichkeit halber zuweilen eine Passage aus einem anderen Entwurf in den Text einzufügen.

Mit dem plötzlichen Tod Jürgen Dennerts im Januar 1970 gerieten die Vorbereitungen aber ins Stocken, und offenbar kümmerte sich auch niemand um die bei Dennert verwahrten Manuskripte Landshuts. Sie gelten seither als verschollen. Nur Wolfgang Kessel fuhr mit der Bearbeitung der von ihm übernommenen Manuskripte fort.[313] Als er das Ergebnis später einem Verlag anbot, wurde ihm zunächst Zustimmung signalisiert, aber dann folgte doch die Absage, die zugleich das Ende des Publikationsplans bedeutete. Zur Begründung wurde angegeben, daß es sich um einen in dieser Form nicht von Landshut zur Publikation autorisierten Text handele, was zweifellos stimmte und dem Bearbeiter selbst natürlich bewußt war. Doch so einsichtig die angedeuteten Bedenken sind: Eine Veröffentlichung der Schriften mit Hinweisen zur Bearbeitung und einer den Charakter der Texte klarstellenden Einleitung scheint vertretbar und noch heute wünschenswert. Die Einsicht in die erhaltenen handschriftlichen Aufzeichnungen[314] sowie der jetzt mögliche Vergleich mit den erwähnten, sehr exakten Vorlesungsmitschriften der Studierenden[315] zeigen jedenfalls, daß die bearbeiteten Vorlesungsentwürfe nichts an Landshutscher Gedankenführung und Diktion eingebüßt haben.

Anhand der verfügbaren Materialien sollen abschließend Landshuts Überlegungen zur spezifischen Problematik der Neuzeit zumindest in groben Zügen referiert werden. Es versteht sich, daß eine solche gedrängte Darstellung die ausführliche, in vielen Vorlesungen fortwährend angereicherte Argumentation nur sehr kursorisch wiedergeben kann; auch mag die für Landshut ohnehin typische Pointierung seiner Aussagen dadurch noch verstärkt werden.

Daß Siegfried Landshut an die aristotelische Politik, also an eine praktische Wissenschaft, anknüpfte und damit eine abgebrochene Traditionslinie fortzuführen versuchte, ist bereits dargelegt worden. Wo aber beginnt die radikale Abkehr von der Tradition des politischen Denkens, und welche Konsequenzen ergeben sich daraus bis heute? Worin besteht die neuzeitliche Grundproblematik, die sich von allem ihr vorausgehenden unterscheidet?

»Das revolutionäre Prinzip der Neuzeit«: Dieser von Landshut für eine Vorlesung gewählte und möglicherweise auch einer späteren Publikation zugedachte Titel enthält bereits die These, daß es eine spezifisch neuzeitliche Revolution gebe. Tatsächlich ist Revolution nach Landshuts Verständnis »eine besondere, eben der Neuzeit eigentümliche Erscheinung [...], die dem allgemein als Neuzeit bezeichneten geschichtlichen Zusammenhang seinen besonderen Charakter gibt«.[316]

Als Muster aller Revolutionen, als Ursprung des revolutionären Zeitalters bis in unsere Tage gilt Landshut die Französische Revolution. Stamme auch der politische Gebrauch des Wortes »Revolution« aus England, so sei es doch der französische Revolutionsbegriff gewesen, der für die Abfolge revolutionärer Bewegungen im 19. und 20. Jahrhundert kennzeichnend geworden sei. Das Charakteristische der Französischen Revolution ist für Landshut die Tatsache, daß sie sich nicht gegen eine bestimmte Regierung richtete, sondern gegen Herrschaft schlechthin, gegen alle bestehende Ordnung und Einrichtung überhaupt. Als »geistigen Vater« der Revolution bezeichnet Landshut Rousseau. Dessen politische Philosophie wiederum, seine Welt- und Selbstauslegung, sei im Zuge des Rationalen Naturrechts zu verstehen. Mit dieser neuen Denk- und Vorstellungsweise, die zugleich auch die Voraussetzung für die moderne Naturwissenschaft sei, beginne jenes Zeitalter, das wir Neuzeit nennen. Das Rationale Naturrecht sei eingeleitet worden durch das Werk von Thomas Hobbes (1588-1679).

Daß die bevorzugte Aufmerksamkeit Landshuts stets Hobbes und Rousseau gegolten habe, hat schon Jürgen Dennert im Nachruf auf seinen Lehrer hervorgehoben.[317] Veröffentlicht hat Landshut dazu jedoch verhältnismäßig wenig.[318] Die Lektüre der Vorlesungsentwürfe und -mitschriften läßt erkennen, wie intensiv er sich mit dem Rationalen Naturrecht von Hobbes bis Rousseau beschäftigte. Diese Analyse ist für sein gesamtes Werk und für seine Deutung unserer Zeit prägend, denn hier klärte er die Ursprünge und Grundgedanken des modernen Politikverständnisses, gegen dessen Strom er leidenschaftlich zu denken vermochte.

Mit dem Rationalen Naturrecht erfolgt laut Landshut der radikale Bruch mit der Überlieferung politischen Denkens, wie es aus der Antike, von Plato und Aristoteles bis ins 17. Jahrhundert überkommen war. Der Grundsatz des Aristoteles, nach dem der Mensch seiner Natur nach ein politisches Wesen sei, werde von Hobbes geradezu ins Gegenteil verkehrt. Ihm zufolge sei der Mensch im Naturstand ein ungeselliges, isoliertes Wesen, von Natur aus gebe es also nur einzelne.

Hobbes stehe mit diesen Überlegungen ganz in seiner Zeit; jener Zeit, in der eine radikale Wendung im Verhältnis des Menschen zu sich selbst und seiner Welt stattfinde. Zwischen der Mitte des 16. und der Mitte des 17. Jahrhunderts erfahre der Begriff der Natur in allen Gebieten des Wissens eine erhöhte Bedeutung und eine immer häufigere Verwendung; vor allem aber verliere er seinen ihm ursprünglichen, aus dem Griechischen überkommenen Bedeutungsgehalt und meine nun etwas völlig anderes. Anhand der Experimente Galileo Galileis (1564-1642) und der Philosophie René Descartes' (1596-1650) verdeutlicht Landshut, daß das Verhältnis zur Natur jetzt nicht mehr durch Ehrfurcht und durch ein Sich-in-die-Welt-Fügen gekennzeichnet sei, sondern daß es sich verwandele in ein »aktivistisch-voluntaristisches Verhältnis«; »und zwar nicht erst in der sogenannten Praxis, nicht erst in einem eifrigen Umgestalten der Welt, sondern bereits im Denkansatz«.[319] Mit Recht könne von einem Zeitalter der Technik gesprochen werden, wobei Technik jetzt nicht mehr nur die Ausstattung mit einem bestimmten Instrumentarium meine, sondern eine »geistige Gesamtorientierung des Menschen« bezeichne, die sich auf alle Lebensbereiche erstrecke.[320]

Das Spezifische an der Welt des Technischen sei die Negation der natürlich-organischen Zusammenhänge. Die Natur werde nicht mehr in dem, was sie biete, hingenommen, sondern in elementare Teile zerlegt, die in beliebiger Kombination neu zusammengesetzt werden könnten. Darin zeigt sich für Landshut »der neue technische Geist der Herstellbarkeit einer neuen Welt aus den Bestandteilen der vorgefundenen«, »die neue allgemeine Wandlung des abendländischen Denkens«.[321] Der Weg zur totalen Zerlegbarkeit und Erkennbarkeit der Natur werde nun als »Fortschritt« bezeichnet, und dessen ihm innewohnende Konsequenz sei »der Ersatz der Schöpfung Gottes durch das vom Menschen geplante und hergestellte, das gemachte Artefakt«.[322]

Diese Wendung des abendländischen Geistes, wie sie sich im Bereich der Naturerkenntnis bei Galilei und im Bereich der Selbsterkenntnis bei Descartes niedergeschlagen habe, übertrage Thomas Hobbes auf das Gebiet der gesellschaftlichen Ordnung. Sein *Leviathan* (1651) sei das klassische und in reiner Folgerichtigkeit durchgeführte Muster für den Durchbruch des technischen Denkens auch in diesem Bereich. Hobbes nehme die Existenz eines politischen Gemeinwesens nicht mehr als gegeben hin, sondern zerlege es in seine letzten Teile: in die Individuen, die – alle auf eine Ebene gesetzt – notwendigerweise gleich seien. Die Menschen im Naturstand seien mithin isolierte einzelne, durch keinerlei Ordnung miteinander verbunden. Eine Zusammengehörigkeit müsse erst *hergestellt* werden.

Die politische Lebensgemeinschaft werde also nicht mehr als eine der Natur des Menschen entsprechende ursprüngliche Lebensbedingung aufgefaßt, sondern als ein von der Natur des Menschen (status naturalis) unterschiedener Zustand (status civilis): ein nachträgliches Produkt menschlicher Übereinkunft. Hobbes breche damit radikal mit allem überlieferten Denken über das politische Gemeinwesen und konzipiere dessen Begriff auf einer völlig neuen Grundlage: auf der Vielfalt gleicher einzelner. Auf dieser Basis, so Landshut, hätten so gut wie alle Verfassungen der modernen Staaten ihren Ausgang genommen; auf ihr beruhe vor allem derjenige Begriff, der dann in den folgenden Jahrhunderten – zuerst in der absoluten Monarchie, dann in der sich herausbildenden Demokratie – der Kardinalbegriff des modernen Staates geworden sei: der Begriff der Souveränität.

Souveränität, ein Begriff, den zuerst Bodin geprägt hat, ist nach Landshut ein »gedachtes Prinzip«.[323] Bei Hobbes solle es die Lösung für das Problem des an sich unerträglichen Lebens im Naturstand sein: Hobbes zufolge sehe jeder isoliert einzelne sich durch jeden anderen bedroht; jeder sei eines jeden Feind.

Um die Sicherheit des einzelnen zu gewährleisten, bedürfe es eines Vertrages, der einen Totalverzicht zugunsten eines dritten bedeute: Bei Verzicht auf Selbstbestimmung werde *alle* Verfügungsgewalt auf *einen*, auf den Souverän, übertragen. Hobbes' Begriff der Souveränität sei, so Landshut, »der Begriff der technischen Staatsauffassung kat exochen«.[324]

Der Begriff des Staates erweise sich mithin als ein spezifisch neuzeitlicher. Zwar werde dieser Begriff heute wie selbstverständlich mit demjenigen eines politischen Gemeinwesens gleichgesetzt, so daß rückblickend auch von einem »griechischen Staat«, von einem »römischen Staat« und sogar vom »Staat des Mittelalters« die Rede sei, aber übersehen werde dabei, daß die Verwendung des Begriffes »Staat« für das politische Gemeinwesen vor dem 17. Jahrhundert völlig unbekannt gewesen sei. Auch Hobbes selbst habe noch nicht vom »Staat«, sondern von einem »Commonwealth« gesprochen. Indes hätten seine Überlegungen schon eine Reihe von Strukturelementen enthalten – an erster Stelle der Begriff der Souveränität, der zentralisierten Einheitsgewalt –, die sich in der geschichtlichen Entwicklung des modernen Staates eines nach dem anderen wiederfänden: »der *Staat* als abstrakter, sich selbst bestimmender Wille, *Macht* als das zentrale politische Phänomen und schließlich die Polarität von Untertanen und Staatsgewalt, von Privatleuten auf der einen, der öffentlichen Gewalt auf der anderen Seite – oder wie es später heiße: von Staat und Gesellschaft«.[325]

Ganz in der Denkweise von Hobbes habe sich später Jean-Jacques Rousseau (1712-1778) bewegt. Auch er gehe von einem Naturstand der isoliert einzelnen aus, wobei dies in seiner Vorstellung allerdings ein friedlicher sei. Außerdem sei die Gleichheit der einzelnen nicht mehr wie bei Hobbes »eine gedankliche Hypothese zur Gewinnung einer politischen Gesamtgewalt zur Sicherung der Ordnung, sondern eine Aussage über die Qualifikation des Menschen, seine Würde der Freiheit, seine ursprüngliche Güte und Vernunft«.[326] Es handele sich also nicht um eine technisch-organisatorische, sondern um eine moralische Frage. Rousseau richte sich gegen Herrschaft überhaupt; jedes Verhältnis der Über- und Unterordnung sei für ihn moralisch verwerflich. In der Ungleichheit erblicke er die Ursache der Unfreiheit.

Wie aber, fragt Landshut, sei ein Gemeinwesen der Gleichen

möglich, wenn ein Gemeinwesen doch nur dadurch eines sei, daß in ihm Herrschende und Beherrschte existierten? Rousseaus Antwort laute: Herrscher und Beherrschte müßten identisch sein, d.h., herrschen könne nur die Gesamtheit als Einheit – »la volonté générale«. Während der Souverän bei Hobbes noch eine Person gewesen sei, so trete an deren Stelle bei Rousseau also das Volk. Bei beiden aber hänge alles vom Willen des Souveräns ab – was auch immer dieser wollen möge. Wenn die Ordnung eines Gemeinwesens allein auf einem Willen basiere, sagt Landshut, so sei sie also ebenso dem Wechsel ausgesetzt, wie der Wille Verschiedenes wollen könne. Nach Landshut ist der souveräne Wille – sei es eines einzelnen, einer Partei oder des Volkes – als Fundament der politisch-sozialen Ordnung der Kern des revolutionären Prinzips, das heißt der grundsätzlichen Instabilität aller öffentlichen Ordnung in der neueren Zeit.

Zusammenfassend zählt Landshut die in der Denk- und Vorstellungswelt des Rationalen Naturrechts enthaltenen revolutionären Fermente auf, an denen sich seiner Ansicht nach alle Umgestaltung der öffentlichen Welt im 19. Jahrhundert und bis heute orientierte:[327]

1. »Die – nicht definierte – *Gleichheit* als Grundlage und Ziel aller öffentlichen Ordnung enthält gleichzeitig die *Negation* jeder Herrschaft, jeder Autorität der Führung in sich. Die latente Animosität gegen jede Art der Überlegenheit [...] macht sich schließlich auch gegen jede Form der Legitimität geltend. Die Sucht nach Gleichheit löst eine Lawine des Neides und der Animosität aus – sie kann nie befriedigt sein, und hinter jeder erreichten Gleichheit macht sich eine neue Ungleichheit bemerkbar – ad infinitum.«

2. »Ein abstrakter und in sich selbst undefinierter *Wille* als Quelle aller gesellschaftlichen Ordnung ist letzten Endes gleichbedeutend mit Willkür und läßt Tür und Tor offen, ihn mit jedem beliebigen Inhalt (einer ›Ideologie‹) auszustatten. Ein solcher Wille ist die ständige Quelle der Instabilität, er kann jeden Augenblick wechseln [...].«

3. »Der Anarchie und Atomisierung der Basis des gesellschaftlichen Zusammenhalts entspricht die Gewalt, der absolute Zwang an der Spitze: die bedingungslose und allumfassende totale Gewalt, die das Resultat des Verzichts ist. [...]«

4. »Die in Nichts aufgelöste Herrschafts-Autorität – allein auf die unsichere Grundlage der Zwangsgewalt gestellt – sucht nach einer inhaltlichen, die Ergebenheit der Bürger ansprechenden und rechtfertigenden Begründung. Sie wird durch eine von der religiösen Haltung entliehene künstliche Erhabenheit ersetzt [...].«

Als Keim und Grundlage des revolutionären Prinzips der Neuzeit bezeichnet Landshut »das Postulat der Gleichheit (in der Unbestimmtheit seines Inhalts)«.[328] Die Idee der Gleichheit habe am Anfang des Rousseauschen Denkens gestanden, und in der Französischen Revolution sei sie dann leitend geworden; damit habe die Gleichheit seither als Voraussetzung der Freiheit gegolten, sie sei auch zur Basis für die Verfassung des politischen Gemeinwesens in der Neuzeit geworden.

Auch für Landshut ist das Prinzip der Gleichheit die Voraussetzung für die Möglichkeit jeglicher Gemeinschaft, allerdings in einem nicht-neuzeitlichen Sinne. Er meint die Gleichheit in der Teilnahme und der Zugehörigkeit zu jener Idee oder jenem Prinzip, auf das hin ein jedes Mitglied der Gemeinschaft sich ausrichte und das die Zusammengehörigkeit allererst stifte. Dies sei die »homonoia«, die Aristoteles als die Bedingung für die Existenz einer Polis beschrieben habe. Diese Gleichheit besage aber nichts über die Stellung des einzelnen in der Ordnung des Gemeinwesens. Völlig anders aber steht es nach Landshut mit dem neuzeitlichen Begriff der Gleichheit. Jene zuvor beschriebene Gleichheit der Zugehörigkeit werde nun aufgelöst, um eine abstrakte, eine Art mathematische Gleichheit zu schaffen, »eine Gleichheit schlechthin und überhaupt«, die keinerlei Bezug zu irgendeiner menschlichen Qualifizierung habe.[329]

Neben dieser Problematik des von Hobbes eingeführten Gleichheitsbegriffes betont Landshut zudem die Schwierigkeiten, die sich mit dem von Rousseau auf der Grundlage der Gleichheit aufgestellten Prinzip der Volkssouveränität verbinden. In verschiedenen Publikationen hat er darauf hingewiesen, daß der Wille des Volkes nur auf Umwegen und durch erfundene Methoden festgestellt werden könne und daß er auch dann nur Fiktion sei. Der sogenannte »wahre Wille« des Volkes bleibe immer ein Geheimnis und lebe – wo von ihm die Rede sei – meist nur als Versicherung im Munde von Diktatoren. Weiter heißt es:[330]

»Zusammen mit dem Gleichheitspostulat bildet der bloße Wille als Ursprung der Gemeinverbindlichkeit – an Stelle einer sittlichen Verbindlichkeit, eines sittlichen Imperativs – eine stets arbeitende Erosionsgefahr, die alle bestehenden Formen und Einrichtungen des Gemeinschaftslebens zermürbt.«

Daß es einer sittlichen Verbindlichkeit mehr denn je bedarf, verdeutlicht Landshut an einer ebenso spezifisch neuzeitlichen Entwicklung, die er in seinen Vorlesungen des öfteren thematisiert hat: an der »Industriellen Revolution«. Wie die 1789 zum Durchbruch gelangte politische Revolution bedeutet nach Landshut auch die industrielle Revolution eine Erschütterung und Umwandlung der allgemeinen Grundlagen des gesellschaftlichen Lebens. Es handele sich um eine stets weitertreibende, nie abgeschlossene Bewegung, also um eine permanente Revolution, aus der schließlich eine ständig fortschreitende Einebnung der gesellschaftlichen Unterschiede resultiere.

Diese Tendenz zur Nivellierung geht nach Landshut vor allem auf zwei Elemente und deren enge Verbindung miteinander zurück: nämlich auf eine neue Stufe intensiver Arbeitsteilung und auf das Aufkommen der maschinellen Produktion. Landshut analysiert auch den Mechanismus des anonymen Marktes, durch den alle Dinge, alle Leistungen, alle Arbeit, alles Wissen und Können ihrer qualitativen Entschiedenheit entkleidet und auf einen gleichen Nenner gebracht würden, auf die reine Quantität, die Zahl, d.h. den Preis. In der unabsehbaren Vermitteltheit aller Dinge, aller Beziehungen, aller Verhältnisse gehe jede Unmittelbarkeit verloren. Niemand kenne sich mehr in seiner Lebenswelt aus. Die den Menschen unmittelbarsten und nächsten Beziehungen würden ihm fremd. Diese »Selbstentfremdung des Menschen« stand nach Landshut im Zentrum des Marxschen Werkes, und nur von hier aus erschloß sich für ihn Marxens Begriff der Revolution. Es lohnt, diese ungewöhnliche Marx-Interpretation nochmals zu verfolgen.

Für Landshut steht außer Frage, daß so gut wie alle Interpreten von Marx dem gefolgt seien, was man im Alltagsverständnis als Revolution bezeichne, bzw. dem, was sie sich unter Revolution vorstellten. Damit aber verfehlten sie die eigentliche Intention von Marx. Tatsächlich habe Marx einen Umsturz erwartet und daran geglaubt, daß die größte Unterstützung in dieser Hinsicht von demjenigen Bevölkerungsteil käme, dem es am schlechtesten ginge: vom Proletariat. Landshut widerspricht aber vehement der Auffassung, Marx habe seine Theorie überhaupt nur um des Proletariats willen verfaßt:[331]

»Als Hegelianer, Humanist und Philosoph stand er der Welt des Marktes und des Erwerbs, des ›hündischen Kommerz‹, mit abgründiger Antipathie gegenüber. Dieser Haß gegen die unerbittlich heraufkommende Industriewelt mit dem Erwerb als oberstem Kriterium des gesellschaftlichen Standes ist die eigentliche Triebkraft seines revolutionären Denkens.«

Die Meinung, daß das gegenwärtige Elend des Proletariats und sein Wohlbefinden in einer zukünftigen Gesellschaft Ausgang und Ziel des Marxschen Denkens sei, hielt Landshut für eine »subalterne Verzerrung der Dimension des Marxschen Denkens«.[332] Für Marx sei das Proletariat nicht der Name für verelendete und erbarmungswürdige Menschen gewesen, sondern ein Begriff für dasjenige Instrument, dessen sich die Weltgeschichte bedienen müsse, um die Aufhebung aller bestehenden Verhältnisse herbeizuführen. Nicht um das Wohlergehen des Proletariats, nicht um seine Emanzipation sei es Marx gegangen, sondern um die »Emanzipation des Menschen«, um die »Verwirklichung des wahren Menschen«. Denn die Selbstentfremdung, das Leben unter ihm fremden, künstlichen unmenschlichen Verhältnissen sei dem Kapitalisten nicht weniger eigentümlich als dem Proletarier. Landshut kommt zu dem Schluß, daß »Revolution« für Marx also die Aufhebung der bestehenden Zustände bedeutet habe, das heißt aber: die Aufhebung der Selbstentfremdung.

Hervorzuheben ist schließlich, daß Landshut das Bild des zukunftsoptimistischen Marx ganz erheblich einschränkt. Marx hatte an einen zwangsläufigen Umsturz geglaubt und die kapitalistische Gesellschaft als Endstadium aller bisherigen Geschichte betrachtet. Daß er dies denken konnte, führt Landshut aber auf jene in der Zeit liegende, die Neuzeit überhaupt charakterisierende Tendenz zurück: auf die allgemeine Verflüssigung und Mobilität aller festen Formen, die in aller Vergangenheit für das gesellschaftliche Dasein des Menschen konstitutiv gewesen seien. Insofern macht Landshut auch bei Marx eine Art Endzeitstimmung aus: dunkle Ahnungen, die in den »verbissen zukunftsfrohen« Ruf »Proletarier aller Länder vereinigt Euch!« eingekleidet seien.[333] Die sich entfaltende moderne Industriegesellschaft löste bei Marx jedenfalls ebenso wie bei anderen bedeutenden Denkern des 19. und beginnenden 20. Jahrhunderts eine abwehrende Haltung aus. Mit Alexis de Tocqueville, Jacob Burckhardt und Max Weber hat Landshut sich in diesem Zusammenhang ausführlich beschäftigt und auch verwandt gewußt. Ein weiterer, in seinen Publikationen nicht genannter Name fällt in den Vorlesungen: derjenige Heinrich Heines (1797-1856). Ähnlich wie der acht Jahre später geborene Tocqueville habe auch Heine das Heraufkommen einer übermächtigen Zentralgewalt einerseits und die unaufhaltsame Tendenz zur Nivellierung und Konformität andererseits erkannt. Allen Genannten sei gemeinsam, daß sie die von der politischen wie von der industriellen Revolution ausgelösten Entwicklungen als eine Desavouierung des abendländischen Erbes empfunden hätten.

Siegfried Landshut selbst ist in die Reihe jener Denker aufzunehmen, die sich dieses Erbes noch ganz und gar bewußt waren. Mit der revolutionären Umwälzung des Denkens verband auch er die schlimmsten Befürchtungen, und als Zeuge des 20. Jahrhunderts sah er sich in vielem bestätigt. Das »technische Denken« mit seinem Machbarkeitswahn hatte alle Lebensbereiche durchdrungen. Der Mensch, der wie niemals zuvor die Welt zu verändern vermochte, war selbst zum Objekt der von ihm ausgelösten Entwicklung geworden. Von seiner Welt, von sich selbst, hatte er sich entfremdet. Die grenzenlose Dynamik des Gleichheitsprinzips bewirkte die weitgehende Aufhebung der vormals »natürlichen« Bindungen, die Umwandlung persönlicher Beziehungen in funktionale, kurz: die Gestaltung des Unpolitischen zum Prinzip. Sowohl der Nationalsozialismus als auch der Stalinismus waren für Landshut nur im Rahmen der hier angedeuteten Entwicklung der Moderne zu erklären. Seiner Ansicht nach waren es die »alten revolutionären Elemente«, die nun in neuen Varianten hervortraten: »das Moment der Nivellierung und Uniformität«, »die Massenbegeisterung für ein billiges Ersatzteil – das nationalistische und militaristische Moment« sowie »das Diktatorische und Terroristische«.[334]

9. Schluß

»Siegfried Landshut ist ein Gelehrter, der nicht durch Breite, sondern durch Sorgsamkeit, Entschiedenheit und Originalität hervorragt. Seine Äußerungen sind stets knapp, wohlerwogen, vorzüglich stilisiert und von dem reinen Glanze strengen Denkens erfüllt. Immer fühlt man sich durch die Intensität seiner Darlegung, durch seinen unbedingten Ernst und durch die Zucht des Ausdrucks in Bann gezogen, wenn man ihn liest oder ihm zuhört. Und man muß ihm Wort für Wort zuhören, denn auf jedes Wort kommt es an, es gibt nichts Überflüssiges, nichts ist Schaum. Hohe Ordnung kennzeichnet seinen geistigen Umriß, Diskretion seine moralische Natur.«
Es war Dolf Sternberger, der mit diesen Worten seine Würdigung Siegfried Landshuts einleitete.[1] Den Anlaß bildete dessen sechzigster Geburtstag im Jahre 1957. Großer Respekt vor dem Wissenschaftler und seinem Werk spricht auch aus den diesem Beginn folgenden Passagen. Doch mit keinem Wort geht Sternberger darauf ein, unter welchen Umständen das Werk entstanden war und welcher erzwungene Kontinuitätsbruch das Leben seines Verfassers geprägt hatte. Nichts deutet darauf hin, daß der sechzigjährige Landshut sich überhaupt erst seit sechs Jahren in einer Stellung befand, die ihm ein angemessenes wissenschaftliches Arbeiten ermöglichte.
Die Schwierigkeiten begannen für Siegfried Landshut schon in jungen Jahren. Seine Originalität und Konzessionslosigkeit machten ihn zu einem wissenschaftlichen Außenseiter. Bereits die zwischen 1925 und 1933 publizierten Schriften verweisen auf eine ungewöhnliche wissenschaftliche Leistung, der die gebührende Würdigung jedoch weitgehend versagt blieb. Als nach zwei gescheiterten Habilitationsversuchen im Sommer 1933 die Entlassung aus der Universität folgte, stand Landshut vor dem Nichts. Die Vertreibung bedeutete den Abbruch menschlicher Beziehungen und wissenschaftlicher Arbeitsprozesse, wie er radikaler nicht sein konnte. Im Exil gelangte Siegfried Landshut an die Grenze des psychisch und physisch Aushaltbaren. In mehr als siebzehn Jahren wurde aus diesem Exil keine Emigra-

tion. Der Vertriebene blieb heimatlos, und auch die Rückkehr nach Hamburg im Jahre 1951 konnte daran nichts ändern.

Die Professur, die Landshut an der Universität Hamburg erhielt, war zweifellos ganz in seinem Sinne. Dem Fach der Politik hatte er schon über zwanzig Jahre zuvor zum Durchbruch verhelfen wollen; in seinem Rahmen bewegte er sich von der ersten Publikation an. Wenn sein Kollege Carl Jantke deshalb rückblickend erklärte, Landshut sei als Inhaber des Politik-Lehrstuhls »spät, aber nicht zu spät zu seiner eigentlichen Berufung gekommen«,[2] schwingt jedoch allzusehr mit, daß alles sich schließlich doch noch »zum Guten« gewendet habe. Unbestritten sei, daß Landshut seine Aufgabe als Professor für Politische Wissenschaft mit Freude erfüllte, aber dieses machte doch Vergangenes nicht ungeschehen. Sollte er wirklich nie an den 23. Juni 1933, an die SA-Männer vor der Türe und an seine Entlassung gedacht haben, wenn er das Hauptgebäude der Universität betrat? Auch wenn kein Wort darüber verloren wurde, war das Vergangene nicht vergangen, es lebte in der Gegenwart fort. Insofern wurde die Universität Hamburg auch in der Nachkriegszeit nicht der Ort des Glücks für Siegfried Landshut. Allerdings war seine Berufung ein Glücksfall für die Universität. Dessen war man sich – abgesehen von seinen Studenten – aber offenbar nicht bewußt. Mit seinem Denken, mit seiner Wissenschaftsdisziplin und nicht zuletzt aufgrund seiner totgeschwiegenen Exilgeschichte stieß Landshut auf erhebliche Abwehr bei seinen Kollegen. Das Versagen der Universitäten 1933 war fatal; die Versäumnisse der Nachkriegszeit sind beschämend.

Die Beschäftigung mit der Landshutschen Biographie gibt Einblicke in die tragische – und dabei ebenso einmalige wie exemplarische – Geschichte eines Vertriebenen. Zugleich verweist die aufgenommene Spur auf das Vermächtnis Siegfried Landshuts, auf ein Werk, das die grundsätzlichen Fragen des menschlichen Miteinanderlebens zum Thema hat. Ganz bewußt stand Landshut damit in der Tradition aristotelischer Politik. Sein politisches Denken verweigert sich gängigen Zuordnungen; es läßt sich in keine Schemata zwängen, in keine Kategorien von »fortschrittlich« bis »konservativ«, von »links« bis »rechts«. Dies heißt jedoch nicht, daß Landshut keine Stellung bezog – im Gegenteil: Durch seine couragierte Art und seine intellektuelle Redlichkeit geriet er immer wieder zwischen alle Stühle. Mit Entschiedenheit ergriff er Partei, aber sein Denken war nicht von einer partikularen Richtung oder Zeitströmung bestimmt, es galt stets dem Ganzen. Als Lehrer und Forscher ging es Landshut darum, so hat es sein Schüler Dietrich Hilger formuliert, das von Ideologien verstellte, von Propaganda verfälschte, im Gerede der Vielen nicht mehr erkennbare, von schierer Faktizität verschüttete und auch dem Bewußtsein vermeintlich Wissender entschwundene *Wesen des Politischen* gegen die Tendenzen der Zeit wiederzuentdecken.[3]

Den Verlust des Politischen verstand Siegfried Landshut als Signum unserer Zeit. Seine Untersuchungen dienten dazu, diesen schon weit vorangeschrittenen Prozeß des Verlustes in seinen Ursprüngen kenntlich zu machen. Er vermochte aufzuzeigen, daß es ein in langer Tradition überkommenes, heute aber nahezu verdrängtes Politik-Verständnis gebe, das nichts mit »Kampf um Macht«, das nichts mit bloßer Verwaltung und Sicherung des Lebens zu tun habe, sondern das weit darüber hinausreiche: ein Politik-Verständnis, das orientiert ist an der Freiheit der Menschen, an deren *gutem* Zusammenleben.

Landshut wurde nicht müde, daran zu erinnern, daß eine *politische* Gemeinschaft durch die Existenz eines Allgemeinen und Gemeinsamen gekennzeichnet sei und daß dieses für alle Verbindliche, d.h. alle Verbindende, nur etwas Geistiges sein könne. Die moderne Gesellschaft aber drohte seiner Ansicht nach immer mehr zu einer sinnentleerten, bloß noch ökonomische Ziele verfolgenden Einheitsgesellschaft zu werden. Die alten Bindungen waren gelöst, die Vereinzelung war immer weiter fortgeschritten. Für Landshut ergab sich daraus die Frage, wie sich der Mensch überhaupt in einer Welt halte, die ihm kein verbindliches Maß mehr biete. Er konstatierte den Zerfall jeder »echten« Autorität, an deren Stelle eine weitreichende Beliebigkeit getreten war; eine Orientierungslosigkeit, aus der eine verhängnisvolle Sehnsucht nach Führung resultierte.

Die Menschen waren sich selbst und ihrer Umgebung fremd geworden. Nach Landshut hatte eine Revolution in ihrer Seele und in ihrem Denken stattgefunden; eine Umwälzung, die noch keineswegs abgeschlossen war. Bereits in seinen frühen Schriften hat Landshut diese neuzeitliche Entwicklung nachzuzeichnen versucht. In *Kritik der Soziologie* – wie auch schon in seinem 1925 erschienenen Aufsatz »Über einige Grundbegriffe der Politik« – analysierte er das Rationale Naturrecht sowie die politische Philosophie des 19. Jahrhunderts und machte den Bruch deutlich, den das politische Denken erfahren hatte. Er zeigte auf, wie sich das vormals einheitliche Ganze in Partikularitäten aufgespalten hatte und wie der Mensch nicht mehr als politisches Wesen, sondern als isolierter einzelner aufgefaßt worden war. Das technische Denken hatte sich mehr und mehr durchgesetzt: Die Bindungen zwischen den Menschen wurden nicht mehr als gegeben, sondern – wie überhaupt alles – als herstellbar angesehen.

Auch die zweite, 1933 vorgelegte Habilitationsschrift *Historisch-systematische Analyse des Begriffs des Ökonomischen* diente dazu, die Grundproblematik der modernen Lebenssituation deutlich zu machen. Landshut legte dar, wie sich die Ökonomie aus dem vormals Ganzen der Politik herausgelöst hatte. Dem antiken Begriff der Ökonomik, in dessen Zentrum der Mensch selbst gestanden hatte, stellte er die moderne Ökonomie gegenüber, den Mechanismus des Marktzusammenhangs, der dem Menschen nunmehr die Rolle eines ohnmächtigen Objekts zugewiesen hatte. Diese Eigenbewegung des Marktes und die Konsequenzen einer universalen Arbeitsteilung hatte Karl Marx analysiert, die moderne Situation hatte er im Begriff der Selbstentfremdung auf den Punkt gebracht.

Die »Selbstentfremdung des Menschen« war auch jener Begriff, den Siegfried Landshut ins Zentrum seiner Marx-Analyse stellte. Wie wohl keiner vor ihm hat er, der Herausgeber der Marxschen Frühschriften, den »ganzen Marx« zu interpretieren versucht und dargelegt, daß die philosophischen Frühschriften und die späteren ökonomischen Schriften als Einheit gesehen werden müssen. Er zeigte, daß der Ursprung des Marxschen Interesses für ökonomische Probleme ein ethisch-politischer gewesen und Marxens Wirken überhaupt nur vor dem Hintergrund abendländischer Überlieferung zu verstehen sei. Unter den Analytikern der modernen Gesellschaft nahm Karl Marx für Landshut eine Sonderstellung ein. Seiner Ansicht nach hatte Marx im Begriff der Selbstentfremdung das Urphänomen des

Zeitalters in einem Umfang und in einer Tiefe erfaßt, wie es sonst nur Max Weber gelungen war. Neben Marx und Weber gebührte auch Tocqueville besondere Aufmerksamkeit. Tocqueville – nach Landshut der bedeutendste Interpret der modernen Demokratie – hatte die Dynamik des Gleichheitspostulats erkannt und die Tendenz zur allgemeinen Einebnung und Kommerzialisierung bereits in aller Klarheit vorausgesehen.

Landshuts Marx- und Tocqueville-Ausgaben stellen zweifellos eine bleibende Leistung dar, die ihm einen Platz in der Geistesgeschichte dieses Jahrhunderts zu sichern vermag. Seine jeweiligen Interpretationen und nicht zuletzt der Nachweis einer engen Verbindung zwischen Tocqueville und Marx, diesen sonst so unterschiedlich ausgelegten Denkern, zeugen von der fruchtbaren Arbeit eines Gelehrten, der herrschende Meinungen und vermeintliche Forschungsergebnisse nicht unbesehen übernahm, sondern der in eigenwilliger Weise bestrebt war, »den Dingen auf den Grund zu gehen, nach den Ursprüngen zu suchen, radikal zu fragen«.[4]

Auch im Exil hat Siegfried Landshut diese Qualität bewahrt, wie vor allem seine kritische, bis heute kaum beachtete Studie über *Die Gemeinschafts-Siedlung in Palästina* belegt. Landshut untersuchte die Möglichkeiten des Kibbuz als einer Gemeinschaft freiwillig zusammengekommener, einer gemeinsamen Idee verpflichteter Menschen, um festzustellen, daß es etwas wahrhaft Verbindendes auch hier nicht gab, daß die ökonomischen Ziele eindeutig Vorrang hatten vor einer gemeinsamen Idee der Lebensführung. Die wie üblich von grundsätzlichen Erwägungen geleitete Kritik Landshuts rüttelte an einem Eckpfeiler der zionistischen Bewegung – und dies in einer ohnehin äußerst spannungsgeladenen Situation. Der derart nonkonformistische Landshut vermochte in Palästina nicht Fuß zu fassen; seine Arbeit über den Kibbuz aber stellt noch heute einen bedeutenden und in seiner Scharfsinnigkeit ungewöhnlichen Forschungsbeitrag zur Geschichte der Kibbuz-Bewegung wie des Zionismus überhaupt dar. Die Kibbuz-Studie zeigt zudem, daß Landshut auch hier – wie im gesamten Werk – von einer genuin politikwissenschaftlichen Fragestellung, von der Frage menschlichen Miteinanderlebens in Freiheit und Würde geleitet war.

Leidenschaftlich hat Siegfried Landshut an das Wesen des Politischen anzuknüpfen versucht, dessen voranschreitendem Verlust entgegenwirkend. Seine Diagnose unserer Zeit fiel düster aus. Seine Ansichten trafen sich durchaus in manchem mit der ausgeprägten Kulturkritik der zwanziger Jahre; etwa wenn er den Verlust jeglicher Autorität und den Verfall aller Werte konstatierte oder wenn er die Probleme einer egalitären Massengesellschaft und die hemmungslose Eigengesetzlichkeit des technischen Fortschritts aufzeigte. Was Landshuts Position aber zu jeder Zeit von unheilvollen kulturpessimistischen Strömungen unterschied, war die Tatsache, daß er ganz und gar in der Gegenwart stand. Seine analytisch-kritischen Fähigkeiten, sein ausgesprochen nüchtern-klares und dabei doch ganz engagiertes Denken ließen die Flucht in eine vermeintlich bessere Vergangenheit oder Zukunft nicht zu. Von der verbreiteten Untergangsstimmung hielt er sich trotz aller bisweilen eintretenden Verzweiflung fern, wäre sie doch einer Kapitulation des Geistes gleichgekommen. Für Landshut darf gelten, was er selbst Max Weber attestiert hat: Die fast unerträglichen Spannungen der Moderne hielt er aus, sich ihnen in »intellektueller Rechtschaffenheit« stellend.

Landshuts Diagnose der Moderne war nicht pessimistisch; sie war weitgehend realistisch, eine sensible Bestandsaufnahme seiner und auch noch unserer Wirklichkeit. Angesichts der Erfahrungen des 20. Jahrhunderts, der Möglichkeit nuklearer und ökologischer Selbstzerstörung, wird man manches mittlerweile sicher noch dramatischer einschätzen müssen. Daß die Moderne in ihrem Grundcharakter zutiefst problematisch, nämlich »unaufhebbar doppelgesichtig«,[5] der Gang der Dinge aber »kumulativ katastrophenträchtig«[6] ist, scheint unbestreitbar. In Anbetracht dieser Situation hat Thomas Meyer es in seiner unlängst erschienenen Untersuchung über *Die Transformation des Politischen* als eine Frage des Überlebens bezeichnet, »ob wir die Chance nutzen, das Stück Wiedergewinnung des Politischen zu ergreifen, das uns gegeben ist, oder nicht«.[7]

Siegfried Landshut hat diese mittlerweile begrenzte, aber noch immer vorhandene Chance sichtbar zu machen und die Dringlichkeit ihrer Nutzung aufzuzeigen versucht. In großer Klarheit vermochte er die moderne Entwicklung zu analysieren. Sich über die gegenwärtige Lage ganz bewußt zu werden galt ihm als Voraussetzung dafür, den Gegebenheiten nicht ohnmächtig ausgeliefert zu sein. Sein Denken war ein leidenschaftliches Denken gegen den Strom; sein Wissenschaftsverständnis stand quer zum Betrieb der modernen Wissenschaften. Wie ein roter Faden durchzieht seine Texte die Erkenntnis, daß der Verlust des Politischen in der modernen Welt, und damit der Verlust der Freiheit, immer weiter voranschreitet. Aber gerade durch die klare Analyse der gegebenen Problematik schuf Landshut ein Gegengewicht zu dieser Entwicklung. Sein gesamtes Werk bildet eine Anknüpfung an das weitgehend Verlorene. Dieses - selbst in Vergessenheit geratene - Werk gilt es, in seiner ganzen Tiefe zu entdecken.

1 Das erste Foto der Familie Landshut; aufgenommen vermutlich 1893 in Neumark; ganz links: Suzette und Samuel Landshut.
2/3 Samuel Landshut (1860-1919) und Suzette Landshut (1867-1942), die Eltern Siegfried Landshuts.

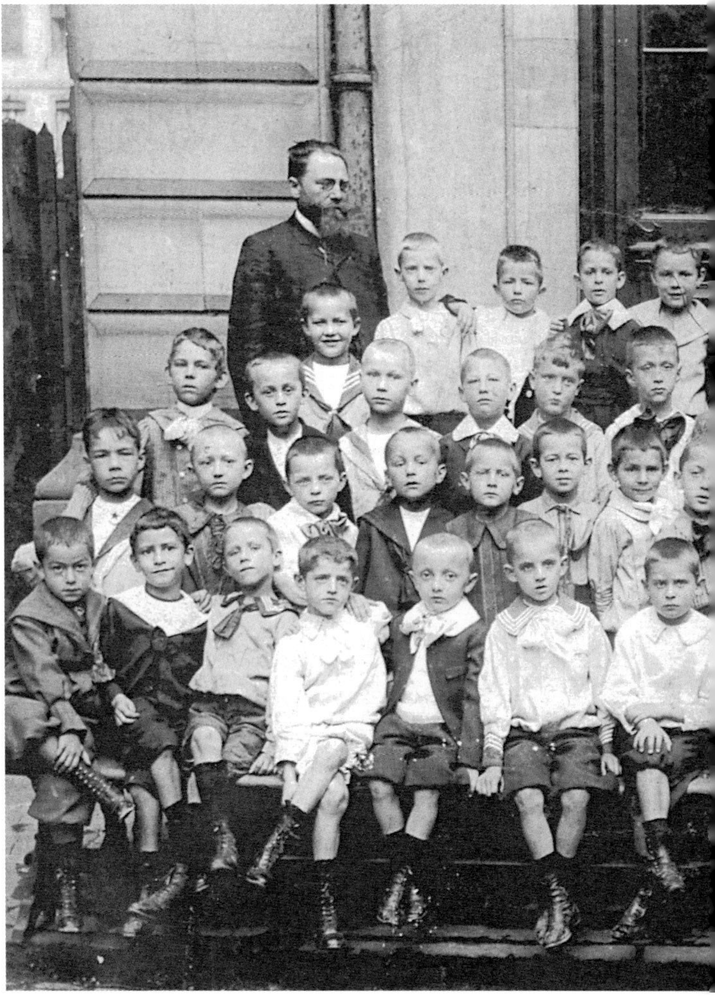

4 Schulklasse im Protestantischen Gymnasium, Straßburg 1904.
Vordere Reihe, erster von links: Siegfried Landshut.

5 *Siegfried Landshut mit Schwester Lore und Eltern 1914.*
6 *Straßburg, Poststraße 14, heute: rue du Général Gouraud.*
7 *»Fronturlaub«: Siegfried Landshut mit Schwester Paula und deren Sohn.*

8 *Siegfried Landshut mit Vorgesetztem, vermutlich 1915.*

9 Siegfried Landshuts Kriegstagebuch, erster Eintrag.

rechte Seite →

10 Edith und Siegfried Landshut auf einer Wanderung mit den Kindern Susanne und Arnold, Hopfenbach 1929.
11 Edith und Siegfried Landshut, vermutlich 1934 in Ägypten.

10

11

12 *Der Präsident der Hebräischen Universität Jerusalem, Judah L. Magnes, im Kreis der aus Deutschland eingewanderten Gelehrten, 1938. Von links nach rechts sitzend: Richard Koebner, Julius Guttmann, Harry Torczyner, Judah L. Magnes, Hugo Bergmann, Gotthold Weil, Martin Buber; hinter Buber stehend: Siegfried Landshut.*

13/14 *Kriegsgefangenenlager in Ägypten, 1945 bis 1948.*

Allerletzter Bildbericht

Die Teilnehmer an der Beisetzung unserer Lagerzeitung.

Man bemerkt die Herren Dr. L., Haupt- und Mitschriftleiter, Zeichner sowie einen Kameraden, der behauptete, ständiger Leser der "Wüstenstimme" gewesen zu sein. (Der Strohsackleerer im Hintergrund hat nicht an der Beisetzung teilgenommen, ebenso nicht unser Drucker, da er durch die Vervielfältigung der daily orders und der Repat-Listen stark beschäftigt ist.)

15 »Allerletzter Bildbericht« in der 141. und letzten Ausgabe der »Wüstenstimme«, der Zeitung des Kriegsgefangenenlagers 306, vom 17. Juli 1948.

16/17 *Siegfried Landshut bei einer Vorlesung an der Universität Hamburg, Sommersemester 1951.*

18/19 Siegfried Landshut im Gespräch mit Studierenden; Seminar für Sozialwissenschaften der Universität Hamburg, Mitte der fünfziger Jahre
20 Mit Studentinnen und Studenten.
Exkursion nach Paris; rechts sitzend: Siegfried Landshut, neben ihm stehend: Dietrich Hilger.

21 *Exkursion nach Oxford, Anfang/Mitte der fünfziger Jahre; Siegfried Landshut (vierter von links), hinter ihm: Dietrich Hilger, rechts neben Landshut (vordere Reihe): Ursula Bannies, Ricarda Mischke, Wolfgang Kessel.*

22 *Ausflug nach Enghien, Mai 1958. Siegfried Landshut, neben ihm seine Schwester Lore, ihnen gegenüber Edith Landshut.*
23/24 *Siegfried Landshut – Portraits, fünfziger Jahre.*

25 Verleihung des Hansischen Goethe-Preises 1959 im großen Festsaal des Hamburger Rathauses, 19. November 1959.
Von links nach rechts: Theodor Heuss (Preisträger), Otto Brunner (Rektor der Universität Hamburg), Siegfried Landshut (Vorsitzender des Preiskuratoriums).

26 Siegfried Landshut 1966.

Bildnachweis Privatbesitz Arnon Aviner: 1-9, 13-17; Privatbesitz Susanne Geis: 10, 11, 22; Informations-Abteilung der Hebräischen Universität Jerusalem: 12; Privatbesitz Marie-Elisabeth Hilger: 18-20, 23, 24; Privatbesitz Wolfgang Kessel: 21; Privatbesitz Leora Landshut-Deuber: 25, 26

Anmerkungen

1. Einleitung

1 Dolf Sternberger: »Siegfried Landshut sechzigjährig«. In: *Zeitschrift für Politik* N.F. 4 (1957), 201.
2 Wilhelm Hennis: »Zu Siegfried Landshuts wissenschaftlichem Werk«. In: *Zeitschrift für Politik* N.F. 17 (1970), 1-14, hier 2 [der Text folgt einer am 9. Juni 1969 in Hamburg gehaltenen Akademischen Gedächtnisrede; wieder abgedruckt in: Wilhelm Hennis: *Politik und praktische Philosophie. Schriften zur politischen Theorie*. Stuttgart 1977, 275-293].
3 Ein derartiges Politik-Verständnis hat Hannah Arendt wohl auf die prägnanteste Formel gebracht, wenn sie ebenso einfach wie anspruchsvoll erklärte, der Sinn von Politik sei Freiheit. Vgl. Hannah Arendt: *Was ist Politik? Fragmente aus dem Nachlaß*. Hg. von Ursula Ludz. Mit einem Vorwort von Kurt Sontheimer. München-Zürich 1993, 28. Auch gemeinsam mit dem gerade in den letzten Jahren verstärkt rezipierten Werk Arendts werden Landshuts Schriften zu lesen sein.
4 Vgl. jetzt die zusammenfassende Darstellung des Verf.: »Siegfried Landshut 1897-1968«. In: John Michael Krois, Gerhard Lohse, Rainer Nicolaysen: *Die Wissenschaftler Ernst Cassirer, Bruno Snell, Siegfried Landshut* (Hamburgische Lebensbilder 8). Hamburg 1994, 75-115.
5 Undatiertes Schreiben Siegfried Landshuts an Eduard Heimann [1934]; Bodleian Library Oxford, SPSL 352/2, 29.
6 StA HH, HW-DPA I 263, Bd. 1, o.Bl.
7 Vgl. Jürgen Dennert: »Siegfried Landshut – in memoriam«. In: *Hamburger Jahrbuch für Wirtschafts- und Gesellschaftspolitik* 14 (1969), 209-220.
8 Dietrich Hilger: »Nekrolog Siegfried Landshut«. In: *Kölner Zeitschrift für Soziologie und Sozialpsychologie* 22 (1970), 835-839.
9 René König: »Die Situation der emigrierten deutschen Soziologen in Europa«. In: Wolf Lepenies (Hg.): *Geschichte der Soziologie. Studien zur kognitiven, sozialen und historischen Identität einer Disziplin*. Frankfurt am Main 1981. Bd. 4, 115-158, hier 127. Der Beitrag war bereits 22 Jahre zuvor erstmals veröffentlicht worden in: *Kölner Zeitschrift für Soziologie und Sozialpsychologie* 2 (1959), 113-131. König nahm den Text in veränderter Fassung und mit einem Epilog versehen auch in seinen 1987 erschienenen Sammelband auf: *Soziologie in Deutschland. Begründer / Verächter / Verfechter*. München-Wien 1987, 298-328.
10 Hans-Ulrich Wehler: »Zum Verhältnis von Geschichtswissenschaft und Psychoanalyse«. In: Ders. (Hg.): *Geschichte und Psychoanalyse*. Frankfurt am Main-Berlin-Wien 1971, 7-26, hier 9.
11 Hagen Schulze: »Die Biographie in der ›Krise der Geschichtswissen-

schaft‹«. In: *Geschichte in Wissenschaft und Unterricht* 29 (1978), 508-518, hier 517.
12 Ebd., 516.
13 Zur Diskussion um neue Ansätze in der Geschichtswissenschaft vgl. Winfried Schulze (Hg.): *Sozialgeschichte, Alltagsgeschichte, Mikro-Historie. Eine Diskussion*. Göttingen 1994.
14 Hans-Jürgen Goertz: *Umgang mit Geschichte. Eine Einführung in die Geschichtstheorie*. Reinbek bei Hamburg 1995, 11.
15 Ebd., 16.
16 Friedrich Lenger: *Werner Sombart 1863-1941. Eine Biographie*. München 1994, 14.
17 So Hans-Jörg von Berlepsch in seiner Sammelrezension: »Die Wiederentdeckung des ›wirklichen Menschen‹ in der Geschichte. Neue biographische Literatur«. In: *Archiv für Sozialgeschichte* 29 (1989), 488-510, hier 489.
18 Vgl. etwa Andreas Gestrich: »Einleitung: Sozialhistorische Biographieforschung«. In: *Biographie – sozialgeschichtlich. Sieben Beiträge*. Hg. von Andreas Gestrich, Peter Knoch, Helga Merkel. Göttingen 1988, 5-28.
19 Jacques Le Goff: »Wie schreibt man eine Biographie?« In: *Der Historiker als Menschenfresser. Über den Beruf des Geschichtsschreibers*. Mit Beiträgen von Fernand Braudel, Lucien Febvre, Arnaldo Momigliano, Natalie Zemon Davis, Carlo Ginzburg, Jacques Le Goff, Reinhard Koselleck. Berlin 1990, 103-112, hier 105.
20 Pierre Bourdieu: »Die biographische Illusion«. In: *BIOS* 3 (1990), 75-81. Vgl. direkt dazu: Eckart Liebau: »Laufbahn oder Biographie? Eine Bourdieu-Lektüre«, ebd., 83-89; Lutz Niethammer: »Kommentar zu Pierre Bourdieu: Die biographische Illusion«, ebd., 91-93.
21 Hedwig Röckelein: »Der Beitrag der psychohistorischen Methode zur ›neuen historischen Biographie‹«. In: Dies. (Hg.): *Biographie als Geschichte* (Forum Psychohistorie 1). Tübingen 1993, 17-38, hier 22.
22 *Universität Hamburg 1919-1969* [=Festschrift zum 50. Gründungstag der Universität Hamburg]. o.O. [Hamburg] o.J. [1970]. Nur der studentische Beitrag der Festschrift läßt erkennen, daß es die zwölf Jahre nationalsozialistischer Herrschaft überhaupt gegeben hat. Ansonsten enthalten die 382 Seiten nur einige versteckte und zudem verharmlosende oder schlicht falsche Angaben über die Universität in der NS-Zeit.
23 Vgl. z.B.: Karin Buselmeier, Dietrich Harth, Christian Jansen (Hg.): *Auch eine Geschichte der Universität Heidelberg*. Mannheim 1985; *Die Universität Göttingen unter dem Nationalsozialismus. Das verdrängte Kapitel ihrer 250jährigen Geschichte*. Hg. von Heinrich Becker, Hans-Joachim Dahms, Cornelia Wegeler. München-New York-Oxford-Paris 1987; Frank Golczewski: *Kölner Universitätslehrer und der Nationalsozialismus. Personengeschichtliche Ansätze* (Studien zur Geschichte der Universität zu Köln 8). Köln-Wien 1988; Notker Hammerstein: *Die Jo-*

hann Wolfgang Goethe-Universität Frankfurt am Main. Von der Stiftungsuniversität zur staatlichen Hochschule. Bd. 1: 1914 bis 1950. Neuwied-Frankfurt am Main 1989.
24 Hochschulalltag im »Dritten Reich«. Die Hamburger Universität 1933-1945. Hg. von Eckart Krause, Ludwig Huber, Holger Fischer (Hamburger Beiträge zur Wissenschaftsgeschichte 3). Berlin-Hamburg 1991.
25 Angela Bottin, unter Mitarbeit von Rainer Nicolaysen: ENGE ZEIT. Spuren Vertriebener und Verfolgter der Hamburger Universität (Hamburger Beiträge zur Wissenschaftsgeschichte 11). Berlin-Hamburg 1992 [zuerst: Ausstellungskatalog. Hamburg 1991]. Zur Exilgeschichte Landshuts sind allerdings auch hier fehlerhafte Angaben aus anderen Publikationen übernommen worden; vgl. ebd., 45.
26 Biographisches Handbuch der deutschsprachigen Emigration nach 1933. Hg. vom Institut für Zeitgeschichte München und von der Research Foundation for Jewish Immigration, Inc., New York, unter der Gesamtleitung von Werner Röder und Herbert A. Strauss. Bd. I: Politik, Wirtschaft, Öffentliches Leben. München-New York-London-Paris 1980; Bd. II, 1 und 2: The Arts, Sciences and Literatures; Bd. III: Gesamtregister. München-New York-London-Paris 1983. Die Informationen über Landshut sind auch hier sehr fehlerhaft. So heißt es etwa, Landshut sei 1933 nach Palästina emigriert: eine Angabe, die später in zahlreichen Publikationen übernommen wurde; vgl. BHE, Bd. II/2, 689.
27 Vgl. z.B. das Vorwort Ilja Srubars in: Ilja Srubar (Hg.): Exil, Wissenschaft, Identität. Die Emigration deutscher Sozialwissenschaftler 1933-1945. Frankfurt am Main 1988, 7-10.
28 Alfons Söllner: »Vom Staatsrecht zur ›political science‹? Die Emigration deutscher Wissenschaftler nach 1933, ihr Einfluß auf die Transformation einer Disziplin«. In: Die Emigration der Wissenschaften nach 1933. Disziplingeschichtliche Studien. Hg. von Herbert A. Strauss, Klaus Fischer, Christhard Hoffmann und Alfons Söllner. München-London-New York-Paris 1991, 139-164, hier 140.
29 Vgl. Klemens Wittebur: Die deutsche Soziologie im Exil 1933-1945. Eine biographische Kartographie (Beiträge zur Geschichte der Soziologie 1). Münster-Hamburg 1991, 36.
30 Vgl. Exilforschung. Ein internationales Jahrbuch. Bd. 9: Exil und Remigration. Hg. im Auftrag der Gesellschaft für Exilforschung/Society for Exile Studies von Claus-Dieter Krohn, Erwin Rotermund, Lutz Winckler und Wulf Koepke. München 1991.
31 Hervorzuheben ist die Studie von Arno Mohr: Politikwissenschaft als Alternative. Stationen einer wissenschaftlichen Disziplin auf dem Wege zu ihrer Selbständigkeit in der Bundesrepublik Deutschland 1945-1965 (Politikwissenschaftliche Paperbacks 13). Bochum 1988. Auch hier kommt Landshut freilich nur ganz am Rande vor.
32 Bei dieser ersten, von Wilhelm Bleek, Hans Kastendiek und Hans Karl Rupp organisierten Zusammenkunft der »Ad-hoc-Gruppe«, am 26.

August 1994 in Potsdam, hielt ich einen Vortrag über Siegfried Landshut.
33 Hans Karl Rupp, Thomas Noetzel: *Macht, Freiheit, Demokratie. Anfänge der westdeutschen Politikwissenschaft. Biographische Annäherungen.* Marburg 1991.

2. Kindheit, Jugendzeit, Erster Weltkrieg
(1897-1919)

1 Die Angaben zur Familiengeschichte stützen sich vornehmlich auf die von Siegfried Landshuts Sohn, Arnon Aviner, verfaßte Familienchronik: *Your family.* Unveröffentlichtes Typoskript (engl.) 1991. Zudem hat ein Vetter Siegfried Landshuts, der Tierarzt Dr. Siegfried [!] Landshut (1895-1975), 1962 in Kiryat Tivon, Israel, die Landshutsche Familiengeschichte auf der Grundlage des Familienarchivs niedergeschrieben. Siegfried Landshut: *Neumark-Westpreußen und die Familie Landshut.* Unveröffentlichtes Typoskript, PA Aviner.
2 Vgl. Théodore Rieger, Denis Durand de Bousingen, Klaus Nohlen: *Strasbourg Architecture 1871-1918.* Strasbourg 1992, 169. Dort sind die bedeutendsten Bauten Samuel Landshuts in Straßburg aufgeführt.
3 Heute: 14, rue du Général Gouraud. Im Treppenflur des 1902 fertiggestellten Gebäudes befindet sich noch immer ein Gemälde, das Neumark zeigt: den Heimatort von Suzette und Samuel Landshut.
4 In der Zeit, da Landshut die Schule besuchte, war die große Mehrzahl der Schüler protestantisch, ca. 10% waren jüdischen Glaubens. Vgl. *Education, Eglise, Société. Le Chapitre de Saint-Thomas et le Gymnase Jean Sturm. Strasbourg 1538-1980. Témoignages et études recueillis et publiés à l'occasion de l'achèvement des bâtiments du Gymnase.* o.O. [Strasbourg] o.J. [1980], 45.
5 Die Schule trägt heute den Namen »Gymnase Jean Sturm«. Die Geschichte der Schule und die Konzeption humanistischer Pädagogik Sturmscher Prägung sind Gegenstand zahlreicher Publikationen; zuletzt: *450ème anniversaire de la fondation du Gymnase Jean Sturm et de l'Université de Strasbourg. 1538-1988.* Publ. par le Comité des Fêtes. Strasbourg 1989.
6 Abschlußzeugnis Siegfried Landshut. Akten des Gymnase Jean Sturm, Strasbourg.
7 Die einzelnen Stationen Landshuts während des Ersten Weltkrieges, seine Dienstgrade und Orden lassen sich der Militär-Dienstzeitbescheinigung entnehmen, die er sich im Jahre 1933 ausstellen ließ, PA Aviner.
8 Zur Selbstverständlichkeit, mit der sich damals Jugendliche freiwillig meldeten und von ihren Eltern darin unterstützt wurden, vgl. z.B.: Carl Zuckmayer: *Als wär's ein Stück von mir. Erinnerungen.* Frankfurt am Main 1989 [zuerst 1966], 157-218.

9 Walter Grab: *Der deutsche Weg der Judenemanzipation 1789-1938.* München-Zürich 1991, 34.
10 Wohl deutlichstes Zeichen des Antisemitismus war die sogenannte »Judenzählung« vom Oktober 1916. Sie sollte belegen, daß sich jüdische Männer vor dem Heeresdienst drückten. Ihre Ergebnisse wurden dann wohlweislich nicht veröffentlicht, da der Prozentsatz der jüdischen Freiwilligen etwas über dem Gesamtdurchschnitt der deutschen Bevölkerung lag. Die antisemitische Hetze nahm ihren Fortgang. Vgl. ebd. sowie Franz Oppenheimer: *Die Judenstatistik des Preußischen Kriegsministeriums.* München 1922.
11 Siegfried Landshut, Lebenslauf [anläßlich der Promotion, Freiburg i. Br. 1921]; UA Freiburg, B 29, Sommersemester (SS) 1921-Landshut.
12 *Personalverzeichnis der Kaiser Wilhelms-Universität Straßburg im Sommerhalbjahr 1916.* Straßburg 1916, 72. Die Immatrikulation erfolgte demnach am 24. Mai 1916.
13 Siegfried Landshut: *Kriegstagebuch,* geführt vom 26. August 1916 bis zum 28. März 1919. Unveröffentlichtes Manuskript, PA Aviner. Im folgenden zitiert nach dem von Susanne Geis freundlicherweise angefertigten Typoskript (46 Seiten).
14 Ebd., 1.
15 Ebd.
16 Ebd., 24.
17 Ebd., 18.
18 Ebd., 20.
19 Daher enthält das Kriegstagebuch eine Eintragungslücke vom 23. Oktober 1917 bis zum 21. Januar 1919. Die Erlebnisse dieser Zeit werden dann rückblickend und stark zusammengefaßt geschildert.
20 Landshut, *Kriegstagebuch,* 22.
21 Ebd., 23.
22 Suzette Landshut an Siegfried Landshut, 25. August 1917, PA Aviner.
23 Landshut, *Kriegstagebuch,* 40.
24 Ebd., 46.
25 So auch Wilhelm Hennis, »Zu Siegfried Landshuts wissenschaftlichem Werk«, 2f. Hennis regt hier zu Recht die Frage an, welchen Niederschlag das Kriegserlebnis der »lost generation« des Ersten Weltkrieges nicht nur im Künstlerischen, sondern auch im Wissenschaftlichen gehabt habe.

3. Auf dem Weg zur Politischen Wissenschaft (1919-1925)

1 Peter Gay: *Die Republik der Außenseiter. Geist und Kultur in der Weimarer Zeit 1918-1933.* Frankfurt am Main 1989 [engl. 1968, dt. zuerst 1970], 9f.

2 Detlev J. K. Peukert: *Die Weimarer Republik. Krisenjahre der Klassischen Moderne* (Neue Historische Bibliothek). Frankfurt am Main 1987, 10.

3 Daß Webers Thema nicht irgendein Rationalisierungsprozeß ist, sondern der Prozeß der Rationalisierung der »praktischen Lebensführung«, hat Wilhelm Hennis gezeigt: *Max Webers Fragestellung. Studien zur Biographie des Werks*. Tübingen 1987, 34.

4 Max Weber: »Die protestantische Ethik und der ›Geist‹ des Kapitalismus«. In: Ders.: *Gesammelte Aufsätze zur Religionssoziologie*. Bd. 1. Tübingen 1920, 17-206, hier 204.

5 Landshut: Lebenslauf [anläßlich des zweiten Habilitationsantrages, Hamburg 1933], StA HH, WisoFak 9, o.Bl.

6 Landshut: Lebenslauf [anläßlich des ersten Habilitationsantrages, Hamburg 1928], StA HH, WisoFak 9, o.Bl. [meine Hervorhebung, R.N.].

7 So die Formulierung in seinem Vortrag: »Max Webers geistesgeschichtliche Bedeutung«. In: *Neue Jahrbücher für Wissenschaft und Jugendbildung* 7 (1931), 507-516, hier 507.

8 Ebd., 507f.

9 Max Weber: *Wissenschaft als Beruf. Geistige Arbeit als Beruf*. Vorträge vor dem Freistudentischen Bund. Erster Vortrag. Mit einem Nachwort von Immanuel Birnbaum. München-Leipzig 1919, 16 [Hervorhebungen im Original].

10 Landshut, Lebenslauf 1928, StA HH, WiSoFak 9, o.Bl.

11 Ein autobiographischer Beitrag Robert Liefmanns liegt vor in: Felix Meiner (Hg.): *Die Volkswirtschaftslehre der Gegenwart in Selbstdarstellungen*. Bd. 1. Leipzig 1924, 154-190. Zum Werk und zur Biographie Liefmanns vgl. auch: Alois Limberger: *Das wirtschaftstheoretische Lehrgebäude Robert Liefmanns unter besonderer Berücksichtigung seines Gesetzes des Ausgleichs der Grenzerträge. Darstellung und kritische Würdigung*. Wirtschaftswissenschaftliche Dissertation. Freiburg i. Br. 1959.

12 Robert Liefmann: *Grundsätze der Volkswirtschaftslehre*. Bd. 1: *Grundlagen der Wirtschaft*. Bd. 2: *Grundlagen des Tauschverkehrs*. Stuttgart 1919. Der erste Band erschien 1923 in dritter, der zweite Band 1922 in zweiter Auflage.

13 So der Untertitel des ersten Kapitels. Liefmann, *Grundsätze*, Bd. 1, 3. Aufl. 1923, 13.

14 Vgl. Limberger, *Lehrgebäude*, 115-117. Es sei vorweggenommen: Robert Liefmann verlor 1933 als »Nicht-Arier« seine Lehrbefugnis. Im Oktober 1940 wurde er von der Gestapo festgenommen und in das Internierungslager Gurs in Südfrankreich gebracht. Die Hilfe von Freunden konnte im März 1941 seine Freilassung bewirken; Möglichkeiten zur Einreise in die Schweiz bzw. in die USA waren geschaffen worden. Doch geschwächt von den Strapazen des Lagerlebens, starb der 67jährige Liefmann sechs Tage nach seiner Entlassung an den Folgen einer Lungenentzündung.

15 Vgl. Liefmann, *Selbstdarstellungen*, 185.

16 Landshut: Lebenslauf 1928, StA HH, WisoFak 9, o.Bl.
17 Zum Lebensweg Oppenheimers vgl. seinen autobiographischen Bericht in: Felix Meiner (Hg.): *Die Volkswirtschaftslehre der Gegenwart in Selbstdarstellungen.* Bd. 2. Leipzig 1929, 68-116; sowie seine Autobiographie: Franz Oppenheimer: *Erlebtes, Erstrebtes, Erreichtes. Erinnerungen.* 2. Aufl. Düsseldorf 1964 [zuerst 1931].
18 Vgl. die Äußerungen Landshuts im Vorwort seiner Doktorarbeit.
19 Siegfried Landshut: *Betrachtungen über eine abstrakte und formale Auffassung des Wirtschaftlichen und seine Beziehung zum Gesellschaftlichen.* Dissertation zur Erlangung der staatswissenschaftlichen Doktorwürde. Freiburg i. Br. 1921. Ein Exemplar der Dissertation befindet sich in der Universitätsbibliothek der Albert-Ludwigs-Universität, Freiburg i. Br.
20 Landshut, *Betrachtungen*, 4.
21 Ebd., 10. Die genannte Auffassung Oppenheimers findet sich in dessen 1910 zuerst erschienenem Buch: *Theorie der reinen und politischen Ökonomie. Ein Lehr- und Lesebuch für Studierende und Gebildete.* 4. Aufl. Berlin-Leipzig 1919, 5.
22 Vgl. Landshut, *Betrachtungen*, 53.
23 Robert Liefmann: Gutachten zur Dissertation Landshuts, 3. Juni 1921, UA Freiburg, B 29, SS 1921-Landshut.
24 UA Freiburg, Auflistung der Akademischen Quästur.
25 Bericht des Wohnungsamtes Freiburg i. Br. für die Sittenpolizeiliche Abteilung des Bezirksamts, UA Freiburg, B 70, Landshut/Heß. Vermutlich wollte sich die Wirtin auch gegen den Vorwurf der Kuppelei, damals noch Straftatbestand, absichern.
26 Zweieinhalbseitige handschriftliche Erklärung Siegfried Landshuts vom 29. November 1920, UA Freiburg, B 70, Landshut/Heß.
27 Protokoll der Sitzung des Disziplinargerichts vom 27. Januar 1921, ebd.
28 Gutachten Marschall von Biebersteins, 1. Mai 1921, UA Freiburg, B 29, SS 1921-Landshut.
29 Siegfried Landshut an das Universitätssekretariat Freiburg, 3. Mai 1921 (Eingangsstempel 5. Mai 1921), UA Freiburg, B 70, Landshut/Heß.
30 Gutachten Marschall von Biebersteins, 2. Juni 1921, ebd.
31 Protokoll der Vorladung vom 7. Juni 1921, ebd.
32 Landshut, Lebenslauf 1928, StA HH, WisoFak 9, o.Bl.
33 Abgangszeugnis Siegfried Landshut. Freiburg, den 13. November 1922, PA Aviner.
34 Hannah Arendt: »Martin Heidegger ist achtzig Jahre alt«. In: Dies.: *Menschen in finsteren Zeiten.* Hg. von Ursula Ludz. München-Zürich 1989, 172-184, hier 173f. [leicht bearbeiteter Nachdruck aus: *Merkur* 23 (1969), Heft 10, 893-902].
35 Karl Löwith: *Mein Leben in Deutschland vor und nach 1933. Ein Bericht.* Mit einer Vorbemerkung von Reinhart Koselleck und einer Nachbemerkung von Ada Löwith. Frankfurt am Main 1990 [zuerst 1989], 26. Enthalten ist in dem Band auch der Text »Curriculum Vitae« (1959),

ebd., 146-157. Dort (ebd., 147) schreibt der mit Landshut gleichaltrige Löwith über die den beiden gemeinsame Freiburger Studienzeit: »Diese ersten Freiburger Studienjahre von 1919-22 waren eine unvergleichlich reiche und fruchtbare Zeit. Alles, wovon meine Generation auch heute noch geistig zehrt, wurde damals hervorgebracht, nicht obwohl, sondern weil alles im Zeichen der Auflösung stand und auf eine kritische Erneuerung aus war.«

36 Vgl. Arendt, »Martin Heidegger«, 174. Die Ehrung, die Hannah Arendt hier anläßlich des 80. Geburtstages von Heidegger vollzieht, ist durchaus problematisch. So relativiert sie dessen NS-Engagement mit dem Hinweis, bei fast allen großen Denkern lasse sich die Neigung zum Tyrannischen nachweisen. Diese Haltung läßt sich wohl nur vor dem Hintergrund des persönlichen Verhältnisses von Arendt und Heidegger verstehen. Vgl. dazu: Elisabeth Young-Bruehl: *Hannah Arendt. Leben, Werk und Zeit.* Frankfurt am Main 1991 [engl. 1982, dt. zuerst 1986], 92-104; Elzbieta Ettinger: *Hannah Arendt – Martin Heidegger. Eine Geschichte.* München-Zürich 1995.

37 Löwith, *Mein Leben*, 27.

38 Landshut, Lebenslauf 1928, StA HH, WisoFak 9, o.Bl.

39 Eduard Heimann: Gutachten über die Habilitationsschrift Landshut, 1928, ebd., 11f.

40 Hans Jonas: »Wissenschaft als persönliches Erlebnis«. In: Ders.: *Wissenschaft als persönliches Erlebnis.* Göttingen 1987, 7-31, hier 14, 15. Jonas und Landshut haben sich in der Freiburger Zeit vermutlich nicht gekannt. Ihre Wege kreuzten sich dann aber mit Sicherheit im Exil: in Jerusalem Ende der dreißiger Jahre. So die schriftliche Auskunft der Witwe von Hans Jonas, Leonore Jonas, im Brief an den Verf. vom 4. März 1993.

41 Löwith, *Mein Leben*, 29.

42 Ebd., 42.

43 Vgl. Karl Löwith: *Heidegger. Denker in dürftiger Zeit.* 2., erweiterte Aufl. Göttingen 1960.

44 Vgl. Löwith, *Mein Leben*, 27; vgl. auch Karl Löwith: »Zu Heideggers Seinsfrage: Die Natur des Menschen und die Welt der Natur. Zu Heideggers 80. Geburtstag, 1969«. In: Ders.: *Der Mensch inmitten der Geschichte. Philosophische Bilanz des 20. Jahrhunderts.* Hg. von Bernd Lutz. Stuttgart 1990, 358-371.

45 UA Freiburg, Auflistung der Akademischen Quästur.

46 Vgl. »›Wenn ich verzweifelt bin, was geht's mich an?‹ Gespräch mit Günther Anders«. In: Matthias Greffrath (Hg.): *Die Zerstörung einer Zukunft. Gespräche mit emigrierten Sozialwissenschaftlern.* Frankfurt am Main-New York 1989, 17-55, hier 20.

47 Herbert Marcuse: *Hegels Ontologie und die Grundlegung einer Theorie der Geschichtlichkeit.* Frankfurt am Main 1932, 8. Marcuse reichte seine Habilitationsschrift 1932 nicht mehr ein, da er davon ausging, daß Habilitationen an der Freiburger Universität schon zu diesem Zeitpunkt für

Juden unmöglich geworden waren. Vgl. »Gespräch mit Herbert Marcuse (1977)«. In: Jürgen Habermas: *Philosophisch-politische Profile*. 3. Aufl. Frankfurt am Main 1984, 265-319, hier insbes. 269.
48 Aus der umfangreichen Literatur zum Thema »Heidegger und der Nationalsozialismus« vgl.: Löwith, *Mein Leben*, insbes. 32-42, 56-59; Victor Farías: *Heidegger und der Nationalsozialismus*. Mit einem Vorwort von Jürgen Habermas. Frankfurt am Main 1989; Hugo Ott: *Martin Heidegger. Unterwegs zu seiner Biographie*. Frankfurt am Main-New York 1988; Bernd Martin (Hg.): *Martin Heidegger und das »Dritte Reich«. Ein Kompendium*. Darmstadt 1989; Rüdiger Safranski: *Ein Meister aus Deutschland. Heidegger und seine Zeit*. München-Wien 1994.
49 Vgl. Martin Heidegger: *Phänomenologische Interpretationen zu Aristoteles. Einführung in die phänomenologische Forschung. Vorlesung Wintersemester 1921/22*. Hg. von Walter Bröcker und Käte Bröcker-Oltmanns. Gesamtausgabe Bd. 61. Frankfurt am Main 1985, 11.
50 Ebd., 35, 37 [Hervorhebung von den Herausgebern des Vorlesungstextes].
51 Vgl. Arendt, »Martin Heidegger«, 177.
52 Heidegger, *Phänomenologische Interpretationen*, 26.
53 Vgl. Manfred Riedel: »Seinsverständnis und Sinn für das Tunliche. Der hermeneutische Weg zur ›Rehabilitierung der praktischen Philosophie‹«. In: *Politik, Philosophie, Praxis. Festschrift für Wilhelm Hennis zum 65. Geburtstag*. Hg. von Hans Maier, Ulrich Matz, Kurt Sontheimer und Paul-Ludwig Weinacht. Stuttgart 1988, 280-302. Riedel bezeichnet hier (283) die Heidegger-Vorlesung des Wintersemesters (WS) 1921/22 als einen Ausgangspunkt der Rehabilitierung der praktischen Philosophie in diesem Jahrhundert.
54 Karl Löwith: »Curriculum vitae (1959)«. In: Löwith, *Mein Leben*, 146-157, hier 147.
55 Landshut: Lebenslauf 1928, StA HH, WisoFak 9, o.Bl.
56 Brief Arnon Aviners an den Verf., 6. August 1992.
57 UA Köln: Anmeldekarten Edith und Siegfried Landshut, Universität zu Köln 1922. Nach diesem Semester in Köln brach Edith Landshut ihr Studium offenbar ab.
58 Karl Löwith: »Max Scheler und das Problem einer philosophischen Anthropologie«. In: *Theologische Rundschau* N.F. 7 (1935), 349-372, hier 350f., 352.
59 Max Scheler: *Philosophische Weltanschauung*. In: *Gesammelte Werke*. Bd. 9: *Späte Schriften*. Hg. von Manfred S. Frings. Bern-München 1976, 73-182, hier 120 [Hervorhebungen im Original].
60 Zu Biographie und Werk Schelers vgl. John Raphael Staude: *Max Scheler 1874-1928. An Intellectual Portrait*. New York 1967; Walter L. Bühl: »Max Scheler«. In: *Klassiker des soziologischen Denkens*. Bd. 2: *Von Weber bis Mannheim*. Hg. von Dirk Käsler. München 1978, 178-225.
61 Max Scheler: »Phänomenologie und Erkenntnistheorie«. In: *Gesam-

melte Werke. Bd. 10 (= Schriften aus dem Nachlaß, Bd. 1): *Zur Ethik und Erkenntnislehre*. Hg. von Maria Scheler. Bern 1957, 377-430, hier 380. Der Text stammt von 1913/14 [Hervorhebungen im Original].
62 Ebd., 392.
63 Max Scheler: *Die Stellung des Menschen im Kosmos*. In: *Gesammelte Werke*. Bd. 9: *Späte Schriften*. Hg. von Manfred S. Frings. Bern-München 1976, 44.
64 Landshut, Lebenslauf 1928, StA HH, WisoFak 9, o.Bl.
65 Ebd.
66 UA Heidelberg, Belegbogen 1923, B1366.
67 Den ersten Teil einer Alfred Weber-Biographie hat Eberhard Demm vorgelegt: *Ein Liberaler in Kaiserreich und Republik. Der politische Weg Alfred Webers bis 1920* (Schriften des Bundesarchivs 38). Boppard/Rhein 1990; vgl. auch Eberhard Demm (Hg.), *Alfred Weber als Politiker und Gelehrter. Die Referate des Ersten Alfred Weber-Kongresses in Heidelberg (28.-29. Oktober 1984 [1983, R.N.])*. Stuttgart 1986.
68 Vgl. dazu Klaus Schwabe: *Wissenschaft und Kriegsmoral. Die deutschen Hochschullehrer und die politischen Grundfragen des Ersten Weltkrieges*. Göttingen-Zürich-Frankfurt am Main 1969.
69 So das berühmte Wort Meineckes im Januar 1919. Vgl. Friedrich Meinecke: »Verfassung und Verwaltung der deutschen Republik«. In: *Die neue Rundschau*, 30. Jg. der Freien Bühne (1919), 1-16, hier 2.
70 Vgl. Lothar Albertin: *Liberalismus und Demokratie am Anfang der Weimarer Republik. Eine vergleichende Analyse der Deutschen Demokratischen Partei und der Deutschen Volkspartei* (Beiträge zur Geschichte des Parlamentarismus und der politischen Parteien 45). Düsseldorf 1972, insbes. 212-215.
71 Vgl. Herbert Döring: *Der Weimarer Kreis. Studien zum politischen Bewußtsein verfassungstreuer Hochschullehrer in der Weimarer Republik* (Mannheimer Sozialwissenschaftliche Studien 10). Meisenheim am Glan 1975.
72 Alfred Weber: *Die Krise des modernen Staatsgedankens in Europa*. Stuttgart-Berlin-Leipzig 1925.
73 Alfred Weber: »Die Bedeutung der geistigen Führer in Deutschland«. In: Ders.: *Ideen zur Staats- und Kultursoziologie*. Karlsruhe 1927, 102-121, hier 104. Der Vortrag erschien zuerst in der *Neuen Rundschau*, Oktober 1918.
74 Alfred Weber, *Die Krise des modernen Staatsgedankens in Europa*, 11.
75 Ebd., 137f. [Hervorhebungen im Original].
76 Ebd., 76.
77 Ebd., 136.
78 Ebd., 137.
79 Georg Lukács: *Die Zerstörung der Vernunft. Der Weg des Irrationalismus von Schelling zu Hitler*. Berlin 1955, 498.
80 Alfred Weber, *Die Krise des modernen Staatsgedankens in Europa*, 138, 139.

81 Ebd., 140.
82 Vgl. auch mit Bezug auf Alfred Weber: Kurt Sontheimer: *Antidemokratisches Denken in der Weimarer Republik. Die politischen Ideen des deutschen Nationalismus zwischen 1918 und 1933*. München 1962, 240f.
83 Vgl. Fritz Stern: *Kulturpessimismus als politische Gefahr. Eine Analyse nationaler Ideologie in Deutschland*. Bern-Stuttgart-Wien 1963.
84 Fritz K. Ringer: *Die Gelehrten. Der Niedergang der deutschen Mandarine 1890-1933*. Stuttgart 1983 [engl. 1969].
85 Vgl. dazu Jürgen Habermas: »Die deutschen Mandarine«. In: Ders.: *Philosophisch-politische Profile*, 458-468. Habermas nennt das Buch von Ringer vorzüglich, gibt aber einiges zu bedenken. So heißt es (ebd., 464f.): Ringer »hätte beispielsweise an den philosophisch motivierten Antworten auf die Rationalisierungsthese Max Webers, die so verschiedene Autoren wie Landshut, Kracauer, Löwith und Freyer in heute noch faszinierenden Untersuchungen gegeben haben, nachweisen können, daß sich damals die divergierenden Standpunkte gerade in der Kritik der Moderne getroffen haben.«
86 Martin Heidegger an Karl Jaspers, 14. Juli 1923. In: Martin Heidegger, Karl Jaspers: *Briefwechsel 1920-1963*. Hg. von Walter Biemel und Hans Saner. Frankfurt am Main und München-Zürich 1990, 40-43 [Hervorhebung im Original].
87 Schriftliche Auskunft des Hessischen Staatsarchivs Marburg, Brief an den Verf. vom 8. Oktober 1991.
88 Martin Heidegger: *Einführung in die phänomenologische Forschung. Marburger Vorlesung. Wintersemester 1923/24*. Hg. von Friedrich-Wilhelm von Herrmann. Gesamtausgabe Bd. 17. Frankfurt am Main 1994.
89 Ebd., 2 [Hervorhebung im Original].
90 Ebd., 43 [Hervorhebungen im Original].
91 Vgl. ebd., 270-275.
92 Im Nachlaß von Helene Weiß – auch sie besuchte die Heidegger-Vorlesung 1923/24 – befindet sich eine Nachschrift, die unter dem Vorlesungstitel den Vermerk »Abschrift Friedel Landshut« trägt. Offenbar ist der überwiegende Teil dieser umfassenden Nachschrift von Landshut angefertigt worden. Eine Kopie befindet sich im Heidegger-Nachlaß, DLA.
93 Heidegger scheint seine Studenten enorm gefordert und mit einer gewissen Lust auch überfordert zu haben. An Jaspers schreibt er kurz vor seiner Übersiedlung nach Marburg: »Ich lasse der Welt ihre Bücher und literarisches Getue und hole mir die jungen Menschen – ›holen‹, d.h. scharf zu fassen – so daß sie die ganze Woche ›im Druck‹ sind; mancher hält es nicht aus – die einfachste Art der Auslese – mancher braucht zwei, drei Semester, bis er versteht, warum ich ihm nichts, keine Faulheit, keine Oberflächlichkeit, keinen Schwindel und keine Phrasen – vor allem keine ›phänomenologischen‹ durchlasse.« Martin Heidegger an Karl Jaspers, 14. Juli 1923. In: Heidegger/Jaspers, *Briefwechsel*, 40-43, hier 41.

94 Auskunft Hans-Georg Gadamers, Brief an den Verf. vom 24. Mai 1993.
95 Landshut, Lebenslauf 1928, StA HH, WisoFak 9, o.Bl.
96 *Nikomachische Ethik* I 1, 1094a. Hier zitiert nach der deutschen Übersetzung: Aristoteles: *Nikomachische Ethik*. 3. Aufl., auf der Grundlage der Übersetzung von Eugen Rolfes hg. mit Einleitung, Anmerkungen und Bibliographie von Günther Bien (Philosophische Bibliothek 5). Hamburg 1972.
97 Der Prägnanz wegen sei hier aus einem Lexikonartikel »Politik« zitiert. Siegfried Landshut: »Politik«. In: *Evangelisches Kirchenlexikon. Kirchlich-theologisches Handwörterbuch*. Hg. von Heinz Brunotte und Otto Weber. Bd. 3. Göttingen 1959, 248-250, hier 249.
98 Vgl. dazu grundlegend: Wilhelm Hennis: *Politik und praktische Philosophie* [zuerst 1963]. In: Ders.: *Politik und praktische Philosophie. Schriften zur politischen Theorie*. Stuttgart 1977, 1-130.
99 Vgl. dazu insbes. Landshuts Vorlesungstexte zum »Revolutionären Prinzip der Neuzeit«; sowie Leo Strauss: *Naturrecht und Geschichte*. Stuttgart 1956 [engl. 1953].
100 Landshut, Lebenslauf 1933, StA HH, WisoFak 9, o.Bl.
101 Norbert Elias: *Über sich selbst*. Frankfurt am Main 1990, 46f., 123, 128.
102 Ebd., 48.
103 Vgl. Erhard Stölting: *Akademische Soziologie in der Weimarer Republik* (Soziologische Schriften 46). Berlin 1986, 109.
104 Vgl. Dirk Käsler: *Soziologische Abenteuer. Earle Edward Eubank besucht europäische Soziologen im Sommer 1934*. Opladen 1985, 31-36.
105 Vgl. *Der Marianne Weber-Kreis. Festgabe für Georg Poensgen zu seinem 60. Geburtstag*. Hg. von Klaus Mugdan. Heidelberg 1958 [Privatdruck].
106 Vgl. Christian Jansen: »Auf dem Mittelweg nach rechts. Akademische Ideologie und Politik zwischen 1914 und 1933«. In: Buselmeier/Harth/Jansen (Hg.), *Auch eine Geschichte der Universität Heidelberg*, 163-193, hier 185.
107 Vgl. zum InSoSta: Carsten Klingemann: »Das ›Institut für Sozial- und Staatswissenschaften‹ an der Universität Heidelberg zum Ende der Weimarer Republik und während des Nationalsozialismus«. In: *Jahrbuch für Soziologiegeschichte 1990*. Hg. von Heinz-Jürgen Dahme, Carsten Klingemann, Michael Neumann, Karl-Siegbert Rehberg und Ilja Srubar. Opladen 1990, 79-120; Reinhard Blomert: »Sozialwissenschaften in Heidelberg«. In: *Zwischen Tradition und Moderne. Heidelberg in den 20er Jahren*. Ausstellungskatalog. Kurpfälzisches Museum der Stadt Heidelberg. Heidelberg 1994, 167-177. Blomerts größere Studie zur Geschichte des InSoSta befindet sich in Vorbereitung.
108 Vgl. dazu die Angaben bei: Peter Freimark: »Juden an der Hamburger Universität«. In: *Hochschulalltag*, Teil 1, 125-147, hier 146, Anm. 48.
109 Klingemann, »InSoSta«, 80f.

110 Vgl. Wolfgang Benz: »Emil J. Gumbel. Die Karriere eines deutschen Pazifisten«. In: Ulrich Walberer (Hg.): *10. Mai 1933. Bücherverbrennung in Deutschland und die Folgen*. Frankfurt am Main 1983, 160-198; Christian Jansen: *Emil Julius Gumbel. Portrait eines Zivilisten*. Heidelberg 1991.

111 Vgl. dazu: Benz, »Karriere«, 170; Jansen, *Portrait*, 19f.

112 Benz, »Karriere«, 173.

113 Landshut, Lebenslauf 1928, StA HH, WisoFak 9, o.Bl.

114 Siegfried Landshut: Curriculum vitae [1934]; Bodleian Library Oxford, SPSL 352/2, 13.

115 Landshut, Lebenslauf 1928, StA HH, WisoFak 9, o.Bl.

116 Siegfried Landshut: »Rezension zu: Otto Bauer: *Die Nationalitätenfrage und die Sozialdemokratie*«. In: *Archiv für Sozialwissenschaft und Sozialpolitik* 53 (1924/25), 565-569.

117 Undatierter Lebenslauf [1936]; PA Geis.

118 Dorothee Mußgnug: *Die vertriebenen Heidelberger Dozenten. Zur Geschichte der Ruprecht-Karls-Universität nach 1933* (Heidelberger Abhandlungen zur Mittleren und Neueren Geschichte, N.F. Bd. 2). Heidelberg 1988.

119 Brief Dorothee Mußgnugs an den Verf. vom 1. Oktober 1991.

120 Brief Raymond Klibanskys an den Verf. vom 28. November 1991. Vgl. auch Raymond Klibansky: »L'université allemande dans les années trente. Notes autobiographiques«. In: *philosophiques. revue de la société de philosophie du québec* 18 (1991), no. 2, 139-157.

121 Max Weber, *Wissenschaft als Beruf*, 9 [Hervorhebung im Original].

122 Walter Benjamin: *Briefe*. Hg. und mit Anmerkungen versehen von Gershom Scholem und Theodor W. Adorno. Bd. 1. Frankfurt am Main 1966, 295. Benjamin wechselte dann nach Frankfurt, wo seine Habilitation scheiterte. Vgl. Burkhardt Lindner: »Habilitationsakte Benjamin. Über ein ›akademisches Trauerspiel‹ und über ein Vorkapitel der ›Frankfurter Schule‹ (Horkheimer, Adorno)«. In: *Zeitschrift für Literaturwissenschaft und Linguistik* 14 (1984), Heft 53/54 [Wissenschaftsgeschichte der Philologien], 147-165.

123 Alfred Weber war dann allerdings gemeinsam mit Carl Brinkmann nur Zweitgutachter. Als Erstgutachter fungierte Emil Lederer.

124 Elias, *Über sich selbst*, 129. Vgl. auch Löwith, *Mein Leben*, 65. Löwith berichtet hier über seine Habilitation bei Heidegger, die 1928 in Marburg stattfand: »Meine Kriegsteilnahme, und vielleicht auch meine protestantische Konfession, ließen ernstliche Widerstände gegen die Habilitation eines Juden nicht aufkommen, und Heideggers Position war zu stark, als daß sie hätten laut werden können.« »Ernstliche Widerstände« schienen also nicht so ungewöhnlich zu sein, wenn man zu ihrer Verhinderung u.U. Kriegsteilnahme, protestantische Konfession und einen starken Fürsprecher benötigte (der Heidegger 1928 für Löwith noch war).

125 Elias, *Über sich selbst*, 125. Norbert Elias, um der Biographie Landshuts eine weitere an die Seite zu stellen, wurde wie Siegfried Landshut im Jahre 1897 geboren. Auch Elias konnte sein Studium erst nach jahrelangem Kriegseinsatz aufnehmen, und auch er hatte später Schwierigkeiten mit seiner Habilitation. Beide, Landshut und Elias, hatten 1933 nach angenommener Habilitationsschrift und Abwicklung aller diesbezüglichen Formalitäten nur noch eine Antrittsvorlesung zu halten, woraus in beiden Fällen nichts mehr wurde. (Elias hatte sich – auch wegen der langen Wartezeit bei Alfred Weber – entschlossen, als Assistent Karl Mannheims mit diesem nach Frankfurt zu gehen. Mannheim hatte ihm verbindlich zugesagt, ihn nach drei Jahren zu habilitieren. Diese Zusage stammte aus dem Jahre 1930.) Im Exil war es dann für Landshut wie für Elias überaus schwierig, sich im akademischen Bereich zu etablieren.
126 Landshut, Lebenslauf 1933, StA HH, WisoFak 9, o.Bl.
127 Landshut, Lebenslauf 1928, StA HH, WisoFak 9, o.Bl.
128 Abschrift des Empfehlungsschreibens in: StA HH, WisoFak 9, 5.
129 Siegfried Landshut: »Über einige Grundbegriffe der Politik«. In: *Archiv für Sozialwissenschaft und Sozialpolitik* 54 (1925), 36-86.
130 Ebd., 36 [meine Hervorhebung, R.N.].
131 Vgl. ebd., 37f.
132 Ebd., 37.
133 Ebd., 38.
134 Die vierbändige französische Gesamtausgabe Rousseauscher Schriften (*Œuvres complètes*. Paris 1837), mit der Landshut arbeitete, begleitete ihn später auf allen Stationen des Exils. Heute befindet sie sich in der Sozialwissenschaftlichen Bibliothek der Universität Hamburg.
135 Landshut, »Grundbegriffe der Politik«, 59f. [Hervorhebungen im Original].
136 Ebd., 47 [Hervorhebungen im Original].
137 Ebd., 48.
138 Vgl. ebd., 57.
139 Vgl. ebd., 52f.
140 Ebd., 62.
141 Ebd., 70.
142 Ebd., 85.
143 Ebd. [Hervorhebung im Original].
144 Ebd., 39 [Hervorhebung im Original].
145 Ebd., 84 [meine Hervorhebung, R.N.].
146 Vgl. Hennis, *Politik*, 18, insbes. Anm. 55; vgl. auch Hans Maier: »Die Lehre der Politik an den deutschen Universitäten, vornehmlich vom 16. bis 18. Jahrhundert«. In: Dieter Oberndörfer (Hg.): *Wissenschaftliche Politik. Eine Einführung in Grundfragen ihrer Tradition und Theorie* (Freiburger Studien zu Politik und Soziologie). Freiburg i. Br. 1962, 59-116.
147 Hennis, »Zu Siegfried Landshuts wissenschaftlichem Werk«, 4. Wil-

helm Hennis erklärt hier auch, daß er selbst durch den Aufsatz den ersten und stärksten Anstoß erhielt, nicht Jurist, sondern Politikwissenschaftler zu werden.

4. Die Hamburger Jahre: Zwischen Habilitationsversuch und Existenzsicherung (1925-1933)

1 Landshut, Lebenslauf 1928, StA HH, WisoFak 9, o.Bl.
2 Vgl. Gisela Gantzel-Kress: »Zur Geschichte des Instituts für Auswärtige Politik von der Gründung bis zur nationalsozialistischen Machtübernahme«. In: Klaus Jürgen Gantzel (Hg.): *Kolonialrechtswissenschaft. Kriegsursachenforschung. Internationale Angelegenheiten. Materialien und Interpretationen zur Geschichte des Instituts für Internationale Angelegenheiten der Universität Hamburg 1923-1983 im Widerstreit der Interessen.* Hg. aus Anlaß des 60. Jahrestages der Gründung des Instituts für Auswärtige Politik (Veröffentlichungen aus dem Institut für Internationale Angelegenheiten der Universität Hamburg 12). Baden-Baden 1983, 23-88.
3 Vgl. Gisela Gantzel-Kress: »Albrecht Mendelssohn Bartholdy. Ein Bürgerhumanist und Versöhnungsdiplomat im Aufbruch der Demokratie in Deutschland«. In: *ZHG* 71 (1985), 127-143.
4 StA HH, Uni I, K 20/1/Heft 7, Bl. 86-90.
5 Albrecht Mendelssohn Bartholdy: »Institut für Auswärtige Politik, Hamburg«. In: Ludolph Brauer, Albrecht Mendelssohn Bartholdy, Johannes Lemcke (Hg.): *Forschungsinstitute. Ihre Geschichte, Organisation und Ziele*, Bd. 2. Hamburg 1930, 332-346, hier 332.
6 Albrecht Mendelssohn Bartholdy: »Das Hamburgische Institut für Auswärtige Politik«. In: *DJZ* 30 (1925), 488-490, hier 489.
7 Vgl. Mendelssohn Bartholdy, »Institut«, 1930, 336f.
8 Ebd., 338.
9 Vgl. Alfred Vagts: »Albrecht Mendelssohn Bartholdy. Ein Lebensbild«. In: *Mendelssohn-Studien. Beiträge zur neueren deutschen Kultur- und Wirtschaftsgeschichte.* Bd. 3. Hg. von Cécile Lowenthal-Hensel und Rudolf Elvers. Berlin 1979, 201-225.
10 Vgl. die Würdigung Vagts' bei Hans-Ulrich Wehler: *Historische Sozialwissenschaft und Geschichtsschreibung.* Göttingen 1980, 286-291, 397f.; vgl. auch Alfred Vagts: »Erinnerungen an Hamburg 1923-1932«. In: Gantzel (Hg.), *Kolonialrechtswissenschaft,* 97-111.
11 Vgl. George W. F. Hallgarten: *Als die Schatten fielen. Erinnerungen vom Jahrhundertbeginn zur Jahrtausendwende.* Frankfurt am Main – Berlin 1969, insbesondere 140-145. Ebd., 140, heißt es: »Das Jahr 1925, das ich in Vertretung von Alfred Vagts im Institut für Auswärtige Politik, damals

Poststraße 19, in Hamburg verbrachte, wurde zum Gewinn für meine ganze Zukunft, sowohl mit Rücksicht auf das, was ich dort lernte, als auch der menschlichen Beziehungen halber [...].«

12 Mendelssohn Bartholdy, »Institut«, 1930, 343.

13 Siegfried Landshut: List of publications; Bodleian Library Oxford, SPSL 352/2, 15.

14 Landshuts *Mandatssystem und Arbeitszwang* wurde im Buchdeckel von Heft 9 der Reihe »Politische Wissenschaft« angekündigt: *Die Entscheidungen des Internationalen Schiedsgerichts zur Auslegung des Dawes-Plans.* Deutsch hg. von Magdalene Schoch (Politische Wissenschaft, Heft 9). Berlin-Grunewald 1929.

15 Landshut, Lebenslauf 1928, StA HH, WiSoFak 9, o.Bl. Demnach legte Landshut die beendete Studie seinem ersten Antrag auf Habilitation 1928 bei.

16 Siegfried Landshut: »Eine Frage europäischer Politik«. In: *Die Gesellschaft* 3 (1926), Bd. 2, 124-133.

17 Vagts, »Lebensbild«, 221, hier insbes. Fußnote 42.

18 Landshut, »Eine Frage europäischer Politik«, 125.

19 Ebd., 128.

20 Ebd., 129 [Hervorhebung im Original].

21 Ebd.

22 Ebd., 131f.

23 Ebd., 126.

24 »Sicherheitspakt und neues europäisches Gleichgewicht«. In: *Deutsche Einheit* 7 (1925),1240-1245; »Die Lage der französisch-lothringischen Eisenindustrie«. In: *Internationale Bergwirtschaft* 1 (1925/26), 97-100; »Demokratie und Wirklichkeit«. In: *Der deutsche Volkswirt* 1 (1926/27), Bd. 2, 1417-1420.

25 Landshut, Lebenslauf 1928, StA HH, WisoFak 9, o.Bl.

26 StA HH, HW-DPA I 263, Bd. 1, 1.

27 Zur Gründungsgeschichte der Universität vgl. Jürgen Bolland: »Die Gründung der ›Hamburgischen Universität‹«. In: *Universität Hamburg 1919-1969.* o.O. o.J. [Hamburg 1970] [= Festschrift zum 50.Gründungstag der Universität Hamburg], 17-105; Gerhard Ahrens: »Werner von Melle und die Hamburgische Universität«. In: *ZHG* 66 (1980), 63-93; Tim Schleider: *Die Haltung der Sozialdemokratie zur Gründung der Hamburgischen Universität.* Geschichtswissenschaftliche Magisterarbeit Hamburg 1989.

28 Vgl. grundlegend dazu: Barbara Vogel: »Anpassung und Widerstand. Das Verhältnis Hamburger Hochschullehrer zum Staat 1919 bis 1945«. In: *Hochschulalltag,* Teil 1, 3-83.

29 Siegfried Passarge, seit Gründung des Hamburger Kolonialinstituts 1908 Professor für Geographie, war bekannt für seine antidemokratischen Ausfälle und seine ungeheuren antisemitischen Hetztiraden. Befriedigt konnte er 1933 sein Seminar als schon immer »gesunden Orga-

nismus« in die nationalsozialistische Universität eingliedern. Derselbe Passarge erhielt 1957 [!] die Ehrendoktorwürde der Mathematisch-Naturwissenschaftlichen Fakultät der Universität Hamburg; vgl. Bottin, *ENGE ZEIT*, 19.

30 So mußte sich beispielsweise der Ordinarius für Philosophie und Psychologie William Stern (der Vater von Günther Anders) bereits im Sommersemester 1919 gegen antisemitische Angriffe von studentischer Seite wehren. Vgl. ebd., 16.

31 Die Rede, die Ernst Cassirer (1874-1945) am 22. Juli 1930 aus Anlaß des Verfassungstages hielt, trägt den Titel »Wandlungen der Staatsgesinnung und der Staatstheorie in der deutschen Geschichte« und ist erstmals abgedruckt in: Bottin: *ENGE ZEIT*, 161-169.

32 Vgl. Marie-Elisabeth Hilger: »Das Sozialökonomische Seminar (SÖS)«. In: *Hochschulalltag*, Teil 2, 953-979.

33 Die Zahlen sind entnommen: *Universität Hamburg 1919-1969*, 342f.

34 Adolph Lowe: »In memoriam: Eduard Heimann, 1889-1967«. In: *Social Research* 34 (1967), No. 4 (December 1967), 609-612, hier 609.

35 Vgl. Eduard Heimann: Lebenslauf zur Habilitation 1922. UA Köln, Heimann, 70/7; Heinz Gollnick: »Eduard Heimann – in memoriam«, Heinz-Dietrich Ortlieb: »Eduard Heimann. Sozialökonom, Sozialist und Christ«, beide in: *Hamburger Jahrbuch für Wirtschafts- und Gesellschaftspolitik* 13 (1968), 247-266; Klaus M. Kodalle: »Politische Solidarität und ökonomisches Interesse. Der Begriff des Sozialismus nach Eduard Heimann«. In: *Aus Politik und Zeitgeschichte*, B 26/75 vom 28. Juni 1975, 3-31; Ulrich Heyder: *Der sozialwissenschaftliche Systemversuch Eduard Heimanns. Darstellung und Kritik der Möglichkeit einer einheitlichen Theorie der modernen Wirtschafts- und Sozialsysteme* (Beiträge zur Politikwissenschaft 7). Frankfurt am Main – Bern – Las Vegas 1977; August Rathmann: »Eduard Heimann (1889-1967). Von Marx und seiner ›überwältigend großartigen‹ Lehre zum religiös-freiheitlichen Sozialismus«. In: *Vor dem Vergessen bewahren. Lebenswege Weimarer Sozialdemokraten*. Hg. von Peter Lösche, Michael Scholling und Franz Walter. Berlin 1988, 121-144.

36 M.-E. Hilger, »SÖS«, 954.

37 StA HH, HW-DPA I 175, 4-5.

38 Eduard Heimann: *Mehrwert und Gemeinwirtschaft. Kritische und positive Beiträge zur Theorie des Sozialismus*. Berlin 1922. Heimann entwirft hier als erster ein Modell der Wirtschaftsrechnung in einer sozialistischen Gesellschaft.

39 Eduard Heimann: *Zur Kritik der Sozial-Methode*. Tübingen 1913 [Teilabdruck der Dissertation]. Die vollständige Arbeit erschien dann unter dem Titel »Methodologisches zu den Problemen des Wertes und des wirtschaftlichen Prinzips«. In: *Archiv für Sozialwissenschaft und Sozialpolitik* 37 (1913), 758-807.

40 Vgl. Heimann: Lebenslauf. In: *Zur Kritik der Sozial-Methode*, 33.

41 Eduard Heimann, Max Scheler, Arthur Baumgarten: *Walther Rathenau. Eine Würdigung zu seinem Gedächtnis*. Drei Vorträge, gehalten am 16. Juli 1922 anläßlich einer auf Veranlassung von Dozenten und Studierenden der Universität Köln veranstalteten Gedenkfeier für Walther Rathenau. Köln 1922.

42 Die Gutachten befinden sich im UA Köln, Heimann, 70/7. Warum sich Heimann bei von Wiese und Eckert habilitierte, die ihm weder persönlich noch wissenschaftlich oder politisch nahestanden, ist ungewiß. Die beiden Gutachten fielen reserviert aus; ein Zweifel an Heimanns Qualifikation konnte aber auch für sie nicht bestehen.

43 StA HH, HW-DPA I 175, 4-5.

44 Vgl. Claus-Dieter Krohn: *Wissenschaft im Exil. Deutsche Sozial- und Wirtschaftswissenschaftler in den USA und die New School for Social Research*. Frankfurt am Main-New York 1987, 66.

45 Vgl. Rainer Hering: »Der ›unpolitische‹ Professor? Parteimitgliedschaften Hamburger Hochschullehrer in der Weimarer Republik und im ›Dritten Reich‹«. In: *Hochschulalltag*, Teil 1, 85-111, hier 93f., 100.

46 Vgl. Krohn, *Wissenschaft im Exil*, 66-68.

47 Da Alexander Rüstow ein eifriger Briefesammler war, befindet sich in seinem Nachlaß ein wertvoller Teil der politisch-wissenschaftlich aussagekräftigen Korrespondenz zwischen den Freunden; BA Koblenz, NL Rüstow, 169.

48 Eduard Heimann: »Erster Diskussionsbeitrag zur ersten Hauptverhandlung ›Neuere Entwicklungen im Sozialismus‹«. In: *Die Verhandlungen des 34. Evangelisch-Sozialen Kongresses in Hamburg am 7.-9. Juni 1927*. Göttingen 1927, 65-71 [Hervorhebung im Original].

49 Eduard Heimann: *Soziale Theorie des Kapitalismus. Theorie der Sozialpolitik*. Tübingen 1929 [Neuauflage mit einem Vorwort von Bernhard Badura. Frankfurt am Main 1980].

50 Krohn, *Wissenschaft im Exil*, 64.

51 Daß Heimann bei Gründung der Zeitschrift eine maßgebliche und nervenaufreibende Rolle innehatte, zeigt die Korrespondenz zwischen ihm und mehreren potentiellen Mitarbeitern: IISG Amsterdam, NL de Man, 195-197.

52 Vgl. August Rathmann: *Ein Arbeiterleben. Erinnerungen an Weimar und danach*. Mit einer Einleitung von Hans Mommsen und Briefen von Elsa Brandström und Paul Tillich. Wuppertal 1983, 161-167. Vgl. auch den ebd., 173-201, wieder abgedruckten Bericht von Fritz Borinski: »Die ›Neuen Blätter für den Sozialismus‹. Ein Organ der jungen Generation von 1930 bis 1933«.

53 Vgl. Borinski, »Neue Blätter«, insbes. 182, 185.

54 Vgl. Heimanns Zwischenbilanz am Ende des zweiten Jahrgangs: »Warum SPD?« In: *Neue Blätter für den Sozialismus* 2 (1931), 590-603.

55 Hans Mommsen: »Einführung«. In: Rathmann, *Arbeiterleben*, VII-XVI, hier VIII.

56 Vgl. Heimanns Vorwort in *Soziale Theorie des Kapitalismus* [Neuausgabe], 10.
57 Landshut beteiligte sich etwa an der Vorbereitung der Pfingsten 1928 in Heppenheim a.d.B. stattfindenden internationalen sozialistischen Tagung, an der u.a. Martin Buber, Paul Tillich, Adolf Löwe, Hugo Sinzheimer und Gustav Radbruch teilnahmen und auf der Heimann das Korreferat zu Hendrik de Mans Vortrag über »Die Begründung des Sozialismus« hielt; IISG Amsterdam, NL de Man, 264.
58 Landshut, Fragebogen; Bodleian Library Oxford, SPSL 352/2, 8.
59 Brief der Hochschulbehörde an Eduard Heimann vom 23. Dezember 1931, StA HH, HW-DPA I 263, Bd. 1, 12.
60 Brief der Hochschulbehörde an Eduard Heimann vom 8. Januar 1932, ebd., 15.
61 Eduard Heimann: *Die sittliche Idee des Klassenkampfes und die Entartung des Kapitalismus.* Berlin o.J. [1926], 10.
62 Auskunft von Shoshana Morse, der Tochter Eduard Heimanns, Gespräch in Hamburg, 8. Juli 1991.
63 StA HH, WisoFak 9, 4.
64 Hennis, »Zu Siegfried Landshuts wissenschaftlichem Werk«, 4.
65 Hans von Dohnányi an Christine von Dohnányi, 15. Dezember 1925; Dohnányi-Nachlaß, NL 5, I/44. Der Nachlaß befindet sich in der Bonhoeffer-Forschungsstelle, Heidelberg. Marikje Smid, der Biographin von Christine und Hans von Dohnányi, danke ich für die Zusammenstellung der Landshut betreffenden Briefdokumente.
66 Wenn Dohnányi Landshut in der zitierten Briefpassage als Alfred Weber-Schüler bezeichnet, so ist zu berücksichtigen, daß er seinen neuen Kollegen im Dezember 1925 gerade erst kennenzulernen begann. Als Weber-Schüler hat Landshut sich sicher nicht empfunden; wohl aber gab es zwischen Landshut und Weber Übereinstimmungen in der Beurteilung der modernen Gesellschaft.
67 Albrecht von Wrochem [Oberregierungsrat] an Alfred Weber, 13. November 1926; BA Koblenz, NL Alfred Weber, 5.
68 Vgl. Demm, *Ein Liberaler in Kaiserreich und Republik*, 46, 54.
69 Alfred Weber an Albrecht von Wrochem, 18. November 1926; BA Koblenz, NL Alfred Weber, 5.
70 Eduard Heimann an Alfred Weber, 30. November 1926; ebd.
71 Eduard Heimann an Alfred Weber, 2. Dezember 1926; ebd.
72 Henry Goverts an Alfred Weber, 24. November 1926; ebd.
73 Heinrich Sieveking an Alfred Weber, 18. Dezember 1926; ebd.
74 Heinrich Sieveking an Ferdinand Tönnies, 12. Dezember 1926; Schleswig-Holsteinische Landesbibliothek, Kiel: NL Tönnies, 56.
75 Vgl. Rainer Waßner: »Tendenzen der Hamburger Soziologie«. In: Ders. (Hg.): *Wege zum Sozialen. 90 Jahre Soziologie in Hamburg.* Opladen 1988, 9-22. Waßner, der sich mit der Berufung Walthers nach Hamburg beschäftigt hat, nennt eine vorgesehene Dreierliste der Fakultät mit den

Namen Kurt Singer, Alfred Meusel und Carl Brinkmann, die durch das Veto von Tönnies hinfällig geworden sei. Erstaunlicherweise erwähnt Waßner in seinen diversen Publikationen über Andreas Walther und die Soziologie in Hamburg nicht den vorangegangenen Ruf an den unico loco-Wunschkandidaten Alfred Weber.

76 Vgl. dazu E. Georg Jacoby: *Die moderne Gesellschaft im sozialwissenschaftlichen Denken von Ferdinand Tönnies. Eine biographische Einführung.* Stuttgart 1971, 251.

77 Dohnányi-Nachlaß, NL 5, II/96.

78 Protokoll der Fakultätssitzung der RStFak vom 19. Mai 1928, Aktenbestand des Fachbereichs Rechtswissenschaft I der Universität Hamburg.

79 StA HH, WisoFak 9, 11f.

80 Ebd., 13.

81 Ebd., 10. Brief Albrecht Mendelssohn Bartholdys, vermutlich an Eduard Heimann, 4. Juni 1928. Er schreibt, daß die Habilitationsschrift die Gelehrten-Eignung Landshuts bekräftige und dieser eine gute Ergänzung für die Fakultät wäre. Mendelssohns Meinungsäußerung sollte an die zuständige Kommission weitergeleitet werden.

82 Siegfried Landshut: Curriculum vitae [1934]; HU Jerusalem, UA, Personalakte Landshut. Daß Landshut hier auch Adolf Löwe als Zeugen benennt, stärkt die oben geäußerte Vermutung, Löwe sei Landshuts Kieler Ansprechpartner im Vorfeld des Hamburger Habilitationsversuches gewesen.

83 Wie es zu dem erstaunlichen Zusammenwirken Cassirers und Schmitts gekommen ist, läßt sich nicht ermitteln. Auch in den jeweiligen (unvollständigen) Nachlässen ist darüber nichts zu erfahren.

84 Brief Heimanns an den AAC [1934]; Bodleian Library Oxford, SPSL 352/2, 18.

85 Waßner, »Auf dem Wege zu einer professionellen Soziologie«, 1018.

86 Vgl. Vogel, »Anpassung und Widerstand«, 16, 69f. Demnach herrschte eine derart antisemitische Haltung vor, daß selbst liberale und jüdische Professoren ihre Unbefangenheit verloren, wenn sie über die Habilitation jüdischer Wissenschaftler entscheiden sollten (Beispiele: dort Anm. 62).

87 Vgl. auch die Einordnung Walthers bei Dırk Käsler: *Die frühe deutsche Soziologie 1909-1934 und ihre Entstehungs-Milieus. Eine wissenschaftssoziologische Untersuchung* (Studien zur Sozialwissenschaft 58). Opladen 1984, 44.

88 Siegfried Landshut: *Kritik der Soziologie. Freiheit und Gleichheit als Ursprungsproblem der Soziologie.* München-Leipzig 1929 [wieder abgedruckt in: *Kritik der Soziologie und andere Schriften zur Politik* (Politica 27). Neuwied/Rhein-Berlin 1969, 11-117]. Der besseren Zugänglichkeit halber wird im folgenden – soweit nicht anders angegeben – die 1969 erschienene Ausgabe zitiert.

89 Diese Widmung findet sich nur in der ersten Auflage von 1929.

90 Landshut, *Kritik der Soziologie*, 11.
91 Ebd.
92 Vgl. ebd., 30f.
93 Ebd., 12.
94 Dennert, »Siegfried Landshut«, 210.
95 Max Weber: »Die ›Objektivität‹ sozialwissenschaftlicher und sozialpolitischer Erkenntnis«. In: *Archiv für Sozialwissenschaft und Sozialpolitik* 19 (1904), 22-87. Es handelt sich um den gewissermaßen programmatischen Aufsatz bei Übernahme der Mit-Herausgeberschaft des *Archivs* durch Max Weber. Der Text wurde wieder abgedruckt in: Max Weber: *Gesammelte Aufsätze zur Wissenschaftslehre* [hg. von Marianne Weber]. Tübingen 1922, 146-214; im folgenden zitiert nach der Ausgabe von 1922.
96 Landshut, *Kritik der Soziologie*, 13.
97 Vgl. Max Weber, »Objektivität«, 165.
98 Vgl. Landshut, *Kritik der Soziologie*, 13f.
99 Bei Max Weber, »Objektivität«, 170f., heißt es genau: »Die Sozialwissenschaft, die wir treiben wollen, ist eine *Wirklichkeitswissenschaft*. Wir wollen die uns umgebende Wirklichkeit des Lebens, in welches wir hineingestellt sind, *in ihrer Eigenart* verstehen – den Zusammenhang und die Kultur*bedeutung* ihrer einzelnen Erscheinungen in ihrer heutigen Gestaltung einerseits, die Gründe ihres geschichtlichen Sound-nichtanders-Gewordenseins andererseits.« [Hervorhebungen im Original.]
100 Vgl. Landshut, *Kritik der Soziologie*, 15f.
101 Ebd., 18.
102 Vgl. ebd., 18-31.
103 Diese Wendung findet sich in Max Webers Vorbemerkung zu: *Gesammelte Aufsätze zur Religionssoziologie*. Tübingen 1920, 4.
104 Landshut, *Kritik der Soziologie*, 51.
105 Ebd., 16 [Hervorhebung im Original].
106 Vgl. ebd., 62.
107 Lorenz von Stein: *Geschichte der sozialen Bewegung in Frankreich von 1789 bis auf unsere Tage*. 3 Bde. Bd. 1: *Der Begriff der Gesellschaft und die soziale Geschichte der französischen Revolution bis zum Jahre 1830*. Mit einem Vorwort hg. von Gottfried Salomon. München 1921 [zuerst 1850], 31.
108 Vgl. Landshut, *Kritik der Soziologie*, 85.
109 Vgl. ebd., 90.
110 Ebd., 112.
111 Ebd., 116f. [Hervorhebung im Original.]
112 Vgl. ebd., 117.
113 Andreas Walther: »[Besprechung von] Landshut, Siegfried: *Kritik der Soziologie*«. In: *Kölner Vierteljahreshefte für Soziologie* 8 (1929/30), 335-338, hier 335.

114 Ebd.
115 Ebd., 336.
116 Alfred Vierkandt: »[Besprechung von] Landshut, Siegfried: *Kritik der Soziologie*«. In: *Zeitschrift für die gesamte Staatswissenschaft* 89 (1930), 413.
117 F. Kaufmann: »[Besprechung von] S. Landshut: *Kritik der Soziologie*«. In: *Zeitschrift für Nationalökonomie* 1 (1930), 796.
118 *Soziale Praxis* 39 (1930), 903 [Kurzbesprechung ohne Rezensentennamen].
119 Rudolf Manasse-Morris: »Zur *Kritik der Soziologie*«. In: *Neue Blätter für den Sozialismus* 2 (1931), 524-526, hier 524.
120 Karl Dunkmann: »*Kritik der Soziologie* [Abhandlung zu: Siegfried Landshut: *Kritik der Soziologie*]«. In: *Archiv für angewandte Soziologie* 2 (1929/30), 158-164.
121 Herbert Marcuse: »Zur *Kritik der Soziologie*«. In: *Die Gesellschaft* 8 (1931). 2. Band, 270-280.
122 Ebd., 276.
123 Landshut, *Kritik der Soziologie*, 57f.
124 Marcuse, »Zur Kritik«, 276.
125 Vgl. ebd., 277f.
126 Jürgen Habermas: »Soziologie in der Weimarer Republik«. In: *Wissenschaftsgeschichte seit 1900. 75 Jahre Universität Frankfurt*. Mit Beiträgen von Helmut Coing, Lothar Gall, Jürgen Habermas, Notker Hammerstein, Hubert Markl, Wolfgang J. Mommsen. Frankfurt am Main 1992, 29-53.
127 Den besten biographischen Bericht bietet: Henk E. S. Woldring: *Karl Mannheim. The Development of his Thought. Philosophy, Sociology and Social Ethics. With a Detailed Biography*. Assen-Maastricht 1986, 5-67.
128 Karl Mannheim: *Ideologie und Utopie* (Schriften zur Philosophie und Soziologie 3). Bonn 1929.
129 Vgl. *Der Streit um die Wissenssoziologie*. Hg. von Volker Meja und Nico Stehr. 2 Bde. Frankfurt am Main 1982. Dort sind auch wichtige Besprechungen von *Ideologie und Utopie* wieder abgedruckt.
130 Vgl. Elias, *Über sich selbst*, 142.
131 Vgl. *Verhandlungen des Sechsten Deutschen Soziologentages vom 17.-19. September 1928 in Zürich*. Tübingen 1929, 84-124.
132 Alfred Webers Diskussionsbeitrag: ebd., 88-92, hier 91.
133 Vgl. zur Kontroverse mit dem Heidelberger Romanisten Ernst Robert Curtius: Dirk Hoeges: *Kontroverse am Abgrund: Ernst Robert Curtius und Karl Mannheim. Intellektuelle und »freischwebende Intelligenz« in der Weimarer Republik*. Frankfurt am Main 1994.
134 Landshut, *Kritik der Soziologie*, 73.
135 Ebd., 74, dort Anm. 6.
136 Ebd., 71.

137 Hannah Arendt: »Philosophie und Soziologie. Anläßlich Karl Mannheim, *Ideologie und Utopie*«. In: *Die Gesellschaft* 7 (1930), 163-176, hier 167.
138 Vgl. Landshut, *Kritik der Soziologie*, 73.
139 Mannheim, *Ideologie und Utopie*, 68.
140 Mehrmals erwähnt – allerdings lediglich in den Anmerkungen – ist Landshuts frühe Analyse von *Ideologie und Utopie* wohl nur bei: Ernst Grünwald: *Das Problem der Soziologie des Wissens. Versuch einer kritischen Darstellung der wissenssoziologischen Theorien*. [Hg. von Walther Eckstein.] Wien 1934, 239, dort Anm. 76; 241, dort Anm. 96; 246, dort Anm. 20; 267, dort Anm. 313; 271, dort Anm. 391.
141 Sven Papcke: *Vernunft und Chaos. Essays zur sozialen Ideengeschichte*. Frankfurt am Main 1985, 173.
142 Siegfried Landshut: »Politik und Weltanschauung. [Besprechung von] Karl Mannheim. *Ideologie und Utopie*«. In: *Politische Literatur* 2 (1953), 305-308.
143 Ebd., 307f. [Hervorhebungen im Original].
144 Hans Freyer: *Soziologie als Wirklichkeitswissenschaft. Logische Grundlegung des Systems der Soziologie*. Leipzig – Berlin 1930. In Freyers Buch nehmen *Ideologie und Utopie* und *Kritik der Soziologie* keinen zentralen Raum ein, doch werden beide mehrmals zitiert. Die Wissenssoziologie Mannheimscher Prägung will Freyer nur als selbständigen Teil der Soziologie, nicht als Grundlagendisziplin akzeptieren; bei Landshut hebt er die Analyse der Position Max Webers als verdienstvoll hervor, ohne sich aber mit dem grundsätzlichen Anliegen der Studie zu beschäftigen.
145 Vgl. vor allem die Arbeiten von Jerry Z. Muller: »Enttäuschung und Zweideutigkeit. Zur Geschichte rechter Sozialwissenschaftler im ›Dritten Reich‹«. In: *Geschichte und Gesellschaft* 12 (1986), 289-316; *The Other God That Failed. Hans Freyer and the Deradicalization of German Conservatism*. Princeton 1987. Vgl. ferner die schönfärberische Monographie von Elfriede Üner: *Soziologie als »geistige Bewegung«. Hans Freyers System der Soziologie und die »Leipziger Schule«*. Weinheim 1992.
146 Vgl. Stefan Breuer: *Anatomie der Konservativen Revolution*. Darmstadt 1993, 180-202.
147 Vgl. Volker Kruse: *Historisch-soziologische Zeitdiagnosen in Westdeutschland nach 1945. Eduard Heimann, Alfred von Martin, Hans Freyer*. Frankfurt am Main 1994.
148 Im Sommer 1929 wurde etwa erwogen, Hans Freyer in den Beirat der in Gründung begriffenen *Neuen Blätter für den Sozialismus* aufzunehmen. Nach ausdrücklichem Protest Adolf Löwes nahm man allerdings von diesen Überlegungen Abstand. Vgl. dazu den Brief Löwes an Eduard Heimann vom 8. Juli 1929; IISG Amsterdam, NL de Man, 197.

149 Siegfried Landshut: »*Soziologie als Wirklichkeitswissenschaft*« [Besprechung des gleichnamigen Buches von Hans Freyer]. In: *Blätter für Deutsche Philosophie* 6 (1932), 167-172, hier 167.
150 Freyer, *Wirklichkeitswissenschaft*, 2.
151 Ebd., 9.
152 Vgl. bei Freyer: ebd., 221; dazu Landshuts Rezension zu Freyer, 168.
153 Andreas Walther: »Das Problem einer ›deutschen‹ Soziologie [Besprechung von Hans Freyers *Soziologie als Wirklichkeitswissenschaft*]«. In: *Kölner Vierteljahreshefte für Soziologie* 9 (1930/31), 513-530, hier 513.
154 Ebd., 514.
155 Herbert Marcuse: »Zur Auseinandersetzung mit Hans Freyers *Soziologie als Wirklichkeitswissenschaft*«. In: *Philosophische Hefte* 3 (1931), 83-91, hier 91.
156 Alfred Kleinberg: »Soziologie der goldenen Mitte. Zu Hans Freyers *Soziologie als Wirklichkeitswissenschaft*«. In: *Die Gesellschaft* 9 (1932), 68-74.
157 Gerhard Ledig: »Hans Freyers Soziologie und der Sozialismus«. In: *Neue Blätter für den Sozialismus* 2 (1931), 291-294, hier 291.
158 Hans Freyer: *Revolution von rechts*. Jena 1931.
159 Eduard Heimann: »Warum SPD?« In: *Neue Blätter für den Sozialismus* 2 (1931), 590-603, hier 593.
160 Ferdinand Fried [d.i. Friedrich Zimmermann]: *Das Ende des Kapitalismus*. Jena 1931.
161 Vgl. Breuer, *Anatomie*, 65f.
162 Siegfried Landshut: »Die ›Zeitwende‹ – eine neue Bildungsphilisterei«. In: *Der Kreis* 9 (1932), 275-282, hier 277.
163 Ebd., 279.
164 Ebd., 280. Die Fried-Zitate finden sich in: *Das Ende des Kapitalismus*, 262, 264.
165 Landshut, »Zeitwende«, 277, 281.
166 Vgl. ebd., 276.
167 Vgl. ebd., 275, 281; Landshut nimmt hier ein Zitat Nietzsches auf.
168 Ebd., 281.
169 Karl Löwith: »Max Weber und Karl Marx«. In: *Archiv für Sozialwissenschaft und Sozialpolitik* 67 (1932), 53-99 und 175-214.
170 Löwith, *Mein Leben*, 16f.
171 Löwith, »Curriculum vitae«. In: Ders., *Mein Leben*, 150.
172 Löwith, *Mein Leben*, 68.
173 Löwith, »Max Weber und Karl Marx«, 55.
174 Ebd., 56 [Hervorhebung im Original].
175 Ebd., 62.
176 Löwith, »Curriculum vitae«. In: Ders., *Mein Leben*, 149.
177 Vgl. Manfred Riedel: »Karl Löwiths philosophischer Weg«. In: *Heidelberger Jahrbücher* 14 (1970), 120-133, hier 123.
178 Löwith, »Max Weber und Karl Marx«, 98.
179 Ebd., 95 [Hervorhebungen im Original].

180 Max Weber, *Wissenschaft als Beruf*, 37.
181 Vgl. Löwith, »Max Weber und Karl Marx«, 98f. [Hervorhebung von Löwith]; bei Weber, *Wissenschaft als Beruf*, 32.
182 Vgl. auch Wiebrecht Ries: *Karl Löwith*. Stuttgart 1992, 76f.
183 Löwith, *Mein Leben*, 17 [Hervorhebung im Original].
184 Siegfried Landshut: »Max Webers geistesgeschichtliche Bedeutung«. In: *Neue Jahrbücher für Wissenschaft und Jugendbildung* 7 (1931), 507-516, hier 508 [Hervorhebung im Original].
185 Ebd., 514.
186 Ebd., 510.
187 Ebd.
188 Ebd., 511.
189 Ebd., 515f. [meine Hervorhebung, R.N.].
190 Vgl. ebd., 516.
191 Vgl. als Ausnahme: Wilhelm Hennis: *Max Webers Fragestellung. Studien zur Biographie des Werks*. Tübingen 1987. Webers Fragestellung ist nach Hennis auf das »Schicksal des Menschentums« unter den Bedingungen der Modernität gerichtet; aus dieser Fragestellung gehe auch die das Webersche Werk durchziehende Thematik hervor: das Verhältnis von »Persönlichkeit und Lebensordnungen«. In seiner Weber-Interpretation knüpft Hennis ausdrücklich an Landshut und Löwith an, »die wie niemand nach ihnen, dem Kern von Webers Fragen nahekamen«, wenn sie ihn auch »letztlich doch verfehlten« (ebd., 42). Auch die Landshutsche Formulierung der »Unverbindlichkeit der Öffentlichkeit« hat Hennis als zentrale Kennzeichnung des Weberschen Themas wieder aufgegriffen (ebd., 109). Vgl. jetzt Hennis' Fortführung der Weber-Studien: *Max Webers Wissenschaft vom Menschen. Neue Studien zur Biographie des Werks*. Tübingen 1996.
192 *Hamburgischer Correspondent*, 200. Jg., Nr. 107 vom 5. März 1930, 2f. [meine Hervorhebungen, R.N.].
193 Hennis, *Max Webers Fragestellung*, 61.
194 Karl Marx: *Der Historische Materialismus. Die Frühschriften*, 2 Bde. Hg. von Siegfried Landshut und Jacob Peter Mayer, unter Mitwirkung von Friedrich Salomon (Kröners Taschenausgaben 91 und 92). Leipzig 1932.
195 *Aus dem literarischen Nachlaß von Karl Marx, Friedrich Engels und Ferdinand Lassalle*. Hg. von Franz Mehring. Bd. 1: *Gesammelte Schriften von Karl Marx und Friedrich Engels von März 1841 bis März 1844*; Bd. 2: *Von Juli 1844 bis November 1847*; Bd. 3: *Von Mai 1848 bis Oktober 1850*; Bd. 4: *Ferdinand Lassalle an Karl Marx und Friedrich Engels (1849-1862)*. Stuttgart 1902.
196 Gustav Mayer: *Friedrich Engels. Eine Biographie*. Band 1: *Friedrich Engels in seiner Frühzeit 1820-1851*. Berlin 1920. Mayer machte hier insbesondere auch auf »Die deutsche Ideologie« aufmerksam; vgl. ebd., 234-261.

197 Karl Marx, Friedrich Engels: *Historisch-kritische Gesamtausgabe [MEGA]. Werke, Schriften, Briefe.* Im Auftrage des Marx-Engels-Instituts Moskau hg. von D[avid] Rjazanov. Erste Abteilung, Bd. 1, Erster Halbband: Karl Marx: *Werke und Schriften bis Anfang 1844 nebst Briefen und Dokumenten.* Frankfurt am Main 1927.

198 »Aus dem literarischen Nachlaß von Marx und Engels. Marx und Engels über Feuerbach (1. Teil der ›Deutschen Ideologie‹)«. Hg. von D[avid] Rjazanov. In: *Marx-Engels-Archiv. Zeitschrift des Marx-Engels-Instituts in Moskau.* Hg. von D[avid] Rjazanov. Frankfurt am Main 1928, Bd. 1, 203-306.

199 Siegfried Landshut: »Marx redivivus«. In: *Neue Blätter für den Sozialismus* 2 (1931), 611-617, hier 612.

200 Hennis, »Zu Siegfried Landshuts wissenschaftlichem Werk«, 4.

201 Dennert, »Siegfried Landshut«, 212.

202 René König: »Vom vermeintlichen Ende der deutschen Soziologie vor der Machtergreifung des Nationalsozialismus«. In: Ders.: *Soziologie in Deutschland,* 343-387, hier 364.

203 Vladimir Adoratskij: »Einleitung«. In: *MEGA,* I/3: *Die Heilige Familie und Schriften von Marx von Anfang 1844 bis Anfang 1845.* Im Auftrage des Marx-Engels-Instituts Moskau hg. von V[ladimir] Adoratskij. Berlin 1932, VII-XXI, hier XIII.

204 »Einleitung«. In: Landshut/Mayer (Hg.), *Der Historische Materialismus,* Bd. 1, XI-XLI, hier XIII. Unter der Einleitung standen die Namen beider Herausgeber; verfaßt wurde sie allein von Landshut.

205 *MEGA,* I/3, 1932, 29-172, 592-596.

206 Ebd., 417-583.

207 Die *MEGA* und die Landshut/Mayer-Ausgabe weisen auch innerhalb des sogenannten »dritten Manuskripts« eine unterschiedliche Anordnung auf. Jener Teil, der in der *MEGA* unter dem Titel »Kritik der Hegelschen Dialektik und Philosophie überhaupt« am Schluß des sogenannten »dritten Manuskripts« abgedruckt ist (*MEGA,* I/3, 150-172), erscheint bei Landshut/Mayer integriert im »dritten Manuskript« (Landshut/Mayer [Hg.], *Der Historische Materialismus,* Bd. 1, 308-347). Gleich war in beiden Ausgaben, daß die »Vorrede«, die ursprünglich Teil des sogenannten »dritten Manuskripts« gewesen war, den Manuskripten vorangestellt wurde.

208 Landshut/Mayer (Hg.), *Der Historische Materialismus,* 1932, Bd. 1, 283-375.

209 Die Originale befinden sich im Internationaal Instituut voor Sociale Geschiedenis, Amsterdam (IISG). Zur Beschaffenheit der einzelnen Manuskripte vgl. Jürgen Rojahn: »Marxismus – Marx – Geschichtswissenschaft. Der Fall der sog. ›Ökonomisch-philosophischen Manuskripte aus dem Jahre 1844‹«. In: *International Review of Social History* 28 (1983), 2-49; zum sogenannten »ersten Manuskript« vgl. ebd., 14f.

210 Vgl. Landshuts Vorbemerkung zu »Nationalökonomie und Philosophie«. In: Karl Marx: *Die Frühschriften*. Hg. von Siegfried Landshut. (Kröners Taschenausgabe 209). Stuttgart 1953, 225.
211 Vgl. dazu: Rojahn, »Marxismus«, 8f.
212 Karl Marx: *Nationalökonomie und Philosophie*. Mit einem einleitenden Kommentar über die Anthropologie des jungen Marx nach den Pariser ökonomisch-philosophischen Manuskripten von Erich Thier. Köln–Berlin 1950.
213 Die Verwirrung, die es bezüglich der *Manuskripte* gab, hatte auch Erich Thier selbst erfaßt. Thier, der sich in seiner Einleitung mit den beiden unterschiedlichen Ausgaben des Jahres 1932 beschäftigt, um die nun dritte – seine eigene – zu begründen, gibt hier irrtümlich an, bei Landshut/Mayer fehlten die Manuskripte I und II. Daß in der Landshut/Mayer-Ausgabe das sogenannte »Manuskript II« nach dem sogenannten »Manuskript III« erschien, war ihm völlig entgangen. Außerdem ordnete er die auch bei ihm vorangestellte »Vorrede« einmal dem sogenannten »ersten Manuskript«, einmal dem sogenannten »dritten Manuskript« zu: vgl. ebd., 132, 133.
214 Vgl. Rojahn, »Marxismus«, 44-47.
215 Unabhängig von der Interpretation der Texte durch die jeweiligen Herausgeber hielten sich die nachfolgenden Ausgaben der *Manuskripte* an die umfassendere *MEGA*-Version; nur die französische von 1937 brachte eine auf der Landshut/Mayer-Ausgabe basierende Übersetzung. *Œuvres complètes de Karl Marx: Œuvres philosophiques*. Traduit par J[acques] Molitor. Tome 6: *Economie politique et philosophie, Idéologie allemande (1re partie)*, publié par Siegfried Landshut et J. P. Mayer. Paris 1937, 5-135.
216 Vgl. Jürgen Rojahn: »Die Marxschen Manuskripte aus dem Jahre 1844 in der neuen *Marx-Engels-Gesamtausgabe (MEGA)*«. In: *Archiv für Sozialgeschichte* 25 (1985), 647-663, hier 648.
217 Franz Mehring, »Vorwort des Herausgebers«. In: *Aus dem literarischen Nachlaß*, Bd. 1, VII-XII, hier VII.
218 Vgl. Götz Langkau: »Marx-Gesamtausgabe – Dringendes Parteiinteresse oder dekorativer Zweck? Ein Wiener Editionsplan zum 30. Todestag, Briefe und Briefauszüge«. In: *International Review of Social History* 28 (1983), 105-142.
219 Ab 1925: KPdSU (B); ab 1952: KPdSU.
220 David Rjazanov wurde als David Borissowitsch Goldendach, Sohn einer jüdischen Familie, in Odessa geboren. »D. Rjazanov«, z.T. auch »N. Rjazanov«, diente ihm als Pseudonym. Als Schreibweisen finden sich: Rjasanoff, Rjasanov, Rjasanow und Rjazanov. Im folgenden (soweit nicht aus Zitaten übernommen): David Rjazanov [nach der Schreibweise in den von ihm herausgegebenen *MEGA*-Bänden]. Vgl. zur Person: *David Rjasanow. Marx-Engels-Forscher. Humanist. Dissident*. Hg. und mit einem biographischen Essay versehen von Volker Külow und André Jaroslawski. Berlin 1993.

221 Vgl. ebd., 13f.; sowie: D[avid] Rjasanoff: »Neueste Mitteilungen über den literarischen Nachlaß von Karl Marx und Friedrich Engels«. In: *Archiv für die Geschichte des Sozialismus und der Arbeiterbewegung* 11 (1925), 385-400, hier 391.

222 *Gesammelte Schriften von Karl Marx und Friedrich Engels 1852-1862.* Hg. von N. Rjasanoff. Die Übersetzungen aus dem Englischen von Luise Kautsky. 2 Bde. Stuttgart 1917.

223 Zur Geschichte der ersten *MEGA* vgl. Siegfried Bahne: »Die Geschichte der ersten Marx-Engels-Gesamtausgabe«. In: *Arbeiterbewegung und Geschichte. Festschrift für Shlomo Na'aman zum 70. Geburtstag.* Hg. von Hans-Peter Harstick, Arno Herzig und Hans Pelser (Schriften aus dem Karl-Marx-Haus Trier 29). Trier 1983, 146-165; Paul Mayer: »Die Geschichte des sozialdemokratischen Parteiarchivs und das Schicksal des Marx-Engels-Nachlasses«. In: *Archiv für Sozialgeschichte* 6/7 (1966/67), 5-198, insbes. 70-76.

224 Rjasanoff, »Neueste Mitteilungen«, 397.

225 Bernstein behielt sich lediglich vor, seinen eigenen Briefwechsel mit Friedrich Engels im Dietz-Verlag selbst zu veröffentlichen. Erklärung Eduard Bernsteins, 19. Dezember 1924; IISG Amsterdam: Dossier »Marx-Engels-Nachlaß«. Die hier und im folgenden angegebene Fundstelle Dossier »Marx-Engels-Nachlaß« ist identisch mit der bei Paul Mayer und Siegfried Bahne genannten »Akte Parteiarchiv«.

226 Eduard Bernstein an die Marx-Engels-Archiv Verlagsgesellschaft, 16. November 1929; IISG Amsterdam: Dossier »Marx-Engels-Nachlaß«. Der Brief ist abgedruckt bei: Paul Mayer, »Parteiarchiv«, 73f.

227 Vgl. Rjasanoff, »Neueste Mitteilungen«, 392. Dort berichtet Rjazanov über »ein nationalökonomisches Manuskript, das die übliche Struktur der Marxschen Schriften aufweist«. Es scheint, daß sich dieser Hinweis auf die *Manuskripte* bezieht.

228 Vgl. dazu die Angaben bei Rojahn, »Marxismus«, 3, Anm. 1.

229 Paul Kampffmeyer: »Das Marx-Engels-Institut und die Arbeit sozialistischer Forschung«. In: *Sozialistische Monatshefte* 73 (1931), 335-339, hier 336.

230 Vgl. Külow/Jaroslawski, *Rjazanow*, 32f.

231 Jacob Peter Mayer veröffentlichte normalerweise unter »J. P. Mayer«. Mayer, aus einer jüdischen bürgerlichen Familie stammend, war nach der Novemberrevolution Mitglied der SPD geworden. In den 1920er Jahren übte er verschiedene journalistische Tätigkeiten aus und arbeitete im SPD-Parteiarchiv. Nach 1933 wurde Mayer ins Exil gezwungen. Die Geschichte seines Exils ist weitgehend unbekannt: Im *BHE* fehlt überhaupt eine Eintragung zu seiner Person. Sicher ist, daß Mayer nach Großbritannien flüchtete, wo er u.a. unter dem Pseudonym »Georg Troeltsch« für die Exilzeitschrift *Das Neue Tage-Buch* tätig war (1937-1940). Von 1943 bis 1945 lehrte Mayer dann an der LSE, später u.a. an Universitäten in Washington und Colorado. 1967 wurde er Professor

an der University of Reading/Großbritannien. Mayer machte sich insbesondere als Tocqueville-Forscher – also wiederum eine Parallelität zu Landshut – einen Namen. J. P. Mayer starb am 9. Dezember 1992. Ein Nachruf, verfaßt von David Lee, erschien in: *University of Reading Bulletin*, Nr. 261 (März 1993), 4.

232 J. P. Mayer an Albert Salomon, 9. April 1929 [Abschrift]; IISG Amsterdam: Dossier »Marx-Engels-Nachlaß« [Hervorhebung im Original]. Bei dem Text aus der »Deutschen Ideologie«, den Mayer in *Die Gesellschaft* veröffentlichen wollte, handelte es sich vermutlich um »›Der Dr. Georg Kuhlmann aus Holstein‹ oder die Prophetie des wahren Sozialismus«. So die Auskunft J. P. Mayers in einem Brief an Jürgen Rojahn vom 2. März 1984, den mir der Empfänger freundlicherweise in Kopie überlassen hat.

233 J. P. Mayer an Albert Salomon, 28. Mai 1929 [Abschrift]; IISG Amsterdam: Dossier »Marx-Engels-Nachlaß«.

234 Albert Salomon an J. P. Mayer, 29. Mai 1929 [Abschrift]; ebd.

235 Albert Salomon an den Parteivorstand der SPD, 26. Juni 1929; ebd.

236 J. P. Mayer an Friedrich Stampfer, 12. Juni 1929; ebd.

237 Wilhelm Dittmann an J. P. Mayer, 21. Juni 1929; ebd. [Hervorhebung im Original].

238 In einem Brief an den Verf. vom 21. April 1992 vermochte Mayer keine nähere Auskunft mehr über sein Verhältnis zu Landshut zu geben. Er teilte lediglich mit, daß sie später keinen Kontakt mehr zueinander gehabt hätten.

239 J. P. Mayer: »Zur Problematik der deutschen Soziologie der Gegenwart«. In: *Neue Blätter für den Sozialismus* 2 (1931), 454-461, hier 460.

240 J. P. Mayer, »Neue Marx-Literatur«. In: *Neue Blätter für den Sozialismus* 4 (1933), 153-155, hier 153f. [Hervorhebung im Original].

241 Siegfried Landshut: *Karl Marx. Ein Leben für eine Idee! Anläßlich des 50. Todestages* (Hamburger Arbeiterbibliothek 12). Hamburg 1933, 10.

242 Siegfried Landshut: Curriculum vitae [1934]; Bodleian Library Oxford, SPSL 352/2, 13.

243 In dem von 1920 bis 1932 geführten, heute im IISG Amsterdam verwahrten Gästebuch des Parteiarchivs fehlen bedauerlicherweise Eintragungen Landshuts und Mayers.

244 *Volkshochschule Hamburg: Vorlesungen/Arbeitsgemeinschaften im Winterhalbjahr 1929/30*, 20.

245 Vgl. das Vorwort der Herausgeber. In: Landshut/Mayer (Hg.), *Der Historische Materialismus*, 1932, Bd. 1, VIf.

246 Friedrich Salomon, seit dem 17. Januar 1919 Mitglied der SPD, war von 1924 bis 1928 Sekretär des Rechtsanwalts und sozialdemokratischen Politikers Wolfgang Heine in Berlin, ab Juli 1928 dann wissenschaftlicher Mitarbeiter Paul Kampffmeyers im SPD-Parteiarchiv. Ende Juni 1933 ging er ins Exil nach Prag, 1939 nach England. Im Exil arbei-

tete er u.a. für die Sopade und das IISG. Die biographischen Daten sind entnommen: Archiv der sozialen Demokratie, Bonn: NL Friedrich Salomon, Mappe 2 (Lebenslauf), Mappe 14 (Fragebogen). Angaben über die Entdeckung und Bearbeitung der *Manuskripte* finden sich in den noch verfügbaren Nachlaßsplittern Salomons nicht.
247 Siegfried Landshut an den Kröner-Verlag, 24. Februar 1951; Archiv des Kröner-Verlags, Stuttgart.
248 Siegfried Landshut an den Kröner-Verlag, 23. Juli 1951; ebd.
249 Siegfried Landshut an den Kröner-Verlag, 24. Februar 1951; ebd.
250 Siegfried Landshut an den Kröner-Verlag, 11. August 1951; ebd.
251 Siegfried Landshut an den Kröner-Verlag, 3. September 1951; ebd.
252 J. P. Mayer an den Kröner-Verlag, 23. August 1951; ebd. [Hervorhebung im Original].
253 Vgl. J. P. Mayer: *Karl Marx. Ein Abriß.* Trier 1931.
254 Siegfried Landshut an den Kröner-Verlag, 3. September 1951; Archiv des Kröner-Verlags, Stuttgart.
255 Im Brief Landshuts an den Kröner-Verlag vom 1. August 1951 heißt es: »Die von Herrn Mayer verfassten literaturhistorischen Angaben am Anfang der einzelnen Schriften sind die folgenden: Im Vorwort hat Herr Mayer auf den Seiten VI und VII einzelne Sätze eingefügt, z.B. die Bemerkung über die ursprünglich geplante Einzelausgabe des neuen Manuskripts. Hierzu darf ich bemerken, dass eine solche Ausgabe vielleicht eine Idee von Herrn Mayer war, dass ihm aber alle Voraussetzungen zur Verwirklichung fehlten. Um das Manuskript in den Zustand der Druckreife zu bringen, musste die erste, rein mechanische Entzifferung völlig revidiert werden, da viele Teile des Manuskripts nur auf Grund sinngemässer Interpolation lesbar gemacht werden konnten. Dazu fehlte es aber Herrn Mayer an der notwendigen Kenntnis der Hegelschen Terminologie. – Ferner stammen von Herrn Mayer: Die Anmerkung auf S. 281 [Quellenangabe zu Marxens Text aus dem *Pariser Vorwärts* (1844), R.N.], einige Einschaltungen in der Vorbemerkung S. 283-85 [zweieinhalbseitige Vorbemerkung zu »Nationalökonomie und Philosophie«, R.N.], die Vorbemerkung in Bd. II, S. 1-3 [gut zweiseitige Vorbemerkung zu »Die deutsche Ideologie«, R.N.], ferner S. 82-84 [dreiseitige Vorbemerkung zu »Sankt Max«, einem Teil von »Die deutsche Ideologie«, R.N.], ebenso geht der Abdruck des Briefs S. 531f. [»Aus Weitlings Bericht vom 31. März 1846 – Über den Bruch mit Karl Marx und Friedrich Engels in Brüssel«, R.N.] und »Eine russische Stimme«, S. 532ff. [S. 532-535: »Eine russische Stimme über Karl Marx«; abgedruckt aus: *Neue Zeit* 1 (1883), R.N.] auf eine Anregung von Herrn Mayer zurück. Die Erläuterungen und das Fremdwörterverzeichnis sind meine Arbeit, das Register die Arbeit von Herrn Mayer.«
256 J. P. Mayer: *Alexis de Tocqueville.* 3. Aufl. München 1972, 167, dort Anm. 10.
257 J. P. Mayer an den Kröner-Verlag, 23. August 1951; Archiv des Kröner-Verlags, Stuttgart.

258 StA HH, HW-DPA I 263, Bd. 1, o.Bl.
259 J. P. Mayer an den Kröner-Verlag, 3. September 1951; Archiv des Kröner-Verlags, Stuttgart.
260 Herbert Marcuse: »Neue Quellen zur Grundlegung des Historischen Materialismus. Interpretation der neuveröffentlichten Manuskripte von Marx«. In: *Die Gesellschaft* 9 (1932), 136-174.
261 Hendrik de Man: »Der neu entdeckte Marx«. In: *Der Kampf. Sozialdemokratische Monatsschrift* 25 (1932), 224-229 (Nr. 5, Mai 1932), 267-277 (Nr. 6, Juni 1932); vgl. auch: Hendrik de Man: *Die sozialistische Idee*. Jena 1933.
262 Werner Falk: »Hegels Freiheitsidee in der Marx'schen Dialektik«. In: *Archiv für Sozialwissenschaft und Sozialpolitik* 68 (1932/33), 165-193.
263 Der Artikel erschien geteilt in zwei Ausgaben: August Rathmann: »Erneuerung des Marxismus! Programmatische Betrachtungen«. In: *Der Abend. Spätausgabe des Vorwärts*, 49. Jg., 10. März 1932 (Beilage); August Rathmann: »Erneuerung des Marxismus! Die Bedeutung des jungen Marx«. In: *Der Abend. Spätausgabe des Vorwärts*, 49. Jg., 18. März 1932 (Beilage). Vgl. mit ähnlichem Tenor auch die Kurzbesprechung der Frühschriften in: *Sozialistische Monatshefte* 76 (1932), 794.
264 De Man, »Der neu entdeckte Marx«, 224.
265 Ebd., 224f.
266 Falk, »Hegels Freiheitsidee«, 167.
267 Vgl. ebd., 171.
268 Marcuse, »Neue Quellen«, 136, dort Anm. 1.
269 Ebd.,136.
270 Siegfried Landshut: *Karl Marx* (Colemans kleine Biographien 5). Lübeck 1932.
271 »Sozialistische Biographien für Bürgerliche und Sozialisten«. In: *Arbeiterzeitung*, Wien, vom 10. Januar 1933, 4.
272 Siegfried Landshut: *Karl Marx*. [Übersetzt von I. J. E. Lange.] Amsterdam-Den Haag-Rotterdam o. J. [1933].
273 Siegfried Landshut: *Karl Marx. Ein Leben für eine Idee! Anläßlich des 50. Todestages* (Hamburger Arbeiterbibliothek 12). Hamburg 1933.
274 Einleitung. In: Landshut/Mayer (Hg.): Karl Marx, *Der Historische Materialismus*, Bd. 1, 1932, XI-XLI, hier XII.
275 Ebd., XXVIIf.; fast wörtlich auch in: Siegfried Landshut: »Einleitung«. In: Karl Marx, *Die Frühschriften*, 1953, IX-LX, hier XXXI.
276 »Einleitung«. In: Landshut/Mayer (Hg.): Karl Marx, *Der Historische Materialismus*, Bd. 1, 1932, XI-XLI, hier XXXIII. Derselbe Wortlaut findet sich in: Siegfried Landshut: »Einleitung«. In: Karl Marx, *Die Frühschriften*, 1953, IX-LX, hier XXXVII.
277 »Einleitung«. In: Landshut/Mayer (Hg.): Karl Marx, *Der Historische Materialismus*, Bd. 1, 1932, XI-XLI, hier XXV, XXXIII-XXXVIII.
278 Vgl. Landshut, *Karl Marx* [Biographie], 17-22, insbes. 19.

279 Vgl. ebd., 22, 31; Landshut, »Marx redivivus«, 612.
280 Ebd., 614.
281 Ebd.
282 Vgl. ebd., 615f.; vgl. auch: »Einleitung«. In: Landshut/Mayer (Hg.): Karl Marx, *Der Historische Materialismus*, Bd. 1, 1932, XI-XLI, hier XXVI; dieselbe Passage zum Zusammenhang von Marxens »klassenloser Gesellschaft« und der Idee der antiken Polis findet sich in: Siegfried Landshut: »Einleitung«. In: Karl Marx, *Die Frühschriften*, 1953, IX-LX, XXVIII.
283 Diesen Gedanken hat Landshut insbesondere ausgeführt in: »Marx redivivus«, 615, 617.
284 Ebd., 614f.
285 Vgl. Landshut, *Karl Marx* [Biographie], 5.
286 Ebd., 18.
287 Ebd., 9.
288 Vgl. Landshut, *Karl Marx. Ein Leben für eine Idee!*, insbes. 1-4.
289 Ebd., 14.
290 Landshut, Curriculum vitae [1934]; Bodleian Library Oxford, SPSL 352/2, 13.
291 Landshut, Lebenslauf 1928, StA HH, WisoFak 9, o. Bl.
292 Vgl. zur Geschichte der VHS in Hamburg: Regina Siewert, Kay Ingwersen: *75 Jahre Hamburger Volkshochschule 1919-1994. Demokratie braucht Bildung*. Hg. von der Hamburger Volkshochschule. Hamburg 1994. Darin enthalten ist auch ein kurzer Beitrag des Verf.: »Siegfried Landshut – VHS-Dozent 1927-1933« (ebd., 24f.). Vgl. auch die früheren Festschriften: *Hamburger Volkshochschule 1919-1959*. Hamburg 1960; Hamburger Volkshochschule (Hg.): *Entwurf & Erfahrung. Hamburger Volkshochschule 1919-1969. Beiträge zur Entwicklung der Volkshochschule*, o.O. o. J.
293 Das »Vorläufige Gesetz, betreffend die Hamburgische Universität und Volkshochschule« vom 31. März 1919 ist abgedruckt in: Albert Wulff (Hg.): *Hamburgische Gesetze und Verordnungen*, Bd. 4. Hamburg 1930, 759 [Erläuterungen dazu: ebd., 759-762].
294 Das Hamburger Hochschulgesetz vom 4. Februar 1921 ist mit Erläuterungen abgedruckt in: ebd., 763-812.
295 Vgl. Vogel, »Anpassung und Widerstand«, 9.
296 *Arbeitspläne der Volkshochschule Hamburg*, 1919-1933.
297 So Kurt Adams, Volkshochschuldirektor ab 1929, in: *Hamburger Volkshochschule: Statistische Übersichten über die Entwicklung der Hamburger Volkshochschule in den ersten zehn Jahren ihres Bestehens.* Hamburg 1929, 1.
298 *Volkshochschule Hamburg. Arbeitsplan 1931*, 1.
299 StA HH-HW II, VHS-Allgemeines, Un 1/1, Bd. 1, 66.
300 Die Informationen über das Freie Bildungswesen Altona sind noch unbearbeiteten Akten des Staatsarchivs Hamburg entnommen.

301 Brief vom FBA an Moritz Liepmann, 12. November 1926; ebd.
302 Volkshochschule Altona (Elbe): *Arbeitsplan Wintertrimester Oktober bis Dezember 1932*, 3.
303 Vgl.: *Tagungsberichte des Hohenrodter Bundes*. Bd. 1: 1923-1927. Stuttgart 1928; *Tagungsberichte des Hohenrodter Bundes*. Bd.2: 6. Hohenrodter Woche 1928. Stuttgart 1929. Vgl. auch: Jürgen Henningsen: *Der Hohenrodter Bund. Zur Erwachsenenbildung in der Weimarer Zeit*. Mit einem Geleitwort von Fritz Blättner. Heidelberg 1958.
304 Ernst Simon: *Aufbau im Untergang. Jüdische Erwachsenenbildung im nationalsozialistischen Deutschland als geistiger Widerstand* (Schriftenreihe wissenschaftlicher Abhandlungen des Leo Baeck Institute of Jews from Germany 2). Tübingen 1959, 4f.
305 Vgl. ebd., 10, dort Anm. 15. Simon und Landshut kannten sich in der Weimarer Zeit nicht persönlich; sie lernten sich im Frühjahr 1936 in Jerusalem kennen. Wie die Teilnehmerlisten (Hauptstaatsarchiv Stuttgart: Q 1/21 Bü 333) zeigen, war Landshut selbst auf keiner der Hohenrodter Tagungen anwesend.
306 Siegfried Landshut: »Zur Bildungsfrage des berufstätigen Menschen«. In: Siegfried Landshut: *Zur Bildungsfrage des berufstätigen Menschen* / Hilmar Trede: *Volksmusikpflege und Volkshochschule*. Berlin-Itzehoe 1929, 5-26.
307 Ebd., 6.
308 Ebd., 14f.
309 Ebd., 16.
310 Ebd., 24 [meine Hervorhebung, R.N.].
311 Ebd., 18f.
312 Ebd., 26 [Hervorhebung im Original].
313 Ebd., 9 [Hervorhebungen im Original].
314 Landshut, Lebenslauf [1936], PA Geis.
315 Landshut, Lebenslauf 1933, StA HH, WisoFak 9, o.Bl.
316 Siegfried Landshut: »Der Begriff des Ökonomischen. Einige Kapitel aus einer historisch-analytischen Untersuchung über den Bedeutungswandel des Begriffs des Ökonomischen«. In: Ders.: *Kritik der Soziologie und andere Schriften zur Politik* (Politica 27). Neuwied/Rhein-Berlin 1969, 131-175. Nach dieser publizierten Ausgabe wird im folgenden zitiert. Das vollständige Schreibmaschinenskript aus dem Jahre 1933 ist verschollen.
317 Landshut, »Der Begriff des Ökonomischen«, 146.
318 Ebd., 175.
319 Ebd., 131.
320 Ebd., 133.
321 Ebd., 132 [meine Hervorhebung, R.N.].
322 Ebd., 173.
323 Ebd., 175.
324 Dies ist ein Befund, der Landshut wohl bereits über zehn Jahre zuvor

bei Niederschrift seiner Dissertation vorgeschwebt hatte, ohne daß ihm zu jenem Zeitpunkt die historischen Wurzeln des Begriffs des Ökonomischen zureichend deutlich gewesen wären.
325 Landshut, *Kritik der Soziologie*, 94.
326 Vgl. vor allem Otto Brunner: »Das ›ganze Haus‹ und die alteuropäische Ökonomik«. In: Ders.: *Neue Wege der Verfassungs- und Sozialgeschichte*. Göttingen 1956, 33-61. Vgl. kritisch dazu: Claudia Opitz: »Neue Wege zur Sozialgeschichte? Ein kritischer Blick auf Otto Brunners Konzept des ›ganzen Hauses‹«. In: *Geschichte und Gesellschaft* 20 (1994), 88-98.
327 Siegfried Landshut: »Historische Analyse des Begriffs des ›Ökonomischen‹«. In: Hans-Ulrich Wehler (Hg.): *Geschichte und Ökonomie* (Neue Wissenschaftliche Bibliothek 58). Köln 1973, 40-53.
328 Brief Hans-Ulrich Wehlers an den Verf. vom 30. September 1991.
329 Wehler (Hg.), *Geschichte und Ökonomie*, 1973, 39. Die Vorbemerkung Wehlers in der zweiten Auflage von 1985 enthält den zitierten Passus über Landshut nicht mehr: vgl. Hans-Ulrich Wehler (Hg.): *Geschichte und Ökonomie*. 2., durchgesehene und erweiterte Aufl. Königstein/Ts. 1985, 39.

5. Vertreibung

1 Sicher: Es gab einzelne persönliche Bekundungen des »Bedauerns«, aber selbst diese nur in sehr geringer Zahl. Es gab auch Zusammenkünfte in der Wohnung des klassischen Philologen Bruno Snell (zuletzt zu Anfang des Sommersemesters 1933), bei denen über die für die jüdischen Lehrkörpermitglieder bedrohliche Situation beraten wurde. Doch handelte es sich hier um Ausnahmen, die zudem wirkungslos blieben. (Vgl. dazu: Gerhard Lohse: »Klassische Philologie und Zeitgeschehen. Zur Geschichte eines Seminars an der Hamburger Universität in der Zeit des Nationalsozialismus«. In: *Hochschulalltag*, Teil 2, 775-826, hier 794f.) Es gab schließlich auch den zaghaften und gescheiterten Versuch der Philosophischen Fakultät, die Entlassung des hoch angesehenen Kunsthistorikers Erwin Panofsky zu verhindern. Aber bezeichnenderweise beriefen sich die Gutachter, die sich für Panofsky einsetzten, auf dessen wissenschaftliche Qualifikation, die nirgends in Frage stand. (Vgl. dazu: Peter Borowsky: »Die Philosophische Fakultät 1933 bis 1945«. In: *Hochschulalltag*, Teil 2, 441-458, hier 444; Bottin, *ENGE ZEIT*, 32.) Vgl. grundlegend zum Verhalten der Hamburger Hochschullehrer zu Beginn des »Dritten Reichs«: Vogel, »Anpassung und Widerstand«, insbes. 39-47.
2 Vgl. auch die These Fritz Sterns, derzufolge im Frühjahr 1933 gerade die Angehörigen der Elite, so auch die Professoren, gegen die NS-Aktionen hätten protestieren können, ohne ihr Leben und wahrscheinlich sogar ohne ihre Karriere zu gefährden. Fritz Stern: *Der Traum vom Frieden und*

die Versuchung der Macht. Deutsche Geschichte im 20. Jahrhundert. Berlin 1990 [engl. 1987; dt. zuerst 1988], 171.
3 Vgl. Albrecht Mendelssohn Bartholdy: »Gleiches Recht für alle«. In: *Europäische Gespräche*, 10. Jg., Heft 1 (Januar/Februar 1932), 1-12, darin insbes. den Abschnitt »Jugend«, ebd., 3-6, sowie die universitäre Denkschrift Emil Wolffs vom 15. Februar 1932, erstmals abgedruckt in: Bottin, *ENGE ZEIT*, 171-175.
4 Prot. Unisenat, 27. April 1933, StA HH, Uni I, C 20.4, Bd. 5.
5 Protokoll der Philosophischen Fakultät, 29. April 1933. Zitiert nach Michael Grüttner: »Ein stetes Sorgenkind für Partei und Staat. Die Studentenschaft 1930 bis 1945«. In: *Hochschulalltag*, Teil 1, 201-236, hier 208.
6 Briefe des NSDStB-Hochschulgruppenführers Albert Engelken an Senator Friedrich Ofterdinger: RSF Wü, V* 2 d 423 (Kopien der Briefe befinden sich in der »Hamburger Bibliothek für Universitätsgeschichte«).
7 Das Zitat stammt aus dem Brief vom 11. April 1933.
8 Vgl. Grüttner, »Studentenschaft«, insbes. 201-212; zur Entwicklung der Studenten in Deutschland: Konrad Jarausch: *Deutsche Studenten 1800-1970*. Frankfurt am Main 1984, hier insbes. 165-175; Michael Grüttner: *Studenten im Dritten Reich*. Paderborn-München-Wien-Zürich 1995.
9 Curt Eisfeld: *Aus fünfzig Jahren. Erinnerungen eines Betriebswirts. 1902-1951*. Göttingen 1973, 134.
10 Ebd., 147.
11 Prot. Unisenat, 28. Juli 1933, StA HH, Uni I, C 20.4, Bd. 5.
12 Im SPSL-Archiv befindet sich eine Akte zu Agathe Lasch mit bisher unbekannten Informationen; Bodleian Library Oxford, SPSL 300/2. Demnach nahm Agathe Lasch im Jahre 1935 Kontakt zur »Notgemeinschaft deutscher Wissenschaftler im Ausland« in Zürich und im Jahre 1936 zum »Academic Assistance Council« in London auf, um eine Anstellung im Ausland zu finden. 1938 schrieb sie an das Bryn Mawr College, Pennsylvania/USA, wo sie bereits von 1910 bis 1916 tätig gewesen war, um dort nach einer Beschäftigungsmöglichkeit zu fragen. Alle Bemühungen blieben erfolglos. Am 12. August 1942 wurde Agathe Lasch verhaftet und deportiert.
13 Vgl. Gisela Gantzel-Kress: »Das Institut für Auswärtige Politik im Übergang der Weimarer Republik zum Nationalsozialismus (1933-1937)«. In: *Hochschulalltag*, Teil 2, 913-938; Hermann Weber: »Die politische Verantwortung der Wissenschaft. Friedrich Berber in den Jahren 1937 bis 1945«. In: *Hochschulalltag*, Teil 2, 939-952.
14 Die wissenschaftliche und politische Einordnung Kurt Singers ist allerdings problematisch; Demokrat ist er offenbar nicht gewesen. Eine Biographie Singers wird jetzt vorbereitet von Achim Eschbach.
15 Vgl. Harald Mattfeld: »Nationalsozialistischer Einfluß auf die Wirtschaftswissenschaften in Hamburg«. In: *Hochschulalltag*, Teil 2, 991-1016. Mattfeld vertritt hier die These, »daß der Einfluß des Nationalsozialismus und seiner wirtschaftstheoretischen, ideologischen und wirt-

schaftspolitischen Fragestellungen auf die forschende Wirtschaftswissenschaft in Hamburg enorm« gewesen ist, ebd., 1002. Marie-Elisabeth Hilger kommt dagegen zu dem Schluß, daß dafür »bei allem Vorbehalt vor Festlegungen« nur »weniges« zu sprechen scheint. Vgl. Marie-Elisabeth Hilger, »SÖS«. In: *Hochschulalltag*, Teil 2, 953-979, hier 973.

16 Rainer Waßner: »Auf dem Wege zu einer professionellen Soziologie. Die Kontinuität der Soziologie-Fachgeschichte am Beispiel des Seminars für Soziologie der Hamburger Universität«. In: *Hochschulalltag*, Teil 2, 1017-1034, hier 1018.

17 Vgl. zur Stellung der Soziologie im »Dritten Reich« vor allem die Forschungsbeiträge von Carsten Klingemann: »Heimatsoziologie oder Ordnungsinstrument? Fachgeschichtliche Aspekte der Soziologie in Deutschland zwischen 1933 und 1945«. In: M. Rainer Lepsius (Hg.): *Soziologie in Deutschland und Österreich 1918-1945. Materialien zur Entwicklung, Emigration und Wirkungsgeschichte* (Sonderheft 23 der Kölner Zeitschrift für Soziologie und Sozialpsychologie). Opladen 1981, 273-307; »Vergangenheitsbewältigung oder Geschichtsschreibung? Unerwünschte Traditionsbestände deutscher Soziologie zwischen 1933 und 1945«. In: Papcke (Hg.), *Ordnung und Theorie*, 223-279.

18 Siegfried Landshut an Alexander Rüstow, 8. August 1941; BA Koblenz, NL Rüstow/42, 178.

19 StA HH, WisoFak 9, o.Bl.

20 Gutachten Heimanns, Zimmermanns, Sievekings. In: StA HH, WisoFak 9; o.Bl.

21 Brief Landshuts an den Dekan Walther vom 27. Februar 1933, ebd.

22 Brief Heimanns an den Dekan Eisfeld vom 4. April 1933, ebd.

23 Der Brief ist abgedruckt in: Angelika Ebbinghaus, Heidrun Kaupen-Haas, Karl-Heinz Roth: *Heilen und Vernichten im Mustergau Hamburg. Bevölkerungs- und Gesundheitspolitik im Dritten Reich*. Hamburg 1984, 57, Dokument 1a.

24 Prot. Unisenat, 5. Mai 1933, StA HH, Uni I, C 20.4, Bd. 5.

25 Vgl. Grüttner, »Studentenschaft«, 207.

26 Vgl. Prot. Unisenat, 15. Juni 1933, StA HH, Uni I, C 20.4, Bd. 5.

27 Brief des Dekans Eisfeld an Landshut vom 2. Mai 1933, StA HH, WisoFak 9, o.Bl.

28 Brief Eisfelds an Landshut vom 13. Mai 1933, ebd.

29 Brief Heimanns an den AAC [1934], Bodleian Library Oxford, SPSL 352/2,18.

30 So eine Schlagzeile im sozialdemokratischen *Hamburger Echo* vom 14. Juni 1932.

31 StA HH, HW II, A f 5/5.

32 Ebd., 136f. Diesen Artikel zog Margarete Adam am 6. März 1933 mit der Begründung zurück, er habe an Aktualität eingebüßt. Es sei darauf hingewiesen, daß die aus konservativ-katholischem Milieu stammende Margarete Adam schon bald selbst in Widerspruch zur Parteilinie geriet.

Die Verbrechen im Zusammenhang mit dem sogenannten »Röhm-Putsch« veranlaßten sie, in Eingaben an die Staatsanwaltschaft zu erklären: »Mord ist Mord! Darum hat die Staatsanwaltschaft die Pflicht, einzugreifen, gleich wer den Mord inszenierte oder ausführte.« 1934 entzog man Margarete Adam den Lehrauftrag an der Volkshochschule; 1938 wurde ihr wegen »Vorbereitung zum Hochverrat« der Doktortitel entzogen. Ebenfalls wegen »Vorbereitung zum Hochverrat« wurde Margarete Adam zu einer Zuchthausstrafe verurteilt. Ende Januar 1946 starb sie an den Folgen der Haft. Vgl. Eckart Krauses Vorbemerkung zu: »Aberkennung akademischer Grade – Entzug des Doktortitels 1933 bis 1945«. In: *Hochschulalltag*, Teil 3, 1503.

33 *Volkshochschule Hamburg. Arbeitsplan Sommer 1933*, 17f.

34 StA HH, HW II, Un 1/1, Bd. 1, 78.

35 Der Brief ist abgedruckt in: *Hamburger Volkshochschule 1919-1959*, 15.

36 Kurt Adams (1889-1944) ist im Oktober 1944 im Konzentrationslager Buchenwald umgekommen. Vgl. Jörg Bohn: *Dr. Kurt Adams. Lehrer und Bürgerschaftsabgeordneter in Hamburg. Handreichung zum 50. Jahrestag der Machtergreifung der Nationalsozialisten in Hamburg*. Hg. von der Behörde für Schule, Jugend und Berufsbildung. Hamburg 1982.

37 Heinrich Haselmayer: »Der Neu-Aufbau der Hamburger Volkshochschule«. Vorwort des revidierten Arbeitsplanes für das Sommersemester 1933 (unpaginiert).

38 Vgl. *Hamburger Volkshochschule 1919-1959*, 17.

39 Vgl. dazu: M.-E. Hilger, »SÖS«, 964.

40 Vgl. *Hamburger Volkshochschule 1919-1959*, 17. Hier wird Schrewe ausführlich zitiert: »Maßgebend und richtungsweisend kann auf jedem Gebiet der Volkshochschularbeit immer nur die nationalsozialistische Weltanschauung sein. [...] Hier und da wird es auch Hörer geben, die nicht bereit sind zur Mitarbeit und zur Einordnung, ihnen muß mit der notwendigen Unerbittlichkeit begegnet werden. [...] Die Auswahl [...] der Dozenten erfolgt in enger Verbindung mit den Parteistellen, die für die einzelnen Gebiete zuständig sind.« In der verklärenden VHS-Festschrift heißt es dann weiter, die gebrachten Zitate von Schrewe seien »Spiegelungen vom Ungeist der Zeit«, also nicht etwa Spiegelungen des Ungeistes von Schrewe, der auf diesem Wege »freigesprochen« wird.

41 Harri Meier: »Erinnerungen an Fritz Schalk«. In: *Romanische Forschungen. Vierteljahrsschrift für romanische Sprachen und Literaturen* 93 (1981), 11-20, hier 12.

42 Dieses Interview mit Landshut führte der damalige geschäftsführende Leiter der »Forschungsstelle für die Geschichte Hamburgs von 1933 bis 1945«, Herbert Schottelius, am 26. Mai 1954. Das knapp eineinhalb Seiten lange Gedächtnis-Protokoll von Schottelius befindet sich im Archiv der Forschungsstelle für die Geschichte des Nationalsozialismus/Hamburger Bibliothek für Sozialgeschichte und Arbeiterbewegung.

43 Schon am 6. Februar 1933 war es bei einem Vortrag Heimanns am »In-

stitut für Wirtschaft- und Sozialwissenschaften« in Münster zum Eklat gekommen. Heimann mußte seine Ausführungen über »Sozialistische Planwirtschaft und die Möglichkeiten ihrer Verwirklichung« wegen systematischer Zwischenrufe abbrechen. Am Ende der Veranstaltung kam es zu schweren Prügeleien, die auch Verletzte forderten. In der örtlichen *Nationalzeitung* vom 8. Februar wurden die rechtsstehenden Studenten für ihr Auftreten gegen Heimann gelobt. Es sei notwendig, »fremdrassige Elemente [...] notfalls auch mit blutiger Gewalt« daran zu hindern, »ihr zersetzendes und kulturzerstörendes Gift« an einer deutschen Universität »ausspeien zu können«. Zitiert nach: Sven Papcke: *Gesellschaftsdiagnosen. Klassische Texte der deutschen Soziologie im 20. Jahrhundert*. Frankfurt am Main-New York 1991, 63f.

44 Dietrich Bonhoeffer an Friedrich Siegmund-Schultze, 17. Mai 1933. EZA Berlin, 51/H IIb 1,2. Der Brief wird auch veröffentlicht in: Dietrich Bonhoeffer: *Werke*. Bd. 12: *Berlin 1933*. Hg. von Carsten Nicolaisen und Ernst A. Scharffenorth. [voraussichtlich] München 1997.

45 Friedrich Siegmund-Schultze an Siegfried Landshut, 19. Juni 1933, Absendung am 24. Juni 1933. EZA Berlin, 51/H IIb 1,1. Landshut verließ Deutschland am 23. Juni.

46 Vgl. Hermann Maas: »Friedrich Siegmund-Schultze. Ein Bahnbrecher christlicher Solidarität«. In: *Ökumenische Profile [Bd. 1]. Brückenbauer der einen Kirche*. Hg. von Günter Gloede und 30 Mitarbeitern. Stuttgart 1961, 253-263.

47 Prot. Interview Landshut/Schottelius 1954.

48 StA HH, HW-DPA I 263, Bd. 1, o.Bl.

49 Bodleian Library Oxford, SPSL 352/2, 21.

50 Von den 57 für die Hamburgische Universität ermittelten Exilierten sind Materialien zu 49 von ihnen im SPSL-Archiv vorhanden.

51 Die Geschichte des AAC ist bisher nur sehr bruchstückhaft erforscht. Vgl. vor allem: William Beveridge: *A Defence of Free Learning*. London-New York-Toronto 1959; *Refugee Scholars. Conversations with Tess Simpson*. Edited by Ray M. Cooper. Leeds 1992, insbes. 29-47. Esther Simpson (geb. 1903) war von 1933 bis 1944 als »Assistant Secretary« bzw. als »Secretary« beim AAC tätig. Vgl. gut zusammenfassend: Gerhard Hirschfeld: »›The defence of learning and science ...‹. Der Academic Assistance Council in Großbritannien und die wissenschaftliche Emigration aus Nazi-Deutschland«. In: *Exilforschung. Ein internationales Jahrbuch*. Bd. 6: *Vertreibung der Wissenschaften und andere Themen*. München 1988, 28-43.

52 Bodleian Library Oxford, SPSL 1/7, 92f.

53 Bodleian Library Oxford, SPSL 1/8, 423.

54 So auch Raymond Klibansky im Gespräch in Oxford am 20. Juli 1991. Klibansky war als »Nichtarier« von seiner Privatdozentur für Philosophie in Heidelberg »beurlaubt« worden; im Sommer 1933 flüchtete er nach London. Ihm verdanke ich den frühen Hinweis auf die Relevanz des SPSL-Archivs für die vorliegende Arbeit.

55 Bodleian Library Oxford, SPSL 237/2, 54, 56.
56 Bodleian Library Oxford, SPSL 232/6, 207.
57 Bodleian Library Oxford, SPSL 352/2, 25 [handschriftlicher Brief Heimanns].
58 Ebd., 27 [abgetippte Fassung].
59 Dieses Schreiben Sievekings erwähnt Landshut in einem undatierten Brief [1934] an Eduard Heimann. Abschrift in: ebd., 29. Daß Sieveking sich neben Heimann besonders für ihn eingesetzt hat, erwähnte Landshut auch im Interview mit Herbert Schottelius 1954.
60 StA HH, HW-DPA I 263, Bd. 1, 16.
61 Die Vermerke finden sich auf dem Antrag. Adolf Rein war zu einer zentralen Figur der Universität geworden. Am 8. Mai 1933 wurde er zum Fachreferenten für die Universitätsreform in die Hochschulbehörde berufen. Vom 1. April 1934 bis zum 31. Oktober 1938 war er dann Rektor der Hamburgischen bzw. »Hansischen« Universität. Im Mai/Juni 1933 scheinen alle Landshut betreffenden Dokumente durch die Hände Reins gegangen zu sein.
62 StA HH, HW-DPA I 263, Bd. 1, 17.
63 Ebd., 18.

6. Exil
(1933-1950)

1 Undatiertes Schreiben Siegfried Landshuts an Eduard Heimann [1934]; Bodleian Library Oxford, SPSL 352/2, 29.
2 Ebd.
3 Siegfried Landshut an die Familie Dohnányi [1933], abgedruckt in: Bottin, *ENGE ZEIT*, 39. Eine Kopie des handschriftlichen Originals befindet sich im Besitz des Verf. Hans von Dohnányi reagierte auf die Nachricht von Landshut, indem er den Rechtsanwalt Friedrich Grimm (1888-1959), der zu jener Zeit gerade in Kairo weilte, um Hilfe bat; Hans von Dohnányi an Friedrich Grimm, 16. Dezember 1933; Bonhoeffer-Forschungsstelle, Universität Heidelberg, NL Dohnányi, D2/15. Dohnányi hatte Grimm während des Reichstagsbrandprozesses kennengelernt, als dieser Beobachter der Reichsregierung gewesen war. Im Auftrag des NS-Regimes reiste Grimm dann Ende 1933 nach Kairo, um den dortigen »Deutschen Klub« in einem zivilrechtlichen Schadensersatzprozeß zu vertreten. In Ägypten lebende Juden hatten gegen den »Deutschen Klub« geklagt, da dieser in Kairo eine antisemitische Hetzschrift verteilte. (Die Klage wurde schließlich abgewiesen.) Es scheint absurd, daß Dohnányi Grimm in dieser Situation bat, Landshut zu treffen und zu beraten; offenbar sah er aber darin noch eine Chance. Ob es wirklich zu einer Zusammenkunft zwischen Landshut und Grimm gekommen ist, ist ungewiß. Vgl. zu Grimm dessen von kaum zu überbietender Apologie geprägten Nachkriegspubli-

kationen mit Abschnitten über den Prozeß in Kairo: *40 Jahre Dienst am Recht. Politische Justiz – die Krankheit unserer Zeit.* Bonn 1953, 101-104; *Mit offenem Visier. Aus den Lebenserinnerungen eines deutschen Rechtsanwalts.* Als Biographie bearbeitet von Hermann Schild. Leoni am Starnberger See 1961, 151-157.

4 Undatiertes Schreiben Siegfried Landshuts an Eduard Heimann [1934]; Bodleian Library Oxford, SPSL 352/2, 29.

5 Siegfried Landshut an die Familie Dohnányi [1933]; abgedruckt in: Bottin, *ENGE ZEIT,* 39.

6 Fritz Schalk hatte sich im Jahre 1932 an der Hamburgischen Universität habilitiert; im gleichen Jahr wurde er als außerordentlicher Professor nach Rostock berufen. Während der Hamburger Zeit hatte er engeren Kontakt zum Kreise um Ernst Cassirer und die Kulturwissenschaftliche Bibliothek Warburg gepflegt. Die Verbindung zur Bibliothek Warburg blieb auch nach 1933 bestehen, als diese nach London gerettet worden war (fortan: »The Warburg Institute«). An der dort herausgegebenen *Bibliography of the Survival of the Classics* arbeitete Schalk bis 1938 von Rostock bzw. (ab 1936) von Köln aus intensiv mit. In den 1950er Jahren nahmen Schalk und Landshut ihren freundschaftlichen Kontakt zueinander wieder auf.

7 Siegfried Landshut an Fritz Schalk, 5. Oktober 1933; UB Bonn, NL Schalk [Hervorhebung im Original].

8 Martin Heidegger: *Die Selbstbehauptung der deutschen Universität. Rede, gehalten bei der feierlichen Übernahme des Rektorats der Universität Freiburg i. Br. am 27. Mai 1933.* Breslau o. J. [1933].

9 Siegfried Landshut an Fritz Schalk, 5. Oktober 1933; UB Bonn, NL Schalk [Hervorhebung im Original]. Schalk hatte im Sommersemester 1924 selbst bei Heidegger in Marburg studiert.

10 So auch die Einschätzung und Erinnerung von Susanne Geis im Brief an den Verf., 17. November 1991.

11 Undatiertes Schreiben Siegfried Landshuts an Eduard Heimann [1934]; Bodleian Library Oxford, SPSL 352/2, 29.

12 Ebd.

13 Ebd.

14 Eduard Heimann war einer der 14 vertriebenen Wissenschaftler, die im Herbst 1933 ihre Lehrtätigkeit an der »University in Exile« aufnahmen. Vgl. zur »University in Exile«: Krohn, *Wissenschaft im Exil,* passim.

15 Undatiertes Schreiben Eduard Heimanns an den AAC [vermutlich vom 28. März 1934]; Bodleian Library Oxford, SPSL 352/2, 18 [Hervorhebung im Original]. Der hier von Heimann genannte und mitgeschickte Bericht Landshuts ist der oben erwähnte Brief (ebd., 29). Daß Landshut sich tatsächlich nach dem Ersten Weltkrieg mit seiner Familie in Straßburg überworfen hatte – wie Heimann es hier beschreibt –, ist unwahrscheinlich. Jedenfalls hatte er weiterhin Kontakt zu seinen Verwandten.

16 Zu Rüstows »Emigrantenschicksal in Istanbul« vgl. das gleichnamige Kapitel in: Kathrin Meier-Rust: *Alexander Rüstow. Geschichtsdeutung und liberales Engagement.* Stuttgart 1993, 62-71.
17 Ersichtlich aus dem Brief Eduard Heimanns an Walter Kotschnig [1934]; Bodleian Library Oxford, SPSL 352/2, 30.
18 AAC an International Student Service, 30. Mai 1934; Bodleian Library Oxford, SPSL 352/2, 32.
19 Vgl. zur LSE: Ralf Dahrendorf: *LSE. A History of the London School of Economics and Political Science 1895-1995.* Oxford 1995.
20 Harold J. Laski an den AAC, 26. Juni 1934; Bodleian Library Oxford, SPSL 352/2, 37.
21 Karl Mannheim an den AAC, 5. Juni 1934; ebd., 20.
22 Elias, *Über sich selbst*, 138; vgl. zur Charakterisierung Mannheims auch: ebd., 146-148.
23 Bodleian Library Oxford, SPSL 352/2, 21.
24 Ebd., 38.
25 Ebd., 41.
26 Ersichtlich aus dem Schreiben von Walter Adams an Landshut vom 23. Juli 1934; ebd., 44.
27 Über die neue Anstellung machte Plaut in seinem Schreiben an William Beveridge vom 22. August 1933 Mitteilung; Bodleian Library Oxford, SPSL 237/2, 68. Theodor Plaut hatte also sehr rasch eine Anstellung in Großbritannien gefunden. Damit scheint er zu jenen vertriebenen Hochschullehrern zu gehören, deren Weg im Exil relativ »unproblematisch« gewesen ist. Die über 120 Seiten umfassende Akte Plauts beim AAC zeigt jedoch, daß auch er und seine Familie sich nach Ablauf des Zwei-Jahres-Vertrages in Hull existentiellen Nöten ausgesetzt sahen. Plaut bewarb sich ab 1935 u.a. in Neuseeland, Australien, Indien, Spanien, Kanada und Peru. Die einzige – und zudem vage – Zusage kam aus Peru. Nachdem im November 1935 die Schiffspassagen schon gebucht waren, teilte der mittlerweile arbeitslose Plaut dem AAC mit, er könne es seinen Kindern nicht zumuten, wiederum eine neue Sprache zu lernen. Nach einigen Monaten erhielt er dann einen Sechs-Monats-Vertrag in Leeds und anschließend weitere Anstellungen. Theodor Plaut starb 1948 in Großbritannien.
28 Aufzeichnungen von Walter Adams nach seinem Gespräch mit Theodor Plaut, 23. Juli 1934; Bodleian Library Oxford, SPSL 352/2, 42f.
29 Der Bankier, Kommunalpolitiker und Journalist Ernst Kahn war vor 1933 u.a. Handelsredakteur der *Frankfurter Zeitung* und Mitherausgeber der *Wirtschaftskurve* gewesen. 1928 wurde er unbesoldeter Stadtrat der SPD; auch übernahm er einen Lehrauftrag für Wohnungswesen, Nationalökonomie und Statistik an der Frankfurter Universität. Aus jener Zeit kannte er Eduard Heimann. 1933 ging Kahn nach Großbritannien und im folgenden Jahr in die USA, wo er als Regierungsberater tätig war und wiederum Kontakt zu Heimann hatte. Im Jahre 1935 siedelte er

nach Palästina über. Als Wirtschaftsberater und Gründer eines Investment-Trusts, der »Palestine Investors Association« (P.I.A.), nahm er dort eine wichtige Position ein. Verschiedentlich, und zwar sehr energisch, setzte sich Kahn in Palästina für Landshut ein.

30 Walter Adams an Ernst Kahn, 24. Juli 1934; Bodleian Library Oxford, SPSL 352/2, 46.
31 Ernst Kahn an Walter Adams, 25. Juli 1934; ebd., 47.
32 Siegfried Landshut an Theodor Plaut, 30. Juli 1934; ebd., 49f.
33 Theodor Plaut an Walter Adams, 3. August 1934; Bodleian Library Oxford, SPSL 352/2, 51f.
34 Fragebogen »General Information«, beim AAC ausgefüllt eingegangen am 17. August 1934; ebd., 7-9.
35 Den französischen Philosophen Alexandre Koyré (1892-1964) kannte Landshut aus dessen Zeit an der Kairoer Universität (1934 wurde Koyré dann nach Paris berufen), möglicherweise aber auch schon von früher. Koyré hatte u. a. bei Husserl in Göttingen studiert und war ein Freund Schelers gewesen.
Den Juristen Gerhard Leibholz (1901-1982) kannte Landshut vermutlich über Hans von Dohnányi. Leibholz und Dohnányi waren beide mit Dietrich Bonhoeffer verschwägert. Gerhard Leibholz verließ Deutschland im Jahre 1938 und ging ins britische Exil. 1947 siedelte er nach Göttingen über; in den 1950er Jahren hatten Landshut und Leibholz wieder Kontakt zueinander.
36 Siegfried Landshut: »La crise et la politique monétaire de Président Roosevelt«. In: *L'Egypte Contemporaine. Revue de la Société Royale d'Economie Politique de Statistique et de Législation*, Le Caire. 25. Année, Nos. 148-149 (Mars-Avril 1934), 197-214; »Les grands problèmes sociaux de notre époque«. In: ebd., 25. Année, No. 150 (Mai 1934), 501-517.
37 Briefwechsel Siegfried Landshuts mit der Firma Hachmeister & Illing GmbH in Hamburg, August bis Oktober 1934; PA Geis. Die heute noch in Hamburg ansässige Firma verfügt in ihrem Archiv über keinerlei Korrespondenz aus jenen Jahren.
38 Briefwechsel Siegfried Landshuts mit der Firma M. Stolloff in Kairo, 23. Oktober/30. Oktober 1934; PA Geis.
39 Bernhard Kahn an Siegfried Landshut, 3. Oktober 1934; PA Geis.
40 Siegfried Landshut an Bernhard Kahn, 22. Oktober 1934; PA Geis.
41 Briefwechsel Siegfried Landshuts mit R. M. Graves, 15. Oktober 1934, 17. Oktober 1934, 14. Januar 1935; PA Geis.
42 Siegfried Landshut an AAC, 5. Oktober 1934 und AAC an Siegfried Landshut, 11. Oktober 1934; Bodleian Library Oxford, SPSL 352/2, 58 und 59.
43 Undatiertes Schreiben des Centro de Estudios Históricos, Madrid, an Siegfried Landshut; PA Geis.
44 Siegfried Landshut an Bernhard Kahn, 22. Oktober 1934; PA Geis.

45 Siegfried Landshut an Theodor Plaut, 30. Juli 1934; Bodleian Library Oxford, SPSL 352/2, 51. Vortragsorte und -umstände in Hamburg und Frankfurt konnten nicht mehr ermittelt werden.
46 Mündliche Auskunft von Fritz Fischer, Gespräch in Hamburg am 19. September 1991. Landshut machte diese Äußerung im Rahmen eines historisch-sozialwissenschaftlichen Kolloquiums, das er vom WS 1954/55 bis zum SS 1957 gemeinsam mit Otto Brunner, Fritz Fischer, Carl Jantke und Helmut Schelsky an der Universität Hamburg abhielt. Eine Mitteilung über seine Vertreibung aus Deutschland und die Zeit des Exils war die absolute Ausnahme.
47 PA Geis.
48 Siegfried Landshut an Bernhard Kahn, 22. Oktober 1934; PA Geis.
49 Theodor Plaut an Siegfried Landshut, 2. November 1934; PA Geis.
50 Eduard Heimann an Siegfried Landshut, 12. Dezember 1934; PA Geis [Hervorhebung im Original].
51 Ebd. Alfred Vagts war im Mai 1933 von Großbritannien in die Vereinigten Staaten gekommen, wo er sich mit militärgeschichtlichen Forschungen beschäftigte.
52 Zur Enstehung der NDW und zu ihrer Tätigkeit im ersten Jahr vgl. die Übersicht über die Tätigkeit der Notgemeinschaft Deutscher Wissenschaftler im Ausland, Zürich, während des Jahres 1933/34. Zürich, 1. Mai 1934; Bodleian Library Oxford, SPSL 119/2, 213-216. Vgl. auch den mit Ungenauigkeiten behafteten rückblickenden Bericht von Philipp Schwartz: *Notgemeinschaft. Ein Bericht zur Verteilung an die Teilnehmer des II. Internationalen Symposiums zur Erforschung des deutschsprachigen Exils nach 1933*. Kopenhagen, 16.-18. August 1972. Auf dieser Exiltagung erklärte Schwartz im übrigen, Fritz Demuth habe später alle Dokumente der Organisation zerstört. Über die Hintergründe dieses erstaunlichen Vorgangs ist nichts bekannt. Vgl. *Protokoll des II. Internationalen Symposiums zur Erforschung des deutschsprachigen Exils nach 1933 in Kopenhagen*. Stockholm 1972.
53 Alexander Rüstow an Siegfried Landshut, 30. September 1934; PA Geis.
54 Siegfried Landshut an Alexander Rüstow, Oktober 1934 [Ziffer des Tages unlesbar]; BA Koblenz, NL Rüstow/42, 192.
55 Siegfried Landshut an Fritz Demuth, 16. Januar 1935; PA Geis.
56 Siegfried Landshut an Eduard Heimann, 24. Januar 1935; ebd.
57 Auskunft Arnon Aviners; Gespräch in Kiryat Krinizi am 7. Juli 1993.
58 Siegfried Landshut an Eduard Heimann, 24. Januar 1935; PA Geis.
59 Ludwig Borchardt hatte bis zu seinem »Ruhestand« 1929 das von ihm 1907 gegründete »Deutsche Institut für Ägyptische Altertumskunde« in Kairo geleitet und danach sein eigenes Institut eingerichtet. Vgl. Joseph Leibovitch: »Ludwig Borchardt«. In: *Annales du Service des Antiquités de l'Egypte* 39. Kairo 1939, 43-47. Über eine Tätigkeit Edith und Siegfried Landshuts existieren im ehemaligen »Borchardt-Institut« (heute: »Schweizer Institut für ägyptische Bauforschung und Altertumskunde«, Kairo) keine Unterlagen mehr.

500 Anmerkungen

60 Siegfried Landshut an Eduard Heimann, 24. Januar 1935; PA Geis.
61 NDW an Siegfried Landshut, 14. Januar 1935; ebd.
62 Siegfried Landshut an Eduard Heimann, 24. Januar 1935; ebd.
63 Eduard Heimann an Siegfried Landshut, 4. April 1935; ebd.
64 Undatierter Entwurf eines Briefs Siegfried Landshuts an Eduard Heimann [April 1935]; ebd.
65 Ersichtlich aus dem Schreiben Siegfried Landshuts an Norman Bentwich, 14. Januar 1935; ebd.
66 Ersichtlich aus dem Schreiben Siegfried Landshuts an Norman Bentwich, 17. Dezember 1934; ebd.
67 Undatierter Entwurf eines Briefes Siegfried Landshuts an Eduard Heimann [April 1935]; ebd.
68 »Notes on candidates to be submitted to the Rockefeller Foundation«, 19. Dezember 1934; Bodleian Library Oxford, SPSL 160/1, o.Bl.
69 AAC an Walter Kotschnig, 18. Dezember 1934; Bodleian Library Oxford, SPSL 352/2, 60.
70 AAC-Notiz nach Gespräch mit Löwe, 19. Dezember 1934; ebd., 19.
71 Teilabschrift des Briefes von Leopold von Wiese an den AAC, 3. März 1935; Bodleian Library Oxford, SPSL 352/2, 62. Vgl. zu von Wiese: Irmgard Pinn, Michael Nebelung: »Kontinuität durch Verdrängung«. In: *Jahrbuch für Soziologie-Geschichte 1990*, 177-218, hier 189-193. Die Autoren widersprechen hier der gängigen Zuordnung von Wieses zur »inneren Emigration«.
72 In *Kritik der Soziologie* hatte Landshut von Wiese kritisiert, ohne überhaupt dessen Namen zu erwähnen. So hatte er erklärt, daß es eine Richtung der zeitgenössischen Soziologie gebe, die bei der Bemühung, kein Thema auszuschließen, sich schließlich nur noch an das formale und darum auch gänzlich inhaltsleere Schema der »Beziehung« halte. Diese Richtung zeichnete sich nach Landshut also durch eine völlige Beliebigkeit aus. Daß er damit von Wieses Beziehungslehre meinte, war offensichtlich. Vgl. Landshut, *Kritik der Soziologie*, 67f. Wiese seinerseits faßte *Kritik der Soziologie* als reine Provokation auf. Vgl. dazu: Leopold von Wiese: »Zum Beginn des zehnten Jahrgangs«. In: *Kölner Vierteljahreshefte für Soziologie* 10 (1931/32), 1-7, hier 4. Dort heißt es: »Zwischen den erfahrenen Kennern [der Soziologie, R.N.] laufen dann vergnüglich die ahnungslosen Besserwisser, die laut ihre Sprüche sagen, ohne auch nur zu ahnen, was inzwischen geleistet worden und wieweit trotz allem die arbeitsteilige Ergänzung gediehen ist.« Als erstes Beispiel für einen derartigen »ahnungslosen Besserwisser« nennt von Wiese hier Siegfried Landshut.
73 Vgl. Norman Bentwichs eigenen Bericht: *The Refugees from Germany. April 1933 to December 1935*. London 1936.
74 Siegfried Landshut an Norman Bentwich, 17. Dezember 1934; PA Geis.
75 Siegfried Landshut an Norman Bentwich, 14. Januar 1935; PA Geis.
76 Fritz Demuth an Siegfried Landshut, 28. Dezember 1934; PA Geis.

77 Brief von Susanne Geis an den Verf. vom 21. Februar 1992. Aus dem Krankenhaus-Projekt selbst ist später nichts geworden.
78 Wie die Reise nach Hamburg ermöglicht wurde, ist unklar. Susanne Geis bemerkt, daß der dortige Aufenthalt für das Heimweh ihrer Mutter jedenfalls eine »ganz heilsame Wiederbegegnung mit Deutschland« bedeutete; ebd.
79 Landshut berichtet über seine Unterredung mit Demuth in einem richtigstellenden Brief an Walter Adams vom 2. Oktober 1935; Bodleian Library Oxford, SPSL 352/2, 64.
80 Fritz Demuth an Esther Simpson (AAC), 7. Oktober 1935; ebd., 63.
81 Siegfried Landshut an Alexander Rüstow, 1. Dezember 1935; PA Geis.
82 Alexander Rüstow an Siegfried Landshut, 8. Dezember 1935; BA Koblenz; NL Rüstow/42, 185. Vgl. zur Situation der deutschen Gelehrten in der Türkei: Fritz Neumark: *Zuflucht am Bosporus. Deutsche Gelehrte, Politiker und Künstler in der Emigration 1933-1953*. Frankfurt am Main 1980. Neumark (1900-1991) beschreibt hier, daß diejenigen Wissenschaftler, die sich gerade erst oder noch nicht habilitiert hatten, bei der Vergabe der Stellen in Istanbul und Ankara normalerweise keine Chancen hatten; ebd., 17.
83 Siegfried Landshut an Fritz Warburg, 29. Februar 1936; PA Geis.
84 Der gebürtige Berliner Ernst Simon war 1923 von Karl Jaspers und Hermann Oncken in Heidelberg mit einer Arbeit über Ranke und Hegel promoviert worden, hatte dann aber auf eine akademische Karriere in Deutschland verzichtet. Statt dessen unterrichtete er zunächst im Frankfurter Freien Jüdischen Lehrhaus und wanderte im Jahre 1928 – seiner zionistischen Überzeugung folgend – nach Palästina aus. Dort wurde er Mitglied im antichauvinistischen »Brit Schalom« (Friedensbund) und engagierte sich entschieden für eine Verständigung zwischen Juden und Arabern sowie für einen binationalen Staat. Offenbar wegen dieses Engagements blieb eine Berufung an die Hebräische Universität zunächst aus. Auf Bitten Martin Bubers kehrte Simon dann 1934 für ein knappes Jahr nach Deutschland zurück, um an der »Mittelstelle für jüdische Erwachsenenbildung« zu lehren. Im Jahre 1936 wurde er schließlich Lehrer am Jerusalemer Lehrerbildungsseminar. Erst 1939 erhielt Simon eine Dozentur, später eine Professur, für Geschichte und Philosophie der Pädagogik an der Hebräischen Universität. Vgl. das Gespräch mit Simon: »Gegen den Rausch der Normalität«. In: Hajo Funke: *Die andere Erinnerung. Gespräche mit jüdischen Wissenschaftlern im Exil*. Frankfurt am Main 1989, 46-63. Zum Problem der zunächst nicht erfolgten Universitätsanstellung vgl. auch: Martin Buber, *Briefwechsel*. Bd. 2, 474f. (Buber an Simon, 28. März 1933), 614f. (Simon an Buber, 30. Oktober 1936).
85 Eduard Heimann an Siegfried Landshut, 4. März 1936; PA Geis.
86 Löwes Bemühungen gehen hervor aus seinem Schreiben an Landshut vom 29. Februar 1936; PA Geis. Vgl. zu Adolph Lowe: »›Die Hoffnung

auf kleine Katastrophen‹«. In: Greffrath (Hg.), *Zerstörung*, 137-186. Lowe konnte im Jahre 1992 – damals 99jährig in Wolfenbüttel lebend – keine Aussagen mehr über sein Verhältnis zu Landshut machen.
87 Siegfried Landshut an Ernst Simon, 7. März 1936; PA Geis.
88 Siegfried Landshut an Ernst Simon, 14. März 1936; ebd.
89 Siegfried Landshut an Ernst Simon, 20. März 1936; ebd.
90 Eduard Heimann an Siegfried Landshut, 4. März 1936; ebd.
91 Heimann hatte Kohn am 5. März 1936 auch einen ausführlichen Bericht über Landshut zugeschickt, den Kohn offenbar nach Jerusalem weitergeleitet hat. Darin heißt es: »[Landshut hat] seit 1930 an einem grossen Entwurf gearbeitet, um die Stellung des Juden und die Bedeutung des Jude-Seins in der Geschichte und dem gegenwaertigen Stande der modernen Welt zu analysieren. Ich weiss von wenigen Menschen, die mir dafuer so qualifiziert erscheinen, gerade weil er nicht von einer speziell juedischen Ausbildung herkommt, sondern die Struktur der Welt als Ganzes studiert und in ihr den besonderen Rang und die besondere Belastung des Judeseins zentral empfindet.« HU Jerusalem: UA, Personalakte Landshut.
92 Eduard Heimann an Siegfried Landshut, 2. April 1936; PA Geis.
93 Eduard Heimann an Siegfried Landshut, 4. März 1936 und 2. April 1936; PA Geis. Der Schweizer Arnold Wolfers war von 1930 bis 1933 Direktor der Deutschen Hochschule für Politik in Berlin gewesen. Von 1933 bis 1949 hatte er eine Professur für »International Relations« an der Yale University inne und war in den Jahren 1935 bis 1949 Master of Pierson College.
94 Eduard Heimann an Siegfried Landshut, 1. Mai 1936; PA Geis.
95 Eine Durchschrift des Gutachtens schickte Rüstow an Landshut: Alexander Rüstow an Siegfried Landshut, 19. April 1936; BA Koblenz: NL Rüstow/42, 183f.
96 Arnold Wolfers an Tracy B. Kittredge (Assistant Director, Rockefeller Foundation, Paris), 7. April 1936. HU Jerusalem: UA, Personalakte Landshut.
97 Dies geht auch hervor aus dem Antwortschreiben Kittredges an Wolfers, 23. April 1936; Rockefeller Archive Center: Rockefeller Foundation 1.1, 8255 Israel, Box 1, Folder 13.
98 Diese Situation schilderte Landshut im Brief an Rüstow vom 14. Mai 1936; BA Koblenz: NL Rüstow/42, 179.
99 Emil Lederer an Hugo Bergmann, 26. Mai 1936; HU Jerusalem: UA, Personalakte Landshut.
100 Karl Brandt an Siegfried Landshut, 21. Mai 1936; PA Geis.
101 Eduard Heimann an Siegfried Landshut, 22. Mai 1936; PA Geis.
102 Zu den Problemen Heimanns, nicht nur institutionell, sondern auch »persönlich« im Exilland USA Fuß zu fassen, vgl. seine eigene aufschlußreiche Schilderung: »The Refugee Speaks«. In: *Annals of the American Academy of Political and Social Science* 203 (May 1939), 106-113.

103 Carlo Mierendorff, einer der engagiertesten »linken« Journalisten und Politiker der Weimarer Zeit, war von 1930 bis 1933 als Sozialdemokrat Mitglied des Reichstages. Von 1933 bis 1938 befand er sich in verschiedenen Gefängnissen und Lagern in Haft. Zusammen mit Alfred Vagts und dessen Schwiegervater Charles A. Beard versuchte Heimann, die Verteidigung Mierendorffs zu organisieren und zu finanzieren. Auch ein Befreiungsversuch wurde geplant. Aufschluß über diese Aktionen geben Briefe zwischen Heimann und Vagts sowie Aufzeichnungen von Alfred Vagts, die sich im Nachlaß Mierendorff befinden. Stadtarchiv Darmstadt: ST 45/Nachlässe, Mierendorff, Carlo. Einer der hier archivierten Briefe Heimanns an Vagts ist abgedruckt in: Bottin, *ENGE ZEIT*, 56. Mierendorff, der nach der Haftzeit seinen Widerstand fortsetzte und zum »Kreisauer Kreis« gehörte, starb am 4. Dezember 1943 bei einem Bombenangriff.
104 Siegfried Landshut an Karl Brandt, 10. Juni 1936; PA Geis.
105 Siegfried Landshut an Ernst Kahn, 26. Mai 1936; PA Geis.
106 Hugo Bergmann an die Rockefeller Foundation (Paris), 23. Juni 1936; Rockefeller Archive Center: Rockefeller Foundation 1.1, 8255 Israel, Box 1, Folder 13.
107 Richard Koebner an die Hebräische Universität, 30. Juni 1936; HU Jerusalem: UA, Personalakte Landshut. Koebner befand sich zu diesem Zeitpunkt in London, wo er sowohl mit Demuth als auch mit Adams zusammengetroffen war. Im April hatte Koebner als Mitglied der Hebräischen Universität ein Gutachten über Landshuts wissenschaftliche Fähigkeiten erstellt. Anhand der Landshutschen Schriften war er zum Ergebnis gekommen, daß eine Förderung »sehr wünschenswert« sei. Gutachten Koebner vom 19. April 1936; ebd.
108 Karl Brandt an Salman Schocken, 26. Juli 1936; Schocken Archives Jerusalem, 054/43.
109 Fritz Demuth an Salman Schocken, 6. August 1936; ebd.
110 Tracy B. Kittredge an Hugo Bergmann, 18. August 1936; Rockefeller Archive Center: Rockefeller Foundation 1.1, 8255 Israel, Box 1, Folder 13.
111 Stellungnahme von Tracy B. Kittredge, 20. Juli 1936; ebd.
112 Walter Adams an Hebrew University, 7. September 1936; Bodleian Library Oxford, SPSL 352/2, 70.
113 Siegfried Landshut an Alexander Rüstow, 5. September 1936; BA Koblenz: NL Rüstow/42, 181.
114 PA Aviner.
115 Zur Vorgeschichte und Geschichte des Staates Israel vgl. Arthur Ruppin: *Dreißig Jahre Aufbau in Palästina. Reden und Schriften*. Berlin 1937 [zuerst engl. 1936]; Chaim Weizmann: *Memoiren. Das Werden des Staates Israel*. Hamburg 1951 [zuerst engl. 1950]; Walter Laqueur: *Der Weg zum Staat Israel. Geschichte des Zionismus*. Wien 1975 [zuerst engl. 1972]; Shmuel N. Eisenstadt: *Die Transformation der israeli-*

schen Gesellschaft. Frankfurt am Main 1987 [zuerst engl. 1985]; Anita Shapira: *Land and Power. The Zionist Resort to Force 1881-1948*. Oxford 1992; Helmut Mejcher (Hg.): *Die Palästina-Frage 1917-1948. Historische Ursprünge und internationale Dimensionen eines Nationenkonflikts*. 2., überarbeitete und erweiterte Aufl. Paderborn-München-Wien-Zürich 1993; Tom Segev: *Die siebte Million. Der Holocaust und Israels Politik der Erinnerung*. Reinbek bei Hamburg 1995 [zuerst hebr. 1991].

116 Der aus Deutschland eingewanderte Ruppin war promovierter Nationalökonom und Soziologe; vgl. Arthur Ruppin: *Briefe, Tagebücher, Erinnerungen*. Hg. von Shlomo Krolik. Mit einem Nachwort von Alex Bein. Königstein/Ts. 1985.

117 Die Formulierung von der »Nationalen Heimstätte« (»national home for the Jewish people«), die mit der Balfour-Deklaration und mit dem Völkerbundmandat zu internationaler Geltung kam, stammte aus den Anfängen der zionistischen Bewegung, aus dem »Baseler Programm« von 1897. Was damit konkret gemeint war, wurde unterschiedlich interpretiert; jedenfalls war der Begriff der »Heimstätte« nicht ohne weiteres mit dem des »Staats« gleichzusetzen. Chaim Weizmann, der maßgeblichen Anteil am Zustandekommen der Balfour-Deklaration hatte, erklärte noch 1930, daß er gegen einen »Judenstaat« sei, weil er diesen für ganz und gar unrealistisch halte. Vgl. Peter Freimark: »Zum Selbstverständnis jüdischer Nationalität und Staatlichkeit«. In: Mejcher (Hg.), *Palästina-Frage*, 49-74, hier 62f.

118 Vgl. Alfred Bonné: *Palästina. Land und Wirtschaft*. Leipzig 1932, 40, 43.

119 Vgl. Ludwig Pinner: »Die Bedeutung der Einwanderung aus Deutschland für das jüdische Palästina«. In: Werner Feilchenfeld, Dolf Michaelis, Ludwig Pinner: *Haavara-Transfer nach Palästina und Einwanderung deutscher Juden 1933-1939*. Mit einer Einleitung von Siegfried Moses (Schriftenreihe wissenschaftlicher Abhandlungen des Leo Baeck Instituts 26). Tübingen 1972, 86-112.

120 Zitiert nach: Gerda Luft: *Heimkehr ins Unbekannte. Eine Darstellung der Einwanderung von Juden aus Deutschland nach Palästina vom Aufstieg Hitlers zur Macht bis zum Ausbruch des Zweiten Weltkrieges 1933-1939*. Mit einem Vorwort von Willy Brandt. Wuppertal 1977, 37. Die restriktiven Bestimmungen der Briten führten auch zu verstärkten Bemühungen um eine »illegale« Einwanderung. Zwischen 1933 und 1941 kamen 18 100 Juden ohne Zertifikat ins Land und konnten sich dadurch retten.

121 Eisenstadt, *Transformation*, 199f.

122 Vgl. zur Geschichte des »Brit Schalom« die Aufzeichnungen der beiden Gründungsmitglieder Arthur Ruppin und Hugo Bergmann: Ruppin, *Briefe, Tagebücher, Erinnerungen*, 366f., 368, 378, 380, 400-404, 409-413, 419f., 422, 435, 464-468; Shmuel Hugo Bergman: *Tagebücher und*

Briefe. Hg. von Miriam Sambursky. Mit einer Einleitung von Nathan Rotenstreich. Königstein/Ts. 1985. Bd. 1 (1901-1948), 206, 229, 243f., 253, 255, 259, 265f., 289, 291, 316-320, 337.
123 Ruppin, *Briefe, Tagebücher, Erinnerungen*, 411.
124 Ebd., 422.
125 Zur Einwanderung deutschsprachiger Juden nach Palästina vgl. die beiden bereits genannten Studien: Feilchenfeld / Michaelis / Pinner, *Haavara-Transfer*; Luft, *Heimkehr ins Unbekannte*; sowie: Curt Wormann: »Kulturelle Probleme und Aufgaben der Juden aus Deutschland in Israel seit 1933«. In: *In zwei Welten. Siegfried Moses zum fünfundsiebzigsten Geburtstag*. Hg. von Hans Tramer. Tel Aviv 1962, 280-329; Eva Beling: *Die gesellschaftliche Eingliederung der deutschen Einwanderer in Israel. Eine soziologische Untersuchung der Einwanderung aus Deutschland zwischen 1933 und 1945*. Frankfurt am Main 1967; Shlomo Erel: *Neue Wurzeln. 50 Jahre Immigration deutschsprachiger Juden in Israel*. Gerlingen 1983; Segev, *Die siebte Million*, 23-91.
126 Vgl. Kurt Blumenfeld: *Im Kampf um den Zionismus. Briefe aus fünf Jahrzehnten*. Hg. von Miriam Sambursky und Jochanan Ginat. Stuttgart 1976.
127 Weizmann, *Memoiren*, 525.
128 Vgl. das Kapitel »Ein deutscher Europäer«, in: Segev, *Die siebte Million*, 52-91.
129 Vgl. zum Kapital-Transfer: Feilchenfeld/Michaelis/Pinner, *Haavara-Transfer*, passim; Segev, *Die siebte Million*, 31-44. Das zwischen zionistischen Organen und der deutschen Regierung 1933 geschlossene Transfer-Abkommen (»Haavara«) ermöglichte jüdischen Auswanderern, einen Teil ihres Vermögens in Warenform nach Palästina zu transferieren. Dieser »Pakt mit dem Teufel« (Segev) hatte freilich auch zur Folge, daß der Markt in Palästina ausgerechnet mit deutschen Waren überschwemmt wurde. Der Transfer stand somit in krassem Widerspruch zur weltweiten Boykottbewegung der Juden gegen deutsche Exporte.
130 Der promovierte Jurist Georg Landauer war 1924 bis 1925 Leiter des Palästina-Amts in Berlin, dann von 1926 bis 1929 Sekretär des Arbeitsdepartments der Zionistischen Exekutive in Jerusalem und von 1929 bis 1933 Geschäftsführer des Palästina-Amts und der Zionistischen Vereinigung in Berlin gewesen.
131 Vgl. die ersten Berichte der HOG bzw. der HOGOA: *Die deutsche Alija in Palästina. Bericht der Hitachdut Olej Germania für die Jahre 1936/1937*. Tel Aviv 1937; *Der Weg der deutschen Alijah. Rechenschaft – Leistung – Verantwortung*. [Hg. von der Hitachdut Olej Germania we Olej Austria.] Tel Aviv 1939.
132 Kurt Blumenfeld war von 1923 bis 1933 Präsident der Zionistischen Vereinigung für Deutschland gewesen.
133 *Bericht der HOG für 1936/1937*, 4.

134 *MB*, o.Nr., September 1933, 1. Die erste provisorische zweiseitige Ausgabe des *MB* war bereits im September 1932 erschienen; die eigentlich erste Nummer folgte im März 1933. Später erschien das *MB* dann wöchentlich. Es ist eine außerordentlich reiche Quelle zur Erschließung der Situation deutschsprachiger Juden in Palästina.

135 »Das Programm«. In: *MB*, 5. Jg., Nr. 3, 17. Januar 1941, 1 [die Zählung der Jahrgänge des *MB* begann erst 1937].

136 *MB*, 6. Jg., Nr. 45, 6. November 1942, 1-5.

137 Alija Chadascha und IOME waren zwar organisatorisch getrennt, aber personell weitgehend identisch. Mindestens 75 % der Sitze in allen Gremien des IOME standen der Alija Chadascha zu.

138 Die Mehrzahl der Mitglieder der Alija Chadascha beteiligte sich an der Gründung der Progressiven Partei, so auch Felix Rosenblüth, der dann – als Pinchas Rosen – Justizminister in verschiedenen israelischen Kabinetten wurde. Georg Landauer zog sich aus der Politik zurück. Zur Alija Chadascha vgl. Georg Landauer: *Der Zionismus im Wandel dreier Jahrzehnte. Ausgewählte Schriften von Georg Landauer*. Hg. und eingeleitet von Max Kreutzberger, mit einem Nachwort von Robert Weltsch. Tel Aviv 1957, 127-274.

139 Vgl. auch das Kapitel »Die einzige Gewißheit – Palästina!« in Rudolf und Ika Oldens aufschlußreichem Exil-Bericht des Jahres 1934: »*In tiefem Dunkel liegt Deutschland*«. *Von Hitler vertrieben – Ein Jahr deutsche Emigration*. Mit einem Vorwort von Lion Feuchtwanger. Hg. und eingeleitet von Chairmian Brinson und Marian Malet (Reihe Dokumente, Texte, Materialien; veröffentlicht vom Zentrum für Antisemitismusforschung, 11). Berlin 1994, 145-151.

140 Vgl. zur Gründungsgeschichte: Norman Bentwich: *The Hebrew University of Jerusalem 1918-60*. London 1961, 11-26; *EJ*, Bd. 8, 219-226; Weizmann, *Memoiren*, 108f., 349-352, 463-469. Vgl. zur Geschichte der Universität in der vorstaatlichen Phase (1925-1948): *Die Hebräische Universität Jerusalem. Entwicklung und Bestand*. Jerusalem 1938; *The Hebrew University Jerusalem. Its history and development*. Third revised edition. Jerusalem 1948.

141 Später: Shmuel Hugo Bergman. Der aus Prag stammende Bergmann war gemeinsam mit Franz Kafka, mit dem er bis zu dessen Tod befreundet blieb, zur Schule gegangen. Während der Studienzeit hatte er dann dem Verein jüdischer Hochschüler »Bar Kochba« angehört und enge Freundschaft mit Hans Kohn und Robert Weltsch geschlossen. Im Jahre 1920 nach Palästina eingewandert, wurde Bergmann der erste Leiter der Nationalbibliothek, 1928 zudem Dozent und 1935 Professor für Philosophie an der Hebräischen Universität.

142 *Hebräische Universität, Entwicklung und Bestand*, 98.

143 Die Krankheit war bereits in Ägypten aufgetreten, dort aber als Blinddarmentzündung behandelt worden. Das Sanatorium, in dem Edith Landshut sich erholte, gehörte zum Kibbuz Giwat Brenner, wohin das

Ehepaar später, im Februar 1940, übersiedelte; Susanne Geis im Brief an den Verf. vom 11. Oktober 1994.
144 Richard Koebner an Fritz Demuth, 20. Februar 1938; Bodleian Library Oxford, SPSL 352/2, 78-80. Koebner, der wissenschaftlich Ernst Cassirer, Richard Hönigswald und William Stern besonders nahestand, schätzte die Arbeiten Siegfried Landshuts sehr. Kontinuierlich setzte er sich für seinen Kollegen ein. Vgl. zu Koebner die einleitenden Essays von Helmut D. Schmidt und Jehoshua Arieli in: Richard Koebner: *Geschichte, Geschichtsbewußtsein und Zeitwende. Vorträge und Schriften aus dem Nachlaß*. Hg. vom Institut für Deutsche Geschichte der Universität Tel Aviv in Zusammenarbeit mit dem Richard-Koebner-Lehrstuhl für Deutsche Geschichte an der Hebräischen Universität Jerusalem und Helmut D. Schmidt (Schriftenreihe des Instituts für Deutsche Geschichte Tel Aviv 11). Gerlingen 1990. Im Jahre 1964 würdigte Landshut den 1958 verstorbenen Koebner im Rahmen der Rezension eines posthum veröffentlichten Werkes: Siegfried Landshut: »Zeitgeist im Wort. Der Wandel des Begriffs ›Imperialismus‹«. In: *Die Zeit*, Nr. 47 vom 20. November 1964, 13 [Rezension zu: Richard Koebner / Helmut Dan Schmidt: *Imperialism. The Story of a Political Word 1840-1960*. Cambridge 1964].
145 Richard Koebner an Fritz Demuth, 20. Februar 1938; Bodleian Library Oxford, SPSL 352/2, 78-80, hier 79. Wenn Koebner im Brief an Demuth die Schwierigkeit des Hebräisch-Lernens hervorhob, so beschrieb er im übrigen auch sein eigenes großes Problem. Zu jenem Zeitpunkt quälte er sich regelrecht durch seine hebräischsprachige Vorlesung und hielt Proseminare noch in deutscher Sprache ab. So die mündliche Auskunft Walter Grabs, der von Oktober 1938 bis Juni 1939 bei Koebner studierte; Gespräch in Tel Aviv, 8. Juli 1993.
146 Richard Koebner an Fritz Demuth, 27. Februar 1938; Bodleian Library Oxford, SPSL 352/2, 81.
147 Walter Adams an Richard Koebner, 5. April 1938; ebd., 88.
148 Dieser sehr kritische, aber grundsätzlich wohlwollende Bericht, datiert vom 29. Juli 1936, ging den Professoren Richard Koebner und Abraham Fraenkel zu, um mögliche Veränderungen der Situation in Jerusalem zu initiieren. Bodleian Library Oxford, SPSL 151/2, o.Bl.
149 Richard Koebner an David Werner Senator, 4. Dezember 1939; HU Jerusalem: UA, Personalakte Landshut.
150 *Hebräische Universität, Entwicklung und Bestand*, 64, 144.
151 HU Jerusalem: UA, Personalakte Landshut.
152 Ernst Kahn an Siegfried Landshut, 19. Dezember 1938; ebd.
153 Ernst Kahn an David Werner Senator, 19. Dezember 1938; ebd.
154 David Werner Senator an Ernst Kahn, 23. Dezember 1938; ebd.
155 Ernst Kahn an David Werner Senator, 8. Januar 1939; ebd.
156 Ernst Kahn an Salman Schocken, 13. Dezember 1938; Schocken Archives Jerusalem, 054/43.

508 Anmerkungen

157 Salman Schocken an Ernst Kahn, 19. Dezember 1938; ebd.
158 Schockens »Akten-Notiz betreffend Dr. Landshut«, 19. Dezember 1938; ebd.
159 So heißt es im oben genannten Brief Ernst Kahns an Salman Schocken, 13. Dezember 1938; ebd. [meine Hervorhebung, R.N.].
160 Adolf Löwe an Siegfried Landshut, undatiert [vermutlich Frühjahr 1939]; PA Geis.
161 Schockens »Aktennotiz betr. Landshut«, 8. Februar 1939; Schocken Archives Jerusalem, 054/43.
162 Eingabe an den Vorsitzenden des Exekutivrates der Hebräischen Universität, Salman Schocken, 1. Februar 1939; ebd. Die im Archiv verwahrte Durchschrift der Eingabe ist nicht unterzeichnet.
163 Ersichtlich aus einem Schreiben von David Werner Senator an Ernst Kahn, 2. März 1939; HU Jerusalem: UA, Personalakte Landshut.
164 Siegfried Landshut an Kupath Milwe shel Olej Germania, 5. März 1939; PA Geis.
165 Kupath Milwe shel Olej Germania an Siegfried Landshut, 13. März 1939; PA Geis. Als Landshut keinerlei Abzahlung des Kredits leisten konnte, wandte sich die Darlehenskasse an die Universität, ohne auch dort weiterzukommen. Kupath Milwe shel Olej Germania an David Werner Senator, 20. März 1939 und 10. Oktober 1939; HU Jerusalem: UA, Personalakte Landshut.
166 Arthur Ruppin an Siegfried Landshut, 27. März 1939; PA Geis.
167 Vgl. zum ERI: Ruppin, *Briefe, Tagebücher, Erinnerungen*, 457, 463. Am 5. Februar 1936 notierte Ruppin in seinem Tagebuch, das »Institut für Wirtschaftsforschung« komme nun in Gange, er habe vier Mitarbeiter (Dr. Alfred Bonné, Fritz Naphtali, David Horowitz, Dr. Hilde Oppenheimer) engagiert. Das Institut war demnach mit außerordentlich guten Kräften besetzt. Ungefähr zur selben Zeit, bei seinem Besuch in Palästina, hatte Landshut Ruppin kennengelernt. Dies geht hervor aus einem Brief David Werner Senators an Arthur Ruppin vom 28. Februar 1936; CZA Jerusalem, S 7/304.
168 Notizen Siegfried Landshuts zum Antwortschreiben an Arthur Ruppin; PA Geis.
169 Richard Koebner an Salman Schocken, 23. Juli 1939; Schocken Archives Jerusalem, 054/43.
170 Ernst Kahn an Salman Schocken, 6. August 1939; ebd., 844/2. Kahn fügte am Schluß hinzu: »Ich betone ausdrücklich: der Brief ist reiflich überlegt und nicht ausschließlich von menschlichen Erwägungen diktiert, sondern zu einem wesentlichen Teil von der Überzeugung, daß die Universität durch einen solchen Entschluß einen wertvollen Zuwachs bekäme.«
171 Salman Schocken an Ernst Kahn, 24. August 1939; ebd., 054/43.
172 Salman Schocken an Richard Koebner, 28. Juli 1939; ebd.
173 Ebd.

174 Salman Schocken an Martin Buber und Georg Landauer, 18. Oktober 1939; ebd.

175 In seinem Antwortschreiben an Schocken betonte Landauer, er habe die Eingabe nicht so verstanden, daß Schocken privat um Geld angegangen werden sollte. Es gehe darum, Landshut in seinem Fach arbeiten zu lassen und in dieser Hinsicht von der Universität unterstützt zu werden. Georg Landauer an Salman Schocken, 19. Oktober 1939; ebd. Wie ungern Landshut die £ 20 annahm, wird aus seinem Dankesbrief deutlich, den er am 30. Oktober 1939 an die Deutsche Abteilung – nicht an Schocken selbst – schickte; ebd.

176 In bestimmten Fällen ließ Schocken sich auch durch die Intervention ihm nahestehender Menschen nicht von seinem Standpunkt abbringen. Zur selben Zeit, da das Ansinnen der Fürsprecher Siegfried Landshuts abgelehnt wurde, blieben auch Gershom Scholems Versuche, Schocken für eine Unterstützung des im Pariser Exil lebenden Walter Benjamin zu gewinnen, erfolglos. Vgl. Walter Benjamin, Gershom Scholem: *Briefwechsel 1933-1940*. Hg. von Gershom Scholem. Frankfurt am Main 1980, 297, 302, insbesondere 315. Vgl. zum Verständnis der Person Schockens auch: Siegfried Moses: »Salman Schocken. Wirtschaftsführer und Zionist«. In: *Deutsches Judentum. Aufstieg und Krise. Gestalten, Ideen, Werke. Vierzehn Monographien*. Hg. von Robert Weltsch. Stuttgart 1963, 145-184.

177 Siegfried Landshut an Martin Buber, 26. Oktober 1939; The Jewish National and University Library: MBA; Arc. Ms. Var. 350/398a [Hervorhebung im Original]. Den gleichen Text sandte Landshut an Hugo Bergmann.

178 Eduard Heimann an Martin Buber, 8. August 1940; The Jewish National and University Library: MBA; Arc. Ms. Var. 350/313a. Nach dem Scheitern einer Weiterbeschäftigung an der Hebräischen Universität versuchte Heimann im Sommer 1940 ein weiteres Mal, eine Stelle für Landshut in den Vereinigten Staaten zu finden. Dabei wurde er offenbar durch Gutachten von Buber und Koebner unterstützt. Die Bemühungen waren wiederum vergebens.

179 Martin Buber und Arthur Ruppin an Judah L. Magnes, 25. Januar 1940; HU Jerusalem: UA, Personalakte Landshut.

180 Die Tochter Susanne blieb – soeben verheiratet mit Klaus Herzberg (d.i. Daniel Dishon) – in Jerusalem, während der Sohn Arnold ins Kinderdorf Ben Schemen umzog; Brief von Susanne Geis an den Verf. vom 11. Oktober 1994.

181 Aktennotiz Alfred Bonnés vom 7. April 1940; HU Jerusalem: UA, Personalakte Landshut.

182 Arthur Ruppin an Siegfried Landshut, 26. April 1940; PA Geis.

183 Der gebürtige Nürnberger Alfred Bonné hatte sich 1925 in Palästina niedergelassen. Von 1931 bis 1936 leitete er die »Economic Archives for the Near East« in Jerusalem. Anschließend war er im ERI tätig und wurde 1943 dessen Direktor.

184 Alfred Bonné an Siegfried Landshut, 26. April 1940; PA Geis.
185 Zur Geschichte der Kibbuzim vgl. Hermann Meier-Cronemeyer: *Kibbuzim. Geschichte, Geist und Gestalt.* Teil I (Schriftenreihe des Forschungsinstituts der Friedrich-Ebert-Stiftung). Hannover 1969 [zweiter und dritter Teil sind leider nie erschienen]; vgl. auch: Alex Bein: *The Return to the Soil. A History of Jewish Settlement in Israel.* Jerusalem 1952 [hebr. 1942]; Haim Darin-Drabkin: *Der Kibbuz. Die neue Gesellschaft in Israel.* Stuttgart 1967 [zuerst engl. 1962]; Harry Viteles: *A History of the Cooperative Movement in Israel. A Source Book in seven Volumes.* London 1966 (Vol. 1), 1967 (Vol. 2), 1968 (Vol. 3, 4, 5), 1970 (Vol. 6, 7); Henry Near: *The Kibbutz Movement. A History.* Bd. I: Origins and Growth, 1909-1939. Oxford 1992.
186 Der Begriff der »Kwuza« (pl.: Kwuzot) war mehrere Jahrzehnte lang die gängige Bezeichnung für die Gemeinschaftssiedlungen. Der Begriff »Kibbuz« kam offenbar erstmals in Ein Charod (gegründet 1921) auf und setzte sich nur langsam durch. In den 1930er und 1940er Jahren wurden beide Begriffe, Kwuza und Kibbuz, in oft verwirrender Weise nebeneinander verwendet, bevor sie vor allem ab den 1950er Jahren zunehmend als Synonyme benutzt wurden. Heute ist der Begriff der Kwuza von dem des Kibbuz verdrängt. Die Begriffsänderung verweist nicht zuletzt auf die Wandlung im Wesen der Gemeinschaftssiedlung, von der kleineren homogenen Gemeinschaft zum organisatorisch gefestigten Instrument der Kolonisation; vgl. zur Geschichte dieser Begriffe: Meier-Cronemeyer, *Kibbuzim*, 95f., dort Anm. 4.
187 Ebd., 9.
188 Die für eine neue Siedlung vorgesehene Gruppe baute Hütten, Barrikaden und Wachtürme, um diese dann innerhalb eines Tages von der nächstliegenden Siedlung zum neuen Siedlungsplatz zu bringen, dort aufzubauen und auf diese Weise vom ersten Tag an verteidigungsbereit zu sein.
189 Die übrigen Siedlungen waren hauptsächlich Moschavim, kooperative Siedlungen von Kleinbauern.
190 Die Zahlenangaben sind entnommen: Near, *Kibbutz-Movement*, 329, 344. Zur Entwicklung der Kibbuzim schreibt Meier-Cronemeyer, *Kibbuzim*, 188: »Die Kibbuzim wurden das Instrument zur zwar immer noch friedlichen Eroberung des Landes, unter der Last von Organisation und Planung aber sollte viel vom freiheitlichen und friedlichen Geist der Arbeiter- und Jugendbewegung dahinschwinden, ihre totalitäre, militante Komponente hingegen hervortreten.«
191 Zur Gründungsgeschichte von Giwat Brenner vgl. Meier-Cronemeyer, *Kibbuzim*, 127f.; nach der litauischen und der deutschen Gruppe stieß auch eine italienische Gruppe zum Kibbuz Giwat Brenner. Darunter befand sich Enzo Sereni, der den Kibbuz in dessen ersten eineinhalb Jahrzehnten entscheidend mitprägte. Vgl. zu Giwat Brenner auch: Near, *Kibbutz Movement*, 256-261.

192 Zu diesem Zeitpunkt war Giwat Brenner nach der Einwohnerzahl bereits der drittgrößte Kibbuz. Vgl. *Die jüdischen Gemeinschaftssiedlungen in Palästina. Ein Handbuch.* Hg. vom Keren Hajessod und vom Immigrationsdepartment der Jewish Agency. Jerusalem 1938 [zuerst engl. 1938], 56 [der nicht genannte Verfasser dieser Schrift ist Edwin Samuel].
193 Vgl. Anita Shapira: *Berl Katznelson. Ein sozialistischer Zionist.* Frankfurt am Main 1988 [zuerst hebr. 1980]; hier insbes. das Kapitel »Der Aufruf zur Einigung der Kibbuzbewegung, 1935-1939«, 284-310.
194 Vgl. ebd., 269.
195 Vgl. Erel, *Neue Wurzeln*, 145-223. Shlomo Erel (vormals Siegusch Ehrlich, geb. 1916) war u.a. 1937/38 Sekretär des Habonim in Berlin und von 1942-1944 Sekretär beim Hechaluz in London. Im Jahre 1944 nach Palästina eingereist, wurde er Mitglied des Kibbuz Galed (bis 1951).
196 Viteles, *History*, Vol. 3, 440.
197 Vgl. Shapira, *Berl Katznelson*, 293.
198 Vgl. Near, *Kibbutz-Movement*, 256. Heute ist Giwat Brenner mit annähernd zweitausend Einwohnern der größte Kibbuz.
199 Siegfried Landshut an Arthur Ruppin, 10. Juni 1940; PA Geis.
200 Siegfried Landshut an Alfred Bonné, 19. Juni 1940; PA Geis.
201 PA Geis.
202 Brief von Susanne Geis an den Verf. vom 23. August 1994.
203 Alfred Bonné an Siegfried Landshut, 30. Dezember 1940; PA Geis.
204 Ersichtlich aus einem Brief Alfred Bonnés an Siegfried Landshut vom 4. Dezember 1940; ebd.
205 Siegfried Landshut an Arthur Ruppin, 30. Januar 1941; ebd.
206 Das Verhältnis zwischen Siegfried Landshut und Berl Katznelson war offenbar eines der gegenseitigen Achtung. So auch die Einschätzung Arnon Aviners im Gespräch mit dem Verf. (in Kiryat Krinizi, 7. Juli 1993). Katznelson gehörte für Landshut sicher nicht zu denjenigen, die um ihrer persönlichen Karriere willen handelten. Daß Katznelson schließlich nichts für ihn tun konnte, war allerdings eine Enttäuschung.
207 Siegfried Landshut an Alfred Bonné, 18. März 1941; PA Geis. Zum »Studienmonat« der Histadrut in Rehovot vgl. Shapira, *Berl Katznelson*, 364-367. Die Seminare wurden von Katznelson geplant und organisiert, die Leiter der verschiedenen Arbeitsgruppen von ihm ausgesucht, etwa Golda Meyerson (Meir) und Gershom Scholem. Auch im Vorfeld des Studienmonats zeigten sich die Spannungen innerhalb der Arbeiterbewegung. Der Hakibbuz Hameuchad, die Fraktion B und auch der Haschomer Hazair zogen sich zurück, so daß das Seminar der Histadrut zu einem Seminar des Mehrheitsflügels der Mapai wurde.
208 PA Geis.
209 Diese Fassung befindet sich in den Central Zionist Archives, Jerusalem, S 90 / 237.

210 Die zweite deutschsprachige Fassung enthält statistische Daten für das Jahr 1942; sie dürfte 1943, spätestens 1944 fertiggestellt worden sein. Eine Kopie dieses Typoskripts befindet sich in der Sozialwissenschaftlichen Bibliothek der Universität Hamburg, wohin ein großer Teil der Landshutschen Bibliothek als Nachlaß-Spende gelangt ist. Im folgenden beziehen sich die Verweise auf diese Fassung.
211 Die Studie ist vollständig nur in hebräischer Sprache veröffentlicht worden (1944). Einen Teil der deutschsprachigen Fassung enthält der 1969 erschienene Sammelband *Kritik der Soziologie und andere Schriften zur Politik*. Der dort auf den Seiten 177-232 abgedruckte Text besteht aus der Einleitung der Studie, dem ersten Abschnitt über die Genealogie des zionistischen Siedlungsgedankens und dem Schlußkapitel.
212 Siegfried Landshut: *Die Gemeinschafts-Siedlung in Palästina*. o.O. o.J., 1f.
213 Ebd., 5.
214 Zu den Gemeinschaftssiedlungen in Nordamerika vgl. ebd., 12-30; erstaunlicherweise erwähnt Landshut hier nicht die Forschungen seines Doktorvaters Robert Liefmann. Dieser hatte während seiner USA-Reise im Jahre 1907 verschiedene Siedlungen besucht und im folgenden Jahr einen Aufsatz darüber veröffentlicht: »Die heutigen kommunistischen Gemeinden in Nordamerika«. In: *Jahrbücher für Nationalökonomie und Statistik*. 3. Folge, 36. Bd. (1908), 29-58; 145-166. In der Zeit, da Landshut bei ihm studierte, bereitete Liefmann eine erweiterte Buchausgabe vor: *Die kommunistischen Gemeinden in Nordamerika*. Jena 1922.
215 Landshut, *Gemeinschafts-Siedlung*, 30.
216 Ebd., 31.
217 Ebd., 47.
218 Ebd., 43.
219 Ebd., 67; vgl. auch: ebd., 52.
220 Ebd. 53. Zum Arbeitsethos vgl. auch: ebd., 67-70.
221 Ebd., 173.
222 Vgl. ebd., 75-79.
223 Vgl. ebd., 79-85. Landshut erklärt (ebd., 85), daß die Mitglieder des Hakibbuz Haarzi an das Glaubensbekenntnis des Marxismus gebunden seien, und fährt fort: »Und mit welcher Ängstlichkeit darüber gewacht wird, dass dieses politische Dogma durch keinerlei Ketzerei gefährdet wird, beweist der Vorfall, dass ein in einer Siedlung des K[ibbuz] A[rzi] angesagter Vortrag eines Wissenschaftlers im letzten Augenblick abgesagt wurde, weil die Leitung der Kwuzah befürchtete, dass seine Ausführungen nicht dem Glaubensbekenntnis entsprechen würden.« Vermutlich war Landshut selbst der »ketzerische« Wissenschaftler.
224 Ebd., 85-98.
225 Vgl. dazu auch Landshuts späteren Aufsatz: »Self-Government in

Communal Settlements«. In: *A New Way of Life. The Collective Settlements of Israel*. Foreword by Windham Deedes; Introduction by Norman Bentwich. London 1949, 46-52.
226 Vgl. dazu auch Vittorio Segres Erinnerungen. Segre, der 1939 als junger Mann nach Giwat Brenner kam, schildert hier u.a. anschaulich die wichtige Funktion der Latrine, des überhaupt einzigen Ortes, an dem man nahezu allein sein konnte. Vittorio Segre: *Ein Glücksrabe. Die Geschichte eines italienischen Juden* (Die Andere Bibliothek 101). Frankfurt am Main 1993 [zuerst ital. 1985], 155-178.
227 Landshut, *Gemeinschafts-Siedlung*, 58.
228 Ebd., 100.
229 Ebd., 111.
230 Ebd., 104.
231 Ebd., 113.
232 Ebd., 187f. In seinem Aufsatz »Reflexionen über die Alija«, erschienen 1944 in hebräischer Sprache, hat Landshut selbst diese Problematik aufgegriffen.
233 An einer Stelle seiner Kibbuz-Studie geht Landshut kurz und scheinbar beiläufig auf die Situation der aus Deutschland eingewanderten Kibbuz-Mitglieder ein. Er stellt fest, daß diese einen viel geringeren Einfluß in der Kibbuzbewegung hätten, als ihnen zahlenmäßig eigentlich zukäme. Maßgeblich trügen die deutschen Einwanderer selbst dazu bei, denn diese hätten »eine Bereitschaft der Angleichung und – man möchte fast sagen – einen Eifer der Unterwerfung bezeugt [...], der gerade deshalb besonders bemerkenswert ist, weil gerade das deutsche Judentum intensiver als das irgend eines anderen Landes mit dem Geistesleben, der Tradition und dem öffentlichen Leben seines Herkunftslandes verwurzelt war«; Landshut, *Gemeinschafts-Siedlung*, 72.
234 Ebd., 188. Vgl. auch die Ausführungen zur Zionsidee: ebd., 32-34. Den Zusammenhang zwischen der Gründung eines jüdischen Nationalstaats und der aus der Aufklärung hervorgegangenen Emanzipationsbewegung – also der neueren europäischen und nicht der alten jüdischen Geschichte – hat Landshut in einem 1967 gehaltenen Vortrag über »Konstitutive Elemente des israelischen Nationalbewußtseins« ausführlich dargelegt.
235 Landshut, *Gemeinschafts-Siedlung*, 188f.
236 Ebd., 190.
237 Ebd. 193.
238 Dies geht hervor aus einem Schreiben Landshuts an Harry Viteles vom 5. Juli 1943; PA Geis.
239 Darum geht es in der Korrespondenz zwischen Landshut und Viteles, dem »General Manager« dieser Bank. Ob Viteles die Übersetzung wirklich finanzierte, d.h. einen entsprechenden Kredit bereitstellte, ist aus dem spärlich erhaltenen Briefwechsel nicht ersichtlich, aber wahrscheinlich. Später hat Viteles in seinem Buch über die Gemeinschaftssiedlungen Landshuts Studie mehrmals ausführlich zitiert.

240 Die englischsprachige Fassung befindet sich in den Central Zionist Archives, Jerusalem, S 90/829; sie trägt den Vermerk »completed 12. Nov. 1944«.
241 Ersichtlich aus einem Brief Siegfried Landshuts an Georg Landauer vom 26. September 1943; CZA Jerusalem, S7/2160.
242 *MB*, 7. Jg., Nr. 19 (7. Mai 1943), 5.
243 *MB*, 7. Jg., Nr. 45 (5. November 1943), 11.
244 Die Tagesordnung wurde vorab veröffentlicht in: *MB*, 8. Jg., Nr. 3 (21. Januar 1944), 1.
245 Fritz (später: Perez) Naphtali war einer der führenden Theoretiker der deutschen Arbeiterbewegung gewesen, ehe er im Jahre 1933 nach Palästina emigrierte. Von 1935 bis 1937 arbeitete er in Ruppins Economic Research Institute, wo er Landshut spätestens kennengelernt hat. Von 1937 bis 1950 war er als Vertreter der Mapai Mitglied im Stadtrat von Tel Aviv, von 1940 bis 1946 zudem Exekutivmitglied der Histadrut. Nach der Staatsgründung amtierte er als Finanzberater Ben Gurions (1949-1951) und hatte anschließend verschiedene Ministerposten inne (u.a. für Landwirtschaft). Für Naphtalis Einschätzung der Landshutschen Arbeit mag auch seine jahrzehntelange Freundschaft mit Ernst Kahn von Belang gewesen sein. Kahn dürfte seinen Freund über Landshuts wissenschaftliche Fähigkeiten sowie über dessen Werdegang in Palästina genau unterrichtet haben. Vgl. zu Naphtali: Jehuda Riemer: *Fritz Perez Naphtali. Sozialdemokrat und Zionist* (Schriftenreihe des Instituts für Deutsche Geschichte, Universität Tel Aviv 12). Gerlingen 1991.
246 Der Publizist Gustav Krojanker lebte seit 1932 in Palästina. Eine aktive Rolle spielte er in der Alija Chadascha, deren hebräischsprachige Zeitung er herausgab. Wann er Landshut kennenlernte, ist ungewiß; jedenfalls zählte er bereits zu den Unterzeichnern jener Eingabe an Salman Schocken, mit der eine Weiterbeschäftigung Landshuts an der Hebräischen Universität erreicht werden sollte. Vgl. zu Krojanker: Jaacov Bach: »Gustav Krojanker«. In: Eli Rothschild (Hg.): *Meilensteine. Vom Wege des Kartells Jüdischer Verbindungen (K.J.V.) in der Zionistischen Bewegung. Eine Sammelschrift.* Tel Aviv 1972, 373-377.
247 Der Agronom Ludwig Pinner, wie Naphtali und Krojanker gebürtiger Berliner, war bereits 1921 nach Palästina ausgewandert. Von 1938 bis 1968 leitete er die Abteilung Mittelstandsansiedlung der Jewish Agency. Eine enge Zusammenarbeit verband Pinner vor allem mit Arthur Ruppin und Georg Landauer. Ebenso wie sein bester Freund Gustav Krojanker gehörte Pinner zu den aktiven Mitgliedern der Alija Chadascha. Vgl. den Nachruf von Kurt Kanowitz: »Ludwig Pinner in memoriam«. In: *MB*, 47. Jg., Nr. 24 (22. Juni 1979), 5.
248 Abgedruckt in: *MB*, 8. Jg., Nr. 5 (4. Februar 1944), 2. Auch die englischsprachige, in Jerusalem erscheinende *Palestine Post* berichtete über die Preisverleihung; Vol. 19, No. 5397 (30. Januar 1944), 3.

249 Zu Bubers Position in Palästina bzw. Israel vgl. das Nachwort von Robert Weltsch: »Martin Buber 1930-1960«. In: Hans Kohn: *Martin Buber. Sein Werk und seine Zeit. Ein Beitrag zur Geistesgeschichte Mitteleuropas 1880-1930.* 2., um ein Vor- und Nachwort erweiterte Aufl. Köln 1961 (zuerst 1930), 413-479. Vgl. auch Grete Schaeder: »Martin Buber. Ein biographischer Abriß«. In: Buber, *Briefwechsel.* Bd. 1, 19-141, insbes. 117-141; Gerhard Wehr: *Martin Buber. Leben, Werk, Wirkung.* Zürich 1991, insbes. 261-366.

250 Martin Buber an Eduard Heimann, 7. Oktober 1947; HU Jerusalem: UA, Personalakte Landshut. Einige Jahre später berichtet Eduard Heimann in einem Brief an Curt Bondy, datiert vom 6. Januar 1951, Martin Buber habe ihm »ohne L's Wissen« das Manuskript einer Arbeit über Kibbuzim geschickt. Heimann schreibt weiter: »[...] eine ganz hervorragende Leistung, auch nach Buber's Urteil«. Ich danke Marie-Elisabeth Hilger für die Überlassung einer Kopie dieses Schreibens.

251 Eduard Heimann an Martin Buber, 19. November 1947; The Jewish National and University Library: MBA; Arc. Ms. Var. 350 / 313a.

252 Im folgenden zitiert nach: Martin Buber: *Pfade in Utopia.* In: Martin Buber: *Pfade in Utopia. Über Gemeinschaft und deren Verwirklichung.* Mit einem Nachwort hg. von Abraham Schapira. Erheblich erweiterte Neuausgabe. 3. Aufl. Heidelberg 1985, 15-258.

253 Ebd., 227-243.

254 Ebd., 232.

255 Ebd., 227.

256 Ebd., 239.

257 Zum Gemeinschafts-Begriff bei Buber vgl. Paul R. Mendes-Flohr: *Von der Mystik zum Dialog. Martin Bubers geistige Entwicklung bis hin zum »Ich und Du«.* Königstein/Ts. 1978, insbes. 149-164.

258 Buber, *Pfade in Utopia,* 237.

259 Ebd., 240f. Hier erwähnt Buber auch Katznelson, dessen Ringen um Einigung er damit würdigt.

260 Siegfried Landshut: *Hakwuza* (Zionistische Bibliothek 4). Jerusalem 1944.

261 Nach Auskunft Stanley Marons gab es nur zwei nennenswerte hebräische Rezensionen. In der einen griff Zvi Vardi Landshuts Buch aus der Sicht des Haschomer Hazair heftig an; bei der anderen, verfaßt von Izhak Maor, handelte es sich offenbar um einen ernsthafteren Versuch, Landshuts Erwägungen gerecht zu werden; so Stanley Maron im Brief an den Verf. vom 13. Oktober 1993.

262 Stanley Maron: *Kibbutz in a Market Society.* Ramat Efal [Yad Tabenkin] 1993, 53.

263 Hannah Arendt: »Der Zionismus aus heutiger Sicht« [zuerst engl.; 1944 verfaßt, 1945 publiziert]. In: Dies.: *Die Krise des Zionismus. Essays und Kommentare 2.* Hg. von Eike Geisel und Klaus Bittermann. Mit einem Nachwort von Henryk M. Broder. Berlin 1989, 7-59, hier 12.

264 Ebd., 15. Der entschieden antibritischen Haltung der Revisionisten stand vor allem eine Gruppe um Chaim Weizmann gegenüber, während David Ben Gurion einen zweischneidigen Kurs propagierte. Er hatte bekanntlich die Losung ausgegeben: »Wir werden gemeinsam mit England gegen Hitler kämpfen, als gäbe es kein Weißbuch, und wir werden das Weißbuch bekämpfen, als gäbe es keinen Krieg«.

265 Freilich begründete Arendt dieses Recht anders als üblich. Ihrer Ansicht nach konnte es nicht aus der Vergangenheit abgeleitet, mit Geld erworben oder von »edelmütigen Lords« geschenkt werden. Vielmehr erklärte sie das Recht des jüdischen Volkes auf Palästina als identisch »mit dem Recht eines jeden Menschen auf die Früchte seiner Arbeit«; die Araber hätten 1500 Jahre Zeit gehabt, »aus einer Steinwüste fruchtbares Land zu machen«, die Juden aber noch nicht 40 Jahre, und der Unterschied sei »sehr bemerkenswert«. Vgl. Hannah Arendt: »Die Krise des Zionismus«. In: Arendt, *Die Krise des Zionismus*, 187-197, hier 196 [zuerst erschienen in: *Aufbau* vom 22. Oktober, 6. November und 20. November 1942].

266 Vgl. das von Magnes, Buber und Weltsch verfaßte, am 3. September 1942 erschienene Programm des Ihud in: Martin Buber: *Ein Land und zwei Völker. Zur jüdisch-arabischen Frage*. Hg. und eingeleitet von Paul R. Mendes-Flohr. Frankfurt am Main 1983, 199-201. Trotz seiner Verbindungen zu zahlreichen Persönlichkeiten des Ihud hat Landshut – enttäuscht von der Art der politischen Auseinandersetzung im Jischuw – diesem Kreis offenbar nicht selbst angehört. Immerhin: Im ersten Heft der vom Ihud gegründeten Monatsschrift *Beajot* (April 1944) erschien Landshuts Aufsatz »Reflexionen über die Alija«.

267 Vgl. Georg Landauer, *Der Zionismus im Wandel dreier Jahrzehnte*; vor allem: »›Alija Chadascha‹ – eine neue politische Formation«, ebd., 127-139 [zuerst 1944].

268 Nachum Benari: *Zur Geschichte der Kwuzah und des Kibbuz. Eine Monographie*. [Hg. vom Hechaluz, Deutscher Landesverband, Berlin.] Berlin 1934.

269 Meier-Cronemeyer, *Kibbuzim*, 7.

270 Mordechai Orenstein: *Zur Problematik der Kibbuzbewegung in Erez Jisrael* (Führerschriften 2, Jüd. Pfadfinderbund »Haschomer Hazair«). Berlin 1934.

271 Joseph Weiss: *Die »Kwuzah«. Ein Beitrag zu den genossenschaftlichen Organisationsformen in der jüdischen Landwirtschaft Palästinas* [Dissertation der Rechts- und Staatswissenschaftlichen Fakultät der Universität Zürich]. Bern 1935.

272 Vgl. Shmuel N. Eisenstadt: »Introduction«. In: Yonina Talmon: *Family and Community in the Kibbutz*. Cambridge/Mass. 1972, V-X, hier VIf. Eisenstadt (geb. 1923), der im übrigen über seinen »Doktorvater« Martin Buber Landshut flüchtig kennengelernt hatte, berichtet hier über die ersten ausländischen Wissenschaftler, die Mitte der 1940er Jahre nach

Palästina kamen, um über Kibbuzim zu forschen. Deren Anliegen und Ergebnisse seien in den Kibbuzim nicht akzeptiert worden. Gleiches habe laut Eisenstadt für die Studie Landshuts gegolten.
273 Den Beginn eines Dialogs zwischen Kibbuzim und Wissenschaftlern markierte das erste Symposion über Gemeinschaftssiedlungen, das im Jahre 1946 in der Hebräischen Universität auf dem Mount Scopus stattfand. Initiator und Leiter des Symposions war Martin Buber. Landshut, der zu dieser Zeit in Ägypten lebte, nahm vermutlich nicht teil.
274 Gunnar Heinsohn: »Einleitung des Herausgebers«. In: Ders. (Hg.): *Das Kibbutz-Modell. Bestandsaufnahme einer alternativen Wirtschafts- und Lebensform nach sieben Jahrzehnten*. Frankfurt am Main 1982, 7-16, hier 7.
275 Vgl. *Kibbutz Bibliography*. Compiled by Shimon Shur. Second (revised and extended) Edition. Tel Aviv 1972. Auch in dieser Zusammenstellung der nichthebräischen Publikationen über Kibbuzim fehlt jeder Hinweis auf Landshuts Studie.
276 Vgl. Meier-Cronemeyer, *Kibbuzim*, 136, 150, 202, 207, 210.
277 Vgl. Viteles, *History*, Vol. 2, 1967, 323f., 429-431, 510f., 640f.
278 Vgl. Maron, *Kibbutz in a Market Society*, 51, 53-55, 65.
279 Entsprechend plant man nun im Kibbuz-Forschungszentrum Yad Tabenkin, Landshuts Kibbuz-Studie erneut in hebräischer Sprache zu veröffentlichen. So die Auskunft des dortigen Mitarbeiters Haim Seeligmann, Gespräch in Hamburg am 24. September 1995. Seeligmann, der Landshut nicht persönlich kannte, ist seit 1935 Mitglied des Kibbuz Giwat Brenner.
280 Siegfried Landshut: *Eretz Israel's Triple Alliance. Jewish National Land, Labour, Capital*. Published by the Head Office of the Keren Hayesod Jerusalem. Jerusalem 1942. Landshut schrieb den Text vermutlich zuerst in deutscher Sprache und übersetzte ihn dann selbst ins Englische. Die unpublizierte deutschsprachige Fassung (*Die drei Grundfaktoren des Aufbaus von Erez Israel*) befindet sich in den CZA Jerusalem, KH 4 B/5114. Ebd. findet sich auch das englische Typoskript mit den vor der Veröffentlichung vorgenommenen Streichungen des britischen Zensors.
281 Landshut, *Drei Grundfaktoren* [unpubliziertes Typoskript], 10.
282 Ebd., 10, 11.
283 Dies geht hervor aus einem Schreiben von Leo Herrmann, dem Generalsekretär des Keren Hajessod, an A. Mibashan, Buenos Aires, vom 25. Mai 1942; CZA Jerusalem, KH 4 B/5114. Am gleichen Tag erhielt auch Kurt Blumenfeld in New York die spanische Übersetzung der Landshutschen Schrift, die vermutlich auch der Spendenwerbung dienen sollte. Die von Nathan Gorelik übersetzte Fassung »Triple Alianza Judía en Palestina« ist allerdings nie erschienen.
284 Landshut, *Drei Grundfaktoren*, 27.

285 Siegfried Landshut an Alexander Rüstow, 8. August 1941; BA Koblenz: NL Rüstow/42, 178.
286 Siegfried Landshut an Alexander Rüstow [Datum unleserlich, vermutlich: 10. September 1941]; BA Koblenz: NL Rüstow/42, 173.
287 Typisch ist es auch, wenn Landshut Rüstow gegenüber äußert, er könne eine Übersiedlung in die Vereinigten Staaten nicht in Betracht ziehen, da seine »unausrottbare Liebe zum alten Kontinent« ihn gefangenhalte. Siegfried Landshut an Alexander Rüstow, 8. August 1941; BA Koblenz: NL Rüstow/42, 178. Eine konkrete Beschäftigungsmöglichkeit in den USA bestand allerdings auch nicht.
288 Wie es zur Anstellung beim »Britischen Mittelmeersender« kam, ist ungeklärt. Möglicherweise bestand ein Zusammenhang zwischen der Verpflichtung Landshuts und der Anstellung von Josef Dobretsberger (1903-1970), der ab 1942 die Österreichsendungen leitete. Dobretsberger, der an der wirtschaftswissenschaftlichen Fakultät in Istanbul gelehrt hatte und Kollege Rüstows gewesen war, kam im Sommer 1941 nach Palästina, wo er in recht regen Kontakt zu Landshut trat. Die Anstellung Dobretsbergers mag diejenige Landshuts begünstigt haben – oder umgekehrt.
289 Vgl. Conrad Pütter: *Rundfunk gegen das »Dritte Reich«. Deutschsprachige Rundfunkaktivitäten im Exil 1933-1945. Ein Handbuch.* Unter Mitwirkung von Ernst Loewy und mit einem Beitrag von Elke Hilscher. Erarbeitet im Auftrag des Deutschen Rundfunkarchivs (Rundfunkstudien, Bd. 3). München-London-New York-Oxford-Paris 1986, 97-100.
290 Vgl. auch die Erinnerungen von Segre, der zeitweilig in der italienischen Abteilung des Senders arbeitete; Segre, *Glücksrabe*, 271-295.
291 Daniel Dishon, der damalige Schwiegersohn Landshuts, trug zum Zeitpunkt seiner Mitarbeit beim Sender noch den Namen Klaus Herzberg. Von Dishon stammen auch die hier verwendeten Detail-Informationen: Briefe an den Verf. vom 30. September 1991, 25. November 1991, 29. März 1992; Gespräch in Jerusalem, 8. Juli 1993. Vgl. zur nicht mehr vollständig rekonstruierbaren Personalstruktur der Abteilung auch Pütter, *Rundfunk gegen das »Dritte Reich«*, 98. Demnach gab es im Laufe der Zeit folgende Mitarbeiter mit sehr unterschiedlich langer Beschäftigungsdauer: Siegfried Landshut (Leiter), Josef Dobretsberger (Leiter der Österreichsendungen), Herr Bernays, Daniel Dishon (fester Mitarbeiter, Redakteur, Sprecher), Pastor Eilers, Louis Fürnberg (Redakteur), Robert Raphael Geis (Sprecher), Mario Kranz (Sprecher, Texter), Heinz Politzer (Redakteur, Sprecher), Josef Reitzer (Redakteur), Fritz Romann (Sprecher), Hermann Valentin (Sprecher, Redakteur), Willi Verkauf (Redakteur).
292 Mit ihm war Landshuts Tochter Susanne ab 1945 in zweiter Ehe verheiratet. Vgl. zu Geis: Dietrich Goldschmidt: »Robert Raphael Geis. Ein später Zeuge des deutschen Judentums«. In: *Emuna. Horizonte zur Diskussion über Israel und das Judentum* 8 (1973), 424-427; *Leiden an*

der Unerlöstheit der Welt. Robert Raphael Geis 1906-1972. Briefe, Reden, Aufsätze. Hg. von Dietrich Goldschmidt, in Zusammenarbeit mit Ingrid Ueberschär. München 1984.
293 Über seine Person waren keine Angaben ausfindig zu machen.
294 Vgl. Pütter, *Rundfunk gegen das »Dritte Reich«*, 100.
295 Daniel Dishon berichtet, Roy Elston sei während seiner Jerusalemer Jahre (obwohl nicht jüdisch) sehr pro-zionistisch geworden und habe von 1947/48 bis in die fünfziger Jahre hinein als Mitarbeiter der »Palestine Post« gearbeitet. In diesem englischsprachigen Organ der jüdischen Bevölkerung veröffentlichte er unter dem Pseudonym David Courtney pro-zionistische und häufig auch antibritische Tageskommentare. Solange Elston Leiter des Mittelmeersenders gewesen sei, habe aber niemand gewußt, wo dessen Sympathien lagen. Brief Daniel Dishons an den Verf. vom 30. September 1991. Vgl. auch Fritz Romann: »Radio gegen Rommel«. In: Walter Zadek (Hg.): *Sie flohen vor dem Hakenkreuz. Selbstzeugnisse der Emigranten. Ein Lesebuch für Deutsche.* Reinbek bei Hamburg 1981, 225f., hier 225. Romann berichtet: »Einen aufgeklärteren Chef konnten sich die Emigranten gar nicht wünschen.« Vgl. dagegen die ausfallende Kritik Louis Fürnbergs an Elston/Courtney aus dem Jahre 1946: Louis Fürnberg: »Die fünfte Kolonne schreibt«. Abgedruckt in: *Der Briefwechsel zwischen Louis Fürnberg und Arnold Zweig. Dokumente einer Freundschaft.* Hg. von Rosemarie Poschmann und Gerhard Wolf. Berlin-Weimar 1978, 321-326.
296 Roy Elston an Siegfried Landshut, 20. Juni 1944; PA Aviner.
297 Vgl. auch die sehr knappe Charakteristik bei Romann, »Radio gegen Rommel«, 225f.: »Emigranten? Ja, sogar in doppeltem Sinne. Palästina war nur die erste Stufe ihrer Auswanderung gewesen. Nur einer war Zionist. Die anderen konnten hier ihre Begabungen nicht voll entfalten und zogen nach Kriegsende weiter.«
298 Brief an den Verf. vom 30. September 1991.
299 *Briefwechsel Fürnberg/Zweig*, 112. Die Herausgeber irren hier, wenn sie in einer Anmerkung (ebd., 345) den »eitlen Herrn« als Roy Elston identifizieren. Dieser hatte mit »Politischer Wissenschaft« nichts zu tun. Vorgesetzter von Fürnberg war Siegfried Landshut.
300 Im »Eigenbericht« der Alija Chadascha heißt es 1944 über die Volkshochschule, diese sei die »zentrale Kulturinstitution Jerusalems« geworden; *MB*, 8. Jg., Nr. 52 (20. Dezember 1944), 5.
301 Vgl. die Ankündigungen für das 7. Semester der VHS Jerusalem; *MB*, 7. Jg., Nr. 48 (26. November 1943), 11; *MB*, 7. Jg., Nr. 49 (3. Dezember 1943), 11.
302 Für die vorliegende Untersuchung wurden die vermutlich in deutscher Sprache verfaßten und dann ins Hebräische übertragenen Texte von Daniel Dishon, Jerusalem, ins Deutsche rückübersetzt. Es ist ein glücklicher Umstand, daß Dishon im Herbst 1993 diese schwierige Aufgabe übernommen hat. In der Entstehungszeit der Aufsätze kannte er Lands-

hut sehr gut. Wie bereits erwähnt, war er dessen enger Mitarbeiter beim Mittelmeersender und zudem erster Ehemann der Tochter Landshuts.
303 Siegfried Landshut: »Die soziale Revolution in der Auffassung Landauers«. In: *Gustav Landauer. Zum zwanzigsten Jahrestag seiner Ermordung*. Hg. vom Kulturzentrum der Histadrut. Redaktion: Jacob Sandbank. Tel Aviv 1939, 44-57. Im folgenden zitiert nach der deutschsprachigen Übersetzung Daniel Dishons (16 Seiten).
304 Das Erscheinen des Sammelbandes erlebte Jacob Sandbank nicht mehr. Vgl. zu Sandbank: Hugo Bergmann: »Jacob Sandbank als Volksbildner. Zum ersten Todestag«. In: *MB*, 4.Jg., Nr. 26 (28. Juni 1940), 4. Vgl. ebenfalls: Curt Wormann: »Kulturelle Probleme und Aufgaben der Juden aus Deutschland in Israel seit 1933«. In: Tramer, *Zwei Welten*, 280-329, dort 289, 319-323.
305 Vgl. über Bubers Beziehung zu Landauer: Ernst Simon: »Der werdende Mensch und der werdende Jude«. In: *Der Jude* 6 (1921/22), 457-475; Kohn, *Martin Buber*, 195-205; Grete Schaeder: *Martin Buber. Hebräischer Humanismus*. Göttingen 1966, insbes. 211-217; Mendes-Flohr, *Mystik*, insbes. 135-150.
306 Der Text Bubers ist in deutscher Übersetzung erstmals erschienen in dem schon genannten Sammelband: *Pfade in Utopia. Über Gemeinschaft und deren Verwirklichung*, 1985, 339-346.
307 Ebd., 345f.
308 Gustav Landauer: *Die Revolution*. Frankfurt am Main 1907. Der Band erschien in der von Martin Buber herausgegebenen Reihe »Die Gesellschaft. Sammlung sozialpsychologischer Monographien« (Bd. 13).
309 Gustav Landauer: *Aufruf zum Sozialismus*. Revolutionsausgabe. 2., vermehrte und verbesserte Aufl. Berlin 1919 [zuerst 1911]. Vgl. auch die Neuausgabe: Gustav Landauer: *Aufruf zum Sozialismus*. Hg. und eingeleitet von Heinz-Joachim Heydorn. Frankfurt am Main-Wien 1967.
310 Vgl. Landshut, »Soziale Revolution«, 15.
311 Ebd., 3.
312 Siegfried Landshut: »Am Ende eines Jahrhunderts (1840-1940)«. In: Berl Katznelson (Hg.): *Ba-Kur [In der Feuerprobe]*. Tel Aviv 1941, 58-67. Im folgenden zitiert nach der deutschsprachigen Übersetzung Daniel Dishons (22 Seiten).
313 Ebd., 3.
314 Ebd., 6.
315 Ebd., 9.
316 Ebd., 10.
317 Vgl. ebd., 16. Wenngleich Landshut hier Marx und Spengler in einem Atemzug nennt, so lagen natürlich auch für ihn Welten zwischen den beiden. Spengler hielt er für einen gefährlichen »Schwätzer« (so sein Ausdruck im Brief an Fritz Schalk, datiert vom 5. Oktober 1933; UB Bonn: NL Schalk); Marx beschäftigte ihn sein ganzes Wissenschaftlerleben lang.

318 Siegfried Landshut: »Das Wesen der modernen Gesellschaft nach Karl Marx und Max Weber«. In: *Iyyun. Philosophische Hefte*. Hg. von Martin Buber, S[hmuel] H[ugo] Bergman und Julius Guttmann. Redaktion: Sinai [Siegfried] Ucko. Bd. 1, Heft 1 (Oktober 1945), 102-125. Neben Landshut zählten u. a. der Schriftsteller Felix Weltsch sowie die Philosophen Shmuel Hugo Bergman, David Baumgardt und Nathan Rotenstreich zu den Autoren des ersten Heftes von *Iyyun*. In hebräischer Sprache abgedruckt wurde auch Ernst Cassirers Aufsatz »Mythos und Religion«. Cassirer, den Landshut aus seiner Hamburger Zeit gut kannte, war am 13. April 1945 im amerikanischen Exil gestorben.

319 Siegfried Landshut: »Das Wesen der modernen Gesellschaft nach Karl Marx und Max Weber«. Aus dem Hebräischen übersetzt von Daniel Dishon, bearbeitet und mit einer editorischen Vorbemerkung versehen von Rainer Nicolaysen. In: *Politisches Denken. Jahrbuch 1995/96*. Hg. von Karl Graf Ballestrem, Volker Gerhardt, Henning Ottmann, Martyn P. Thompson. Stuttgart-Weimar 1996, 85-116. Im folgenden wird aus dieser publizierten Fassung zitiert.

320 Landshut, »Wesen der modernen Gesellschaft«, 108.

321 Ebd., 110.

322 Ebd., 109.

323 Die vehement vorgebrachte Kritik an Marx und am Marxismus durchzieht weite Strecken des Buches. Landauer hält den Marxismus für »die Pest unsrer Zeit und [den] Fluch der sozialistischen Bewegung«. Vgl. Landauer, *Aufruf zum Sozialismus* (Neuausgabe 1967), 93.

324 Landshut verwies insbesondere darauf, daß Landauer die Frühschriften und damit die »so innerliche und aus der Tiefe stammende Quelle« der Marxschen Anschauungen nicht habe kennen können. Auch an dieser Stelle verwies Landshut im übrigen darauf, daß er Handschriften von Marx entdeckt und veröffentlicht habe. Vgl. Landshut, »Soziale Revolution«, 9f.

325 Vgl. Landshut, »Wesen der modernen Gesellschaft«, 110. Hier spricht Landshut von Webers »Scheitern« als einem »natürliche[n] Scheitern des begrenzten empirischen Verstandes, der sich nur auf sich allein verläßt«. Vgl. auch das Schlußkapitel in: Karl Jaspers: *Max Weber. Deutsches Wesen im politischen Denken, im Forschen und Philosophieren*. Oldenburg 1932, 75-78. Dort schreibt Jaspers (ebd., 75): »Sein Scheitern war ein Erleiden, das wie ein aktives Wollen ist, das wahre Scheitern des Menschen in seiner ihm auferlegten Geschichtlichkeit [...].«

326 Landshut, »Wesen der modernen Gesellschaft«, 105.

327 Ebd., 111.

328 Ebd., 112.

329 Ebd., 110f.

330 Ebd., 112f. [meine Hervorhebung, R.N.]

331 Ebd., 91.

332 Ebd., 99.

333 Siegfried Landshut: »Reflexionen über die Alija«. In: *Beajot*, Jg. 1, Heft 1 (April 1944), 152-157. Im folgenden zitiert nach der deutschsprachigen Übersetzung Daniel Dishons (9 Seiten).

334 *Beajot* erschien von 1944 bis 1948. Dieser Zeitschrift war von 1940 an ein ähnliches Organ, *Beajot Hajom (Tagesprobleme)*, vorausgegangen. Im Jahre 1948 folgte *Beajot Hasman (Zeitprobleme)*.

335 *MB*, 8. Jg., Nr. 13 (31. März 1944), 4.

336 Ernst Simon: »Reflexionen über Reflexionen. Einige Bemerkungen zum Artikel von Dr. S. Landshut«. In: *Beajot*, Jg. 1, Heft 1 (April 1944), 157f. Im folgenden zitiert nach der deutschsprachigen Übersetzung Daniel Dishons (Seite 9-12 im Übersetzungstyposkript des Landshut-Aufsatzes).

337 Landshut, »Alija«, 2.

338 Ebd.

339 Ebd., 3.

340 Ebd., 7.

341 Ebd., 8f. Der Übersetzer verwendet hier den Ausdruck »*gesäuberte* kulturelle Atmosphäre«; ob Landshut ihn im Deutschen gebraucht hätte, ist fraglich.

342 Simon, »Reflexionen über Reflexionen«, 9-12.

343 Bezeichnend ist z.B., daß Simon im Jahre 1944 in der Jerusalemer Volkshochschule einen Vortragszyklus mit dem Titel »Krisenpunkte unseres geistigen Lebens in Palästina« durchführte. Vgl. *MB*, 8. Jg., Nr. 23 (9. Juni 1944), 9.

344 Die Staatsgründung Israels löste dann tatsächlich eine neue Masseneinwanderung aus, mit der Landshut nicht gerechnet hatte. Insbesondere in den ersten dreieinhalb Jahren der staatlichen Existenz stiegen die Einwanderungszahlen enorm. Hatten im Mai 1948 649 700 Juden in Israel gelebt, so kamen allein vom Mai 1948 bis Ende 1951 686 739 jüdische Einwanderer hinzu; und zwar 326 786 aus Europa, 237 352 aus Asien, 93 951 aus Afrika, 5140 aus Amerika und Australien sowie 23 510 Menschen, deren Herkunftsort unbekannt war. Vgl. zu den Zahlenangaben: Eisenstadt, *Transformation*, 434; vgl. zur Einwanderungsbewegung ab 1948: ebd., 433-484; sowie Eisenstadt, *Israelische Gesellschaft*, 75-83. Zur Motivation dieser sehr heterogenen Einwanderungsgruppe schreibt Eisenstadt, ebd., 80: »Das verbreitetste Motiv war jetzt nicht die Schaffung einer neuen Art von Gemeinschaft und Kultur, sondern die Errichtung wirtschaftlicher und sozialer Sicherheit und einer grundlegenden Solidarität mit der bestehenden jüdischen Gemeinschaft.«

345 Siegfried Landshut: »Re-Education«. In: *Forum*, Vol. VIII, No. 8 (16. Februar 1945), 3, 14.

346 Ebd., 14.

347 Ebd., 3 [Hervorhebungen im Original].

348 Die Einzelheiten über diese Organisation und ihre einzelnen Abteilun-

gen sind einem handschriftlichen Bericht Landshuts entnommen, den Wolfgang Kessel mir freundlicherweise zur Verfügung gestellt hat [im folgenden zitiert als: Landshut, »Bericht«]. Es handelt sich um zehn nicht paginierte Seiten eines ursprünglich längeren, offenbar kurz nach Schließung der Kriegsgefangenenlager verfaßten Textes.
349 In seinem Katalog von 1972 führt das Foreign Office in London noch eine Akte über Siegfried Landshut auf. Leider ist diese seitdem einer »Bestandsreduzierung« zum Opfer gefallen.
350 Landshut, »Bericht«, o.S.
351 Ebd.
352 Ebd. Zum »Führerkult« gab Landshut weiter an, daß das Bild des Leiters in jedem Bibliotheksraum hing, daß eine Wandmalerei in der Kantine den Leiter als Bacchus und eine große Holzskulptur ihn als Buddha darstellte. Da alle davor zitterten, »den Unwillen des Allmächtigen zu reizen«, brachte Landshut schließlich ein mit vielen Zitaten und Nachweisen versehenes Memorandum gegen den Leiter vor, was ihm einigen Ärger einbrachte.
353 Ebd. [meine Hervorhebung, R.N.].
354 Die Angaben zur genaueren Lokalisierung der Gefangenenlager stammen von Wolfgang Kobbe, der damals als »P.I.D.-Teacher« eng mit Landshut zusammenarbeitete. Kobbe ist zunächst Kriegsgefangener im Lager Fayid, dann im Lager Port Fouad gewesen. Er gab u.a. die Lagerzeitung von Port Fouad heraus, baute einen Lagerrundfunk auf und organisierte Konzerte sowie Theater-Aufführungen. Am 25. Juni 1948 erhielt Kobbe eine von Landshut unterzeichnete schriftliche Bestätigung seiner Tätigkeit als »P.I.D.-Teacher«. Briefe Wolfgang Kobbes an den Verf. vom 11. Dezember 1991; 15. Dezember 1992; 22. Oktober 1995.
355 Vgl. dazu Wolfgang Abendroth: *Ein Leben in der Arbeiterbewegung.* Gespräche aufgezeichnet und hg. von Barbara Dietrich und Joachim Perels. 3. Aufl. Frankfurt am Main 1981, 183-186. Abendroth, der 1937 wegen Hochverrats zu vier Jahren Zuchthaus verurteilt worden war, wurde im Februar 1943 zur Strafdivision 999 eingezogen. Außer den politischen Gefangenen mit Zuchthausstrafe wurden auch kriminelle Zuchthäusler dieser sog. »Wehrunwürdigen-Einheit« zugeteilt. Laut Abendroths Angabe gab es über dreißig Bataillone, die unter der Ziffer 999 gegründet wurden. In seinem Bataillon, das nach Griechenland kam, war das Zahlenverhältnis von »Politischen« zu »Kriminellen« 2:1. Später wurde Abendroth als Kriegsgefangener der Briten nach Ägypten gebracht.
356 Landshut, »Bericht«, o.S.
357 Erhart Kästner: *Zeltbuch von Tumilat.* Frankfurt am Main 1988 [Erstveröffentlichung 1949], 22.
358 Vgl. Walter Wienert: *Der Unterricht in Kriegsgefangenenlagern. Schule und Hochschule hinter Stacheldraht.* Göttingen 1956, 27f.
359 Vgl. ebd., 28 sowie Abendroth, *Ein Leben,* 189-191. Wolfgang Abendroth kehrte im November 1946 nach Deutschland zurück.

360 Vgl. ebd.: Bevor Abendroth ins Lager 306 kam, war er im Lager 379, also im »Tumilat-Lager«, gewesen. Daß es zwischen Landshut und Abendroth Meinungsverschiedenheiten gegeben hat, die auch in »Debatten« in diesem Lager ausgetragen wurden, berichtet Andreas Lommel im Brief an den Verf. vom 4. Dezember 1991. Der Münchner Ethnologe Lommel (geb. 1912) war selbst im Lager 379; in Kästners *Zeltbuch von Tumilat* kommt er als wüstenkundiger und brillenreicher Ethnologe vor.

361 Siegfried Landshut: *Karl Marx*. H.Q. 47 Group P.C. [Februar] 1947 [das Lager 379 war offiziell in »H.Q. 47 Group P.C.« umbenannt worden].

362 Siegfried Landshut: *Politisches ABC*. H.Q. 47 Group P.C. [Juli] 1947.

363 Rede zur Ehrung von Siegfried Landshut durch die »Universität« Fayid am 1. Dezember 1947; PA Aviner. Wer die Rede hielt, ist unbekannt. Vermutlich war es der Leiter der »Universität« Dr. Adolf Sindler. Unterzeichnet ist das Dokument mit »Rektor und Senat«.

364 *Wüstenstimme* 3 (1948), 38 vom 17. Juli 1948; PA Aviner.

365 So die Einschätzung von Andreas Lommel bezüglich Landshuts Äußerungen zur »Nachkriegsproblematik«, Brief an den Verf. vom 4. Dezember 1991.

366 Karl August von Kameke: »Professor Landshut bei den Gefangenen«. Leserbrief in: *Frankfurter Allgemeine Zeitung*, Nr. 294 vom 18. Dezember 1968, 11.

367 So auch offenbar als Zitat Landshuts verwendet bei: Dietrich Hilger, »Nekrolog«, 836.

368 Erhart Kästner an Siegfried Landshut, 4. Juli 1950; PA Aviner.

369 Erhart Kästner an Gerhard Nebel, 20. November 1949; DLA: Nachlaß Nebel.

370 Gerhard Nebel an Erhart Kästner, 14. November 1949; Herzog August Bibliothek Wolfenbüttel: Erhart Kästner Archiv.

371 Auskunft von Susanne Geis, Brief an den Verf. vom 11. April 1992.

372 Gerhard Nebel an Erhart Kästner, 29. November 1949; Herzog August Bibliothek Wolfenbüttel: Erhart Kästner Archiv

373 Der Brief ist nicht auffindbar. Daß er geschrieben wurde, geht aus einem Schreiben Gerhard Nebels an Erhart Kästner vom 6. Juli 1950 hervor; ebd.

374 Siegfried Landshut an Alexander Rüstow, 5. Oktober [1945]; BA Koblenz: NL Rüstow/42, 167f.

375 Siegfried Landshut an Alexander Rüstow, 15. März 1946; ebd., 160.

376 Siegfried Landshut an Alexander Rüstow, 5. Oktober [1945]; ebd., 167f.

377 So die Mitteilung Rüstows in seinem Brief an Landshut vom 13. Februar 1946; ebd., 161.

378 Siegfried Landshut an Alexander Rüstow, 15. März 1946; ebd., 160.

379 Der in Odessa geborene Pekelis hatte ab Mitte der 1920er Jahre in Ita-

Exil 525

lien gelebt, wo er 1938 seine italienische Staatsangehörigkeit und seine Professur für Rechtssoziologie verlor. Über Paris und Lissabon flüchtete er 1941 in die USA, wo er u.a. an der New School for Social Research tätig war. Ab 1945 nahm er die Position eines »chief consultant to the Commission on Law and Social Action of the American Jewish Congress« ein.

380 Die Briefe Bubers an Heimann, Lowe, Wolfers und Röpke sind alle datiert vom 7. Oktober 1947; HU Jerusalem: UA; Personalakte Landshut.
381 Adolph Lowe an Martin Buber, 14. Oktober 1947; Eduard Heimann an Martin Buber, 23. Oktober 1947 und 19. November 1947; ebd.
382 Bodleian Library Oxford, SPSL 352/2, 112f.
383 Karl Mannheim an die SPSL, 9. März 1946; Bodleian Library Oxford, SPSL 352/2, 96.
384 Aus einem Brief Landshuts an die SPSL vom 18. März 1946 geht hervor, daß Mannheim ihn über sein Schreiben an die Hilfsorganisation brieflich unterrichtet hatte; ebd., 101. Das veränderte Verhältnis der beiden ist auch dokumentiert in der Bewerbung Landshuts für eine Stelle in der UNO. Hier hatte er schon am 4. Februar 1946 Karl Mannheim als möglichen Gutachter genannt; und zwar an erster Stelle vor Wilhelm Röpke, Eduard Heimann und Alexander Rüstow; Bewerbungsschreiben Siegfried Landshuts an die Vereinten Nationen, 4. Februar 1946; PA Aviner.
385 Karl Mannheim an die SPSL, 9. März 1946; Bodleian Library Oxford, SPSL 352/2, 96.
386 Äußerungen Landshuts in seinen Briefen an die SPSL vom 18. März 1946 und vom 8. April 1946; ebd., 101, 103.
387 Siegfried Landshut an die SPSL, 18. März 1946; ebd., 101. Hier heißt es in Ergänzung zum mitgesandten »Statement«: »May I, however, add for your own information that I should prefer any other possibility.«
388 Alexander Rüstow an Siegfried Landshut, 29. März 1946; BA Koblenz: NL Rüstow/42, 159.
389 Siegfried Landshut an Alexander Rüstow, 6. April 1946; ebd., 158.
390 Prot. RStFak. vom 6. März 1946; o.Bl.
391 Abschrift des Briefes der Nordwestdeutschen Hochschulkonferenz an die Rektoren der in der Britischen Zone gelegenen Hochschulen vom 20. Mai 1946; StA HH, WiSoFak 9, o.Bl.
392 Prot. RStFak vom 3. Juli 1946; o.Bl.
393 Der Dekan der RStFak [der Jurist Erich Genzmer] an die Nordwestdeutsche Hochschulkonferenz, 12. August 1946; StA HH, WiSoFak 9, o.Bl.
394 Siegfried Landshut an Heinrich Landahl, 29. August 1948; StA HH, HW-DPA I 263, Bd. 1, 31. Heinrich Landahl war von 1926 bis zu seiner Entlassung 1934 Leiter der reformorientierten Lichtwarkschule in Hamburg gewesen. Vor 1933 Mitglied der DDP/Staatspartei, trat Landahl 1945 der SPD bei und wurde am 1. Juni 1945 Schulsenator. Zur

Schulbehörde gehörte damals auch die »Hochschulabteilung«, die für die Universität zuständig war.
395 Bues an Walter Auerbach, 26. April 1948; ebd., 21. Bues gibt hier auch an, daß er selbst an der Universität in Hamburg studiert habe und Willy Neuling ein »gemeinsamer Bekannter« von ihm und Landshut sei. Auerbach, der sich des »Falles Landshut« annehmen sollte, war als Sozialdemokrat (Mitglied seit 1926) selbst von 1933 bis 1946 im holländischen bzw. englischen Exil gewesen.
396 Rudolf Gerstung an Heinrich Landahl, 21. Juli 1948; StA HH, HW-DPA I 263, Bd. 1, 25.
397 Fälschlicherweise ging man davon aus, daß Landshut SPD-Mitglied sei.
398 Heinrich Landahl an Rudolf Gerstung, 23. Juli 1948; StA HH, HW-DPA 263 I, Bd. 1, 26.
399 Persönlich kannten sich Landahl und Landshut aus der Zeit vor 1933 nur flüchtig; und zwar von Elternversammlungen der Lichtwarkschule, die Landshuts Tochter Susanne besuchte. Diesen frühen Kontakt erwähnt Landshut selbst in seinem Schreiben an Landahl vom 29. August 1948; ebd., 31. Möglicherweise war auch Adolf Grimme (1889-1963), zu jener Zeit Kultusminister in Hannover, für Landshut eingetreten. Wie sein Kollege Landahl war er von Gerstung über die Situation Landshuts infomiert worden (Schreiben vom 29. Mai 1948; ebd., 22). Grimme und Landshut kannten sich aus der Zeit vor 1933 offenbar etwas näher. In einem Lebenslauf erwähnt Landshut, der preußische Kultusminister Grimme (diese Position hatte Grimme von 1930 und 1932 inne) habe ihn aufgefordert, »einen Leitfaden zur Ausbildung von Studienreferendaren und Assessoren zum staatsbürgerlichen Unterricht« auszuarbeiten; HU Jerusalem: UA: Personalakte Landshut. Weitere Hinweise auf eine Verbindung zwischen Landshut und Grimme ließen sich weder im Nachlaß des letzteren noch in den einschlägigen Akten des preußischen Ministeriums finden.
400 Curt Eisfeld an die Schulbehörde, 13. August 1948; StA HH, HW-DPA 263 I, Bd. 1, 28.
401 Vgl. dazu Arnold Sywottek: »Kontinuität im Neubeginn: Über die Anfänge der ›Universität Hamburg‹«. In: *Hochschulalltag*, Teil 3, 1387-1416, hier 1390.
402 Vgl. Curt Eisfeld, *Aus fünfzig Jahren*, z.B. 134, 147.
403 Heinrich Landahl an Siegfried Landshut, 14. September 1948; StA HH, HW-DPA 263 I, Bd. 1, 36.
404 Prot. RStFak vom 17. Juli 1948.
405 Karl Schiller an die Schulbehörde, 17. August 1948; StA HH, HW-DPA 263 I, Bd. 1, 29. Angaben Karl Schillers zufolge hat sich außer ihm insbesondere Heinz-Dietrich Ortlieb für Landshut eingesetzt; Brief an den Verf. vom 5. November 1991.
406 Siegfried Landshut an Heinrich Landahl, 29. August 1948; StA HH, HW-DPA 263 I, Bd. 1, 31.

Exil 527

407 Curt Eisfeld an die Schulbehörde, 31. August 1948 [am selben Tag eingegangen]; ebd., 32.
408 Heinrich Landahl an Siegfried Landshut, 7. September 1948; ebd., 34.
409 Siegfried Landshut an Heinrich Landahl, 14. September 1948; ebd., 40.
410 Siegfried Landshut an den Dekan der RStFak, 14. September 1948; StA HH, WiSoFak 9, o.Bl. In diesem Schreiben nennt Landshut Vorschläge für seine Veranstaltungen in Hamburg, die sich bereits wie ein Programm seiner späteren Lehr- und Forschungstätigkeit lesen: 1.) Einführung in das politische Denken an Hand des Aristoteles, Politica A; 2.) Die Auffassung des Verhältnisses von Staat und Gesellschaft seit Rousseau (Burke, A. de Tocqueville, J. St. Mill, L. von Stein, J. Burckhardt, Marx, Sorel, Pareto); 3.) Wachstum und Umschichtung der europäischen Gesellschaft seit 1800; 4.) Soziologische Interpretation – Aristoteles, Plato, Bodin, Hobbes, Spinoza, Rousseau, W. v. Humboldt.
411 Siegfried Landshut an den Dekan der RStFak, 19. Oktober 1948; ebd., o. Bl.
412 Siegfried Landshut an Heinrich Landahl, 11. November 1948; StA HH, HW-DPA 263 I, Bd. 1, 44.
413 Siegfried Landshut an Curt Eisfeld, 11. November 1948; StA HH, WiSoFak 9, o. Bl.
414 Die »Anglo-Jewish Association« in Großbritannien gehört neben der »Alliance Israélite Universelle« in Frankreich und dem »American Jewish Committee« in den Vereinigten Staaten zu den früh etablierten jüdischen Organisationen in westlichen Demokratien. Die AJA wurde 1871 gegründet und versteht sich als unabhängiges Forum britischer Juden. Die Gesellschaft hat noch heute ihren Sitz in London; ihre älteren Aktenbestände befinden sich in der Southampton University Library.
415 Protokoll der Sitzung des »Sub-Committee Jews in Moslem Countries« vom 6. September 1948; Southampton University Library: AJ 37/6/2/6.
416 Prot. Sub-Committee, 15. November 1948; ebd.
417 Foreign Affairs Committee Progress Report for 1949; Southampton University Library: AJ 37/1/6.
418 Report of Foreign Affairs Committee, February/March 1949; ebd.
419 Foreign Affairs Committee Progress Report for 1949; ebd.
420 Siegfried Landshut: *Jewish Communities in the Muslim Countries of the Middle East. A Survey*. For The American-Jewish Committee and The Anglo-Jewish Association published by The Jewish Chronicle. London o. J. [1950].
421 »Vorwort«, in: Landshut, *Jewish Communities*, VIIf.
422 Landshut, *Jewish Communities*, IX.
423 Vgl. zusammenfassend ebd., 93-95.
424 Ebd., 97.
425 Ebd.
426 Ebd., 98.

7. Rückkehr

1 Heinrich Landahl: »Ansprache«. In: *Universität Hamburg. Reden von Senator Heinrich Landahl und Professor Dr. Emil Wolff, gehalten bei der Feier der Wiedereröffnung am 6. November 1945 in der Musikhalle.* [Hamburg 1946], 5-14, hier 10.
2 Emil Wolff: »Die Idee und die Aufgabe der Universität«. In: ebd., 17-34.
3 Ebd., 25f. [meine Hervorhebung, R.N.].
4 Ebd., 26f.
5 Vgl. ebd., 24f.
6 Die neue Situation wurde zuerst bei einem Treffen am 6. Mai 1945 besprochen. Anwesend waren neben Wolff, Snell, Laun und Flitner auch der Pharmakologe Eduard Keeser als noch amtierender Rektor, außerdem Curt Eisfeld sowie die Verwaltungsjuristen Eduard Bötticher und Hans Peter Ipsen. Daß Eisfeld hier – offenbar als in Aussicht genommener Prodekan für die Rechts- und Staatswissenschaftliche Fakultät – anwesend war, zeigt im übrigen, daß er auch von eindeutigen Regimegegnern nicht in die Nähe des Nationalsozialismus gerückt wurde. Am 12. Mai 1945 fand dann eine Sitzung statt, die nachträglich zur »1.« Sitzung des Akademischen Senats erklärt wurde. Vgl. Sywottek, »Anfänge«, insbes. 1389-1391.
7 Vogel, »Anpassung und Widerstand«, 49.
8 Daß dies nachteilig wirken konnte, wurde auch von Zeitgenossen erkannt. So schrieb Carl A. Rathjens, 1933 als wissenschaftlicher Hilfsarbeiter am Hamburgischen Welt-Wirtschafts-Archiv aus politischen Gründen entlassen und im April 1946 zum Honorarprofessor der Universität Hamburg ernannt, am 5. Juni 1946 an den in freundschaftlichem Kontakt verbundenen Julian Obermann: »Überhaupt sieht es an der Universität noch ziemlich traurig aus. Bei den Studenten legt man einen sehr strengen Maßstab an, weit über das Erforderliche hinausgehend, und bei den Dozenten geschieht nichts. Das heißt, daß man die Verführten bestraft und die Verführer straffrei ausgehen läßt.« Der Adressat Obermann war in Hamburg Privatdozent für Semitische Sprachen und Kulturen gewesen, hatte aber bereits seit 1923 eine Gastdozentur in den USA inne. Als »Nichtarier« wurde ihm 1933 in Abwesenheit die Lehrbefugnis entzogen. Der für die Nachkriegsjahre aufschlußreiche Briefwechsel Rathjens/Obermann befindet sich im Nachlaß Rathjens, Staats- und Universitätsbibliothek Hamburg Carl von Ossietzky. Der genannte Brief ist auszugsweise abgedruckt in: Bottin, *ENGE ZEIT*, 92.
9 Vgl. Sywottek, »Anfänge«, 1393.
10 Vgl. ebd., 1397.
11 In diesem Sinne wurde offenbar in der zweiten Sitzung des Akademischen Senats am 16. Mai 1945 über die vertriebenen Hochschullehrer gesprochen; vgl. ebd.

12 So blieb auch der am 7. Juni 1947 von den Ministerpräsidenten ergangene »Aufruf an die Emigration« weitgehend unbeachtet. Die Exilierten wurden hier aufgefordert, in »ihre Heimat« zurückzukehren, um bei einem »wirklichen Neubeginn unseres Lebens« mitzuwirken. Dieser Aufruf war ein Einzelfall und spiegelte offenbar nicht die Stimmungslage der Bevölkerung wider; abgedruckt ist er in: *Stuttgarter Zeitung*, 24. März 1961, 3. Vgl. zur Frage der Rückkehr von Hochschullehrern auch: Ulrike Cieslok: »Eine schwierige Rückkehr. Remigranten an nordrhein-westfälischen Hochschulen«. In: *Exilforschung 9* (1991), 115-127.

13 Vagts hat nach Kriegsende offenbar das Angebot, die Leitung des ehemaligen »Mendelssohn-Instituts« zu übernehmen, abgelehnt. So: Gantzel-Kress, »Institut«, 931 (dort Anmerkung 19).

14 Vgl. dazu die Aussage seiner Witwe, Gerda Panofsky; Bottin, *ENGE ZEIT*, 99.

15 Vgl. zu den Medizinern: Hendrik van den Bussche: »Die ›Machtergreifung‹«. In: Ders. (Hg.): *Medizinische Wissenschaft im »Dritten Reich«. Kontinuität, Anpassung und Opposition an der Hamburger Medizinischen Fakultät* (Hamburger Beiträge zur Wissenschaftsgeschichte 5). Berlin-Hamburg 1989, 32-62, hier insbes. 46-54.

16 Zur Rückkehr Kapps vgl. Lohse, »Klassische Philologie und Zeitgeschehen«, 801f. Demnach wollte die Philosophische Fakultät Kapp schon 1947 auf seinen ehemaligen Lehrstuhl zurückberufen. Dies scheiterte daran, daß Kapps Nachfolger Ulrich Knoche im Juni 1949 schließlich in die Kategorie »Entlastete« eingestuft wurde und das Ordinariat wieder erhielt. Ernst Kapp wurde finanziell »entschädigt«. Als Emeritus hielt er von 1954 bis Ende der fünfziger Jahre Lehrveranstaltungen an der Universität Hamburg ab.

17 Vgl. Christoph Maas: »Das Mathematische Seminar der Hamburger Universität in der Zeit des Nationalsozialismus«. In: *Hochschulalltag*, Teil 3, 1075-1095, hier 1077.

18 Curt Bondy war 1921 bei William Stern mit einer Arbeit über *Die proletarische Jugendbewegung in Deutschland* promoviert worden; 1925 erfolgte ebenfalls in Hamburg die Habilitation. Von 1930 bis 1933 lehrte er in Göttingen. In den folgenden Jahren arbeitete Bondy u. a. in der Mittelstelle für jüdische Erwachsenenbildung (gemeinsam mit Martin Buber). Im November 1938 wurde er verhaftet und ins KZ Buchenwald gebracht. Nach seiner Entlassung emigrierte er in die USA, kehrte aber bald nach Europa zurück, wurde nun in Frankreich interniert und konnte schließlich ein zweites Mal in die USA fliehen. Vgl. zu den Umständen seiner Hamburger Berufung: Christa Kersting: »Erziehungswissenschaft in Hamburg nach 1945. Zum Umgang der Disziplin mit Emigranten«. In: *Zeitschrift für Pädagogik* 40 (1994), 745-763, hier insbes. 750-755; zur Person: *Erinnerungen an Curt Bondy anläßlich seines 100. Geburtstages (1994)*. Hg. von Karl Gerlicher und Klaus Eyferth. Erlangen 1995.

19 Wilhelm Flitner an Curt Eisfeld [Prodekan], 6. Juli 1946; StA HH, WiSo-Fak 8, o.Bl.
20 Erich Genzmer an Eduard Heimann, 20. Juli 1946; ebd.
21 Vgl. M.-E. Hilger, »SÖS«, 954; vgl. in bezug auf Nachkriegsperspektiven auch Heimanns aufschlußreichen Brief an Rudolf Küstermeier, vermutlich vom 15. Februar 1946; abschriftlich und auszugsweise in: StA HH, WiSoFak 8, o. Bl., weitgehend abgedruckt in: Bottin, *ENGE ZEIT*, 96.
22 Außer den hier genannten kamen zwei weitere exilierte Wissenschaftler nach Hamburg zurück, um Gastvorlesungen bzw. Gastvorträge zu halten, ohne aber wieder in Hamburg ansässig zu werden. So hielt der Pharmakologe Richard Kohn (1904-1983) – im US-amerikanischen Exil umbenannt in »Richards« – im Jahre 1950 zwei Gastvorträge. Hans Liebeschütz (1893-1978), ehemals Privatdozent für Mittellateinische Philologie an der Hamburgischen Universität sowie Latein- und Geschichtslehrer an der Lichtwarkschule, war 1939 ins Exil nach Großbritannien gegangen. Im Jahre 1957 wurde er zum außerplanmäßigen Professor der Universität Hamburg ernannt und hielt dort in den folgenden Jahren mehrere Gastvorlesungen.
23 Vgl. den »Fall« Walter A. Berendsohns. *Walter A. Berendsohn 1884-1984. Chronik und Dokumentation.* Zusammengestellt von Arie Goral. [Hamburg 1984.] Vgl. zusammenfassend: Sywottek, »Anfänge«, 1398.
24 Alexander und Margarete Mitscherlich: *Die Unfähigkeit zu trauern. Grundlagen kollektiven Verhaltens.* 19. Aufl. München-Zürich 1987 [zuerst 1967], 26. Vgl. zum Aspekt der »Verdrängung« der NS-Zeit in den ersten Nachkriegsjahren auch: Thomas Koebner: »Die Schuldfrage. Vergangenheitsverweigerung und Lebenslügen in der Diskussion 1945-1949«. In: Thomas Koebner, Gert Sautermeister, Sigrid Schneider (Hg.): *Deutschland nach Hitler. Zukunftspläne im Exil und aus der Besatzungszeit 1939-1949.* Opladen 1987, 301-329.
25 Alexander Mitscherlich: »Die schwersten Stunden. Überschlag eines Jahres (1946)«. In: Ders.: *Politisch-publizistische Aufsätze.* Bd. 2. Hg. von Herbert Wiegandt. Frankfurt am Main 1983, 79-87, hier 82.
26 Daß es in den unmittelbaren Nachkriegsjahren auch an der Universität Hamburg durchaus andere Tendenzen gegeben hat, belegt die Lektüre der von »Dozenten und Studenten« vom Juli 1946 bis zum Dezember 1950 herausgegebenen *Hamburger Akademischen Rundschau. Hamburger Akademische Rundschau* 1 (1946/47), 2 (1947/48), 3 (1948/50). Nachdruck inklusive eines von Angela Bottin herausgegebenen Begleitbandes (Hamburger Beiträge zur Wissenschaftsgeschichte 10). Berlin-Hamburg 1991.
27 Eduard Heimann an Alvin Johnson [den Begründer der »Graduate Faculty«], 25. August 1952; Archiv der New School for Social Research, New York: Akten der Graduate Faculty.
28 Victor Klemperer: *Ich will Zeugnis ablegen bis zum letzten. Tagebücher*

1933-1945. Hg. von Walter Nowojski, unter Mitarbeit von Hadwig Klemperer. 2 Bde. Berlin 1995, hier Bd. 2, 773.
29 Hannah Arendt: *Besuch in Deutschland*. Mit einem Vorwort von Henryk M. Broder und einem Portrait von Ingeborg Nordmann. Berlin 1993. Zuerst erschienen unter dem Titel »The Aftermath of Nazi Rule. Report from Germany«. In: *Commentary* 10 (Oktober 1950), 342-353. Fälschlicherweise wird in der deutschen Ausgabe angegeben, Hannah Arendts »Besuch in Deutschland« habe vom August 1949 bis zum März 1950 gedauert. Auch Young-Bruehl, *Hannah Arendt*, 344, nennt diesen Zeitraum. Tatsächlich flog Arendt erst am 24. November 1949 nach Europa (zunächst nach Paris), um dort für die Organisation »Jewish Cultural Reconstruction« zu arbeiten. Sie reiste ab Anfang Dezember vornehmlich durch die Bundesrepublik und kehrte im März 1950 in die USA zurück. Die korrekten Daten ergeben sich aus: Hannah Arendt/Karl Jaspers: *Briefwechsel 1926-1969*. Hg. von Lotte Köhler und Hans Saner. Neuausgabe. München 1993, 179-183.
30 Arendt, *Besuch*, 25f.
31 Ebd., 24.
32 Ebd., 33.
33 Ebd., 35. Ihrer Freundin Hilde Fränkel schrieb Arendt am 20. Dezember 1949 in die USA: »...die Deutschen arbeiten sich dumm und dämlich«. Zitiert nach Young-Bruehl, *Hannah Arendt*, 344.
34 Vgl. die Regierungserklärung Konrad Adenauers vom 20. September 1949, abgedruckt in: Klaus von Beyme: *Die großen Regierungserklärungen der deutschen Bundeskanzler von Adenauer bis Schmidt*. München 1979, 53-73, hier 66.
35 Vgl. Papcke, »Exil und Remigration«, passim.
36 Siegfried Landshut an den Dekan [Eduard Bötticher], 3. November 1949; StA HH, WiSoFak 9, o. Bl.
37 Rudolf Sieverts an Siegfried Landshut, 28. November 1949; ebd.
38 Siegfried Landshut an Rudolf Sieverts, 3. Dezember 1949, 24. Dezember 1949, 13. Januar 1950; ebd.
39 Mündliche Auskunft Heinz-Dietrich Ortliebs, Gespräch in Hamburg am 22. August 1991.
40 Zur bisher kaum erforschten »Rückkehr-Problematik« vgl. den instruktiven Beitrag von Benita Luckmann: »New School – Varianten der Rückkehr aus Exil und Emigration«. In: Ilja Srubar (Hg.), *Exil. Wissenschaft. Identität*, 353-378.
41 Siegfried Landshut [d.i. der Vetter von Siegfried Landshut], *Neumark-Westpreussen*, 28. Landshut geht in seiner Familienchronik von Samuel und Pauline Hirsch, also den Großeltern Siegfried Landshuts, aus, die als erste den Namen »Landshut« angenommen hatten. Die genannten 134 Personen gehörten der 3., 4., 5. und 6. Generation der Familie an.
42 Ebd., 25. Siegfried Landshuts zweite Schwester Lore Kaufmann überlebte die NS-Zeit in Frankreich; seine Mutter war 1942 in Paris gestorben.

43 Hannah Arendt im Gespräch mit Günter Gaus. Gesendet vom Zweiten Deutschen Fernsehen in der Reihe »Zur Person« am 28. Oktober 1964. Unter dem Titel »Was bleibt? Es bleibt die Muttersprache« abgedruckt in: Adelbert Reif (Hg.): *Gespräche mit Hannah Arendt*. München 1976, 9-34, hier 23f.

44 Vgl. Luckmann, »Varianten«, 358.

45 Die Tagung fand am 27. und 28. Oktober 1951 in der Heimvolkshochschule Jagdschloß Göhrde statt und war dem Thema »Das Problem der Wirtschaftsunionen« gewidmet. Bei der Auslandswissenschaftlichen Gesellschaft e. V. handelte es sich um eine am 17. Dezember 1948 in Hamburg gegründete »wissenschaftliche Vereinigung von Persönlichkeiten aus Politik, Wirtschaft, Publizistik und akademischem Leben«. Im Jahre 1951 zählte sie etwa 110 Mitglieder von Rudolf Laun (der zum dreiköpfigen Präsidium gehörte) über Karl Schiller, Karl Heinz Pfeffer, Helmut Schelsky und Hans Freyer bis hin zu Adolf Rein. Vgl. dazu den Bericht für das Jahr 1951. In: Grundakte V, 7 (Aktenbestände des Instituts für Internationale Angelegenheiten, Hamburg).

46 Wie man in der Auslandswissenschaftlichen Gesellschaft auf Landshuts Brief reagierte, ist nicht mehr zu rekonstruieren, und auch eine Liste der dann tatsächlich an der Tagung teilnehmenden Personen ist nicht auffindbar.

47 Siegfried Landshut an die Auslandswissenschaftliche Gesellschaft e.V. (z. Hd. Karl Heinz Pfeffer), 26. September 1951. Eine Kopie des Briefes befindet sich im BA Koblenz, NL Rüstow/67, 354.

48 Sie hatte nach dem Ende des ersten jüdisch-arabischen Krieges noch einige Zeit im belagerten Jerusalem ausharren müssen; Susanne Geis im Brief an den Verf. vom 27. Juni 1992.

49 Siegfried Landshut an den Dekan der RStFak Eduard Bötticher, 11. April 1950; StA HH, WiSoFak 9, o.Bl.

50 Eduard Bötticher an Siegfried Landshut, 19. April 1950; ebd.

51 Prot. RStFak vom 20. Mai 1950 [Aktenbestand des Fachbereichs Rechtswissenschaft I der Universität Hamburg].

52 Hans von Heppe an Siegfried Landshut, 31. Mai 1950; StA HH, WiSoFak 9, o. Bl.

53 Eduard Heimann an Curt [Bondy], 6. Januar 1951; Kenntnis und Kopie dieses Schreibens verdanke ich Marie-Elisabeth Hilger.

54 Vgl. Rainer Waßner: »Andreas Walther und das Seminar für Soziologie in Hamburg zwischen 1926 und 1945. Ein wissenschaftsbiographischer Umriß. In: Sven Papcke (Hg.): *Ordnung und Theorie*, 386-420, hier 412-418.

55 Bruno Snell [Dekan der PhilFak] an die Schulbehörde/Hochschulabteilung, 3. September 1945; StA HH, Uni I, A 110. 10. 21, Bd. 1, 23.

56 Schreiben der Schulbehörde/Hochschulabteilung an die Dekane der PhilFak und der RStFak, 20. September 1946; ebd., 31.

57 Heinrich Landahl an die Dekane der PhilFak und der RStFak, 6. Mai 1947; ebd., 40.

58 Curt Eisfeld [Dekan der RStFak] an Schulbehörde/Hochschulabteilung, inklusive Gutachten, 28. August 1948; ebd., 45-53.
59 Die Dreierliste war zunächst von der RStFak eingereicht worden; die PhilFak wurde dann von der Behörde um ergänzende Stellungnahme gebeten. Die PhilFak erklärte sich mit der Nennung Plessners und Weipperts einverstanden, wandte sich aber strikt gegen eine Nominierung Schelskys. Die beiden Fakultäten waren damit nicht nur in Gegensatz zueinander geraten, sondern – wie es scheint – auch in ein besonderes Konkurrenzverhältnis. Dazu: StA HH, Prot. PhilFak vom 22. Januar 1949; Schreiben von Rudolf Sieverts [Dekan der RStFak] an Hellmuth Petriconi [Dekan der PhilFak], 21. Februar 1949; StA HH, Uni I, A 110. 10. 21, Bd. 1, 62. Sieverts wendet sich hier gegen das »vernichtende Urteil« der PhilFak über Schelsky.
60 Vgl. dazu: Rainer Waßner: »Von Andreas Walther zu Helmut Schelsky. Das Interregnum am Seminar für Soziologie von 1944 bis 1953«. In: Ders. (Hg.), Wege zum Sozialen, 101-104, hier 102.
61 Niederschrift: Sitzung der Kommission zur Neubesetzung des soziologischen Lehrstuhls, 21. Mai 1949; StA HH, Uni I, A 110. 10. 21, Bd. 1, 75-77; sowie Prot. PhilFak vom 18. Juni 1949.
62 Rudolf Sieverts [Dekan der RStFak] an die Schulbehörde/Hochschulabteilung, 4. Juni 1949; StA HH, Uni I, A 110. 10. 21, Bd. 1, 78. Die Berufungsliste war am 3. Juni 1949 in der Kommission mehrheitlich beschlossen worden. Ein Minderheitsvotum, das Schelsky vor Plessner und Weippert den ersten Platz zusprach, wurde u.a. von Hans Ritschl, Heinz-Dietrich Ortlieb und Karl Schiller eingereicht. Hier wurde vor allem auf den Wert der Tätigkeit Schelskys in der 1948 gegründeten Akademie für Gemeinwirtschaft hingewiesen; ebd, 95-97.
63 Paul Harteck an Leopold von Wiese, 29. März 1949, und Paul Harteck an Max Graf zu Solms, 29. März 1949; ebd., 68f.
64 Leopold von Wiese an Paul Harteck, 5. April 1949; ebd., 72. Die Beurteilung, die von Graf zu Solms einging, war in bezug auf Landshut günstig; sie verriet aber nicht besonders große Kenntnis über dessen wissenschaftliche Position; Max Graf zu Solms an Paul Harteck, 14. April 1949; StA HH, Uni I, A 110. 10. 21, Bd. 1, 72.
65 Heinrich Landahl an Paul Harteck, 19. Juli 1949; StA HH, Uni I, A 110. 10. 21, Bd. 1, 103.
66 Paul Harteck informierte Heinrich Landahl mit Schreiben vom 7. November 1949 darüber, daß die Vertreter der RStFak weiterhin an der im Juni eingereichten Liste festhielten; ebd., 109.
67 Prot. RStFak vom 20. Mai 1950 [Aktenbestand des Fachbereichs Rechtswissenschaft I der Universität Hamburg].
68 Eduard Heimann an Curt [Bondy], 6. Januar 1951 [im Besitz des Verf.].
69 Hans von Heppe an den Rektor der Universität [Paul Harteck], 13. Oktober 1949; StA HH, PhilFak, Lehrstuhl Politik, o. Bl.
70 Anwesend waren für die PhilFak: Fritz Fischer, Wilhelm Flitner, Josef

König, Emil Wolff und Egmont Zechlin; für die RStFak: Rudolf Grossmann, Rudolf Laun, Hans Ritschl und Rudolf Sieverts; ebd.

71 Vgl. zur Geschichte der Politikwissenschaft in der Bundesrepublik vor allem die schon genannte Untersuchung von Arno Mohr, *Politikwissenschaft als Alternative*; außerdem: Klaus von Beyme (Hg.): *Politikwissenschaft in der Bundesrepublik Deutschland. Entwicklungsprobleme einer Disziplin* (Politische Vierteljahresschrift, Sonderheft 17). Opladen 1986; Hans Kastendiek: *Die Entwicklung der westdeutschen Politikwissenschaft*. Frankfurt am Main-New York 1977; schließlich: Hans-Joachim Arndt: *Die Besiegten von 1945. Versuch einer Politologie für Deutsche samt Würdigung der Politikwissenschaft in der Bundesrepublik Deutschland*. Berlin 1978.

72 Vgl. Kastendiek, *Entwicklung*, 156-160. Insbesondere haben sich Otto Suhr in Berlin und Adolf Grimme in Niedersachsen für die Einführung der Politikwissenschaft eingesetzt. Dies tat in Hessen auch der CDU-Politiker Erwin Stein als dortiger »Minister für Erziehung und Volksbildung und der Justiz«.

73 Das Protokoll der Konferenz liegt gedruckt vor: *Die politischen Wissenschaften an den deutschen Universitäten und Hochschulen. Gesamtprotokoll der Konferenz von Waldleiningen vom 10. und 11. September 1949*. Hg. vom Hessischen Ministerium für Erziehung und Volksbildung. Wiesbaden o.J. [1950].

74 Die Resolution der WRK ist in den Akten der Universität Hamburg festgehalten: StA HH, Uni I, A 110. 10. 26, o. Bl.

75 Vgl. Deutsche Hochschule für Politik Berlin: *Material für die Tagung »Die Wissenschaft im Rahmen der politischen Bildung«, 16.-18. März 1950*. o.O. [Berlin] o.J. [1950]; Deutsche Hochschule für Politik Berlin: *Kurzbericht über die Tagung »Die Wissenschaft im Rahmen der politischen Bildung«, 16.-18. März 1950*. o.O. [Berlin] o. J. [1950].

76 Vgl. Mohr, *Politikwissenschaft*, 114.

77 Vgl. dazu das gedruckte Protokoll: *Über Lehre und Forschung der Wissenschaft von der Politik. Gesamtprotokoll der Konferenz von Königstein im Taunus vom 15. und 16. Juli 1950*. Hg. vom Hessischen Ministerium für Erziehung und Volksbildung. Wiesbaden o.J. [1951].

78 Ergebnisse der Kommissionssitzung vom 26. Juli 1950; StA HH, Phil-Fak, Lehrstuhl Politik, o. Bl.

79 Eduard Heimann: Gutachten zu dem Lehrstuhl für »Politische Wissenschaft«; ebd.

80 Eduard Bötticher an die Schulbehörde/Hochschulabteilung, 7. August 1950; StA HH, HW-DPA 263 I, Bd. 1, 60.

81 Schulbehörde/Hochschulabteilung an den Dekan der RStFak [Eduard Bötticher], 16. August 1950; ebd., 61.

82 Siegfried Landshut an Eduard Bötticher, 26. August 1950; StA HH, WiSoFak 9, o. Bl.

83 Certificate of Naturalisation. Home Office, London. 7. September 1950,

registered 21. September 1950; PA Aviner. Es war also unzutreffend, wenn Eduard Heimann in seinem am 3. Juli 1950 ausgehändigten Gutachten Landshut bereits als britischen Staatsbürger bezeichnete.

84 Der Dekan der PhilFak, Josef König, und der Dekan der RStFak, Eduard Bötticher, an die Schulbehörde/ Hochschulabteilung, 5. September 1950; StA HH, Uni I, A 110. 10. 26, Bl. 5f.

85 Hans von Heppe: Vermerk zum Gastsemester Landshut, 3. November 1950; StA HH, HW-DPA I 263, Bd. 1, 63.

86 Brief Hans-Christian Röglins an den Verf., 26. März 1992.

87 Gerhard Mackenroth an Hans von Heppe, 25. November 1950; StA HH, Uni I, A 110. 10. 21, Bd. 1, 125.

88 Prot. RStFak vom 16. Dezember 1950. Unklar ist, wie der Kontakt zu Arnold Bergstraesser zustande kam. Bekannt ist aber, daß dieser schon versucht hatte, mit den Universitäten in Kiel und Heidelberg – seiner ehemaligen Wirkungsstätte – in Verbindung zu treten. In Heidelberg zeigte man sich Bergstraesser gegenüber »äußerlich« wohlwollend (vgl. Mußgnug, *Die vertriebenen Heidelberger Dozenten*, 231-236), zog aber eine Berufung nicht ernstlich in Betracht. Dazu scheint die ablehnende Haltung seines Doktorvaters Alfred Weber maßgeblich beigetragen zu haben. Vgl. Mohr, *Politikwissenschaft*, 164f. Der Grund für die Ablehnung bestand darin, daß Bergstraessers Haltung gegenüber dem Nationalsozialismus äußerst umstritten war. Hier ging es u. a. um die Rolle, die er 1932 bei der Entlassung des Demokraten und Pazifisten Emil J. Gumbel gespielt hatte. Auch im Exil schieden sich an Bergstraesser die Geister; mit seinem Namen verbindet sich eine der großen Exilkontroversen. Vgl. dazu: Claus-Dieter Krohn: »Der Fall Bergstraesser in Amerika«. In: *Exilforschung* 4 (1986), 254-275.

89 Der Brief ist nicht erhalten; die Intention Bondys wird aber anhand des Antwortbriefes deutlich.

90 Eduard Heimann an Curt [Bondy], 6. Januar 1951 [im Besitz des Verf.]. Heimann hatte sich in den Vereinigten Staaten für die Freilassung Bergstraessers – dieser war im Dezember 1941 und nochmals im Herbst 1942 vom FBI verhaftet worden – eingesetzt. In diesem Zusammenhang schreibt Heimann: »Damals haben Friedrich, Riezler und Wolfers und ich uns bei den Behörden für ihn eingesetzt und haben zu erklären gesucht, dass er einem ungeheuren politischen Irrtum anheimgefallen, aber darum noch lange kein Nazi war.«

91 Dekan der RStFak, Hans Würdinger, an Schulbehörde/Hochschulabteilung, 16. Februar 1951; StA HH, Uni I, A 110. 10. 21, Bd. 1, 126-131. Vgl. auch Waßner, »Von Andreas Walther zu Helmut Schelsky«, passim. Waßner ist in seinem Beitrag zur Besetzung des Soziologie-Lehrstuhls die Diskussion um eine Berufung Bergstraessers oder Landshuts vollständig entgangen.

92 Auszug aus der Niederschrift über die Sitzung der Hochschulsektion der Deputation der Schulbehörde am 28. Februar 1951; StA HH, HW-DPA I

263, Bd. 1, 80. Überlegungen, Arnold Bergstraesser zu berufen, waren damit beendet. Bergstraesser wurde nach Zwischenstationen in Frankfurt am Main und Erlangen im Jahre 1954 Professor für »Wissenschaftliche Politik und Soziologie« in Freiburg, wo er bis zu seinem Tod 1964 lehrte.
93 Prot. RStFak vom 28. Februar 1951; die PhilFak schloß sich an: StA HH, Prot. PhilFak vom 2. März 1951.
94 Mitteilung des Senats an die Bürgerschaft, Nr. 62 vom 6. März 1951. In: *Verhandlungen zwischen Senat und Bürgerschaft. Hamburg Jahrgang 1951.* Hamburg o.J., 65f.
95 Vgl. 6. Sitzung der Bürgerschaft, 4. April 1951, Punkt 19. In: *Stenographische Berichte über die Sitzungen der Bürgerschaft zu Hamburg im Jahre 1951.* Hamburg o.J., 190-197.
96 Vgl. 8. Sitzung der Bürgerschaft, 25. April 1951, Punkt 39; ebd., 297.
97 Heinrich Landahl an Siegfried Landshut, 28. April 1951; StA HH, HWDPA I 263, Bd. 1, 71.
98 Abschrift der Einbürgerungsurkunde vom 5. Juli 1951; ebd., o.Bl. Die Doppelstaatsangehörigkeit behielten Edith und Siegfried Landshut bis zu ihrem Tod.

8. Wiederbegründung der Politischen Wissenschaft *(1951-1968)*

1 Vgl. Söllner, »Vom Staatsrecht zur ›political science‹?«; dort ist auch Landshut berücksichtigt, ebd., 164; zu den Auswahlkriterien, ebd., 142. Vgl. zu den verschiedenen Richtungen der Weimarer Staatslehre: Christoph Müller, Ilse Staff (Hg.): *Staatslehre in der Weimarer Republik. Hermann Heller zu Ehren.* Frankfurt am Main 1985. Vgl. zur »Politikwissenschaft in der Emigrationsforschung« die gleichlautende Sammelbesprechung von Hubertus Buchstein und Peter Th. Walther. In: *PVS* 31 (1989), 342-352.
2 Die Zahl der Rückkehrer war bei den Politikwissenschaftlern auffallend hoch: Laut Söllner (»Vom Staatsrecht zur ›political science‹?«, 156) kehrte etwa ein Drittel der von ihm genannten 64 Personen in eine feste akademische Position nach Westdeutschland zurück, und etwas weniger als ein weiteres Drittel nahm intensivere Kontakte, also etwa eine Gastprofessur, wahr. Zu den Remigranten zählten neben Siegfried Landshut unter anderem: Ernst Fraenkel, Arnold Bergstraesser, Ossip K. Flechtheim und Eric Voegelin. Während Söllner annimmt, daß das Engagement der Emigranten maßgeblich zur Etablierung der Politikwissenschaft in der Bundesrepublik beigetragen hat (ebd., 157), konstatiert Arno Mohr lediglich einen geringen Anteil dieser Gruppe an der Institutionalisierung des Faches. Mohr (*Politikwissenschaft*, 160-164) betont, daß der größere Teil der mit dem Aufbau der Disziplin in Verbindung stehenden Persönlichkeiten der

»inneren Emigration« zuzurechnen sei, und nennt in diesem Zusammenhang die Initiatoren Otto Suhr, Adolf Grimme, Erwin Stein, Alfred Weber, Hermann Brill sowie die ersten Vertreter der Politikwissenschaft Wolfgang Abendroth, Otto-Heinrich von der Gablentz, Gert von Eynern, Dolf Sternberger, Eugen Kogon, Carlo Schmid, Theodor Eschenburg und Otto Stammer. Die Frage nach personellen und thematischen Anknüpfungspunkten der deutschen Politikwissenschaft nach 1945, nach Kontinuitäten und Brüchen, bedarf noch eingehender Untersuchungen. Vgl. dazu: Gerhard Göhler, Bodo Zeuner (Hg.): *Kontinuitäten und Brüche in der deutschen Politikwissenschaft*. Baden-Baden 1991.

3 Hans Karl Rupp, Thomas Noetzel: *Macht-Freiheit-Demokratie. Anfänge der westdeutschen Politikwissenschaft. Biographische Annäherungen*. Marburg 1991. Auch im zweiten Band wird Landshut nicht erwähnt: Hans Karl Rupp, Thomas Noetzel (Hg.): *Macht-Freiheit-Demokratie*. Bd. 2: *Die zweite Generation der westdeutschen Politikwissenschaft*. Marburg 1994.

4 Rupp/Noetzel, *Macht-Freiheit-Demokratie*, Bd. 1, 12.

5 Zur Berufung Abendroths vgl. Mohr, *Politikwissenschaft*, 135. Praktisch zeitgleich mit Landshuts Berufung erfolgte auch die Berufung Eugen Kogons an die TH Darmstadt (am 2. Mai 1951); vgl. ebd., 137. Die Berufungen der anderen »Gründungsväter« erfolgten nach 1951.

6 Die Namen der Gründungsmitglieder von Königstein (offenbar 38 Personen) sind einer im DVPW-Archiv verwahrten Liste zu entnehmen. Das DVPW-Archiv, untergebracht im Fachbereich Politische Wissenschaft der FU Berlin, besteht vorwiegend aus ungeordneten Materialien, so daß eine genauere Angabe der Fundstellen nicht möglich ist.

7 Alexander Rüstow, ab Wintersemester 1949/50 Nachfolger Alfred Webers auf dem Lehrstuhl für Sozial- und Wirtschaftswissenschaften in Heidelberg, amtierte bis Oktober 1956 als Vorsitzender der »Vereinigung«. Es ist bezeichnend, daß damit ein Nationalökonom und Soziologe den Vorsitz innehatte. Man hoffte offenbar, dadurch den Kontakt zu den etablierten »Nachbardisziplinen« zu begünstigen.

8 Meyer war am 19. April 1950 auf den Lehrstuhl berufen worden; eröffnet wurde das »Institut für Politische Wissenschaft« in Frankfurt dann am 10. Juli 1951.

9 Protokoll der ordentlichen Mitgliederversammlung der »Vereinigung für die Wissenschaft von der Politik«, 3. Mai 1952; BA Koblenz: NL Herrmann Brill/86, 39f. Vgl. dazu auch: DVPW-Archiv: Protokoll der Vorstandssitzung vom 1. Mai 1952. Neben Abendroth, der im Mai 1953 dann von Sternberger abgelöst wurde, war Landshut damit der einzige Ordinarius für Politische Wissenschaft im Vorstand der »Vereinigung«.

10 DVPW-Archiv: Rundschreiben an die Mitglieder der Vereinigung vom 13. April 1955.

11 Dabei hätte eine Durchsicht der Vorstandsprotokolle genügt, um Landshuts Anwesenheit wie auch seine Beiträge aufzufinden. Arndt (*Die Be-

siegten, 191) bringt sogar eine tabellarische Übersicht der Vorstandsmitglieder seit Gründung der »Vereinigung«, ohne Landshut für den angegebenen Zeitraum zu nennen. Auch Mohr, der in seiner fundierten Studie die Materialien aus dem DVPW-Archiv heranzieht, erwähnt Landshuts Bedeutung in der frühen Phase der »Vereinigung« nicht.

12 So heißt es in der Satzung der »Vereinigung für die Wissenschaft von der Politik« (§1,1); abgedruckt in: *Über Lehre und Forschung der Wissenschaft von der Politik. Gesamtprotokoll der Konferenz von Königstein im Taunus vom 15. und 16. Juli 1950*. Hg. vom Hessischen Ministerium für Erziehung und Volksbildung. Wiesbaden o. J. [1951], 174f.

13 DVPW-Archiv: Protokoll der Vorstandssitzung vom 10. Februar 1952. Landshut war zu dieser Vorstandssitzung bereits als Gast zugezogen worden.

14 Ebd.

15 DVPW-Archiv: Protokoll der Vorstandssitzung vom 22. September 1952.

16 Siegfried Landshut: »Politik«. In: *Evangelisches Kirchenlexikon. Kirchlich-theologisches Handwörterbuch*. Hg. von Heinz Brunotte und Otto Weber. Bd. 3 (P-Z). Göttingen 1959, 248-250, hier 248.

17 Siegfried Landshut: »Zum Begriff und Gegenstand der Politischen Soziologie«. In: *Kölner Zeitschrift für Soziologie und Sozialpsychologie* 8 (1956), 410-414 [wieder abgedruckt in: Heinrich Schneider (Hg.): *Aufgabe und Selbstverständnis der Politischen Wissenschaft* (Wege der Forschung 114). Darmstadt 1967, 379-384; nochmals abgedruckt in: Siegfried Landshut: *Kritik der Soziologie und andere Schriften zur Politik* (Politica 27). Neuwied/Rhein-Berlin 1969, 361-365].

18 Vgl. vor allem: Otto Stammer: »Politische Soziologie«. In: *Soziologie. Ein Lehr- und Handbuch zur modernen Gesellschaftskunde*. Hg. von Arnold Gehlen und Helmut Schelsky. Düsseldorf-Köln 1955, 256-312.

19 Otto Stammer: »Politische Soziologie«. In: *Wörterbuch der Soziologie*. Hg. von Wilhelm Bernsdorf und Friedrich Bülow. Stuttgart 1955, 388-392, hier 388.

20 Landshut, »Politische Soziologie«, 410.

21 Ebd., 411.

22 Ebd., 414.

23 Siegfried Landshut: »Empirische Forschung und Grundlagenforschung in der Politischen Wissenschaft«. In: Ders.: *Kritik der Soziologie und andere Schriften zur Politik*, 307-323, hier 315.

24 Ebd., 314.

25 Ebd., 323. Diese Gefahr erblickte Landshut für die Wissenschaften überhaupt. In seinem auf dem Soziologentag 1956 gehaltenen Vortrag über »Tradition und Revolution« hatte er erklärt: »Wenn es heute noch ein Element der Öffentlichkeit gibt, das im wesentlichen auf Tradition beruht und das ohne sie verfallen müßte, so sind das die Wissenschaften, insbesondere die Geisteswissenschaften. In dem Maße aber, in dem diese

Wissenschaften – insbesondere die Nationalökonomie, Soziologie und Politik – sich an einer Auffassung von ›empirischer Wirklichkeit‹ orientieren, die nicht mehr als solche von der Wissenschaft aus begrifflich bestimmt ist, in dem Maße also, in dem die Geisteswissenschaften den Begriff der Wirklichkeit aus den praktischen Manipulationsschwierigkeiten des Tages übernehmen, beginnen sie ihre eigene Tradition aufzugeben zugunsten einer Hilfestellung, zur leichteren Organisierbarkeit der ›empirischen Wirklichkeit‹. Damit droht die Gefahr einer Kapitulation der Wissenschaft vor den organisatorischen Bedürfnissen einer ›revolutionären‹ Gesellschaft. Indem sie aber ihre eigene Tradition aufgibt zugunsten der ihr von außen zugemuteten Lösung von Tagesfragen, gibt sie sich selbst als Wissenschaft auf.« Siegfried Landshut: »Kurze Zusammenfassung einiger Gesichtspunkte zu meinem Referat ›Tradition und Revolution‹«. In: Deutsche Gesellschaft für Soziologie: *Verhandlungen des 13. Deutschen Soziologentages in Bad Meinberg, 1. bis 4. November 1956*. Köln-Opladen 1957, 62-64, hier 64. In den Diskussionen des Soziologentages spielte Landshuts Referat keine Rolle.

26 Landshut bezieht sich hier auch auf Alfred Cobban, nach dessen These die politische Theorie sich möglicherweise gar ihrem Ende zuneige. Vgl. Alfred Cobban: »Der Verfall der politischen Theorie«. In: *Der Monat* 6 (1954), 227-237; vgl. auch die Einwände von Alfred Weber und Otto Heinrich von der Gablentz: »Verfall der politischen Theorie? Politische Wissenschaftler diskutieren Alfred Cobbans These«. In: *Der Monat* 6 (1954), 598-603.

27 Landshut, »Empirische Forschung«, 308f.

28 Ebd., 320.

29 Ebd., 322f. [Hervorhebung im Original].

30 Vgl. Hennis, »Zu Siegfried Landshuts wissenschaftlichem Werk«, 13f.

31 DVPW-Archiv: Vereinigung für die Wissenschaft von der Politik: Rundbrief Nr. 16. Diskussionsbeiträge der wissenschaftlichen Tagung vom 2. bis 4. Mai 1958 in Tutzing/Obb. September 1958, 25-32.

32 Vgl. dazu: Mohr, *Politikwissenschaft*, 180-183.

33 Otto Heinrich von der Gablentz an Alexander Rüstow, 10. Mai 1955; Landesarchiv Berlin: NL Suhr (Nr. 65).

34 Landshut, »Politik« (in: *Evangelisches Kirchenlexikon*), 249.

35 Eric Voegelin: *Die neue Wissenschaft der Politik. Eine Einführung*. München 1959, 11 [zuerst engl. 1952]. In den USA zählte Voegelin mit Hannah Arendt und Leo Strauss zu den heftigsten Kritikern des dort vorherrschenden politikwissenschaftlichen Behaviorismus.

36 Vgl. Horst Schmitt: *Politikwissenschaft und freiheitliche Demokratie. Eine Studie zum »politischen Forschungsprogramm« der »Freiburger Schule« 1954-1970*. Baden-Baden 1995.

37 Vgl. auch die These Udo Bermbachs, nach der das Ausmaß der Beschäftigung mit politischer Ideengeschichte für die deutsche Politikwissenschaft bisher überschätzt worden ist. Die Ansicht, gerade die politi-

sche Ideengeschichte habe seit Wiederbegründung des Faches eine entscheidende Rolle für deren Entwicklung gespielt, nennt Bermbach ein übliches und weitverbreitetes Vorurteil. Udo Bermbach: »Zur Entwicklung und zum Stand der politischen Theoriengeschichte«. In: von Beyme (Hg.), *Politikwissenschaft in der Bundesrepublik Deutschland*, 142-167.

38 Vgl. Wilhelm Hennis: *Politik und praktische Philosophie* [zuerst 1963]. In: Ders.: *Politik und praktische Philosophie. Schriften zur politischen Theorie*. Stuttgart 1977, 1-130, hier 17, 129.

39 Vgl. das unpaginierte Vorwort zum Wiederabdruck, ebd.

40 So hatte etwa Dieter Roser, der auf der kulturpolitischen Tagung der SPD gewählte Vorsitzende der Arbeitsgruppe Philosophie, den Verlag schon am 27. September 1947 auf die Dringlichkeit des Wiedererscheinens der Marxschen Frühschriften hingewiesen; Archiv des Kröner-Verlags, Stuttgart.

41 Kröner-Verlag an Siegfried Landshut, 16. Februar 1951; ebd.

42 Siegfried Landshut an den Kröner-Verlag, 24. Februar 1951; ebd.

43 J. P. Mayer an den Kröner-Verlag, 19. September 1951; ebd.

44 Siegfried Landshut an den Kröner-Verlag, 3. September 1951; ebd.

45 Karl Marx: *Die Frühschriften*. Hg. von Siegfried Landshut (Kröners Taschenausgabe 209). Stuttgart 1953. Auf dem Buchdeckel erschien zusätzlich der Untertitel: »Von 1837 bis zum Manifest der kommunistischen Partei 1848«. Der neue Titel war vom Verlag vorgeschlagen und von Landshut schließlich akzeptiert worden. Nach seinem eigenen Vorschlag sollte der Titel eigentlich lauten: »Karl Marx – Die Verwirklichung der Philosophie«.

46 Anwaltsbüro Oswald Hickson, Collier & Co, London, an den Kröner-Verlag, 1. Juli 1953; Archiv des Kröner-Verlags, Stuttgart.

47 Siegfried Landshut an den Kröner-Verlag, 17. Juli 1953; ebd. Vgl. Landshuts Äußerungen im Vorwort der Frühschriften, VI.

48 Ebd., Vf.

49 Eine breite Rezeption des Marxschen Frühwerkes hatte es vor allem auch in Frankreich gegeben, wo die Auseinandersetzung um die Frühschriften – anders als in Deutschland – nicht gleich nach deren Erscheinen wieder hatte abbrechen müssen. Dazu wichtig insbesondere die Hegel-Vorlesungen (1933-1939) Kojèves – in deutscher Fassung erschienen als: Alexandre Kojève: *Hegel. Versuch einer Vergegenwärtigung seines Denkens. Kommentar zur Phänomenologie des Geistes*. Hg. von Iring Fetscher. Stuttgart 1958 [frz. 1947]; vgl. auch: Henri Lefêbvre: *Der dialektische Materialismus*. Frankfurt am Main 1966 [frz. 1940]; Jean-Paul Sartre: »Materialismus und Revolution«. In: *Situationen. Essays*. Reinbek bei Hamburg 1965, 247-295 [frz. 1949].

50 So brachte die ab 1956 in der DDR erscheinende Ausgabe der *Marx-Engels-Werke (MEW)* die *Manuskripte* erst 1968 in einem Ergänzungsband. Karl Marx, Friedrich Engels: *Werke*. Berlin [DDR] 1956-1968, Er-

gänzungsband 1 (1968), 465-588. Zur dortigen Interpretation der *Manuskripte* vgl. das »Vorwort«, V-XXXV, hier XVIII-XXII.
51 Perry Anderson: *Über den westlichen Marxismus*. Frankfurt am Main 1978 [engl. 1976], 78. Vgl. zur Entwicklung der philosophischen Diskussion: Jürgen Habermas: »Literaturbericht zur philosophischen Diskussion um Marx und den Marxismus«. In: *Philosophische Rundschau* 5 (1957), 165-235. Wieder abgedruckt in: Jürgen Habermas: *Theorie und Praxis. Sozialphilosophische Studien*. Frankfurt am Main 1971 [zuerst 1963], 387-461. Ebd., 279-289 findet sich die »Ergänzende bibliographische Notiz (1971)«. Vgl. auch: Pedrag Vranicki: *Geschichte des Marxismus*. 2 Bde. Frankfurt am Main 1972 [serbokroatisch 1961/1971].
52 Vgl. Rojahn, »Die Marxschen Manuskripte«, 647.
53 Vgl. Herbert Marcuse: *Reason and Revolution. Hegel and the Rise of Social Theory*. New York 1941. Die deutschsprachige Fassung erschien als: *Vernunft und Revolution. Hegel und die Entstehung der Gesellschaftstheorie* (Soziologische Texte 13). Neuwied/Rhein-Berlin 1962.
54 Heinrich Popitz: *Der entfremdete Mensch. Zeitkritik und Geschichtsphilosophie des jungen Marx* (Philosophische Forschungen, Neue Folge 2). Basel 1953. Popitz hatte an einem Seminar über Geschichtsphilosophie teilgenommen, in dem Jaspers auch Marx einbezog. In der Seminar-Bibliothek war er dann zufällig auf die Frühschriften gestoßen. Sein daraus resultierender Themenvorschlag für die Dissertation fand dann bei Jaspers sofort Zustimmung; so Heinrich Popitz im Brief an den Verf. vom 28. Januar 1993.
55 So die Auskunft Ralf Dahrendorfs, Gespräch in Oxford am 22. Juli 1991. Die überarbeitete Dissertation erschien 1953. Ralf Dahrendorf: *Marx in Perspektive. Die Idee des Gerechten im Denken von Karl Marx*. Hannover o.J. [1953].
56 Im Archiv des Verf. befinden sich über siebzig kleinere und größere Besprechungen der Frühschriften in ihrer Ausgabe von 1953. Vgl. z.B.: Heinz Maus: »Der junge Marx«. In: *Politische Literatur* 2 (1953), 385-387; Christian E. Lewalter: »Marx war nicht nur ein Marxist«. In: *Die Zeit*, Nr. 35 vom 27. August 1953, 6; Theodor Schieders Bemerkungen in: *GWU* 5 (1954), 363f.; Erich Meyer: »Die Frühschriften von Karl Marx«. In: *Neuer Vorwärts*, Nr. 12 vom 26. März 1954, 8; Walter Theimer in seiner Sammelrezension »Dreimal Marx«. In: *Gewerkschaftliche Monatshefte* 5 (1954), 507; Benedikt Kautsky: »Probleme des Marxismus«. In: *Die Zukunft*, [ohne Jahrgangszählung] Heft 12, Dezember 1954, 355-360; Heft 1, Januar 1955, 14-20.
57 Heute ist die sechste, 1971 erschienene Auflage im Buchhandel erhältlich.
58 Als Ziel wurde formuliert, durch Veröffentlichungen »den kirchlichen, kulturellen und politischen Stellen eine geeignete wissenschaftliche Grundlage zum eigenen Urteil zu geben«. So heißt es in der Einladung zur ersten Kommissionssitzung am 5./6. März 1951 in Guntershausen;

verfaßt von Erwin Metzke, 7. Februar 1951; die Protokolle der »Marxismus-Kommission« befinden sich – soweit vorhanden – im Archiv der Evangelischen Akademie Bad Boll, Bestand Direktion Müller AZ 73. 1954 erschien der erste Band der *Marxismus-Studien* (Schriften der Studiengemeinschaft der Evangelischen Akademien 3). Tübingen 1954.

59 So formulierte Landshut es in seinem Vortrag: »Die Verwirklichung von Marx im Westen und im Osten«; Protokoll der Abschluß-Sitzung des norddeutschen Arbeitskreises der Marxismus-Kommission am 5. Februar 1954; Archiv der EA Bad Boll, Bestand Direktion Müller AZ 73.

60 Vgl. *21. Versammlung deutscher Historiker in Marburg*. Beiheft der Zeitschrift *Geschichte in Wissenschaft und Unterricht*. Stuttgart 1952.

61 Siegfried Landshut: »Die soziologische Geschichtsauffassung des Marxismus« [Vortrag, gehalten auf dem Historikertag in Marburg, 13.-16. September 1951]. In: *GWU* 3 (1952), 21-27.

62 Der Vortrag erschien dann als: Hans Freyer: »Soziologie und Geschichtswissenschaft«. In: *GWU* 3 (1952), 14-20. Wieder abgedruckt wurde der Text in: Hans-Ulrich Wehler (Hg.): *Geschichte und Soziologie* (Neue Wissenschaftliche Bibliothek 53). Köln 1972, 78-84.

63 Ersichtlich aus dem Brief Gerhard Ritters an Siegfried Landshut vom 20. März 1951 und aus dessen undatiertem Antwortschreiben. Die Korrespondenz zum Historikertag 1951 befindet sich im Max-Planck-Institut für Geschichte, Göttingen: Archiv des Verbandes der Historiker Deutschlands (AVHD).

64 Hans Freyer an Gerhard Ritter, 6. Juni 1951; ebd.

65 Gerhard Ritter an Theodor Schieder, 22. März 1951; AVHD. Offenbar war es für Ritter noch immer schwer zu glauben, daß ein Marx-Kenner nicht unbedingt »vom Marxismus herkommt«. Gleiches gilt wohl für Schieder, der in seiner Antwort erklärte, »daß mir natürlich Herr Landshut als Herausgeber der Marx'schen Frühschriften und genauer Kenner des Marxismus bekannt ist – ich hatte ihn übrigens immer für einen Marxisten gehalten [...]«. Theodor Schieder an Gerhard Ritter, 6. Mai 1951; ebd.

66 Vgl. Winfried Schulze: *Deutsche Geschichtswissenschaft nach 1945*. München 1993 [zuerst 1989], zum Historikertag 1951: 281-301, zu Landshut insbes.: 282-284. Schulze, der auch den Briefwechsel Ritters mit Landshut, Freyer und Schieder heranzieht, gibt hier irrtümlicherweise das Bundesarchiv als Fundstelle an.

67 Landshut, »Die soziologische Geschichtsauffassung des Marxismus«, 25. Vgl. dazu auch Landshuts Vortrag: »Dialektischer Materialismus und Wissenschaft«. In: *Wissenschaft und Freiheit. Internationale Tagung – Hamburg 23.-26. Juli 1953*, veranstaltet vom Kongreß für die Freiheit der Kultur und der Universität Hamburg. Berlin 1954, 189-195.

68 Landshut, »Die soziologische Geschichtsauffassung des Marxismus«, 24.

69 Siegfried Landshut: »Von Hegel zu Marx«. Im Rahmen der »Funk-Universität« gesendet vom RIAS Berlin am 11. Mai 1953, 23.00h-23.30h. Im folgenden zitiert nach dem 14seitigen Typoskript, das sich im Archiv von »DeutschlandRadio«, Berlin, befindet. Als Korreferat zum selben Thema wurde tags darauf ein Vortrag Hannah Arendts gesendet.
70 Vgl. Marcuse, *Vernunft und Revolution* [erste deutschsprachige Auflage 1962], 229.
71 Landshut, »Von Hegel zu Marx«, 1f.
72 Ebd., 8.
73 Siegfried Landshut: »Die Gegenwart im Lichte der Marxschen Lehre«. In: *Hamburger Jahrbuch für Wirtschafts- und Gesellschaftspolitik* I (1956), 42-55, hier 44.
74 Ebd., 45.
75 Ebd., 46.
76 Im Jahre 1956, dem Jahr der Veröffentlichung des Landshutschen Aufsatzes, erschien auch der erste Band von Günther Anders' *Antiquiertheit des Menschen*. In dieser »Philosophie der Technik« stellt Anders die These auf, daß die Technik nun zum Subjekt der Geschichte geworden, der Mensch aber nur noch »mitgeschichtlich« sei. Günther Anders: *Die Antiquiertheit des Menschen*. Bd. 1: *Über die Seele im Zeitalter der zweiten industriellen Revolution*. München 1956; Bd. 2: *Über die Zerstörung des Lebens im Zeitalter der dritten industriellen Revolution*. München 1980 [mit vorwiegend vor 1960 verfaßten Essays].
77 Robert Jungk: *Die Zukunft hat schon begonnen. Amerikas Allmacht und Ohnmacht*. Stuttgart-Hamburg 1952.
78 Mittlerweile wird immer deutlicher: In dem Maße, wie sich die technische Zivilisation am Leben erhält, zerstört sie die Bedingungen ihrer Existenz. So die These Stefan Breuers in: *Die Gesellschaft des Verschwindens. Von der Selbstzerstörung der technischen Zivilisation*. Hamburg 1992.
79 Landshut, »Gegenwart«, 54.
80 *Hamburger Echo*, Nr. 275 vom 25. November 1953, 5. Der Artikel bezieht sich auf Landshuts Vortrag »Karl Marx nach 100 Jahren«, gehalten im November 1953 in der »Keyserling Gesellschaft für Freie Philosophie«, Hamburg.
81 *Hamburger Echo*, Nr. 32 vom 8. Februar 1955, 5. Der Artikel bezieht sich auf den Vortrag »Die Gegenwart im Lichte der Marxschen Lehre«, gehalten im Februar 1955 in der Akademie für Gemeinwirtschaft, Hamburg.
82 *Die Zeit*, Nr. 7 vom 17. Februar 1955, 1f.
83 Dolf Sternberger an Siegfried Landshut, 12. Mai 1956; DLA: Nachlaß Sternberger.
84 Alexander Rüstow an Siegfried Landshut [Datum unleserlich; Landshuts Antwort erfolgte am 7. Juni 1956]; BA Koblenz: NL Rüstow/92, 009.

85 Hannah Arendt: »Tradition und die Neuzeit«. In: Dies.: *Fragwürdige Traditionsbestände im politischen Denken der Gegenwart. Vier Essays.* Frankfurt am Main 1957, 9-45, hier 14 (Anm. 4). Ihr Lob wiederholte Arendt in: *Vita activa*, 326, dort Anm. 38. Es sind nicht nur bemerkenswerte – eine eigene Untersuchung verdienende – Ähnlichkeiten im Politikverständnis von Arendt und Landshut auszumachen, die beiden kannten sich – zumindest flüchtig – auch persönlich. Als Hannah Arendt im September 1959 den Hamburger Lessing-Preis entgegennahm, fuhr Landshut sie in seinem Wagen zur Preisverleihung; so der damals anwesende Wolfgang Kessel im Brief an den Verf. vom 7. Februar 1993. Ob Arendt und Landshut sich bereits aus der Zeit vor 1933 kannten, ist ungewiß.

86 Kritisch gegenüber Landshuts Sichtweise äußerte sich etwa Ralf Dahrendorf. Vgl. Ralf Dahrendorf: *Soziale Klassen und Klassenkonflikt in der industriellen Gesellschaft* (Soziologische Gegenwartsfragen, Neue Folge). Stuttgart 1957, 181.

87 So jedenfalls Rüstows Mitteilung im oben angegebenen Brief an Landshut; BA Koblenz: NL Rüstow/92, 009.

88 So der Titel, unter dem Landshuts Vortrag zunächst veröffentlicht wurde, in: *Gewerkschaftliche Monatshefte* 7 (1956), 451-457. Ergänzt durch eine kleine Vorbemerkung erschien der Text dann im Tagungsband zum »Europäischen Gespräch«. Siegfried Landshut: »Bestimmt die Klassenzugehörigkeit unser gesellschaftliches Dasein und Denken?« In: *Die Gesellschaft, in der wir leben. Fünftes Europäisches Gespräch in der Engelsburg Recklinghausen, 18. bis 20. Juli 1956.* Im Auftrag des DGB hg. von Heinz Küppers. Köln 1957, 25-38.

89 Die von Dolf Sternberger geleitete Diskussion über Landshuts Vortrag ist dokumentiert: ebd., 38-91.

90 Diskussionsbeitrag Landshuts; ebd., 48.

91 Diskussionsbeitrag Landshuts; ebd., 87f.

92 Landshut, »Klassenzugehörigkeit«, 31f.; vgl. die fast identischen Formulierungen in: Landshut, »Gegenwart«, 48. Landshuts Deutung der zunehmend »klassenlosen Gesellschaft« weist Parallelen zur Einschätzung seines Hamburger Kollegen Helmut Schelsky auf, der etwa zur gleichen Zeit den Begriff der »nivellierten Mittelstandsgesellschaft« prägte. Vgl. Helmut Schelsky: »Die Bedeutung des Schichtungsbegriffs für die Analyse der gegenwärtigen deutschen Gesellschaft« (1953). In: Ders.: *Auf der Suche nach Wirklichkeit. Gesammelte Aufsätze.* Düsseldorf-Köln 1965, 331-336.

93 Alexis de Tocqueville: *Das Zeitalter der Gleichheit. Eine Auswahl aus dem Gesamtwerk.* Hg. von Siegfried Landshut (Kröners Taschenausgabe 221). Stuttgart 1954. Dreizehn Jahre später erschien die zweite Auflage im Westdeutschen Verlag: Alexis de Tocqueville: *Das Zeitalter der Gleichheit. Auswahl aus Werken und Briefen.* 2., neubearbeitete und erweiterte Aufl. Übersetzt und hg. von Siegfried Landshut (Klassiker der Politik 4). Köln-Opladen 1967.

94 Landshut, Tocqueville-»Einleitung«, 1954, XI-XXXI, hier XII; Landshut, Tocqueville-»Einleitung«, 1967, IX-XXXII, hier XI. Die »Einleitungen« der Ausgaben von 1954 und 1967 unterscheiden sich nur unwesentlich voneinander. In der späteren ergänzte Landshut wenige Absätze und korrigierte einige offenkundige Fehler.

95 Für das Einsetzen wissenschaftlicher Forschung über Tocqueville hatte besondere Bedeutung: George Wilson Pierson: *Tocqueville and Beaumont in America*. New York 1938.

96 Alexis de Tocqueville: *Œuvres, Papiers et Correspondance*. Edition définitive publiée sous la direction de J. P. Mayer. Sous la patronage de la Commission Nationale pour l'Edition des Œuvres d'Alexis de Tocqueville. Paris 1951ff.

97 Wilhelm Dilthey: *Der Aufbau der geschichtlichen Welt in den Geisteswissenschaften*. Hg. und eingeleitet von Manfred Riedel. Frankfurt am Main 1970 [zuerst 1910], 122.

98 Theodor Eschenburg: »Tocquevilles Wirkung in Deutschland«. In: Alexis de Tocqueville: *Werke und Briefe*. Auf Grund der französischen historisch-kritischen Ausgabe hg. von J. P. Mayer in Gemeinschaft mit Theodor Eschenburg und Hans Zbinden. Stuttgart 1959. Bd. 1, XVII-LXVII, hier XVIII.

99 Alexis de Tocqueville: *Autorität und Freiheit. Schriften, Reden und Briefe*. Ausgewählt und eingeleitet von Albert Salomon. Zürich 1935.

100 Dem zweiten Teil von *De la Démocratie en Amérique*, den Tocqueville im Jahre 1840 veröffentlichte, war weit weniger Aufmerksamkeit geschenkt worden als dem ersten. Eine deutsche Übersetzung erfolgte nicht, bis Albert Salomon Auszüge in seine Auswahlausgabe aufnahm. Spürbar größere Bedeutung wurde dem zweiten Teil dann in der Landshutschen Ausgabe beigemessen. Für Landshut enthielt er die eigentliche Analyse des »innere[n] Lebensgesetz[es] der auf dem Grundsatz der Gleichheit aller beruhenden modernen Demokratie«; vgl. Tocqueville-»Einleitung«, 1954, XV; 1967, XIV. Vgl. auch Siegfried Landshut: »Der Prophet des Massenzeitalters. Vor hundert Jahren starb Alexis de Tocqueville«. In: *Die Zeit*, Nr. 16 vom 17. April 1959, 3.

101 Darauf weist Dietrich Hilger (»Nekrolog«, 837) hin. Landshuts Rezeption des Werkes von Tocqueville reichte sicher weit zurück. Bereits in seinem 1925 erschienenen Aufsatz »Über einige Grundbegriffe der Politik« (ebd., 66) erwähnte er *L'Ancien Régime et la Révolution*.

102 Landshut, Tocqueville-»Einleitung«, 1967, XIV.

103 Siegfried Landshut an den Kröner-Verlag, 19. Juni 1951. Archiv des Kröner-Verlags, Stuttgart.

104 J. P. Mayer an den Kröner-Verlag, 25. Juli 1951, ebd.

105 Siegfried Landshut an den Kröner-Verlag, 29. September 1952; ebd.

106 Kröner-Verlag an Siegfried Landshut, 7. Oktober 1953; ebd.

107 Siegfried Landshut an den Kröner-Verlag, 13. Oktober 1953; ebd.

108 Im Archiv des Verf. finden sich fünfzig Rezensionen bzw. Anzeigen zur ersten Auflage der Tocqueville-Auswahl Landshuts.

109 Alexis de Tocqueville: *Erinnerungen*. Mit einer Einleitung von Carl J. Burckhardt. Stuttgart 1954.
110 J. P. Mayer: *Alexis de Tocqueville. Prophet des Massenzeitalters*. Stuttgart 1954 [zuerst frz. 1948].
111 Alexis Clerel de Tocqueville: *Die Demokratie in Amerika*. Eine Auswahl, übersetzt, eingeleitet und erläutert von Friedrich August v. d. Heydte. Regensburg 1955.
112 Alexis de Tocqueville: *Über die Demokratie in Amerika*. Eingeleitet und hg. von J. P. Mayer. Vorwort von Carl J. Burckhardt. Frankfurt am Main 1956.
113 E. M. [d. i. Ernst Maste]: »Ein großer Staatsdenker«. In: *Das Parlament*, Nr. 16 vom 20. April 1955, 10.
114 r.h.[d.i. Robert Haerdter]: »Die unauslöschliche Spur«. In: *Die Gegenwart* 10 (1955), 344.
115 Werner Conze: »Interpretation Tocquevilles«. In: *Außenpolitik* 5 (1954), 823f.
116 Eberhard Kessel: »Das Tocqueville-Problem. Eine Auseinandersetzung mit der neuesten Literatur«. In: *Jahrbuch für Amerikastudien* 1 (1956), 168-176.
117 Hanno Kesting: »Alexis de Tocqueville«. In: *Neue Politische Literatur* 2 (1957), 341-352.
118 Hans Lutz: »Rezension zu *Das Zeitalter der Gleichheit* und *Erinnerungen*«. In: *Gewerkschaftliche Monatshefte* 7 (1956), 127.
119 Alexis de Tocqueville: *Werke und Briefe*. Auf Grund der französischen historisch-kritischen Ausgabe hg. von J. P. Mayer in Gemeinschaft mit Theodor Eschenburg und Hans Zbinden. Stuttgart 1959ff.
120 Hier zitiert nach: Landshut, Tocqueville-»Einleitung«, 1967, IX-XXXII, hier IX. Die »Einleitung« der ersten Auflage von 1954, XI-XXXI, beginnt mit den gleichen Sätzen, allerdings mit der fehlerhaften Angabe, Tocqueville sei acht Jahre älter gewesen als Marx.
121 Landshut, Tocqueville-»Einleitung«,1954, XI; 1967, X.
122 Ebd., 1954, XIX; 1967, XIX.
123 Ebd., 1954, XX; 1967, XX.
124 So übersetzt Landshut Tocquevilles »terreur religieuse«; ebd., 1954, XVII; 1967, XVII.
125 Ebd., 1967, XV.
126 Ebd., 1954, XXVII; 1967, XXVI [meine Hervorhebung, R.N.].
127 Ebd.
128 Ebd., 1954, XXIV; 1967, XXIV. Es handelt sich hier um ein Zitat aus Tocquevilles *Über die Demokratie in Amerika*, in der Landshutschen Ausgabe von 1954, 3-118, hier 62; in der zweiten Auflage von 1967, 3-116, hier 65.
129 Landshut, Tocqueville-»Einleitung«, 1954, XXV; 1967, XXIV.
130 Ebd., 1954, XXVI; 1967, XXV. Das Tocqueville-Zitat findet sich in: *Über die Demokratie in Amerika*, in der Landshutschen Ausgabe von

1954, 98; in der Ausgabe von 1967, 99f. Die Auslassungen stammen von Landshut.

131 Wilhelm Hennis: »Tocquevilles ›Neue politische Wissenschaft‹«. In: *Aspekte der Kultursoziologie. Aufsätze zur Soziologie, Philosophie, Anthropologie und Geschichte der Kultur. Zum 60. Geburtstag von Mohammed Rassem*. Hg. von Justin Stagl. Berlin 1982, 385-407, hier 403. In seinem ebenso instruktiven wie bewegenden Aufsatz reiht Hennis Tocqueville in die Tradition der Politischen Wissenschaft ein. Ihm gebührt das Verdienst, Tocquevilles nahe Verbindung zu Rousseau herausgearbeitet und den Blick auf das Problem von »Freiheit und Mitmenschlichkeit« gelenkt zu haben.

132 Landshut, Tocqueville-»Einleitung«, 1954, XI; 1967, IX.

133 Ebd., 1954, XXVIII; 1967, XXVII.

134 Landshut, »Prophet des Massenzeitalters«.

135 Landshut, Tocqueville-»Einleitung«, 1967, XXIX.

136 Ebd.

137 Vgl. ebd., 1954, XXX; 1967, X, XXIX.

138 Ebd., 1954, XXX; 1967, XXIX.

139 In der revidierten Fassung der Tocqueville-»Einleitung« von 1967 stellt Landshut selbst die Verbindung zwischen Tocqueville und Weber her (ebd., X). Er schreibt, Max Weber habe sich ähnlich wie Tocqueville trotz tiefer Bedrückung nicht der »Forderung des Tages« entzogen.

140 Vgl. M. Rainer Lepsius: *Denkschrift zur Lage der Soziologie und der Politischen Wissenschaft* (Denkschriften der Deutschen Forschungsgemeinschaft 9). Wiesbaden 1961, 79-148.

141 DVPW-Archiv: Protokoll der Konferenz über Politische Wissenschaften im Institut für Sozialforschung, Frankfurt am Main, 9. Februar 1952, 3f., 10, 17.

142 Siegfried Landshut an den Rektor der Universität Hamburg Bruno Snell, 28. Juli 1952. Eine Abschrift des fünfseitigen Briefes befindet sich in den Protokoll-Akten der RStFak (Aktenbestand des Fachbereichs Rechtswissenschaft I der Universität Hamburg).

143 StA HH, Uni I, K 20/1/Heft 7, Bl. 86-90.

144 Vgl. Werner Klugmann: »Politik ohne Beigeschmack. Professor Landshut über den neuen Lehrstuhl an der Universität«. In: *Die Welt*, Nr. 120 vom 26. Mai 1951, 4.

145 Landshut, »Denkschrift«, 88.

146 Auskunft Fritz Fischers, Gespräch in Hamburg am 19. September 1991.

147 Fritz Fischer zählte im übrigen zu jenen Kollegen Landshuts, mit denen es in den folgenden Jahren eine gute Zusammenarbeit gab. Bei etlichen Promotionsverfahren waren Fischer und Landshut gemeinsam als Gutachter tätig, ohne daß es größere Kontroversen gegeben hätte. Auch veranstalteten sie später zusammen mit Carl Jantke, Helmut Schelsky und Otto Brunner ein »Historisch-sozialwissenschaftliches Kolloquium«, das sechs Semester lang, vom WS 1954/55 bis zum SS 1957,

stattfand. Ende 1956 waren sie zudem die beiden Hauptreferenten einer für die damalige Zeit besonders bemerkenswerten, von Studierenden initiierten Veranstaltung über die »Probleme des Nationalsozialismus, seine Vorgeschichte und seine Ideologie«; vgl. dazu: »Studenten diskutieren über den Nationalsozialismus«. In: *Friede mit Israel. Mitteilungsblatt der Gesellschaft für christlich-jüdische Zusammenarbeit in Hamburg e.V.*, Nr. 32/33 (Januar 1957), 14.

148 Ersichtlich aus den Kommissionsberichten des ersten Halbjahres 1953, StA HH, PhilFak, Lehrstuhl Politik, o.Bl.

149 Der »Fall Landshut/Zechlin« ist dokumentiert in: StA HH, PhilFak 94.

150 Siegfried Landshut an den Dekan der PhilFak, 20. Juli 1953; StA HH, PhilFak 94, o.Bl.

151 StA HH, PhilFak, Lehrstuhl Politik, o.Bl.

152 Zu Schelsky vgl. jetzt: Gerhard Schäfer: »Soziologe und Intellektueller. Über Helmut Schelsky«. In: *Blätter für deutsche und internationale Politik* 39 (1994), 755-765. Schäfers Dissertation *Helmut Schelsky. Soziologe und Intellektueller. Studien zu einer intellektuellen Biographie* steht kurz vor dem Abschluß.

153 Wolfgang Kessel charakterisiert Landshuts Verhältnis zu Schelsky als »freundlich-kollegial-kooperativ, aber reserviert«; Brief an den Verf. vom 21. Juni 1995. Zur Reserviertheit mag auch Schelskys ausgesprochener Wille zur Publizität, zur äußeren Wirkung, beigetragen haben, der Landshut fernlag. Vgl. zu Schelsky auch dessen Bericht: »Erfahrungen mit vier Generationen der deutschen Universität« [Vortrag zum 200jährigen Jubiläum der Universität Münster]. In: Ders.: *Rückblicke eines »Anti-Soziologen«*. Opladen 1981, 160-177, hier 166-168.

154 Zur räumlichen Situation und zur Atmosphäre im Seminar für Sozialwissenschaften vgl. die Schilderungen des damaligen Studenten bzw. Assistenten und späteren Soziologie-Professors Gregor Siefer: »Schelsky als Lehrer«. In: Waßner (Hg.), *Wege zum Sozialen*, 169-176; sowie Gregor Siefer: »Gedenken und Brückenschlagen. Persönliche Erinnerungen an Heinz Kluth« [Kluth war 1960 Nachfolger Helmut Schelskys geworden, R.N.]. In: *Rückblicke aus der Praxis – Anfragen an die Theorie. Gedenk-Symposium aus Anlaß des zehnjährigen Todestages von Heinz Kluth (1921-1977) am 20. Januar 1988 im Gästehaus der Universität* (Hamburger Universitätsreden 49). Hamburg 1990, 11-25, hier insbes. 14-16.

155 In Berlin herrschte eine besondere Situation, da dort die Deutsche Hochschule für Politik 1959 als Otto-Suhr-Institut in die FU Berlin eingegliedert worden war.

156 Im Jahre 1960 konnte Politik als Nebenfach in Hamburg für folgende Abschlüsse gewählt werden: Dr. rer. pol., Dr. phil., Diplom-Volkswirt, Diplom-Kaufmann, Diplom-Handelslehrer, Gewerbelehrer. Außerdem war die Belegung von Politik als Zusatzfach im Staatsexamen für Lehramtskandidaten möglich.

157 Bei dreizehn Dissertationen fungierte Landshut als Erstgutachter; acht wurden in der Philosophischen Fakultät eingereicht, fünf in der Wirtschafts- und Sozialwissenschaftlichen Fakultät.
158 Siegfried Landshut an Dolf Sternberger, 26. Dezember 1959; DLA: Nachlaß Sternberger.
159 Am 24. Juni 1959 wurde Landshut von der WiSoFak zu ihrem Dekan für das Amtsjahr 1959/60 gewählt; Abschrift des Briefes der WiSoFak an den Rektor der Universität und an die Hochschulabteilung vom 26. Juni 1959; StA HH, HW-DPA I 263, Bd. 1, o.Bl.
160 Im Juli 1958 hatte der Universitätssenat Landshut als neues Mitglied des Kuratoriums des »Hansischen Goethe-Preises« auserkoren. Im Kuratorium selbst wählte man Landshut dann im Januar 1959 einstimmig zum Vorsitzenden; eine Position, die er bis zum März 1964 innehatte; StA HH, Uni I, Hansischer Goethe-Preis, Akte P-70-22. Der von der »Stiftung F.V.S.« 1949 eingerichtete Preis sollte der »Förderung übernationaler und humanitärer Bestrebungen im Sinne Goethes« dienen. Während Landshuts Tätigkeit als Kuratoriumsvorsitzender wurde der Preis, den zuvor Carl J. Burckhardt, Martin Buber, Eduard Spranger, Eivind Berggrav, T. S. Eliot, Gabriel Marcel, Walter Gropius, Alfred Weber und Paul Tillich erhalten hatten, wie folgt verliehen: 1959 an den Altbundespräsidenten Theodor Heuss (1884-1963) [offenbar auf Vorschlag Landshuts], 1961 an den britischen Komponisten Benjamin Britten (1913-1976), 1963 an einen Hamburger Emeritus, den Pädagogen Wilhelm Flitner (1889-1990).
161 Siegfried Landshut und Wilhelm Hennis an die Dekane der Philosophischen sowie der Wirtschafts- und Sozialwissenschaftlichen Fakultät, 11. Juli 1963; StA HH, PhilFak, Lehrstuhl Politik, o. Bl. In ihrer Sitzung vom 24. Juli 1963 stimmte die WiSoFak dem Antrag zu (Auszug des betreffenden Sitzungsprotokolls in: StA HH, WiSoFak 9, o.Bl.).
162 So Wilhelm Hennis selbst gegenüber dem Verf., Gespräch in Freiburg i. Br. am 14. Dezember 1992.
163 Zur »Akademie für Gemeinwirtschaft« (umbenannt 1961 in »Akademie für Wirtschaft und Politik«, 1970 in »Hochschule für Wirtschaft und Politik«) vgl. die beiden Aufsätze von Bärbel von Borries-Pusback: »Die Gründung der Akademie für Gemeinwirtschaft«; »Von der Akademie für Gemeinwirtschaft zur Hochschule für Wirtschaft und Politik«. In: Hochschule für Wirtschaft und Politik (Hg.): *Jahrbuch für Sozialökonomie und Gesellschaftstheorie 1991/92. Bd. 1: Beiträge zum 40jährigen Bestehen der HWP*. Hamburg 1992, 2-42, 43-76.
164 So die Aussage Ortliebs, Gespräch in Hamburg am 22. August 1991.
165 Das Verhältnis Landshut-Sternberger war von tiefem gegenseitigen Respekt gekennzeichnet. Auch in der Frage, was Politik sei, gab es grundsätzliche Übereinstimmungen, wobei Landshut freilich der strengere, eindeutiger auf der Traditionslinie der Politik beharrende Gelehrte war. Vgl. Dolf Sternberger: »Macht und Sitte. Eine Studie über Politik als

Wissenschaft«. In: Ders.: *Lebende Verfassung. Studien über Koalition und Opposition* (Parteien-Fraktionen-Regierungen 1). Meisenheim am Glan 1956, 11-21; und Landshuts Rezension in: *KZfSS* 9 (1957), 498-501, hier insbes. 501.
166 So Sternbergers Worte in seiner Begrüßungsansprache anläßlich der DVPW-Tagung. Vgl.: »Tagung der Deutschen Vereinigung für Politische Wissenschaft, 23. bis 25. April 1963 in Heidelberg«. In: *PVS* 5 (1964), 3.
167 StA HH, HW-DPA I 263, Bd. 1, o.Bl.
168 StA HH, PhilFak, Lehrstuhl Politik, o.Bl.
169 Katharina Focke im Brief an den Verf. vom 17. September 1991.
170 Katharina Fockes im Dezember 1953 eingereichte Dissertation behandelte das Thema »Zum Wesen des Übernationalen«, eine Studie über die sich entwickelnde Europäische Gemeinschaft. Siegfried Landshut, der Katharina Fockes Vater, den Publizisten Ernst Friedlaender, persönlich kannte, akzeptierte das Thema, wenngleich es nicht gerade in jenem Bereich lag, mit dem er sich vorzugsweise wissenschaftlich beschäftigte.
171 Huguette Herrmann im Brief an den Verf. vom 18. Januar 1992; Gespräche in Marbach a.N. am 18./19. Juli 1993. Zu den »ersten Studentinnen und Studenten« zählten auch Hans-Christian Röglin, Gert-Julius Herrmann, Lisa Neubert und Dietrich Hilger. Etwas später stießen Wolfgang Kessel und Wolfgang Gaebler zu diesem Kreis.
172 Äußerungen Wolfgang Kessels, Gespräch in Hamburg am 27. Januar 1992.
173 Brief an den Verf. vom 9. September 1993. Helle, der kein »Landshut-Schüler« im engeren Sinne gewesen ist, wurde 1957 Doktorand Schelskys und hörte parallel die Vorlesungen Landshuts. Ab 1961 war er Assistent des Schelsky-Nachfolgers Heinz Kluth und hatte in dieser Eigenschaft auch kontinuierlichen Kontakt zu Landshut, dem er 1969 seine Habilitationsschrift widmete; vgl. Horst Jürgen Helle: *Soziologie und Symbol. Ein Beitrag zur Handlungstheorie und zur Theorie des sozialen Wandels*. Köln-Opladen 1969, 5f.
174 Dies schildert etwa der heutige Soziologie-Professor Gábor Kiss; Brief an den Verf. vom 19. Februar 1993. Kiss (geb. 1931) hatte seine Dissertation über »Die gesellschaftspolitische Rolle der Studentenschaft im vorrevolutionären Rußland« bei Schelsky begonnen. Nach dessen Weggang aus Hamburg im Jahre 1960 erklärte Landshut sich bereit, die Betreuung der dann 1962 abgeschlossenen Arbeit zu übernehmen.
175 So erinnert sich etwa Landshuts Doktorand Karl H. Plesse; Gespräch in Hamburg, 24. Februar 1993.
176 Brief an den Verf. vom 21. Juni 1995.
177 Auch lud Landshut des öfteren Gäste in sein Seminar ein, etwa die Journalistin Marion Gräfin Dönhoff (geb. 1909), den Zukunftsforscher Robert Jungk (1913-1994), den Publizisten Ernst Friedlaender (1895-

Wiederbegründung der Politischen Wissenschaft 551

1973) und den Soziologen Gottfried Salomon-Delatour (1892-1964). Kontakt gab es auch zu Henry Kissinger (geb. 1923), der Landshut im Seminar – allerdings nicht in der Seminarveranstaltung – besuchte, um mit ihm ein längeres Gespräch über die Grundlagen der Politischen Wissenschaft zu führen. So die Auskunft Wolfgang Kessels im Brief an den Verf. vom 21. Juni 1995.

178 Das »Studentenheim Karl Andreas Voss«, 1961 gegründet, war mit 170 Plätzen das größte Studentenwohnheim in Hamburg. In den frühen Jahren erstellten die Bewohner ausführliche, mit Fotos, Zeichnungen und launigen Texten versehene Jahres-Chroniken, die im heutigen »Studentenwohnheim Hagenbeckstraße« einzusehen sind. Die Chronik des Jahres 1963 etwa verzeichnet eine Diskussion um den Kauf eines hauseigenen Fernsehgeräts. Siegfried Landshut argumentierte gegen die Anschaffung, wurde aber in diesem Fall von der Mehrheit der Studenten überstimmt. Im Sommer 1966 gab Landshut das Amt des Protektors ab.

179 Sven Papcke (geb.1939), heute Soziologie-Professor in Münster, studierte in der ersten Hälfte der sechziger Jahre bei Landshut. Er berichtet folgendes: »Landshut, bei dem ich mehrere Semester studiert habe, war ein ungemein anregender akademischer Lehrer, der den Studenten gegenüber allerdings ausgesprochen distanziert blieb. [...] Auffallend war – im Rückblick –, daß Landshut seinem Auditorium gegenüber *nie* auch nur ein Wort über das Exil / sein Exil / die Remigration etc. verlor« [Hervorhebung im Original]. Brief Sven Papckes an den Verf. vom 7. Januar 1992.

180 Walter Grab im Brief an den Verf. vom 10. Januar 1993. Grab, der 1938 aus seiner Heimatstadt Wien nach Palästina geflohen war, hatte von Oktober 1938 bis Juni 1939 u.a. bei Richard Koebner in Jerusalem studiert, dann aber sein Studium aus finanziellen Gründen abbrechen müssen. Erst als knapp Vierzigjähriger konnte er seinen Wunsch, Geschichte zu studieren, doch noch realisieren. Zum Studienabschluß kam Grab im Wintersemester 1962/63 nach Hamburg, um bei Fritz Fischer promoviert zu werden. Politische Wissenschaft belegte er als Nebenfach. Auskünfte Walter Grabs, Gespräche in Hamburg am 23. Oktober 1991, in Tel Aviv am 8. Juli 1993.

181 Siegfried Landshut: »Die Schwierigkeiten der politischen Erziehung in der egalitären Massengesellschaft«. In: *Gesellschaft-Staat-Erziehung* 2 (1957), 311-315 [wieder abgedruckt in: Heinrich Schneider (Hg.): *Politische Bildung in der Schule. Bd. 1: Grundfragen zur Entwicklung der Diskussion in der Bundesrepublik Deutschland* (Wege der Forschung 136). Darmstadt 1975, 67-74].

182 Ebd., 311 [meine Hervorhebung, R.N.].

183 Ebd., 313.

184 Siegfried Landshut: »The Development of Democracy in Germany in the 19th and 20th Century«. In: *German Social Science Digest*, published by Atlantik Brücke e.V. Hamburg 1955, 7-22, hier 21.

185 Vgl. zur Rolle und zum Aufbau der Parteien Landshuts Vorträge: »Die innere Parteiorganisation«. In: *Vorträge, gehalten anläßlich der [fünften] Hessischen Hochschulwochen für staatswissenschaftliche Fortbildung, 20. April bis 30. April 1954 in Bad Wildungen.* Bad Homburg vor der Höhe-Berlin 1955, 132-141; »Aufgabe und Stellung der politischen Parteien in der parlamentarischen Demokratie«. In: *Politisch Bilden – Politisch Handeln. Konzepte der politischen Bildung im Selbstverständnis der Parteien und der Bildungsstätten. Bericht über die Jahrestagung des Arbeitskreises deutscher Bildungsstätten e.V., Bonn, vom 26. bis 29. Mai 1965 in Berlin.* o.O. o.J., 9-31.

186 Landshut, »Schwierigkeiten der politischen Erziehung«, 315.

187 Dennert, »Siegfried Landshut«, 219.

188 Landshut, »Empirische Forschung«, 317.

189 »Volkssouveränität und öffentliche Meinung«. In: *Gegenwartsprobleme des Internationalen Rechtes und der Rechtsphilosophie. Festschrift für Rudolf Laun zu seinem siebzigsten Geburtstag.* Hg. von D[imitri] S. Constantopoulos und Hans Wehberg. Hamburg 1953, 579-586 [wieder abgedruckt in: *Kritik der Soziologie und andere Schriften zur Politik*, 325-333].

190 »Formen und Funktionen der parlamentarischen Opposition«. In: *Wirtschaft und Kultursystem. Alexander Rüstow zum siebzigsten Geburtstag.* Hg. von Gottfried Eisermann. Erlenbach/Zürich-Stuttgart 1955, 214-228 [wieder abgedruckt in: Kurt Kluxen (Hg.): *Parlamentarismus* (Neue Wissenschaftliche Bibliothek 18). Köln-Berlin 1967, 401-409; erneut abgedruckt in: *Kritik der Soziologie und andere Schriften zur Politik*, 335-345].

191 »Der politische Begriff der Repräsentation«. In: *Hamburger Jahrbuch für Wirtschafts- und Gesellschaftspolitik* 9 (1964), 175-186 [wieder abgedruckt in: Heinz Rausch (Hg.): *Zur Theorie und Geschichte der Repräsentation und Repräsentativverfassung* (Wege der Forschung 184). Darmstadt 1968, 482-497; erneut abgedruckt in: *Kritik der Soziologie und andere Schriften zur Politik*, 347-360].

192 Vgl. Landshut, »Empirische Forschung«, 321. Vgl. auch das von Landshut gemeinsam mit seinem Schüler Wolfgang Gaebler (geb. 1925) veröffentlichte *Politische Wörterbuch* (Veröffentlichungen der Akademie für Gemeinwirtschaft Hamburg). Tübingen 1958.

193 Wolfgang Kessel hebt in diesem Zusammenhang hervor: »Wenn also Schüler L's feststellen, daß sie so wesentlich in ihrer Sicht von L. geprägt wurden, so liegt dies nicht nur an der Wirkung seiner Persönlichkeit und seiner gedanklichen Konsequenz, sondern auch daran, daß und wie er solche fort und fort bestehenden Grundprobleme der Gegenwart politischer Existenz thematisiert hat.« Auskunft Wolfgang Kessels, Brief an den Verf. vom 10. Juli 1995.

194 Die meisten der von Landshut betreuten Dissertationen sind nicht publiziert worden. Vier Doktorarbeiten wurden im Rahmen der von ihm

mitherausgegebenen »Sozialwissenschaftlichen Studien«, einer Schriftenreihe des Seminars für Sozialwissenschaften der Universität Hamburg (Gustav Fischer Verlag), veröffentlicht.
195 Vgl. Wolfgang Kessel: *Auctoritas und potestas als Ordnungsgrundlagen des demokratischen Staates*. Diss. WiSo. Hamburg 1956. Vgl. auch die Thesen der Dissertation z.T. modifizierend: »Auctoritas und potestas als Ordnungsgrundlagen der Demokratie«. In: *Archiv für Rechts- und Sozialphilosophie* 45 (1959), 215-233. Wie in der Dissertation konstatiert Kessel hier die weitgehende Zurückdrängung der auctoritas im demokratischen Staat; er weist aber darauf hin, daß es im Bonner Grundgesetz eben doch Hinweise auf ein noch vorhandenes Bewußtsein von der Notwendigkeit eines gewissen Maßes an auctoritas gebe; vgl. ebd., 232f.
196 Vgl. Dietrich Hilger: *Burkes Kritik der Französischen Revolution und seine politische Konzeption*. Diss. Phil. Hamburg 1957. Publiziert als: *Edmund Burke und seine Kritik der Französischen Revolution* (Sozialwissenschaftliche Studien 1). Stuttgart 1960. Vgl. dazu die Hilgers Buch kritisch-würdigende Rezension Hans-Ulrich Wehlers in: *KZfSS* 13 (1961), 304-306.
197 Vgl. Hans-Christian Röglin: *Die Herrschaft des Gesetzes, ihre politischen Voraussetzungen und Konsequenzen*. Diss WiSo. Hamburg 1960.
198 Vgl. Ricarda Mischke: *Die Entstehung der öffentlichen Meinung im 18. Jahrhundert*. Diss. Phil. Hamburg 1958.
199 Vgl. Ingeborg Bode: *Ursprung und Begriff der parlamentarischen Opposition*. Diss. Phil. Hamburg 1959. Publiziert als: *Ursprung und Begriff der parlamentarischen Opposition* (Sozialwissenschaftliche Studien 3). Mit einem Vorwort von Siegfried Landshut. Stuttgart 1962.
200 Siegfried Landshut, »Vorwort«. In: ebd., V. Bodes Arbeit war die einzige veröffentlichte Dissertation, zu der Landshut ein Vorwort verfaßte.
201 Vgl. Jürgen Dennert: *Ursprung und Begriff der Souveränität*. Diss. Phil. Hamburg 1962. Publiziert als: *Ursprung und Begriff der Souveränität* (Sozialwissenschaftliche Studien 7). Stuttgart 1964.
202 Vgl. Klaus Streifthau: *Die Souveränität des Parlaments. Ein Beitrag zur Aufnahme des Souveränitätsbegriffes in England im 19. Jahrhundert*. Diss. WiSo. Hamburg 1962. Publiziert als: *Die Souveränität des Parlaments. Ein Beitrag zur Aufnahme des Souveränitätsbegriffes in England im 19. Jahrhundert* (Sozialwissenschaftliche Studien 5). Stuttgart 1963.
203 Der Kreis der Doktoranden war im übrigen etwas größer als die Liste der Promotionsverfahren verrät, da einige der von Landshut betreuten Dissertationen nicht zum Abschluß gekommen sind: etwa diejenige des langjährigen Landshut-Schülers Karsten Richter, die »Die Begriffe Souveränität und Repräsentation bei Carl Schmitt, Hermann Heller

und Gerhard Leibholz« behandeln sollte; Auskunft Karsten Richters im Brief an den Verf. vom 4. Dezember 1994.

204 Die Hörerzahlen von 1954 bis 1963 finden sich in: StA HH, HW-DPA I 263, Bd. 1, o. Bl.

205 Auskunft Walter Grabs, Gespräche in Hamburg am 23. Oktober 1991, in Tel Aviv am 8. Juli 1993.

206 Vgl. ganz dem Landshutschen Politikverständnis verpflichtet: Heinz-Hermann Schepp: *Pädagogik und Politik. Zur Problematik der Demokratisierung in Schule, Hochschule, Politischer Bildung und Erwachsenenbildung.* Bad Heilbrunn/Obb. 1990. Vgl. dazu die Rezension Hermann Langes in: *International Review of Education* 37 (1991), 500-502.

207 Vgl. Berthold Michael, Heinz-Hermann Schepp: *Die Schule in Staat und Gesellschaft. Dokumente zur deutschen Schulgeschichte im 19. und 20. Jahrhundert* (Quellensammlung zur Kulturgeschichte 22). Göttingen-Zürich 1993. Den Hauptkapiteln sind hier in der Regel Artikel aus dem *Politischen Wörterbuch* von Landshut/Gaebler vorangestellt.

208 Hermann Lange hat versucht, die im Studium bei Wilhelm Flitner, Siegfried Landshut und Otto Brunner empfangenen Fragestellungen – vor allem Luhmann-inspiriert – weiterzuentwickeln. Vgl. Hermann Lange: *Von Wilhelm Flitner zu Niklas Luhmann. Erläuterungen zu meiner wissenschaftlichen Entwicklung.* Unveröffentlichtes Typoskript 1994; zu Langes Werk vgl. den Landshuts Einfluß akzentuierenden Überblick von Heinz-Elmar Tenorth: *Pädagogik zwischen Profession, Politik und Wissenschaft. Zur Emeritierung von Prof. Dr. Hermann Lange* (Dokumentation Erziehungswissenschaft 10). Hamburg 1995.

209 Rita Schepp (damals: Rita Wohlgethan) legte bei Landshut das Fakultätsexamen ab (später als Diplom anerkannt). Ihre 1961 eingereichte Studie *Was stiftet die Einheit des politischen Gemeinwesens bei John Locke und Jean-Jacques Rousseau?* zählt zu den ganz vom Landshutschen Denkansatz geprägten Abschlußarbeiten.

210 Ich danke Hermann Lange, Rita und Heinz-Hermann Schepp sowie Berthold Michael für die Möglichkeit, die gesamten Mitschriften zu fotokopieren.

211 Hilgers Habilitationsschrift sollte den Titel »Emanzipation und traditionelle Politik« tragen und die »Frage nach den Bedingungen der Möglichkeit einer an der aristotelischen Tradition orientierten Politischen Wissenschaft in der modernen Welt« behandeln. Hilger wollte an der Maßgeblichkeit traditioneller Politik festhalten und dabei den Verhältnissen der modernen Welt gerecht werden: »Ich versuche beides zu verbinden, nicht in platter Harmonisierung, sondern in voller Anerkennung des Traditionsabbruchs in der Epoche der Revolutionen.« Ich danke Marie-Elisabeth Hilger für diese Angaben aus den Aufzeichnungen ihres verstorbenen Mannes.

212 Jürgen Dennert: *Die ontologisch-aristotelische Politikwissenschaft und der Rationalismus. Eine Untersuchung des politischen Denkens Aristoteles', Descartes', Hobbes', Rousseaus und Kants* (Beiträge zur Politischen Wissenschaft 11). Berlin 1970.
213 Vgl. den von Hans-Peter Schwarz verfaßten Nachruf auf Jürgen Dennert in: *PVS* 11 (1970), 511f.
214 Aviner, *Your family*, 24.
215 Susanne Geis, Brief an den Verf. vom 3. August 1995.
216 So die Auskunft des Sternberger-Schülers Adrian Braunbehrens, dem die Redaktion der *Klassiker* oblag; Brief an den Verf. vom 2. Oktober 1995.
217 Durch Konkurrenzprojekte anderer Verlage entgingen dem Westdeutschen Verlag gerade die für Landshut besonders wichtigen »Klassiker« Hobbes, Rousseau und Locke. Dies geht hervor aus der Korrespondenz zwischen Landshut und Braunbehrens bzw. dem Westdeutschen Verlag. Ich danke Adrian Braunbehrens, der mir die betreffenden Briefe freundlicherweise zur Verfügung gestellt hat.
218 Es erschienen: Bd. 1: *Immanuel Kant* (hg. von Otto Heinrich von der Gablentz); Bd. 2: *Niccolò Machiavelli* (hg. von Erwin Faul); Bd. 3: *Robert von Mohl* (hg. von Klaus von Beyme); Bd. 4: *Alexis de Tocqueville* (hg. von Siegfried Landshut); Bd. 7: *Johann Gottlieb Fichte* (hg. von Bernard Willms); Bd. 8: *[Theodor] Beza, [Stephanus Junius] Brutus, [Franz] Hotman. Calvinistische Monarchomachen* (hg. von Jürgen Dennert). Die Bände 5 [Wilhelm von Humboldt] und 6 [Georg Wilhelm Friedrich Hegel] sind nicht erschienen.
219 Siegfried Landshut: »Zur heutigen Krise des Hochschulwesens«. In: *Soziologenkorrespondenz. Zeitschrift der Vereinigung für Soziologie*. Aachen-Hamburg 1969 [Heft 1970/1], 4-7, hier 7.
220 Detlev Albers: *Demokratisierung der Universität* (AStA-Dokumente VI/67). Hamburg 1967, 3.
221 Eine Kopie des unveröffentlichten und unbetitelten Typoskripts verdanke ich Rita und Heinz-Hermann Schepp. Vgl. auch den aus Landshut-verwandter Sicht geschriebenen Aufsatz von Heinz-Hermann Schepp: »Überlegungen zur ›Demokratisierung‹ der Hochschule« [zuerst 1968]. In: Schepp, *Pädagogik und Politik*, 123-132.
222 So die Auskunft Horst Jürgen Helles im Brief an den Verf. vom 9. September 1993. Demnach erhielt Helle den für *Die Welt* bestimmten Artikel nach Landshuts Tod von dessen Sekretärin und veröffentlichte ihn in der gerade gegründeten *Soziologenkorrespondenz*. Zitiert wird im folgenden nach dieser publizierten Fassung.
223 Landshut, »Krise des Hochschulwesens«, 4.
224 Ebd., 7.
225 Ebd., 5.
226 Ebd. Bezeichnend war für Landshut, daß Albers das Betriebsverfassungsgesetz von 1952 als Vorbild für die vorgeschlagene Drittelparität erwähnt hatte. Vgl. Albers, *Demokratisierung*, 11.

227 Landshut, »Krise des Hochschulwesens«, 6.
228 Ralf Dahrendorf: *Bildung ist Bürgerrecht. Plädoyer für eine aktive Bildungspolitik.* Bramsche-Osnabrück 1965. Dort heißt es bereits, daß eine aktive Bildungspolitik radikaler Reform nötig sei, deren Wirkungen »nicht weit von einer Bildungsrevolution entfernt sein dürfen«; ebd., 9.
229 Zur Situation in Hamburg vgl. Barbara Vogel: »75 Jahre Universität Hamburg«. In: *Demokratie braucht Bildung – Bildung braucht Demokratie. 75 Jahre Uni, HÖB, VHS, Volksbühne*. Mit einer Einführung von Silke Jendrowiak (Veröffentlichung der Landeszentrale für politische Bildung Hamburg). Hamburg 1994, 27-50, hier 40.
230 Landshut zählte auch zu den Unterzeichnern des am 17. April 1968 veröffentlichten und dann von über 1500 Professoren unterschriebenen »Marburger Manifests«, das sich gegen eine Mitbestimmung der Studierenden richtete. Gewarnt wurde vor einer Entwicklung, »die unter dem mißverständlichen Namen ›Demokratisierung der Universität‹ vorangetrieben« werde, tatsächlich aber »die Beschränkung der Freiheit von Forschung und Lehre und damit eine Verkümmerung der Wissenschaft selbst« zur Folge habe. Das »Marburger Manifest« erschien am 5. Juli 1968 als ganzseitige Anzeige in der *Frankfurter Allgemeinen Zeitung*. In der dortigen Liste der »bisherigen Unterzeichner« findet sich der Name Landshuts. Das Manifest ist wieder abgedruckt in: *Die deutschen Studenten. Der Kampf um die Hochschulreform. Eine Bestandsaufnahme*. Hg. von Hans-Adolf Jacobsen und Hans Dollinger, unter Mitwirkung von Wilfried von Bredow. München 1968, 202-205.
231 Vgl. Landshut, »Krise des Hochschulwesens«, 7.
232 Vgl. ebd., 6f.
233 *Hamburger Abendblatt*, Nr. 262 vom 9. November 1967, 1f. Am folgenden Tag erschien gleichen Orts der Artikel »Der ungewöhnlichste Tag der Uni« (Nr. 263 vom 10. November 1967, 10), und in *Die Welt* hieß es: »Rektoratsfeier durch Studentenkrawall gestört. Bestürzende Vorfälle im Auditorium maximum. Spott und Hohn für das Professoren-Kollegium«; *Die Welt*, Nr. 263 vom 10. November 1967, 13.
234 Ein Beispiel unter vielen ist Ernst Fraenkel, der bis zu seiner Emeritierung im Jahre 1967 an der FU Berlin lehrte. Fraenkel kritisierte nicht nur massiv die Aktionen der Studentenbewegung; er litt – ebenso wie Landshut – auch ganz persönlich unter ihnen. Auskunft Winfried Steffanis, Gespräch in Hamburg am 1. September 1993.
235 Bekannt ist dies etwa im Falle des Hamburger Literaturwissenschaftlers Karl-Ludwig Schneider (1919-1981); vgl. Thorsten Müller: »Karl-Ludwig Schneider. Verletzt gelebt, verletzt gestorben«. In: *Deutsches Allgemeines Sonntagsblatt*, Nr. 29 vom 19. Juli 1981, 17.
236 Auskunft Karla von Malapert-Neufvilles, Gespräch in Hamburg am 30. Januar 1995. Karla von Malapert-Neufville (geb. Zillt), die seit 1960 bei Siegfried Landshut studierte und auch die letzten Vorlesungen

im Jahre 1968 hörte, war bis zum Tode Landshuts dessen regelmäßiger Gast in der Parkallee.
237 Wohl aber hatte der von der neuen Studentengeneration enttäuschte Landshut noch engen, z.T. freundschaftlichen Kontakt zu ehemaligen Schülern, so vor allem zu Minje und Wolfgang Kessel sowie zu Rita und Heinz-Hermann Schepp.
238 Die etwa dreistündige Diskussion ist in Auszügen dokumentiert in: *Die Zeit*, Nr. 48 vom 1. Dezember 1967, 17-19.
239 Carl Landauer an die Wirtschafts- und Sozialwissenschaftliche Fakultät der Universität Hamburg, 18. Dezember 1968; StA HH, WiSoFak 9, o.Bl. Carl Landauer hatte 1933 als »Nicht-Arier« und Sozialdemokrat (Mitgliedschaft in der SPD seit 1912) seine außerordentliche Professur an der Handelshochschule in Berlin verloren und war nach Berkeley ins Exil gegangen. Dort war er 1934 Lecturer und zwei Jahre später dann Professor of Economics geworden. Ob Landshut und Landauer einander schon aus der Zeit vor dem Exil kannten, ist ungewiß. Sie lernten sich jedenfalls spätestens kennen, als Landauer an der Universität Hamburg eine Gastprofessur innehatte (1959/60, 1962/63 und 1966/67). Im Jahre 1966 wurde ihm von der dortigen WiSoFak der Titel eines Dr. rer. pol. h.c. verliehen. Der im Zitat erwähnte Briefwechsel ist im Nachlaß Landauers in Berkeley nicht auffindbar.
240 Vgl. auch die Titelgeschichte »Verlorene Söhne«. In: *Der Spiegel*, Nr. 18 vom 29. April 1968, 78-94.
241 Die Eröffnungsrede Brandts ist abgedruckt in: *Karl-Marx-Haus Trier*. Hg. vom Forschungsinstitut der Friedrich-Ebert-Stiftung, Bad Godesberg, und vom Karl-Marx-Haus, Trier. o.O. 1968, 9-11, hier 10.
242 Vgl. Ernst Bloch: »Aufrechter Gang, konkrete Utopie. Zum 150. Geburtstag von Karl Marx«. In: *Die Zeit*, Nr. 19 vom 10. Mai 1968, 20f.
243 Außer Bloch und Landshut hielten Ernst Fischer, Julius Braunthal, Robert Tucker und Joseph Macek Vorträge.
244 »Marx-Feiern: Eine Art von Röte«. In: *Der Spiegel*, Nr. 20 vom 13. Mai 1968, 56.
245 Vgl. zur Berichterstattung: »Ernst Bloch über Karl Marx. Die Feierlichkeiten in Trier«. In: *Frankfurter Allgemeine Zeitung*, Nr. 105 vom 6. Mai 1968, 20; »›Brandt, du hast den Marx gestohlen...‹. Demonstrationen für und gegen Karl Marx in Trier. Rote Nelken von der SED-Delegation«. In: *Frankfurter Rundschau*, Nr.105 vom 6. Mai 1968, 3; »Das gespaltene Marx-Festival in Trier«. In: *Neue Zürcher Zeitung*, Fernausgabe Nr. 128 vom 11. Mai 1968, 2; »Bloch empfiehlt Linksdrall für SPD«. In: *Trierischer Volksfreund*, Nr. 105 vom 6. Mai 1968, 5. Vgl. auch den Abschnitt »Das ›gespaltene Marx-Festival‹ 1968«. In: Jürgen Herres: *Das Karl-Marx-Haus in Trier. 1727 – heute. Bürgerliches Wohnhaus, Politisches Symbol, Historisches Museum*. Trier 1993, 71-74.
246 Bernd Rabehl: »Karl Marx und der SDS«. In: *Der Spiegel*, Nr. 18 vom

29. April 1968, 86. Zur Marx-Rezeption durch die Studentenbewegung vgl. auch: *Rebellion der Studenten oder Die neue Opposition. Eine Analyse* von Uwe Bergmann, Rudi Dutschke, Wolfgang Lefèvre, Bernd Rabehl. Reinbek bei Hamburg 1968; dort v.a. die Beiträge Dutschkes (33-93) und Lefèvres (94-150).
247 Bloch, »Aufrechter Gang«, 20.
248 Landshuts Reaktion auf Blochs Vortrag schildert der Landshut-Schüler Günther Wagenlehner, der auf der Unesco-Veranstaltung neben Landshut gesessen hat; Brief an den Verf. vom 10. September 1995. Wagenlehner (geb. 1923) hatte vom WS 1956/57 an bei Landshut studiert und war 1961 bei diesem mit einer Arbeit über *Lenin zwischen Staat und kommunistischer Gesellschaft* promoviert worden. Die Studie erschien überarbeitet, ergänzt und dem Andenken Landshuts gewidmet als: *Staat oder Kommunismus. Lenins Entscheidung gegen die kommunistische Gesellschaft.* Stuttgart 1970.
249 Der Vortrag wurde zuerst – geringfügig gekürzt – abgedruckt unter dem Titel: »Im Gehäuse der Entfremdung. Karl Marx heute«. In: *Deutsches Allgemeines Sonntagsblatt*, Nr. 19 vom 12. Mai 1968, 8. Zitiert wird im folgenden aus dem Wiederabdruck: Siegfried Landshut: »Immer noch Marx? Zur 150. Wiederkehr seines Geburtstages am 5. Mai 1968«. In: *Hamburger Jahrbuch für Wirtschafts- und Gesellschaftspolitik* 14 (1969), 11-18, hier 12.
250 Landshut, »Immer noch Marx?«, 14.
251 Ebd., 16.
252 Ebd., 14.
253 Ebd.
254 Ebd., 15.
255 Ebd., 16.
256 Deutlicher noch äußerte er sich – den Trierer Vortrag vorbereitend – in einem Brief an Dietrich Hilger: »Mein Gedanke für den Vortrag ist der, aus Marx heraus nachzuweisen, dass das ›Selbst‹, dem sich der Mensch entfremdet hat, nicht ein allgemein menschliches Selbst überhaupt, sondern das spezifische Selbst der abendländischen Überlieferung [ist], dass die Negierung der Industriegesellschaft, die Kriterien seiner Kritik an ihr und alles, was die Zukunftsgesellschaft bedeuten soll, sich samt und sonders versteht aus Marxens Verwurzelung in der abendländischen Geistes- und Bildungswelt. Sie ist für Marx die Welt des ›wahren‹ Menschen. Die Industriegesellschaft ist ihr Verrat, ›entmenscht‹ den Menschen.« Siegfried Landshut an Dietrich Hilger, 17. Februar 1968; ich danke Marie-Elisabeth Hilger für die Überlassung dieses Briefes.
257 Landshut, »Immer noch Marx?«, 17.
258 Ebd.
259 Ebd., 13.
260 Siegfried Landshut an Dietrich Hilger, 17. Februar 1968 [im Besitz des Verf.].

261 Siegfried Landshut an Karla Zillt, 29. August 1968; PA Malapert.
262 Siegfried Landshut an Karla Zillt, 21. September 1968; ebd.
263 Daher ist es schwierig, konkrete Aussagen über Landshuts Beschäftigung mit Israel oder auch über seine Ansichten zum deutsch-jüdischen Verhältnis nach 1945 zu machen. Erwähnt sei, daß Landshut Mitglied der Gesellschaft für christlich-jüdische Zusammenarbeit in Hamburg gewesen ist. Inwieweit er sich hier engagierte, ist allerdings nicht mehr rekonstruierbar.
264 Nur sein allererster Gastvortrag im Februar 1950 hatte einen Palästina-Bezug (»Geplante Gemeinschaften – Gemeinschaftssiedlungen in Nordamerika und Palästina«).
265 Auskunft Daniel Dishons, Gespräch in Jerusalem am 8. Juli 1993.
266 Wann und in welchem Rahmen Landshut den Vortrag hielt, konnte nicht ermittelt werden. Sicher ist, daß er zwischen Juni und Dezember 1967 gehalten wurde, da Landshut die »siegreichen Kämpfe dieses Jahres« erwähnt (gemeint ist der »Sechstagekrieg« vom 5. bis 11. Juni 1967). Das Vortragstyposkript befindet sich im PA Aviner sowie in jenen Materialien, deren Veröffentlichung Wolfgang Kessel, Dietrich Hilger und Jürgen Dennert nach Landshuts Tod vorbereiteten. Im folgenden wird aus der letztgenannten dreizehnseitigen Fassung zitiert.
267 Vgl. Landshut, »Konstitutive Elemente«, 8f.
268 Ebd., 9f.
269 Ebd., 10 [Hervorhebung im Original].
270 Ebd., 13.
271 Ebd., 3.
272 Vgl. ebd.
273 Dies berichtet Daniel Dishon, den Landshut während seines Aufenthaltes besuchte. Ganz typisch für Landshut ist aber auch, daß seine Äußerungen über Israel eher nebenbei fielen. Beschäftigt war er zu jener Zeit weit mehr mit der »Kulturrevolution« in China, über die Jürgen Dennert nach einer längeren China-Reise einige Artikel publiziert hatte. Landshut hatte die Zeitungsausschnitte bei sich und war bemüht, Dishon die politische Bedeutung der Vorgänge zu erklären. Auskunft Daniel Dishons, Gespräch in Jerusalem am 8. Juli 1993.
274 Auskunft von Susanne Geis, Brief an den Verf. vom 11. April 1992.
275 Außer Rita und Heinz-Hermann Schepp waren folgende Landshut-Schüler an den Überlegungen für eine Edition zumindest zeitweise beteiligt: Ricarda Mischke, Karsten Richter, Dietrich Hilger, Harald Hottelet, Wolfgang Kessel, Berthold Michael, Hermann Lange, Heinz Warmbold, Klaus Streifthau und Jürgen Dennert.
276 Siegfried Landshut an Rita Schepp, 19. September 1965; PA Schepp.
277 Rita und Heinz-Hermann Schepp haben mir freundlicherweise die gesamte damalige Korrespondenz zur Verfügung gestellt.
278 Landshut berichtet darüber in Briefen an Rita Schepp vom 16. Juli 1967 und vom 24. Juli 1967; PA Schepp.

279 Siegfried Landshut an Rita Schepp, 24. Juli 1967; PA Schepp.
280 Siegfried Landshut an Rita Schepp, 19. September 1965; ebd.
281 Siegfried Landshut: *Kritik der Soziologie und andere Schriften zur Politik* (Politica 27). Neuwied/Rhein-Berlin 1969.
282 Siegfried Landshut: *Kritik der Soziologie*. Ins Japanische übersetzt von Toshio Kamba. Tokio 1963. Ich danke Mieko Hirano, National Diet Library, Tokio, für den bibliographischen Nachweis. Der Übersetzer des Landshutschen Textes, der japanische Soziologe Toshio Kamba (1904-1980), hatte selbst u.a. über Hegel, Marx und Karl Mannheim gearbeitet; 1970 erschien in Japan sein Buch über *Die Entfremdung in der gegenwärtigen Zeit*.
283 Die wichtigsten Texte des Streits sind dokumentiert in: Theodor W. Adorno, Hans Albert, Ralf Dahrendorf, Jürgen Habermas, Harald Pilot, Karl R. Popper: *Der Positivismusstreit in der deutschen Soziologie*. Neuwied/Rhein-Berlin 1969. Vgl. jetzt auch: Hans-Joachim Dahms: *Positivismusstreit. Die Auseinandersetzungen der Frankfurter Schule mit dem logischen Positivismus, dem amerikanischen Pragmatismus und dem kritischen Rationalismus*. Frankfurt am Main 1994.
284 Wolfgang Wiedner: »Anfänge der Politologie. Gesammelte Schriften Siegfried Landshuts«. In: *Frankfurter Rundschau*, Nr. 222 vom 25. September 1970, 15.
285 Wolf Lepenies: »*Kritik der Soziologie*. Siegfried Landshuts Schriften«. In: *Frankfurter Allgemeine Zeitung*, Nr. 228 vom 2. Oktober 1970, 31.
286 Ulrich Brozio: »[Rezension zu:] Landshut, Siegfried: *Kritik der Soziologie und andere Schriften zur Politik*«. In: *Das Argument* 13 (1971), 565-568, hier 565f.
287 Vgl. ebd., 568.
288 Bernhard Schäfers: »[Rezension zu:] Siegfried Landshut: *Kritik der Soziologie und andere Schriften zur Politik*«. In: *Archiv für Rechts- und Sozialphilosophie* 57 (1971), 459-463, hier 461.
289 Ebd., 462.
290 Horst Baier: *Von der Erkenntnistheorie zur Wirklichkeitswissenschaft. Eine Studie über die Begründung der Soziologie bei Max Weber*. Typoskript der Habilitationsschrift [die Schrift ist nie im Druck erschienen]. Münster 1969, 39.
291 Ebd., 39f.
292 Ebd., 38.
293 René König: *Kritik der historisch-existenzialistischen Soziologie. Ein Beitrag zur Begründung einer objektiven Soziologie*. München 1975.
294 Vgl. ebd., 51.
295 Vgl. ebd., 36. Die Äußerung nimmt Landshuts Formulierung im Schlußsatz der *Kritik der Soziologie* (dort 117) auf.
296 René König: »Einleitung«. In: Ders. (Hg.): *Soziologie* [Fischer Lexikon]. Frankfurt am Main 1958, 7-14, hier 7.
297 König, *Kritik*, 98.
298 Vgl. Hennis, *Max Webers Fragestellung*, 61, dort Anm. 5.

299 Vgl. ebd., 61. Dirk Käsler hat Hennis' Äußerungen bestätigend aufgenommen und erklärt, daß ein »richtiges« Verständnis Webers zu einer neuen Sichtweise der *Verantwortung* des heutigen Sozialwissenschaftlers führen könne. Vgl. Dirk Käsler: »Unbefangenheit und Hingabe. Das Webersche Konzept der ›Werturteilsfreiheit‹ und die Verantwortung des heutigen Sozialwissenschaftlers«. In: *Politik, Philosophie, Praxis*, 162-173.
300 Vgl. König, *Kritik*, 12.
301 Vgl. René König: »Zur Soziologie der zwanziger Jahre. Oder: Ein Epilog zu zwei Revolutionen, die niemals stattgefunden haben, und was daraus für unsere Gegenwart resultiert«. In: Leonhard Reinisch (Hg.): *Die Zeit ohne Eigenschaften. Eine Bilanz der zwanziger Jahre*. Stuttgart 1961, 82-118, hier 112.
302 Vgl. ebd.
303 König, »Einleitung« zum *Soziologie*-Lexikon, 14.
304 Helmut Schelsky: *Ortsbestimmung der deutschen Soziologie*. Düsseldorf-Köln 1959, 37.
305 René König: »Über das vermeintliche Ende der deutschen Soziologie vor der Machtergreifung des Nationalsozialismus«. In: *KZfSS* 36 (1984), 1-42.
306 Ebd., 19f. Im Jahre 1987 erschien dann Königs Sammelband *Soziologie in Deutschland*, in dem die beiden hier genannten Aufsätze von 1961 und 1984 traulich vereint wurden (ebd., 230-257, 343-387). Die auffällige Widersprüchlichkeit in den Äußerungen Königs hat Carsten Klingemann bereits hervorgehoben; und zwar nicht nur bezogen auf Siegfried Landshut, sondern auch auf Karl Mannheim. Vgl. Carsten Klingemann: »Soziologie im NS-Staat. Vom Unbehagen an der Soziologiegeschichtsschreibung«. In: *Soziale Welt* 36 (1985), 366-388, hier 369-371; ders.: »Die deutschen Sozialwissenschaften zwischen den beiden Weltkriegen. Mythos und Realität von Entwicklungsbrüchen«. In: Göhler/Zeuner (Hg.), *Kontinuitäten und Brüche*, 23-40, hier 26f.
307 Hennis, »Zu Siegfried Landshuts wissenschaftlichem Werk«, 1f.
308 Die folgenden Informationen zu diesem Publikationsplan stammen, soweit nicht anders angegeben, von Wolfgang Kessel, Gespräch in Hamburg, 27. Januar 1992; Brief an den Verf., 2. August 1995.
309 Jürgen Dennert berichtet darüber in einem Brief an Susanne Geis, 20. Mai 1969; PA Geis.
310 Hier sind folgende vorläufig bearbeitete Texte Landshuts erhalten: »Geschichte der politischen Theorie« (Übung/Seminar, WS 1952/53, 59 maschinengeschriebene Seiten); »Theorie der Politik« (Vorlesung, WS 1954/55, ebenfalls 59 Seiten). Ich danke Marie-Elisabeth Hilger für die Überlassung der Materialien.
311 Aus diesem Bereich sind in einer weiter fortgeschrittenen Bearbeitung erhalten: »Politik und Technik« (Vorlesung, SS 1962, 76 Seiten); »Das Gleichheits-Prinzip« (Vorlesung »Das Problem der politischen Gleich-

heit von 1789 bis heute«, SS 1963, 90 Seiten); »Das revolutionäre Prinzip der Neuzeit« (Vorlesung, WS 1965/66, 101 Seiten). Ich danke Wolfgang Kessel für die Überlassung der Materialien.

312 In einem Brief an Rita Schepp erklärte Landshut, es tue ihm sehr leid, daß seine Vorlesung zum »Revolutionären Prinzip der Neuzeit« so »sang- und klanglos« vergangen sei. Vielleicht, so fügte er hinzu, werde er sich noch einmal hinsetzen und die Vorlesung in Form bringen; Siegfried Landshut an Rita Schepp, 12. Januar 1967; PA Schepp.

313 Dietrich Hilger, inzwischen Professor für Sozial- und Wirtschaftsgeschichte in Hamburg, schrieb am 19. Januar 1971 an Kessel, daß er sich aufgrund völliger Überlastung nicht mehr mit dem Landshutschen Nachlaß habe befassen können. Den Durchschlag dieses Briefes verdanke ich Marie-Elisabeth Hilger.

314 Von den im folgenden behandelten Texten sind erhalten: Das Vorlesungsmanuskript »Das Gleichheitsprinzip« sowie einige Aufzeichnungen zum Thema »Politik und Technik«.

315 Für die Vorlesungen »Politik und Technik« (Nachschrift Rita Schepp, 83 Seiten) sowie »Das Problem der politischen Gleichheit von 1789 bis heute« (Nachschrift Hermann Lange, 88 Seiten) konnte ein direkter Vergleich mit den von Wolfgang Kessel bearbeiteten Vorlesungsentwürfen vorgenommen werden.

316 Siegfried Landshut: »Das revolutionäre Prinzip der Neuzeit«. Unveröffentlichter Vorlesungsentwurf. Bearbeitet von Wolfgang Kessel, 2.

317 Vgl. Dennert, »Siegfried Landshut«, 214. Bezüglich der Theorien des Naturrechts ist hinzuzufügen, daß das besondere Interesse Landshuts sich auch auf das Werk von John Locke (1632-1704) gerichtet hat.

318 Vgl. zu Hobbes und Rousseau das Kapitel »Die Idee von Freiheit und Gleichheit als Voraussetzung einer möglichen sozialen Problematik«. In: Landshut, *Kritik der Soziologie und andere Schriften zur Politik*, 1969, 90-113. Zur Rousseau-Interpretation Landshuts vgl. zudem seinen frühen Aufsatz »Über einige Grundbegriffe der Politik«.

319 Siegfried Landshut: »Politik und Technik«. Unveröffentlichter Vorlesungsentwurf. Bearbeitet von Wolfgang Kessel, 11.

320 Vgl. ebd., 3f.

321 Ebd., 12.

322 Ebd.

323 Siegfried Landshut: »Das Gleichheits-Prinzip«. Unveröffentlichter Vorlesungsentwurf. Bearbeitet von Wolfgang Kessel, 35.

324 Landshut, »Politik und Technik«, 20.

325 Landshut, »Gleichheits-Prinzip«, 38 [Hervorhebungen im Original].

326 Ebd., 44.

327 Vgl. Landshut, »Das revolutionäre Prinzip der Neuzeit«, 45f. [Hervorhebungen im Original].

328 Ebd, 54.

329 Ebd., 95.

330 Ebd., 99.
331 Ebd., 69.
332 Ebd.
333 Ebd., 75.
334 Vgl. ebd., 88.

9. Schluß

1 Dolf Sternberger: »Siegfried Landshut sechzigjährig«. In: *Zeitschrift für Politik* N.F. 4 (1957), 201.
2 Carl Jantke: »Rede zur Trauerfeier in Hamburg am 13. Dezember 1968« [unveröffentlicht].
3 Vgl. Hilger, »Nekrolog Siegfried Landshut«, 835.
4 So die Formulierung bei Hilger, ebd.
5 Detlev J. K. Peukert: *Max Webers Diagnose der Moderne*. Göttingen 1989, 66; vgl. auch den dem Andenken Peukerts gewidmeten Band: *Zivilisation und Barbarei. Die widersprüchlichen Potentiale der Moderne*. Hg. von Frank Bajohr, Werner Johe, Uwe Lohalm (Hamburger Beiträge zur Sozial- und Zeitgeschichte 27). Hamburg 1991.
6 Hans Jonas: *Dem bösen Ende näher. Gespräche über das Verhältnis des Menschen zur Natur*. Hg. von Wolfgang Schneider. Frankfurt am Main 1993, 10.
7 Thomas Meyer: *Die Transformation des Politischen*. Frankfurt am Main 1994, 266.

Abkürzungsverzeichnis

AAC	Academic Assistance Council (ab 1936: SPSL)
AJA	Anglo-Jewish Association
Anm.	Anmerkung
APO	Außerparlamentarische Opposition
Art.	Artikel
AStA	Allgemeiner Studentenausschuß
Aufl.	Auflage
AVHD	Archiv des Verbandes der Historiker Deutschlands
AZ	Aktenzeichen
BA Koblenz	Bundesarchiv Koblenz
BBC	British Broadcasting Corporation
Bd.	Band
Bde.	Bände
BHE	Biographisches Handbuch der deutschsprachigen Emigration
Bl.	Blatt
CDU	Christlich-Demokratische Union
CSU	Christlich-Soziale Union
CZA Jerusalem	Central Zionist Archives, Jerusalem
DDP	Deutsche Demokratische Partei
ders.	derselbe
DFG	Deutsche Forschungsgemeinschaft
d.i.	das ist
dies.	dieselbe
Diss. Phil.	Dissertation / Philosophische Fakultät
Diss. WiSo.	Dissertation / Wirtschafts- und Sozialwissenschaftliche Fakultät
DJZ	Deutsche Juristen-Zeitung
DLA	Deutsches Literaturarchiv, Marbach am Neckar
DNVP	Deutschnationale Volkspartei
DRA	Deutsches Rundfunkarchiv, Frankfurt am Main
dt.	deutsch
DVPW	Deutsche Vereinigung für Politische Wissenschaft
ebd.	ebenda
EJ	Encyclopaedia Judaica
engl.	englisch
ERI	Economic Research Institute
EZA Berlin	Evangelisches Zentralarchiv, Berlin
f.	(und) folgende (Seite)
FAZ	Frankfurter Allgemeine Zeitung

FBA	Freies Bildungswesen Altona
F.D.P.	Freie Demokratische Partei
frz.	französisch
FU	Freie Universität Berlin
geb.	geboren
GG	Grundgesetz für die Bundesrepublik Deutschland
GHQ / MELF	General Head Quarter / Middle East Land Forces
GWU	Geschichte in Wissenschaft und Unterricht
hebr.	hebräisch
Hg.	Herausgeber/herausgegeben
HÖB	Hamburger Öffentliche Bücherhallen
HOG	Hitachdut Olej Germania
HOGOA	Hitachdut Olej Germania we Olej Austria
HU Jerusalem	Hebräische Universität Jerusalem
IfZ	Institut für Zeitgeschichte, München
IISG Amsterdam	Internationales Institut für Sozialgeschichte, Amsterdam
Inc.	incorporated
insbes.	insbesondere
InSoSta	Institut für Sozial- und Staatswissenschaften
IOME	Irgun Olej Merkas Europa
IPSA	International Political Science Association
ital.	italienisch
Jg.	Jahrgang
KH	Keren Hajessod
KKL	Keren Kajemet Lejisrael
Kp.	Kapitel
KPR (B)	Kommunistische Partei Rußlands (Bolschewiki)
KPdSU	Kommunistische Partei der Sowjetunion
KZfSS	Kölner Zeitschrift für Soziologie und Sozialpsychologie
LSE	London School of Economics and Political Science
Manuskripte	»Ökonomisch-philosophische Manuskripte« von Karl Marx
MB	Mitteilungsblatt
MBA	Martin Buber-Archiv
MEGA	Marx-Engels-Gesamtausgabe
NDW	Notgemeinschaft Deutscher Wissenschaftler im Ausland
N.F.	Neue Folge
NL	Nachlaß
Nr.	Nummer
NSDAP	Nationalsozialistische Deutsche Arbeiterpartei
NSDStB	Nationalsozialistischer Deutscher Studentenbund
o. Bl.	ohne Blattzählung

o. J.	ohne Jahresangabe
o. O.	ohne Ortsangabe
PA Aviner	Privatarchiv Arnon Aviner
PA Geis	Privatarchiv Susanne Geis
PA Hilger	Privatarchiv Marie-Elisabeth Hilger
PA Kessel	Privatarchiv Wolfgang Kessel
PA Landshut-Deuber	Privatarchiv Leora Landshut-Deuber
PA Malapert	Privatarchiv Karla von Malapert-Neufville
PA Schepp	Privatarchiv Rita und Heinz-Hermann Schepp
PBS	Palestine Broadcasting Service
PhilFak	Philosophische Fakultät
PID	Prisoners Information Department
PVS	Politische Vierteljahresschrift
Prot. PhilFak	Protokoll(e) der Philosophischen Fakultät
Prot. RStFak	Protokoll(e) der Rechts- und Staatswissenschaftlichen Fakultät
Prot. Unisenat	Protokoll(e) des Universitätssenats
PWE	Political Warfare Executive
RGBl	Reichsgesetzblatt
RM	Reichsmark
RSF Wü	Archiv der ehemaligen Reichsstudentenführung, jetzt Staatsarchiv Würzburg, Bestand RSF / NSBStb
RStFak	Rechts- und Staatswissenschaftliche Fakultät
SA	Sturmabteilung (der NSDAP)
SDS	Sozialistischer Deutscher Studentenbund
SÖS	Sozialökonomisches Seminar
SPD	Sozialdemokratische Partei Deutschlands
SPSL	Society for the Protection of Science and Learning (→AAC)
StA HH	Staatsarchiv Hamburg
StA HH, FBA	Ebd., Akten des Freien Bildungswesens Altona
StA HH, HW II	Ebd., Bestand Hochschulwesen II
StA HH, HW-DPA	Ebd., Hochschulwesen – Dozenten- und Personalakten
StA HH, PhilFak	Ebd., Akten der Philosophischen Fakultät
StA HH, WiSoFak	Ebd., Akten der Wirtschafts- und Sozialwissenschaftlichen Fakultät
StA HH, Uni I…	Ebd., Universität I
StA HH, VHS	Ebd., Akten der Volkshochschule Hamburg
TH	Technische Hochschule
UA	Universitätsarchiv
UB	Universitätsbibliothek
UNO	United Nations Organization
Verf.	Verfasser
vgl.	vergleiche

VHS	Volkshochschule
Vol.	Volume
WiSoFak	Wirtschafts- und Sozialwissenschaftliche Fakultät
WRK	Westdeutsche Rektorenkonferenz
ZHG	Zeitschrift des Vereins für Hamburgische Geschichte

Zeittafel

1897 Siegfried Landshut wird am 7. August als drittes Kind des Architekten Samuel Landshut und seiner Ehefrau Suzette in Straßburg im Elsaß geboren.

1914 Vorzeitiges Ablegen des Abiturs am Protestantischen Gymnasium, Straßburg; am 5. August tritt der knapp Siebzehnjährige als Kriegsfreiwilliger in das deutsche Heer ein.

1919 Ende März kehrt Landshut von der deutsch-türkischen Front im Nahen Osten nach Deutschland zurück.

1919-1921 Zunächst juristisches, dann nationalökonomisches Studium in Freiburg i. Br. und Frankfurt am Main; vor allem bei Robert Liefmann und Franz Oppenheimer.

1921 Im April reicht Landshut seine Dissertation über den »Homo oeconomicus« bei Robert Liefmann in Freiburg i. Br. ein: *Betrachtungen über eine abstrakte und formale Auffassung des Wirtschaftlichen und seine Beziehung zum Gesellschaftlichen* (unveröffentlicht).
Im Mai Heirat mit Edith Rosalie Heß.
Im Dezember Abschluß der Promotion zum Dr. rer. pol.

1921-1925 Studium bei Edmund Husserl und Martin Heidegger in Freiburg i. Br., bei Max Scheler in Köln, bei Alfred Weber und Karl Jaspers in Heidelberg, wiederum bei Heidegger in Marburg, schließlich erneut bei Alfred Weber in Heidelberg.

1922 Geburt der Tochter Susanne.

1925 Veröffentlichung des grundlegenden Aufsatzes »Über einige Grundbegriffe der Politik« im *Archiv für Sozialwissenschaft und Sozialpolitik*.
Der Plan einer Habilitation bei Alfred Weber wird aufgegeben; im Lebenslauf Landshuts heißt es: »Schwierigkeiten wegen der Habilitation eines zweiten jüdischen Privatdozenten im selben Fach (neben Karl Mannheim)«.
Geburt des Sohnes Arnold.
Alfred Weber vermittelt Landshut einen zweijährigen Forschungsauftrag an dem von Albrecht Mendelssohn Bartholdy geleiteten Institut für Auswärtige Politik, Hamburg. Beginn der Freundschaft mit Hans von Dohnányi.

1927 Abschluß der Auftragsstudie über das Mandatssystem des Völkerbunds. Im September Wechsel an die Hamburgische Universität; Assistent des Sozialökonomen Eduard Heimann.

1928 Landshut reicht seine Habilitationsschrift *Untersuchungen über die ursprüngliche Fragestellung zur sozialen und politischen Problematik* ein und bittet als erster deutscher Wissenschaftler in diesem Jahrhundert um Zulassung zur Habilitation für »das Fach der Politik«. Das Veto des Soziologen Andreas Walther verhindert die Annahme der Arbeit.

1929 Die zwangsweise zurückgezogene Habilitationsschrift erscheint unter dem Titel *Kritik der Soziologie* und löst eine heftige Kontroverse aus.

1930 Geburt des Sohnes Thomas.

1932 Die von Landshut gemeinsam mit J. P. Mayer unter dem Titel *Der historische Materialismus* herausgegebenen Frühschriften von Karl Marx erregen Aufsehen. Insbesondere die »Pariser Manuskripte« erweisen sich als echte Sensation. Die Entdeckung des »philosophischen Marx« bedeutet eine tiefe Zäsur für die Marx-Forschung.

1933 Am 21. Januar legt Landshut eine zweite Habilitationsschrift unter dem Titel *Historisch-systematische Analyse des Begriffs des Ökonomischen* vor. Die im Fach Nationalökonomie eingereichte Studie wird angenommen; die für April vorgesehene Probevorlesung kann nicht mehr stattfinden. Am 13. Mai teilt ihm die Rechts- und Staatswissenschaftliche Fakultät offiziell mit, daß »mit Rücksicht auf die veränderten Verhältnisse« von der Weiterverfolgung seiner Habilitationsangelegenheit abzusehen sei.

Am 23. Juni verläßt Landshut Hamburg, um Gastvorlesungen in Ägypten zu halten. Am gleichen Tag erfährt er von seiner Entlassung. Als »Nichtarier« wird ihm zum 31. August seine Assistentenstelle an der Hamburgischen Universität gekündigt.

1933-1936 Aufenthalt in Kairo; unermüdliche Stellensuche; ständige Existenznot für die fünfköpfige Familie; kaum Möglichkeiten zu wissenschaftlicher Arbeit.

1936 Übersiedlung nach Palästina; verschiedene Institutionen und Hilfsorganisationen finanzieren gemeinsam eine auf zwei Jahre befristete Stelle als Research Fellow an der Hebräischen Universität Jerusalem.

1938 Trotz intensiver Bemühungen namhafter Persönlichkeiten – wie Martin Buber, Ernst Simon und Arthur Ruppin – erfolgt keine Weiterbeschäftigung Landshuts an der Universität. Die Familie steht erneut vor dem Nichts.

1939 Das Economic Research Institute, Jerusalem, beauftragt Landshut mit einer Studie über die soziologischen Grundlagen der Gemeinschaftssiedlung in Palästina.

1940/41 Aufenthalt im Kibbuz Giwat Brenner.

1942-1945 Leiter der deutschen Abteilung des »Britischen Mittelmeersenders« in Jerusalem.

1944 *Die Gemeinschafts-Siedlung in Palästina* erscheint in hebräischer Sprache.

1945-1948 Leiter der »Educational Section« des »German Prisoners of War Directorate« in Kairo. Dieser Unterabteilung des »British Foreign Office« obliegt die »Re-education« von etwa 100 000 deutschen Kriegsgefangenen in Ägypten.

1948 Übersiedlung nach London; Forschungsauftrag der »Anglo-Jewish-Association« zum Thema *Jewish Communities in the Muslim Countries of the Middle East*.

1950   Im Januar und Juli Gastvorlesungen an der Universität Hamburg.
1951   Im Wintersemester 1950/51 und Sommersemester 1951 »Lehrauftrag für Soziologie und politische Wissenschaften« in Hamburg.
Am 28. April erfolgt der Ruf auf den ersten Hamburger Lehrstuhl für die »Wissenschaft von der Politik«, am 18. Juli die Ernennung zum Ordentlichen Professor. Landshut etabliert die Politische Wissenschaft in Hamburg und engagiert sich maßgeblich bei der Wiederbegründung des Faches in der Bundesrepublik; umfangreiche Vortragstätigkeit.

1952-1958   Vorstandsmitglied der »Vereinigung für die Wissenschaft von der Politik« (seit 1959: »Deutsche Vereinigung für Politische Wissenschaft«).

1952-1959   Neben der Universitätsprofessur Lehrauftrag an der »Akademie für Gemeinwirtschaft«, Hamburg.

1953   Herausgeber von *Karl Marx: Die Frühschriften*.

1954   Herausgeber und Übersetzer der Tocqueville-Auswahl *Das Zeitalter der Gleichheit*.

1958   Grundlegender Vortrag über das Wesen der Politikwissenschaft: »Empirische Forschung und Grundlagenforschung in der Politischen Wissenschaft«, Tagung der »Vereinigung für die Wissenschaft von der Politik« in Tutzing.

1964/65   Vorsitzender der »Deutschen Vereinigung für Politische Wissenschaft«.

1965   Emeritierung; Fortsetzung der Lehrtätigkeit in beschränktem Umfang. Am 26. Juni stirbt Edith Landshut.

1968   Am 8. Dezember stirbt Siegfried Landshut in Hamburg.

1969   Im Frühjahr erscheint der Sammelband *Kritik der Soziologie und andere Schriften zur Politik*.

Bibliographie

Veröffentlichte Schriften*

(1) »[Rezension zu:] Otto Bauer: *Die Nationalitätenfrage und die Sozialdemokratie*«. In: *Archiv für Sozialwissenschaft und Sozialpolitik* 53 (1924/25), 565-569.

(2) »Über einige Grundbegriffe der Politik«. In: *Archiv für Sozialwissenschaft und Sozialpolitik* 54 (1925), 36-86 [wieder abgedruckt in: *Kritik der Soziologie und andere Schriften zur Politik* (Politica 27). Neuwied/Rhein-Berlin 1969, 261-305; →(69)].

(3) »Sicherheitspakt und neues europäisches Gleichgewicht«. In: *Deutsche Einheit* 7 (1925), 1240-1245.

(4) »Die Lage der französisch-lothringischen Eisenindustrie«. In: *Internationale Bergwirtschaft* 1 (1925/26), 97-100.

(5) »Eine Frage europäischer Politik«. In: *Die Gesellschaft* 3 (1926), Bd. 2, 124-133.

(6) »Demokratie und Wirklichkeit«. In: *Der deutsche Volkswirt* 1 (1926/27), Bd. 2, 1417-1420.

(7) *Kritik der Soziologie. Freiheit und Gleichheit als Ursprungsproblem der Soziologie*. München-Leipzig 1929 [wieder abgedruckt in: *Kritik der Soziologie und andere Schriften zur Politik* (Politica 27). Neuwied/Rhein-Berlin 1969, 11-117; →(69)]. Japanische Übersetzung: Tokio 1963; übersetzt von Toshio Kamba.

(8) »Zur Bildungsfrage des berufstätigen Menschen«. In: Siegfried Landshut: *Zur Bildungsfrage des berufstätigen Menschen* / Hilmar Trede: *Volksmusikpflege und Volkshochschule*. Berlin-Itzehoe 1929, 5-26.

(9) »Marx redivivus«. In: *Neue Blätter für den Sozialismus* 2 (1931), 611-617.

(10) »Max Webers geistesgeschichtliche Bedeutung«. In: *Neue Jahrbücher für Wissenschaft und Jugendbildung* 7 (1931), 507-516 [wieder abgedruckt in: *Kritik der Soziologie und andere Schriften zur Politik* (Politica 27). Neuwied/Rhein-Berlin 1969, 119-130; →(69)].

(11)* Karl Marx: *Der historische Materialismus. Die Frühschriften*. 2 Bde. Hg. von Siegfried Landshut und Jacob Peter Mayer, unter Mitwirkung von Friedrich Salomon (Kröners Taschenausgaben 91 und 92). Leipzig 1932. Französische Teilübersetzung: *Œuvres complètes de Karl Marx: Œuvres philosophiques*. Tome 6: *Economie politique et*

---

* Einschließlich der von Landshut herausgegebenen und übersetzten Werke, deren laufende Nummer mit einem * gekennzeichnet ist.

philosophie, Idéologie allemande (1re partie). Paris 1937; übersetzt von Jacques Molitor.

(12) *Karl Marx* (Colemans kleine Biographien 5). Lübeck 1932 [Nachdruck als Broschüre im Kriegsgefangenenlager 1947; →(29)]. Holländische Übersetzung: *Karl Marx*. Amsterdam-Den Haag-Rotterdam o.J. [1933]; übersetzt von I. J. E. de Lange.

(13) »›Soziologie als Wirklichkeitswissenschaft‹ [Rezension zu Hans Freyer: *Soziologie als Wirklichkeitswissenschaft*]«. In: *Blätter für deutsche Philosophie* 6 (1932), 167-172.

(14) »Die ›Zeitwende‹ – eine neue Bildungsphilisterei [Rezension zu Ferdinand Fried, d.i. Friedrich Zimmermann: *Das Ende des Kapitalismus*]«. In: *Der Kreis* 9 (1932), 275-282.

(15) *Historisch-systematische Analyse des Begriffs des Ökonomischen*. Unveröffentlichte Habilitationsschrift 1933 [Teilabdruck unter dem Titel »Der Begriff des Ökonomischen. Einige Kapitel aus einer historisch-analytischen Untersuchung über den Bedeutungswandel des Begriffs des Ökonomischen«. In: *Kritik der Soziologie und andere Schriften zur Politik* (Politica 27). Neuwied/Rhein-Berlin 1969, 131-175; →(69). Auszüge davon (131-145 und 173-175) unter dem Titel »Historische Analyse des Begriffs des ›Ökonomischen‹« wieder abgedruckt in: Hans-Ulrich Wehler (Hg.): *Geschichte und Ökonomie* (Neue Wissenschaftliche Bibliothek 58). Köln 1973, 40-53. Mit neuer Vorbemerkung versehen in: Hans-Ulrich Wehler (Hg.): *Geschichte und Ökonomie*. 2., durchgesehene und erweiterte Aufl. Königstein/Ts. 1985, 40-53].

(16) »Deutsch-französische Ungewißheiten (zu dem Buch von Pierre Viénot *Incertitudes Allemandes*)«. In: *Neue Jahrbücher für Wissenschaft und Jugendbildung* 9 (1933), 73-83.

(17) *Karl Marx. Ein Leben für eine Idee! Anläßlich des 50. Todestages* (Hamburger Arbeiterbibliothek 12). Hamburg 1933 [erschienen im Verlag des Bildungsausschusses der Sozialdemokratischen Partei, Landesorganisation Hamburg].

(18) »La crise et la politique monétaire de Président Roosevelt«. In: *L'Egypte Contemporaine. Revue de la Société Royale d'Economie Politique de Statistique et de Législation* [Kairo]. 25. Année, Nos. 148-149 (Mars-Avril 1934), 197-214.

(19) »Les grands problèmes sociaux de notre époque«. In: *L'Egypte Contemporaine. Revue de la Société Royale d'Economie Politique de Statistique et de Législation* [Kairo]. 25. Année, No. 150 (Mai 1934), 501-517.

(20) »Die soziale Revolution in der Auffassung Landauers« [hebräisch]. In: *Gustav Landauer. Zum zwanzigsten Jahrestag seiner Ermordung*. Hg. vom Kulturzentrum der Histadrut. Redaktion: Jacob Sandbank. Tel Aviv 1939, 44-57 [unveröffentlichte deutschsprachige Fassung im Besitz des Verf.; Übersetzung: Daniel Dishon, 1994].

(21) »Am Ende eines Jahrhunderts (1840-1940)« [hebräisch]. In: Berl Katznelson (Hg.): *Ba-Kur [In der Feuerprobe]*. Tel Aviv 1941, 58-67 [unveröffentlichte deutschsprachige Fassung im Besitz des Verf.; Übersetzung: Daniel Dishon, 1994].

(22) *Eretz Israel's Triple Alliance. Jewish National Land, Labour, Capital*. Published by the Head Office of the Keren Hajessod Jerusalem. Jerusalem 1942. Second revised Edition Jerusalem 1944 [unveröffentlichte deutschsprachige Fassung *Die drei Grundfaktoren des Aufbaus von Erez Israel*; CZA Jerusalem, KH 4 B/5114].

(23) *Die Kwuza* [hebräisch] (Zionistische Bibliothek 4). Jerusalem 1944 [unveröffentlichte deutschsprachige Originalfassung: *Die Gemeinschafts-Siedlung in Palästina*, im Besitz des Verf.; Teilabdruck in: *Kritik der Soziologie und andere Schriften zur Politik* (Politica 27). Neuwied/Rhein-Berlin 1969, 177-232; →(69). Unveröffentlichte englischsprachige Fassung: *The Communal Settlements in Palestine*, CZA Jerusalem, S 90/829].

(24) »Reflexionen über die Alija« [hebräisch]. In: *Beajot [Probleme]*. Jg. 1, Heft 1 (April 1944), 152-157 [unveröffentlichte deutschsprachige Fassung im Besitz des Verf.; Übersetzung: Daniel Dishon, 1993].

(25) »Democracy and Government by Discussion. On Ernest Barker's latest book *Reflexions on Government*«. In: *Forum* [Jerusalem]. Vol. 7, No. 32 (28. Juli 1944), 3, 18.

(26) »Re-Education«. In: *Forum* [Jerusalem]. Vol. 8, No. 8 (16. Februar 1945), 3, 14.

(27) »Das Wesen der modernen Gesellschaft nach Karl Marx und Max Weber« [hebräisch]. In: *Iyyun [Betrachtung]*. Philosophische Hefte. Bd. 1, Heft 1 (Oktober 1945), 102-125 [Veröffentlichung der deutschsprachigen Übersetzung →(72)].

(28) *Politisches ABC*. Erschienen im Kriegsgefangenenlager (Spiegel Verlag G.P./W.D. HQ 47 group). Juli 1947.

(29) *Karl Marx*. o. O. 1947 [Broschüre im Kriegsgefangenenlager; Nachdruck von →(12)].

(30) »Self-Government in Communal Settlements«. In: Gideon Baratz, Richard Gruneberg, Siegfried Landshut, Diana Gillon, Lily Jerusalem, Esther Lucas, Dov Vardi, Martin Buber: *A New Way of Life. The Collective Settlements of Israel*. Foreword by Sir Wyndham Deedes. Introduction by Norman Bentwich. London 1949, 45-52.

(31) *Jewish Communities in the Muslim Countries of the Middle East. A Survey*. For The American-Jewish Committee and The Anglo Jewish Association published by the Jewish Chronicle. London o.J. [1950].

(32) »Die Emanzipation des Nahen Ostens von Europa«. In: *Zeitschrift für Geopolitik* 22 (1951), 38-43.

(33) »Die soziologische Geschichtsauffassung des Marxismus [Vortrag, gehalten auf dem Historikertag in Marburg, 13. bis 16. September

1951]«. In: *Geschichte in Wissenschaft und Unterricht* 3 (1952), 21-27.

(34)* Karl Marx: *Die Frühschriften*. Hg. von Siegfried Landshut (Kröners Taschenausgabe 209). Stuttgart 1953 [zuletzt: 6. Aufl. Stuttgart 1971].

(35) »Volkssouveränität und öffentliche Meinung«. In: *Gegenwartsprobleme des Internationalen Rechtes und der Rechtsphilosophie. Festschrift für Rudolf Laun zu seinem siebzigsten Geburtstag*. Hg. von D[imitri] S. Constantopoulos und Hans Wehberg. Hamburg 1953, 579-586 [wieder abgedruckt in: *Kritik der Soziologie und andere Schriften zur Politik* (Politica 27). Neuwied/Rhein-Berlin 1969, 325-333; →(69)].

(36) »Politik und Weltanschauung. [Rezension zu:] Karl Mannheim: *Ideologie und Utopie* [3., vermehrte Aufl. 1952]«. In: *Politische Literatur* 2 (1953), 305-308.

(37)* Alexis de Tocqueville: *Das Zeitalter der Gleichheit. Eine Auswahl aus dem Gesamtwerk*. Hg. von Siegfried Landshut (Kröners Taschenausgabe 221). Stuttgart 1954 [2., neubearbeitete und erweiterte Aufl. unter dem Titel: Alexis de Tocqueville: *Das Zeitalter der Gleichheit. Auswahl aus Werken und Briefen*. Übersetzt und hg. von Siegfried Landshut (Klassiker der Politik 4). Köln-Opladen 1967].

(38) »Mitbestimmung und Wirtschaftsdemokratie«. In: *Wege zum sozialen Frieden. Beiträge zur Mitbestimmung und sozialen Partnerschaft in der Wirtschaft*. Hg. von Heinz-Dietrich Ortlieb und Helmut Schelsky (Veröffentlichungen der Akademie für Gemeinwirtschaft Hamburg). Stuttgart-Düsseldorf 1954, 36-41.

(39) »Dialektischer Materialismus und Wissenschaft«. In: *Wissenschaft und Freiheit. Internationale Tagung – Hamburg 23.-26. Juli 1953, veranstaltet vom Kongreß für die Freiheit der Kultur und der Universität Hamburg*. Berlin 1954, 189-195. Englische Übersetzung: »The Theory of Dialectical Materialism«. In: *Science and Freedom*. Published for the Congress for Cultural Freedom. London 1955, 196-201.

(40) »The Development of Democracy in Germany in the 19th and 20th Century«. In: *German Social Science Digest*, published by Atlantik-Brücke e.V. Hamburg 1955, 7-22.

(41) »Formen und Funktionen der parlamentarischen Opposition«. In: *Wirtschaft und Kultursystem. Alexander Rüstow zum siebzigsten Geburtstag*. Hg. von Gottfried Eisermann. Erlenbach/Zürich-Stuttgart 1955, 214-228 [wieder abgedruckt in: Kurt Kluxen (Hg.): *Parlamentarismus* (Neue Wissenschaftliche Bibliothek 18). Köln-Berlin 1967, 401-409; erneut abgedruckt in: *Kritik der Soziologie und andere Schriften zur Politik* (Politica 27). Neuwied/Rhein-Berlin 1969, 335-345; →(69)].

(42) »Die innere Parteiorganisation«. In: *Vorträge, gehalten anläßlich der*

[fünften] Hessischen Hochschulwochen für staatswissenschaftliche Fortbildung, 20. April bis 30. April 1954 in Bad Wildungen. Bad Homburg vor der Höhe-Berlin 1955, 132-141.

(43) »Die Gegenwart im Lichte der Marxschen Lehre«. In: *Hamburger Jahrbuch für Wirtschafts- und Gesellschaftspolitik* 1 (1956), 42-55 [wieder abgedruckt in: *Kritik der Soziologie und andere Schriften zur Politik* (Politica 27). Neuwied/Rhein-Berlin 1969, 33-251; →(69)].

(44) »Karl Marx heute«. In: *Reden zur politischen Verantwortung von Hermann Ehlers, Wilhelm Kaisen, Siegfried Landshut, Hanns Lilje und Erich Thier* (Schriften des Evangelischen Arbeitskreises für kulturelle Fragen, Bremen e.V.). Bremen 1956, 41-55.

(45) »Die Auflösung der Klassengesellschaft«. In: *Gewerkschaftliche Monatshefte* 7 (1956), 451-457 [Vorabdruck von →(52)].

(46) »Zum Begriff und Gegenstand der politischen Soziologie«. In: *Kölner Zeitschrift für Soziologie und Sozialpsychologie* 8 (1956), 410-414 [wieder abgedruckt in: Heinrich Schneider (Hg.): *Aufgabe und Selbstverständnis der Politischen Wissenschaft* (Wege der Forschung 114). Darmstadt 1967, 379-384; erneut abgedruckt in: *Kritik der Soziologie und andere Schriften zur Politik* (Politica 27). Neuwied/Rhein-Berlin 1969, 361-365; →(69)].

(47) »Marxismus«. In: *Handwörterbuch der Sozialwissenschaften*, Bd. 9 [Stichwort »Sozialismus (II)«]. Stuttgart-Tübingen-Göttingen 1956, 492-494 [wieder abgedruckt in: *Kritik der Soziologie und andere Schriften zur Politik* (Politica 27). Neuwied/Rhein-Berlin 1969, 253-257; →(69)].

(48) Artikel in: *Evangelisches Kirchenlexikon. Kirchlich-theologisches Handwörterbuch*. Hg. von Heinz Brunotte und Otto Weber. Bd. 1 (A-G). Göttingen 1956; Bd. 2 (H-O). Göttingen 1958; Bd. 3 (P-Z). Göttingen 1959.
»Demokratie« (I, 858-862)
»Imperialismus« (II, 294-296)
»Kapitalismus« (II, 533-535)
»Kollektivismus« (II, 862-864)
»Kommunismus« (II, 875-877)
»Liberalismus« (II, 1092-1094)
»Marx, Marxismus« (II, 1263-1267)
»Nation, Nationalismus« (II, 1503 f.)
»Politische Partei« (III, 64-66)
»Politik« (III, 248-250)
»Sozialdemokratie« (III, 1002-1004)
»Sozialismus« (III, 1043-1045)
»Stand und Klasse« (III, 1134-1137)
»Syndikalismus« (III, 1246)
»Volkssouveränität« (III, 1699)
»Wahlrecht, politisches« (III, 1715 f.)

(49) »Restauration und Neo-Konservatismus«. In: *Hamburger Jahrbuch für Wirtschafts- und Gesellschaftspolitik* 2 (1957), 45-51 [überarbeitete Fassung des Rundfunkbeitrags »Begriff und Soziologie der Restauration und des Neo-Konservatismus«, gesendet vom RIAS Berlin in der Reihe *Kulturelles Wort/Funk-Universität*, 29. Mai 1956, 23.05h – 23.35h].

(50) »Tradition und Revolution. Kurze Zusammenfassung einiger Gesichtspunkte zu meinem Referat«. In: *Deutsche Gesellschaft für Soziologie: Verhandlungen des 13. Deutschen Soziologentages in Bad Meinberg*. Köln-Opladen 1957, 62-64.

(51) »Die Schwierigkeiten der politischen Erziehung in der egalitären Massengesellschaft«. In: *Gesellschaft-Staat-Erziehung* 2 (1957), 311-315 [wieder abgedruckt in: Heinrich Schneider (Hg.): *Politische Bildung in der Schule*. Bd. 1: *Grundfragen zur Entwicklung der Diskussion in der Bundesrepublik Deutschland* (Wege der Forschung 136). Darmstadt 1975, 67-74].

(52) »Bestimmt die Klassenzugehörigkeit unser gesellschaftliches Dasein und Denken?« In: *Die Gesellschaft, in der wir leben. Fünftes Europäisches Gespräch in der Engelsburg Recklinghausen, 18. bis 20. Juli 1956*. Im Auftrag des DGB hg. von Heinz Küppers. Köln 1957, 25-38 [um eine Vorrede und die Diskussionsbeiträge erweiterter Wiederabdruck von →(45)].

(53) »[Rezension zu:] Dolf Sternberger: *Lebende Verfassung. Studien über Koalition und Opposition*«. In: *Kölner Zeitschrift für Soziologie und Sozialpsychologie* 9 (1957), 498-501.

(54)* Herman Finer: *Der moderne Staat. Theorie und Praxis*. Hg. und übersetzt von Siegfried Landshut. Bd. 1: *Grundlagen* (Internationale Sozialwissenschaftliche Bibliothek). Stuttgart-Düsseldorf 1957. Bde. 2 und 3 (Veröffentlichungen der Akademie für Gemeinwirtschaft Hamburg). Stuttgart-Düsseldorf 1958.

(55) Gemeinsam mit Wolfgang Gaebler: *Politisches Wörterbuch* (Veröffentlichungen der Akademie für Gemeinwirtschaft Hamburg). Tübingen 1958.

(56) »Empirische Forschung und Grundlagenforschung in der Politischen Wissenschaft«. Vortrag, gehalten auf der wissenschaftlichen Tagung der »Vereinigung für die Wissenschaft von der Politik« in Tutzing, 2. bis 4. Mai 1958 [erstmals abgedruckt in: *Kritik der Soziologie und andere Schriften zur Politik* (Politica 27). Neuwied/Rhein-Berlin 1969, 307-323; →(69)].

(57) »Menschenrechte«. In: *Hamburger Jahrbuch für Wirtschafts- und Gesellschaftspolitik* 3 (1958), 25-31.

(58)* Maurice Duverger: *Die politischen Parteien*. Hg. und übersetzt von Siegfried Landshut (Veröffentlichungen der Akademie für Gemeinwirtschaft Hamburg). Tübingen 1959.

(59) »Der Prophet des Massenzeitalters. Vor 100 Jahren starb Alexis de Tocqueville«. In: *Die Zeit*, Nr. 16 vom 17. April 1959, 3.

(60) »Wandlungen der parlamentarischen Demokratie«. In: *Zur Ordnung von Wirtschaft und Gesellschaft. Festausgabe für Eduard Heimann zum 70. Geburtstage.* Tübingen 1959 [zugleich: *Hamburger Jahrbuch für Wirtschafts- und Gesellschaftspolitik* 4 (1959)], 151-162.

(61) »Vorwort«. In: Ingeborg Bode: *Ursprung und Begriff der parlamentarischen Opposition* (Sozialwissenschaftliche Studien 3). Stuttgart 1962, V.

(62) »Der politische Begriff der Repräsentation«. In: *Hamburger Jahrbuch für Wirtschafts- und Gesellschaftspolitik* 9 (1964), 175-186 [wieder abgedruckt in: Heinz Rausch (Hg.): *Zur Theorie und Geschichte der Repräsentation und Repräsentativverfassung* (Wege der Forschung 184). Darmstadt 1968, 482-497; erneut abgedruckt in: *Kritik der Soziologie und andere Schriften zur Politik* (Politica 27). Neuwied/Rhein-Berlin 1969, 347-360; →(69)].

(63) »Kommunismus«. In: *Grundbegriffe der Geschichte. 50 Beiträge zum europäischen Geschichtsbild.* Hg. in Zusammenarbeit mit dem Europarat und dem Internationalen Schulbuchinstitut. Gütersloh 1964, 169-174.

(64) »Zeitgeist im Wort. Der Wandel des Begriffs ›Imperialismus‹«. In: *Die Zeit*, Nr. 47 vom 20. November 1964, 13 [Rezension zu: Richard Koebner / Helmut Dan Schmidt: *Imperialism. The Story and Significance of a Political Word 1840-1960.* Cambridge 1964].

(65) »Aufgabe und Stellung der politischen Parteien in der parlamentarischen Demokratie«. In: *Politisch Bilden – Politisch Handeln. Konzepte der politischen Bildung im Selbstverständnis der Parteien und der Bildungsstätten. Bericht über die Jahrestagung des Arbeitskreises deutscher Bildungsstätten e. V., Bonn, vom 26. bis 29. Mai 1965 in Berlin.* o.O. o.J., 9-31.

(66) »Die Bedeutung der politischen Parteien und des Parlaments für eine freiheitliche Demokratie«. In: *Beiträge zur politischen Bildung* [hg. von der Friedrich-Ebert-Stiftung, Bonn] 2 (1966), Heft 1, 8-11 [Abdruck eines am 24. Februar 1966 in der Heimvolkshochschule Bergneustadt gehaltenen Vortrags].

(67) »Bemerkungen zu Machiavelli«. In: *Sprache und Politik. Festgabe für Dolf Sternberger zum sechzigsten Geburtstag.* Hg. von Carl-Joachim Friedrich und Benno Reifenberg. Heidelberg 1968, 233-240.

(68) »Im Gehäuse der Entfremdung. Karl Marx heute«. In: *Deutsches Allgemeines Sonntagsblatt*, Nr. 19 vom 12. Mai 1968, 8 [geringfügig gekürzter Text eines Vortrages, gehalten auf dem von der Unesco in Trier veranstalteten Symposion aus Anlaß des 150. Geburtstages von Karl Marx, 5. Mai 1968; vollständig abgedruckt unter dem Titel »Immer noch Marx?«. In: *Hamburger Jahrbuch für Wirtschafts- und Gesellschaftspolitik* 14 (1969), 11-18; →(70)].

(69) *Kritik der Soziologie und andere Schriften zur Politik* (Politica 27). Neuwied/Rhein-Berlin 1969 [Sammelband; enthält: →(2), →(7),

→(10), auszugsweise →(15), auszugsweise →(23), →(35), →(41), →(43), →(46), →(47), →(56), →(62)].
(70) »Immer noch Marx? Zur 150. Wiederkehr seines Geburtstages am 5. Mai 1968«. In: *Hamburger Jahrbuch für Wirtschafts- und Gesellschaftspolitik* 14 (1969), 11-18 [erweiterter Wiederabdruck von →(68)].
(71) »Zur heutigen Krise des Hochschulwesens«. In: *Soziologenkorrespondenz. Zeitschrift der Vereinigung für Soziologie*. Aachen-Hamburg 1969 [Heft 1970/1], 4-7.
(72) »Das Wesen der modernen Gesellschaft nach Karl Marx und Max Weber«. Aus dem Hebräischen übersetzt von Daniel Dishon, bearbeitet und mit einer editorischen Vorbemerkung versehen von Rainer Nicolaysen. In: *Politisches Denken. Jahrbuch 1995/96*. Hg. von Karl Graf Ballestrem, Volker Gerhardt, Henning Ottmann, Martyn P. Thompson. Stuttgart-Weimar 1996, 85-116 [deutschsprachige Erstveröffentlichung von →(27)].

Unveröffentlichte Schriften

– *Kriegstagebuch* (25. August 1916 – 28. März 1919); PA Aviner [Kopie der Abschrift (Typoskript, 46 Seiten) im Besitz des Verf.].
– *Betrachtungen über eine abstrakte und formale Auffassung des Wirtschaftlichen und seine Beziehung zum Gesellschaftlichen*. Inaugural-Dissertation zur Erlangung der staatswissenschaftlichen Doktorwürde. Freiburg im Breisgau 1921. Typoskript, 118 Seiten [Kopie im Besitz des Verf.].
– *Mandatssystem und Arbeitszwang*; zur Veröffentlichung vorgesehen ca. 1928 [verschollen].
– *Historisch-systematische Analyse des Begriffs des Ökonomischen*. Habilitationsschrift 1933. Auszugsweise publiziert →(15). Typoskript, 130 Seiten [Gesamttyposkript verschollen].
– *Die drei Grundfaktoren des Aufbaus von Erez Israel*. Deutschsprachige Originalfassung der englischsprachigen Publikation: *Eretz Israel's Triple Alliance* (1942) →(22). Typoskript, 27 Seiten; CZA Jerusalem, KH 4 B / 5114 [Kopie im Besitz des Verf.].
– *Die Gemeinschafts-Siedlung in Palästina*. Typoskript, 193 Seiten. In hebräischer Übersetzung erschienen 1944 →(23); Veröffentlichung der deutschsprachigen Originalfassung auszugsweise 1969 →(69) [Kopie des Gesamttyposkripts im Besitz des Verf.]. Unveröffentlicht auch die englische Übersetzung: *The Communal Settlements in Palestine*; CZA Jerusalem, S 90/829.
– »Bericht über die ›Re-education‹ in den Kriegsgefangenenlagern« [Fragment ohne Titel, um 1948]. Manuskript, 12 unpaginierte Seiten; PA Kessel [Kopie im Besitz des Verf.].

- »Volkssouveränität, Parteien und Freiheit«. Vortrag, gehalten in der Hamburger Musikhalle anläßlich des Nationalen Gedenktages des deutschen Volkes, 7. September 1952. Typoskript, 9 Seiten; StA HH, Senatskanzlei AZ 020.62-6; 1630, Bd. 1, 18-26 [Kopie im Besitz des Verf.].
- »Von Hegel zu Marx«. Rundfunkbeitrag, gesendet vom RIAS Berlin in der Reihe *Kulturelles Wort/Funk-Universität*, 11. Mai 1953, 23.00 h bis 23.30 h. Typoskript, 14 Seiten; Archiv DeutschlandRadio [Kopie im Besitz des Verf.].
- »Die Gefahren für die westliche Demokratie«. Vortrag, gehalten auf der Tagung Geschichtsbild und Gegenwartsdeutung. Tage des Gesprächs für Journalisten vom 10. bis 14. Juni 1956 in der Evangelischen Akademie Loccum. Typoskript, 6 Seiten; IfZ, Akz. 4821/72, Ms 190 [Kopie im Besitz des Verf.].
- »Konstitutive Elemente des israelischen Nationalbewußtseins«. Vortrag, gehalten 1967. Typoskript, 18 Seiten; PA Aviner / Abschrift Wolfgang Kessels, 13 Seiten; PA Kessel [Kopien im Besitz des Verf.].
- »Zur Situation an den Hochschulen« [ohne Titel, 1967/68]. Typoskript, 7 Seiten; PA Schepp [Kopie im Besitz des Verf.]. Teilweise publiziert unter dem Titel »Zur heutigen Krise des Hochschulwesens«; →(71).

Skripten von Vorlesungen und Seminaren

- Geschichte der politischen Theorie. Übung/Seminar, WS 1952/53, 59 maschinengeschriebene Seiten. Durchgesehen von Dietrich Hilger [im Besitz des Verf.].
- Theorie der Politik. Vorlesung, WS 1954/55, 59 maschinengeschriebene Seiten. Durchgesehen von Jürgen Dennert [im Besitz des Verf.].
- Politik und Technik. Vorlesung, SS 1962, 76 maschinengeschriebene Seiten. Bearbeitet von Wolfgang Kessel; PA Kessel [Kopie im Besitz des Verf.].
- Das Gleichheits-Prinzip. Vorlesung, SS 1963, 90 maschinengeschriebene Seiten. Bearbeitet von Wolfgang Kessel; PA Kessel [Kopie im Besitz des Verf.].
- Das revolutionäre Prinzip der Neuzeit. Vorlesung, WS 1965/66, 101 maschinengeschriebene Seiten. Bearbeitet von Wolfgang Kessel; PA Kessel [Kopie im Besitz des Verf.].

Rezensionen zum Werk Siegfried Landshuts (Auswahl)

Kritik der Soziologie (1929):
Bloßfeld, W.: »Der Standort der Soziologie« [Sammelrezension]. In: *Blätter für Deutsche Philosophie* 5 (1931/32), 116-131.
Dunkmann, Karl: »[Abhandlung zu] *Kritik der Soziologie*«. In: *Archiv für angewandte Soziologie* 2 (1929/30), 158-164.
Getzeny, Heinrich: »Die Summe der Soziologie« [Sammelrezension]. In: *Hochland* 29 (1932), Bd. 2, 478-480.
Gundlach, G.: »[Besprechung von] *Kritik der Soziologie*«. In: *Stimmen der Zeit* 119 (1930), 239f.
House, Floyd N.: »[Besprechung von] *Kritik der Soziologie*«. In: *The American Journal of Sociology* 36 (1930/31), 314f.
Kaufmann, F.: »[Kurzbesprechung von] *Kritik der Soziologie*«. In: *Zeitschrift für Nationalökonomie* 1 (1930), 796.
Manasse-Morris, Rudolf: »Zur *Kritik der Soziologie*«. In: *Neue Blätter für den Sozialismus* 2 (1931), 524-526.
Marcuse, Herbert: »Zur *Kritik der Soziologie*«. In: *Die Gesellschaft* 8 (1931), Bd. 2, 270-280.
Mayer, J. P.: »Zur Problematik der deutschen Soziologie der Gegenwart« [Besprechung von *Kritik der Soziologie* und Hans Freyers *Soziologie als Wirklichkeitswissenschaft*]. In: *Neue Blätter für den Sozialismus* 2 (1931), 454-461.
N.N.: »[Kurzbesprechung von] *Kritik der Soziologie*«. In: *Soziale Praxis* 39 (1930), 903.
N.N.: »[Besprechung von] *Kritik der Soziologie*«. In: *Die Gemeinwirtschaft* 10 (1930), 363f.
N.N.: »[Kurzbesprechung von] *Kritik der Soziologie*«. In: *Freie Volksbildung* 5 (1930), 371.
Thier, Erich [?]: »[Besprechung von] *Kritik der Soziologie*«. In: *Hefte für Büchereiwesen* 16 (1932), 125f.
Vierkandt, Alfred: »[Besprechung von] *Kritik der Soziologie*«. In: *Zeitschrift für die gesamte Staatswissenschaft* 89 (1930), 413.
Walther, Andreas: »[Besprechung von] Landshut, Siegfried: *Kritik der Soziologie*«. In: *Kölner Vierteljahreshefte für Soziologie* 8 (1929/30), 335-338.

Karl Marx: Die Frühschriften (1953):
Kautsky, Benedikt: »Probleme des Marxismus«. In: *Die Zukunft* o. Jg. (1954), 355-360.
Lewalter, Christian E.: »Marx war nicht nur ein Marxist«. In: *Die Zeit*, Nr. 35 vom 27. August 1953, 6.
Maus, Heinz: »Der junge Marx«. In: *Politische Literatur* 2 (1953), 385-387.
Meyer, Erich: »*Die Frühschriften* von Karl Marx«. In: *Neuer Vorwärts*, Nr. 12 vom 26. März 1954, 8.

Schieder, Theodor: »Karl Marx. *Die Frühschriften*« [Kurzbesprechung im Rahmen einer Sammelrezension]. In: *Geschichte in Wissenschaft und Unterricht* 5 (1954), 363f.

Theimer, Walter: »Dreimal Marx« [Sammelrezension]. In: *Gewerkschaftliche Monatshefte* 5 (1954), 507.

Alexis de Tocqueville: Das Zeitalter der Gleichheit (1954):

Conze, Werner: »Interpretation Tocquevilles«. In: *Außenpolitik* 5 (1954), 823f.

r.h. [d.i. Haerdter, Robert]: »Die unauslöschliche Spur«. In: *Die Gegenwart* 10 (1955), 344.

Kessel, Eberhard: »Das Tocqueville-Problem. Eine Auseinandersetzung mit der neuesten Literatur«. In: *Jahrbuch für Amerikastudien* 1 (1956), 168-176.

Kesting, Hanno: »Alexis de Tocqueville«. In: *Neue Politische Literatur* 2 (1957), 341-352.

Lutz, Hans: »[Besprechung von] *Das Zeitalter der Gleichheit*«. In: *Gewerkschaftliche Monatshefte* 7 (1956), 127.

E. M. [d. i. Maste, Ernst]: »Ein großer Staatsdenker«. In: *Das Parlament*, Nr. 16 vom 20. April 1955, 10.

Mayer, J. P.: »Um eine neue Sozialphilosophie«. In: *Die Neue Gesellschaft* 2 (1955), 74f.

Kritik der Soziologie und andere Schriften zur Politik (1969):

Brozio, Ulrich: »[Besprechung von] *Kritik der Soziologie und andere Schriften zur Politik*«. In: *Das Argument* 13 (1971), 565-568.

Lepenies, Wolf: »*Kritik der Soziologie*. Siegfried Landshuts Schriften«. In: *Frankfurter Allgemeine Zeitung*, Nr. 228 vom 2. Oktober 1970, 31.

Schäfers, Bernhard: »[Besprechung von] *Kritik der Soziologie und andere Schriften zur Politik*«. In: *Archiv für Rechts- und Sozialphilosophie* 57 (1971), 459-463.

Wiedner, Wolfgang: »Anfänge der Politologie. Gesammelte Schriften Siegfried Landshuts«. In: *Frankfurter Rundschau*, Nr. 222 vom 25. September 1970, 15.

Über Siegfried Landshut

Aufsätze, ausführliche Würdigungen und Nachrufe:

Dennert, Jürgen: »Siegfried Landshut – in memoriam«. In: *Hamburger Jahrbuch für Wirtschafts- und Gesellschaftspolitik* 14 (1969), 209-220.

Dennert, Jürgen: »Siegfried Landshut«. In: *Politische Vierteljahresschrift* 10 (1969), 164f.

Fechner, Rolf: »Tradition und Gewohnheit. Anmerkungen zu Siegfried Landshuts Begriff der Tradition«. In: Rainer Waßner (Hg.): *Wege zum Sozialen. 90 Jahre Soziologie in Hamburg.* Opladen 1988, 63-68.

Hennis, Wilhelm: »Zu Siegfried Landshuts wissenschaftlichem Werk«. In: *Zeitschrift für Politik* N.F. 17 (1970), Heft 1, 1-14 [der Text folgt einer am 9. Juni 1969 in Hamburg gehaltenen Akademischen Gedächtnisrede; wieder abgedruckt in: Wilhelm Hennis: *Politik und praktische Philosophie. Schriften zur politischen Theorie.* Stuttgart 1977, 275-293].

Hilger, Dietrich: »Nekrolog Siegfried Landshut«. In: *Kölner Zeitschrift für Soziologie und Sozialpsychologie* 22 (1970), 835-839.

Jantke, Carl: »Rede zur Trauerfeier in Hamburg am 13. Dezember 1968« [unveröffentlichtes Typoskript, 2 Seiten; im Besitz des Verf.].

Nicolaysen, Rainer: »Siegfried Landshut (1897-1968)«. In: John Michael Krois, Gerhard Lohse, Rainer Nicolaysen: *Die Wissenschaftler Ernst Cassirer, Bruno Snell, Siegfried Landshut* (Hamburgische Lebensbilder 8). Hamburg 1994, 75-115.

Nicolaysen, Rainer: »Siegfried Landshut – VHS-Dozent 1927-1933«. In: Regina Siewert, Kay Ingwersen: *75 Jahre Hamburger Volkshochschule 1919-1994. Demokratie braucht Bildung.* Hg. von der Hamburger Volkshochschule. Hamburg 1994, 24f.

Sternberger, Dolf: »Siegfried Landshut sechzigjährig«. In: *Zeitschrift für Politik* N.F. 4 (1957), 201.

Zeitungsartikel über Siegfried Landshut (chronologisch):

»Das Werk des Soziologen Max Weber« [über Landshuts Vortrag »Max Webers geistesgeschichtliche Bedeutung« in der Philosophischen Gesellschaft]. In: *Hamburgischer Correspondent*, Nr. 107 vom 5. März 1930, 2f.

»Politik ohne Beigeschmack. Professor Landshut über den neuen Lehrstuhl an der Universität« [von Werner Klugmann]. In: *Die Welt*, Nr. 120 vom 26. Mai 1951, 4.

»Parteien – die Träger der Freiheit« [über Landshuts Vortrag »Volkssouveränität, Parteien und Freiheit«, gehalten anläßlich des Nationalen Gedenktages des deutschen Volkes am 7. September 1952]. In: *Hamburger Echo*, Nr. 208 vom 8. September 1952, 3.

»Karl Marx: Dichtung und Wahrheit. Ein Aufsehen erregender Vortrag Prof. Landshuts in der Keyserling-Gesellschaft«. In: *Hamburger Echo*, Nr. 275 vom 25. November 1953, 5.

»Karl Marx nach 100 Jahren« [über Landshuts Vortrag in der Keyserling-Gesellschaft für Freie Philosophie]. In: *Die Welt*, Nr. 276 vom 26. November 1953, 6.

»Sähe Marx uns heute so? Vortrag von Prof. Siegfried Landshut in der Universität«. In: *Hamburger Echo*, Nr. 32 vom 8. Februar 1955, 5.

»Karl Marx würde staunen. Seine Voraussagen sind eingetroffen – aber wo und wie?« [über einen Marx-Vortrag Landshuts in der Akademie für Gemeinwirtschaft]. In: *Die Zeit*, Nr. 7 vom 17. Februar 1955, 1f.

»Prof. Siegfried Landshut 60 Jahre alt«. In: *Friede mit Israel. Mitteilungsblatt der Gesellschaft für christlich-jüdische Zusammenarbeit in Hamburg e.V.*, Nr. 36 (Oktober 1957), 7.

»›Menschlich gesehen‹: Professor für Politik«. In: *Hamburger Abendblatt*, Nr. 45 vom 22. Februar 1958, 1.

»Austrocknung der parlamentarischen Demokratie? Prof. Landshut in Loccum: Bald nur noch Generalverwaltung privater Bedürfnisse« [von Barbara Groneweg]. In: *Frankfurter Rundschau*, Nr. 34 vom 10. Februar 1959, 3.

»Prof. Landshut gestorben«. In: *Hamburger Abendblatt*, Nr. 288 vom 10. Dezember 1968, 4.

»Seine Vorlesungen waren überfüllt. In Hamburg starb der Politikwissenschaftler Siegfried Landshut«. In: *Die Welt*, Nr. 289 vom 11. Dezember 1968, 13.

»Siegfried Landshut gestorben«. In: *Frankfurter Allgemeine Zeitung*, Nr. 289 vom 12. Dezember 1968, 3.

»Marx-Forscher mit Distanz. Zum Tode des Soziologen Siegfried Landshut«. In: *Die Welt*, Nr. 290 vom 12. Dezember 1968, 9.

»Gestorben. Siegfried Landshut«. In: *Der Spiegel*, Nr. 51 vom 16. Dezember 1968, 176.

»Professor Landshut bei den Gefangenen« [Leserbrief von Karl August von Kameke]. In: *Frankfurter Allgemeine Zeitung*, Nr. 294 vom 18. Dezember 1968, 11.

»In memoriam Prof. Siegfried Landshut« [von Ernst Gottfried Lowenthal]. In: *Allgemeine unabhängige jüdische Wochenzeitung*, Nr. 23 vom 20. Dezember 1968, 6.

»Siegfried Landshut« [von Ernst Gottfried Lowenthal]. In: *Aufbau – Reconstruction* [New York], Nr. 2 vom 10. Januar 1969, 4.

[Meldung zum Tod Siegfried Landshuts.] In: *Mitteilungsblatt* [Tel Aviv], Nr. 5 vom 31. Januar 1969, 10.

»Neue Politik. Wiederentdeckt: Siegfried Landshut« [von Wilhelm Hennis]. In: *Frankfurter Allgemeine Zeitung*, Nr. 62 vom 13. März 1996, N5.

In Nachschlagewerken:
Biographisches Handbuch der deutschsprachigen Emigration nach 1933.
Hg. vom Institut für Zeitgeschichte München und von der Research Foundation for Jewish Immigration, Inc., New York, unter der Gesamtleitung von Werner Röder und Herbert A. Strauss. Bd. 2: *The Arts, Sciences, and Literature.* München-New York-London-Paris 1983, Teil 2, 689.

Encyclopaedia Judaica. Bd. 10. Jerusalem 1971, 1412f. [Verfasser: Werner J. Cahmann].

Internationales Soziologenlexikon. Hg. von Wilhelm Bernsdorf, in Verbindung mit Horst Knospe. Stuttgart 1959, 291f. [Verfasser: Ossip K. Flechtheim]; 2., neubearbeitete Aufl. [hg. von Wilhelm Bernsdorf und Horst Knospe]. Stuttgart 1980. Bd. 1, 230.

Kürschners Deutscher Gelehrten-Kalender. Lexikon der lebenden deutschsprachigen Wissenschaftler. 8. Ausgabe. Berlin 1954, 1338; 9. Ausgabe.

Berlin 1961, 1143; 10. Ausgabe. Berlin 1966, 1359; 11. Ausgabe. Berlin 1970, 1679.
Neue Deutsche Biographie. Hg. von der Historischen Kommission bei der Bayerischen Akademie der Wissenschaften. Bd. 13. Berlin 1982, 519f. [Verfasser: Dirk Käsler].
Neues Lexikon des Judentums. Hg. von Julius H. Schoeps. Gütersloh-München 1992, 278f. [Verfasser: Alphons Silbermann].
Tetzlaff, Walter: *2000 Kurzbiographien bedeutender deutscher Juden des 20. Jahrhunderts.* Lindhorst 1982, 195.
Walk, Joseph: *Kurzbiographien zur Geschichte der Juden 1918-1945.* Hg. vom Leo Baeck Institute Jerusalem. München-New York-London-Paris 1988, 215.
Wer ist Wer? 12. Ausgabe. Berlin 1955, 680; 13. Ausgabe. Berlin 1958, 734; 14. Ausgabe. Berlin 1962, 865; 15. Ausgabe. Berlin 1967, 1099.

Zur Familie Landshut:
Aviner, Arnon: *Your family.* Unveröffentlichtes Typoskript [engl.]. 1991 [Kopie im Besitz des Verf.].
Landshut, Siegfried [d.i. der Cousin von Professor Siegfried Landshut]: *Neumark-Westpreußen und die Familie Landshut.* Unveröffentlichtes Typoskript. Kiryat Tivon 1962; PA Aviner [Kopie im Besitz des Verf.].

Quellen- und Literaturverzeichnis

Ungedruckte Quellen

Alfred Kröner Verlag, Stuttgart
- Verlagskorrespondenz mit Siegfried Landshut
- Verlagskorrespondenz mit J. P. Mayer

Archiv der Evangelischen Akademie Bad Boll
- Bestand Direktion Müller AZ 73 (Protokolle der »Marxismus-Kommission«)

Archiv der sozialen Demokratie, Bonn
- Nachlaß Friedrich Salomon
- Sammlung Personalia

Archiv des Verbandes der Historiker Deutschlands (AVHD)
im Max-Planck-Institut für Geschichte, Göttingen
- Korrespondenz zur Vorbereitung des Historikertages 1951

Bodleian Library, Oxford
Archiv der »Society for the Protection of Science and Learning« (SPSL):
- SPSL 1/1, 1/7, 1/8, 1/9 (AAC allgemein)
- SPSL 119/2-5 (NDW)
- SPSL 151/2 (Hebrew University)
- SPSL 160/1 (Rockefeller Foundation)
- SPSL 232/6 (Eduard Heimann)
- SPSL 237/2 (Theodor Plaut)
- SPSL 238/9 (Kurt Singer)
- SPSL 294/6 (Ernst Kapp)
- SPSL 300/2 (Agathe Lasch)
- SPSL 352/2 (Siegfried Landshut)

Bonhoeffer-Forschungsstelle, Heidelberg
- Nachlaß Hans von Dohnányi

Bundesarchiv Koblenz
- Nachlaß Herrmann Brill
- Nachlaß Alexander Rüstow
- Nachlaß Alfred Weber

Central Zionist Archives, Jerusalem
- S 7 (Central Bureau for the Settlement of German Jews in Palestine)
- S 90 (Economic Research Institute)
- KH 4 (Keren Hayesod / Head Office, Jerusalem)

Deutsche Vereinigung für Politische Wissenschaft (DVPW)
(Das weitgehend ungeordnete Archiv der DVPW befindet sich im Fachbereich Politische Wissenschaft der Freien Universität Berlin.)
- Protokolle der Vorstandssitzungen
- Rundschreiben / Rundbriefe an die Mitglieder

Deutsches Literaturarchiv, Marbach am Neckar
- Nachlaß Gerhard Nebel
- Nachlaß Dolf Sternberger

Deutsches Rundfunkarchiv, Frankfurt am Main
- Tonaufnahmen / Britischer Mittelmeersender: Mario Kranz 79 U 3667/3-11

DeutschlandRadio, Berlin
- Typoskripte des RIAS Berlin:
  Siegfried Landshut: »Von Hegel zu Marx«, 11. Mai 1953

Erhart Kästner Archiv, Herzog August Bibliothek Wolfenbüttel
- Nachlaß Erhart Kästner

Evangelisches Zentralarchiv, Berlin
- Korrespondenz Friedrich Siegmund-Schultze

Forschungsstelle für die Geschichte des Nationalsozialismus, Hamburg
- Gedächtnisprotokoll (Gespräch Siegfried Landshut/Herbert Schottelius 1954)

Gymnase Jean Sturm, Strasbourg
- Schulakten 1903-1914

Hauptstaatsarchiv Stuttgart
- Q 1/21 Bü 333 (Tagungen des Hohenrodter Bundes)

Institut für Internationale Angelegenheiten, Hamburg
- Grundakte V, 7 (Auslandswissenschaftliche Gesellschaft e.V.)

Institut für Zeitgeschichte, München
- IfZ/MA 1500/34 (Siegfried Landshut)
- IfZ/MA 1500/37 (Hans Liebeschütz)
- IfZ/MA 1500/61 (Alfred Vagts)

Internationales Institut für Sozialgeschichte, Amsterdam
- Dossier »Marx-Engels-Nachlaß«
- Nachlaß Hendrik de Man

The Jewish National and University Library, Jerusalem
Martin Buber-Archiv
- Korrespondenz Martin Buber (Briefe von Landshut und Heimann)

Landesarchiv Berlin
- Nachlaß Otto Suhr

New School for Social Research, New York
- Akten der Graduate Faculty

Privatarchive
- Arnon Aviner, Kiryat Krinizi/Israel
- Susanne Geis, Baden-Baden
- Marie-Elisabeth Hilger, Hamburg
- Wolfgang Kessel, Wachtberg
- Leora Landshut-Deuber, Hamburg
- Karla von Malapert-Neufville, Hamburg
- Rita und Heinz-Hermann Schepp, Göttingen

Rockefeller Archive Center, Tarrytown, N.Y.
- Rockefeller Foundation 1. 1., 8255 Israel

Schleswig-Holsteinische Landesbibliothek, Kiel
- Nachlaß Ferdinand Tönnies

Schocken Archives, Jerusalem
- Korrespondenz 054/43 (Soziologie – Landshut)

Southampton University Library
- Aktenbestand der Anglo-Jewish Association

Sozialwissenschaftliche Fakultät der Universität Hamburg
- Eingangslisten über »Nachlaß-Spende Siegfried Landshut« (1969)

Staatsarchiv Hamburg
- [361-6] HW-DPA I 263, Bd. 1 und Bd. 2
  (Personalakte Siegfried Landshut)
- [364-13] WiSoFak 8 (Eduard Heimann)
- [364-13] WiSoFak 9 (Siegfried Landshut)
- [364-13] PhilFak 94 (Siegfried Landshut)
- [364-13] Prot. PhilFak (1945-1951)
- [364-13] PhilFak, Lehrstuhl Politik (1951-1965)
- [364-13] PhilFak, Promotionsakten
- [364-13] WiSoFak, Promotionsakten
- [364-5 I] Uni I, C 20. 4., Bd. 5 (Protokolle des Universitätssenats)
- [364-5 I] Uni I, A 110. 10. 21., Bd. 1 (Lehrstuhl für Soziologie)
- [364-5 I] Uni I, A 110. 10. 26 (Lehrstuhl für Politische Wissenschaft)
- [364-5 I] Uni I, K 20/1/Heft 7 (Institut für Auswärtige Politik)
- [364-5 I] Uni I, P-70-22 (Hansischer Goethe-Preis)
- [361-5 II] HW II, VHS-Allgemeines, Un 1/1, Bd. 1 (Volkshochschule)
- [361-5 II] HW II, A f 5/5 (Volkshochschule / »Fall Adam«)
- unbearbeiteter Aktenbestand: Freies Bildungswesen Altona
- Akten der RStFak [noch archiviert im Fachbereich Rechtswissenschaft I der Universität Hamburg]

Staats- und Universitätsbibliothek Hamburg Carl von Ossietzky
- Nachlaß Carl A. Rathjens (Briefwechsel Rathjens/Obermann)

Stadtarchiv Darmstadt
- ST 45: Nachlaß Carlo Mierendorff (Briefwechsel Heimann/Vagts)

Studentenwohnheim Hagenbeckstraße
- Jahres-Chroniken

Universität Frankfurt am Main
Archiv des Studentensekretariats der Johann Wolfgang Goethe-Universität
- Anmeldekarte/Abgangszeugnis Siegfried Landshut

Universitätsarchiv Freiburg/Br.
- Promotionsakte Siegfried Landshut
- Auflistung der akademischen Quästur, 1919-1922
- Aktenbestand B 70 [Disziplinarverfahren] Landshut/Heß

Universitätsarchiv der Hebräischen Universität, Jerusalem
- Personalakte Siegfried Landshut

Universitätsarchiv Heidelberg
- Belegbogen Siegfried Landshut (B1366), 1923

- Quästurakte Weber, Alfred, 1412
- Quästurakte Jaspers, Karl, 647
- Exmatrikelakte Siegfried Landshut

Universitätsarchiv Köln
- Anmeldekarte Siegfried Landshut
- Habilitationsakten Eduard Heimann; Heimann 27/73, 70/7

Universitätsbibliothek Bonn
- Nachlaß Fritz Schalk

Yad Tabenkin, Research and Documentation Center of the United Kibbutz Movement
- Kibbuz Giwat Brenner: Karteikarte Siegfried Landshut
- Bulletin Giwat Brenner 1940

Gespräche:
Arnon Aviner, Kiryat-Krinizi/Israel; Ralf Dahrendorf, Oxford; Daniel Dishon, Jerusalem; Fritz Fischer, Hamburg; Susanne Geis, Baden-Baden; Walter Grab, Tel Aviv; Wilhelm Hennis, Freiburg i. Br.; Huguette Herrmann, Marbach a. N.; Marie-Elisabeth Hilger, Hamburg; Wolfgang Kessel, Wachtberg; Raymond Klibansky, Oxford; Thomas Landshut, Kloten/Schweiz; Hermann Lange, Ahrensburg; Karla von Malapert-Neufville, Hamburg; Shoshana Morse, Haifa; Heinz-Dietrich Ortlieb, Hamburg; Karl Heinrich Plesse, Hamburg; Hans-Christian Röglin, Düsseldorf; Heinz-Hermann Schepp, Göttingen; Rita Schepp, Göttingen; Haim Seeligmann, Kibbuz Giwat Brenner; Gregor Siefer, Hamburg; Winfried Steffani, Hamburg.

Veröffentlichte Quellen und Darstellungen*

Abendroth, Wolfgang: *Ein Leben in der Arbeiterbewegung.* Gespräche aufgezeichnet und hg. von Barbara Dietrich und Joachim Perels. 3. Aufl. Frankfurt am Main 1981.
Adorno, Theodor W., Hans Albert, Ralf Dahrendorf, Jürgen Habermas, Hans Pilot, Karl R. Popper: *Der Positivismusstreit in der deutschen Soziologie.* Neuwied/Rhein-Berlin 1969.
Ahrens, Gerhard: »Werner von Melle und die Hamburgische Universität«. In: *Zeitschrift des Vereins für Hamburgische Geschichte* 66 (1980), 63-93.
Albers, Detlev: *Demokratisierung der Universität* (AStA-Dokumente VI/67). Hamburg 1967.

---

* Um das Auffinden der Literatur zu erleichtern, wurden veröffentlichte Quellen (autobiographische Schriften, Vorlesungsverzeichnisse, zeitgenössische Abhandlungen etc.) und Darstellungen in der folgenden Liste zusammengefaßt; vgl. zu den Veröffentlichungen von bzw. über Siegfried Landshut die gesonderte →Bibliographie.

Albertin, Lothar: *Liberalismus und Demokratie am Anfang der Weimarer Republik. Eine vergleichende Analyse der Deutschen Demokratischen Partei und der Deutschen Volkspartei* (Beiträge zur Geschichte des Parlamentarismus und der politischen Parteien 45). Düsseldorf 1972.

Anders, Günther: *Die Antiquiertheit des Menschen*. Bd. 1: *Über die Seele im Zeitalter der zweiten industriellen Revolution*. München 1956; Bd. 2: *Über die Zerstörung des Lebens im Zeitalter der dritten industriellen Revolution*. München 1980.

Anderson, Perry: *Über den westlichen Marxismus*. Frankfurt am Main 1978 [engl. 1976].

Ankündigung der Vorlesungen der Badischen Albert-Ludwigs-Universität zu Freiburg im Breisgau für das Winterhalbjahr 1919/1920. Freiburg i. Br. 1919; *für das Winterhalbjahr 1920/21*. Freiburg i. Br. 1920.

Arendt, Hannah: »Philosophie und Soziologie. Anläßlich Karl Mannheim, Ideologie und Utopie«. In: *Die Gesellschaft* 7 (1930), 163-176.

Arendt, Hannah: *Fragwürdige Traditionsbestände im politischen Denken der Gegenwart. Vier Essays*. Frankfurt am Main 1957.

Arendt, Hannah: *Vita activa oder Vom tätigen Leben*. Stuttgart 1960; München 1967 [zuerst engl. 1958; dt. zuletzt: 7. Aufl. der Münchner Ausgabe, München-Zürich 1992].

Arendt, Hannah: »Martin Heidegger ist achtzig Jahre alt«. In: Dies.: *Menschen in finsteren Zeiten*. Hg. von Ursula Ludz. München-Zürich 1989, 172-184 [leicht bearbeiteter Nachdruck aus: *Merkur* 23 (1969), Heft 10, 893-902].

Arendt, Hannah: *Die Krise des Zionismus. Essays und Kommentare 2*. Hg. von Eike Geisel und Klaus Bittermann. Mit einem Nachwort von Henryk M. Broder. Berlin 1989.

Arendt, Hannah: *Israel, Palästina und der Antisemitismus. Aufsätze*. Hg. von Eike Geisel und Klaus Bittermann. Berlin 1991.

Arendt, Hannah: *Besuch in Deutschland* [engl. 1950]. Mit einem Vorwort von Henryk M. Broder und einem Portrait von Ingeborg Nordmann. Berlin 1993.

Arendt, Hannah: *Was ist Politik? Fragmente aus dem Nachlaß*. Hg. von Ursula Ludz. Mit einem Vorwort von Kurt Sontheimer. München-Zürich 1993.

Arendt, Hannah / Jaspers, Karl: *Briefwechsel 1926-1969*. Hg. von Lotte Köhler und Hans Saner. Neuausgabe. München 1993.

Aristoteles: *Nikomachische Ethik*. 3. Aufl., auf der Grundlage der Übersetzung von Eugen Rolfes hg. mit Einleitung, Anmerkungen und Bibliographie von Günther Bien (Philosophische Bibliothek 5). Hamburg 1972.

Arndt, Hans-Joachim: *Die Besiegten von 1945. Versuch einer Politologie für Deutsche samt Würdigung der Politikwissenschaft in der Bundesrepublik Deutschland*. Berlin 1978.

Bach, Jaacov: »Gustav Krojanker«. In: Eli Rothschild (Hg.): *Meilensteine. Vom Wege des Kartells Jüdischer Verbindungen (K.J.V.) in der Zionistischen Bewegung. Eine Sammelschrift.* Tel Aviv 1972.

Bahne, Siegfried: »Zur Geschichte der ersten Marx-Engels-Gesamtausgabe«. In: *Arbeiterbewegung und Geschichte. Festschrift für Shlomo Na'aman zum 70. Geburtstag.* Hg. von Hans-Peter Harstick, Arno Herzig, Hans Pelser (Schriften aus dem Karl-Marx-Haus Trier 29). Trier 1983, 146-165.

Baier, Hans: *Von der Erkenntnistheorie zur Wirklichkeitswissenschaft. Eine Studie über die Begründung der Soziologie bei Max Weber.* Habilitationsschrift. Münster 1969.

Bauer, Otto: *Die Nationalitätenfrage und die Sozialdemokratie* (Marx-Studien 2). 2. Aufl. Wien 1924 [zuerst 1907].

Bein, Alex: *The Return to the Soil. A History of Jewish Settlement in Israel.* Jerusalem 1952 [hebr. 1942].

Beling, Eva: *Die gesellschaftliche Eingliederung der deutschen Einwanderer in Israel. Eine soziologische Untersuchung der Einwanderung aus Deutschland zwischen 1933 und 1945.* Frankfurt am Main 1967.

Benari, Nachum: *Zur Geschichte der Kwuzah und des Kibbuz. Eine Monographie* [hg. vom Hechaluz, Deutscher Landesverband, Berlin]. Berlin 1934.

Benjamin, Walter: *Briefe.* Hg. und mit Anmerkungen versehen von Gershom Scholem und Theodor W. Adorno. Bd. 1. Frankfurt am Main 1966.

Bentwich, Norman: *The Refugees from Germany. April 1933 to December 1935.* London 1936.

Bentwich, Norman: *The Rescue and Achievement of Refugee Scholars. The Story of Displaced Scholars and Scientists 1933-1952.* Den Haag 1953.

Bentwich, Norman: *The Hebrew University of Jerusalem 1918-60.* London 1961.

Benz, Wolfgang: »Emil J. Gumbel. Die Karriere eines deutschen Pazifisten«. In: Ulrich Walberer (Hg.): *10. Mai 1933. Bücherverbrennung in Deutschland und die Folgen.* Frankfurt am Main 1983, 160-198.

Bergmann, Hugo: »Jacob Sandbank als Volksbildner. Zum ersten Todestag«. In: *Mitteilungsblatt,* 4. Jg., Nr. 26 vom 28. Juni 1940, 4.

Bergman[n], Shmuel Hugo: *Tagebücher und Briefe.* Hg. von Miriam Sambursky. Mit einer Einleitung von Nathan Rotenstreich. 2 Bde. Königstein/Ts. 1985.

von Berlepsch, Hans-Jörg: »Die Wiederentdeckung des ›wirklichen Menschen‹ in der Geschichte. Neue biographische Literatur«. In: *Archiv für Sozialgeschichte* 29 (1989), 488-510.

Bermbach, Udo: »Zur Entwicklung und zum Stand der politischen Theoriengeschichte«. In: →von Beyme (Hg.), *Politikwissenschaft in der Bundesrepublik,* 142-167.

Beveridge, William: *A Defence of Free Learning.* London-New York-Toronto 1959.

von Beyme, Klaus (Hg.): *Die großen Regierungserklärungen der deutschen Bundeskanzler von Adenauer bis Schmidt.* München 1979.

von Beyme, Klaus (Hg.): *Politikwissenschaft in der Bundesrepublik Deutschland. Entwicklungsprobleme einer Disziplin* (Politische Vierteljahresschrift, Sonderheft 17). Opladen 1986.

Biographisches Handbuch der deutschsprachigen Emigration nach 1933. Hg. vom Institut für Zeitgeschichte München und von der Research Foundation for Jewish Immigration, Inc., New York, unter der Gesamtleitung von Werner Röder und Herbert A. Strauss. Bd.I: *Politik, Wirtschaft, Öffentliches Leben.* München-New York-London-Paris 1980; Bd. II, 1 und 2: *The Arts, Sciences and Literatures.* München-New York-London-Paris 1983; Bd. III: *Gesamtregister.* München-New York-London-Paris 1983.

Bloch, Ernst: »Aufrechter Gang, konkrete Utopie. Zum 150. Geburtstag von Karl Marx«. In: *Die Zeit*, Nr. 19 vom 10. Mai 1968, 20f.

Blomert, Reinhard: »Sozialwissenschaften in Heidelberg«. In: *Zwischen Tradition und Moderne. Heidelberg in den 20er Jahren.* Ausstellungskatalog. Kurpfälzisches Museum der Stadt Heidelberg. Heidelberg 1994, 167-177.

Blumenfeld, Kurt: *Im Kampf um den Zionismus. Briefe aus fünf Jahrzehnten.* Hg. von Miriam Sambursky und Jochanan Ginat. Stuttgart 1976.

Bode, Ingeborg: *Ursprung und Begriff der parlamentarischen Opposition* (Sozialwissenschaftliche Studien 3). Mit einem Vorwort von Siegfried Landshut. Stuttgart 1962.

Bohn, Jörg: *Dr. Kurt Adams. Lehrer und Bürgerschaftsabgeordneter in Hamburg. Handreichung zum 50. Jahrestag der Machtergreifung der Nationalsozialisten in Hamburg.* Hg. von der Behörde für Schule, Jugend und Berufsbildung. Hamburg 1982.

Bolland, Jürgen: »Die Gründung der ›Hamburgischen Universität‹«. In: →*Universität Hamburg 1919-1969*, 17-105.

Bonhoeffer, Dietrich: *Werke.* Bd. 12: *Berlin 1933.* Hg. von Carsten Nicolaisen und Ernst A. Scharffenorth. [voraussichtlich] München 1997.

Bonné, Alfred: *Palästina. Land und Wirtschaft.* Leipzig 1932.

Borinski, Fritz: »Die ›Neuen Blätter für den Sozialismus‹. Ein Organ der jungen Generation von 1930-1933«. In: →*Rathmann, Ein Arbeiterleben*, 173-201.

Borowsky, Peter: »Die Philosophische Fakultät 1933 bis 1945«. In: →*Hochschulalltag im »Dritten Reich«*, Teil 2, 441-458.

von Borries-Pusback, Bärbel: »Die Gründung der Akademie für Gemeinwirtschaft«. In: Hochschule für Wirtschaft und Politik (Hg.): *Jahrbuch für Sozialökonomie und Gesellschaftstheorie 1991/92.* Bd. 1: *Beiträge zum 40jährigen Bestehen der HWP.* Hamburg 1992, 2-42.

von Borries-Pusback, Bärbel: »Von der Akademie für Gemeinwirtschaft zur Hochschule für Wirtschaft und Politik«. In: Hochschule für Wirtschaft und Politik (Hg.): *Jahrbuch für Sozialökonomie und Gesellschaftstheorie*

1991/92. Bd. 1: *Beiträge zum 40jährigen Bestehen der HWP*. Hamburg 1992, 43-76.

Bottin, Angela, unter Mitarbeit von Rainer Nicolaysen: *ENGE ZEIT. Spuren Vertriebener und Verfolgter der Hamburger Universität* (Hamburger Beiträge zur Wissenschaftsgeschichte 11). Berlin-Hamburg 1992 [zuerst: Ausstellungskatalog. Hamburg 1991].

Bourdieu, Pierre: »Die biographische Illusion«. In: *BIOS* 3 (1990), 75-81.

Breuer, Stefan: *Die Gesellschaft des Verschwindens. Von der Selbstzerstörung der technischen Zivilisation*. Hamburg 1992.

Breuer, Stefan: *Anatomie der Konservativen Revolution*. Darmstadt 1993.

Der Briefwechsel zwischen Louis Fürnberg und Arnold Zweig. Dokumente einer Freundschaft. Hg. von Rosemarie Poschmann und Gerhard Wolf. Berlin-Weimar 1978.

Brunner, Otto: »Das ›ganze Haus‹ und die alteuropäische Ökonomik«. In: Ders.: *Neue Wege der Verfassungs- und Sozialgeschichte*. Göttingen 1956, 33-61.

Buber, Martin: *Briefwechsel aus sieben Jahrzehnten*. 3 Bde. Hg. und eingeleitet von Grete Schaeder. Heidelberg 1973.

Buber, Martin: *Ein Land und zwei Völker. Zur jüdisch-arabischen Frage*. Hg. und eingeleitet von Paul R. Mendes-Flohr. Frankfurt am Main 1983.

Buber, Martin: *Pfade in Utopia. Über Gemeinschaft und deren Verwirklichung*. Mit einem Nachwort hg. von Abraham Schapira. 3. Aufl. Erheblich erweiterte Neuausgabe. Heidelberg 1985.

Buchstein, Hubertus, Peter Th. Walther: »Politikwissenschaft in der Emigrationsforschung«. In: *Politische Vierteljahresschrift* 31 (1989), 342-352.

Bühl, Walter L.: »Max Scheler«. In: →Käsler (Hg.), *Klassiker des soziologischen Denkens*, Bd. 2., 178-225.

Buselmeier, Karin, Dietrich Harth, Christian Jansen (Hg.): *Auch eine Geschichte der Universität Heidelberg*. Mannheim 1985; 2. Aufl. 1986.

van den Bussche, Hendrik (Hg.): *Medizinische Wissenschaft im »Dritten Reich«. Kontinuität, Anpassung und Opposition an der Hamburger Medizinischen Fakultät* (Hamburger Beiträge zur Wissenschaftsgeschichte 5). Berlin-Hamburg 1989.

Cieslok, Ulrike: »Eine schwierige Rückkehr. Remigranten an nordrheinwestfälischen Hochschulen«. In: *Exilforschung. Ein internationales Jahrbuch*. Bd. 9: *Exil und Remigration*. Hg. im Auftrag der Gesellschaft für Exilforschung/Society for Exile Studies von Claus-Dieter Krohn, Erwin Rotermund, Lutz Winckler und Wulf Köpke. München 1991, 115-127.

Cobban, Alfred: »Der Verfall der politischen Theorie«. In: *Der Monat* 6 (1954), 227-237.

Dahms, Hans-Joachim: *Positivismusstreit. Die Auseinandersetzungen der Frankfurter Schule mit dem logischen Positivismus, dem amerikanischen Pragmatismus und dem kritischen Rationalismus*. Frankfurt am Main 1994.

Dahrendorf, Ralf: *Marx in Perspektive. Die Idee des Gerechten im Denken von Karl Marx*. Hannover o.J. [1953].

Dahrendorf, Ralf: *Soziale Klassen und Klassenkonflikt in der industriellen Gesellschaft* (Soziologische Gegenwartsfragen, Neue Folge). Stuttgart 1957.

Dahrendorf, Ralf: *Bildung ist Bürgerrecht. Plädoyer für eine aktive Bildungspolitik*. Bramsche-Osnabrück 1965.

Dahrendorf, Ralf: *LSE. A History of the London School of Economics and Political Science 1895-1995*. Oxford 1995.

Darin-Drabkin, Haim: *Der Kibbuz. Die neue Gesellschaft in Israel*. Stuttgart 1967 [engl. 1962].

Demm, Eberhard (Hg.): *Alfred Weber als Politiker und Gelehrter. Die Referate des ersten Alfred-Weber-Kongresses in Heidelberg (28.-29. Oktober 1984 [richtig: 1983])*. Stuttgart 1986.

Demm, Eberhard: *Ein Liberaler in Kaiserreich und Republik. Der politische Weg Alfred Webers bis 1920* (Schriften des Bundesarchivs 38). Boppard/Rhein 1990.

Dennert, Jürgen: *Ursprung und Begriff der Souveränität* (Sozialwissenschaftliche Studien 7). Stuttgart 1964.

Dennert, Jürgen: *Die ontologisch-aristotelische Politikwissenschaft und der Rationalismus. Eine Untersuchung des politischen Denkens Aristoteles', Descartes', Hobbes', Rousseaus und Kants* (Beiträge zur Politischen Wissenschaft 11). Berlin 1970.

Die deutsche Alija in Palästina. Bericht der Hitachdut Olej Germania für die Jahre 1936/37. Tel Aviv 1937.

Deutsche Hochschule für Politik Berlin: *Material für die Tagung »Die Wissenschaft im Rahmen der politischen Bildung«, 16.-18. März 1950*. o.O. [Berlin] o.J. [1950].

Deutsche Hochschule für Politik Berlin: *Kurzbericht über die Tagung »Die Wissenschaft im Rahmen der politischen Bildung«, 16.-18. März 1950*. o.O. [Berlin] o.J. [1950].

Die deutschen Studenten. Der Kampf um die Hochschulreform. Eine Bestandsaufnahme. Hg. von Hans-Adolf Jacobsen und Hans Dollinger, unter Mitwirkung von Wilfried von Bredow. München 1968.

Dilthey, Wilhelm: *Der Aufbau der geschichtlichen Welt in den Geisteswissenschaften*. Hg. und eingeleitet von Manfred Riedel. Frankfurt am Main 1970 [zuerst 1910].

Dittmann, Wilhelm: *Erinnerungen*. 3 Bde. Bearbeitet und eingeleitet von Jürgen Rojahn (Quellen und Studien zur Sozialgeschichte 14). Frankfurt am Main-New York 1995.

Döring, Herbert: *Der Weimarer Kreis. Studien zum politischen Bewußtsein verfassungstreuer Hochschullehrer in der Weimarer Republik* (Mannheimer Sozialwissenschaftliche Studien 10). Meisenheim am Glan 1975.

Ebbinghaus, Angelika, Gudrun Kaupen-Haas, Karl-Heinz Roth: *Heilen und Vernichten im Mustergau Hamburg. Bevölkerungs- und Gesundheitspolitik im Dritten Reich.* Hamburg 1984.

Education, Eglise, Société. Le Chapitre de Saint-Thomas et le Gymnase Jean Sturm. Strasbourg 1538-1980. Témoignages et études recueillis et publiés à l'occasion de l'achèvement des bâtiments du Gymnase. o.O. [Strasbourg] o.J. [1980].

Eisenstadt, Shmuel N.: »Introduction«. In: Yonina Talmon: *Family and Community in the Kibbutz.* Cambridge/Mass. 1972, V-X.

Eisenstadt, Shmuel N.: *Die israelische Gesellschaft.* Stuttgart 1973 [engl. 1967].

Eisenstadt, Shmuel N.: *Die Transformation der israelischen Gesellschaft.* Frankfurt am Main 1987 [engl. 1985].

Eisfeld, Curt: *Aus fünfzig Jahren. Erinnerungen eines Betriebswirts. 1902-1951.* Göttingen 1973.

Elias, Norbert: *Über sich selbst.* Frankfurt am Main 1990.

Die Emigration der Wissenschaften nach 1933. Disziplingeschichtliche Studien. Hg. von Herbert A. Strauss, Klaus Fischer, Christhard Hoffmann und Alfons Söllner. München-London-New York-Paris 1991.

Encyclopaedia Judaica. Jerusalem 1971.

Erel, Shlomo: *Neue Wurzeln. 50 Jahre Immigration deutschsprachiger Juden in Israel.* Gerlingen 1983.

Erinnerungen an Curt Bondy anläßlich seines 100. Geburtstages (1994). Hg. von Karl Gerlicher und Klaus Eyferth. Erlangen 1995.

Eschenburg, Theodor: »Tocquevilles Wirkung in Deutschland«. In: Alexis de Tocqueville: *Werke und Briefe.* Auf Grund der französischen historisch-kritischen Ausgabe hg. von J. P. Mayer in Gemeinschaft mit Theodor Eschenburg und Hans Zbinden. Stuttgart 1959, Bd. 1, XVII-LXVII.

Ettinger, Elzbieta: *Hannah Arendt – Martin Heidegger. Eine Geschichte.* München-Zürich 1995.

Falk, Werner: »Hegels Freiheitsidee in der Marx'schen Dialektik«. In: *Archiv für Sozialwissenschaft und Sozialpolitik* 68 (1932/33), 165-193.

Farías, Victor: *Heidegger und der Nationalsozialismus.* Mit einem Vorwort von Jürgen Habermas. Frankfurt am Main 1989.

Feilchenfeld, Werner, Dolf Michaelis, Ludwig Pinner: *Haavara-Transfer nach Palästina und Einwanderung deutscher Juden 1933-1939.* Mit einer Einleitung von Siegfried Moses (Schriftenreihe wissenschaftlicher Abhandlungen des Leo Baeck Instituts 26). Tübingen 1972.

Freimark, Peter: »Juden an der Hamburger Universität«. In: →*Hochschulalltag im »Dritten Reich«,* Teil 1, 125-147.

Freyer, Hans: *Soziologie als Wirklichkeitswissenschaft. Logische Grundlegung des Systems der Soziologie.* Leipzig-Berlin 1930.

Freyer, Hans: *Revolution von rechts.* Jena 1931.

Freyer, Hans: »Soziologie und Geschichtswissenschaft«. In: *Geschichte in*

Wissenschaft und Unterricht 3 (1952), 14-20 [wieder abgedruckt in: →Wehler (Hg.), *Geschichte und Soziologie*, 78-84].

Fried, Ferdinand [d.i. Friedrich Zimmermann]: *Das Ende des Kapitalismus.* Jena 1931.

Friedlaender, Elsbeth [d.i. Katharina Focke]: *Zum Wesen des Übernationalen.* Diss. Phil. Hamburg 1953.

Funke, Hajo: *Die andere Erinnerung. Gespräche mit jüdischen Wissenschaftlern im Exil.* Frankfurt am Main 1989.

Gantzel, Klaus-Jürgen (Hg.): *Kolonialrechtswissenschaft, Kriegsursachenforschung, Internationale Angelegenheiten. Materialien und Interpretationen zur Geschichte des Instituts für Internationale Angelegenheiten der Universität Hamburg 1923-1983 im Widerstreit der Interessen.* Hg. aus Anlaß des 60. Jahrestages der Gründung des Instituts für Auswärtige Politik (Veröffentlichungen aus dem Institut für Internationale Angelegenheiten der Universität Hamburg 12). Baden-Baden 1983.

Gantzel, Klaus-Jürgen (Hg.): *Wissenschaftliche Verantwortung und politische Macht. Zum wissenschaftlichen Umgang mit der Kriegsschuldfrage 1914, mit Versöhnungsdiplomatie und mit dem nationalsozialistischen Großmachtstreben. Wissenschaftsgeschichtliche Untersuchungen zum Umfeld und zur Entwicklung des Instituts für Auswärtige Politik. Hamburg/Berlin 1923-1945* (Hamburger Beiträge zur Wissenschaftsgeschichte 2). Berlin-Hamburg 1986.

Gantzel-Kress, Gisela: »Zur Geschichte des Instituts für Auswärtige Politik von der Gründung bis zur nationalsozialistischen Machtübernahme«. In: →Gantzel (Hg.), *Kolonialrechtswissenschaft, Kriegsursachenforschung, Internationale Angelegenheiten*, 23-88.

Gantzel-Kress, Gisela: »Albrecht Mendelssohn Bartholdy. Ein Bürgerhumanist und Versöhnungsdiplomat im Aufbruch der Demokratie in Deutschland«. In: *Zeitschrift des Vereins für Hamburgische Geschichte* 71 (1985), 127-143.

Gantzel-Kress, Gisela: »Das Institut für Auswärtige Politik im Übergang von der Weimarer Republik zum Nationalsozialismus (1933-1937)«. In: →*Hochschulalltag im »Dritten Reich«*, Teil 2, 913-938.

Gay, Peter: *Die Republik der Außenseiter. Kultur in der Weimarer Zeit 1918-1933.* Frankfurt am Main 1989 [engl. 1968, dt. zuerst 1970].

Gestrich, Andreas: »Einleitung: Sozialhistorische Biographieforschung«. In: *Biographie – sozialgeschichtlich. Sieben Beiträge.* Hg. von Andreas Gestrich, Peter Knoch, Helga Merkel. Göttingen 1988, 5-28.

Goertz, Hans-Jürgen: *Umgang mit Geschichte. Eine Einführung in die Geschichtstheorie.* Reinbek bei Hamburg 1995.

Göhler, Gerhard, Bodo Zeuner (Hg.): *Kontinuitäten und Brüche in der deutschen Politikwissenschaft.* Baden-Baden 1991.

Golczewski, Frank: *Kölner Universitätslehrer und der Nationalsozialismus. Personengeschichtliche Ansätze* (Studien zur Geschichte der Universität zu Köln 8). Köln-Wien 1988.

Goldschmidt, Dietrich: »Robert Raphael Geis. Ein später Zeuge des deutschen Judentums«. In: *Emuna* 8 (1973), 424-427.
Gollnick, Heinz: »Eduard Heimann – in memoriam«/Ortlieb, Heinz-Dietrich: »Eduard Heimann. Sozialökonom, Sozialist und Christ«. In: *Hamburger Jahrbuch für Wirtschafts- und Gesellschaftspolitik* 13 (1968), 247-266 [Reden, gehalten anläßlich der Gedächtnisfeier der Wirtschafts- und Sozialwissenschaftlichen Fakultät der Universität Hamburg am 23. November 1967. Zuerst selbständig erschienen in der Reihe der Hamburger Universitätsreden. Hamburg 1968].
Goral, Arie: *Walter A. Berendsohn 1884-1984. Chronik und Dokumentation*. Hamburg 1984.
Grab, Walter: *Der deutsche Weg der Judenemanzipation 1789-1938*. München-Zürich 1991.
Greffrath, Matthias (Hg.): *Die Zerstörung einer Zukunft. Gespräche mit emigrierten Sozialwissenschaftlern*. Frankfurt am Main-New York 1989.
Grimm, Friedrich: *40 Jahre Dienst am Recht. Politische Justiz – die Krankheit unserer Zeit*. Bonn 1953.
Grimm, Friedrich: *Mit offenem Visier. Aus den Lebenserinnerungen eines deutschen Rechtsanwalts*. Als Biographie bearbeitet von Hermann Schild. Leoni am Starnberger See 1961.
Grünwald, Ernst: *Das Problem der Soziologie des Wissens. Versuch einer kritischen Darstellung der wissenssoziologischen Theorien*. Hg. von Walther Eckstein. Wien 1934.
Grüttner, Michael: »›Ein stetes Sorgenkind für Partei und Staat‹. Die Studentenschaft 1930 bis 1945«. In: →*Hochschulalltag im »Dritten Reich«*, Teil 1, 201-236.
Grüttner, Michael: *Studenten im Dritten Reich*. Paderborn-München-Wien-Zürich 1995.
[Gymnase Jean Sturm]: *450ème anniversaire de la fondation du Gymnase Jean Sturm et de l'Université de Strasbourg. 1538-1988*. Publ. par le Comité des Fêtes. Strasbourg 1989.

Habermas, Jürgen: »Literaturbericht zur philosophischen Diskussion um Marx und den Marxismus«. In: *Philosophische Rundschau* 5 (1957), 165-235 [wieder abgedruckt in: Habermas, Jürgen: *Theorie und Praxis. Sozialphilosophische Studien*. Frankfurt am Main 1971 [zuerst 1963], 387-461; zusätzlich: eine »ergänzende bibliographische Notiz (1971)«, 279-289].
Habermas, Jürgen: *Philosophisch-politische Profile*. 3. Aufl. Frankfurt am Main 1984.
Habermas, Jürgen: »Soziologie in der Weimarer Republik«. In: →*Wissenschaftsgeschichte seit 1900*, 29-53.
Hallgarten, George W. F.: *Als die Schatten fielen. Erinnerungen vom Jahrhundertbeginn zur Jahrtausendwende*. Frankfurt am Main-Berlin 1969.
Hamburger Akademische Rundschau 1 (1946/47), 2 (1947/48), 3 (1948/50).

Nachdruck inklusive eines von Angela Bottin herausgegebenen Begleitbandes (Hamburger Beiträge zur Wissenschaftsgeschichte 10). Berlin-Hamburg 1991.

Hamburger Volkshochschule: *Statistische Übersichten über die Entwicklung der Hamburger Volkshochschule in den ersten zehn Jahren ihres Bestehens.* Hamburg 1929.

Hamburger Volkshochschule 1919-1959. Hamburg 1960 [=Festschrift zum 40jährigen Bestehen].

Hamburger Volkshochschule (Hg.): *Entwurf & Erfahrung. Hamburger Volkshochschule 1919-1969. Beiträge zur Entwicklung der Volkshochschule.* o.O. o.J. [=Festschrift zum 50jährigen Bestehen].

Die Hamburgische Bürgerschaft in alter und neuer Zeit. Aus Anlaß des 100jährigen Jubiläums der gewählten Bürgerschaft in ihrem Auftrag verfaßt im Staatsarchiv von Jürgen Bolland. Hamburg 1959.

Hamburgische Universität: *Verzeichnis der Vorlesungen. Wintersemester 1927/28 bis Sommersemester 1933.* Hamburg 1927-1933.

Hammerstein, Notker: *Die Johann Wolfgang Goethe-Universität Frankfurt am Main. Von der Stiftungsuniversität zur staatlichen Hochschule.* Bd. 1: *1914 bis 1950.* Neuwied-Frankfurt am Main 1989.

Die Hebräische Universität Jerusalem: Entwicklung und Bestand. Jerusalem 1938.

The Hebrew University Jerusalem. Its history and development. Third revised edition. Jerusalem 1948.

Heidegger, Martin: *Die Selbstbehauptung der deutschen Universität* [Rede, gehalten bei der feierlichen Übernahme des Rektorats der Universität Freiburg i. Br. am 27. Mai 1933]. Breslau o. J. [1933].

Heidegger, Martin: *Phänomenologische Interpretationen zu Aristoteles. Einführung in die phänomenologische Forschung. Vorlesung Wintersemester 1921/22.* Hg. von Walter Bröcker und Käte Bröcker-Oltmanns. Gesamtausgabe Bd. 61. Frankfurt am Main 1985.

Heidegger, Martin: *Einführung in die phänomenologische Forschung. Marburger Vorlesung. Wintersemester 1923/24.* Hg. von Friedrich-Wilhelm von Herrmann. Gesamtausgabe Bd. 17. Frankfurt am Main 1994.

Heidegger, Martin/Jaspers, Karl: *Briefwechsel 1920-1963.* Hg. von Walter Biemel und Hans Saner. Frankfurt am Main und München-Zürich 1990.

Heimann, Eduard: *Zur Kritik der Sozialmethode.* Tübingen 1913.

Heimann, Eduard: »Methodologisches zu den Problemen des Wertes und des wirtschaftlichen Prinzips«. In: *Archiv für Sozialwissenschaft und Sozialpolitik* 37 (1913), 758-807.

Heimann, Eduard: *Mehrwert und Gemeinwirtschaft. Kritische und positive Beiträge zur Theorie des Sozialismus.* Berlin 1922.

Heimann, Eduard: *Die sittliche Idee des Klassenkampfes und die Entartung des Kapitalismus.* Berlin o.J. [1926].

Heimann, Eduard: »Erster Diskussionsbeitrag zur ersten Hauptverhandlung ›Neuere Entwicklungen im Sozialismus‹«. In: *Die Verhandlungen des 34. Evangelisch-Sozialen Kongresses in Hamburg am 7.-9. Juni 1927.* Göttingen 1927, 65-71.

Heimann, Eduard: *Soziale Theorie des Kapitalismus. Theorie der Sozialpolitik.* Tübingen 1929; Neuauflage mit einem Vorwort von Bernhard Badura. Frankfurt am Main 1980.

Heimann, Eduard: »Warum SPD?« In: *Neue Blätter für den Sozialismus* 2 (1931), 590-603.

Heimann, Eduard: »The Refugee Speaks«. In: *Annals of the American Academy of Political and Social Science* 203 (May 1939), 106-113.

Heimann, Eduard: *Geschichte der volkswirtschaftlichen Lehrmeinungen. Eine Einführung in die nationalökonomische Theorie.* Frankfurt am Main 1949 [engl. 1945].

Heimann, Eduard, Max Scheler, Arthur Baumgarten: *Walther Rathenau. Eine Würdigung zu seinem Gedächtnis. Drei Vorträge, gehalten am 16. Juli 1922 anläßlich einer auf Veranlassung von Dozenten und Studierenden der Universität Köln veranstalteten Gedenkfeier für Walther Rathenau.* Köln 1922.

Heinsohn, Gunnar (Hg.): *Das Kibbutz-Modell. Bestandsaufnahme einer alternativen Wirtschafts- und Lebensform nach sieben Jahrzehnten.* Frankfurt am Main 1982.

Helle, Horst Jürgen: *Soziologie und Symbol. Ein Beitrag zur Handlungstheorie und zur Theorie des sozialen Wandels.* Köln-Opladen 1969.

Henningsen, Jürgen: *Der Hohenrodter Bund. Zur Erwachsenenbildung in der Weimarer Zeit.* Mit einem Geleitwort von Fritz Blättner. Heidelberg 1958.

Hennis, Wilhelm: *Politik und Praktische Philosophie* [zuerst 1963]. In: Ders.: *Politik und praktische Philosophie. Schriften zur politischen Theorie.* Stuttgart 1977, 1-130.

Hennis, Wilhelm: »Tocquevilles ›Neue politische Wissenschaft‹«. In: *Aspekte der Kultursoziologie. Aufsätze zur Soziologie, Anthropologie und Geschichte der Kultur. Zum 60. Geburtstag von Mohammed Rassem.* Hg. von Justin Stagl. Berlin 1982, 385-407.

Hennis, Wilhelm: *Max Webers Fragestellung. Studien zur Biographie des Werks.* Tübingen 1987.

Hennis, Wilhelm: *Max Webers Wissenschaft vom Menschen. Neue Studien zur Biographie des Werks.* Tübingen 1996.

Hering, Rainer: »Der ›unpolitische‹ Professor? Parteimitgliedschaften Hamburger Hochschullehrer in der Weimarer Republik und im ›Dritten Reich‹«. In: →*Hochschulalltag im »Dritten Reich«*, Teil 1, 85-111.

Herres, Jürgen: *Das Karl-Marx-Haus in Trier. 1727 – heute. Bürgerliches Wohnhaus. Politisches Symbol. Historisches Museum.* Trier 1993.

Hessisches Ministerium für Erziehung und Volksbildung (Hg.): *Die politischen Wissenschaften an den deutschen Universitäten und Hochschulen. Gesamtprotokoll der Konferenz von Waldleiningen vom 10. und 11. September 1949.* Wiesbaden o. J. [1950].

Hessisches Ministerium für Erziehung und Volksbildung (Hg.): *Über Lehre und Forschung der Wissenschaft von der Politik. Gesamtprotokoll der Konferenz von Königstein im Taunus vom 15. und 16. Juli 1950*. Wiesbaden o. J. [1951].

Heyder, Ulrich: *Der sozialwissenschaftliche Systemversuch Eduard Heimanns. Darstellung und Kritik der Möglichkeit einer einheitlichen Theorie der modernen Wirtschafts- und Sozialsysteme* (Beiträge zur Politikwissenschaft 7). Frankfurt am Main-Bern-Las Vegas 1977.

Hilger, Dietrich: *Edmund Burke und seine Kritik der Französischen Revolution* (Sozialwissenschaftliche Studien 1). Stuttgart 1960.

Hilger, Marie-Elisabeth: »Das Sozialökonomische Seminar (SÖS)«. In: →*Hochschulalltag im »Dritten Reich«*, Teil 2, 953-979.

Hirschfeld, Gerhard: »›The defence of learning and science ...‹. Der Academic Assistance Council in Großbritannien und die wissenschaftliche Emigration aus Nazi-Deutschland«. In: *Exilforschung. Ein internationales Jahrbuch*. Bd. 6: *Vertreibung der Wissenschaften und andere Themen*. Hg. im Auftrag der Gesellschaft für Exilforschung/Society for Exile Studies von Thomas Köbner, Wulf Köpke, Claus-Dieter Krohn und Sigrid Schneider in Verbindung mit Lieselotte Maas. München 1988, 28-43.

Hochschulalltag im »Dritten Reich«. Die Hamburger Universität 1933-1945. Hg. von Eckart Krause, Ludwig Huber, Holger Fischer (Hamburger Beiträge zur Wissenschaftsgeschichte 3). Berlin-Hamburg 1991.

Hoeges, Dirk: *Kontroverse am Abgrund: Ernst Robert Curtius und Karl Mannheim. Intellektuelle und »freischwebende Intelligenz« in der Weimarer Republik*. Frankfurt am Main 1994.

Jacoby, E. Georg: *Die moderne Gesellschaft im sozialwissenschaftlichen Denken von Ferdinand Tönnies. Eine biographische Einführung*. Stuttgart 1971.

Jahrbuch für Soziologiegeschichte 1990. Hg. von Heinz-Jürgen Dahme, Carsten Klingemann, Michael Neumann, Karl-Siegbert Rehberg, Ilja Srubar. Opladen 1990.

Jansen, Christian: »Auf dem Mittelweg nach rechts. Akademische Ideologie und Politik zwischen 1914 und 1933«. In: →Buselmeier/Harth/Jansen (Hg.), *Auch eine Geschichte der Universität Heidelberg*, 163-193.

Jansen, Christian: *Emil Julius Gumbel. Portrait eines Zivilisten*. Heidelberg 1991.

Jantke, Carl: »Die Wirtschafts- und Sozialwissenschaftliche Fakultät«. In: →*Universität Hamburg 1919-1969*, 137-163.

Jarausch, Konrad: *Deutsche Studenten 1800-1970*. Frankfurt am Main 1984.

Jaspers, Karl: *Max Weber. Deutsches Wesen im politischen Denken, im Forschen und Philosophieren*. Oldenburg 1932.

Jonas, Hans: »Wissenschaft als persönliches Erlebnis«. In: Ders.: *Wissenschaft als persönliches Erlebnis*. Göttingen 1987, 7-31.

Jonas, Hans: *Dem bösen Ende näher. Gespräche über das Verhältnis des Menschen zur Natur.* Hg. von Wolfgang Schneider. Frankfurt am Main 1993.
Die jüdischen Gemeinschaftssiedlungen in Palästina. Ein Handbuch. Hg. vom Keren Hajessod und vom Immigrationsdepartment der Jewish Agency [verfaßt von Edwin Samuel]. Jerusalem 1938 [zuerst engl. 1938].
Jungk, Robert: *Die Zukunft hat schon begonnen. Amerikas Allmacht und Ohnmacht.* Stuttgart-Hamburg 1952.

Kampffmeyer, Paul: »Das Marx-Engels-Institut und die Arbeit sozialistischer Forschung«. In: *Sozialistische Monatshefte* 73 (1931), 335-339.
Kanowitz, Kurt: »Ludwig Pinner in memoriam«. In: *Mitteilungsblatt*, 47. Jg., Nr. 24 vom 22. Juni 1979, 5.
Karl-Marx-Haus Trier. Hg. vom Forschungsinstitut der Friedrich-Ebert-Stiftung, Bad Godesberg, und vom Karl-Marx-Haus, Trier. o. O. 1968.
Käsler, Dirk (Hg.): *Klassiker des soziologischen Denkens.* Bd. 2: *Von Weber bis Mannheim.* München 1978.
Käsler, Dirk: *Die frühe deutsche Soziologie 1909 bis 1934 und ihre Entstehungs-Milieus. Eine wissenschaftssoziologische Untersuchung* (Studien zur Sozialwissenschaft 58). Opladen 1984.
Käsler, Dirk: *Soziologische Abenteuer. Earle Edward Eubank besucht europäische Soziologen im Sommer 1934.* Opladen 1985.
Käsler, Dirk: »Unbefangenheit und Hingabe. Das Webersche Konzept der ›Werturteilsfreiheit‹ und die Veranwortung des heutigen Sozialwissenschaftlers«. In: →*Politik, Philosophie, Praxis,* 162-173.
Kastendiek, Hans: *Die Entwicklung der westdeutschen Politikwissenschaft.* Frankfurt am Main-New York 1977.
Kästner, Erhart: *Zeltbuch von Tumilat.* Frankfurt am Main 1988 [zuerst 1949].
Kersting, Christa: »Erziehungswissenschaft in Hamburg nach 1945. Zum Umgang der Disziplin mit Emigranten«. In: *Zeitschrift für Pädagogik* 40 (1994), 745-763.
Kessel, Wolfgang: *Auctoritas und potestas als Ordnungsgrundlagen des demokratischen Staates.* Diss. WiSo. Hamburg 1956.
Kessel, Wolfgang: »Auctoritas und potestas als Ordnungsgrundlagen der Demokratie«. In: *Archiv für Rechts- und Sozialphilosophie* 45 (1959), 215-233.
Kettler, David, Volker Meja, Nico Stehr: *Politisches Wissen. Studien zu Karl Mannheim.* Frankfurt am Main 1989 [engl. 1984].
Kibbutz Bibliography. Compiled by Shimon Shur. Second (revised and extended) Edition. Tel Aviv 1972.
Kiss, Gábor: *Die gesellschaftspolitische Rolle der Studentenbewegung im vorrevolutionären Rußland* (Bibliotheca Europae Orientalis 1). München 1963.
Kleinberg, Alfred: »Soziologie der goldenen Mitte. Zu Hans Freyers *Sozio-*

logie als Wirklichkeitswissenschaft«. In: *Die Gesellschaft* 9 (1932), 68-74.

Klemperer, Victor: *Ich will Zeugnis ablegen bis zum letzten. Tagebücher 1933-1945.* Hg. von Walter Nowojski, unter Mitarbeit von Hadwig Klemperer. 2 Bde. Berlin 1995.

Klibansky, Raymond: »L'université allemande dans les anneés trente. Notes autobiographiques«. In: *philosophiques. revue de la société de philosophie du québec* 18 (1991) 2, 139-157.

Klingemann, Carsten: »Heimatsoziologie oder Ordnungsinstrument? Fachgeschichtliche Aspekte der Soziologie in Deutschland zwischen 1933 und 1945«. In: →Lepsius (Hg.), *Soziologie in Deutschland und Österreich 1918-1945*, 273-307.

Klingemann, Carsten: »Soziologie im NS-Staat. Vom Unbehagen an der Soziologiegeschichtsschreibung«. In: *Soziale Welt* 36 (1985), 366-388.

Klingemann, Carsten: »Vergangenheitsbewältigung oder Geschichtsschreibung? Unerwünschte Traditionsbestände deutscher Soziologie zwischen 1933 und 1945«. In: →Papcke (Hg.), *Ordnung und Theorie*, 223-279.

Klingemann, Carsten: »Das ›Institut für Sozial- und Staatswissenschaften‹ an der Universität Heidelberg zum Ende der Weimarer Republik und während des Nationalsozialismus«. In: →*Jahrbuch für Soziologiegeschichte* 1990, 79-120.

Klingemann, Carsten: »Die deutschen Sozialwissenschaften zwischen den beiden Weltkriegen. Mythos und Realität von Entwicklungsbrüchen«. In: →Göhler/Zeuner (Hg.), *Kontinuitäten und Brüche*, 23-40.

Kodalle, Klaus-M.: »Politische Solidarität und ökonomisches Interesse. Der Begriff des Sozialismus nach Eduard Heimann«. In: *Aus Politik und Zeitgeschichte*, B 26/75 vom 28. Juni 1975, 3-31.

Koebner, Richard: *Geschichte, Geschichtsbewußtsein und Zeitwende. Vorträge und Schriften aus dem Nachlaß.* Hg. vom Institut für Deutsche Geschichte der Universität Tel Aviv in Zusammenarbeit mit dem Richard-Koebner-Lehrstuhl für Deutsche Geschichte an der Hebräischen Universität Jerusalem und Helmut D. Schmidt (Schriftenreihe des Instituts für Deutsche Geschichte, Universität Tel Aviv 11). Gerlingen 1990.

Koebner, Richard, Helmut Dan Schmidt: *Imperialism. The Story of a Political Word 1840-1960.* Cambridge 1964.

Koebner, Thomas: »Die Schuldfrage. Vergangenheitsverweigerung und Lebenslügen in der Diskussion 1945-1949«. In: Thomas Koebner, Gert Sautermeister, Sigrid Schneider (Hg.): *Deutschland nach Hitler. Zukunftspläne im Exil und aus der Besatzungszeit 1939-1949.* Opladen 1987, 301-329.

Kohn, Hans: *Martin Buber. Sein Werk und seine Zeit. Ein Beitrag zur Geistesgeschichte Mitteleuropas 1880-1930.* 2., um ein Vor- und Nachwort erweiterte Aufl. Köln 1961 [zuerst 1930].

Kojève, Alexandre: *Hegel. Versuch einer Vergegenwärtigung seines Denkens. Kommentar zur Phänomenologie des Geistes.* Hg. von Iring Fetscher. Stuttgart 1958 [frz. 1947].

König, René (Hg.): *Soziologie* [Fischer-Lexikon]. Frankfurt am Main 1958.
König, René: »Zur Soziologie der zwanziger Jahre. Oder: Ein Epilog zu zwei Revolutionen, die niemals stattgefunden haben, und was daraus für unsere Gegenwart resultiert«. In: Leonhard Reinisch (Hg.): *Die Zeit ohne Eigenschaften. Eine Bilanz der zwanziger Jahre*. Stuttgart 1961, 82-118.
König, René: *Kritik der historisch-existenzialistischen Soziologie. Ein Beitrag zur Begründung einer objektiven Soziologie*. München 1975.
König, René: »Die Situation der emigrierten deutschen Soziologen in Europa«. In: Wolf Lepenies (Hg.): *Geschichte der Soziologie. Studien zur kognitiven, sozialen und historischen Identität einer Disziplin*. Frankfurt am Main 1981. Bd. 4, 115-158.
König, René: »Über das vermeintliche Ende der deutschen Soziologie vor der Machtergreifung des Nationalsozialismus«. In: *Kölner Zeitschrift für Soziologie und Sozialpsychologie* 36 (1984), 1-42.
König, René: *Soziologie in Deutschland. Begründer / Verächter / Verfechter*. München-Wien 1987.
Krohn, Claus-Dieter: »Der Fall Bergstraesser in Amerika«. In: *Exilforschung. Ein internationales Handbuch*. Bd. 4: *Das jüdische Exil und andere Themen*. Hg. im Auftrag der Gesellschaft für Exilforschung / Society for Exile Studies von Thomas Koebner, Wulf Köpke, Claus-Dieter Krohn und Sigrid Schneider in Verbindung mit Lieselotte Maas. München 1986, 254-275.
Krohn, Claus-Dieter: *Wissenschaft im Exil. Deutsche Sozial- und Wirtschaftswissenschaftler in den USA und die New School for Social Research*. Frankfurt am Main-New York 1987.
Kruse, Volker: *Historisch-soziologische Zeitdiagnosen in Westdeutschland nach 1945. Eduard Heimann, Alfred von Martin, Hans Freyer*. Frankfurt am Main 1994.

Landahl, Heinrich: »Ansprache«. In: *Universität Hamburg. Reden von Senator Landahl und Professor Dr. Emil Wolff, gehalten bei der Feier der Wiedereröffnung am 6. November 1945 in der Musikhalle*. [Hamburg 1946], 5-14.
Landauer, Georg: *Der Zionismus im Wandel dreier Jahrzehnte. Ausgewählte Schriften von Georg Landauer*. Hg. und eingeleitet von Max Kreutzberger, mit einem Nachwort von Robert Weltsch. Tel Aviv 1957.
Landauer, Gustav: *Die Revolution* (Die Gesellschaft – Sammlung sozialpsychologischer Monographien 13). Frankfurt am Main 1907.
Landauer, Gustav: *Aufruf zum Sozialismus*. Revolutionsausgabe. 2., vermehrte und verbesserte Aufl. Berlin 1919 [zuerst 1911]; Neuausgabe hg. und eingeleitet von Heinz-Joachim Heydorn. Frankfurt am Main – Wien 1967.
Lange, Hermann: »[Rezension zu:] Heinz-Hermann Schepp: *Pädagogik und Politik*«. In: *International Review of Education* 37 (1991), 500-502.
Lange, Hermann: *Von Wilhelm Flitner zu Niklas Luhmann. Erläuterungen zu meiner wissenschaftlichen Entwicklung*. Typoskript 1994.

Langkau, Götz: »Marx-Gesamtausgabe. Dringendes Parteiinteresse oder dekorativer Zweck? Ein Wiener Editionsplan zum 30. Todestag, Brief und Briefauszüge«. In: *International Review of Social History* 28 (1983), 105-142.

Laqueur, Walter: *Der Weg zum Staat Israel. Geschichte des Zionismus.* Wien 1975 [engl. 1972].

Ledig, Gerhard: »Hans Freyers Soziologie und der Sozialismus«. In: *Neue Blätter für den Sozialismus* 2 (1931), 291-294.

Lee, David: »Professor J. P. Mayer [Nachruf]«. In: *University of Reading Bulletin*, Nr. 261 (März 1993), 4.

Lefêbvre, Henri: *Der dialektische Materialismus.* Frankfurt am Main 1966 [frz. 1940].

Le Goff, Jacques: »Wie schreibt man eine Biographie?« In: *Der Historiker als Menschenfresser. Über den Beruf des Geschichtsschreibers.* Mit Beiträgen von Fernand Braudel, Lucien Febvre, Arnaldo Momigliano, Natalie Zemon Davis, Carlo Ginzburg, Jacques Le Goff, Reinhard Koselleck. Berlin 1990, 103-112.

Leibovitch, Joseph: »Ludwig Borchardt«. In: *Annales du Service des Antiquités de l'Egypte* 39. Kairo 1939, 43-47.

Leiden an der Unerlöstheit der Welt. Robert Raphael Geis 1906-1972. Briefe, Reden, Aufsätze. Hg. von Dietrich Goldschmidt, in Zusammenarbeit mit Ingrid Ueberschär. München 1984.

Lenger, Friedrich: *Werner Sombart 1863-1941. Eine Biographie.* München 1994.

Lepsius, Rainer M.: *Denkschrift zur Lage der Soziologie und der Politischen Wissenschaft* (Denkschriften der Deutschen Forschungsgemeinschaft 9). Wiesbaden 1961.

Lepsius, Rainer M. (Hg.): *Soziologie in Deutschland und Österreich 1918-1945. Materialien zur Entwicklung, Emigration und Wirkungsgeschichte* (Kölner Zeitschrift für Soziologie und Sozialpsychologie, Sonderheft 23). Opladen 1981.

Liebau, Eckart: »Laufbahn oder Biographie? Eine Bourdieu-Lektüre«. In: *BIOS* 3 (1990), 83-89.

Liefmann, Robert: *Grundsätze der Volkswirtschaftslehre.* Bd. 1: *Grundlagen der Wirtschaft.* Bd. 2: *Grundlagen des Tauschverkehrs.* Stuttgart 1919.

Liefmann, Robert: *Geschichte und Kritik des Sozialismus.* Leipzig 1922.

Liefmann, Robert: *Die kommunistischen Gemeinden in Nordamerika.* Jena 1922.

Liefmann, Robert: »Robert Liefmann«. In: Felix Meiner (Hg.): *Die Volkswirtschaftslehre der Gegenwart in Selbstdarstellungen.* Bd. 1. Leipzig 1924, 154-190.

Limberger, Alois: *Das wirtschaftstheoretische Lehrgebäude Robert Liefmanns unter besonderer Berücksichtigung seines Gesetzes des Ausgleichs der Grenzerträge. Darstellung und kritische Würdigung.* Wirtschaftswissenschaftliche Diss. Freiburg i. Br. 1959.

Lindner, Burkhardt: »Habilitationsakte Benjamin. Über ein ›akademisches Trauerspiel‹ und über ein Vorkapitel der ›Frankfurter Schule‹ (Horkheimer, Adorno)«. In: *Zeitschrift für Literaturwissenschaft und Linguistik* 14 (1984), Heft 53/54 [Wissenschaftsgeschichte der Philologien], 147-165.

Lohse, Gerhard: »Klassische Philologie und Zeitgeschehen. Zur Geschichte eines Seminars an der Hamburger Universität in der Zeit des Nationalsozialismus«. In: →*Hochschulalltag im »Dritten Reich«*, Teil 2, 775-826.

Lowe, Adolph: »In memoriam: Eduard Heimann, 1889-1967«. In: *Social Research* 34 (1967), No. 4 (December 1967), 609-612.

Löwith, Karl: »Max Weber und Karl Marx«. In: *Archiv für Sozialwissenschaft und Sozialpolitik* 67 (1932), 53-99, 175-214.

Löwith, Karl: »Max Scheler und das Problem einer philosophischen Anthropologie«. In: *Theologische Rundschau* N. F. 7 (1935), 349-372.

Löwith, Karl: *Heidegger. Denker in dürftiger Zeit.* 2., erweiterte Aufl. Göttingen 1960.

Löwith, Karl: »Zu Heideggers Seinsfrage: Die Natur des Menschen und die Welt der Natur. Zu Heideggers 80. Geburtstag, 1969«. In: Ders.: *Der Mensch inmitten der Geschichte. Philosophische Bilanz des 20. Jahrhunderts.* Hg. von Bernd Lutz. Stuttgart 1990, 358-371.

Löwith, Karl: *Mein Leben in Deutschland vor und nach 1933. Ein Bericht.* Mit einer Vorbemerkung von Reinhard Koselleck und einer Nachbemerkung von Ada Löwith. Frankfurt am Main 1989.

Luckmann, Benita: »New School – Varianten der Rückkehr aus Exil und Emigration«. In: →*Srubar (Hg.), Exil. Wissenschaft. Identität*, 353-378.

Luft, Gerda: *Heimkehr ins Unbekannte. Eine Darstellung der Einwanderung von Juden aus Deutschland nach Palästina vom Aufstieg Hitlers zur Macht bis zum Ausbruch des Zweiten Weltkrieges 1933-1939.* Mit einem Vorwort von Willy Brandt. Wuppertal 1977.

Lukács, Georg: *Die Zerstörung der Vernunft. Der Weg des Irrationalismus von Schelling zu Hitler.* Berlin 1955.

Maas, Christoph: »Das Mathematische Seminar der Hamburger Universität in der Zeit des Nationalsozialismus«. In: →*Hochschulalltag im »Dritten Reich«*, Teil 3, 1075-1095.

Maas, Hermann: »Friedrich Siegmund-Schultze. Ein Bahnbrecher christlicher Solidarität«. In: *Ökumenische Profile* [Bd. 1]. *Brückenbauer der einen Kirche.* Hg. von Günter Gloede und 30 Mitarbeitern. Stuttgart 1961, 253-263.

Maier, Hans: »Die Lehre der Politik an den deutschen Universitäten, vornehmlich vom 16. bis 18. Jahrhundert«. In: →*Oberndörfer (Hg.), Wissenschaftliche Politik*, 59-116 [wieder abgedruckt in: Hans Maier: *Politische Wissenschaft in Deutschland. Aufsätze zur Lehrtradition und Bildungspraxis.* München 1969, 15-52].

de Man, Hendrik: »Der neu entdeckte Marx«. In: *Der Kampf* 25 (1932), 224-229, 267-277.

de Man, Hendrik: *Die sozialistische Idee.* Jena 1933.

Mannheim, Karl: »Das Problem einer Soziologie des Wissens«. In: *Archiv für Sozialwissenschaft und Sozialpolitik* 53 (1924/25), 577-652.

Mannheim, Karl: »Das konservative Denken. Soziologische Beiträge zum Werden des politisch-historischen Denkens in Deutschland«. In: *Archiv für Sozialwissenschaft und Sozialpolitik* 57 (1927), 68-142, 470-495.

Mannheim, Karl: »Die Bedeutung der Konkurrenz im Gebiete des Geistigen«. In: *Verhandlungen des Sechsten Deutschen Soziologentages vom 17.-19. September 1928 in Zürich.* Tübingen 1929, 35-83.

Mannheim, Karl: *Ideologie und Utopie* (Schriften zur Philosophie und Soziologie 3). Bonn 1929.

Mannheim, Karl: *Konservatismus.* Hg. von David Kettler, Volker Meja und Nico Stehr. Frankfurt am Main 1984.

Marcuse, Herbert: »Zur Auseinandersetzung mit Hans Freyers *Soziologie als Wirklichkeitswissenschaft*«. In: *Philosophische Hefte* 3 (1931), 83-91.

Marcuse, Herbert: *Hegels Ontologie und die Grundlegung einer Theorie der Geschichtlichkeit.* Frankfurt am Main 1932.

Marcuse, Herbert: »Neue Quellen zur Grundlegung des Historischen Materialismus. Interpretationen der neuveröffentlichten Manuskripte von Marx«. In: *Die Gesellschaft* 9 (1932 II), 136-174.

Marcuse, Herbert: *Reason and Revolution. Hegel and the Rise of Social Theory.* New York 1941 [dt.: *Vernunft und Revolution. Hegel und die Entstehung der Gesellschaftstheorie* (Soziologische Texte 13). Neuwied/ Rhein-Berlin 1962].

Der Marianne Weber-Kreis. Festgabe für Georg Poensgen zu seinem 60. Geburtstag. Hg. von Klaus Mugdan. [Privatdruck] Heidelberg 1958.

Maron, Stanley: *Kibbutz in a Market Society.* Ramat Efal [Yad Tabenkin] 1993.

Martin, Bernd (Hg.): *Martin Heidegger und das »Dritte Reich«. Ein Kompendium.* Darmstadt 1989.

Marx, Karl, Friedrich Engels: *Historisch-kritische Gesamtausgabe [MEGA].* Im Auftrage des Marx-Engels-Instituts Moskau hg. von David Rjazanov. Erste Abteilung, Bd. 1. Erster Halbbd.: *Karl Marx: Werke und Schriften bis Anfang 1844 nebst Briefen und Dokumenten.* Frankfurt am Main 1927.

Marx, Karl, Friedrich Engels: *Werke [MEW].* Berlin (DDR) 1956-1968.

Marx, Karl: *Nationalökonomie und Philosophie.* Mit einem einleitenden Kommentar über die Anthropologie des jungen Marx nach den Pariser ökonomisch-philosophischen Manuskripten von Erich Thier. Köln-Berlin 1950.

Mattfeld, Harald: »Nationalsozialistischer Einfluß auf die Wirtschaftswissenschaften in Hamburg«. In: →*Hochschulalltag im »Dritten Reich«,* Teil 2, 991-1016.

Mayer, Gustav: *Friedrich Engels. Eine Biographie.* Bd. 1: *Friedrich Engels in seiner Frühzeit 1820-1851.* Berlin 1920.

Mayer, J. P.: »Über eine unveröffentlichte Schrift von Karl Marx«. In: *Rote Revue* 10 (1930/31), 154-157.

Mayer, J. P.: *Karl Marx. Ein Abriß.* Trier 1931.

Mayer, J. P.: »Neue Marx-Literatur«. In: *Neue Blätter für den Sozialismus* 4 (1933), 153-155.

Mayer, J. P.: *Alexis de Tocqueville. Prophet des Massenzeitalters.* Stuttgart 1954 [frz. 1948].

Mayer, J. P.: »Um eine neue Sozialphilosophie«. In: *Die Neue Gesellschaft* 2 (1955), 74f.

Mayer, Paul: »Die Geschichte des sozialdemokratischen Parteiarchivs und das Schicksal des Marx-Engels-Nachlasses«. In: *Archiv für Sozialgeschichte* 6/7 (1966/67), 5-198.

Mehring, Franz: *Aus dem literarischen Nachlaß von Karl Marx, Friedrich Engels und Ferdinand Lassalle.* 4 Bde. Stuttgart 1902.

Meier, Harri: »Erinnerungen an Fritz Schalk«. In: *Romanische Forschungen* 93 (1981), 11-20.

Meier-Cronemeyer, Hermann: *Kibbuzim. Geschichte, Geist und Gestalt.* Erster Teil (Schriftenreihe des Forschungsinstituts der Friedrich-Ebert-Stiftung). Hannover 1969.

Meier-Rust, Kathrin: *Alexander Rüstow. Geschichtsdeutung und liberales Engagement.* Stuttgart 1993.

Meinecke, Friedrich: »Verfassung und Verwaltung der deutschen Republik«. In: *Die neue Rundschau*, 30. Jg. der freien Bühne (1919), 1-16.

Mejcher, Helmut (Hg.): *Die Palästina-Frage 1917-1948. Historische Ursprünge und internationale Dimensionen eines Nationenkonflikts.* 2., überarbeitete und erweiterte Aufl. Paderborn-München-Wien-Zürich 1993.

Melzer, Wolfgang, Georg Neubauer: *Der Kibbutz als Utopie.* Mit einem Nachwort von Ludwig Liegle. Weinheim-Basel 1988.

Mendelssohn Bartholdy, Albrecht: »Rede zur Eröffnung des Instituts für Auswärtige Politik«. In: →Gantzel (Hg.), *Kolonialrechtswissenschaft, Kriegsursachenforschung, Internationale Angelegenheiten,* 89-96.

Mendelssohn Bartholdy, Albrecht: »Das Hamburgische Institut für Auswärtige Politik«. In: *Deutsche Juristen-Zeitung* 30 (1925), 488-490.

Mendelssohn Bartholdy, Albrecht: »Institut für Auswärtige Politik, Hamburg«. In: Ludolph Brauer, Albrecht Mendelssohn Bartholdy, Johannes Lemcke (Hg.): *Forschungsinstitute. Ihre Geschichte, Organisation und Ziele.* Bd. 2. Hamburg 1930, 332-346.

Mendelssohn Bartholdy, Albrecht: »Gleiches Recht für alle«. In: *Europäische Gespräche.* 10. Jg., Heft 1 (Januar/Februar 1932), 1-12.

Mendes-Flohr, Paul R.: *Von der Mystik zum Dialog. Martin Bubers geistige Entwicklung bis hin zum »Ich und Du«.* Königstein/Ts. 1978.

Meyer, Thomas: *Die Transformation des Politischen.* Frankfurt am Main 1994.

Mischke, Ricarda: *Die Entstehung der öffentlichen Meinung im 18. Jahrhundert.* Diss. Phil. Hamburg 1958.

Mitscherlich, Alexander: *Politisch-publizistische Aufsätze*. Bd. 2. Hg. von Herbert Wiegandt. Frankfurt am Main 1983.

Mitscherlich, Alexander und Margarete: *Die Unfähigkeit zu trauern. Grundlagen kollektiven Verhaltens*. 19. Aufl. München-Zürich 1987.

Mohr, Arno: *Politikwissenschaft als Alternative. Stationen einer wissenschaftlichen Disziplin auf dem Wege zu ihrer Selbständigkeit in der Bundesrepublik Deutschland 1945-1965* (Politikwissenschaftliche Paperbacks 13). Bochum 1988.

Moses, Siegfried: »Salman Schocken. Wirtschaftsführer und Zionist«. In: *Deutsches Judentum. Aufstieg und Krise. Gestalten, Ideen, Werke. Vierzehn Monographien*. Hg. von Robert Weltsch. Stuttgart 1963, 145-184.

Müller, Christoph, Ilse Staff (Hg.): *Staatslehre in der Weimarer Republik. Hermann Heller zu Ehren*. Frankfurt am Main 1985.

Muller, Jerry Z.: »Enttäuschung und Zweideutigkeit. Zur Geschichte rechter Sozialwissenschaftler im ›Dritten Reich‹«. In: *Geschichte und Gesellschaft* 12 (1986), 289-316.

Muller, Jerry Z.: *The Other God That Failed. Hans Freyer and the Deradicalization of German Conservatism*. Princeton 1987.

Müller, Thorsten: »Karl-Ludwig Schneider. Verletzt gelebt, verletzt gestorben«. In: *Deutsches Allgemeines Sonntagsblatt*, Nr. 29 vom 19. Juli 1981, 17.

Mußgnug, Dorothee: *Die vertriebenen Heidelberger Dozenten. Zur Geschichte der Ruprecht-Karls-Universität nach 1933* (Heidelberger Abhandlungen zur Mittleren und Neueren Geschichte, N.F. Bd. 2). Heidelberg 1988.

Near, Henry: *The Kibbutz Movement. A History*. Vol. 1: *Origins and Growth, 1909-1939*. Oxford 1992.

Neues Lexikon des Judentums. Hg. von Julius H. Schoeps. Gütersloh-München 1992.

Neumark, Fritz: *Zuflucht am Bosporus. Deutsche Gelehrte, Politiker und Künstler in der Emigration 1933-1953*. Frankfurt am Main 1980.

Niethammer, Lutz: »Kommentar zu Pierre Bourdieu: Die biographische Illusion«. In: *BIOS* 3 (1990), 91-93.

Oberndörfer, Dieter (Hg.): *Wissenschaftliche Politik. Eine Einführung in Grundfragen ihrer Tradition und Theorie* (Freiburger Studien zu Politik und Soziologie). Freiburg/Br. 1962.

Olden, Rudolf und Ika: »*In tiefem Dunkel liegt Deutschland*«. *Von Hitler vertrieben – Ein Jahr deutsche Emigration*. Mit einem Vorwort von Lion Feuchtwanger. Hg. und eingeleitet von Chairman Brinson und Marian Malet (Dokumente, Texte, Materialien, veröffentlicht vom Zentrum für Antisemitismusforschung, 11). Berlin 1994.

Opitz, Claudia: »Neue Wege zur Sozialgeschichte? Ein kritischer Blick auf Otto Brunners Konzept des ›ganzen Hauses‹«. In: *Geschichte und Gesellschaft* 20 (1994), 88-98.

Oppenheimer, Franz: *Die Siedlungsgenossenschaft. Versuch einer positiven Überwindung des Kommunismus durch Lösung des Genossenschaftsproblems und der Agrarfrage.* Leipzig 1896.
Oppenheimer, Franz: *Großgrundeigentum und soziale Frage. Versuch einer neuen Grundlegung der Gesellschaftswissenschaft.* Berlin 1898.
Oppenheimer, Franz: *Theorie der reinen und politischen Ökonomie. Ein Lehr- und Lesebuch für Studierende und Gebildete.* 4. Aufl. Berlin-Leipzig 1919 [zuerst 1910].
Oppenheimer, Franz: *Die Judenstatistik des Preußischen Kriegsministeriums.* München 1922.
Oppenheimer, Franz: »Franz Oppenheimer«. In: Felix Meiner (Hg.): *Die Volkswirtschaftslehre der Gegenwart in Selbstdarstellungen.* Bd. 2. Leipzig 1929, 68-116.
Oppenheimer, Franz: *Erlebtes, Erstrebtes, Erreichtes. Erinnerungen.* 2. Aufl. Düsseldorf 1964 [zuerst 1931].
Orenstein, Mordechai: *Zur Problematik der Kibbuzbewegung in Erez Israel* (Führerschriften 2, Jüd. Pfadfinderbund »Haschomer Hazair«). Berlin 1934.
Ott, Hugo: *Martin Heidegger. Unterwegs zu seiner Biographie.* Frankfurt am Main-New York 1988.

Papcke, Sven: *Vernunft und Chaos. Essays zur sozialen Ideengeschichte.* Frankfurt am Main 1985.
Papcke, Sven: *Ordnung und Theorie. Beiträge zur Geschichte der Soziologie in Deutschland.* Darmstadt 1986.
Papcke, Sven: »Exil und Remigration als öffentliches Ärgernis. Zur Soziologie eines Tabus«. In: *Exilforschung. Ein internationales Jahrbuch.* Bd. 9: *Exil und Remigration.* Hg. im Auftrag der Gesellschaft für Exilforschung / Society for Exile Studies von Claus-Dieter Krohn, Erwin Rotermund, Lutz Winckler und Wulf Köpke. München 1991, 9-24.
Papcke, Sven: *Gesellschaftsdiagnosen. Klassische Texte der deutschen Soziologie im 20. Jahrhundert.* Frankfurt am Main-New York 1991.
Personalverzeichnis der Kaiser Wilhelms-Universität Straßburg im Sommerhalbjahr 1916. Straßburg 1916.
Personalverzeichnis – Vorlesungsverzeichnis der Johann Wolfgang Goethe-Universität, Frankfurt am Main. Sommersemester 1920. Frankfurt am Main 1920.
Peukert, Detlev J. K.: *Die Weimarer Republik. Krisenjahre der Klassischen Moderne* (Neue Historische Bibliothek). Frankfurt am Main 1987.
Peukert, Detlev J. K.: *Max Webers Diagnose der Moderne.* Göttingen 1989.
Pierson, George Wilson: *Tocqueville und Beaumont in America.* New York 1938.
Pinn, Irmgard, Michael Nebelung: »Kontinuität durch Verdrängung«. In: →*Jahrbuch für Soziologiegeschichte 1990*, 177-218.
Pinner, Ludwig: »Die Bedeutung der Einwanderung aus Deutschland für

das jüdische Palästina«. In: →Feilchenfeld/Michaelis/Pinner, *Haavara-Transfer*, 86-112.

Politik, Philosophie, Praxis. Festschrift für Wilhelm Hennis zum 65. Geburtstag. Hg. von Hans Maier, Ulrich Matz, Kurt Sontheimer und Paul-Ludwig Weinacht. Stuttgart 1988.

Popitz, Heinrich: *Der entfremdete Mensch. Zeitkritik und Geschichtsphilosophie des jungen Marx* (Philosophische Forschungen, Neue Folge 2). Basel 1953.

Protokoll des II. Internationalen Symposiums zur Erforschung des deutschsprachigen Exils nach 1933 in Kopenhagen. Stockholm 1972.

Pütter, Conrad (Hg.): *Rundfunk gegen das »Dritte Reich«. Deutschsprachige Rundfunkaktivitäten im Exil 1933-1945. Ein Handbuch.* Unter Mitwirkung von Ernst Loewy und mit einem Beitrag von Elke Hilscher. Erarbeitet im Auftrag des Deutschen Rundfunkarchivs (Rundfunkstudien 3). München-London-New York-Oxford-Paris 1986.

Rabehl, Bernd: »Karl Marx und der SDS«. In: *Der Spiegel*, Nr. 18 vom 29. April 1968, 86.

Rathmann, August: »Erneuerung des Marxismus! Programmatische Betrachtungen«. In: *Der Abend. Spätausgabe des Vorwärts* vom 10. März 1932 (Beilage); »Erneuerung des Marxismus. Die Bedeutung des jungen Marx«. In: Ebd., 18. März 1932 (Beilage).

Rathmann, August: *Ein Arbeiterleben. Erinnerungen an Weimar und danach.* Mit einer Einleitung von Hans Mommsen und Briefen von Elsa Brandström und Paul Tillich. Wuppertal 1983.

Rathmann, August: »Eduard Heimann (1889-1967). Von Marx und seiner ›überwältigend großartigen‹ Lehre zum religiös-freiheitlichen Sozialismus«. In: *Vor dem Vergessen bewahren. Lebenswege Weimarer Sozialdemokraten.* Hg. von Peter Lösche, Michael Scholling und Franz Walter. Berlin 1988, 121-144.

Rebellion der Studenten oder Die neue Opposition. Eine Analyse von Uwe Bergmann, Rudi Dutschke, Wolfgang Lefèvre, Bernd Rabehl. Reinbek bei Hamburg 1968.

Refugee Scholars. Conversations with Tess Simpson. Edited by Ray M. Cooper. Leeds 1992.

Reif, Adelbert (Hg.): *Gespräche mit Hannah Arendt.* München 1976.

Riedel, Manfred: »Karl Löwiths philosophischer Weg«. In: *Heidelberger Jahrbücher* 14 (1970), 120-133.

Riedel, Manfred: »Seinsverständnis und Sinn für das Tunliche. Der hermeneutische Weg zur ›Rehabilitierung der praktischen Philosophie‹«. In: →*Politik, Philosophie, Praxis*, 280-302.

Rieger, Théodore, Denis Durand de Bousingen, Klaus Nohlen: *Strasbourg Architecture 1871-1918.* Strasbourg 1992.

Riemer, Jehuda: *Fritz Perez Naphtali. Sozialdemokrat und Zionist* (Schriftenreihe des Instituts für Deutsche Geschichte, Universität Tel Aviv 12). Gerlingen 1991.

Ries, Wiebrecht: *Karl Löwith*. Stuttgart 1992.
Ringer, Fritz K.: *Die Gelehrten. Der Niedergang der deutschen Mandarine 1890-1933*. Stuttgart 1983 [engl. 1969].
Rjazanov, David [hier: N. Rjasanoff] (Hg.): *Gesammelte Schriften von Karl Marx und Friedrich Engels 1852-1862*. 2 Bde. Stuttgart 1917.
Rjazanov, David [hier: D. Rjasanoff]: »Neueste Mitteilungen über den literarischen Nachlaß von Karl Marx und Friedrich Engels«. In: *Archiv für die Geschichte des Sozialismus und der Arbeiterbewegung* 11 (1925), 385-400.
Rjazanov, David: »Vorwort zur *Marx-Engels-Gesamtausgabe*«. In: →*MEGA* I/1, Erster Halbbd. Frankfurt am Main 1927, IX-XXVIII.
Rjazanov, David (Hg.): »Aus dem literarischen Nachlaß von Marx und Engels. Marx und Engels über Feuerbach (1. Teil der ›Deutschen Ideologie‹)«. In: *Marx-Engels-Archiv*. Bd. 1. Frankfurt am Main 1928, 203-306.
Rjazanov, David [hier: David Rjasanow]: *Marx-Engels-Forscher, Humanist, Dissident*. Hg. und mit einem biographischen Essay versehen von Volker Külow und André Jaroslawski. Berlin 1993.
Röckelein, Hedwig: »Der Beitrag der psychohistorischen Methode zur ›neuen historischen Biographie‹«. In: Dies. (Hg.): *Biographie als Geschichte* (Forum Psychohistorie 1). Tübingen 1993, 17-38.
Röglin, Hans-Christian: *Die Herrschaft des Gesetzes, ihre politischen Voraussetzungen und Konsequenzen*. Diss. WiSo. Hamburg 1960.
Rojahn, Jürgen: »Marxismus-Marx-Geschichtswissenschaft. Der Fall der sog. ›Ökonomisch-philosophischen Manuskripte aus dem Jahre 1844‹«. In: *International Review of Social History* 28 (1983), 2-49.
Rojahn, Jürgen: »Die Marxschen Manuskripte aus dem Jahre 1844 in der neuen *Marx-Engels-Gesamtausgabe (MEGA)*«. In: *Archiv für Sozialgeschichte* 25 (1985), 647-663.
Romann, Fritz: »Radio gegen Rommel«. In: →Zadek (Hg.), *Sie flohen vor dem Hakenkreuz*, 225f.
Rousseau, Jean-Jacques: Œuvres complètes. Paris 1837.
Rupp, Hans Karl, Thomas Noetzel (Hg.): *Macht, Freiheit, Demokratie. Anfänge der westdeutschen Politikwissenschaft. Biographische Annäherungen*. Marburg 1991.
Rupp, Hans Karl, Thomas Noetzel (Hg.): *Macht, Freiheit, Demokratie*. Bd. 2: *Die zweite Generation der westdeutschen Politikwissenschaft*. Marburg 1994.
Ruppin, Arthur: *Dreißig Jahre Aufbau in Palästina. Reden und Schriften*. Berlin 1937 [engl. 1936].
Ruppin, Arthur: *Briefe, Tagebücher, Erinnerungen*. Hg. von Shlomo Krolik. Mit einem Nachwort von Alex Bein. Königstein/Ts. 1985.

Safranski, Rüdiger: *Ein Meister aus Deutschland. Heidegger und seine Zeit*. München-Wien 1994.
Sartre, Jean-Paul: *Situationen. Essays*. Reinbek bei Hamburg 1965.

Schaeder, Grete: »Martin Buber. Ein biographischer Abriß«. In: →Buber, *Briefwechsel*. Bd. 1, 19-141.

Schaeder, Grete: *Martin Buber. Hebräischer Humanismus*. Göttingen 1966.

Schäfer, Gerhard: »Soziologe und Intellektueller. Über Helmut Schelsky«. In: *Blätter für deutsche und internationale Politik* 39 (1994), 755-765.

Scheler, Max: »Philosophische Weltanschauung«. In: *Gesammelte Werke*. Bd. 9: *Späte Schriften*. Hg. von Manfred S. Frings. Bern-München 1976, 73-182.

Scheler, Max: »Phänomenologie und Erkenntnistheorie«. In: *Gesammelte Werke*. Bd. 10 (=Schriften aus dem Nachlaß, Bd. 1): *Zur Ethik und Erkenntnislehre*. Hg. von Maria Scheler. Bern 1957, 377-430.

Schelsky, Helmut: *Ortsbestimmung der deutschen Soziologie*. Düsseldorf-Köln 1959.

Schelsky, Helmut: »Die Bedeutung des Schichtungsbegriffs für die Analyse der gegenwärtigen deutschen Gesellschaft (1953)«. In: Ders.: *Auf der Suche nach Wirklichkeit. Gesammelte Aufsätze*. Düsseldorf-Köln 1965, 331-336.

Schelsky, Helmut: »Erfahrungen mit vier Generationen der deutschen Universität« [Vortrag zum 200jährigen Jubiläum der Universität Münster]. In: Ders.: *Rückblicke eines »Anti-Soziologen«*. Opladen 1981, 160-177.

Schepp, Heinz-Hermann: *Pädagogik und Politik. Zur Problematik der Demokratisierung in Schule, Hochschule, Politischer Bildung und Erwachsenenbildung*. Bad Heilbrunn/Obb. 1990.

Schepp, Heinz-Hermann, Berthold Michael: *Die Schule in Staat und Gesellschaft. Dokumente zur deutschen Schulgeschichte im 19. und 20. Jahrhundert* (Quellensammlung zur Kulturgeschichte 22). Göttingen-Zürich 1993.

Schieder, Theodor: »Zum gegenwärtigen Verhältnis von Geschichte und Soziologie« [Korreferat zu den Vorträgen von Hans Freyer und Siegfried Landshut]. In: *Geschichte in Wissenschaft und Unterricht* 3 (1952), 27-32.

Schleider, Tim: *Die Haltung der Sozialdemokratie zur Gründung der Hamburgischen Universität*. Geschichtswissenschaftliche Magisterarbeit Hamburg 1989.

Schmitt, Horst: *Politikwissenschaft und freiheitliche Demokratie. Eine Studie zum »politischen Forschungsprogramm« der »Freiburger Schule« 1954-1970*. Baden-Baden 1995.

Schoch, Magdalene (Hg.): *Die Entscheidungen des Internationalen Schiedsgerichts zur Auslegung des Dawes-Plans* (Politische Wissenschaft 9). Berlin-Grunewald 1929.

Schulze, Hagen: »Die Biographie in der ›Krise der Geschichtswissenschaft‹«. In: *Geschichte in Wissenschaft und Unterricht* 29 (1978), 508-518.

Schulze, Winfried: *Deutsche Geschichtswissenschaft nach 1945*. München 1993 [zuerst 1989].

Schulze, Winfried (Hg.): *Sozialgeschichte, Alltagsgeschichte, Mikro-Historie. Eine Diskussion*. Göttingen 1994.

Schwabe, Klaus: *Wissenschaft und Kriegsmoral. Die deutschen Hochschullehrer und die politischen Grundfragen des Ersten Weltkrieges*. Göttingen-Zürich-Frankfurt am Main 1969.
Schwartz, Philipp: *Notgemeinschaft. Ein Bericht zur Verteilung an die Teilnehmer des zweiten Internationalen Symposiums zur Erforschung des deutschsprachigen Exils nach 1933*. Kopenhagen, 16.-18. August 1972.
Schwarz, Hans-Peter: »Nachruf auf Jürgen Dennert«. In: *Politische Vierteljahresschrift* 11 (1970), 511f.
Segev, Tom: *Die siebte Million. Der Holocaust und Israels Politik der Erinnerung*. Reinbek bei Hamburg 1995 [hebr. 1991].
Segre, Vittorio: *Ein Glücksrabe. Die Geschichte eines italienischen Juden* (Die Andere Bibliothek 101). Frankfurt am Main 1993 [ital. 1985].
Shapira, Anita: *Berl Katznelson. Ein sozialistischer Zionist*. Frankfurt am Main 1988 [hebr. 1980].
Shapira, Anita: *Land and Power. The Zionist Resort to Force 1881-1948*. Oxford 1992.
Siefer, Gregor: »Gedenken und Brückenschlagen. Persönliche Erinnerungen an Heinz Kluth«. In: *Rückblicke aus der Praxis – Anfragen an die Theorie. Gedenk-Symposium aus Anlaß des zehnjährigen Todestages von Heinz Kluth (1921-1977) am 20. Januar 1988 im Gästehaus der Universität* (Hamburger Universitätsreden 49). Hamburg 1990, 11-25.
Siefer, Gregor: »Schelsky als Lehrer«. In: Rainer Waßner (Hg.): *Wege zum Sozialen. 90 Jahre Soziologie in Hamburg*. Opladen 1988, 169-176.
Siewert, Regina, Kay Ingwersen: *75 Jahre Hamburger Volkshochschule 1919-1994. Demokratie braucht Bildung*. Hg. von der Hamburger Volkshochschule. Hamburg 1994.
Simon, Ernst: »Der werdende Mensch und der werdende Jude«. In: *Der Jude* 6 (1921/22), 457-475.
Simon, Ernst: *Aufbau im Untergang. Jüdische Erwachsenenbildung im nationalsozialistischen Deutschland als geistiger Widerstand* (Schriftenreihe wissenschaftlicher Abhandlungen des Leo Baeck Institute of Jews from Germany 2). Tübingen 1959.
Söllner, Alfons: »Vom Staatsrecht zur ›political science‹? Die Emigration deutscher Wissenschaftler nach 1933, ihr Einfluß auf die Transformation einer Disziplin«. In: →*Die Emigration der Wissenschaften nach 1933*, 139-164.
Sontheimer, Kurt: *Antidemokratisches Denken in der Weimarer Republik. Die politischen Ideen des deutschen Nationalismus zwischen 1918 und 1933*. München 1962.
Sozialismus aus dem Glauben. Verhandlungen der sozialistischen Tagung in Heppenheim a.d.B. Pfingstwoche 1928. Zürich-Leipzig 1929.
»Sozialistische Biographien für Bürgerliche und Sozialisten«. In: *Arbeiterzeitung*, Wien, vom 10. Januar 1933, 4.
Srubar, Ilja (Hg.): *Exil. Wissenschaft. Identität. Die Emigration deutscher Sozialwissenschaftler 1933-1945*. Frankfurt am Main 1988.

Stammer, Otto: »Politische Soziologie«. In: *Soziologie. Ein Lehr- und Handbuch zur modernen Gesellschaftskunde.* Hg. von Arnold Gehlen und Helmut Schelsky. Düsseldorf-Köln 1955, 256-312.

Stammer, Otto: »Politische Soziologie«. In: *Wörterbuch der Soziologie.* Hg. von Wilhelm Bernsdorf und Friedrich Bülow. Stuttgart 1955, 388-392.

Staude, John Raphael: *Max Scheler 1874-1928. An Intellectual Portrait.* New York 1967.

von Stein, Lorenz: *Geschichte der sozialen Bewegung in Frankreich von 1789 bis auf unsere Tage.* 3 Bde. Bd. 1: *Der Begriff der Gesellschaft und die soziale Geschichte der französischen Revolution bis zum Jahre 1830.* Mit einem Vorwort hg. von Gottfried Salomon. München 1921 [zuerst 1850].

Stenographische Berichte über die Sitzungen der Bürgerschaft zu Hamburg im Jahre 1951. Hamburg o. J.

Stern, Fritz: *Kulturpessimismus als politische Gefahr. Eine Analyse nationaler Ideologie in Deutschland.* Bern-Stuttgart-Wien 1963.

Stern, Fritz: *Der Traum vom Frieden und die Versuchung der Macht. Deutsche Geschichte im 20. Jahrhundert.* Berlin 1990 [engl. 1987; dt. zuerst 1988].

Sternberger, Dolf: »Macht und Sitte. Eine Studie über Politik als Wissenschaft«. In: Ders.: *Lebende Verfassung. Studien über Koalition und Opposition* (Parteien-Fraktionen-Regierungen 1). Meisenheim am Glan 1956, 11-21.

Stölting, Erhard: *Akademische Soziologie in der Weimarer Republik* (Soziologische Schriften 46). Berlin 1986.

Strauss, Herbert A.: »Wissenschaftsemigration als Forschungsproblem«. In: →*Die Emigration der Wissenschaften nach 1933*, 9-23.

Strauss, Leo: *Naturrecht und Geschichte.* Stuttgart 1956 [engl. 1953].

Streifthau, Klaus: *Die Souveränität des Parlaments. Ein Beitrag zur Aufnahme des Souveränitätsbegriffes in England im 19. Jahrhundert* (Sozialwissenschaftliche Studien 5). Stuttgart 1963.

Der Streit um die Wissenssoziologie. Hg. von Volker Meja und Nico Stehr. 2 Bde. Frankfurt am Main 1982.

Sywottek, Arnold: »Kontinuität im Neubeginn: Über die Anfänge der ›Universität Hamburg‹«. In: →*Hochschulalltag im »Dritten Reich«*, Teil 3, 1387-1416.

Tagungsberichte des Hohenrodter Bundes. Bd. 1: 1923-1927. Stuttgart 1928; Bd. 2: 6. *Hohenrodter Woche 1928.* Stuttgart 1929.

Tenorth, Heinz-Elmar: *Pädagogik zwischen Profession, Politik und Wissenschaft. Zur Emeritierung von Prof. Dr. Hermann Lange* (Dokumentation Erziehungswissenschaft 10). Hamburg 1995.

de Tocqueville, Alexis: *Über die Demokratie in Nordamerika* [übersetzt von Friedrich August Rüder]. Leipzig 1836.

de Tocqueville, Alexis: *Das alte Staatswesen und die Revolution* [übersetzt von Arnold Boscowitz]. Leipzig 1857.

de Tocqueville, Alexis: Œuvres complètes. Publiées par Madame de Tocqueville. Paris 1864-1867 [»Edition Beaumont«].
de Tocqueville, Alexis: Autorität und Freiheit. Schriften, Reden und Briefe. Ausgewählt und eingeleitet von Albert Salomon. Zürich 1935.
de Tocqueville, Alexis: Œuvres, Papiers et Correspondance. Edition définitive publiée sous la direction de J. P. Mayer. Sous la patronage de la Commission Nationale pour l'Edition des Œuvres d'Alexis de Tocqueville. Paris 1951ff.
de Tocqueville, Alexis: Erinnerungen. Mit einer Einleitung von Carl J. Burckhardt. Stuttgart 1954.
de Tocqueville, Alexis: Die Demokratie in Amerika. Eine Auswahl, übersetzt, eingeleitet und erläutert von Friedrich August v. d. Heydte. Regensburg 1955.
de Tocqueville, Alexis: Über die Demokratie in Amerika. Eingeleitet und hg. von J. P. Mayer. Vorwort von Carl J. Burckhardt. Frankfurt am Main 1956.
de Tocqueville, Alexis: Werke und Briefe. Auf Grund der französischen historisch-kritischen Ausgabe hg. von J. P. Mayer in Gemeinschaft mit Theodor Eschenburg und Hans Zbinden. Stuttgart 1959ff.

Üner, Elfriede: Soziologie als »geistige Bewegung«. Hans Freyers System der Soziologie und die »Leipziger Schule«. Weinheim 1992.
Die Universität Göttingen unter dem Nationalsozialismus. Das verdrängte Kapitel ihrer 250jährigen Geschichte. Hg. von Heinrich Becker, Hans-Joachim Dahms, Cornelia Wegeler. München-London-NewYork-Oxford-Paris 1987.
Universität Hamburg: Personal- und Vorlesungsverzeichnis. Wintersemester 1945/46 bis Wintersemester 1968/69. Hamburg 1945-1968.
Universität Hamburg 1919-1969 [=Festschrift zum 50. Gründungstag der Universität Hamburg]. o.O. o.J. [Hamburg 1970].

Vagts, Alfred: »Albrecht Mendelssohn Bartholdy. Ein Lebensbild«. In: Mendelssohn-Studien (Beiträge zur neueren deutschen Kultur- und Wirtschaftsgeschichte 3). Hg. von Cécile Lowenthal-Hensel und Rudolf Elvers. Berlin 1979, 201-225.
Vagts, Alfred: »Erinnerungen an Hamburg 1923-1932«. In: →Gantzel (Hg.), Kolonialrechtswissenschaft, Kriegsursachenforschung, Internationale Angelegenheiten, 97-111.
Verhandlungen des Sechsten Deutschen Soziologentages vom 17.-19. September 1928 in Zürich. Tübingen 1929.
Verhandlungen zwischen Senat und Bürgerschaft. Hamburg Jahrgang 1951. Hamburg o.J.
Verzeichnis der Vorlesungen sowie der Dozenten, Behörden und Institute der Badischen Ruprecht-Karls-Universität zu Heidelberg für das Sommerhalbjahr 1924. Heidelberg 1924; für das Winterhalbjahr 1924/25. Heidelberg 1924.

Viteles, Harry: *A History of the Cooperative Movement in Israel. A Source Book in seven Volumes.* London 1966 (Vol. 1), 1967 (Vol. 2), 1968 (Vol. 3,4,5), 1970 (Vol. 6,7).

Voegelin, Eric: *Die neue Wissenschaft der Politik. Eine Einführung.* München 1959 [engl. 1952].

Vogel, Barbara: »Anpassung und Widerstand. Das Verhältnis Hamburger Hochschullehrer zum Staat 1919 bis 1945«. In: →*Hochschulalltag im »Dritten Reich«*, Teil 1, 3-83.

Vogel, Barbara: »75 Jahre Universität Hamburg«. In: *Demokratie braucht Bildung – Bildung braucht Demokratie. 75 Jahre Uni, HÖB, VHS, Volksbühne.* Mit einer Einführung von Silke Jendrowiak (Veröffentlichung der Landeszentrale für politische Bildung Hamburg). Hamburg 1994, 27-50.

Volkshochschule Hamburg: Arbeitspläne. Sommerhalbjahr 1919 bis Sommerhalbjahr 1933. Hamburg 1919-1933.

Vorlesungsverzeichnis und Personalverzeichnis der Universität zu Köln. Wintersemester 1922/23. Köln 1922.

Vranicki, Pedrag: *Geschichte des Marxismus.* 2 Bde. Frankfurt am Main 1972 [serbokroatisch 1961/1971].

Wagenlehner, Günther: *Staat oder Kommunismus. Lenins Entscheidung gegen die kommunistische Gesellschaft.* Stuttgart 1970.

Walther, Andreas: »Das Problem einer ›deutschen‹ Soziologie [Besprechung von Hans Freyers *Soziologie als Wirklichkeitswissenschaft*]«. In: *Kölner Vierteljahreshefte für Soziologie* 9 (1930/31), 513-530.

Waßner, Rainer: *Andreas Walther und die Soziologie in Hamburg. Dokumente, Materialien, Reflexionen* (Materialien der Ferdinand-Tönnies-Arbeitsstelle am Institut für Soziologie der Universität Hamburg 4). Hamburg 1985.

Waßner, Rainer: »Andreas Walther und das Seminar für Soziologie in Hamburg zwischen 1926 und 1945. Ein wissenschaftsbiographischer Umriss«. In: →Papcke (Hg.), *Ordnung und Theorie,* 386-420.

Waßner, Rainer: »Von Andreas Walther zu Helmut Schelsky. Das Interregnum am Seminar für Soziologie von 1944 bis 1953«. In: Ders. (Hg.): *Wege zum Sozialen. 90 Jahre Soziologie in Hamburg.* Opladen 1988, 101-104.

Waßner, Rainer: »Auf dem Wege zu einer professionellen Soziologie. Die Kontinuität der Soziologie-Fachgeschichte am Beispiel des Seminars für Soziologie der Hamburger Universität«. In: →*Hochschulalltag im »Dritten Reich«*, Teil 2, 1017-1034.

Weber, Alfred: *Die Krise des modernen Staatsgedankens in Europa.* Stuttgart-Berlin-Leipzig 1925.

Weber, Alfred: »Die Bedeutung der geistigen Führer in Deutschland« [zuerst 1918]. In: Ders.: *Ideen zur Staats- und Kultursoziologie.* Karlsruhe 1927, 102-121.

Weber, Hermann: »Die politische Verantwortung der Wissenschaft. Fried-

rich Berber in den Jahren 1937 bis 1945«. In: →*Hochschulalltag im »Dritten Reich«*, Teil 2, 939-952.
Weber, Marianne: *Max Weber. Ein Lebensbild.* Tübingen 1926.
Weber, Max: »Die ›Objektivität‹ sozialwissenschaftlicher und sozialpolitischer Erkenntnis«. In: *Archiv für Sozialwissenschaft und Sozialpolitik* 19 (1904), 22-87.
Weber, Max: »Die protestantische Ethik und der ›Geist‹ des Kapitalismus I«. In: *Archiv für Sozialwissenschaft und Sozialpolitik* 20 (1904/05), 1-54; »Die protestantische Ethik und der ›Geist‹ des Kapitalismus II. Die Berufsidee des asketischen Protestantismus«. In: ebd. 21 (1905), 1-110.
Weber, Max: *Wissenschaft als Beruf. Geistige Arbeit als Beruf. Vorträge vor dem Freistudentischen Bund. Erster Vortrag.* Mit einem Nachwort von Immanuel Birnbaum. München-Leipzig 1919.
Weber, Max: *Gesammelte Aufsätze zur Religionssoziologie.* Tübingen 1920.
Weber, Max: *Gesammelte Aufsätze zur Wissenschaftslehre* [hg. von Marianne Weber]. Tübingen 1922.
Der Weg der deutschen Alijah. Rechenschaft, Leistung, Verantwortung [hg. von der Hitachdut Olej Germania we Olej Austria]. Tel Aviv 1939.
Wehler, Hans-Ulrich: »Zum Verhältnis von Geschichtswissenschaft und Psychoanalyse«. In: Ders. (Hg.): *Geschichte und Psychoanalyse.* Frankfurt am Main-Berlin-Wien 1971, 7-26.
Wehler, Hans-Ulrich (Hg.): *Geschichte und Soziologie* (Neue Wissenschaftliche Bibliothek 53). Köln 1972.
Wehler, Hans-Ulrich (Hg.): *Geschichte und Ökonomie* (Neue Wissenschaftliche Bibliothek 58). Köln 1973 [2., durchgesehene und erweiterte Aufl., Königstein/Ts. 1985].
Wehler, Hans-Ulrich: *Historische Sozialwissenschaft und Geschichtsschreibung.* Göttingen 1980.
Wehr, Gerhard: *Martin Buber. Leben, Werk, Wirkung.* Zürich 1991.
Weiss, Joseph: *Die »Kwuzah«. Ein Beitrag zu den genossenschaftlichen Organsationsformen in der jüdischen Landwirtschaft Palästinas.* Bern 1935.
Weizmann, Chaim: *Memoiren. Das Werden des Staates Israel.* Hamburg 1951 [engl. 1950].
Weltsch, Robert: »Martin Buber 1930-1960«. In: →Kohn, *Martin Buber,* 413-479.
Wienert, Walter: *Der Unterricht in Kriegsgefangenenlagern. Schule und Hochschule hinter Stacheldraht.* Göttingen 1956.
von Wiese, Leopold: »Zum Beginn des zehnten Jahrgangs«. In: *Kölner Vierteljahreshefte für Soziologie* 10 (1931/32), 1-7.
Wissenschaftsgeschichte seit 1900. 75 Jahre Universität Frankfurt. Mit Beiträgen von Helmut Coing, Lothar Gall, Jürgen Habermas, Notker Hammerstein, Hubert Markl, Wolfgang J. Mommsen. Frankfurt am Main 1992.
Wittebur, Klemens: *Die deutsche Soziologie im Exil 1933-1945. Eine biographische Kartographie* (Beiträge zur Geschichte der Soziologie 1). Münster-Hamburg 1991.

Woldring, Henk E. S.: *Karl Mannheim. The Development of his Thought. Philosophy, Sociology and Social Ethics. With a detailed Biography.* Assen-Maastricht 1986.

Wolff, Emil: »Die Idee und die Aufgabe der Universität«. In: *Universität Hamburg. Reden von Senator Heinrich Landahl und Professor Dr. Emil Wolff, gehalten bei der Feier der Wiedereröffnung am 6. November 1945 in der Musikhalle.* [Hamburg 1946], 17-34.

Wolff, Kurt H.: »Karl Mannheim«. In: →Käsler (Hg.), *Klassiker des soziologischen Denkens*, Bd. 2, 286-387.

Wormann, Curt: »Kulturelle Probleme und Aufgaben der Juden aus Deutschland in Israel seit 1933«. In: *In zwei Welten. Siegfried Moses zum fünfundsiebzigsten Geburtstag.* Hg. von Hans Tramer. Tel Aviv 1962, 280-329.

Wulff, Albert (Hg.): *Hamburgische Gesetze und Verordnungen.* Bd. 4. Hamburg 1930.

Young-Bruehl, Elisabeth: *Hannah Arendt. Leben, Werk und Zeit.* Frankfurt am Main 1991 [engl. 1982, dt. zuerst 1986].

Zadek, Walter (Hg.): *Sie flohen vor dem Hakenkreuz. Selbstzeugnisse der Emigranten. Ein Lesebuch für Deutsche.* Reinbek bei Hamburg 1981.

Zivilisation und Barbarei. Die widersprüchlichen Potentiale der Moderne. Detlev Peukert zum Gedenken. Hg. von Frank Bajohr, Werner Johe, Uwe Lohalm (Hamburger Beiträge zur Sozial- und Zeitgeschichte 27). Hamburg 1991.

Zuckmayer, Carl: *Als wär's ein Stück von mir. Erinnerungen.* Frankfurt am Main 1989 [zuerst 1966].

Dank

In den letzten fünf Jahren, in denen dieses Buch entstand, begegnete ich vielen Menschen, die meine Arbeit unterstützten. Sie vertrauten mir Materialien und Informationen an, ließen sich von meinem Suchen und Fragen anstecken, gewährten mir Gastfreundschaft, setzten sich mit meinen Texten auseinander und ermutigten mich in Momenten des Zweifelns. Aus einer anfänglich schwierigen Suche nach »Zeitzeugen« wuchs ein dichtes Geflecht von Beziehungen, wobei sich sehr unterschiedliche Menschen in einem Wunsch und Bedürfnis trafen: Leben und Werk Siegfried Landshuts vor dem Vergessen zu bewahren. Das erste »Landshut-Treffen«, das am 24. Februar 1995 in der Universität Hamburg stattfand und an dem mehr als zwanzig ehemalige Studentinnen und Studenten Landshuts sowie Familienmitglieder teilnahmen, legte davon eindrucksvoll Zeugnis ab. Hier wurde auch ein Förderkreis gegründet, der die geplante Edition der Landshutschen Schriften ideell und materiell unterstützen wird.

Nach Kräften geholfen haben mir in den vergangenen Jahren die Angehörigen der Familie Landshut. Der stetige Austausch mit Susanne Geis war dabei von besonderer Bedeutung. Die vielen Gespräche und zahllosen, zeitweise wöchentlich gewechselten Briefe bezeugen die nie ermüdende Bereitschaft, meine Recherche über ihren Vater bis ins Detail helfend zu begleiten. Ihr gilt mein ganz besonderer Dank. Für jederzeit gewährte Unterstützung möchte ich auch Arnon und Saronet Aviner sowie Thomas und Anneliese Landshut herzlich danken. Daß ich vier Enkel Siegfried Landshuts – Jael Geis, Gabriel Geis, Michael Dishon und Leora Landshut-Deuber – kennenlernte, zählt auch zu den bleibenden Erinnerungen meiner Arbeit.

Fast alle »Landshut-Schüler«, die ich ausfindig machte, waren sofort bereit, das ihnen Mögliche beizutragen. Dr. Wolfgang Kessel stellte mir unpublizierte Vorlesungstexte zur Verfügung und antwortete mit Präzision auf immer detailliertere Fragen. Rita und Prof. Dr. Heinz-Hermann Schepp überließen mir neben aufschlußreicher Korrespondenz auch Vorlesungsnachschriften, sie lasen meine Texte und gaben mir wertvolle Hinweise. Prof. Dr. Walter Grab bewirtete mich in Tel Aviv, schilderte ausführlich seine Begegnungen mit Landshut und erzählte schließlich von seinem eigenen Lebensweg – ein unvergeßlicher Abend. Aus dem Kreis der ehemaligen Studierenden bekam ich weiterführende Informationen auch von Dr. Katharina Focke, Wolfgang Gaebler, Prof. Dr. Horst Jürgen Helle, Huguette Herrmann, Prof. Dr. Gábor Kiss, Prof. Dr. Hermann Lange, Karla von Malapert-Neufville, Prof. Dr. Berthold Michael, Prof. Dr. Sven Papcke, Dr. Karl Heinrich Plesse, Karsten Richter, Prof. Dr. Hans-Christian Röglin und Dr. Günther Wagenlehner. Allen sei herzlich gedankt. Danken möchte ich auch Prof. Dr. Marie-Elisabeth Hilger. Von ihr erhielt ich wichtige Materialien aus dem Nachlaß ihres Mannes, etliche Informationen und wohltuenden Zuspruch.

Wie energisch Prof. Dr. Wilhelm Hennis für die »Wiederentdeckung« Landshuts eintrat, muß besonders hervorgehoben werden. Vom frühen Vorbereitungsstadium der Dissertation bis zu ihrem Abschluß bestärkte er mich so konsequent in meinem Vorhaben, daß ihm ein eigener Anteil daran zukommt.

Besonderer Dank gilt auch Daniel Dishon. Er übernahm Ende 1993 die schwierige Aufgabe, die im Zuge der Recherche entdeckten hebräischen Texte Landshuts ins Deutsche zu übertragen. Finanziell unterstützt wurde diese Übersetzungsarbeit von der Hansischen Universitätsstiftung, Hamburg.

Dank verdienen ferner die Mitarbeiterinnen und Mitarbeiter der benutzten Archive und Bibliotheken, insbesondere des Staatsarchivs Hamburg, der Bodleian Library in Oxford und des Archivs der Hebräischen Universität in Jerusalem.

Herzlich danken möchte ich vor allem meinem akademischen Lehrer Prof. Dr. Peter Borowsky. Er hat nicht nur meine Dissertation in umsichtiger Weise betreut, sondern meinen gesamten Studienweg maßgeblich geprägt. Für Rat und Unterstützung danke ich auch Prof. Dr. Barbara Vogel.

Ein Glücksfall war schließlich die Zusammenarbeit mit Angela Bottin und Eckart Krause, denen ich für aufmunternde Ratschläge und konstruktive Kritik sehr dankbar bin. Die Mitarbeit beim Ausstellungsprojekt »ENGE ZEIT« von 1989 bis 1991 erwies sich für mich als eine Ausbildung besonderer Art. Nach Abschluß des Projektes blieben die Büroräume in der Rothenbaumchaussee, in denen sich auch die »Hamburger Bibliothek für Universitätsgeschichte« befindet, eine wichtige Anlaufstelle. Vor der Drucklegung hat Eckart Krause die »letzte« Fassung gelesen und nochmals vielfältige Anregung gegeben.

Danken möchte ich auch allen Freunden, die mich in den letzten Jahren begleiteten und mich nicht so sehr in fachlicher als vielmehr in ganz persönlicher Hinsicht entscheidend unterstützten. Ich denke, sie werden verstehen, warum ich Irina Tresselt, Ronald Hoffmann, Werner Linnartz und Torsten Nilsson stellvertretend nenne.

Zu danken habe ich dem Jüdischen Verlag im Suhrkamp Verlag und der Friedrich-Ebert-Stiftung, die mir ein zweieinhalbjähriges Promotionsstipendium gewährte und in Form des »Herbert-Wehner-Stipendiums« auch einen Druckkostenzuschuß bereitstellte.

Hamburg, den 29. August 1996   Rainer Nicolaysen

Namenverzeichnis

Abendroth, Wolfgang 316, 354, 363-365, 397, 422
Adam, Margarete 183, 184
Adams, Kurt 185
Adams, Walter 204, 205, 216, 247
Adenauer, Konrad 341
Adler, Max 138
Adoratskij, Vladimir 134, 137, 140
Albers, Detlev 416, 417
Althusius, Johannes 368, 403
Anders, Günther 48, 117
Anderson, Perry 378
Anschütz, Gerhard 63
Arendt, Hannah 44, 45, 48, 117, 119, 286, 289, 341, 344, 386
Aristoteles 8, 46, 48, 59, 60, 166, 167, 368, 389, 403, 414, 442, 446
Artin, Emil 338
Auerbach, Walter 326
Aviner, Arnon 21, 68, 415
Azkin, Benjamin 322, 365

Baier, Horst 435, 436
Balfour, Arthur James 229
Barth, Paul 106
Bauer, Otto 65, 68, 138
Baumgarten, Arthur 88
Beaumont, Gustave de 389
Bebel, August 88, 138
Benari, Nachum 287
Ben Ascher, Chaim 266
Ben Gurion, David 229, 233, 240, 286, 429
Benjamin, Walter 66
Bentwich, Norman 215, 216, 219, 331
Berber, Friedrich 175
Berendsohn, Walter A. 159, 171, 172, 185
Bergman(n), (Shmuel) Hugo 219, 223, 225, 233, 242, 256-259, 286, 297, 302
Bergstraesser, Arnold 358, 359, 363, 372, 374, 405,
Bergstraesser, Ludwig 354
Bernays 293
Bernstein, Eduard 139, 140, 377
Beveridge, William 191
Bieberstein, Fritz Freiherr Marschall von 41, 42
Bismarck, Otto von 171
Blaustein, Jacob 332
Bloch, Ernst 66, 422, 423
Blumenfeld, Kurt 236, 239
Bode, Ingeborg 412
Bodin, Jean 443
Bolingbroke, Henry Saint John 412
Bondy, Curt 338, 348, 351, 355, 358
Bonhoeffer, Dietrich 189, 190, 204, 344
Bonné, Alfred 262, 268, 270, 280, 296
Borchardt, Ludwig 212
Borinski, Fritz 91
Borkenau, Franz 380
Born, Max 211
Bötticher, Eduard 342, 346, 347, 356, 357
Bottin, Angela 17
Bourdieu, Pierre 16
Bracher, Karl Dietrich 404
Brandt, Karl 211, 221, 222, 224, 225
Brandt, Willy 422, 423
Braun, Adolf 138
Brenner, Joseph Chaim 263
Brentano, Lujo 33
Breuer, Stefan 122
Brinkmann, Carl 63

Brod, Max 297
Brunner, Otto 169
Buber, Martin 13, 21, 233, 244, 247, 250, 256-258, 260, 261, 266, 282-286, 296-298, 302, 306, 309, 310, 321, 322, 429
Bues 326
Bultmann, Rudolf 323
Burckhardt, Carl Jacob 391
Burckhardt, Jacob 299, 396, 449
Burke, Edmund 412

Caesar, Gajus Julius 153
Camp, Oscar de la 41, 42
Cassirer, Ernst 86, 101, 159, 174, 185, 205, 206, 211, 214, 338
Chapeaurouge, Paul de 183, 184
Conze, Werner 392
Courtney, David; siehe Elston, Roy
Curtius, Ernst Robert 63, 97
Curtius, Ludwig 97

Dahlmann, Friedrich Christoph 368
Dahrendorf, Ralf 379, 418, 419, 421
Dante Alighieri 66
Delaquis, Ernst 175
Delbanco, Ernst 174
Delbrück, Hans 78
Demuth, Fritz 211, 215, 216, 219, 225, 245-247
Dennert, Jürgen 12, 21, 105, 133, 410, 412, 414, 415, 439-441
Descartes, René 8, 59-61, 414, 442, 443
Dessoir, Max 134
Diehl, Karl 39
Dilthey, Wilhelm 165, 389, 436
Dishon, Daniel 293, 295, 427
Disraeli, Benjamin 209
Dittmann, Wilhelm 140, 141, 145
Dohnányi, Christine von 95, 189, 197
Dohnányi, Hans von 21, 80, 95, 98, 189, 190, 197, 344

Dunkmann, Karl 113
Durkheim, Emile 436
Dutschke, Rudi 421, 423
Duverger, Maurice 366

Ebert, Friedrich 29
Eckert, Christian 89
Ehrlich, Sigusch; siehe Erel, Shlomo
Einstein, Albert 202, 242
Eisenstadt, Shmuel N. 232
Eisfeld, Curt 172, 173, 181, 182, 189, 326-330, 347
Elgar, Edward 294
Elias, Norbert 62, 63, 66, 67, 117, 203, 204
Elston, Roy 294
Emmerich, Walter 86
Engels, Friedrich 26, 132, 135, 137-140, 156, 377, 424
Erel, Shlomo 266
Eschenburg, Theodor 353, 363, 389, 404
Eynern, Gert von 372

Falk, Werner 149, 151, 152
Fetscher, Iring 379
Fichte, Johann Gottlieb 56
Finer, Herman 366
Fischer, Fritz 355, 400
Flechtheim, Ossip K. 363, 397
Flitner, Wilhelm 337-339, 355
Focke, Katharina 405
Fraenkel, Abraham 256, 257, 259
Fraenkel, Ernst 363, 397, 405
Franck, James 211
Freud, Sigmund 242
Freund, Michael 354
Freyer, Hans 116, 121-124, 126, 349, 380, 381, 435-437
Fried, Ferdinand (d.i. Zimmermann, Friedrich) 124-126
Friedlaender, Elsbeth; siehe Focke, Katharina
Fürnberg, Louis 295

Namenverzeichnis 623

Gablentz, Otto Heinrich von der 372, 415
Gadamer, Hans-Georg 59
Galilei, Galileo 442, 443
Gay, Peter 29
Gehlen, Arnold 349
Geis, Robert Raphael 293
Geis, Susanne 21, 50, 269
Genzmer, Erich 325, 339
Gerstung, Rudolf 326
Goertz, Hans-Jürgen 15
Goethe, Johann Wolfgang von 46, 359
Gollwitzer, Helmut 379
Görland, Albert 185
Gottl-Ottlilienfeld, Friedrich von 89
Goverts, Henry 96, 97
Grab, Walter 25, 407, 413
Grabowsky, Adolf 364, 365, 372
Grimme, Adolf 323
Grosser, Alfred 407
Grossmann, Rudolf 355
Gumbel, Emil Julius 64
Gundolf, Friedrich 63
Guttmann, Julius 250, 256, 257, 302

Habermas, Jürgen 116
Hallgarten, George W. F. 80
Harteck, Paul 349, 352
Hartmann, Nicolai 58
Haselmayer, Heinrich 185
Haubach, Theodor 80, 91, 96
Hegel, Georg Wilhelm Friedrich 56, 58, 127, 135, 144, 146, 149, 153, 378, 380-384
Heidegger, Martin 39, 43-50, 52, 57-61, 68, 69, 84, 93, 101, 114, 116, 126, 179, 198, 319
Heimann, Eduard 11, 35, 46, 77, 84-94, 96-103, 112, 113, 122, 124, 126, 161, 165, 171, 172, 174, 175, 177-179, 181, 182, 188, 189, 192, 193, 196, 200-202, 206, 207, 210-214, 218-222, 260, 283, 322, 327, 338-340, 343, 348, 351, 355, 358-360, 403
Heimann, Hugo 88
Heine, Heinrich 209, 449
Heinrichsdorff, Wolff 181
Heinsohn, Gunnar 288
Helle, Horst Jürgen 406
Heller, Hermann 91
Hennis, Wilhelm 10, 12, 76, 94, 132, 133, 372, 374, 395, 403, 405, 431, 432, 434, 437, 438
Heppe, Hans von 347, 352
Herrmann, Gert-Julius 358
Herrmann, Huguette 358, 405
Herrmann, Leo 257, 309
Herrmann, Lola 256, 257
Herzberg, Klaus; siehe Dishon, Daniel
Herzl, Theodor 428, 429
Heß, Edith; siehe Landshut, Edith
Heß, Moses 126, 428
Heydte, Friedrich August von der 391
Hilferding, Rudolf 81, 138, 147
Hilger, Dietrich 12, 22, 412-414, 426, 439, 452
Hilger, Marie-Elisabeth 22
Hindenburg, Paul von 153, 226
Hirsch, Salomon; siehe Landshut, Salomon
Hitler, Adolf 153, 171, 175, 178, 182, 187
Hobbes, Thomas 8, 61, 71, 72, 414, 441-446
Homer 425
Horkheimer, Max 117
Humboldt, Wilhelm von 56, 162
Husserl, Edmund 39, 43-48, 50, 51, 58, 59, 68, 69, 116

Jabotinsky, Zeev (Wladimir) 233
Jantke, Carl 401, 403, 413, 451
Jaspers, Karl 45, 53, 58, 63, 323, 379

Johnson, Alvin 340
Jonas, Hans 46, 48
Jungk, Robert 383

Kafka, Victor 338
Kahn, Bernhard 207, 208, 210
Kahn, Ernst 205, 206, 219, 222, 248-254, 280, 296, 306
Kameke, Karl August von 318
Kampffmeyer, Paul 140
Kant, Immanuel 56, 58, 414
Kapp, Ernst 338
Kästner, Erhart 21, 315, 316, 318, 319
Katznelson, Berl 229, 264-266, 270, 299
Kaufmann, Karl 176, 186
Kaufmann, Lore 23, 27, 31, 268
Kaufmann, Paul 27
Kautsky, Karl 88, 377
Kehr, Eckart 91
Kelsen, Hans 211
Kessel, Eberhard 392
Kessel, Wolfgang 22, 406, 407, 411, 431, 439, 440
Kesting, Hanno 392
Kestner, Otto 338
Kierkegaard, Søren 53
Kittredge, Tracy B. 225
Klatt, Fritz 90, 91
Klemperer, Victor 340
Klibansky, Raymond 65
Klingemann, Carsten 64
Knies, Karl 37
Kobbe, Wolfgang 315
Koebner, Richard 224, 245-247, 250, 252-254, 256, 257, 259, 260, 296
Kogon, Eugen 354, 363, 397
Kohn, Hans 219, 233
Kokoschka, Oskar 316,
König, Josef 349, 355, 379
König, René 13, 14, 133, 436-438
Koyré, Alexandre 206
Krause, Eckart 17

Krohn, Claus-Dieter 90
Krojanker, Gustav 256, 257, 282
Krüger, Gerhard 59
Küstermeier, Rudolf 91

Landahl, Heinrich 325-327, 329, 330, 338, 346, 347, 349, 350, 359, 360
Landauer, Carl 91, 421
Landauer, Georg 233, 238, 240, 241, 248, 256, 257, 296
Landauer, Gustav 296-299, 304
Landauer, Hilde 91
Landgrebe, Ludwig 379
Landshut, Arnold (Sohn); siehe Aviner, Arnon
Landshut, Edith (Ehefrau) 20, 39, 40-42, 50, 194, 199, 212, 215, 244, 261, 269, 270, 289, 310, 347, 357, 414, 415
Landshut, Heinrich (Vetter) 269
Landshut, Lore (Schwester); siehe Kaufmann, Lore
Landshut, Paula (Schwester); siehe Rüdell, Paula
Landshut, Salomon (Großvater) 23
Landshut, Samuel (Vater) 23
Landshut, Susanne (Tochter); siehe Geis, Susanne
Landshut, Suzette (Mutter) 23
Landshut, Thomas (Sohn) 92, 261, 271
Lange, Hermann 22, 413
Lasch, Agathe 175
Laski, Harold J. 202
Lassalle, Ferdinand 56, 209
Lassar, Gerhard 85, 174
Laun, Rudolf 85, 89, 91, 99, 159, 337, 355, 360
Lederer, Emil 63, 65, 211, 221
Le Goff, Jacques 16
Leibholz, Gerhard 206
Lenger, Friedrich 15
Lenin, Wladimir Iljitsch 377

Lepenies, Wolf 13, 434
Lewalter, Ernst 187
Liefmann, Robert 32-39, 42, 84
Liepmann, Moritz 85, 158, 159
Lindemann, Hugo 52
Loewenstein, Karl 353
Lowe (Löwe), Adolph (Adolf) 87, 89, 91, 98, 101, 214, 218, 251, 260, 322
Löwith, Karl 45, 47, 48, 51, 116, 126-129, 131, 302, 380, 435
Ludwig, Carl Maria 26
Lukács, Georg 56, 66, 116
Lutz, Hans 392
Luxemburg, Rosa 377

Machiavelli, Niccolò 389, 416
Macke, August 316
Mackenroth, Gerhard 348, 350, 351, 358
Magnes, Judah L. 223, 241, 252, 261, 286, 306
Maier, Hans 374
Malapert-Neufville, Karla von 22, 420, 426, 427
Man, Hendrik de 91, 149-151
Mannheim, Karl 65, 66, 103, 116-122, 126, 202-204, 214, 322, 435
Marc, Franz 80, 316
Marc, Paul 80
Marcuse, Herbert 48, 113-115, 117, 124, 149, 152, 153, 378, 381, 382
Maria Theresia 153
Maron, Stanley 285, 288
Marx, Karl 8, 10, 56, 91, 92, 108, 109, 112, 114-118, 126-130, 132-157, 160, 168, 179, 180, 188, 201, 299, 301-306, 316, 356, 366, 374-388, 390-393, 395, 396, 422-426, 433, 439, 447-449, 453, 454
Mayer, Gustav 132
Mayer, Jacob Peter 91, 132-137, 141-150, 152, 375-378, 389-392

Mehring, Franz 132, 134, 137
Meier, Harri 187
Meier-Cronemeyer, Hermann 262, 288
Meinecke, Friedrich 323, 415
Mendelssohn, Moses 209
Mendelssohn Bartholdy, Albrecht 68, 78-81, 85, 101, 159, 171, 174, 175, 205, 206, 214, 338, 360
Mennicke, Carl 89
Metzke, Erwin 379
Meyer, Ernst Wilhelm 364, 397
Meyer, Thomas 455
Michael, Berthold 22, 413
Mierendorff, Carlo 91, 96, 222
Mill, James 135
Mischke, Ricarda 412
Mitscherlich, Alexander 339
Mitscherlich, Margarete 339
Mombert, Paul 42
Mommsen, Hans 90
Montagu, Ewen E. S. 332
Montgelas, Max Graf 78
Muchow, Martha 174
Mühlenfels, Albert von 176
Mußgnug, Dorothee 65
Mussolini, Benito 153
Muth, Karl 113

Naphtali, Fritz (Perez) 281
Naumann, Friedrich 54, 125
Nebel, Gerhard 319, 320
Nell-Breuning, Oswald von 380
Neuling, Willy 86
Neumann, Franz L. 363, 397
Nietzsche, Friedrich 56, 130, 184, 299
Noack, Hermann 185
Noetzel, Thomas 20, 363, 364
Nürnberger, Richard 379

Oberndörfer, Dieter 374
Ofterdinger, Friedrich 172, 181
Ollendorff, Friedrich 189, 190

Oncken, Hermann 415
Oppenheimer, Franz 32, 34-37, 87, 88, 106, 112, 117
Orenstein, Mordechai 287
Ortlieb, Heinz-Dietrich 343, 404
Orwell, George 381

Panofsky, Erwin 171, 172, 174, 338
Papcke, Sven 120
Passarge, Siegfried 85
Pechstein, Max 316
Pekelis, Alexander Haim 321
Perels, Kurt 174
Peukert, Detlev J. K. 30
Pinner, Ludwig 282
Platon 8, 60, 442
Plaut, Theodor 86, 159, 171, 172, 176, 188, 192, 204-206, 209, 210, 214
Plessner, Helmuth 349, 350
Poelchau, Harald 91
Politzer, Heinz 295
Poll, Heinrich 174
Popitz, Heinrich 378

Raape, Leo 101, 171, 173, 181
Rabehl, Bernd 423
Radbruch, Gustav 63, 91
Radler-Feldman, Joschua (Rabbi Benjamin) 306
Rathenau, Walther 88
Rathgen, Karl 96
Rathmann, August 90, 91, 150
Rein, (Gustav) Adolf 170, 171, 174, 175, 194, 195
Renner, Karl 138
Ribbentrop, Joachim von 175
Ricardo, David 135
Rickert, Heinrich 45
Riedel, Manfred 127
Riese, Otto 325
Riesser, Gabriel 209
Ringer, Fritz K. 57
Ritschl, Hans 355

Ritter, Gerhard 380, 381
Rjazanov, David 126, 133, 138-142, 149
Röckelein, Hedwig 16
Röglin, Hans-Christian 358, 412
Rojahn, Jürgen 136, 137
Roosevelt, Franklin Delano 206
Röpke, Wilhelm 211, 322
Rosen, Pinchas; siehe Rosenblüth, Felix
Rosenblüth, Felix 240, 281
Roß, Rudolf 160
Rousseau, Jean-Jacques 8, 64, 69-72, 75, 110, 156, 160, 357, 358, 368, 407, 413-416, 441, 444-446
Rüdell, Joseph 27
Rüdell, Paula 23, 27, 268, 344
Rupp, Hans Karl 20, 363, 364
Ruppin, Arthur 228, 233, 234, 238, 253, 254, 256, 257, 259, 261, 262, 267, 270, 271, 281-283, 290
Rüstow, Alexander 21, 89, 178, 202, 210, 211, 216, 217, 220, 226, 291, 292, 320, 321, 323, 364, 365, 372, 386, 397

Salomon, Albert 141, 389
Salomon, Friedrich 132, 144-149, 375
Salomon, Richard 171, 172
Sandbank, Jacob 297
Sauerlandt, Max 172
Schäfers, Bernhard 435
Schalk, Fritz 21, 187, 197, 198, 206
Scheler, Max 44, 45, 50-53, 88
Schelsky, Helmut 349, 350, 401, 435, 438
Schepp, Heinz-Hermann 22, 413, 431
Schepp, Rita 22, 413, 431, 432
Schieder, Theodor 381
Schiller, Karl 328
Schmid, Carlo 363, 380

Schmitt, Carl 101, 345, 346
Schmoller, Gustav (von) 35-37, 53
Schocken, Salman 223-225, 242, 245, 250-252, 254-260, 283
Schoeps, Julius H. 227
Scholem, Gershom (Gerhard) 66, 233
Schopenhauer, Arthur 56
Schrewe, Ernst 176, 186
Schulz-Kiesow, Paul 176, 185
Schulze, Hagen 15
Schulze, Winfried 381
Schulze-Gävernitz, Gerhart von 39, 42, 89
Schumpeter, Joseph 65, 87
Schwartz, Philipp 211
Schwarz, Hans-Peter 405
Segev, Tom 237
Senator, David Werner 249, 250, 260
Sereni, Enzo 266
Shakespeare, William 425
Siegmund-Schultze, Friedrich 189, 190
Sieveking, Heinrich 86, 97, 98, 101, 165, 176, 178, 180, 181, 185, 193
Sieverts, Rudolf 342, 353, 355
Simmel, Georg 106, 112
Simon, Ernst 162, 218, 219, 233, 244, 256, 257, 286, 296, 306, 307, 309, 310
Singer, Kurt 86, 98, 102, 176, 177
Sinzheimer, Hugo 91
Smend, Rudolf 436
Smilanski, Moshe 286, 306
Smith, Adam 135, 167
Smoira, Moshe 256, 257
Snell, Bruno 337, 338
Söllner, Alfons 18, 363
Solms, Max Graf zu 350
Sombart, Werner 15
Sontheimer, Kurt 374
Spann, Othmar 106
Speier, Hans 91

Spengler, Oswald 299, 301
Stammer, Otto 367
Stampfer, Friedrich 141
Steffani, Winfried 405
Stein, Erwin 364
Stein, Lorenz von 108, 109, 112
Stern, Günther; siehe Anders, Günther
Stern, Otto 174
Stern, William 171, 172, 174, 338
Sternberger, Dolf 9, 21, 91, 354, 363, 365, 366, 380, 385, 402, 404, 415, 450
Streifthau, Klaus 412
Stresemann, Gustav 97
Stucken, Rudolf 176
Sturm, Johannes 24
Suhr, Otto 353, 364, 365, 372, 397
Szold, Henrietta 286

Tabenkin, Izhak 229, 264, 266, 269
Terhalle, Fritz 86
Thier, Erich 136, 376, 379
Tillich, Paul 89, 90, 91, 117
Tocqueville, Alexis de 8, 10, 92, 366, 388-397, 413, 415, 439, 449, 454
Tönnies, Ferdinand 97, 98, 106, 111
Trede, Hilmar 162
Treitschke, Heinrich von 56, 368, 403
Türkheim, Hans 338
Tyszka, Carl von 159, 185

Vagts, Alfred 80, 81, 95, 175, 210, 338
Vierkandt, Alfred 106, 112, 113
Viteles, Harry 288
Voegelin, Eric 363, 373

Wachendorf, von 226
Walther, Andreas 7, 98, 99, 101-103, 112, 123, 165, 177, 181, 182, 348, 350

Warburg, Aby S. 192
Warburg, Fritz 217, 218
Warburg, Max 79
Warburg, Paul 79
Waßner, Rainer 102, 177
Weber, Alfred 53-57, 62-68, 77, 84, 87, 88, 95-98, 118, 202, 300, 323, 353-355, 364
Weber, Marianne 53, 62
Weber, Max 9, 30-33, 37, 50-54, 62, 66, 78, 87, 88, 91, 105, 107, 108, 116, 126-132, 220, 244, 248, 302-306, 375, 390, 395, 397, 426, 433-437, 449, 454, 455
Wehler, Hans-Ulrich 14, 169
Weippert, Georg 349, 350, 364
Weiss, Joseph 287
Weizmann, Chaim 231, 232, 236, 238, 241, 242
Weizsäcker, Carl Friedrich von 353
Weizsäcker, Victor von 63
Wels, Otto 147
Weltsch, Robert 233, 286
Wertheimer, Ernst 256, 257

Wiese, Leopold von 52, 89, 214, 350
Wigand, Albert 170
Wilhelm II. 153
Witt, Karl 194
Wittebur, Klemens 18, 19
Wolfers, Arnold 89, 220, 322
Wolff, Emil 86, 171, 335-338, 355
Wright, Quincey 353
Würdinger, Hans 359

Xenophon 166, 167

Zechlin, Egmont 400, 401
Zemach, Shlomo 286, 306
Zetkin, Clara 88
Zillt, Karla; siehe Malapert-Neufville, Karla von
Zimmermann, Friedrich; siehe Fried, Ferdinand
Zimmermann, Waldemar 86, 165, 176, 178, 180, 194
Zorn, Max 187
Zweig, Arnold 295